btb
Aus Freude am Lesen

btb

Buch

„Ein Nichtschriftsteller schreibt eines der besten Bücher der Saison“ kommentierte *Die Zeit*, als das „versiegelte Tagebuch“ über „Ein Jahr mit Thomas Bernhard“ erschien. Karl Ignaz Hennetmair, Nachbar und zeitweilig enger Freund von Thomas Bernhard, hat es geschrieben. Hennetmair war in Bernhards Alltag für all das zuständig, was den Dichter bedrängte, was ihn vom Schreiben abhielt. Er stellte sich schützend zwischen Bernhard und die Realität. Er kümmerte sich um den kaputten Fernseher ebenso wie um den Seelenmüll, fungierte als Deponie und Wiederaufbereitungsanlage. Er hielt ihm unerwünschte Besucher vom Leib und bot ihm in seiner Familie kurzweilige Plaudereien und derbe Scherze. In seinem Tagebuch, das er 1972 schrieb, entpuppt sich Hennetmair als wortmächtiger Außenseiter, dessen Nüchternheit zum Freundschaftsdienst wird. „Seit Eckermanns Gesprächen weiß man, daß Schriftsteller immer auch für eine Krankengeschichte taugen. Ihr Protokollant ist ein Opfer, das sich für seine Unterlegenheit mit pathetischer Bewunderung rächt. Hennetmair – und das macht sein Tagebuch zu einem Wunderwerk dieser oft angeschmuddelten Gattung – leider nicht an seiner Unterlegenheit… Die Größe des Realitätenvermittlers ist es, seine Aufgabe in keinem Satz zu überschreiten. Diese Nüchternheit ist ein Freundschaftsdienst, den ihm die ‚Bernhardsforschung‘ danken muß.“ *Thomas Wirtz, Frankfurter Allgemeine Zeitung*

Autor

Karl Ignaz Hennetmair, geboren 1920 in Linz, lebt in Ohlsdorf. Er war Handelsreisender, Ferkelgroßhändler und Immobilienmakler.

Karl Ignaz Hennetmair

Ein Jahr mit Thomas Bernhard

Das versiegelte Tagebuch 1972

btb

Umwelthinweis:
Alle bedruckten Materialien dieses Taschenbuches sind chlorfrei und umweltschonend.

btb Taschenbücher erscheinen im Goldmann Verlag, einem Unternehmen der Verlagsgruppe Random House GmbH.

1. Auflage
Genehmigte Taschenbuchausgabe Februar 2003

Umschlaggestaltung: Design Team München
Umschlagfoto: Karl Ignaz Hennetmair
RK · Herstellung: Augustin Wiesbeck
Made in Germany
ISBN 3-442-72989-0
www.btb-verlag.de

Inhalt

Vorwort

Der Realitätenvermittler Karl Ignaz Hennetmair hat im Laufe seiner langjährigen Freundschaft mit Thomas Bernhard etwas gewagt, wovon er in seinen Aufzeichnungen selbst sagt, daß „Thomas" etwas geahnt haben mußte. Hennetmair machte ein ganzes Jahr lang – vom 1. Jänner 1972 bis zum 1. Jänner 1973 – Tagebuchaufzeichnungen über seine Gespräche, die gemeinsamen Wanderungen und Erlebnisse mit Bernhard. Dabei ging es auch um Themen, die Bernhard mit niemandem so ungeschminkt besprechen konnte wie mit ihm.

Als Verkäufer, Handelsreisender, Ferkelhändler und schließlich Realitätenvermittler in Ohlsdorf hat Karl Ignaz Hennetmair Erfahrungen im Umgang mit Menschen gesammelt. Ein gutes Erinnerungsvermögen, den jederzeit offenen Blick für die „reale Welt", die Fähigkeit, diese Er-Kenntnisse anschaulich weiterzugeben, und seine schier unerschöpfliche Energie hoben ihn für Thomas Bernhard aus der Masse der Menschen in seiner Umgebung heraus. Wer einmal mit Karl Ignaz Hennetmair auf den Spuren Thomas Bernhards durch jene Gegend fuhr, welche vorwiegend der Schauplatz des Tagebuches und auch von so manchem Werk Thomas Bernhards ist, gewinnt von der Energie dieses menschlichen Urgesteins – wie er auch schon in Schlagzeilen bezeichnet wurde – einen bleibenden Eindruck. In der Durchsetzung seiner Ziele ist Hennetmair wenig zimperlich, darin steht ihm Thomas Bernhard aber nicht nach, wie wir aus dem Tagebuch erfahren können.

Karl Ignaz Hennetmair hat Thomas Bernhard alle drei Häuser vermittelt, die Bernhard in Oberösterreich besaß. Zunächst der Traunviertler Vierkanthof im Gemeindegebiet von Ohlsdorf, dann die sogenannte „Krucka", sein Arbeitshaus, wie er es im Tagebuch nennt, und schließlich ein Haus in Ottnang, das sogenannte „Hansbäun" oder „Haunspäun", zu hochdeutsch „Hans-Paul". Besichtigung, Vermittlung und Kauf sowie die ersten Einrichtungsarbeiten des „Haunspäun" fallen in die Zeit der Tagebuchaufzeichnungen und sind dort genau geschildert. Die Bedeutung der Häuser, der Renovierungsarbeiten, die Bernhard selbst vornahm, wird wiederum in Bernhards Werken sichtbar.

Was an den Aufzeichnungen auffällt, ist die akribisch genaue Berichterstattung sowie der sichere Schreibstil und die unerhört schlüssige und reiche Ausdrucksform. Hier wird nicht ausgeschmückt oder herumgefeilt, sondern der „Realität" Sprache verliehen. Auch die sprachliche Form der „Realitätsvermittlung" beherrscht dieser Karl Ignaz Hennetmair.
Wir erfahren – während Bernhard einen Brief in Geldangelegenheiten an den Verleger Unseld in die Schreibmaschine „drischt" –, warum der Schriftsteller ausschließlich bestimmte ältere Modelle an Schreibmaschinen verwendet. Wir verfolgen, wie Thomas Bernhard nach Absetzung seines Stücks *Der Ignorant und der Wahnsinnige* vom Spielplan der Salzburger Festspiele ein Telegramm an Festspielpräsident Kaut verfaßt, in dem er sich mit Claus Peymann und den Schauspielern solidarisiert und gegen Josef Kaut wilde Attacken reitet. Das Telegramm ist zumindest auszugsweise in Zeitungen wiedergegeben worden. Doch Hennetmair hat in seinem Archiv Bernhards handschriftlichen Entwurf sowie den fertigen Text fürs Postamt aufbewahrt. Bernhard saß mit Hennetmair im Gastgarten, erbat sich dessen Schreibpapier und Kugelschreiber und ließ seinem Unmut freien Lauf. Hennetmair hatte – stets „verkaufsbereit" – derlei Schreibutensilien immer dabei, um jederzeit Vorverträge in Sachen Grund- und Hauskauf schließen zu können. Auch die Schwierigkeiten der beiden, das Telegramm beim Postamt Eugendorf aufzugeben, sind genau festgehalten. Man erfährt so nebenbei, wie lang oder, besser gesagt, wie kurz ein Telegramm sein muß, vor allem, wenn es sofort durchgegeben werden soll. Hennetmairs Ratschlag, nach Salzburg zum Hauptpostamt zu fahren, wird von Bernhard schließlich angenommen. Auch das Gespräch mit dem dortigen Schalterbeamten ist in den Notizen festgehalten. Scheinbare Nebensächlichkeiten – aber Hennetmair wirkt auch hiebei nie langweilig.
Zu Bernhards Alltag gehört nun einmal, nicht nur mit Peymann essen zu gehen, sondern auch mit Hennetmair ein Gespräch über die Frau von Bernhards Großvater zu führen, welche es erduldete, daß der Großvater eine Woche lang kein Wort mit ihr sprach, und das noch ohne nach dem Grund zu fragen. Sogar bei der Installation eines Fernsehers auf der „Krucka" war Hennetmair zu Diensten und hat dies auch in sein Tagebuch eingetragen.
Es schreibt jemand über einen Schriftsteller. Dieser „Jemand" ist aber selbst kein Schriftsteller. Was wird man von solch einem Tagebuch zunächst

erwarten? Informationen, Privates, allerlei kann man erwarten, aber man ist überrascht, wenn der Autor des Tagebuches – bei allen Unzulänglichkeiten, die nicht zuletzt auch durch Zeitmangel bedingt sind – in diesem Werk sein eigenes schriftstellerisches Talent zum Ausdruck bringt. Übrigens können wir in Hennetmairs Tagebuch lesen, daß Bernhard von sich behauptet, er sei kein Schriftsteller, sondern jemand, der schreibt. Als jemanden, der schreibt, erleben wir in diesem Tagebuch auch Karl Ignaz Hennetmair. Freilich hat ihn der Meister – unwissentlich? – dazu inspiriert. Die Begeisterung, die Hennetmair für manche Formulierungen und Briefe von Thomas Bernhard aufbringt, verrät sein Sensorium für die sprachliche Darstellung. Zu Beginn des Tagebuches plagen ihn die Sorgen einer getreuen Wiedergabe: „Thomas hat während des Spaziergangs nur wenige gute Bemerkungen ‚laut' gemacht. Die waren so gut und so geschliffen formuliert, daß ich anschließend zu meiner Frau sagte: Genau habe ich es mir nicht merken können, und somit ist alles futsch, was er gesagt hat, denn wenn ich es nicht wörtlich wiedergeben kann, ist die Wirkung der Aussage nicht da" (Tagebuch vom 29. Jänner 1972). Daß die Form den Inhalt der Aussage nicht gleichgültig läßt, „weiß" Hennetmair also. Daß er die Form beherrscht, zeigt sich an einer „Baumbeschreibung". Thomas Bernhard zeigte seinem Freund Hennetmair die Unfallstelle oberhalb der „Krucka", wo er sich beim Bäumeschneiden mit der Kettensäge verletzte. Hennetmair wies darauf hin, daß es höchst unvorsichtig war, den wie einen Bogen gespannten Baum „anzugehen". Er schildert uns die Lage des Baumes: „Der Unglücksbaum stand auf einem Steilhang, so steil wie ein Kirchendach, war von einem Sturm geknickt und berührte mit dem Wipfel den Weg unterhalb des Steilhanges, sodaß der Stamm der über zwanzig Meter langen, aber dünnen Buche von der Wurzel bis zum Wipfel einen Halbkreis bildete" (15. Jänner 1972). Diese Schilderung verrät ein Talent zur Beschreibung. Und eine Lust daran. Daß Bernhard aufgrund der Schockwirkung unmittelbar nach dem Unfall keine Schmerzen verspürte, veranlaßte Hennetmair, einige Geschichten aus seinen Kriegserlebnissen „nachzulegen". Bernhard hat diese Erzählungen geschätzt, wie aus dem Hinweis Hennetmairs auf Bernhards Gedächtnisleistung in der folgenden Passage ersichtlich ist: „Wenn wir mit dem Auto unterwegs sind, zwischen Linz – Steyr – Kirchdorf, dann erinnert mich Thomas an manchen Stellen der Straße, daß ich ihm vor Jahren oder vor Monaten genau auf dieser Strecke das und das Kriegserlebnis erzählt habe. Da er selbst als kleiner Schulbub von Flugzeugen aus mit Bomben und Bordkanonen angegriffen wurde und die Bombardierung von Traunstein und Salzburg miterlebt hat, hat es einen Sinn, mit ihm über Kriegserlebnisse zu sprechen. Denn wenn einer das nicht selbst erlebt hat, wie soll man es eigentlich erzählen, daß er sich auch nur annähernd ein Bild machen kann?" (29. Jänner 1972) Es ist dies ein Bekenntnis von Karl Ignaz Hennetmair, so zu erzählen, daß man sich ein Bild machen kann, das heißt im Bilde ist. Es hat aber keinen Sinn, Hennetmair als Autodidakten zu bezeichnen, er hat das Schreiben nicht als eine Berufung verspürt, er hat es aus gegebenem Anlaß getan, und danach war ein für allemal Schluß.

Aber schon der Anfang des Tagebuches, der erste Satz ist geglückt und zeigt Hennetmairs Gespür. Daß es jemand erwähnenswert findet und es auch in der Zeitung schreibt, daß Thomas Bernhard große Poren auf der Nase hat, ist Anlaß genug, jene Gespräche und Begegnungen von Karl Ignaz Hennetmair mit Thomas Bernhard aufzuzeichnen, die das Leben beider grundlegend bestimmt haben.

Hennetmair weiß um die Gefahr, daß Bernhard ihn ertappte – oft genug hat „Thomas" ihn unerwartet in seinem Haus besucht. Entweder auf der Flucht vor herannahendem ungeliebtem Besuch oder, wie so oft, auf der Suche nach dem Weggefährten für einen ausgedehnten Spaziergang. All das hat Karl Ignaz Hennetmair festgehalten.

Eine Sternstunde der Hennetmairschen Ausführungen veranschaulicht uns am besten, was Bernhard an Hennetmair fasziniert haben mag. Es ist dies auch einer jener seltenen Momente, in denen Hennetmair, über das Reich der Literaten sprechend, Thomas Bernhard Anerkennung abgerungen hat. Hennetmairs Stärke und Bedeutung als „Realitätenvermittler" kommt nirgends besser zum Ausdruck als in seiner Kritik an jenen „sprachlosen Künstlern", welchen der Stoff zur Auseinandersetzung fehlt: „Dabei fällt mir ein, daß Thomas in Wien von Schriftstellern immer angejammert wird, daß sie keinen Stoff haben, um etwas zu schreiben. Das kommt mir ganz jämmerlich vor. Wir gingen damals gerade den Stacheldrahtzaun einer Weide entlang, und ich sagte zu Thomas: Wenn ich den Draht ansehe, das alleine müßte den Stoff für ein Buch geben. Vom Erz angefangen, wo es herkommt, bis es zu Stacheldraht wird, über die Fabrik und die dort arbeiten, bis zu der Stelle, wo es hier als Weidezaun benützt wird, könnte man schreiben über schreiben. Denn da ist alles enthalten, von der Landwirtschaft bis zum Viehhändler und der Wurstfabrik, die dieses Vieh aus der Weide heraus bekommt. Wenn einer sagt, er hat keinen Stoff, dann kann er nie ein Schriftsteller sein, denn der erste Stoff, den er spürt, ist doch die Luft, die er einatmet, und davon alleine müßte man ein Leben lang schreiben können. Denn die Luft, die wir einatmen, ist schon durch so viele Lungen von Mensch und Vieh gegangen, alle Völker vor uns haben sie schon ein- und ausgeatmet. Die Luft, die wir hier einatmen, die könnte was erzählen. Du gehst ja auch wegen der Luft spazieren und brauchst die Luft, damit dir gute Gedanken kommen. Ein Schriftsteller muß einfach aus Luft auch etwas machen können, und die hat jeder und die kostet nichts. Thomas hörte mir damals ruhig zu, ohne etwas zu sagen, und das gilt bei ihm in viel höherem Maße als Zustimmung, als wenn er dazu Worte verwendete" (30. Jänner 1972).

Diese einfache und klare Be-Schreibung des feinsten Elements, das in der Tradition als Urstoff und auch als Metapher für den Geist verwendet wurde, jedem als erster Stoff und allgemeines Element am unmittelbarsten zugänglich ist, als Lebensprinzip der einzelnen zugleich auf dem Austausch der „Atmenden" beruhend durch die ganze Geschichte hindurch wirkt, ist eine Leistung, die zu den Höhepunkten des Tagebuches zu zählen ist.

Den „Kontakt" mit dem Stofflichen und mit jenen, die den Stoff aufnehmen, verarbeiten, beherrscht Hennetmair. Der an Kontaktlosigkeit leidende und über „Antikörper" forschende Ich-Erzähler in Bernhards Erzählung *Ja* hat gerade das beim Realitätenvermittler Moritz gesucht und bewundert. Bernhard hat Hennetmair mit der literarischen Figur des Moritz in seiner Erzählung ein Denkmal geschaffen.

Der Austausch zwischen Thomas Bernhard und Karl Ignaz Hennetmair fand über ein ganzes Jahrzehnt hindurch statt und währte nicht zuletzt deshalb so lange, weil sich die beiden auf verschiedenen Ebenen bewegten und sich so nie ins „Gehege" kamen. Hennetmair war Bernhards dienstbarer Geist, der im Laufe der Zeit immer mehr seine eigenen Ziele im Rahmen der Freundschaft mit Bernhard verfolgt hat, was auch im vorliegenden Tagebuch seinen Ausdruck findet. Jeden Zeitungsartikel, Fotos, jedes Telegramm im Original oder in Kopie von oder an Bernhard hat er – soweit er es sich beschaffen konnte – gesammelt. Ja sogar dessen durch die Motorsäge zerfetzte Arbeitshose – der Unfallhergang ist im Tagebuch nach-

zulesen – hat er von seiner Mutter flicken lassen, um in den Besitz der zerfetzten Teile zu kommen. Der Name Bernhard hat für ihn alles Stoffliche verwandelt. Er wußte, eines Tages wird seine Sammlung interessant, wertvoll, einträglich sein.
Hennetmairs Tagebuch geht allerdings weit über diese Form der Wert-Schätzung hinaus. Die Erzählungen und Berichte von Karl Ignaz Hennetmair haben insgesamt einen literarischen An-Spruch, der dem Leser die Lektüre dieses „Tagebuches" zum Vergnügen macht. Daß Bernhard in Hennetmair einen Realitätenvermittler, einen Bezug zur Realität gesucht und gefunden hat, wird im nachhinein durch Tagebuchaufzeichnungen, in welchen Hennetmairs und Bernhards Welt-Sicht zum Ausdruck kommen, verständlich.
In *Ja* attestiert der über Antikörper forschende Naturwissenschaftler dem Realitätenvermittler Moritz bei aller Unbildung eine überdurchschnittlich hohe Intelligenz und außergewöhnliche Hellhörigkeit. Aus dem Tagebuch geht hervor, daß Thomas Bernhard bei Geschäftsfahrten Hennetmairs oft mitgefahren ist, unter anderem, um Hennetmair aus einer gewissen Distanz beim Verhandeln zuzuhören. In *Ja* beschreibt uns Bernhard denselben Umstand zwischen dem Realitätenvermittler Moritz und dem Naturforscher folgendermaßen: „Solche Fahrten, in welchen er immer neue Beispiele menschlicher Gemeinheit und Niedertracht kennenlernte und an welchen ich selbst früher sehr oft teilgenommen hatte, schon um aus meiner Arbeit und aus meinem Haus herauszukommen, aus meinem Arbeits- und Existenzkerker, aber auch, um, wie er, immer neue Menschen und neue Charaktere und neue Abscheulichkeiten kennenzulernen, hatten ihn immer gleichzeitig erschöpft und erfrischt."
Hennetmair gibt seine Erschöpfungszustände nach anstrengenden Diskussionen mit Thomas Bernhard in seinen Aufzeichnungen preis. Auch Bernhard ist aufgefallen, daß Hennetmair die Herausforderung angenommen hat.
Hennetmair alias Moritz hat Bernhard und nicht zuletzt sich selbst in seinen Tagebuchaufzeichnungen verewigt. Bernhard muß es gewußt und gefördert haben. Hennetmair schreibt in seinen Aufzeichnungen, daß „Thomas" mit ihm zu dieser Zeit ständig seine gesamte Post besprochen hat. Auf lange Sicht ging damit aber die Freundschaft zwischen Thomas und Karl ihrem Ende zu. Schließlich hat Bernhard die Freundschaft mit

Hennetmair durch unwahre Beschuldigungen gebrochen. Der Schutz- und Zufluchtsort des Hauses Hennetmair war der Gefahr des Verrats ausgesetzt. Auch wenn in der Rückschau gesagt werden muß, daß schließlich Bernhard an Hennetmair Verrat begangen hat. Hennetmair hat das Ende der über zehn Jahre dauernden Freundschaft auf seine Weise zusammengefaßt: „So wie die Bäsle-Briefe Mozarts Werk nicht ankratzen können, kann auch die Scheußlichkeit und Niedertracht Thomas Bernhards seinem weltweit anerkannten Werk nichts anhaben."

Hennetmairs Berufung auf Mozarts Bäsle-Briefe kommt nicht von ungefähr. So gewagt der Vergleich auch sein mag, der Humor des Autors des vorliegenden Tagebuches nähert sich in der folgenden Pointe aus dem Tagebuch jenem in Mozarts Bäsle-Briefen. Als im Rahmen der Salzburger Festspiele die Aufführung von Thomas Bernhards Stück *Der Ignorant und der Wahnsinnige* am 4. August 1972 abgesagt wurde, wurde Hennetmair von einer Dame danach gefragt, wer der Mann sei, der gerade zum wartenden Publikum gesprochen habe. Darauf sagte Hennetmair: „Der auf der Stiege war Thomas Bernhard, der mit der Tafel war Regisseur Peymann, und dort steht der Baum mit den Bananen, und wie es weitergeht, wissen Sie selbst. Sie starrten mich entsetzt an. Da sagte ich: Sie haben keinen Humor. Humor hat nur der Autor, den könnte man heute auch mit S vorne schreiben. Wie, was heißt das, fragte die eine. Na, sagte ich, Autor vorne mit S geschrieben heißt Sau-tor. Da blickten sie noch entsetzter, und ich ging ins Freie zum Schauspielereingang."

Die Behauptung Hennetmairs, „nur" der Autor habe Humor, hat einen Hintergrund. Im Tagebuch ist oft genug zu lesen, daß Thomas Bernhard die ganze Familie Hennetmair zu wahren Lachkrämpfen treibt, von welchen sich die einzelnen „Teilnehmer" nur noch durch Verlassen des Zimmers „retten" können. Wer Thomas Bernhards Humor kennenlernen will, findet kein besseres Buch als das vorliegende.

Die Gastfreundschaft der Familie Hennetmair hat Bernhard aber nur allzu gerne genützt. Er ist von Frau Hennetmair mit Leibspeisen verwöhnt worden, wie es ansonsten nur einem Familienmitglied zuteil wird. Am 13. April 1972 lesen wir im Tagebuch, daß Thomas Bernhard, nachdem er merkte, daß Hennetmair schon nach Hause gehen wollte, diesen bat, mitkommen zu dürfen, „er halte es heute abend allein nicht aus". In *Ja* bezeichnet der Erzähler den Realitätenvermittler Moritz als Lebensretter, der ihn oft aus einem Alptraum, aus seinem Arbeits- und Existenzkerker befreit hat. Ein schon bekannt gewordener Satz in *Ja* lautet: „Wir müssen zu einem Moritz gehen und uns aussprechen können." In diesem Roman spricht der Erzähler aber auch aus, was ihm der Realitätenvermittler scheinbar nicht bieten konnte. „Ich sagte dem Moritz, daß mich die Perserin wie keine andere Person *in letzter Zeit*, ich sagte nicht *seit Jahren*, ich sagte absichtlich nur *in letzter Zeit*, interessierte, ihre Sensibilität, ihr zweifellos hoher Bildungsgrad." Mit dieser Perserin hat sich der Erzähler z. B. über Schumann und Schopenhauer unterhalten. In den Tagebuchaufzeichnungen machen wir auch kurz mit jener Frau Bekanntschaft, die Modell stand für diese Rolle der Perserin.

Das, was uns im Tagebuch scheinbar fehlt – denn es ist ein vollkommenes Ganzes –, deutet der Erzähler in *Ja* an. Es ist „das was ich das ganze Jahrzehnt meiner Bekanntschaft und Freundschaft mit dem Moritz verborgen, ja schließlich nach und nach die ganze Zeit vor ihm mit mathematischer Spitzfindigkeit verheimlicht und unerbittlich gegen mich selbst vor ihm zugedeckt hatte, um ihm, dem Moritz, nicht den kleinsten Einblick in meine Existenz zu verschaffen ..." Das sagt der Erzähler über den ihm „zu diesem Zeitpunkt wahrscheinlich tatsächlich am nächsten stehenden Menschen", über seinen „Lebensretter", dessen Haus ihm ein Fluchtpunkt war. Der an Kontaktlosigkeit leidende Erzähler verdankt dem Realitätenvermittler Moritz – wie er selbst sagt – seine Existenz. „... das ist nicht übertrieben und soll hier gesagt sein."

Hennetmair hat dafür gesorgt, daß Bernhard den Boden unter den Füßen nicht verliert. Seine „bodenständige" Art hat ihm bei anderen Bekannten Bernhards weniger Anerkennung verschafft. Freilich ist auch Eifersucht auf diese Freundschaft mit im Spiel, was „Thomas" selbst in den letzten Tagen der Aufzeichnungen ausspricht. Hennetmair schreibt am 27. Juni 1972 in Klammer gesetzt: „Im Grunde bin ich froh ..., daß ich überhaupt nie in diesen Kreisen dabei bin, denn es käme sicher nichts Gutes heraus und Thomas würde seine Zufluchtsstätte bei mir ... verlieren ..."

Abgesehen davon, daß Hennetmair „nur" *im Grunde* froh war, aus gewissen Kreisen ausgeschlossen zu sein, trifft er mit der Gefahr des Verlusts der Zufluchtsstätte ins Schwarze. Bernhard hat zu Hennetmair einmal gesagt: „Du bist der einzige, mit dem ich normal sprechen kann" (8. August 1972). Mit Bernhard über seine literarische Arbeit zu sprechen, dürfte im allge-

meinen eine sensible Angelegenheit gewesen sein. Auf die Frage Hennetmairs, ob Thomas Bernhard, was das Schreiben anbelangt, in Schwung gekommen sei, antwortet dieser: „Darüber spreche ich nicht“ (31. Mai 1972). Hennetmair bemerkte seinen „Fehler“ sofort und schreibt dazu: „Mit so einer direkten Frage an Thomas könnte ich mir die Quelle zuschütten.“
Aus dieser „Quelle“ kann also nicht direkt geschöpft werden, das war Hennetmair ansonsten wohl bewußt. Unser Naturforscher in *Ja* weiß um die Kunst des Realitätenhändlers Moritz Bescheid, wenn er ihm in einer entscheidenden Situation attestiert: „... dem Moritz war es gelungen, was er beabsichtigt gehabt hatte, mich durch geschickte Gesprächslenkung, von mir selbst abzubringen und das heißt, mich aus meiner Ausweglosigkeit herauszumanövrieren ...“
Von sich selbst wegzukommen und über den indirekten Weg, über das andere Ich beziehungsweise den anderen Menschen zu sich zu kommen, das ist die Rettung, die sich keiner formallogischen Identitätsfindung verdankt. Die formallogische Identität (a = a) ist die Kontaktlosigkeit, die Krankheit, die von unserem Naturforscher – seiner Methode gemäß? – in *Ja* Besitz ergriffen hatte. Hennetmair sagt zu Thomas Bernhard in seinem Tagebuch: „Das ist ja das, was du nicht willst, ‚Mitglied‘ zu sein.“ Ein Realitätenvermittler lebt aber geradezu von der Herstellung des Kontaktes. Daß die Anbahnung eines (geschäftlichen) Austausches nicht auf plumpe, allzu direkte Weise geschehen darf, darüber hat er Thomas Bernhard des öfteren belehrt. Was sich im Tagebuch und in *Ja* nachlesen läßt: „Und ich habe niemals mehr in meinem Leben von Menschen gelernt, als auf diesen Erkundungsfahrten mit dem Moritz ...“
Hennetmair spricht selbst von Ablenkungsthemen, die er ins Gespräch mit Hede Stavianicek (Bernhards „Lebensmensch“) einbrachte, um die Spannung zwischen Hede und Thomas abzubauen (27. Dezember 1972). Als Hennetmair noch einmal einen „Fehler“ machte und Thomas Bernhard nach seinen Fortschritten beim Schreiben fragte, erklärte Bernhard sehr ernst: „Das ist meine Sache.“ Und nach einer kurzen Pause sagte er: „Ich brauche Ablenkung“ (18. August 1972). Wir erfahren indirekt also auch einiges über Bernhards Schaffensprozeß, abgesehen davon, daß seine Gespräche mit Hennetmair reichhaltigen Stoff für das Verständnis Thomas Bernhards und seines Werkes bieten.

Hennetmair schreibt, daß er nur ca. dreißig Prozent der Gespräche mit Thomas Bernhard niederschreiben konnte, er lese ohnehin fast keine Zeitungen mehr und höre keine Nachrichten, um dieses Pensum zu bewältigen. Die Gespräche seien zu gehaltvoll, um sich alles merken zu können bzw. fehle die Zeit, so viel niederzuschreiben. Hennetmair hat sein Geschäft meist über das Wochenende abgewickelt, sodaß er wochentags mehr als jeder andere Zeit hatte, gemeinsam mit Thomas Bernhard etwas zu unternehmen.
Gegen Ende der Tagebuchaufzeichnungen war er völlig erschöpft, gestand uns Hennetmair im Gespräch. Es wäre ihm unmöglich gewesen, dieses Projekt weiterzutreiben. So wie es unmöglich gewesen wäre, einige Zeit nach dem Bruch mit Thomas Bernhard die freundschaftlichen Bande wieder zu knüpfen. Bernhard selbst wäre – so sagt uns Hennetmair – von ihm enttäuscht gewesen, wenn er Bernhards Angebot zur Versöhnung angenommen hätte. Es gab keine Rückkehr.
Aber eines bleibt: ein schier unerschöpfliches Bernhard-Archiv von Karl Ignaz Hennetmair, dessen Krönung die Tagebuchaufzeichnungen ausmachen. Nur ein sehr geringer Teil der Aufzeichnungen und Materialien ist bisher öffentlich vorgestellt worden. In einem gewissen zeitlichen Abstand fällt es denn auch leichter, Namen zu nennen. Der Leser wird nicht nur dem „Thomas“ mit Hilfe des Realitätenvermittlers Karl Ignaz Hennetmair näherkommen, sondern auch einen sehr begabten Realitätenvermittler kennenlernen.

Johannes Berchtold

Thomas Bernhard und Karl Ignaz Hennetmair, ein Jahrzehnt in Freundschaft verbunden.

Das versiegelte Tagebuch 1972

1. Jänner 1972

Nachdem ich heute mit Thomas den Artikel von Andreas Müller in der „Münchner Abendzeitung" [„Mein Körper, mein Kopf und sonst nichts"] besprochen habe und Müller es sogar erwähnenswert findet, daß Thomas auf der Nase große Poren hat, habe ich mich entschlossen, ab heute über alle Begegnungen mit Thomas Bernhard Aufzeichnungen zu machen und die Gespräche so weit wie möglich aufzuschreiben.
Thomas hat mich gestern, am letzten Tag des Jahres, dreimal besucht, und ich habe ihn zum Essen eingeladen. Um 10 Uhr marschierten wir zum Spaziergang Ohlsdorf – Forsthaus – Grotte – Hildprechting – Weinberg von ihm in Nathal ab, mit der Absicht, um 11 Uhr 30 bei mir in Weinberg zum Essen einzutreffen. Da wir bis zum Haus Eybl sehr rasch ausgegriffen hatten, waren wir schon um 11 Uhr 15 bei mir in Weinberg und gingen bei mir vorbei nach Nathal, weil dort mein Auto stand und Thomas und ich unsere Autos nach dem Essen bei uns haben wollten.
Obwohl Thomas um 4 Uhr von der Silvesterfeier beim Pabst in Laakirchen heimkam, war er so frisch wie selten. Thomas hatte mit den Ehegatten O'Donell und Architekt Hufnagl Silvester verbracht. Ich ging um 3 Uhr 15 zu Bett und wußte, daß Thomas noch nicht zu Hause war, da ich ihn sonst von meinem Zimmer aus nach Nathal einbiegen gesehen hätte. Er hätte sicher gehupt und wäre noch einen Sprung heraufgekommen oder ich zu ihm hinunter. Da es mich ärgerte, daß er so spät heimkommt, wegen dem für 10 Uhr ausgemachten Spaziergang, ließ ich, als ich mich niederlegte, das Licht im Zimmer brennen, damit er glaubt, ich sei noch auf, was ihn ärgern sollte. Tatsächlich sagte mir Thomas nachher, um 4 Uhr sei ich noch auf gewesen, er habe gehupt, aber ich hätte mich nicht gerührt. Als ich ihm sagte, daß ich ihn täuschte, sagte er vorwurfsvoll: Du bist ganz schön blöd.
Thomas beim Anblick des leeren Ohlsdorf um 10 Uhr 30 des Neujahrstages: Alle Türen sind geschlossen, die Fenster zu, sie „suhlen" noch, die Straßen sind leer, und so, wie sie das neue Jahr beginnen, so suhlen sie das

MEIN KÖRPER, MEIN KOPF UND SONST NICHTS

... Ein Interview mit Bernhard im üblichen Sinn ist nicht möglich. Er hat kein Telefon, beantwortet kaum Briefe, läßt sich ungern fotografieren, spricht selten vor Menschen ... Agi, Marie Agnes Baronin von Handl ..., sagt am Telefon: „Gut, mach' ich." ...
Wir kommen unangemeldet. Agi: „Zuerst wird er wahrscheinlich nur blödeln. Er blödelt immer." Bernhards knallgelber VW sticht gleich ins Auge, ein Fremdkörper. Das Gehöft, fast quadratisch, wie eine Festung, wirkt renoviert: sauber, von außen beinahe steril. Der Kuhstall ist leer. Agi schlägt mit der Faust an die Tür. „Thomas!" schreit sie. Nichts rührt sich. „Thomas, so mach doch auf!" Endlich hört man Schritte schleifen. Sie: „Ich hab' wen dabei." Er: „Aber du weißt doch, ich will das nicht." Durch einen dunklen, kargen Vorraum, vorbei an der sparsam möblierten Wohnstube, in der deplaziert ein Bügelbrett steht, kommt man ins „Besucherzimmer". Drei harte, hohe Lehnsessel, ein Kamin ohne Feuer, an der Wand ein naiv-buntes Ölbild, Holzspäne, ein paar Bücher. Es ist eiskalt, nicht geheizt. Rauchen verboten. Es dämmert. Bernhard läßt es finster. Er sieht krank aus. Schütteres Haar. Die Nase porös. Schmale, mißtrauische Augen. Er beginnt gleich zu reden, macht sich über Agi lustig, redet in einem fort, verhöhnt sie, spöttelt ironisch. Eine beißende Ironie, quälend. Agi tut so, als merke sie nichts. Ein echtes Gespräch ist nicht möglich. Ein Blatt Papier, einen Bleistift hervorholen, mitschreiben: daran ist nicht zu denken. Bernhard, permanent lächelnd, ein böses, hilfloses Lächeln, igelt sich ein. Aggression (was Agi „blödeln" nannte) ist sein Selbstschutz. Agi erwähnt ihre Söhne. Bernhard: „Man müßte drastische Maßnahmen ergreifen, damit nicht so viele Kinder auf die Welt kommen. Da jammern alle, es gibt zu viele, und dann unterstützt man das noch. Zuerst kriegen die Leute Kinder, und dann reden sie immer davon, was ihnen die Kinder für Sorgen machen. Man müßte allen Leuten, die Kinder kriegen, die Ohren abschneiden." ...

(Andreas Müller, „Münchner Abendzeitung", 28. 12. 1971)

ganze Jahr. Da und dort wird heuer wieder ein scheußliches Haus hingebaut werden, die Leute sind geschmacklos und widerlich.
Wir sprachen über einen Artikel der „Münchner Abendzeitung“ vom 28. 12. Von Agi hat er inzwischen schon einen zweiten Brief bekommen. Sie hat nichts begriffen, will es nicht begreifen, will es nicht verstehen, sieht nichts ein usw. Aber sie ist erledigt bei mir, sagt Thomas. Im Café Brandl sei sie gestern vor seinem Tisch sehr zögernd stehengeblieben, und sehr schüchtern und blöd fragte sie: Darf ich noch? Dann blieb sie lange abwartend stehen, ganz blöd, dann sagte ich halt: Na, entweder oder. Dann setzte sie sich zu mir und meinte, ich solle das vergessen. Man kann doch nicht sagen, man soll etwas vergessen, das gibt es nicht. Was geschehen ist, ist geschehen, aber vergessen kann man ja überhaupt nichts, auch wenn man so sagt, es ist doch nicht möglich, einfach etwas zu vergessen. So was gibt es eben nicht. Beim Gehen sagte Agi: Wann sehen wir uns wieder? Ich sagte: Vielleicht, wenn das Korn wogt. Agi ist die geborene Baronesse Maria Agnes von Handl vom Schloß Almegg. Thomas kann sich nicht erinnern, vom „Ohrenabschneiden“ gesprochen zu haben. Vielleicht habe er so etwas Ähnliches gesagt. Wir hielten es beide für möglich, daß der Reporter Andreas Müller „Ohren“ daraus gemacht hat, genauso wie er aus der geschiedenen Agi eine Witwe gemacht hat.
Beim Truthahnessen: Meine Gattin, mein Sohn Karl mit Frau und dem sechs Monate alten Baby, meine Tochter Elfriede mit Bräutigam „Stutz“, Tochter Reinhild und Sohn Wolfi anwesend, drohe ich meinem Nachwuchs mit „Ohrenabschneiden“. Die Stimmung ist gut und der Appetit nach dem Spaziergang auch. Um 12 Uhr 15 setzen wir uns nach oben zum Fernsehen: Neujahrskonzert. Die Tänze stören, sagt Thomas, die lenken nur ab vom schönen Konzert, nur das Orchester soll gezeigt werden, die Tänze sind Kitsch, Mist. Ich werde doch noch das Ballett schreiben. Der Mann, der das macht, Aurel von Milloss, ist spitze, er schätzt meine Bücher, ihm gefällt meine Art. Da weiß ich, für wen ich schreibe, ich kann mich auf ihn einstellen und er auf mich. Weißt du, nur so kommt etwas Gutes zustande. Er, Aurel von Milloss, hat mich ersucht, das Ballett für seine Oper zu schreiben.
Thomas lobt Kaffee und Linzertorte. Er fühlt sich bestens, sonst würde er nicht auch noch das Neujahrsspringen mit ansehen. Beim zweiten Durchgang wünscht Thomas dem führenden Kasaya einen Seitenwind oder eine

Windböe, damit Mörk gewinnen kann. Um 15 Uhr erhebt sich Thomas und sagt, jetzt muß ich aber fahren, ich komme eh schon zu spät. Für 15 Uhr hab ich's mit O'Donell und Hufnagl im Brandl ausgemacht. Wir sprachen auch noch von der Uraufführung bei den Salzburger Festspielen, aber es waren fast nur Wiederholungen, und über frühere diesbezügliche Gespräche berichte ich noch.
Naja, und das Wichtigste: für Sonntag den 2. 1., also morgen, erwartet er am Nachmittag Ilse Aichinger mit Gatten Eich und Sohn. Den Sohn hat er in Zürich nach seiner *Boris*-Aufführung zum Mißvergnügen von Buckwitz zum Essen mitgenommen, damit so junge Leute gleich sehen, wie scheußlich so was ist. Sie stellen sich das meistens anders vor. Außerdem tue ich mit so was immer gern jemandem etwas zufleiß, und weil der Bursche so nett war, habe ich seine Mutter Ilse Aichinger mit ihm zu mir geladen. Sie haben ein Telegramm geschickt: „Dürfen wir am 2. oder 3. nachmittags kommen?" Ich habe zurücktelegrafiert: „Am 2." Weil ja am 3. der Schmied kommt (Dr. Wieland Schmied).
Ja, usw., aber jetzt habe ich genug, es fällt mir immer mehr ein zu berichten, aber für heute mache ich Schluß.

2. Jänner 1972

Thomas kommt um 20 Uhr 15. Wir sitzen beim Fernsehen, es läuft „Stars in der Manege". Er sagt, das ist nicht interessant, denn wenn etwas schiefgeht, sieht man es nicht, weil sie es rausschneiden. Ich konnte erst jetzt kommen, die Aichinger war bis jetzt bei mir. Ich habe einen Schwips, mindestens zehn Liter Most haben wir getrunken. Es war herrlich, sehr nett, wunderbar, ha ha ha ha, er sang und spottete dem laufenden Programm nach. Von zwei Uhr an, sagt Thomas, habe ich auf Aichinger gewartet, um 16 Uhr sind sie erst gekommen. Unglücklicherweise haben Aichingers vor dem Wegfahren selbst Besuch bekommen. Dann entschloß man sich, Eich, der Gatte, bleibt beim Besuch zu Hause, und Ilse Aichinger fährt. Da Ilse Aichinger nicht chauffieren kann, mußte ein Taxi genommen werden. Ihre Mutter, der Sohn und drei Mädchen sind auch mitgekommen. Ein Mädchen, eine Türkin, eine Frau als Taxifahrerin. Es war wunderbar lustig, dreimal mußte ich Most vom Keller holen. Drei Liter gehen gut hinein, es müssen zehn

Liter Most gewesen sein, die wir getrunken haben. Die Wirkung davon hat sich auch schon vor der Abfahrt gezeigt. Es war wunderbar.
Ich: Da habt ihr sicher weder über ihre noch über deine Arbeit (gemeint war natürlich die schriftstellerische Tätigkeit, die durchwegs nicht gemeint ist, wenn wir von Arbeit reden) gesprochen. Aber keine Spur, überhaupt nicht. Bis zu den Nachrichten um 22 Uhr 30 bleibe ich noch, vielleicht ist wieder jemand gestorben, sagte Thomas. Dabei schaute mich Thomas vielsagend an. Das sagt er öfter, und er weiß, daß wir beide jedesmal das gleiche denken.
Wir saßen vor Jahren gemeinsam vor dem Apparat, als die Meldung kam, daß Doderer gestorben sei. Wie elektrisiert sprang Thomas vom Sessel, klatschte in die Hände und rief erfreut: Der Doderer ist gestorben. Auf meine Frage, warum ihn das so freue, sagte er: Doderer war doch in Österreich das Renommierpferd, und solange der lebte, konnte kein anderer was werden, es konnte keiner hochkommen. Jetzt ist die Bahn frei, jetzt komme ich. Aber so wie den Doderer werden sie mich nicht bekommen. So einen Doderer werde ich ihnen nicht spielen, denn wenn man sich zu allen offiziellen Anlässen sehen läßt, wird man verschlissen, abgelenkt und irritiert. Es verdreht einem den Kopf, man bleibt auf seinem Ruhm sitzen und kann nichts mehr schaffen beziehungsweise nichts Großes, Gutes mehr schreiben. Man wird ja auch nicht mehr so kritisiert, eher für jeden Blödsinn gefeiert und umheuchelt. Das ist ja der Ruin der Leute. Sie nützen das aus und produzieren nichts Gutes mehr. Sie lassen sich blenden und verblöden.
Als Thomas und ich einige Wochen später Dr. Wieland Schmied besuchten, den ich als wahren, echten und einzigen Freund Thomas Bernhards ansehe, erzählte ich diesem absichtlich den Freudensprung von Thomas. Trotz aller Freundschaft mit Schmied wurde Thomas rot im Gesicht, er schwächte ab, und es war ihm peinlich.
Übrigens, Dr. Wieland Schmied hat sich für morgen aus Hannover angesagt. Thomas sagt mehrmals: Wieland sitzt schon im Zug. Ich sage: Er schläft schon. Ja, mit einem Schnarcher im Abteil, sagt er.
Wir vereinbaren, daß Thomas morgen um 7 Uhr 30 zu mir kommt und daß wir Schmied gemeinsam um 8 Uhr in Wels am Bahnhof abholen.
Ich habe mir da etwas Schönes angefangen. Um 22 Uhr 30 hat mich Thomas verlassen, jetzt ist es 1 Uhr, und ich wüßte noch so viel von den zwei-

einhalb Stunden zu berichten. Aber wenn ich nichts aufzeichne, geht später jede Bernhardforschung ins Leere. Außerdem bin ich sicher, daß man mir glauben wird, denn ein paar von meinen Kindern werden mich und Bernhard überleben und werden jedes Wort von mir bestätigen. Außerdem ist Bernhard ein so dankbares „Objekt", da braucht man nichts erfinden. Es ist eher so, daß ich gar nicht alles schildern kann, denn wenn man, wie am 1. Jänner, fünf Stunden ununterbrochen mit Bernhard spricht, dann kann man nicht einmal das Interessanteste vollständig bringen. Am 1. sprachen wir darüber, daß das achte Jahr unserer Bekanntschaft beginnt. Wir rührten darin herum, was in diesen acht Jahren alles geschehen ist, daß in diesen acht Jahren, soweit er nicht verreist war, kaum ein Tag verging, wo wir nicht beisammen waren. Ja, es gab Tage, da kam er vormittags, nachmittags und abends zu mir. Heute tut es mir leid, daß ich nicht wenigstens schlagwortartige Aufzeichnungen gemacht habe. Obwohl er mir schon vor ca. vier bis fünf Jahren einmal gesagt hat: Du weißt gar nicht, wie berühmt ich bin. Daraufhin sagte ich: Das weiß ich sehr wohl. Er sagte aber: Nein, in Österreich schreiben sie nichts von mir, aber in Deutschland, da gelte ich was. Ich sagte nur: Ich weiß, daß man in deutschen Zeitungen über dich als vom größten lebenden Schriftsteller im deutschen Sprachraum schreibt. Aber soll ich deswegen jetzt „Sie" zu dir sagen? Das brächte ich höchstens in bezug auf die Mehrzahl fertig, denn du alleine bist schon eine ganze Bagage.
Ich werde also versuchen, soweit ich Zeit habe und wenn es mir gerade einfällt, auch über die vergangenen sieben Jahre zu berichten.

3. Jänner 1972

Um 7 Uhr 30 kommt Thomas. Ich fahre in seinem gelben VW mit nach Wels, Dr. Wieland Schmied abzuholen. Der Zug ist pünktlich, die Begrüßung herzlich. Wir fahren zu mir nach Weinberg und laden das Gepäck ab. Dr. Schmied wird bei mir wohnen. Er wollte drei Tage bei Thomas verbringen, aber dieser wollte ihn in ein Hotel bringen, da er ihn bei sich zu Hause nicht zu lange ertragen kann. Schmied will lange aufbleiben, mindestens bis 23 Uhr in Gesellschaft, dann hat er sich meistens „warmgesprochen" und schreibt anschließend bis 4 Uhr früh Briefe. Warmgesprochen im

Sinne von warmgerittenem Pferd, das dann am beşten läuft. So war es auch vom 3. auf den 4.

4. Jänner 1972

Als Thomas und ich ihn um 22 Uhr verließen, schrieb er bis 4 Uhr und kam um 10 Uhr hoch. Er ging zu Fuß zu Thomas nach Nathal. Als ich um 14 Uhr dort eintraf, fuhr Thomas noch eine Fuhre Schotter mit dem Traktor weg, und dann erst machten sie sich gemeinsam zum Mittagessen auf.
Um 18 Uhr trafen wir uns wieder bei mir, um beim Tapezierer Steinmaurer in Vorchdorf wegen schwarz abfärbender Rauhlederbezüge auf den Sesseln zu reklamieren. Anschließend gab es Abendessen bei mir.
Da Dr. Schmied in der Nacht wieder schreiben will, geht Thomas schon um 21 Uhr nach Hause. Um 21 Uhr 30 will auch ich Schmied verlassen, aber ich komme nicht weg. Um 22 Uhr versuche ich es energisch, aber Dr. Schmied bittet noch um ein paar Minuten. Um 23 Uhr sehe ich, er ist in Hochform, und es wird schließlich 24 Uhr, bis ich ihn verlasse.
Schmied arbeitet bis 4 Uhr 30.

5. Jänner 1972

Um 10 Uhr kommt Thomas. Da Schmied schläft, fährt er alleine nach Gmunden. Für 12 Uhr ist bei mir das gemeinsame Mittagessen mit Schmied und Thomas vereinbart. Um 11 Uhr 30 kommt Schmied vom Lager. Natürlich hat er keinen Appetit auf ein Mittagessen in einer halben Stunde. Wir fahren nach Pinsdorf zu meinem Sohn, eine Heizung ansehen, und lassen die Post zurück: Wenn Thomas um 12 Uhr kommt, lassen wir ihn schön grüßen, und er soll mit dem Essen ja nicht auf uns warten. Er würde sonst sehr böse werden, denn er haßt Unpünktlichkeit. Aber wenn er inzwischen essen kann, wird er uns leichter verzeihen. Nach dem Essen plaudern wir noch bis 14 Uhr über Deutschland, dessen Kunst und Literatur. Die Deutschen leben nur von den Juden und den Österreichern, sagt Thomas. Anschließend mit Schmied nach Lederau usw.

Um 18 Uhr erwartet uns Thomas in Nathal. In Gmunden sahen wir Glöckler und viele Leute. Thomas glaubt trotzdem, in Gmunden schnell zu einem Abendessen zu kommen. Da alles überfüllt ist, fahren Dr. Schmied und Thomas in die Reindlmühl ins Gasthaus. Dort findet ein Glöcklerball statt, es gibt sofort Speisen, beide unterhalten sich mit den Einheimischen so gut, daß sie Attnang nur knapp vor der Abfahrt des Zuges um 23 Uhr 05 erreichen.
Dr. Schmied fährt nach Venedig zu Hundertwasser. Hundertwasser ist seit über zehn Jahren auf Bernhard böse. Bernhard mißfiel damals, daß Hundertwasser mitten im Winter mit einem Kaftan bekleidet in St. Veit im Pongau den Dr. Schmied besuchte, welcher seinerseits bei Thomas auf Besuch war. Alle drei verbrachten gemeinsam einige Tage, und es kam dort das Buch zustande, das Dr. Wieland Schmied über Hundertwasser veröffentlichte und damit praktisch den Erfolg Hundertwassers einleitete. Beim Verlassen eines Kaffeehauses in Bischofshofen hielt Thomas den Kaftan für Hundertwasser hoch, dieser beeilte sich aber nicht, in den entgegengehaltenen Mantel hineinzuschlüpfen, sondern sprach unbekümmert mit Dr. Schmied weiter. Thomas blieb bei seiner Haltung, und als Hundertwasser Thomas endlich den Kaftan abnehmen wollte, ließ Thomas den hochgehaltenen Kaftan zu Boden fallen und ging wortlos. Seither haben sie sich nicht mehr gesehen.

6. Jänner 1972

Heute genau vor sieben Jahren am Dreikönigstag hat Thomas um 14 Uhr in Begleitung seiner Tante (Frau Stavianicek) den Kaufvertrag für den Vierkanthof in Nathal unterschrieben. Zu diesem Jubiläum habe ich Thomas bisher immer zu Mittag eingeladen. Da wir dieses Festessen mit Rehbraten gestern mit Dr. Schmied schon vorweggenommen haben, erwarte ich Thomas abends. Er kommt um 18 Uhr und bleibt bis 22 Uhr. Er kam ohne Auto und lehnt es ab, daß ich ihn im Wagen nach Hause bringe. Er habe wie in den letzten Tagen viel zu wenig Bewegung gehabt. Morgen werde er aus diesem Grund auf der Krucka – dies ist der Hausname der von ihm am 29. März 1971 zugekauften Liegenschaft Grasberg 98 – arbeiten. Die Information, welche ich mit Thomas aufgenommen habe, lege ich in Fotokopie bei. Das Original ist in meinem Besitz, denn als ich merkte, daß der Anwalt mit diesem Original Freude hätte, habe ich diesem die Durchschrift überreicht, um den Hauptvertrag verfassen zu können.

Durch die Vermittlung des Realbüro Otto Fritsch, Gmunden
wurde heute nachstehende

Information

zwischen ~~Franz~~ Josef Schmid, Fuhrwerker, Reindlmühl
Gmundnerberg 170 Post 4814 Neukirchen
als verkaufende Partei einerseits und Thomas Bernhard, Landwirt u.
~~Literat~~ moderner ~~Klass~~ Literaturklassiker, Ohlsdorf, Obernathal 2
als kaufende Partei andererseits, wie folgt aufgenommen:

1. Die verkaufende Partei verkauft und übergibt an die kaufende Partei, und diese kauft und übernimmt von Ersteren Liegenschaft Grasberg Nr. 98 EZ 108, 109 u. 159 KG Grasberg Bez. Gmunden mit allen Rechten und Vorteilen, mit denen die verkaufende Partei das Kaufobjekt bisher besessen und benützt hat oder zu besitzen und benützen berechtigt war, um den vereinbahrten Kaufpreis von S 250.000 sage zweihundertfünfzigtausend Schilling

2. Die kaufende Partei tritt am Tage der Rechtskraft des Hauptvertrages in den tatsächlichen Besitz und Genuß des Kaufobjektes und trägt von diesem Tage angefangen die davon zu entrichtenden Steuern und Abgaben sowie Gefahr und Zufall.

3. Sämtliche Kosten und Gebühren, einschl. der Vermessung, welche mit der Errichtung und grundbücherlichen Durchführung dieses Vertrages verbunden sind, gehen zu Lasten des Käufers. ~~Eine~~ Die etwaige Lastenfreistellung hat der Verkäufer zu bezahlen.

4. Die Vertragsparteien verpflichten sich, die durch die erfolgte Vermittlung fällig gewordene Vermittlungsgebühr von je 3 % an den Vermittler sofort zu bezahlen und sind damit einverstanden, daß diese Provisionen vom Anzahlungsbetrag in Abzug gebracht werden.

5. Alle hier eingegangenen Verpflichtungen gelten als zur ungeteilten Hand vereinbart.

6. Die Parteien verzichten darauf, diesen Vertrag wegen allfälliger Verletzung über die Hälfte des wahren Wertes anzufechten oder eine derartige Einrede geltend zu machen.

7. Der zur grundbücherlichen Übertragung des Eigentumsrechtes geeignete Vertrag hat von den Parteien bis längstens 15. März errichtet und unterfertigt zu werden.

8. Zum Schriftenverfasser wird Dr. Erasmus Schwedik-Bolfras, Gmunden ~~bestimmt~~.

9. Zum Geometer wird Dipl. Ing. Alfred Lösch, Gmunden bestimmt.

10. Die kaufende Partei erlegt ein Angeld von S 150.000.– bis 2.4.1971 an Hametner Ohlsdorf

11. Für sämtliche aus dieser Vereinbarung entstehenden Streitigkeiten zwischen den Vertragsschließenden, einschließlich der Vermittlungsgebühr, ist das Bezirksgericht Gmunden vereinbart.

Die „Information" beziehungsweise der Vorvertrag über den Kauf der Liegenschaft Grasberg 98, die sogenannte „Krucka", abgeschlossen zwischen Josef Schmid, Fuhrwerker, und Thomas Bernhard, Landwirt und moderner Literaturklassiker.

7. Jänner 1972

Um 16 Uhr betritt Thomas mein Haus: Jetzt habe ich einen neuen Fuß geschenkt bekommen. Ich komme gerade vom Spital. Ich habe so ein Glück, daß das Knie nicht erwischt wurde, und es hätte überhaupt der ganze Fuß ab sein können. Bitte sei so lieb und ruf mir den Peter an (seinen Bruder Dr. Peter Fabjan, Arzt in Wels), er soll mir sofort die dritte Tetanus geben. Es ist über ein Jahr oder länger her, daß ich mir den rostigen Nagel eingetreten habe. Damals hat er mir zwei Injektionen gespritzt, die dritte soll er mitbringen.
Um ihn zu „testen", wie weit es fehlt, frage ich, ob er nicht eine Kleinigkeit essen möchte, da ich weiß, daß er auf der Krucka höchstens eine Erbsensuppe gegessen hat. Er lehnt dankend ab und bittet um Tee. Der ist sofort da, aber ehe er die Schale leer trinken konnte, bekam er Schmerzen, immer stärker werdend, sodaß er plötzlich aufstand und sagte: Jetzt ist es höchste Zeit, jetzt kann ich noch mit dem Auto hinüberfahren, etwas später wird es nicht mehr gehen. Inzwischen hat er mir geschildert, wie er genäht wurde und wie sich der Unfall zugetragen hatte.
Ich fahre gleich zur Post, telefoniere mit Peter und fahre zu Thomas. Als er öffnet, sagt er: Gerade vor einigen Minuten habe ich schon geglaubt, du bist es, aber es war ein Streifenwagen der Gendarmerie. Sie wollten mich sofort zum Spital bringen, die Tetanusspritze müsse mir sofort gegeben werden. Kommt Peter? Ja, um 20 Uhr, sage ich. Na ja, das habe ich den Gendarmen gesagt und bin nicht mitgefahren. Peter weiß, was ich bekommen habe, vom Pferd, Rind oder Schaf. Ich weiß es nicht, daher soll Peter mir die „Dritte" geben.
Um 20 Uhr kommt Peter, die Injektion wird gegeben. Das linke Bein kann Thomas inzwischen nicht mehr abbiegen. Peter fährt nach Gmunden, um mit dem Oberarzt, welcher die Wunde nähte, selbst zu sprechen. Der sagte ihm, daß Thomas sehr genau beim Nähen zugeschaut habe und daß er sehr tapfer gewesen sei.
Um 22 Uhr verlassen Peter und ich Thomas. Er trägt mir noch auf, morgen eine Flasche Milch, „Die Zeit", die „Süddeutsche", die „Salzburger Nachrichten" und „Die Presse" mitzubringen.

8. Jänner 1972

Um 9 Uhr komme ich mit Milch und Zeitungen zu Thomas. Er kann nur mühsam gehen und legt sich sofort wieder hin. Er gibt mir ein schmales Büchlein über Grillparzer und den Brief vom Residenz Verlag, den ihm Schaffler mit dem Buch geschickt hat. Der Brief trägt das Datum 5. 1. 1972, und ich sage: Den hast du vor dem Unfall noch von der Post geholt? Ja, aber das ist es nicht. Natürlich passe ich nicht zu Grillparzer, und er hat auch nichts mit mir gemeinsam. Eigentlich sollte man mir diesen Preis ja nicht geben, denn ich bin ja das Gegenteil von dem, was Grillparzer war. Aber schau dir den Brief vom Burgtheater an, was Klingenberg mir schreibt. Ich sehe auf das Datum, 5. 1. 1972, besichtige den Briefumschlag, und da steht als Absender die Adresse des Burgtheaters und darunter ganz groß DER DIREKTOR. Ich sage: Aha, die rechnen schon mit schnellem Direktorenwechsel. Diese Kuverts können von jedem Direktor verwendet werden. Er sagt: Na lies nur, lies nur, was der von mir schon wieder will. Ich wollte den Brief nur flüchtig überfliegen, wie ich es sonst meistens mache, da mir Thomas die Essenz des Inhaltes seiner Briefe meistens selbst viel besser erzählt. Ich lese also genau: Klingenberg schreibt, er veranstalte im Burgtheater anläßlich des 100. Todestages Grillparzers eine „ganz kleine Feier". Er erwarte sich von Bernhard eine kleine Rede in der Dauer von drei bis fünf Minuten. Er, Klingenberg, könnte sich vorstellen, daß nicht so sehr der Dichter Grillparzer, sondern sein Leiden für Österreich in den Vordergrund trete. Am Brief fällt mir noch auf, daß er nicht von Klingenberg selbst, sondern von einer Sekretärin gezeichnet ist und daß sich noch ein Nachsatz auf der zweiten Seite befindet. Ich sage sofort, daß doch so etwas nicht in Frage komme. Er hat bisher noch nie über einen Dichter gesprochen, auch bei Verleihungen nicht. Zum Beispiel beim Büchner-Preis nicht über Büchner, obwohl man ihm ein Buch über sämtliche Reden der Büchner-Preisträger zugeschickt hat und jeder über Büchner sprach. Aber über Büchner oder Grillparzer zu sprechen wäre doch nur eine Aussage unter vielen und würde nichts bedeuten, weil ja jeder jeden anders sieht. Außerdem haben wir schon zu Beginn, als Hans Rochelt bei Thomas vorsichtig anfragte, ob er den Grillparzer-Preis annehmen würde, beschlossen, diesmal keine Rede zu halten. (Er verspricht mir dann immer, das zu halten.) Nur unter diesem Gesichtspunkt hat er an Rochelt geschrieben:

„Ich habe 15 Jahre Ignorieren überlebt, mich wird der Grillparzer-Preis auch nicht stören."

Nachdem es bei der Verleihung des Staatspreises dieses „Mißverständnis", wie Thomas es nennt, gab, der Unterrichtsminister [Theodor Piffl-Percevic] verließ den Saal, graust Thomas schon vor Verleihungen. Er hat übrigens diese Rede damals zwischen dem Frühstück um 9 Uhr und der Ehrung um 11 Uhr flüchtig zu Papier gebracht und hat sie dann noch seiner Tante Hede Stavianicek vorgelesen. Diese hat ihm abgeraten, aber er blieb beim Text.

Mit diesem zerknitterten Entwurf kam er am nächsten Tag zu mir, um diese Rede auf ein besseres Papier abzuschreiben, damit er sie zur Veröffentlichung im Ganzen wegschicken könne. Sonst würden einzelne Sätze gebracht, die ein anderes Bild gäben. Außerdem wollte er wissen, was ich dazu sage. Nachdem ich monatelang gehetzt hatte, gerade er, der gehört wird, müsse auf die wunden Stellen u. a. m. hinweisen, war ich von der Rede begeistert. Ich habe zu den Aussagen der Rede im einzelnen Stellung genommen und ihm erklärt, daß der Unterrichtsminister nicht aufnahmefähig genug war. Wenn er die Rede begriffen hätte, dann wäre er sicher nicht davongelaufen. Aber gerade seine Reaktion hat ja diese Rede nur bestätigt.

Ich erinnere mich an die Wochen vor der Verleihung des Büchner-Preises. Täglich besuchte mich Thomas in Ohlsdorf beim Steindlrohbau, wo ich als Hilfsmaurer arbeitete. Sein Eineinhalb- bis Zweistundenspaziergang führte dort vorbei. Obwohl ich dauernd mit Mörtel- oder Ziegeltragen beschäftigt war, blieb er stundenlang, um zu sprechen und seine Probleme auszubreiten. Irgend etwas steckte in ihm, irgend etwas bedrückte und beschäftigte ihn. Und eines Tages war es soweit. Ich war wieder am Rohbau, schon von weitem schwenkte Thomas einen Zettel. Ich ging ihm entgegen. Jetzt hab ich's, sagte er, du mußt mir das sofort vorlesen. Das ist die Rede, die ich beim Büchner-Preis nach der Laudatio halten werde. Ich weiß natürlich, daß sie gut ist, ich werde auch nichts mehr ändern, aber wenn ich es selbst laut lese, gewinne ich nicht den notwendigen Eindruck. Ich höre da nicht, wie es wirkt. Sonst hat mir meine Reden immer die Hede vorgelesen, manchmal auch der Peter, aber der ist so ..., der versteht mich nicht. Er wird heute wahrscheinlich noch kommen, aber ich möchte, daß du mir das vorliest, bitte lies. Es waren zehn bis zwölf Maschinschriftzeilen.

Daß die Rede kurz sein wird, das hatten wir schon längst besprochen. Ich sagte ihm, die langen Reden seiner Vorgänger kenne ich – er gab sie mir ja zum Lesen –, alle Anwesenden werden froh sein, wenn seine Rede kurz ist. Man kann auch in wenigen Sätzen viel sagen, und wenn eine Rede gut und kräftig ist, soll sie nicht zu lang sein, sonst stehen das die Zuhörer nicht durch. Seine Reden verlangen stärkste, andauernde Aufmerksamkeit, sonst gibt es wieder ein „Mißverständnis".

Ich überflog die Zeilen, damit ich nicht sofort über die Interpunktionen stolpere, und las dann. Thomas führte fast einen Freudentanz auf und sagte: So wollte ich die Rede. Die ist gut. Weißt du, ohne Rede geht es ja nicht, aber das ist kurz und das genügt, bitte lies noch mal. Nachdem ich wieder geendet hatte, sagte er, je näher der Tag der Verleihung rücke, umso weniger könne er sich konzentrieren. Gestern ist es ihm plötzlich beim Spaziergang eingefallen. Deswegen ist er auch bei mir zu Hause schnell beim Vorbeigehen auf einen Sprung zu meiner Frau gegangen, damit er sich Notizen machen könne, denn bis nach Hause hätte er es schon wieder vergessen gehabt.

Zurückkommend auf den Brief von Klingenberg sagt Thomas schließlich: Nun hätte ich ja sogar eine Ausrede, wegen meiner Fußverletzung. Aber ich werde natürlich auf keinen Fall dort eine Rede halten.

Gegen Mittag wird sich Thomas ein Milchsupperl kochen, ich verlasse ihn, um ihn um 16 Uhr wieder zu besuchen. Bis 22 Uhr bleibe ich bei ihm. Vier seiner großen Küchenmesser hatte ich frisch geschliffen vom Nachbar Strasser mitgebracht, und zum Abendbrot benützen wir die Messer ausgiebig.

9. Jänner 1972

Für irgendwann am Vormittag habe ich Thomas meinen Besuch versprochen. Da ich seit 8 Uhr an diesem Bericht hier schreibe und schon sehe, daß ich noch länger damit brauchen werde, fahre ich um 10 Uhr zu Thomas. Zuerst wollte ich Thomas sagen, er solle sich nichts kochen, ich brächte ihm um 12 Uhr eine Suppe. Da er es aber auch aushalten wird, daß ich ihn zum Essen zu mir fahre, sagt er zu, und wir vereinbaren, daß ich ihn um 12 Uhr abhole. Inzwischen will ich noch schreiben. Beim Weggehen

sage ich ihm noch, daß heute auch meine Tochter Elfriede mit Stiegler zum Essen da ist. Da sagt er, mit seinem Leid wolle er sich nicht zeigen, ich solle entschuldigen. Er hat nichts gegen meine Tochter, aber er will überhaupt nicht, daß er so gesehen wird. Er hinkt tatsächlich sehr stark. Ich sage: „Gut, ich bringe dir um 12 Uhr 30 eine Suppe."
Pünktlich bringe ich ihm die Suppe, Schnitzel und Salat. Ich gebe es ihm bei der Haustür, damit ich nicht picken bleibe, denn ich hab noch viel zu schreiben. Ich sage noch schnell: „Irgendwann besuche ich dich heute noch, genau will ich mich nicht festlegen. Ich weiß nicht, wann ich mit der Arbeit fertig bin." Nun bin ich es, und ich werde nach einem kleinen Nachmittagsschläfchen wieder zu Thomas fahren.
Um 16 Uhr 30 bin ich bei Thomas. Seine Stimmung ist schlecht. Ich frage ihn, ob nicht Besuch da war. Er sagt, wer soll denn kommen? Na ja, an Samstagen oder Sonntagen siehst du mindestens den O'Donell, der könnte doch nachsehen, was los ist. Der wird nicht kommen, sagt Thomas, der traut sich doch nicht zu kommen, wenn ich ihn nicht ausdrücklich einlade. Es wird überhaupt niemand zu mir kommen, niemand traut sich das. Ich bin froh, das paßt mir so.
Stimmung weiter sehr schlecht.
Endlich knipst er um 17 Uhr das Radio wegen der Nachrichten an. Nachher kommt kein richtiges Gespräch in Gang. Ich denke dauernd nach, wie ich möglichst bald, ohne daß ihm besonders auffällt, daß es wegen der schlechten Stimmung ist, verschwinden kann. Er klagt, daß ich ihm nicht einmal die „Kronen Zeitung" gebracht habe. Gegen 18 Uhr 30 sage ich ihm, daß ich ihn morgen, Montag, um 9 Uhr 30 mit dem Wagen meines Sohnes ins Spital zur Verbanderneuerung bringe, da ich meinen eigenen um 7 Uhr schon in die Werkstatt zur Überprüfung gebe. Dann stehe ich auf, sage: So, jetzt putze ich den Fisch, pfüat di God. Er sagt noch: Laß das Tor offen, ich will es selbst schließen, um etwas Luft zu schöpfen, und humpelt mir nach zum Tor.

10. Jänner 1972

9 Uhr 30 bei Thomas. Da er weiß, daß ich pünktlich komme, klopfe ich normal. Ich höre ihn gehen, er öffnet nicht. Da ich ihn weiterhin zeitweise

höre, fällt mir auf, daß er so nicht reagiert. Ich klopfe im vereinbarten Rhythmus, er öffnet sofort und ist freundlich. Ich übergebe ihm einen Brief. Diesen habe ich schon um 8 Uhr dem Briefträger abgenommen. Seit mehreren Jahren bin ich berechtigt, seine gesamte Post vom Postamt oder Briefträger in Empfang zu nehmen. Sei es, weil er verreist ist, oder nur deswegen, weil ich die Post schon um 8 Uhr 30 bekomme und er so die Post schon früher in Händen hat, da ansonsten der Briefträger die Post erst um 11 Uhr bei ihm einwirft, wo er längst aus dem Haus ist.

Thomas öffnet den Brief, und da er sieht, daß er länger zu lesen hat, bittet er mich, mich zu setzen. Dann erzählt er mir, der Brief sei von einer Journalistin, der Schwester der Schauspielerin Kuzmany. Sie schreibt ihm, ob er sich noch erinnern könne, daß er vor 15 Jahren, 1955, bei ihr eingeladen gewesen sei, und daß er eine große Menge Brötchen verzehrt habe. Natürlich, sagt er, kann ich mich daran erinnern. Du siehst, ich habe damals schon genausoviel gefressen wie jetzt bei dir immer. Sie schreibt weiter, daß ich ja nun eine Berühmtheit sei und daß sie sehr stolz darauf sei, daß ich ihr vor 10 Jahren auf einer Terrasse in Salzburg ein halbes Stündchen zum Plaudern geschenkt habe. Seither habe ich sie nie getroffen, nur wenn ich von ihrer Schwester, der Schauspielerin, etwas höre, denke ich auch an sie. Na ja und jetzt schreibt sie mir halt. Fahren wir!

Nachdem ich Thomas im Spital in Gmunden abgesetzt habe, hole ich sieben Zeitungen für ihn. „Die Zeit“, die „Süddeutsche“, „Oberösterreichische Nachrichten“, „Salzburger Nachrichten“, „Kurier“, „Frankfurter Allgemeine“ und „Die Presse“.

Die Wunde heilt gut. Kommenden Montag, den 17. Jänner, können die Nähte entfernt werden. Er wollte schon am 15. 1. nach Wien fahren, sagt er. Ich frage: Warum, ist denn am 15. 1., dem Geburtstag Grillparzers, auch eine Veranstaltung? Er sagt: Nein, ich weiß ja gar nicht, daß Grillparzer am 15. 1. geboren ist. Ich sage, als Preisträger müsse er das aber wissen. Er fragt mich, ob ich weiß, wann Stifter geboren ist. Ich sage, das könnte ich nur auf einige Jahrzehnte hin erraten, weil ich weiß, wann Stifter den Kefermarkter Altar restaurieren ließ, und da muß er ja schon einige Zeit gelebt haben. Er sagt: Wenn Stifter mit Grillparzer in Briefverkehr stand, kann das nicht so sein, daß man es nur auf Jahrzehnte schätzen kann. Thomas erhofft sich nämlich schon von Jahr zu Jahr den Stifter-Preis. Dieser wäre ihm der liebste, denn er paßt zu Stifter.

Um 10 Uhr 30 setze ich Thomas wieder bei ihm zu Hause ab. Dann fahre ich zu Redakteur Kastner von der „Salzkammergutzeitung“ mit einem Artikel über den Unfall von Thomas:

Ohlsdorf – THOMAS BERNHARD bei Waldarbeit verunglückt.
Thomas Bernhard, „Bauer zu Nathal“ begab sich am 7. 1. 1972 früh zu seiner Liegenschaft Grasberg 98, um den Wald „auszuputzen“. Um 14 Uhr 30 schnellte ein fallender Baum zurück und traf Thomas Bernhard in den Rücken. Dabei schlug es ihm die laufende Kettensäge aus der Hand und fügte ihm oberhalb des linken Knies eine klaffende Wunde zu. Auch im Gesicht erlitt er eine Verletzung. Da Bernhard, wie meistens, die Arbeit alleine ausführte, mußte er sich selbst zu seinem Auto schleppen. Er fuhr ins Krankenhaus Gmunden, wo seine Wunden genäht und versorgt wurden. Die weitere Behandlung hat sein Bruder, Arzt in Wels, übernommen.

Diese Meldung hatte ich am Samstag bei der „Salzkammergutzeitung“ einem Arbeiter, der am freien Samstag seine Geige im Maschinenraum reparierte, übergeben mit der Bitte, er solle sie Herrn Kastner geben. Es darf aber nichts hinzugefügt werden und soll nur unter der Rubrik „Aus den Gemeinden“ unter Ohlsdorf erscheinen.
Als ich Kastner in seiner Redaktion aufsuchte, sagte er mir gleich: Ein bißchen haben wir schon geändert. Das sind wir unserem Publikum schuldig. So wie Sie glauben, können wir das nicht bringen. Er telefonierte um den Bürstenabzug, ein Blick darauf brachte mich sofort in Wut. Staatspreisträger Thomas Bernhard, der erfolgreiche Dichter usw. begann der Artikel. Entrüstet wies ich den Artikel zurück und sagte, da lese ich gar nicht mehr weiter. Das ist genau das, was Bernhard nicht will. Ich wagte nur deswegen, Ihnen den Artikel zu geben, da ich weiß, was Bernhard nicht will, und deswegen habe ich Dichter usw. weggelassen. Das ist ja keine Kunst, er hat ja jetzt schon sieben Preise, da könnte man das so fortsetzen und im Zusammenhang mit dem Unfall ganze Seiten füllen. Am 21., wenn er den Grillparzer-Preis verliehen bekommt, können Sie groß berichten, was Sie wollen. So, wann denn? 11 Uhr, wo? In der alten Universität. So, ja da sollten wir ja einen Mann dort haben.
Schließlich sage ich: Wenn der Artikel nicht so kommt, ziehe ich ihn zurück. Ich distanziere mich vollkommen, denn ich riskiere, daß ich es mir

mit Bernhard für mindestens zwei Jahre vertue, wenn ich einen Artikel verschulde, über den er sich ärgert. Ich frage Kastner noch, ob er nicht den Artikel der „Münchner Abendzeitung“ vom 28. 12. 1971 kennt. Ich zeige durchs Fenster auf die OKA [Oberösterreichische Kraftwerke AG] und sage: Hier sitzt der Bruder von der Agi, der Baron Handl, der kann Ihnen sagen, wie sich ein Reporter mit seiner Schwester bei ihm eingeschlichen hat. Über das können Sie schreiben, soviel Sie wollen. Ich bringe Ihnen in nächster Zeit Unterlagen und den Artikel des Reporters. Da können Sie wochenlang darüber schreiben, das kann Ihnen niemand verwehren. Da können Sie dem Verlangen Ihres Publikums nachkommen, aber bitte reißen Sie mich mit diesem Artikel nicht hinein, bringen Sie ihn nicht, oder so, wie er ist.
Kastner verspricht es mir und gibt Grüße an Bernhard auf. Er weiß, daß ich seit Jahren mit Thomas befreundet bin, und hat vor einigen Jahren, als sich Thomas mit ihm und seinen Angestellten wegen eines Artikels verkrachte, zu mir gesagt: Wenn Sie einmal etwas haben, wenn Sie über Bernhard einmal etwas bringen wollen, so werde ich das sofort bringen in meiner Zeitung.
Er sagte mir dann aber auch noch, daß er eine Glosse darüber schreiben werde, daß ich auf diesen Artikel in dieser Form bestanden habe, damit die Leser wissen, wie der Artikel zustande kam. Ich sage: Das können Sie, und verabschiede mich herzlich.
Abends um 18 Uhr komme ich zu Thomas und erzähle ihm von meinem Kampf mit dem Redakteur Kastner. Ich begründe meinen Schritt damit, daß, da die Gendarmerie und das Krankenhaus eingeschaltet wurden, leicht ein unmöglicher Artikel über seinen Unfall in die Zeitung kommen könnte, und da hätte ich lieber gleich selbst vom seinerzeitigen Angebot des Herrn Kastner Gebrauch gemacht.
Inzwischen hat der eingeschaltete Fernseher zu stinken begonnen, und Thomas sagt: Jetzt wird der Apparat gleich explodieren, und mich wird's zerreißen. Dann kannst du gleich zum Kastner fahren, er soll den Artikel noch ergänzen. Er kann schreiben, was er will, er (Thomas) kann es nimmer lesen, weil er tot ist. Oder ich bekomme eine Fettembolie, das wäre sehr gut, wenn in der Zeitung steht: Thomas Bernhard an Fettembolie gestorben, dann können alle über mich schreiben, was sie wollen. Die Wunde heilt nämlich sehr gut, eine Wunde beginnt schon nach vier bis

sechs Stunden wieder zu heilen. Die Heilung erfolgt ohne Komplikationen, alles ist schön, nur eine Fettembolie könnte noch eintreten. Dann geht's so. Er streckte die Zunge heraus, ließ den Kopf zur Seite fallen und drehte die Augen nach oben. Er zeigte mir das noch einmal und sagte lachend, schau, so schnell geht das. Ich sagte, ich weiß, daß dir das nicht bestimmt ist, die Handleserin Jakob in Linz hat mir gesagt, daß du machen kannst, was du willst, alles geht zu deinen Gunsten aus.
Ich hatte Frau Jakob gefragt, ob es gut sei, wenn er dauernd besonders die, von denen er lebt, beleidigt usw. Da sagte sie mir, der Mann hat einen sechsten Sinn, er kann machen, was er will. Er kann gar nicht so arg sein, es wird alles zu seinem Besten ausgehen.
Ich blieb noch bei Thomas, bis die Sendung mit Pen-Club-Präsident Böll, der über den sowjetischen Schriftsteller Bokovsky [Wladimir Bukovskij, Autor des Buches „Opposition. Eine neue Geisteskrankheit in der Sowjetunion", Hanser, München 1971] befragt wurde, aus war. Böll mag er auch nicht, in einigen Phasen fand er ihn scheußlich.
Das Wort scheußlich hat Thomas früher viel häufiger gebraucht, oft mehrmals in der Stunde. Meine Mutter war schon sehr ungehalten zu mir, daß er diesen Ausdruck so oft gebrauchte. Da fragte ich Thomas einmal, ob er eigentlich schon einmal darüber nachgedacht habe, woher der Ausdruck „scheußlich" eigentlich stamme, da er dieses Wort ja so oft gebraucht. Als er nicht antwortete, sagte ich: Na ja, es kann nur von „scheißen" kommen. In den folgenden Wochen hat er das Wort immer weniger oder nur mehr halb ausgesprochen verwendet, und schließlich habe ich das Wort monatelang nicht mehr gehört. Derzeit verwendet er es nur selten, aber immer treffend.

11. Jänner 1972

Von Wien kommend besuchte ich heute Thomas um 18 Uhr mit meiner Gattin. Sieben Zeitungen habe ich ihm mitgebracht. Thomas zeigte mir sofort einen Brief und das Drehbuch von Ferry Radax zu seinem Roman *Frost*. In dem Brief schrieb Radax, daß er am Dienstag, das wäre heute abend, in Wolfsegg den *Italiener* aufführen wird. Die Gräfin ist verständigt usw. Nachmittags ist aber dann ein Telegramm gekommen, daß alles auf

kommenden Dienstag verschoben ist, Verständigung folgt noch. Thomas sagte noch, daß das Drehbuch sehr gut sei. Radax hat sich da sehr angestrengt, er weiß es auch.
Thomas legt keinen besonderen Wert darauf, in Wolfsegg dabei zu sein, es ist ihm gleichgültig, ob er mit Radax sprechen kann usw. Deswegen vor allem, weil das Drehbuch gut ist, mehr will er nicht. Ich kenne aber Radax und will diesem eine Enttäuschung ersparen. Deswegen frage ich Thomas, ob es ihm was ausmachen würde, wenn ich mich bei Radax für die Grüße bedanke und ihm schreibe, daß der Montag günstiger wäre. Thomas ist einverstanden.
Um 18 Uhr 30 verlassen meine Gattin und ich Thomas schon wieder. Ich sage ihm: Heute bin ich schon müde, und er hat jetzt Zeitungen. 1/4 Butter lasse ich ihm noch da. Für morgen lädt er mich zum Essen beim Pabst ein, um 11 Uhr 30 soll ich bei ihm sein.
Thomas zeigt mir noch eine Karte von Wieland Schmied, die ihm dieser aus Chioggia geschickt hat. Darauf ist ein blauer Stempel mit einem Boot, es soll angeblich die Jacht von Hundertwasser sein. Über dem Boot sind große Regentropfen gezeichnet, und darunter steht „Regentag" und in zwei weiteren Sprachen wahrscheinlich auch Regentag. Hundertwasser hat in Kurrentschrift unterschrieben.
Als ich nach Hause komme, habe ich in meiner Post ebenfalls eine Ansichtskarte von Dr. Wieland Schmied aus Chioggia, ebenfalls mit der Unterschrift von Hundertwasser, aber im Gegensatz zu der Karte von Thomas befindet sich auf meiner Karte ein ovaler Farbklecks 5 x 7 cm im Durchmesser, und auf diesem Farbklecks aus blauer Stempelfarbe sind die Grußworte des Dr. Schmied darübergeschrieben. Der Stempel mit der Jacht von Hundertwasser ist natürlich auch drauf.

12. Jänner 1972

Um 11 Uhr 30 bin ich bei Thomas in Nathal, wir fahren nach Laakirchen zum Gasthaus Pabst zum Mittagessen. Es gibt Suppe mit Leberknödel, Schweinsbraten mit Sauerkraut. Bei der Abfahrt in Nathal lud ich Thomas anschließend an Pabst zum Kaffee bei mir ein. Thomas will bei Pabst nach dem Schweinsbraten noch Palatschinken bestellen, ich lehne ab. Er sagt, er

möchte zwei, esse sie aber nur, wenn ich auch zwei esse. Ich sage, ich kann unmöglich, iß alleine. Nein, dann nicht, sagt er, alleine auf keinen Fall. Da sage ich: Gut, ich will dir den Gusto nicht verderben, ich halte mit. Er bestellt, ich wende ein, mir nur eine, er besteht auf zwei, ich soll auch einmal so richtig überessen sein, wie er manchmal bei mir zu Hause. Schließlich muß er selbst eine halbe Palatschinke stehenlassen. Durch das lange Liegen bringt er nicht so viel wie sonst hinunter. Er sagt: Das war noch nie, daß mir so etwas passiert, plötzlich kann ich nicht mehr.
Ansonsten drehte sich unser Gespräch um nichts als Belangloses, und da ist immer viel Humor und Witz enthalten. Es war richtig unterhaltend, wir beide haben uns in nichts von den übrigen Gästen unterschieden. Es waren Arbeiter und Angestellte, die neben uns Mittag machten.
Als ich am Heimweg bei mir anhielt, sagte Thomas: Es geht nicht, ich kann nicht mehr auf einen Kaffee zu dir, mir tut der Fuß schon weh, ich bin froh, wenn ich wieder liegen kann. In seinem Hof angekommen, schenkte er noch einen Schnaps ein und legte sich gleich nieder. Da ich anschließend nach Gmunden fuhr, versprach ich ihm Zeitungen für 17 Uhr. Pünktlich brachte ich ihm wieder sieben Zeitungen und ging um 18 Uhr weg zur Turnstunde. Thomas lud ich für den nächsten Tag zum Essen ein. Um 11 Uhr 30 würde ich ihn abholen und da bereits sämtliche Zeitungen mitbringen.

13. Jänner 1972

Die Ereignisse mit Thomas überstürzen sich. Ich komme mit meinem Schreiben in Zeitnot und kann unmöglich Rücksicht auf Fehler nehmen. Wenn ich an die Vorkommnisse denke, die ich niederschreibe, nimmt mich das so in Anspruch, daß ich die ärgsten Fehler nicht merke und sogar statt Thomas manchmal Thomes tippe.
Um 11 Uhr 30 bin ich wie verabredet bei Thomas in Nathal. Alle Zeitungen bringe ich mit, auch die „Salzkammergutzeitung“ mit meinem Artikel über den Unfall. Ich berichte Thomas, daß ich soeben bei Redakteur Kastner von der „Salzkammergutzeitung“ war und mich bedankt habe, daß er den Artikel, ohne was zu ändern, gebracht hat. Ich sage Thomas, daß Kastner erklärt habe, daß er noch nie so einen Artikel gegen besseres Wissen gebracht habe. Damit meinte er, daß sich außer dem Namen Thomas Bern-

hard auch ein Hinweis auf seine Stellung und Tätigkeit gehört hätte. Ich überreiche Redakteur Kastner den Artikel über Thomas Bernhard in der „Münchner Abendzeitung" vom 28. 12. 1971. Ich rate Kastner, den Artikel zuerst zu lesen, dann wird er verstehen, warum ich nur diesen trockenen, sachlichen Artikel riskieren konnte. Er könne ruhig darüber eine Glosse schreiben, er solle auch den Artikel der Abendzeitung bringen oder ausschlachten. Wenn er noch weitere Informationen wolle, stünde ich ihm gerne zur Verfügung. An den Rand der Abendzeitung habe ich noch Notizen über die jahrzehntelange Bekanntschaft des Thomas mit der Adelsfamilie Handl-Pachta aus Almegg hinzugefügt.
Kastner will ein Bild von Bernhard. Ich sage ihm: Bilder sind rar, er läßt sich nicht fotografieren. Ich habe in meiner Wohnung und bei seiner Arbeit Aufnahmen gemacht.
Schließlich sagt Redakteur Kastner noch, zum Grillparzer-Preis wolle er Bernhard was widmen. Ich sage, in Zukunft könne er über Bernhard schreiben, was er wolle, er brauche keine Bedenken haben oder Rücksicht nehmen. Thomas ist es inzwischen von anderen Zeitungen her längst gewohnt, er reagiert auf so etwas nicht mehr.
Das alles sage ich Thomas. Als ich geendet habe, fällt mir ein, daß ich in seiner Kaufsache bei Dr. Meingast war und daß er in einer Sache auf die Befreiung von der Grunderwerbssteuer warte. In einer anderen Kaufsache liegen die Pläne am 17. 1. 1972 beim Gemeindeamt zur Einsicht auf. Er solle kontrollieren, ob die Flächen richtig eingezeichnet sind. Er solle das nicht versäumen, denn es läuft vom 17. 1. an eine 14-tägige Frist ab, in welcher man Einspruch erheben kann. Nachher kann auch ein Irrtum nicht mehr berichtigt werden.
Dieser mein Bericht dauerte 30 Minuten, es war 12 Uhr. Thomas sagte: Was ist, sonst nichts? Ich: Nein. Er: Schade, es wäre so lustig gewesen, wenn du noch eine Stunde bis eineinhalb weitererzählt hättest. Ich sage: Es ist schon Zeit, daß wir zu mir zum Essen fahren. Er sagt: Du mußt unbedingt diesen Brief von Peymann lesen. Ich lese:

Lieber Herr Bernhard,
damit Sie sich auch freuen können: Bruno Ganz macht in Salzburg mit. Vielleicht sehen wir uns Anfang Februar bei der Bauprobe.
Herzliche Grüße Claus Peymann

Ich reiche den Brief zurück. Thomas sagt: Wenn ich den Brief ansehe, denke ich mir, der Depp schreibt nur zwei Zeilen. Wahrscheinlich denken dasselbe die Leute auch von mir, denn ich schreibe meistens auch nur zwei Zeilen. Sicherlich ist es so. Ich sage darauf: Peymann hat von dir solche Zweizeilenbriefe schon mehrmals bekommen, und er denkt mit Recht, daß du Gleiches wünschst und erwartest. Er paßt sich ganz dir an. Wenn du kurz bist, ist er es auch. Ich würde das genauso machen und ich mache es auch so, in ähnlichen Fällen. Peymann ist sicher der Meinung, daß er es dir nur mit so einem kurzen Brief rechtmachen kann. Außerdem ist das nicht blöd, so kurz zu schreiben, ich schreibe seit Jahren kurz, wie Telegramme, das wirkt am besten. Du schreibst sicher auch nur deswegen so kurz, weil es auf einen vernünftigen Menschen gut wirkt.
Gegen 12 Uhr 30 sitzen wir bei mir zu Hause beim Mittagessen. Es gibt Grammelknödel mit Sauerkraut, vorher Rahmsuppe – weil Bernhard sie gern ißt – mit gebackenen Weißbrotschnitten. Beim Mocca schwärmt

Thomas Bernhard, Firmpate von Hennetmairs Sohn Wolfgang, vorne links Reinhild Hennetmair, 1. Mai 1967.

Thomas von Bruno Ganz. Er sagt: Wenn jetzt noch was schiefgeht, dann kann es nur mehr das Stück sein. (Gemeint ist *Der Ignorant und der Wahnsinnige*, das bei den Salzburger Festspielen am 29. Juli 1972 uraufgeführt werden soll und in dem Bruno Ganz nun die Hauptrolle spielen wird.) Thomas sagt, daß Ganz nun die Rolle spiele, bedeute ihm mehr als der Grillparzer-Preis. Denn durch Ganz zeigt sich, daß die Jugend auf seiner Seite ist, und das ist wichtig, denn dann sind es alle Alten (Schriftsteller) auch, weil sie Angst vor der Jugend haben. Das ist wieder eine richtige Ohrfeige für die Alten (gemeint sind immer Schriftsteller). Eine Ohrfeige nach der anderen bekommen die jetzt. Zuerst der Grillparzer-Preis und jetzt noch der Ganz. Außerdem bin ich so froh über diese Nachricht, denn stell dir vor, wenn mich jemand fragt, wer spielt in Salzburg, dann hätte ich es bisher gar nicht sagen können. Wenn ich nun sage, der Ganz, werden sie es mir sowieso kaum glauben, denn der ist so gut – kannst du dich noch erinnern? Wir haben vor einigen Jahren zusammen das Fernsehstück

Familie Karl Ignaz Hennetmair (nicht im Bild): der älteste Sohn Walter, „Omi" Christine, Frau Zäzilia, Sohn Wolfgang, Firmpate Thomas Bernhard.

Die Schlacht bei Lobositz gesehen. In diesem Stück hat Bruno Ganz einen Soldaten gespielt, da war er großartig. Ich sage: Wie soll ich mich an einen Fernsehfilm nicht erinnern können, der so gut war, daß pro Jahr kaum ein so gutes Stück gesendet wird? Aber kannst du dich nicht erinnern, daß ich dir damals sagte, daß ich diesen Film einige Monate vorher im deutschen Programm angesehen hätte und ihn mit dir zum zweitenmal sah? Thomas: Ja richtig, jetzt kann ich mich daran erinnern, ja, ja, es war so.
Um ca. 14 Uhr fahre ich Thomas nach Nathal, und er erzählt mir noch von den Schwierigkeiten, die Bruno Ganz mit seiner Kommune hat, wenn er in Salzburg das spielen wird usw. Thomas erzählt mir auch, daß gestern, Mittwoch, kurz nachdem ich zur Turnstunde weg bin, Graf O'Donell mit der „Presse" zu ihm gekommen sei, da er von Frau Hufnagl aus Wien in Linz telefonisch vom Unfall verständigt worden war. Der hat geschaut, als er „Die Presse" schon am Tisch liegen sah. Er glaubte, ich hätte nichts zu lesen.
Wir vereinbarten noch, daß ich ihn um 19 Uhr wieder zu mir abhole, um im zweiten Programm die Kür der Herren im Eiskunstlauf anzuschauen. Peter soll um diese Zeit kommen, um den Verband abzunehmen, er will selbst sehen, wie die Wunde aussieht.
Ich bin also um 19 Uhr bei Thomas in Nathal. Peter ist noch nicht da, er soll jeden Moment kommen, dann können wir gleich fahren. Um 19 Uhr 30 schalten wir den Fernseher wegen der Nachrichten ein. Zu der Sendung „Kultur", welche seit dem 1. 1. 1972 den Nachrichten angehängt ist, äußert sich Thomas von Mal zu Mal vernichtender. Er erwartet, daß diese unmögliche „Kultur" in Kürze abgesetzt wird. Es sei nicht möglich, täglich über richtige Kultur, die diesen Titel verdient, was zu bringen. Diese Sendung sei einfach lächerlich.
Da sein Fernseher nach einer halben Stunde zu stinken beginnt und das Bild zusammenbricht, schalten wir um 20 Uhr ab. Da Peter noch immer nicht da ist, zieht Thomas über Peter und besonders über Peters Vater her. Thomas erzählt, wie er als Achtzehnjähriger von seinem Ziehvater nur der „Alte" genannt wurde, daß er ihm sagte, er werde nicht einmal als Maurer taugen. Man sprach immer nur davon, daß aus dem „Alten" nichts werden würde usw. Von seiner Hilflosenrente von 110 Schilling monatlich hat ihm sein Ziehvater 80 Schilling für die Heizung berechnet und ihm nur 30 Schilling ausgefolgt. Wenn Thomas den Kühlschrank öffnete, sagte sein

Ziehvater: Der frißt mich arm, usw. Außerdem hat er ihn, als seine leibliche Mutter starb, ganz vergessen und ihn nicht verständigt, sodaß er vom Tod seiner Mutter zwei Tage später in der Zeitung las. Diesen Zeitungsausschnitt hat mir Thomas schon früher einmal gezeigt. Ich kann mich erinnern, daß da auch drinnensteht, daß seine Mutter die Tochter des Schriftstellers Freumbichler ist.

Thomas erzählt weiter, daß sich sein Stiefvater und ehemaliger Vormund bis heute auch nicht um seine eigene, zweiundneunzigjährige Mutter in Wien kümmert. Er will mir das Haus schildern, aber ich kenne es, da ich Peter vor mehreren Jahren in meinem Auto zu einem kurzen Besuch dorthin fuhr.

Dann kommen wir auf seinen Verleger zu sprechen. Thomas sagt, der Verleger sei für ihn nichts anderes als ein Wäschelieferant; wenn ein Wäschelieferant zwei Briefe schreibt, braucht er auch nicht zurückschreiben, aber der Wäschelieferant muß eben weiter Wäsche liefern, so wie es eben seine Pflicht ist. Er hat nun zwei Briefe vom Verlag [Suhrkamp] nicht beantwortet. Sie sind gar nicht zu beantworten, weil sie so ... geschrieben sind, daß er nicht antworten kann. Aber trotzdem müßte doch der Verleger längst zum Grillparzer-Preis gratulieren. Wenn später einmal sein Nachlaß gesichtet und geordnet wird, wird man feststellen, daß keine Briefe mit Gratulationen vorhanden sind, nicht einmal vom eigenen Verlag. Außerdem hat er heute die dritte Auflage seiner Prosa vom Verlag zugeschickt bekommen. Er mußte feststellen, daß sie die Seite neu gemacht haben, wo dritte Auflage steht, daß sie aber nicht gleichzeitig auch die Aufstellung über seine bisher erschienenen Werke geändert haben, sondern es steht unter bisher erschienen nur der *Frost*, wie damals bei der ersten Auflage. Sowas sollte in einem Verlag nicht passieren. Er würde da alle rausschmeißen, usw.

Thomas hat heute einen dritten Brief der Akademie der Wissenschaften, die ihm am 21. den Grillparzer-Preis überreicht, erhalten – den er nicht beantworten wird, sagt er mir. Er hat nur das erste Schreiben, ob er den Preis annehmen wird, mit ja beantwortet. Nun sind inzwischen noch drei Briefe gekommen, aber ich halte es nicht für notwendig, darauf zu antworten, sagt Thomas weiter. Andere Schriftsteller würden das auskosten und seitenlang zurückschreiben, wie begeistert sie von Grillparzer sind. Sie würden nach Ähnlichkeiten suchen und alles mögliche behaupten, sie würden heucheln und zerfließen vor Wonne, usw. Denn die Akademie schreibt ja

auch, wie glücklich sie sind, ich hasse diese gegenseitige Beweihräucherung. Ich werde den Preis so entgegennehmen, wie ich im Hotel die geputzten Schuhe vom Gang ins Zimmer hereinnehme, und dann, dann werde ich natürlich schon freudig mit den „frischgeputzten Schuhen" in Wien auf die Straße gehen, aber mehr gibt es nicht. Nicht daß ich den Preis nicht schätze, aber ich werde deswegen nicht überschnappen, nicht anders als frischgeputzte Schuhe werde ich den Preis entgegennehmen.
Dazu muß ich erklärend sagen, daß Thomas eine unwahrscheinliche Vorliebe für Schuhe hat und seine zirka 30 Paar neue Schuhe ständig genauso putzt und pflegt wie jene, welche er benützt. Wenn er mit schmutzigen Stiefeln oder Schuhen heimkommt, so werden diese meistens sofort gereinigt, oder zumindest benützt er die erstbeste Gelegenheit dazu. Daß er auf ordentlich gepflegtes Schuhwerk Wert legt, werden alle bestätigen, die ihn kennen. Ich möchte sogar fast behaupten, daß Thomas in bezug auf Schuhe einen Fimmel hat, wie man hier sagt, und ich glaube, daß das Wort „Fimmel" eine Verballhornung des Wortes „Phobie" sein könnte. Daher ist es in den Augen von Thomas keine Abwertung, wenn er den Preis mit

Im Vierkanthof Obernathal 2 gleichermaßen geschätzt: Schuhe und Handwerkszeug.

Schuhen vergleicht. Es bedeutet schon viel, wenn er den Preis wie Schuhe schätzt.

Dann erklärt mir Thomas, daß er an der Uraufführung bei den Salzburger Festspielen nicht teilnehmen werde. Das Theater in Salzburg sei viel zu klein, als daß er unerkannt bleiben könnte. Wenn er nicht klatscht, schauen ihn die Leute an, wenn er den Schauspielern klatschen würde, käme er sich vor, als wenn er sich selber klatschte. Außerdem müßte er nach der Vorstellung mit den Schauspielern feiern: Jeder fragt dann, wie gut war ich, auf das soll ich dann antworten, das ist so gräßlich. Was soll man darauf sagen? Ich weiß, daß jeder hören will, er war der Beste, aber in so einem Rahmen kann man ja nicht jedem sagen, er war der Beste. Man kann aber auch nicht sagen, der oder der war besser, usw. Ich werde mir die Generalprobe ansehen, und während der Uraufführung werde ich wo sitzen und ein Achterl Wein trinken. Ich werde natürlich niemandem sagen, daß ich nicht teilnehmen werde. Erst kurz vor der Uraufführung sage ich es, damit es die Darsteller wissen und dann nicht durch die Abwesenheit des Autors irritiert sind. Für die ist es besser, wenn ich nicht anwesend bin. Ich sagte ihm, ich werde ihn nach der Vorstellung aufsuchen und berichten.

Ich könnte mir gut vorstellen, daß bei Thomas auch noch eine andere Spekulation eine Rolle spielt: Das Publikum weiß nichts von seiner Abwesenheit, ruft nach ihm, ruft immer länger, bis er endlich kommt, und so könnte sich der Applaus und das Rufen sehr lange hinziehen, wenn der Autor nicht erscheint. Viel länger, als wenn er da wäre.

Zu meinem heutigen Besuch bei Redakteur Kastner muß ich noch folgendes nachtragen: Kastner fragte mich, warum Bernhard nicht verheiratet sei und ob er keine Frauen habe. Darauf sagte ich, daß ich seit Jahren in dieser Hinsicht nicht das Geringste wahrgenommen hätte. Ich kann daher nur annehmen, sagte ich, daß Bernhard sich den Grundsatz zu eigen gemacht hat, an den sich auch sehr viele Priester halten, nämlich sich nur mit einer sehr gut verheirateten Frau einzulassen, sodaß er keinerlei Risiko dabei eingeht. Das sei jedoch nur eine Vermutung von mir, denn wie schon gesagt, bemerkt hätte ich nichts. Das erzählte ich auch Thomas. Er lächelte dabei so, als ob ich nicht danebengetippt hätte. Dann sagte ich noch zu Thomas, daß ich auf diese Frage nicht gefaßt gewesen sei, und gleich nach dem Besuch bei Kastner ist es mir eingefallen, daß ich ihm noch hätte sagen sol-

len, daß Bernhard aber auf gar keinen Fall Homosexueller sei, denn sonst würde er die vielen Studenten, die ihn verehren, nicht vor den geschlossenen Toren schmachten lassen. Einige haben sogar bei Nachbarn übernachtet, um am nächsten Tag Bernhard doch noch zu treffen. Aber er empfängt keinen. Wäre er homosexuell, würde er sie einlassen. Ich sagte Thomas noch: Hoffentlich werde ich bald wieder so gefragt, dann wird es mir sicher einfallen, das zu sagen. Thomas sagte darauf: Es ist ganz natürlich, da ich nicht verheiratet bin, denken die Leute als erstes, ich sei homosexuell. Das ist das Naheliegendste.
Um 21 Uhr wußten wir, daß Peter nicht mehr kommen würde. Ich dachte daran, daß ich wieder sehr viel Interessantes aufzuschreiben habe und daß mir, nachdem ich über einen Tag berichtet habe, immer noch was Interessantes einfällt, was ich eigentlich auch noch hätte schreiben sollen. Daher notiere ich seine Wünsche an Besorgungen für den nächsten Tag und fahre heim. Einen Brief an Dr. Hilde Spiel-Flesch und einen an Frau Ilse Leitenberger gibt er mir noch zur Post mit.

14. Jänner 1972

Um 10 Uhr bin ich bei Thomas in Nathal, mit sieben Zeitungen, seiner Post, zwei Knackwürsten und einer Flasche Milch. Ich verlasse ihn bald und sage: So, jetzt hast du eh Zeitungen zu lesen, ich komme am Nachmittag wieder. Wir sprechen noch über Peter, ob er heute kommen wird und daß es eigentlich wichtig wäre, seinen Rat als Arzt zu hören, ob Gehbewegungen noch schaden könnten. Thomas sagte, solche Früchte wachsen nicht auf dem Familienbaum, nur saure Äpfel.
Nachmittags um 16 Uhr bin ich neuerlich bei Thomas. Er lacht übers ganze Gesicht und gibt mir die Einladung zur Grillparzer-Gedenkfeier der Österreichischen Akademie der Wissenschaften. Ich hab das gestern schon bekommen, sagt Thomas, aber ich habe mich so geärgert darüber, daß ich es dir gestern gar nicht zeigen konnte. Ich lese die Einladung durch und sage, es sei eine riesige Unverschämtheit, in Anwesenheit des Präsidenten der Akademie die Überreichung des Preises den Vizepräsidenten vornehmen zu lassen und im Programm bekanntzugeben, wer die erste Violine und zweite Violine spielt, das Wiener Streichquartett vollzählig namentlich

anzuführen, aber seinen Namen, den Namen des Preisträgers, wegzulassen. Natürlich, sagt Thomas, das ist es ja, und überschlägt sich in Beschimpfungen. Ich lache hellauf, als er mich endlich zu Wort kommen läßt, und sage, daß die Akademie ihm doch keinen größeren Gefallen erweisen hätte können, als ihn selbst so dokumentarisch zu bestätigen. Er könne doch unmöglich überrascht sein von dieser Unverschämtheit, im Gegenteil muß er doch jederzeit mit so etwas rechnen, sonst wären seine Ansichten über solche Institutionen ja falsch. Aber es zeigt sich hier wieder deutlich, wie recht er hat. Ich bin direkt glücklich, sage ich, daß das passiert ist, denn es gibt immer noch Bekannte von mir, dic deine Ansichten nicht begreifen wollen. Die kann ich damit überzeugen.
Ich ersuche Thomas, daß er mir die Einladung über Nacht mitgibt, ich möchte mir von der Raiffeisenkasse Ohlsdorf, die samstags ab 7 Uhr früh offen hat, eine Fotokopie anfertigen lassen. Damit ich später die Einladung nicht vergesse, trage ich sie gleich zu meinem Auto in den Hof.
Thomas liest mir aus der Zeitung („Oberösterreichische Nachrichten" vom 14. Jänner 1972) einen Artikel über Rauris vor. Handke und Johnson nehmen teil, 10.000 Schilling werden als Förderpreis an einen, dessen Namen ich nicht behalte [Bodo Hell], vergeben. Thomas erläutert und sagt: Erinnerst du dich noch, wie ich mit Gimmelsberger bei dir war, wie mir Erwin Gimmelsberger eine Liste mit Namen gezeigt hat und mich nach Rauris eingeladen hat? Ich habe ihn auf seiner Liste fast alle Namen ausstreichen lassen und habe ihm gesagt, welche Namen da in Frage kommen. Eigentlich verdanken die es mir, wenn daraus etwas geworden ist. Stell dir vor, lauter so unmögliche Heimatschriftsteller wie Springenschmid hatte er aufgeschrieben. Da könnten sie heuer nicht von „weltweit" und „international" reden, wenn er das so aufgezäumt hätte. Heuer bin ich ja auch wieder nach Rauris eingeladen. Da möchten sie mich herzeigen, als lebenden Leichnam vom Vorjahr. Sie werden sicher überall hingeschrieben haben, Thomas Bernhard nimmt auch teil. Der Johnson, der ist eh so arrogant. Der wird sich anschaun, wenn die Einheimischen in Lederhosen daherkommen. Der hat für so etwas kein Verständnis, der wird schön enttäuscht sein. Außerdem ist es lächerlich, 10.000 Schilling als Förderung zu vergeben. Was soll denn einer mit zehntausend Schilling anfangen, das ist doch nichts. Man will junge Autoren fördern, aber die Tage sollen sie in Rauris verbringen. Kein Autor hat was davon, wenn er an einen Ort ge-

bunden wird, das ist ja absurd. Es ist doch nicht so, daß er gerade zu der Zeit, wo er in Rauris sein darf, auch etwas schreiben kann, usw.
Schließlich wird es 19 Uhr 30, und wir schalten die Nachrichten im Fernsehen ein. „Kultur" ist entsetzlich, meint Thomas, das kann doch unmöglich noch lange so laufen, das müssen sie aufgeben. Da der Fernseher nur 30 Minuten ein gutes Bild liefert und dann zusammenbricht, wenn er nicht für einige Minuten ausgeschaltet wird, schaltet Thomas fünf vor acht den Fernseher ab. Wenn Peter heute kommen wollte, müßte er eigentlich schon da sein, sagt Thomas, und wir beschließen, den Verband abzunehmen und die Wunde zu besichtigen. In fünf Minuten, bis zu den Nachrichten im ersten deutschen Programm, wollen wir fertig sein. Thomas will wissen, ob es dem Bein schadet, wenn er sich mehr bewegt. Er hält das Liegen nicht mehr aus. Die Nähte sind unregelmäßig verknotet, die Wunde ist ohne Eiterbildung zugeheilt, rundum leicht geschwollen. Ich rolle die zwei Faschen auf, und Thomas legt den Verband wieder an. Als er fertig ist und wir den Fernseher wieder einschalten wollen, klopft es. Wir glauben, es ist Peter, ich öffne, aber herein kommt der Nachbar Schabinger mit einer Einladung für den Rot-Weiß-Rot-Ball: Jetzt weil Sie krank sind, treff ich Sie auch einmal zum Abkassieren. Ich bin bisher noch nie hereingekommen, es ist heute zum erstenmal, aber ich habe gewußt, heute erwisch ich Sie. Er kriegt 20 Schilling und eine Unterschrift auf die Sammelliste. Kaum ist er draußen, klopft es wieder, es ist Peter. Nun wird der Verband nochmals abgenommen. Sehr schön genäht, sagt Peter. Für meine Begriffe war es nicht schön genäht, aber das sage ich nicht. Mit „schön" hat Peter möglicherweise „zweckmäßig" sagen wollen, aber vielleicht ist es für einen Arzt wirklich schön. Peter hat keine Bedenken, wenn Thomas etwas mehr geht und das Bein natürlich nicht übermäßig anstrengt oder abbiegt. Das nützt Thomas sofort aus und bittet mich, daß ich morgen mit ihm zur Krucka fahre. Da ich ihm schon vorher versprochen habe, daß ich ihm die Einladung der Akademie der Wissenschaften mit seiner Post um 8 Uhr 30 bringe, sage ich: Wir können das anschließend machen. Er ersucht Peter, am Sonntag verläßlich um 11 Uhr zu kommen, ja nicht später, damit er nach 12 Uhr von Wels nach Wien fahren kann. Vorher soll er ihm die Nähte entfernen.
Bevor Schabinger gekommen ist, nach Ausschalten des Fernsehers, verspürte ich Hunger. Seit 16 Uhr hat mir Thomas nicht einmal einen Schnaps angeboten. Ich überlegte, ob ich Thomas um ein Stück trockenes Brot bit-

ten und damit seine eigene Masche anwenden soll. Genauso wie er diese Masche, um ein trockenes Brot zu bitten, vor Jahren bei mir angewendet hat, um zu einer Jause zu kommen. Nach Öffnen des Verbandes ist mir aber der Appetit vergangen, und ich blieb noch bis 21 Uhr.
Thomas erzählte mir noch, daß er an den Burgtheaterdirektor Klingenberg geschrieben habe, daß er bei der Grillparzer-Feier im Burgtheater am 21. 1. abends keine Rede halten werde. Er habe geschrieben, daß man in drei Minuten nicht sagen könne, was man in drei Minuten nicht sagen könne. Diesen Satz gebe ich wörtlich wieder. Er werde daher an der Feier passiv teilnehmen. Da Thomas Hans Rochelt morgen anrufen möchte, um ihn auf die sonderbare Einladung der Akademie hinzuweisen, sucht er in einem Schubladenkasten, dem „Josephinischen“ des Wohnzimmers, nach Briefen von Rochelts Freundin. Denn die Telefonnummer lautet auf ihren Namen, und auf einem Brief von ihr müßte die Telefonnummer stehen. Er wühlt in den Briefen vom Jahre 1971 – es ist alles durcheinander – mehr als eine halbe Stunde. Manche Briefe betrachtet er länger, manche kürzer. Ich stehe die ganze Zeit über in zwei Meter Entfernung beim Kachelofen. Von einer Minute auf die andere glaube ich, daß er das Suchen aufgibt, aber er sucht weiter und macht zu einzelnen Briefen Bemerkungen, wie: Da, auf diese Einladung hab ich nicht einmal geantwortet. Heute weiß ich, daß ich doch hätte hingehen sollen. Da, hier hab ich auch nicht geantwortet und hier auch nicht, da auch nicht, aber da war es gut so, und hier auch. Um Gottes willen, wenn ich auf das alles eingegangen wäre, wo wär ich da, unmöglich. Aber da, und da, ein oder zwei Fälle wären gut gewesen für mich. Aber das zeigt sich erst nachher, ob ein oder zwei Sachen gut gewesen wären. Und weil ich das vorher nicht wußte, daß doch ein oder zwei Sachen gut wären, ist es besser, wenn ich alles ablehne. Die paar guten Sachen kann ich dann eben auch nicht haben. Es wird jetzt ja schon besser, ich bekomme schon fast keine Einladungen mehr. Ich habe überall verlauten lassen, daß ich nichts annehme.
Ohne daß Thomas das Gewünschte findet – es befindet sich auf keinem der gefundenen Briefe die Telefonnummer –, gibt er schließlich auf. Er sagt mir noch erklärend, Hansi (Rochelt) hatte eine Geheimnummer, aber seit die Gebühr für Geheimnummern erhöht wurde, hat Hansi das Telefon auf seine Freundin Häring (Lebensgefährtin) umgemeldet, und diese Nummer müßte er wo haben, denn: Die hat mich ja bombardiert mit Briefen.

15. Jänner 1972

Dieser Tag war ein ereignisreicher Tag mit Thomas. Von 8 Uhr 30 bis 15 Uhr und von 19 Uhr 30 bis 23 Uhr 30, das sind elfeinhalb Stunden, war ich mit Thomas ununterbrochen beisammen. Als er eine halbe Stunde vor Mitternacht in Nathal aus meinem Wagen stieg, sagte ich ihm, daß ich morgen erst kurz vor 11 Uhr komme, wenn Peter die Nähte entfernt und er mit ihm anschließend nach Wels fährt. Er wollte nämlich, daß ich schon früher komme, um den Fernseher zu übernehmen, um ihn während seiner Abwesenheit reparieren zu lassen. Da ich aber ab sieben Uhr früh über die elfeinhalb Stunden mit Thomas Bernhard schreiben möchte, bleibe ich bei 11 Uhr.

Um 8 Uhr 30 trete ich bei Thomas mit seiner Post ein. Aus meiner eigenen Post gebe ich ihm die „Oberösterreichischen Nachrichten". Er fragt mich, wie lange ich heute Zeit für ihn habe. Den ganzen Tag, sage ich, da ich auf den ersten Blick sehe, daß er sehr guter Laune ist. Gut, dann brauchen wir uns nicht beeilen, dann darf ich vor der Abfahrt noch einen Blick in die Zeitung werfen. Über Rauris liest Thomas einiges laut und kommentiert sehr lustig. Während er den Artikel („Oberösterreichische Nachrichten" vom 15. Jänner 1972) über den Maler Rudolf Hoflehner liest, unterbricht er sich dauernd und erzählt mir, daß dieser Hoflehner, dessen Arbeiten er übrigens sehr schätzt, schon dreimal von Vöcklabruck aus versucht hat, ihn zu besuchen. Einmal war Hoflehner in Begleitung eines sehr dicken Mannes. Er habe sich oben versteckt und zugeschaut, wie sie ums Haus gegangen sind. Hoflehner ist ein Linzer, sagt Thomas, er malt so gut wie der Engländer Bredon [Francis Bacon?]. Er sollte für einen Ausstellungskatalog ein Vorwort schreiben, Hoflehner würde ihm ein Gemälde widmen. Er habe aber Hoflehner auf diesen Brief nicht geantwortet, deshalb versuche er es mit Besuchen. Trotzdem hat Hoflehner mir ein großes Gemälde gewidmet. Es hängt in der Ausstellung. Ich sollte seinerzeit schon zum Katalog des Dr. Wieland Schmied für Hundertwasser ein Vorwort schreiben und habe es abgelehnt. Wieland hat mich dann im Vorwort zitiert.

Dann besprechen wir die Abfahrt, und Thomas ersucht mich, bei der Post vorbeizufahren. Er will Hede in St. Veit im Pongau anrufen, morgen Sonntag einen gewissen Zug nach Wien zu nehmen. Er will in Wels zusteigen. Er liest mir die Karte von Hede, seiner 78-jährigen „Tante" vor, in der sie mitteilt, daß sie kommenden Mittwoch nach Wien fährt, um an der Grillparzer-Preisverleihung teilzunehmen. Ich konnte es bei der Übernahme der Post von Thomas nicht übersehen, daß von Hede eine Karte dabei war. Ich habe es aber peinlich vermieden, genau hinzusehen, damit ich ja vom Inhalt nichts erfahre. Thomas ist nämlich ein sehr scharfer Beobachter und würde es mir im Gesicht ansehen, ob ich den Inhalt der Karte schon kenne, wenn er sie mir vorliest. Ich hätte natürlich die Karte lesen können, aber dann hätte ich bei Überreichen der Post zu Thomas sofort sagen müssen, ich habe mir erlaubt, die Karte zu lesen. Dann würde er nicht böse sein deswegen. Als ich nun von ihm selbst erfuhr, daß Hede erst am Mittwoch fahren wird, sagte ich ihm, er solle sie nicht anrufen und für morgen nach Wien bitten. Er habe doch viel vor, womit Hede nicht einverstanden sein werde. Sie werde ihn von einigen Schritten abhalten wollen. Es sei doch besser, wenn er bis Mittwoch allein bliebe. Außerdem sei es von Mittwoch bis Samstag noch unerträglich genug für beide, wenn sie beisammen seien. Aufgrund von Thomas' guter Laune konnte ich mir das erlauben. Thomas gab mir recht und sagte, er werde erst Dienstag von Wien anrufen, daß er schon dort sei. Die Nachbarn in der Obkirchergasse werden es Hede schon erzählen, wenn er Gäste in die Wohnung mitbringt. Sie erfährt viele solcher Geschichten, auch mit Mädchen, jedesmal von Nachbarn.

Da von Radax keine Post gekommen war, frage ich Thomas, ob ich nicht Radax von Ohlsdorf aus anrufen solle. Er fragt: Hast du seine Nummer? Ja, die habe ich vorsorglich mit. Gut, sagt er, fahren wir. Er bleibt im Auto, während ich um ca. 9 Uhr 30 mit Radax telefoniere. Radax wollte eben ein Telegramm senden, daß er Montag in Wolfsegg den Film vorführt *(Der Italiener)*. Da ich ihm mitteile, daß Bernhard schon morgen Sonntag vorzeitig nach Wien fährt, wird Radax alles auf 14 Tage später verschieben. Er will am Montag zwischen 9 Uhr und 10 Uhr bei Thomas in der Obkirchergasse anrufen. Da Thomas um diese Zeit, wo Radax erst wach wird, meistens schon aus dem Haus ist, sage ich Radax: Thomas sitzt draußen im Auto, aber ich kann ohne Rückfrage sagen, daß er nicht garantieren kann, ob er um diese Zeit auf den Anruf warten kann. Er soll es auch zu anderen Zeiten versuchen. Bernhard hat viel zu erledigen, er kann sich wegen seines Anrufes nicht binden. Schließlich frage ich Radax, ob er den Artikel vom 28. 12. 1971 in der „Münchner Abendzeitung" kenne. Er bejaht. Da sage ich: Jetzt begreifen Sie sicher, wenn Sie es bisher noch nicht begriffen

haben, warum ich bei unserem ersten Zusammentreffen im Schlafzimmer von Bernhard zu Ihnen gesagt habe, Sie haben ein unverschämtes Glück, daß Sie überhaupt hier sitzen.
Thomas ersuchte mich, auf dem Weg zur Reindlmühl am Bahnhof Gmunden vorbeizufahren, damit er „sämtliche Zeitungen" kaufen kann. Unterwegs erzählte ich ihm mein Gespräch mit Radax vollständig. Unterhalb der Liegenschaft Grasberg 98, Hausname Krucka, stellen wir das Auto ab. Statt sechs brauchen wir zehn Minuten zum Haus, da Thomas nur langsam gehen kann. Im Haus zeigt mir Thomas die Kettensäge, die zerfetzte Struckshose und die blaue Schlosserhose, welche er darüber hatte. Bei der Besichtigung stellt sich heraus, daß beide Hosen auch an Stellen von der Säge zerfetzt wurden, wo Thomas keine Wunden hat. Schon beim Aufstieg zum Haus machten wir Witze darüber, wie leicht sein nächster Besuch auf der Krucka gar nicht mehr hätte sein können, oder er müßte mit einer Prothese, einem verlorenen Bein herauf. Ich malte Thomas aus, wie er nicht mehr schreiben könnte, da er ja nicht mehr gehen könnte, daher auch nicht mehr denken könnte, usw. und daß er dann hier an einem Ast dieser Bäume enden würde. Der häufigste Schriftstellertod wäre so auch für ihn in die Nähe gerückt.
Wir sprachen früher schon sehr oft über seinen Tod. Den Wunschort, wo er begraben sein möchte, hat er schon dreimal gewechselt. Zuerst in Wien, dann in Ohlsdorf und derzeit in Neukirchen bei Altmünster. Bei solchen Gesprächen betonte Thomas immer wieder: Selbstmord, der für ihn naheliegendste Tod, den sicher auch andere von ihm erwarten, werde er auf keinen Fall begehen. Diesen Gefallen werde er der Welt nicht tun. Nun widersprach er mir nicht. Er sagte, mit so einem schweren Unfall mit Beinverlust wäre alles aus für ihn, alles, eigentlich alles, denn gerade er müsse einfach stundenlang spazierengehen. Thomas rollt beide Hosen ein, um sie dann mitzunehmen zum Waschen und Flicken.
Da ich Thomas' Geiz kenne, er ist der größte Geizhals, der mir bisher untergekommen ist, wie überhaupt der unverschämteste Mensch, der mir bisher begegnet ist – aber gerade dieser Umstand reizt mich, seit jeher schon, gerade mit einem solch schwierigen Menschen auszukommen –, sage ich nicht, er soll die Hosen zur Erinnerung, so wie sie sind, aufbewahren. Da ich es manchmal ahne und ein Gefühl dafür habe, in welchen Fällen er das Gegenteil von dem tut, was ich ihm rate, sehe ich darin eine

gewisse Chance, daß er die Hosen vielleicht doch so läßt, wie sie sind. Ich werde es aber vermeiden müssen, in den nächsten Jahren nach den Hosen zu fragen, außer er hat sie wieder an.
Dann steigen wir vom Haus bergan zur Unfallstelle. Unterwegs zeigt mir Thomas, wo er Äste abgeschnitten hat, wohin er sie zu einem Haufen schleppte, usw. An der Unfallstelle liegen mehrere gefällte Bäume, einige sind in den kleinen Wildbach gestürzt. Der Unglücksbaum stand auf einem Steilhang, so steil wie ein Kirchendach, war von einem Sturm geknickt und berührte mit dem Wipfel den Weg unterhalb des Steilhanges, sodaß der Stamm der über zwanzig Meter langen, aber dünnen Buche von der Wurzel bis zum Wipfel einen Halbkreis bildete. Ich sagte zu Thomas: An so einer Stelle so einen Baum anzugehen, da muß ja was passieren. Es sei ja völlig unberechenbar, wo der Baum hinfalle, da ja der Stamm wie ein Bogen gespannt ist. Ich stellte mich an die Stelle, wo Thomas stand, als es ihm die Säge aus der Hand schlug, und er schilderte mir zum fünften oder zehnten Mal den Hergang. Als es ihn traf, wußte er nicht, wie schwer seine Verletzungen waren. Aufgrund der zerfetzten Hose war das Schlimmste zu befürchten. Daß er keine Schmerzen verspürte, führte er auf die Schockwirkung zurück, und sein erster Gedanke war, diese Schockwirkung dazu auszunützen, sein Auto zu erreichen.
Ich habe ihm früher aus meinen Kriegserlebnissen mehrmals von solchen Schockwirkungen erzählt. Unter anderem von einem Soldaten, der seine eigenen Eingeweide zum Hauptverbandsplatz getragen hat, und einem, dem die Mütze vom Kopf fiel, als ihn in der Hauptkampflinie eine verirrte Kugel am Kopfe traf. Mit seinem Kopfschuß ging der Soldat lachend Richtung Verbandsplatz und lehnte jede Unterstützung durch die zwei mitgegebenen Begleiter ab. Nach einer halben Stunde brach er tot zusammen. Ja, da fällt mir noch ein, daß ein Unteroffizier beim Angriff über weite Felder eine Stunde lang glaubte, er schwitze so stark, daß der Schweiß vom Gesicht schon bis in die Hosen näßt. Als er beim Hosenbund hineingriff, kam die Hand blutig zurück. Er hatte einen Bauchschuß nicht bemerkt.
Glücklicherweise war es bei Thomas nicht der Schock, der es ihm ermöglichte, alleine wegzukommen, sondern die an günstiger Stelle erfolgte Verletzung, wie er im Haus feststellen konnte. Er wechselte die Hose deswegen, wie er mir sagte, damit sie im Spital nicht gleich sagen, komm setz dich her, wie man es eben mit Holzknechten gerne macht. Er hat deswegen auch im

Spital mit dem Arzt sofort Hochdeutsch gesprochen, damit er nicht gleich rüpelhaft behandelt wird.
Von der Unfallstelle gingen wir wieder zum Haus und nahmen Kleider und Lebensmittelvorräte mit zum Auto. Wir fuhren sofort zum Mittagessen zu mir ins Haus Weinberg. Es gab Geselchtes mit Kraut und Knödel. Thomas wurde immer lustiger und erzählte von seinem Friseur, der ihm sagte, daß Bekannte vor kurzem eine Zentralheizung bekommen hätten und daß sie mit den „Gladiatoren" so zufrieden sind (Radiatoren hatte dieser gemeint). Wir sprachen davon, daß O'Donells Gattin in der Gmundner Frauenklinik entweder das Kind oder die Ohren verlieren werde. Da sagte ich, in der Frauenklinik werde es, wenn es nach Thomas ginge, so aussehen wie in einem Schweinestall, den ich als Ferkelhändler einmal zu sehen bekam. Einige hundert Schweine, kleine und große, hatten alle ein gespaltenes Ohr. Ich konnte mir nicht erklären, was das bedeuten sollte, und ging den ganzen Stall durch, aber alle, ohne Ausnahme, hatten ein gespaltenes Ohr. Es sah komisch aus. Ich wußte zwar, daß man gegen Fieber oder eine bestimmte Krankheit den Schweinen hosenknopfgroße Löcher in die Ohren stanzt, zur Gesundung. Aber das war nie bei allen Schweinen eines Stalls der Fall. Schließlich wagte ich, danach zu fragen. Der Bauer sagte, daß sämtliche Schweine vom Tierarzt geimpft werden mußten, gegen welche Krankheit weiß ich heute nicht mehr, und damit er nicht ein Schwein ein zweites Mal zum Impfen erwischt, hat er jedem Schwein nach erfolgter Impfung das Ohr eingeschnitten. Meine Frau zweifelte an der Wahrheit meiner Erzählung, aber Thomas sagte, es wird sicher wahr sein, denn alles muß man ja wo herhaben. Was ich schreibe, habe ich fast alles erlebt, manches in einer Art Phantasie, aber eben doch auch erlebt. Es muß ja schließlich alles wo herkommen.
Den Mocca nach dem Essen nahmen wir im ersten Stock beim Fernsehen ein, da wir uns den Abfahrtslauf der Herren auf der Streif ansahen. Thomas gibt IOC-Präsident Brundage recht. Diese Skifahrer sind keine Amateure. Die Leistungen der Fahrer findet er natürlich gut, aber bei Olympischen Spielen sollten sie nicht mitmachen, weil sie eben keine Amateure sind.
Thomas bleibt bis zum Ende der Sendung um 14 Uhr 30. Ich bringe ihn nach Nathal, und wir vereinbaren, daß ich ihn um 19 Uhr 30 wieder zu mir abhole. Die Nachrichten, die Kulenkampff-Sendung „Guten Abend, Nachbar" und den Kürlauf der Damen wollen wir bei mir zusammen sehen.

Thomas war so nett und lustig, aber ich bin trotzdem froh, daß ich nun einige Stunden allein sein kann, denn ich muß ja notieren. So viele herrliche markante Aussprüche gehen mir verloren. Es ist unmöglich für mich, in Thomas' Gegenwart etwas aufzuschreiben, was ihn betrifft. Denn wenn ich mir für mich geschäftlich etwas notiere, fragt er gleich, was hast denn, an was denkst denn, was beschäftigt dich, und ich muß ihm alles zeigen und antworten, denn er verbirgt auch nichts vor mir. Ein paarmal habe ich ihn schon überlistet und gesagt, jetzt ist mir der Dr. Ortner eingefallen, da muß ich mir was notieren, und konnte so wenigstens ein Schlagwort zu meiner echten Notiz schwindeln. Zu Hause gehe ich oft in die Küche, um wenigstens Namen schnell wohin zu kritzeln. Wenn Thomas nicht nach Wien gefahren wäre, wäre der 15. 1. 1972 trotz 11 1/2 Stunden mit Thomas ziemlich kurz geworden.
Um 19 Uhr 30 hole ich Thomas. Er ist noch immer in bester witziger Stimmung. Er hält die Kuli-Sendung komplett durch. Bei Unterhaltungssendungen versucht Thomas meist nach kurzer Zeit, sich mit mir darauf zu einigen, daß wir abdrehen und uns selbst unterhalten. Als im Laufe der Sendung ein englischer Standardtanz zu erraten ist, tippe ich auf Stepp, ich weiß nur nicht, welcher Stepp und frage Thomas, ob er vielleicht diesen gezeigten Tanz kenne. Er sagt: Da wäre ich aber schön blöd, wenn ich diesen Tanz kennen würde. Die ganze Sendung spickt Thomas mit witzigen Bemerkungen. Meine Gattin und die anwesenden Kinder lachen herzlich mit. Thomas bleibt auch noch nach den zweiten Abendnachrichten zum Kürlauf der Damen. Als eine Nachwuchsläuferin, die zwischen dem 15. und 20. Platz liegt, ihre schwache Kür zeigt, sagt Thomas, die komme ihm vor wie ein Hirschkäfer, der sich zu den Hirschen stellt und dann glaubt, er sei auch ein Hirsch. Er machte laufend lustige Bemerkungen. Aber das beste Stück kommt noch auf der Heimfahrt zu Thomas nach Nathal. Was er mir während der Fahrt um 11 Uhr 30 nachts sagt. Dazu aber die Vorgeschichte:
Seit Wochen verliert der Fernsehapparat von Thomas nach ca. 30 Minuten das Bild. Thomas scheut sich, den Apparat zur Reparatur zu geben, da er befürchtet, dort wird er eingeschaltet, das Bild ist natürlich da. Sie sagen, der Schriftsteller ist ein Trottel, der Apparat geht, schreiben ihm eine Rechnung, und er hat denselben Ärger wie vorher. Thomas wird nämlich von den Handwerkern oder Geschäftsleuten, besonders denen, die schon

einmal ihre Nase kurz in irgendein Buch von Thomas Bernhard gesteckt haben, nicht ernst genommen. Sie glauben, der versteht nichts, und wollen ihn ausnützen und anschwindeln, wo sie nur können. Manche denken sich, der hat Geld genug und versteht nichts, und danach sieht oft die vorgelegte Rechnung aus. Im allgemeinen kauft oder bestellt Thomas nur in meiner Begleitung und in Geschäften, die ich ihm empfehle. Wenn aber Thomas die Geschäftsverbindung dann alleine weiter aufrechterhält, so kommt es meist schon nach dem zweiten oder dritten Kauf zum Krach mit den Lieferanten, weil sie ihn nach einmaliger ordentlicher Bedienung schon wieder ums Ohr hauen wollen, oder Thomas empfindet eine inzwischen eingetretene Teuerung als Versuch, bei ihm mehr zu verlangen. Dann kommt es so weit, daß er mir vorhält, ich habe ihm seinerzeit diesen empfohlen, ich sei schuld. Daher bin ich nun mit Empfehlungen vorsichtig, und wenn ich empfehle, dann nur für einmaligen Kauf, denn da bin ich dabei. Was später kommt, sage ich immer, ist deine Sache. Und nun habe ich bezüglich des Fernsehapparates Thomas empfohlen, er solle auf einen Zettel einen „Befund" schreiben. Thomas hatte nämlich den Apparat von einer Gmundner Firma mit dem gleichen Fehler, der repariert werden sollte, zurückbekommen. Das war vor einigen Tagen, und der „Befund" sollte lauten:

Bernhard,Nathal

Nach wenigen Sekunden auf dem Bildschirm links langsam zunehmend ein schwarzer Streifen,

etwas später rechts aussen ein fast ein Drittel des Bildschirms breiter "Grauschleier",

gleichzeitiges Zunehmen eines Salmiakartigen Geruchs,

nach etwa 1/2 bis 3/4 Stunde Zusammenbruch des Bildes,

durch Korrigieren am Drehknopf(Hinein-oder Herausziehen) oder

gänzlichem Abschalten und sofortigem Wiederein/schalten neuerlich Bild(schlechter Qualität)

schliesslich alle Tricks sinnlos.Ende.

Thomas selbst schrieb diesen „Befund“. Mit diesem Zettel sollte Thomas den Apparat zu Lahner in Laakirchen geben. Eine Durchschrift sollte er sich behalten. Bei Abholung des Apparates solle er anhand des Zettels fragen, wodurch und wie dieser Fehler behoben wurde. Dann solle er verlangen, daß der Apparat 1 1/4 Stunden eingeschaltet werde, sich inzwischen ins Gasthaus setzen und seine Zeitungen lesen. Er solle aber schon nach 3/4 Stunden überraschend das Geschäft betreten und sehen, ob wirklich eingeschaltet ist, sonst könnte sein, daß die im Geschäft erst 1/4 Stunde vor seinem Kommen einschalten. Nur so sehe ich eine Möglichkeit, bei der Reparatur nicht angeschwindelt zu werden. Das war also mein Rat.
Und nun bittet mich Thomas auf der Fahrt zu ihm um 11 Uhr 30 nachts, ich solle morgen, bevor Peter kommt, seinen Fernsehapparat abholen und zu Lahner bringen. Wenn die Reparatur fertig ist, soll ich es so machen, wie ich es ihm geraten habe und soll mich eine Stunde zu Pabst ins Gasthaus setzen. Momentan bleibt mir die Luft weg. Na dir werde ich noch einmal einen Rat geben, sage ich, damit du mir dann mit meinem eigenen Rat die Haare einzwickst. Wir mußten beide herzlich lachen. Schließlich sagte ich zu, den Apparat zu Lahner zu bringen, aber abholen werde ich den Apparat auf keinen Fall, das soll er selbst machen, wenn er von Wien zurück ist, sage ich ihm. Den Zettel von Thomas schrieb ich ab für Lahner, zum Abgeben, das Original behielt ich.
Es fällt mir noch ein, daß ich während des Tages Thomas fragte, was er unternehme, wenn er von Wien zurückkomme, also nach dem Grillparzer-Preis, was er schreiben werde. Er sagte: Ich werde gleich mit einem Theaterstück beginnen, ich brauche unbedingt ein drittes Stück, ich hab schon eine Idee. Vielleicht wird es das, was du immer haben möchtest. Es wird so eine Art Komödie werden. Also ich habe es schon im Kopf, ich weiß schon, welche Handlung es haben wird. Dieses Gespräch fand auf der Krucka statt, während wir auch von Holzhaxen und Aufhängen sprachen.

16. Jänner 1972

10 Minuten vor 11 Uhr bin ich bei Thomas in Nathal. Den Fernseher kann ich noch nicht einladen, da der Slalom aus Kitzbühel eingeschaltet ist. Wir sehen aber weniger auf den Apparat als aus dem Fenster, wo jeden Moment

Peter auftauchen müßte. Am kahlen Rosenstrauch tummeln sich Spatzen. Ich sage zu Thomas, daß diese Spatzen seit Tagen dauernd zu sehen sind. Sie sind ein gewisser Ersatz dafür, daß er keine Blumen im Zimmer hat, um ein bißchen „Leben" zu machen. Seit Jahren bekrittle ich, daß Thomas nicht einmal Strohblumen aufstellt, dadurch fehlt einem immer was. Thomas sagt, „Leben" habe er selber, dazu brauche er keine Blumen. Wenn man mitten in der Natur wohnt, braucht man das im Zimmer nicht auch noch. Für was siehst du mich eigentlich an? Ich bin doch keine alte Großmutter, die Blumen braucht. I hab e Bleamal, meine Wimmerl im Gesicht. Jetzt ist er da, sagt Thomas noch. Gemeint war Peter. Wir gehen ihm in den Hof entgegen. Ich sage: Ich gehe zum Nachbarn Stadlmayr, denn ich kann nicht zusehen, wenn die Nähte entfernt werden. Thomas war in gereizter Stimmung, da wollte ich lieber weg und den Slalom beim Nachbarn im Fernsehen verfolgen.
Gegen 11 Uhr 30 trete ich bei Thomas wieder in die Stube. Alles war vorbei, Thomas sagte, um 12 Uhr fahren wir ab. Dann sagt er, gestern hätte er fast Verbrennungen erlitten. In die Luft hätte er gehen können, im Kamin fand eine Explosion statt. Er hielt Peter vor, daß er vorgestern den Tupfer und die Plastikspritze in den Papierkorb geworfen habe. Das sei ein Papierkorb, der sei nur für Papier da. In der Küche sei ein Eimer für andere Abfälle. Was durch solche Gedankenlosigkeit alles passieren könnte, usw. Er ging auf Peter los. Er war in einer sehr boshaften Stimmung. Trotzdem wollte ich ablenken und Peter den Artikel der „Salzkammergutzeitung" zeigen. Thomas wußte, daß ich das für heute vorhatte, und so hatte er den Artikel, der seit Erscheinen auf seiner Kommode lag, entfernt. Ich glaubte aber, nun darauf zugreifen zu können. Ich fragte daher Thomas, ob er den Artikel nicht bei der Hand hätte. Nein! Daraufhin sagte ich: Ich möchte nun den Fernseher einladen und wegfahren. Alle drei gemeinsam brachten wir den Fernseher zu meinem Auto. Dann ersuchte mich Thomas, morgen Montag einige Briefe für ihn aufzugeben. Er will, daß sie von Steyrermühl oder Ohlsdorf weggehen. Er gibt mir das Geld für Marken und fünf Briefe. Die Briefe sind an Claus Peymann, Berlin-West, Landhausstr. 44, Ernst Wendt, Berlin-West, Fasanenstr. 72, Frau Gertrud Frank, Residenz Verlag, Salzburg, Imbergstr. 9, Carl Hanser Verlag, Herrn Seitz, München, Kolbergstr. 22 und an die Österreichische Akademie der Wissenschaften, Herrn Prof. Dr. Mayrhofer, Wien, Dr.-Ignaz-Seipel-Platz 2 gerichtet. Zum

Brief an Dr. Mayrhofer sagt mir Thomas, da steht nur eine Zeile drin, nämlich, daß ich das Geld am Freitag vormittag persönlich in Empfang nehmen möchte. Sonst nichts. Die Akademie hat nämlich schriftlich angefragt, auf welche Bank sie mir den Geldbetrag, der mit dem Preis verbunden ist, überweisen sollten. Ich habe aber schon meine Erfahrung. Das zieht sich immer, man weiß nie, was passieren könnte, ich will das Geld sofort. Natürlich, sage ich, noch dazu so eine lächerliche Summe. Die müßte doch längst erhöht werden. Als der Preis gestiftet wurde, mag das noch eine hohe Summe gewesen sein, heute ist das der halbe Monatsbezug eines Wiener Rathauspensionisten.
Ich verabschiede mich von Peter und Thomas und wünsche Thomas, daß in Wien alles in seinem Sinne verläuft. In irgendeinem Sinn wird es schon sein, sagt Thomas. Nein, in deinem Sinne soll es ablaufen, sage ich noch aus dem Auto im Hof und bin weg. Peter hatte ich beim Abschied noch für Nachmittag zu mir geladen.
Um 15 Uhr kommt Peter mit dem Seufzer, gut daß er weg ist, bei der Tür herein. Ich sage Peter, daß ich mich für das boshafte Benehmen von Thomas schon revanchiert hätte, und zeige ihm die Briefe, die ich morgen zur Post geben soll. Ich hatte auf die Briefe die Zweischillingmarken mit dem Jesuskind von Dürer aufgeklebt. Das paßt nicht zu Thomas, sage ich, er würde sie sicher nicht aufkleben, auch wenn er sie geschenkt bekommen hätte. Ich sage: Peymann lebt in einer Kommune, und Prof. Mayerhofer könnte es doch komisch vorkommen, wenn Thomas solche Marken verwendet. Aber wahrscheinlich denken sie dabei gar nichts, und es fällt ihnen nicht auf.
Dann erzählt Peter alte Familiengeschichten, die ich aber alle von Thomas schon kenne. Peter bedauert, daß Thomas nicht begreift, daß er als leiblicher Sohn zu seinem Vater hält. Er kennt natürlich die Schwächen seines Vaters und weiß, daß er Thomas ein schlechter Ziehvater war. Aber er muß zu seinem Vater halten. Bei Thomas hängt das immer noch nach, was vor Jahren geschehen ist. Ich stelle fest, daß Thomas mir diese Familiengeschichten nicht übertrieben, eher abgeschwächt erzählt hat, wenn ich nun Peter anhöre. Manches ist so widerlich, daß ich Peter vor meiner Frau und den Kindern nicht ausreden lasse. Ich winke ab und sage: Ja, ja ich weiß schon, er hat mir eh alles erzählt. Peter kennt aber aus letzter Zeit kaum einen Artikel über Thomas und hat fast keine Ahnung, was alles

vorgeht um ihn. Er ist erstaunt, daß ich über alles so gut informiert bin. Wie ein Sekretär, sagt er. Als ich ihm noch sage, daß Thomas gestern sehr lustig war, glaubt er mir nicht und bleibt hartnäckig dabei, daß Thomas noch nie Humor gehabt habe und auch niemals in Zukunft Humor haben werde. So was gibt es bei Thomas nicht, das kennt er nicht. Ich will ihn vom Gegenteil überzeugen und sage ihm auch, daß ich seit einiger Zeit Thomas einreden will, eine Komödie zu schreiben, denn nur er hat wirklich echten klassischen Humor. So ein Stück würde in die Weltgeschichte eingehen. Nur er als ernster Autor, mit seinem Können, kann guten Humor bringen. Nicht die Kasperln, die nur glauben, sie sind lustig. Thomas weist dieses Ansinnen jedesmal entrüstet zurück. Da sage ich dann immer, er soll noch zuwarten, schließlich steckt ihm der Schelm im Nacken. Der wird ihn sicher einmal dazu drängen. Peter bleibt bei seiner Ansicht, daß Thomas keinen Humor hat, und so gebe ich auf, ihn weiter vom Gegenteil überzeugen zu wollen.

Dann erzähle ich Peter noch, daß Thomas einmal sehr aufgeregt zu mir gekommen ist und sagte, er müßte eigentlich Peter sofort nach Wels nachfahren oder ihn wenigstens in Wels anrufen. Er habe Peter wieder sehr beleidigt. Peter sei sehr bedrückt weggefahren. Nun täte es ihm aber leid. Andererseits ist er doch wieder nicht in der Lage anzurufen: Denn es stimmt ja, was ich ihm gesagt habe, nur so grob hätte ich nicht sein dürfen, na ja, der liebe Peter, er wird schon wiederkommen. Er weiß ja, daß ich ihn eigentlich sehr gern habe. Tatsächlich hat Thomas Peter sehr gern, wenn er ihn braucht, nur zeigt er es ihm nie.

17. Jänner 1972

Fernseher bei Lahner in Laakirchen abgegeben.

Heute sollte Thomas im Gemeindeamt Ohlsdorf die von der Grundzusammenlegung aufgelegten Pläne persönlich kontrollieren. Er hat mir vor seiner Abreise keine Weisung diesbezüglich zurückgelassen. Ich sollte ihn heute zum Gemeindeamt fahren, wenn er gestern nicht weggefahren wäre. Vorsorglich rufe ich seinen Anwalt Dr. Meingast an. Dieser wird es einrichten, daß Thomas die Einsicht nachholen kann, wenn er nach Ablauf der vierzehntägigen Einspruchsfrist zurückkommt. Da ich annehme, daß Thomas sein Versäumnis in Wien einfallen und ihm Sorgen bereiten wird, werde ich ihn von meinem Eingreifen verständigen.

18. Jänner 1972

Sende ein Telegramm an Thomas, Wien, Obkirchergasse 3:

> Habe erreicht, dass du Planeinsicht nach Ablauf der Einspruchsfrist nachholen kannst. Herzlichen Gruss, Karl

23. Jänner 1972

Thomas trifft im Auto von Peter um 15 Uhr von Wien kommend in Nathal ein. Er fährt mit Peter sofort zur Krucka, nachsehen, ob alles in Ordnung ist. Um 19 Uhr 30 kommt Thomas zu mir nach Weinberg. Er berichtet mir, daß auf der Krucka alle Wasserkübel und die Klomuschel eingefroren sind. Bevor es taut, wird er Salzsäure hineinschütten. Alles Salz, das er im Hause hatte, hat er schon in die Muschel geschüttet. Er bedankt sich für mein Telegramm.

Bei der Preisverleihung am Freitag hat Hansi (Rochelt) mit dem Fernsehteam vereinbart, daß als Revanche für die Einladung von der Veranstaltung der Akademie der Wissenschaften alles weggeschnitten wird und nur der Verleihungsakt und ein Interview mit Thomas gebracht wird. So war es auch tatsächlich in „Kultur Aktuell“ am Freitag abend zu sehen.

Thomas war auch bei Hilde Spiel. Die hat ihm von Rauris erzählt, daß Uwe Johnson gleich nach der Ankunft mit Hans Lebert in Streit geriet und nicht lesen wollte. Gimmelsberger benötigte die halbe Nacht, um Johnson umzustimmen, doch zu lesen. Thomas freute sich, daß er mit seiner Voraussage recht behalten habe, daß es mit Johnson was geben wird. Johnson hat Rauris ein „Nazidorf“ genannt.

Wir sehen uns gemeinsam mit meiner Gattin „Libussa“ im Fernsehen an. Manche kurze Szene findet Thomas gut. Vom Aussehen her gefällt ihm Grillparzer sehr. Wir kommen auch auf sein Interview vom Freitag zu sprechen, wo er sagte, Grillparzer kenne er nur von der Schule her.

Ich berichte Thomas über die Radiosendung von Rochelt, wo dieser den Anfang der Rede bei der Verleihung des Staatspreises brachte, bis zur Stelle der „Notdurft", um anschließend einige passende Sätze aus *Gehen* anzuschließen. Thomas wußte, daß Rochelt über ihn sprach, kannte aber den Inhalt nicht. Gestern hat er sich mit Radax getroffen. In den nächsten Tagen fällt die Entscheidung, ob *Frost* heuer noch verfilmt wird. Wenn dies der Fall ist, kommt Radax zwischen 5. und 12. Februar nach Nathal, um die Gegend um Weng, wo die Aufnahmen gemacht werden sollen, zu besichtigen. In dieser Zeit soll auch der *Italiener* im Schloß Wolfsegg gezeigt werden, wo wir dann alle hinfahren werden, sagte Thomas. Damit meinte er meine ganze Familie. Wiederholt sagt Thomas, daß er froh sei, wieder dazu sein. Um 22 Uhr 30 fährt er heim nach Nathal.
Thomas erzählte auch noch, daß beim Festakt der Akademie der Wissenschaften von Frau Minister Firnberg mehrere Exzellenzen usw. namentlich begrüßt wurden – er als Preisträger jedoch nicht. Da ihn niemand kannte, setzte er sich in die sechste Reihe. Endlich wurde er doch entdeckt und von einem ihm nicht näher bekannten Herrn in die erste Reihe gebeten. Diesem hat er jedoch gesagt, der Präsident solle selber kommen, sonst bleibe er doch neben seiner Tante sitzen. Tatsächlich kam dann der Präsident selbst zu ihm und hat ihn in die erste Reihe geleitet. Mindestens sechsmal wurde ihm zugeflüstert, daß es nicht üblich sei, eine Rede zu halten, vor lauter Angst, er würde wieder eine ähnliche Rede wie damals beim Staatspreis halten.
Als ich ihm sage, von Wien habe er nun drei Preise geholt, da sei nichts mehr zu holen, sagt er: Ja, jetzt fehlt nur mehr die engere Heimat. Von Oberösterreich und Salzburg habe ich noch nichts bekommen. Ich weiß, daß es ihn schmerzt, daß er den Stifter-Preis noch nicht bekommen hat, und ich werde überlegen, ob ich nicht etwas dazu tun kann.
Thomas erzählt weiters, daß die drei Studenten [Erik Adam, Ingram Hartinger, Walter Pilar], welche bei seiner Lesung in Salzburg am 10. 12. 1971 durch dauerndes Gehen die Lesung stören wollten, auch in Rauris waren und umhergingen.
Die Urkunde zur Verleihung des Grillparzer-Preises sieht aus wie eine Speisekarte, sagt Thomas. Mit der Schreibmaschine ist der Text und mein Name eingesetzt. Aber wenn die Urkunde sehr pompös wäre, würde man es der Akademie auch übelnehmen und sagen, das ist zu aufwendig. Die

> Verehrter Herr Minister, verehrte Anwesende,
>
> es ist nichts zu loben, nichts zu verdammen, nichts anzuklagen, aber vieles ist lächerlich; es ist alles lächerlich, wenn man an den *Tod* denkt.
> Man geht durch das Leben, beeindruckt, unbeeindruckt durch die Szene, alles ist austauschbar, im Requisitenstaat besser oder schlechter geschult: ein Irrtum! Man begreift: ein ahnungsloses Volk, ein schönes Land – es sind tote oder gewissenhaft gewissenlose Väter, Menschen mit der Einfachheit und der Niedertracht, mit der Armut ihrer Bedürfnisse … Es ist alles eine zuhöchst philosophische und unerträgliche Vorgeschichte. Die Zeitalter sind schwachsinnig, das Dämonische in uns ein immerwährender vaterländischer Kerker, in dem die Elemente der Dummheit und der Rücksichtslosigkeit zur tagtäglichen Notdurft geworden sind. Der Staat ist ein Gebilde, das fortwährend zum Scheitern, das Volk ein solches, das ununterbrochen zur Infamie und zur Geistesschwäche verurteilt ist …
>
> *(Thomas Bernhard anläßlich der Verleihung des Österreichischen Staatspreises am 4. März 1968)*

könnten machen, was sie wollten, immer würde es kritisiert werden. Aber der Text der Urkunde ist sehr ehrend und gut. Seit zwei Monaten habe ich von meinem Verlag kein Schreiben mehr bekommen. Aber wenn sie auch wissen, daß ich von Glückwünschen nichts halte, so müßten sie es ja doch machen. Der Verlag, der doch mein Stück, für das ich ausgezeichnet wurde, verlegt, müßte sich doch rühren in so einer Sache. Die müßten doch so etwas aus Geschäftsgründen aufgreifen. Ich sage darauf: Wenn der Text der Verleihungsurkunde so gut ist, dann sollen sie diesen Text auf allen Programmheften usw. wie überhaupt immer in Zusammenhang mit dem Stück anführen. Ich sage noch, daß ich die Urkunde gerne gesehen hätte. Thomas sagt: Die Urkunde habe ich in Wien bei der Tante gelassen. Da erinnere ich mich daran, daß mir Thomas aus Wut über die Absage der Feierlichkeiten anläßlich der Verleihung des Wildgans-Preises der Öster-

reichischen Industrie versprochen hat: Diese Urkunde kannst du haben. Ich sagte: Die wird schön eingerahmt und ins Klo gehängt. Als ich ihn dann in Gegenwart seiner Tante um die Urkunde bitten wollte, ließ er mich nicht ausreden und tippte mit dem Finger auf den Mund. Später sagte er mir, daß er die Urkunde seiner Tante geschenkt habe, weil sie eine große Freude mit solchen Urkunden habe. Die Urkunden seiner anderen Preise hat er auch alle der Tante gegeben.
Ich werde versuchen, zu einer Fotokopie der Urkunde zu kommen, da ich auf die „Speisekarte" neugierig bin.

24. Jänner 1972

Um 18 Uhr fahre ich schnell zu Thomas nach Nathal, um nachzusehen, wie sein Fernseher funktioniert. Der Elektriker muß morgen noch einmal kommen, die Antennen einstellen. Thomas erzählt mir, daß in den „Salzburger Nachrichten" u. a. von einem Protesttelegramm einer Grazer Gruppe gegen die Verleihung des Grillparzer-Preises berichtet wird. Nach 15 Minuten verlasse ich ihn. Er kommt 30 Minuten später zu mir zum Rettichessen.
Es folgt eine herzliche Begrüßung meiner Mutter, die sechs Wochen in St. Nikolai im Sausal bei meiner Schwester war. Anschließend ein Dutzendabend vor dem Fernseher bis 21 Uhr 15. Ich begleite Thomas zum Auto, und im Wegfahren vereinbaren wir, daß ich morgen mit seiner Post um 8 Uhr 30 zu ihm komme und wir dann weiters den Tagesablauf besprechen.
Heute habe ich einen Brief an Landeshauptmann Wenzl, natürlich ohne Wissen Bernhards, geschrieben.

Sehr geehrter Herr Landeshauptmann Doktor Wenzl!
Am 6. 1. 1965 hat der Schriftsteller Thomas Bernhard seinen Bauernhof in Obernathal, Gemeinde Ohlsdorf, erworben und ist somit seit über sieben Jahren in Oberösterreich ansässig. Er hat im Gemeindegebiet Altmünster eine weitere Liegenschaft erworben, deren Gebäude er ebenfalls vor dem Verfall rettet und in seiner Ursprünglichkeit bewahrt. Thomas Bernhard ist Österreicher, in Henndorf aufgewachsen, besuchte in Salzburg das Gymnasium und studierte in Wien Musik. 1957 absolvierte Bernhard Dramaturgie- und Regiestudien am

Salzburger Mozarteum mit einer Arbeit über Bertolt Brecht und Antonin Artaud.
Thomas Bernhard wurde innerhalb der letzten neun Jahre von den namhaftesten deutschen und österreichischen Literaturkritikern wiederholt als der größte lebende Dichter des gesamten deutschen Sprachraumes bezeichnet.
Seine Arbeiten fanden auch die entsprechende Anerkennung durch Verleihung folgender Preise:
1963 Hamburger Julius Campepreis
1964 Bremer Literaturpreis
1965 Regensburg – Literaturpreis der Deutschen Industrie
1967 Österreichischer Staatspreis für Literatur
1968 Anton Wildganspreis der Österr. Industrie
1970 Georg Büchnerpreis der Deutschen Akademie für Sprache und Dichtung
1972 Grillparzerpreis der Österr. Akademie der Wissenschaften
Nach der Verleihung des Georg Büchnerpreises, der bedeutendsten Anerkennung, die Deutschland zu vergeben hat, hat nun Thomas Bernhards Schaffen auch durch die Österreichische Akademie der Wissenschaften die gebührende Anerkennung gefunden.
Was aber Thomas Bernhard noch fehlt, ist die Anerkennung im eigenen Land. Thomas Bernhard lehnt grundsätzlich alle noch so hoch dotierten Einladungen zu Lesungen im In- und Ausland ab, umsoweniger wird er Einladungen Dr. Laßls in den Jägermayrhof nachkommen. Die wahre Größe Dr. Laßls zeigte sich auch schon, indem er in den O.Ö. Nachrichten die Verleihung des Grillparzerpreises nur ganz klein und nebenbei erwähnte.
Seit Thomas Bernhard in Ohlsdorf ansässig ist, finden sich in seinen Werken vielfach heimische Orts- und Personennamen. Sein Film DER ITALIENER spielt in Wolfsegg. Ein Buch heißt UNGENACH und zu seinem Buchtitel DAS KALKWERK wurde er durch das aufgelassene Gmundner Kalkwerk angeregt. Thomas Bernhard schätzt Adalbert Stifter und es finden sich viele Parallelen zu Stifter.
Als gebürtiger Linzer und Oberösterreicher möchte ich Sie bitten, den Fall Thomas Bernhard aufzugreifen und für die längst fällige Ehrung durch den Adalbert Stifterpreis, auch im Interesse des Ansehens des Landes Oberösterreich, sorgen zu wollen.

Mit freundlichen Empfehlungen
Karl Hennetmair

25. Jänner 1972

Um 8 Uhr 30 bin ich mit der vom Postamt Ohlsdorf für Bernhard übernommenen Post bei Thomas. Er zeigt mir zwei Briefe ohne Absender und sagt, schau her, das sind die Scheußlichkeiten. Die schreiben keinen Absender drauf, damit ich die Briefe öffne. Denn die wissen, wenn ich den Absender lese, werfe ich den Brief ungeöffnet weg. Er öffnet die Briefe. Einer ist aus Salzburg von der Freifrau von Levetzow, einer Tochter der Gräfin Saint Julien von Wolfsegg, die wir bei den Dreharbeiten zum *Italiener* mehrmals getroffen haben, und enthält eine Einladung zu einem Drink, einem Valentinsdrink am 14. Februar. Ohne Kommentar öffnet Thomas den zweiten Brief und sagt: Der Mann von der Agi (Dr. Teufl) gratuliert mir zum Grillparzer-Preis.
Wir beschließen, momentan nach Linz ins Dorotheum und anschließend nach Wolfern bei Steyr zu fahren. Wir wollen alte Möbel, Biedermeiermöbel für Peter aussuchen. Auf Thomas' Frage, mit welchem Wagen wir fahren, sage ich: Mit deinem, jetzt bist du dran. Er kann ja schon wieder fahren, und seine Beinverletzung macht ihm keinerlei Beschwerden mehr. Im Vorbeifahren sage ich meiner Frau, daß ich mit Thomas wegfahre.
Im Linzer Dorotheum ist nicht viel los. Thomas gibt einen Kaufauftrag für ein zwölfteiliges massives Eßbesteck. Die modernen Bestecke sind viel zu klein, die Leute verlernen das ordentliche Essen damit, sagt Thomas. Da bloß vor der Bäckerei neben dem Dorotheum ein Parkplatz „nur für Kunden" frei ist, kaufen wir acht Faschingskrapfen, damit wir „Kunde" sind.
Auf der Fahrt nach Wolfern gefällt Thomas Rohrbach, Hohenbrunn, usw. Nach Niederneukirchen, beim Jagabauern, lobt er die Landschaft besonders als herrliche Gegend. Als wir an Losensteinleiten vorbeikommen, erinnert sich Thomas, daß ich früher erzählt habe, daß nach dem Krieg zwei Viehhändler das Schloß von den Auerspergs zu einem Spottpreis gekauft haben, sodaß die Viehhändler mit dem Vieh alleine fast den gesamten Kaufpreis hereingebracht haben. In Judendorf beim Antiquitätenhändler, der uns seit Jahren kennt, aber auch wieder nicht kennt, denn er weiß unsere Namen nicht, finden wir für Peter einen preiswerten Biedermeiertisch, sodaß wir gleich eine Angabe geben und Peter von Steyr aus telefonisch zwecks Abholung verständigen. Thomas nimmt für sich noch zwei Lampenschirme mit. Seit sieben Jahren suchen wir nach passenden Beleuchtungs-

körpern für seinen Hof. In den meisten Zimmern stecken die Birnen nackt in der Fassung. Diesmal waren zwei Schirme geeignet.
Vom Postamt am Grünmarkt sind wir zu Fuß ins „Gösser“ in der „Enge“ zum Mittagessen gegangen, damit wir hin und zurück die alten Häuser ansehen konnten. Ich schlug vor, den Mocca am Heimweg in dem Gasthaus nach dem Sierninger Hametwald, an der Abzweigung nach Waldneukirchen zu nehmen, damit wir unsere eigenen Krapfen verspeisen können. Dort waren wir schon mehrmals zu Gast, und Thomas freut sich immer auf das Gespräch zwischen mir und der Wirtin, da ich die ganze Umgebung gut kenne, aus der Zeit, als ich 1939 mit dem Gemeindearzt Dr. Büchel von Sierning zu den Visiten gefahren bin. Das Gespräch dreht sich immer um Forsthof, „Forsthoffranz“, dessen Selbstmord, Selbstmord der Bürgermeisterfamilie Eder 1945 u. a. m.
Über Bad Hall fahren wir heimwärts. Da ich keine Notizen machen konnte, fällt es mir schwer, von den Gesprächen etwas aufzuschreiben. Es war einfach zuviel und für mich so anstrengend, daß ich um 14 Uhr direkt erschöpft mit Thomas in Nathal ankam. Thomas war in sehr guter Stimmung. Wenn wir unterwegs sind, bin ich immer sein Gast. Er erzählte mir von Eisenreich, dessen Schulden, daß er den Wildgans-Preis bekommen soll. Aber das Geld will seine Gattin pfänden. Da sieht man erst, wie die Verleger sind, wenn einer auf sie angewiesen ist. Für Schaffler [Wolfgang Schaffler, Residenz Verlag] war der Eisenreich immer so gut, jetzt gibt er ihm sicher nichts. Ich sage: Für Eisenreich könnte der Strick kommen, denn wie soll er es fertigbringen, sich hinzusetzen und was Gutes schreiben, wenn er weiß, daß das Geld, das er dafür bekommt, gar nicht mehr ihm gehört. Übrigens war Eisenreich einer der ersten, der 1965 im „Spiegel“ gegen Thomas massiv aufgetreten ist. Das war damals, als du ihn mit einem Affen verglichen hast. Mir tut er nicht leid, sage ich zu Thomas.
Wir kommen, wie so oft, auf die schlechten Erfahrungen von Thomas' Großvater Freumbichler mit Verlegern zu sprechen, und Thomas sagt, durch die Erfahrungen seines Großvaters, die er miterlebt hat, ist ihm selbst vieles erspart geblieben. Sein Großvater ist mit dem „Schneepflug“ vorausgefahren. Ich sage zu Thomas, daß er mir von einem Preis zum anderen zugänglicher und verträglicher erscheint. Da sagt er entrüstet: Hast du aber eine Ahnung. Eher das Gegenteil, jetzt bin ich noch arroganter und abweisender, und immer wenn jemand glaubt, jetzt hat er mich soweit, jetzt

ist er freundlich, dann sage ich aber schon auf Wiedersehen, da bin ich schon beim Verabschieden, denn wenn ich zuerst sehr garstig bin, dann verabschiede ich mich plötzlich gerne sehr freundlich. Du hast keine Ahnung, wie ich woanders bin. Naja, sage ich, dann trifft das nur für mich selbst zu. (Er hatte mich vorher in weitere „Familiengeheimnisse" eingeweiht, die niemand wissen sollte, wie er sagte und so wage ich auch nicht zu berichten.)
Als ich um 14 Uhr von Nathal wegfuhr, versprach ich, um 16 Uhr wiederzukommen, um die Lampen zu montieren. Um 16 Uhr betrat ich also wieder Nathal, und Thomas hatte schon sechs Bilderrahmen – die hatten wir auch gekauft – gereinigt, und er sagte: Schau, so schön, die Leute sehen nie, was dahintersteckt. Wie gut die jetzt aussehen. Bei *Ein Fest für Boris* hätte es auch so sein können. Wenn jemand das Stück nur liest, schmeißt er es hin und sagt, das ist nichts. Nur wenn es gut aufgeführt wird, dann wird sichtbar, was drinnensteckt. Als ich das Stück in 14 Tagen geschrieben hatte, hätte ich nie geglaubt, daß es auch aufgeführt wird, weil die Leute ja nie sehen, was dahintersteckt. Noch viel weniger hätte ich geglaubt, daß ich auch noch einen Preis dafür bekommen werde.
Wir montieren gemeinsam eine Lampe an der Zimmerdecke. Um 18 Uhr 30 fahre ich heim. Thomas kommt eine halbe Stunde später nach. Wir sehen uns am Bildschirm „Welt des Buches" an. Als Thea Leitner ein Buch bespricht, erzählt Thomas, daß er dieser Thea Leitner gleich nach dem Krieg zwei Geschichterln verkaufen wollte. Thea Leitner führte damals in Wien ein literarisches Büro und war bei der „Weltpresse", als diese noch den Amerikanern gehörte. Da Thomas nicht weiterspricht, frage ich: Na was war mit den zwei Geschichterln? Da sagt Thomas, naja, als ich sagte, ich möchte Geld dafür, hat sie mir gesagt, sie habe einen großen Keller in der … Straße, der ist schon seit zwei Jahren nicht mehr aufgeräumt worden. Dort soll ich hingehen und Ordnung schaffen, und dafür darf ich mir beim Bäcker daneben für soundsoviel was auf ihren Namen kaufen. Das habe ich gemacht. Da sage ich: So ändern sich die Zeiten. Sie ist noch immer bei ihren Geschichterln und bespricht soeben ein fremdes Buch, und du sitzt als Büchner-Preisträger da.
Als in weiterer Folge der Sendung Hugo Portisch zwei Bücher über Rußland und Sibirien bespricht, kommt durch meine Mutter, die auch anwesend ist – wir sitzen ja eigentlich in ihrem Wohnzimmer –, das Gespräch auf

Wiesenthal, da angeblich Paulinka, die Tochter Wiesenthals, mit Portisch verheiratet ist. Wiesenthal hat in Kleinmünchen im Hause meiner Eltern gewohnt, in meiner ehemaligen Wohnung. Janko Musulin hat auch jüdisches Blut, ich weiß nicht wieviel, sagt Thomas. Da sage ich: Ich auch, und sag zu meiner Mutter, sie soll es Thomas erzählen. Meine Mutter sagt, daß sie vor der Hochzeit von meinem Vater verlangt habe, daß er sich von seiner Tante Hennetmair adoptieren läßt. Mein Vater hat nämlich Grünzweig geheißen, und meine Mutter wollte 1919 keinen Judennamen annehmen. Römisch-katholisch war mein Vater von Geburt an. Es war sehr lustig, wie wir da gelacht haben. Denn ich habe mich sehr gefreut, Thomas zu bestätigen, daß ich von Juden abstamme, und Thomas schätzt von allen Menschen die Juden am meisten. In seinen Romanen kommt das vielfach zum Ausdruck.
Thomas ersucht mich noch um den Artikel von Veit Mölter über Paolo Grassi aus meinen „Oberösterreichischen Nachrichten". Er findet es so gut, was Grassi über das Theater von heute aussagt, daß er diesen Artikel aufbewahren möchte.
Um 21 Uhr 30 haut er dann ab. Ich sage ihm noch, daß ich morgen erst um 15 Uhr zu ihm kommen kann. Über elf Stunden war ich heute mit Thomas zusammen, aber die besten Sachen, die er gesprochen hat, kann ich nicht wiedergeben. Bezüglich Kaut und Donnenberg hat er so vorzügliche negative Äußerungen gemacht, die ich nicht behalten konnte.

26. Jänner 1972

Um Punkt 15 Uhr bin ich mit meiner Gattin in Nathal. Thomas hat gerade Besuch von einer Frau. Ich sage, wir wollen später kommen und wollen nicht stören. Er drängt uns, hineinzukommen. In seinem kleineren Wohnraum sitzt eine Reporterin mit schußbereiter Kamera. Als wir eintreten, trinkt sie noch den letzten Rest vom Schnaps aus, und Thomas begleitet sie hinaus. Als Thomas kommt, entschuldigt er sich und sagt, er hat schon Angst gehabt, wir könnten wieder gehen. Es war ihm sehr recht, daß wir gekommen sind. Es war die Gattin des Postmeisters von Laakirchen, er kennt den Namen nicht. Ihrem Gatten hat er zugesagt, daß seine Gattin einmal nach Nathal kommen darf. Er wußte aber nicht, daß sie für eine

Welser Zeitung Artikel schreibt. Er hat daher sofort alles abgelehnt, sie nicht fotografieren lassen und hat mit ihr gleich einen „Schweigeschnaps“ getrunken. Er will hier in der Nähe nicht neuen Verdruß, deshalb war er freundlich. Denn wenn er sich's hier auch noch vertut, kann er überhaupt nirgends mehr hingehen.

Er hat versucht, ihr begreiflich zu machen, warum er nicht will, daß sie etwas über ihn schreibt. Ich sagte darauf: Thomas, das ist Frau Heli Sammer, die hat schon seit Jahren über eine Freundin versucht, durch mich mit dir bekannt zu werden. Ich erinnerte ihn daran, daß es diese Frau ist, von der ich ihm schon vor Jahren erzählt habe, wie gerne sie zu ihm möchte. Aber ich habe ihm nicht jedesmal gesagt, daß sie schon wieder versucht hat, mich zu so einer „Vermittlung“ zu bewegen. Da ich ja im Gegenteil die Leute von ihm fernhalte, habe ich ihm das oft gar nicht gesagt. (Ich würde doch nur Ärger mit so einer Sache zu ihm tragen, und das will ich ja im eigenen Interesse vermeiden.)

Thomas liest meiner Gattin und mir den heute von Claus Peymann eingelangten Brief vor. Peymann schreibt, daß er im Berliner Anatomischen Institut das Textbuch zum Stück *Der Ignorant und der Wahnsinnige* überprüft hat und daß es zum Beispiel nicht Vonsilitis, sondern Tonsillitis usw. heißt. Daß außerdem der Holzkeil dem Toten nicht unter den Kopf gelegt, sondern unter die Schultern geschoben wird. Der Schauspieler Ganz wird im Anatomischen Institut Gelegenheit bekommen, selbst das Messer beim Sezieren zu führen und wird dort die Fachausdrücke genau lernen. Die Ärzte sind vom Stück begeistert. Ganz will demnächst nach Salzburg kommen, und Peymann meint, es wäre gut, wenn er auch mit dem Autor bekannt würde. Da wirft Thomas ein: Na, ich weiß nicht, das ist nicht gar so gut, es ist besser, wenn wir uns nicht treffen. Zum Abschluß schreibt Peymann, Thomas sollte statt mit einer Motorsäge mit einer Laubsäge arbeiten. Thomas sagt dann, daß er das Stück *(Der Ignorant und der Wahnsinnige)* bezüglich der ärztlichen Fachausdrücke mit Peter noch einmal durchgehen wolle. Er habe die Fachausdrücke nur aus dem Kopf heraus verwendet und sei froh, daß er nicht noch mehr Fehler im Stück habe. Vonsilitis sei natürlich ein Tippfehler, denn das weiß jeder, daß das Tonsillitis heißen muß.

Wir trinken Schnaps, montieren gemeinsam die Lampe im kleinen Wohnraum. Wir sprechen wieder davon, wie schwierig es ist, für seinen Bauernhof die passenden Beleuchtungskörper zu finden, und ich sage gerade, daß in der Zeit, in welcher er sieben Preise bekommen hat, wir nicht imstande waren, sieben Beleuchtungskörper aufzutreiben, als es im Hof klopft. Thomas geht öffnen. An der Stimme erkenne ich unseren Briefträger. Ich weiß sofort: ein Telegramm. Nach lautem „Pfüatgood" des Briefträgers ist es eine kleine Weile still im Vorhaus, dann bricht Thomas in ein lautes Hahahaha aus und stürzt herein. Schon wieder ein Preis, sagt er erregt. Ich frage: Ja was denn für einer? Da sagt er: Laß mich erst sehen, ich hab selbst das Telegramm noch nicht vollständig gelesen. Er liest vor. Das Telegramm stammt von Falkenberg (Kulturchef des dritten WDR). Er teilt mit, daß der Fernsehfilm *Der Italiener* mit dem Grimme-Preis ausgezeichnet worden ist. Es ist unfaßbar, sagt Thomas. Jetzt bin ich erst von Wien mit einem Preis gekommen, und heute ist erst der 26., also nach vier Tagen schon wieder ein Preis. Aus dem Telegramm geht nicht hervor, ob der Autor, die Regie oder alle gemeinsam Beteiligten als ausgezeichnet gelten. Es beginnt ein Rätselraten, und wir warten nun gespannt auf die Berichte in den Zeitungen der nächsten Tage. Warten, um Klarheit zu bekommen. Thomas schenkt zur Feier des Tages nochmals die Schnapsgläser voll. Es ist gut, daß morgen der Schaffler kommt. Nun kann er das Buch *Der Italiener* mit einer Bauchbinde versehen. Der wird sich auch sehr freuen. Ich sage: Für Radax wird diese Auszeichnung Auftrieb bedeuten für die neue Arbeit an *Frost*. Dem habe ich das sehr vergönnt, denn er hat sich in Wolfsegg bei den Dreharbeiten wirklich aufgeopfert, bei Sturm und Kälte.

Als meine Gattin und ich um 18 Uhr Thomas verlassen, laden wir ihn für 18 Uhr 45 zum Weiterfeiern mit Topfenpalatschinken und rotem Glühwein ein. Bei diesem Palatschinkenessen sagt mir Thomas, daß ihn dieser Preis wieder einige schlaflose Nächte kosten wird. Es sei unwahrscheinlich: Sein erstes Theaterstück *(Ein Fest für Boris)* und nun sein erster Film wurden ausgezeichnet. Da werden der Graf und die Gräfin (Saint Julien in Wolfsegg) staunen, aber dann können mich alle wieder gern haben. Ich schreibe jetzt das neue Stück, wie ich dir schon gesagt habe. Den Titel habe ich schon. *Mehr Glück als Verstand* wird es heißen. Dieser Titel ist nach dem Unfall direkt auf mich zugekommen. Ich habe mir so oft gesagt, daß ich mehr Glück als Verstand hatte, daß nun das Stück so heißen wird. Es wird eine richtige Komödie. Ich kenne schon die Handlung. Als ich sage, das wird sicher ein einmaliges klassisches Stück, denn du hast sicher einen Humor,

der alle bisherigen guten Komödien übertreffen wird, sagt er, ich habe in meinen Büchern bisher eh schon so viel Komisches. Er zählt die Stellen auf, welche im Buch *Verstörung* und *Das Kalkwerk* komisch und ironisch sind, das hat aber scheinbar noch keiner bemerkt. Ich schon, sage ich, denn ich mußte beim Lesen oftmals hellauf lachen, besonders da, wo du den Vögeln nacheinander den Kragen umdrehen läßt und das so deutlich zelebrierst. Besonders *Das Kalkwerk*, sage ich, finde ich an manchen Stellen sehr komisch durchwirkt. Als ich wieder auf *Mehr Glück als Verstand* einschwenke, sagt Thomas barsch: Jetzt hör aber auf! Genug davon! Gut, sage ich, man soll so etwas nicht, bevor es geschrieben ist, zerreden.
Inzwischen ist es 19 Uhr 30, und wir wechseln in den ersten Stock zum Bildschirm. In den deutschen Nachrichten erwarten wir uns eventuell schon eine Verlautbarung des Preises. Die Deutschen sind da immer sehr schnell. Außerdem ist es ja „in eigener Sache", so eine Meldung, hoffen wir. Es kommt aber nichts. Thomas sagt, wenn ihm nun von jemandem zum Preis gratuliert werde, müsse er fragen: Zu welchem? Denn nun sind ja zwei zusammengekommen. Weiters sagt er, daß er von Radax erfahren habe, daß nach der Probeaufführung von *Der Italiener* der Chef des WDR, Dr. Höfer, gesagt habe, daß der Film Mist sei. Von Thomas Bernhard wollte er nichts mehr hören und sehen. Daraufhin hat sich Falkenberg, der sich vorher so für Bernhard und dieses Drehbuch eingesetzt hat, sofort auf die Seite seines Chefs Höfer gestellt, und er hat seither nichts mehr von ihm gehört. Nun kann ich dem auch wieder schreiben, denn er hat mir ja das Telegramm geschickt. Jetzt steht er wieder schön da, und der Höfer hat sich blamiert. Ich sage darauf: Nachdem du nach der Probeaufführung so begeistert aus Deutschland zurückgekommen bist und den Film so gut gefunden hast, habe ich mir gleich gedacht, daß der Film etwas Besonderes sein muß. Denn wenn du selbst von deiner eigenen Sache begeistert bist, dann stimmt es immer, denn eine strengere Kritik, als du sie selbst an deiner Arbeit anlegst, kann niemand anderer machen. Nun ist dein schwächstes Stück, *Der Italiener*, auch noch ausgezeichnet worden. Es ist unfaßbar, man kann nur lachen. Thomas, meine Mutter, meine Gattin und ich brechen daraufhin in schallendes Gelächter aus, und alle sagten, ja, man kann wirklich nur lachen.
Dann kam ich auf seine Neider zu sprechen. Der Laßl (Dr. Laßl von den „Oberösterreichischen Nachrichten") wird sich jetzt Sorgen darüber ma-

chen müssen, ob er die Nachricht überhaupt bringen soll. Aber das wäre gegen sein Geschäft. Sowas zu bringen, dazu ist er ja da. Jetzt wird er nachdenken, wie klein und unauffällig er das machen könnte. So wird es vielen gehen in Österreich. Immer wieder muß von Deutschland her Anerkennung kommen. Thomas blieb bis 22 Uhr 30.

27. Jänner 1972

Heute haben wir Klarheit bekommen. Da Thomas wußte, daß ich in der Früh nach Linz gefahren bin und möglicherweise mittags schon da sein könnte, kam er um 13 Uhr in mein Haus Weinberg. Damit ich, wenn ich zu Hause eintreffe, gleich Bescheid weiß, hat Thomas den Brief vom Adolf-Grimme-Preis meiner Gattin zum Lesen gegeben.
Die Adolf-Grimme-Preis-Gesellschaft teilte Thomas mit, daß sein Film *Der Italiener* mit dem Adolf-Grimme-Preis ausgezeichnet wurde.
Auf der Beilage stand:
1. Drehbuch, Thomas Bernhard
2. Regie, Ferry Radax
3. Kamera, Gerard Vandenberg

Es wurde weiters ersucht, diese Mitteilung geheimzuhalten, da die Meldung erst am 31. 1. 1972 der Presse übergeben wird. Es lag auch noch eine Einladung zu einer Vorfeier am 9. März bei. Die Preisverleihung wird am 10. März um 11 Uhr in Marl bei Köln stattfinden.
Da ich erst um 18 Uhr von Linz kam, bin ich bei mir zu Hause vorbeigefahren und sofort zu Thomas nach Nathal. An der Hoftür sagte er mir, er habe Schaffler mit seiner Lektorin auf Besuch. Er sei gerade dabei, diese Angelegenheit, welche er mit mir gestern diskutiert habe, zu besprechen. Wenn der Besuch weg ist, werde er sofort kommen. Er hoffe in einer Stunde. Er sagt mir noch, daß er den Brief vom Grimme-Preis bekommen habe. Ich sage: Bring ihn mit.
Erst um 21 Uhr kommt Thomas mit dem Brief. Ich lese selbst, was ich inzwischen von meiner Gattin erfahren habe. Als ich den Brief mit Beilagen zurückreiche, sage ich: Radax der Hund wird sich auch freuen, das wird ihn stark machen für den *Frost.* Ja, sagt Thomas, der Hund (er verwendet mein Wort „Hund“, er hat dieses Wort bisher noch nie gebraucht. Er war momen-

tan zu diesem Ausdruck von mir animiert worden. Sonst sagt er Scheusal, Unmensch, Kretin, widerlicher Kerl usw. Aber diese Ausdrücke sind dann echt negativ gemeint, während dieses erstmals zwischen uns verwendete Wort „Hund" positiv gemeint war) könnte auch schreiben und was hören lassen. Ich sage darauf: Der wird sich dasselbe von dir denken, der Hund schreibt nicht. (Wir gingen dabei von der Annahme aus, daß Radax auch so einen Brief bekommen hat.)

Dann erzählt mir Thomas noch von einem zweiten Brief, den er heute bekommen hat. Vom Verleger Unseld! Zwei Zeilen. Unseld ersucht mich, das ihm versprochene Nachwort für Ludwig Holl (oder ähnlicher Name) [Ludwig Hohl, Autor des bei Suhrkamp erschienenen Buches „Bergfahrt"] zu schreiben. Nur ganz kurz. Ich sage: Bist du wahnsinnig, das Nachwort bekommt er nicht! Du wirst doch nicht von deinen Grundsätzen abgehen, das hast du doch noch nie gemacht. Naja, was soll ich machen? Ich sage, wenn der …-Ehrenreich über dich negativ geschrieben hat – wer? – unterbricht mich Thomas, Eisenreich sage ich, der schon so vergessen ist, daß mir sein Name nicht mehr geläufig ist, dann kannst du auch einmal sagen, daß dir die Arbeit des Holl nicht gefällt. Du hast dich inzwischen damit befaßt und schreibst daher kein Nachwort. Natürlich, sagt Thomas, die Arbeiten des Holl gefallen mir sowieso nicht, da hab ich ein Alibi. Ich werde das dem Unseld mitteilen, aber auch nur in zwei Zeilen, aber sofort, damit er noch vor der Veröffentlichung des Grimme-Preises den Brief hat. Denn nur zwei Zeilen zu schreiben und nichts vom Grillparzer-Preis erwähnen, das sei eine Gemeinheit. So unbekannt und unbedeutend kann ja Grillparzer in Deutschland auch wieder nicht sein. Kaut (Präsident der Salzburger Festspiele) hat das sehr gut gemacht, der hat mir geschrieben: „Ich weiß, daß Sie Preise nicht mögen, trotzdem gratuliere ich sehr herzlich zum Grillparzer-Preis, das kommt unserem Vorhaben (Uraufführung von *Der Ignorant und der Wahnsinnige* am 29. Juli) sehr zugute." Ich frage Thomas, wie Schaffler auf den Grimme-Preis reagiert hat. Natürlich gut. Er hat bisher 3000 Stück vom *Italiener* verkauft, 5000 hat er gedruckt, durch den Grimme-Preis hofft er, noch 1000 abzusetzen.

Ich rechne aus, daß bisher um 420.000 Schilling Bücher verkauft wurden. 10 Prozent, sagt Thomas, müßte er bekommen, das wären erst 42.000 Schilling. Ich sage: Wie gut, daß du zum Fixpreis von 100.000 Schilling abgeschlossen hast. Da sagt Thomas, wenn mehr verkauft würden als um

100.000 Schilling Honorar, so bekäme er was darüber geht nach. Aber bei fünftausend gedruckten Büchern können ja nur 700.000 Schilling eingenommen werden. Da würdest du immer noch erst 70.000 Schilling bekommen. Da zahlt der Verleger wieder einmal drauf mit dir. Da sagt Thomas: Für 30.000 Schilling hat Schaffler die Rechte an einen Taschenbuchverlag verkauft, der kommt schon auf sein Geld. Außerdem rechnet man, daß einem Verleger 20 Prozent verbleiben.
Wir kommen weiter darauf zu sprechen, daß seine Gegner immer mehr werden. Er kann bald keine Preise mehr annehmen. Die Preise erwecken zuviel Neid. Er wird die wenigen Freunde, die er noch hat, nun auch noch verlieren. Die Hufnagls haben auch schon so Bemerkungen gemacht, wenn die jetzt wieder vom Grimme-Preis hören – er schüttelt beide Hände in der Luft. Ich sage: Es wird dir nur die Tante und der Wieland Schmied bleiben. Wie steht's mit O'Donell? frage ich. Der versteht das gar nicht, mit dem rede ich über sowas nicht. Aber wieso bist du plötzlich um Freunde besorgt? sage ich, du hast bisher noch nie darauf Rücksicht genommen. Weißt du, man wird älter, und dann hab ich niemand, sagte Thomas. Früher oder später, sage ich, bleiben deine Freundschaften sowieso auf der Strecke, du wirst dich doch nicht ändern wollen. Wenn du im Alter Verlangen nach Freunden hast, dann mußt du halt die Tür einen kleinen Spalt öffnen, ob Freunde oder Heuchler, es wird sicher was hereinströmen. Hoffentlich mache ich den Spalt nicht zu weit auf, sagt Thomas.
Dann sagt Thomas, daß er bei der Grimme-Preisverleihung sagen werde, daß er eigentlich kein Filmfachmann sei, er habe den Film so gemacht, wie er auch den Lkw-Führerschein gemacht habe. Alle diese „gescheiten Leute" würden bei einer Lkw-Führerscheinprüfung durchfallen, auch wenn sie 6 Monate die Anhängerbremse usw. studieren würden. Die haben ja mit dem gewöhnlichen Autoführerschein schon Schwierigkeiten. Ich habe den Film wie den Lastkraftwagenführerschein gemacht. Diese Prüfung habe ich eben auch bestanden.
Ja, richtig, sagt Thomas, alle guten Sachen fallen zusammen. Du weißt ja, daß ich gesagt habe, eine Einladung nach Polen würde ich annehmen. Heute ist sie gekommen. Ich bekomme natürlich kein Honorar, du weißt ja, die Polen bezahlen nichts, aber ich bekomme alle Spesen ersetzt, und weil ich ja dorthin will, nehme ich an. In Warschau, Krakau und Breslau werde ich lesen. Über Warschau und Krakau haben wir früher schon oft gespro-

chen, da wir beide dort waren. Ich im Krieg und er nachher. Daher frage ich, kennst du Breslau? Nein, sagt Thomas. Das Rathaus, die Dominsel und die Jahrhunderthalle mußt du dir ansehen, wenn das noch da ist, sage ich. Meine Mutter wirft ein, daß sie in Breslau einen Theaterbesuch machte. Thomas wird also nach Polen fahren. Vor der Preisverleihung am 10. März wird er etwas früher auf einige Wochen nach Brüssel fahren und von Brüssel aus zur Verleihung nach Köln. Im März oder April wird er nach Polen fahren.

28. Jänner 1972

Heute hatte ich mit Theo Kihs eine Aussprache über den Artikel in der „Salzkammergutzeitung" über die Grillparzer-Preisverleihung. Zu dieser Aussprache brachte ich eine Durchschrift meines Schreibens an Redakteur Kastner mit. Herr Kihs ersuchte mich, ich möge Bernhard ausrichten, daß er gerne seine Taschenbuchausgabe des *Frost* signiert hätte. Da ich vorhatte, anschließend Bernhard zu besuchen, nahm ich das Buch mit und schrieb mir den Vor- und Zunamen des Herrn Kihs genau auf, denn wenn schon, dann sollte Thomas nicht nur unterschreiben. Bei meinem Eintreffen um 19 Uhr bei Thomas legte ich ihm, seine gute Laune ausnützend, auch gleich das Buch vor, und den Namen von Kihs, sodaß Thomas schrieb:
„Für Theo Kihs sehr herzlich Thomas Bernhard 28. 1. 1972."
Bücher mit der Unterschrift von Bernhard werden einmal eine unglaubliche Seltenheit sein, denn er weigert sich dauernd, Bücher zu unterschreiben. Meiner Gattin, meinen Kindern und mir hat er natürlich immer ins Buch geschrieben. Aber als er mir vor einigen Monaten, gleich bei Erscheinen, *Gehen* überreichte und ich gleich nachsah, was er hineingeschrieben hatte, und sah, daß er nichts hineingeschrieben hatte, sagte ich, schreib mir wenigstens die Unterschrift her. Darauf sagte er trocken: Nein, das mach ich jetzt nicht. Er blieb aber anschließend wie sonst lustig ein paar Stunden da. Im negativen Fall hätte ich genauso trocken das Buch ohne Unterschrift von Bernhard an Kihs zurückgegeben, die Überraschung wäre vielleicht kleiner gewesen als so.
Thomas sagte, es sei schon wieder ein telegrafischer Glückwunsch eingetroffen, sieh dir das an:

Gruss und Glückwunsch zum Adolf-Grimme-Preis auch von allen Ihnen verbundenen Mitarbeitern, Ihr Höfer, 2. WDR

Thomas erläutert, das sei der Direktor des 2. Programms, der gesagt hatte, *Der Italiener* sei so schlecht, daß er von Bernhard nichts mehr wissen wolle. Da siehst du wieder, wie diese Scheusale sind, jetzt schickt er ein Telegramm. Ich sage: Gerade weil er gegen dich war, gehört es sich besonders, daß er gratuliert. Wenn er sich getäuscht hat, warum soll er das nicht zugeben? Leider werden aufgrund dessen, daß er sich bei dir getäuscht hat, mindestens zehn Nieten und Nichtskönner ins Programm rutschen, die sonst nie eine Chance hätten.
Thomas sagte mir auch, daß von der Grimme-Preis-Stiftung ein Brief gekommen sei, er solle ein Foto von ihm hinschicken. Er wird aber nicht antworten und natürlich auch kein Foto senden. Die erwarten sich jetzt von mir einen überschwenglichen Brief, „der glücklichste Tag meines Lebens", „seit Jahren diesen Preis gewünscht" usw., aber da sind die bei mir am Falschen. Ich werde überhaupt nicht antworten. Ich werde nur mitteilen, wann ich ankomme, und die Karte, welches Hotel und Zimmer ich wünsche, habe ich schon ausgefüllt, die werde ich zurücksenden. Die Leute erwarten immer Dankbarkeit, wenn sie einem etwas geben. Aber wohin soll das führen, da würde ja alles in lauter Dankbarkeitszwang ersticken. Wenn ich etwas bekomme, so nehme ich das, aber auf Dankbarkeit darf niemand hoffen bei mir. Schaffler wollte mich ja auch erpressen. Weil er mir geholfen hat, ca. 40.000 bis 50.000 Schilling zu ersparen, wollte er, daß ich etwas für seinen Verlag schreibe. So eine Unverschämtheit. Noch dazu in Gegenwart der Lektorin hält er mir das vor. Das ist ja eine glatte Erpressung. Gar nichts bekommt er jetzt von mir. Ich werde es mir natürlich nicht ganz vertun mit ihm, aber ich habe ihn wieder kennengelernt.
Es ist typisch für Thomas, daß er jetzt Schaffler, der ihm geholfen hat, ca. 50.000 Schilling zu sparen, als unverschämt hinstellt, weil dieser nun gegen gutes Honorar seine geistige Arbeit verlegen möchte. Mein Lachen hat Thomas wahrscheinlich als Zustimmung aufgefaßt. Ich aber freute mich, daß er meine Ansicht, daß er der größte Egoist ist, der mir je begegnet ist, wieder einmal herrlich bestätigt hat.
Dann sage ich noch, daß ich heute bei meinem Besuch bei Kihs diesen an meinen ersten Artikel in der „Salzkammergutzeitung" erinnert habe, wo

ich im Schlußteil schrieb, daß Thomas Bernhard sehr bescheiden sei. Diese Aussage habe ich heute berichtigt und Kihs gesagt, daß ich ein Wort ausgelassen habe. Es sollte richtiger heißen, daß Thomas Bernhard unverschämt bescheiden sei, denn seine Bescheidenheit ist wirklich eine unverschämte. Ja, nur, du hast recht, sagte Thomas. Beim Abschied um 21 Uhr machen wir für den nächsten Tag um 14 Uhr 30 einen Spaziergang aus. Ohne Thomas' Wissen sandte ich ein Telegramm an Radax.

29. Jänner 1972

Pünktlich um 14 Uhr 30 kommt Thomas. Wir gehen zum Forsthaus an der Traun und über Aupointen – Sandhäuslberg zurück zu mir nach Weinberg. Einunddreiviertelstunden sind wir unterwegs. Wir sprechen wenig und nur Belangloses. Ich weiß, daß Thomas' Gehirn arbeitet. Das spüre ich einfach, und da ist der Gang immer etwas langsamer. Oft wechseln wir zehn bis zwanzig Minuten kein Wort, dann nur kurz Belangloses. Ich weiß, er braucht solche Unterbrechungen, um seine Gedankenarbeit wieder besser weiterspinnen zu können. Mich wundert nur manchmal, daß er keine Notizen macht und daß er die Einfälle vom Spaziergang bis zum Niederschreiben behält. Thomas hat während des Spaziergangs nur wenige gute Bemerkungen „laut" gemacht. Die waren so gut und so geschliffen formuliert, daß ich anschließend zu meiner Frau sagte: Genau habe ich es mir nicht merken können, und somit ist alles futsch, was er gesagt hat. Denn wenn ich es nicht wörtlich wiedergeben kann, ist die Wirkung der Aussage nicht da. Unter anderem hat er Dr. Laßl und Kihs vernichtend kritisiert, mir deren Schwächen und Scheußlichkeiten vor Augen geführt, hinter deren Oberfläche alles Scheußliche aufgedeckt und seziert, usw. Es waren treffende, scharfsinnige Bemerkungen. Ich habe ihm innerlich recht gegeben.

Zum Kaffee bei mir erzählt Thomas noch, daß er seinem Verleger auf den Zweizeilenbrief nun doch nicht antworten werde. Nächste Woche wird der Verleger vom Grimme-Preis hören, dann hat er zwei Preise zu „verschweigen". Dabei lachte er zynisch. Die Grimme-Preis-Leute kriegen auch kein Foto und keinen Brief. Ich werde jetzt noch scheußlicher werden. Ich werde bei der Preisverleihung schon nett und freundlich sein, aber wenn

die glauben, daß sie noch einmal ein Drehbuch oder einen Film von mir bekommen, dann täuschen sie sich. Wenn sie wollen, können sie meine Bücher verfilmen, aber die Drehbücher sollen andere schreiben. Ich sage: Die vorangegangenen Grimme-Preisträger und die kommenden werden von ihm dann als „vom Kollegen" sprechen, wie andere in der Filmbranche auch. Die werden erwarten, daß er bei künftigen Verleihungen anwesend ist und Hände drückt usw. Die werden schön enttäuscht sein, denn bisher bist du noch nach keinem Preis einer Einladung fürs nächste Jahr gefolgt. Dir selbst haben aber bei jeder Verleihung die lebenden Vorgänger persönlich gratuliert. Beim Grillparzer-Preis waren ja auch alle da. Ja natürlich, aber ich kann doch nicht dem scheußlichen Uwe Johnson, den ich nicht mag, zum Büchner-Preis gratulieren. Da müßte man jedesmal hinfahren. Ich müßte jährlich bei so vielen Preisverleihungen anwesend sein, aber sowas kommt bei mir nicht in Frage. Ich muß die Preise alle sofort wieder vergessen und so tun, als ob nichts gewesen wäre. Wenn man sich die Preise zu Kopf steigen läßt, kann man ja nicht mehr arbeiten.
Eigentlich sollte es mich ja gar nicht mehr wundern, wenn ich bemerke, daß Thomas sich alle guten Einfälle vom Spaziergang bis zum Niederschreiben merkt. Wenn wir mit dem Auto unterwegs sind, zwischen Linz – Steyr – Kirchdorf, dann erinnert mich Thomas an manchen Stellen der Straße, daß ich ihm vor Jahren oder vor Monaten genau an dieser Strecke das und das Kriegserlebnis erzählt habe. Da er selbst als kleiner Schulbub von Flugzeugen aus mit Bomben und Bordkanonen angegriffen wurde und die Bombardierung von Traunstein und Salzburg miterlebt hat, hat es einen Sinn, mit ihm über Kriegserlebnisse zu sprechen. Denn wenn einer das nicht selbst erlebt hat, wie soll man es eigentlich erzählen, daß er sich auch nur annähernd ein Bild machen kann? Alle Filme und Bücher sind schlecht und geben nicht annähernd die Wirklichkeit wieder. Denn mit knurrendem Magen im Feuerhagel die Graupensuppe holen, nicht einmal das kann sich einer vorstellen. Das Beste ist und bleibt *Im Westen nichts Neues*. Aber ich kann nicht sagen, ob ich mir alles so genau hätte vorstellen können, wenn ich es gelesen hätte, bevor ich Soldat war.
Um 18 Uhr fahre ich Thomas nach Nathal. Er war nämlich zu Fuß gekommen. Am Tor steckt ein Zettel von O'Donell, er solle ihn besuchen. Für morgen Sonntag vereinbaren wir wieder einen Spaziergang zur gleichen Zeit wie heute um 14 Uhr 30.

30. Jänner 1972

Seit Herbst 1971 habe ich von Thomas Bernhard den Auftrag, ihm den Ankauf von einem Joch Wald, das im Norden direkt an seine Liegenschaft grenzt, zu vermitteln. Mit dem Besitzer dieses Waldstückes, Herrn Rudolf Asamer, Gastwirt und Besitzer von mehreren Liegenschaften von über 120 Hektar, habe ich im Herbst schon gesprochen. Er ist grundsätzlich bereit, den Wald zu verkaufen. Er hat auch eine Summe von 120.000 bis 150.000 Schilling als Preis genannt. Thomas sagt, wenn der Wald das wert ist, dann bezahlt er das. Er verlasse sich aber auf mich, ob es ein günstiger Kauf sei. Also lädt er wieder einmal, wie bei jedem Anwalt oder Handwerker, zu dem ich ihm rate, die Verantwortung auf mich. Er weiß, daß ich seine eigenen Interessen in manchen Fällen besser vertreten kann, als er selbst dazu imstande wäre. Daraufhin habe ich gesagt: Gut, dann werde ich den Kaufvertrag mit Asamer erst im April abschließen. Asamer ist ein gerissener Magnat, mit dem ich schon mehrere Bauernhäuser im Wert von je 2 Millionen Schilling gehandelt habe. Er war dabei immer sehr gewappnet. Ich muß mir zu diesem Kauf die günstigste Zeit aussuchen können. Dazu ist der Herbst, wo in der Landwirtschaft alle Gelder hereinkommen, höchst ungeeignet. Die günstigste Zeit, an Asamer heranzutreten, ist April – Mai, denn um diese Zeit steht jeder Landwirt, der keinen Wald schlägern kann, am schlimmsten da. Denn der Kunstdüngerankauf im Frühjahr frißt alle Reserven auf, oder die Landwirte zahlen diesen Dünger erst mit der kommenden Ernte. Ab Ende Mai bessert sich aber die finanzielle Lage der Bauern wieder, weil der Schweinepreis anzieht und die Stiere abverkauft werden. Außerdem muß ich den Wald Stamm für Stamm in Brusthöhe messen, nach der Tabelle den Kubikinhalt ausrechnen und zwanzig Prozent in Abzug bringen, damit ich weiß, um wieviel Geld Holz im Wald steht. Dann kann ich sagen, bis zu welchem Preis man noch günstig kaufen kann.
Heute um 9 Uhr habe ich plötzlich Lust bekommen, die Stämme im Wald zu messen. Ein guter Förster würde innerhalb von zehn Minuten den Bestand auf zehn Prozent plus oder minus schätzen. Aber wegen der kleinen Fläche lohnt es sich nicht, einen herzuholen, außerdem würde Thomas trotzdem an so einer Schätzung zweifeln. Daher habe ich Listen und Kreide vorbereitet. Auf jedem gemessenen Stamm werde ich an der Nordseite in Schulterhöhe einen kleinen Kreidestrich anbringen, damit ich keinen

Stamm auslasse oder zweimal messe. Die sieben Grad Kälte sind mir auch recht, denn dadurch werde ich mich sehr beeilen. Mein 15-jähriger Sohn Wolfgang sollte die Maße aufschreiben. Als wir aber das Haus verlassen wollen, kommt mein 25-jähriger Sohn Karl Hubert und will mit Wolfi nach Grünau zum Skifahren. Ich sage, in einer guten Stunde sind wir zurück, dann könnt ihr fahren. Da keiner widerspricht, sondern Karl Hubert sagt, er werde warten, überlege ich – das Waldmessen versäume ich nicht – und sage, fahrt gleich.

Zugleich ist mir auch eingefallen, daß nun um 9 Uhr 30 Radax noch im Bett sein wird, und da Thomas wissen will, was mit ihm los ist, gehe ich zum Nachbarn und rufe Radax an. Wie erwartet, meldet er sich schlaftrunken. Als er aber meinen Namen hört, wird er wach und bedankt sich sofort für das Telegramm. Ich frage, ob er auch schriftlich vom Grimme-Preis verständigt wurde. Nein, er hat nur telefonisch davon gehört. Er weiß auch nicht, ob die Auszeichnung gemeinsam für die Regie und Kamera ist oder für den Autor allein. Er fragt, ob Bernhard hinfährt. Ja, sage ich und erzähle ihm, daß Bernhard sich so vorkommt wie damals, als er die Lastkraftwagenführerscheinprüfung bestand, während zwei Mechaniker gleichzeitig durchgefallen sind. Radax lacht hellauf. Ich sage, Thomas erwarte sich einen Bericht von ihm. Radax sagt, er werde heute noch schreiben und mir eine Durchschrift senden. Ich sage: Ich brauche keine Durchschrift, ich erfahre auch so von Bernhard, was er für richtig hält. Wir müssen die Geheimnisse möglichst abbauen, sonst verhaspeln wir uns, das wäre unangenehm. Er soll sich ruhig auf mein Telefongespräch berufen, ich werde Bernhard davon unterrichten. Radax sagt noch, daß sich die Verhandlungen bezüglich der Verfilmung des *Frost* in Wien in die Länge zögen, usw. Da sage ich ihm, durch den Preis könnten die fast nicht ablehnen.

Thomas kommt pünktlich um 14 Uhr 30. Ich erzähle ihm vom Telefonat mit Radax, während ich mich warm anziehe zum Ausgehen. Draußen am Weg sagt Thomas: So, jetzt erzähl alles nochmal, aber ganz genau, vergiß ja nichts, ich möchte alles ganz genau wissen. Fang noch einmal von vorne an. Da sage ich: Gut, ganz vorne hat es schon am Freitag angefangen. Nachdem du den Brief über die Preisverleihung bekommen hast, ist es mir so vorgekommen, als ob Radax nicht beteiligt wäre und keine Verständigung bekommen hätte. Daher habe ich ihm ein Telegramm geschickt, damit er einerseits die Verhandlungen mit dem ORF bis zur offiziellen Verlaut-

barung des Preises hinauszögert. Daher mein Text: „Benützen Sie diesen Triumph als Trumpf, usw." Und andererseits soll er, wenn er vom Preis erfährt, sofort den Eindruck haben, daß von hier aus seine Verdienste für den Film anerkannt werden. Ist er aber am Preis beteiligt, dann ist der Glückwunsch auch berechtigt. Thomas war sehr froh, daß ich das gemacht und angerufen hatte. Er wollte noch mehr wissen, und ich hätte noch mehr fragen sollen. Ob der Preis mit Geld verbunden ist, wer noch hinkommen wird, wer noch Preise erhält? Er glaubt, sich erinnern zu können, daß eine ganze Liste von Grimme-Preisträgern im Vorjahr veröffentlicht wurde. Er kann sich auch irren. Da sage ich, daß ich Radax danach ja gefragt hatte und er sagte, am Montag oder Dienstag werden wir mehr wissen, er kann gar nichts sagen. So war es auch im Gespräch mit Radax. Ich wollte das ja auch wissen.
Inzwischen waren wir auf Feldwegen in Ohlsdorf angelangt, und wir nahmen den Weg über das Forsthaus der Herrschaft Puchheim – Aupointen – Sandhäuslberg – Weinberg. Dabei machten wir um Weinberg einen Bogen, sonst wäre der Spaziergang zu kurz, denn zwei Stunden vergehen im Nu. Thomas sagte mir, gestern, am 29. 1., sei es genau ein Jahr her gewesen, daß er nach Brüssel gefahren sei, den *Italiener* zu schreiben. Vor einem Jahr, während der Stunde Aufenthalt in Salzburg am Bahnhof, hat er an Schaffler vom Residenz Verlag das Textbuch um 100.000 Schilling verkauft. Am 9. 2., also innerhalb von zehn Tagen, war er mit dem *Italiener* fertig, denn am 9. Februar hat ihm Unseld vom Suhrkamp Verlag in Brüssel zum Geburtstag gratuliert. Da war *Der Italiener* schon fertig. Unseld hat ihm damals zwei Silberleuchter, vierkantige Kerzenleuchter geschenkt. Ich kann mich natürlich an alles genau erinnern, weil er mir damals sofort bei seiner Rückkehr die Leuchter gezeigt hat und wir davon sprachen, daß er ja nicht am 10. 2. 1931, sondern am 9. 2. 1931 geboren ist. Thomas schimpft auf Unseld, weil sie ihm die Fahnen der Neuauflage des *Frost* nicht gesendet haben. Alle Fehler werden von der Erstausgabe wieder übernommen. Viele Autoren werden nur ausgenützt vom Verlag, durch Optionen festgenagelt und dann zwei Jahre hängengelassen oder überhaupt nicht herausgebracht usw. Schaffler kommt auch dran, über diesen zieht er auch los, der sei auch nicht besser als alle anderen. Schaffler bekomme nun nichts mehr von ihm. Thomas ist aber nicht ernst und verbittert, sondern lustig und fidel schimpft er über die Verleger. Ich sage: Die Verleger sind gewöhnt, jeden

Autor am Schnürl zu haben, so wie ein Puppenspieler seine Puppen. Jeder Verleger hat eine Handvoll Schnüre, und sooft er an einer Schnur zieht, ist ein Autor da. Nur wenn sie an deiner Schnur ziehen, dann klemmt sie, und es rührt sich nichts. Das können die halt nicht begreifen. Thomas sagt, er werde zur Preisverleihung über Frankfurt reisen. Dort wird er im Verlag durch die Büroräume gehen und sagen: Schauts mi nur an, so schaut a aus, da Dichta. Weißt du, dort rede ich meistens im Dialekt, bin ganz brutal. Wenn die Sekretärin sagt, ich soll warten, sage ich gleich, oba lang hob i net Zeit. Dann geht die Tür auf, ein kleiner Schreiberling wird zur Seite geschoben, und ich kann zu Unseld eintreten. Einen anderen lassen sie schon so lange warten, daß er, wenn er nach vorn kommt, gar nicht mehr weiß, was er sagen wollte. So machen die dort die Autoren schon mit dem Warten fertig. Seit ich vom Verlag verlangt habe, sämtliche Korrespondenz mit den Theatern usw. müsse mir zugeschickt werden, weil sie ja damals, nach Salzburg, vom „wirren Dichter" geschrieben haben, bekomme ich überhaupt nichts mehr. Mein Stück *Boris* wurde in Zürich so oft gespielt, da müßte ich ja eine Verrechnung bekommen, aber nichts ist der Fall. Da wird er mich sicher ... Der gibt mir sicher nicht, was mir zukommen müßte. Wenn ich mir im Verlag auch alles vorlegen lasse, genau kann ich es nie prüfen, ob das stimmt, was mir an Verrechnungen vorgelegt wird.

Dann kommen wir wieder auf den Grimme-Preis zu sprechen, und Thomas sagt, jetzt wird der Hansi (Rochelt) auch bald ein saures Gesicht machen. Überhaupt kann ich mir sehr viele Gesichter vorstellen, wie sie auf meinen neuen Preis reagieren werden. Dabei habe ich in den zehn Tagen gar nicht gewußt und geahnt, was da herauskommt. Ein gewöhnlicher Schnupfen hätte alles verhindern können. Im Kopfe habe ich ja alles gehabt, aber wenn ich diese zehn Tage lang nicht Tag und Nacht durchgeschrieben hätte, wäre nichts da vom *Italiener.* Denn die haben ja auf das Drehbuch von mir gewartet. An einer kleinen Verzögerung wäre alles gescheitert. Da frage ich, ob er inzwischen O'Donell besucht habe und wie die auf den Preis reagiert hätten. Er sagt: Heute vormittag. Aber ich habe das gleich so gebracht und gesagt, daß ich von allen Seiten Neider habe, sodaß sie gar nicht anders konnten und mich nicht beneideten. Ich habe mich als eine Art Opfer von Preisen hingestellt. Vielleicht sollte ich in einer deutschen Zeitung, am besten in der „Frankfurter Allgemeinen", ein großes Inserat aufgeben, daß ich keinerlei Preise mehr annehme. Zuwiderhandelnde wer-

den wegen Produktionsstörung gerichtlich belangt. Ich sagte darauf, er solle mit dem Inserat noch warten, bis er den Nobelpreis hat. Er glaubt nicht daran. Ich sage: Ich gebe die Hoffnung nicht auf. Österreich hat noch keine Nobelpreisträger in Literatur. Die sollen Mitteleuropa einmal drannehmen.
Dann kommt das Gespräch auf Rauris. Thomas sagt, Rauris bricht schon zusammen. Die negative Kritik häuft sich. Schaffler vom Residenz Verlag, der zuerst so dafür war, steckt schon zurück. Er schwankt nun, sagt, vielleicht ist es doch nichts, usw. Weißt du, das stört mich an Schaffler, daß er sich immer nur nach dem Materiellen richtet und sofort umschwenkt. Da zeigt sich das Scheusal. Da frage ich nach dem Namen des Heimatdichters, den Erwin Gimmelsberger nach Rauris einladen wollte und den Thomas ihm ausgeredet hat. Ich sage: Es ist ein Schriftsteller, von dem ich nicht wußte, daß er noch lebt, weil ich so lange nichts von ihm gehört habe. Springenschmid, sagt Thomas. Stell dir vor, das ist der, der während der Nazizeit große Töne gespuckt hat. So einen wollte Gimmelsberger nach Rauris einladen. Den hab ich gleich von der Liste streichen lassen. Da wär ich nicht nach Rauris. Außerdem war mein Onkel mit ihm in Norwegen eingerückt, und als die ersten Granaten sausten, ist bei Springenschmid hinten und vorne alles hervorgequollen. Hinten hat er sich angeschissen, und vorne sind ihm die Tränen heruntergerollt. Mein Onkel mußte ihm ein paar Ohrfeigen geben, damit er den Angstschock überwindet. So sind die, die so große Töne von sich geben, an der Front. (Ich habe viele Fälle von Angst und Feigheit erlebt, aber an das von vorne und hinten zugleich glaube ich nicht. Der Onkel hat sicher übertrieben, oder es ist überhaupt nichts Wahres dran.) Das sage ich aber Thomas nicht, denn wozu soll ich mit ihm über den Dreck von Springenschmid debattieren. Denn Thomas glaubt an diese Erzählung, weil er mir ausdrücklich erklärte, nur mit Ohrfeigen kann man in so einem Falle die Angst austreiben. Die Feiglinge, die ich gesehen habe, hatten die Hose nicht voll und weinten auch nicht. Aber mit Ohrfeigen wären die nicht aus dem Loch oder bei Vorausabteilung unter dem Auto hervorzuholen gewesen. Außerdem sollte man solche Fälle nicht als Feigheit, sondern als Nervenzusammenbruch bezeichnen. Diese armen Teufel wurden zur Küche abkommandiert, und auch wenn kein Gefechtslärm zu hören war, krochen sie bei jedem Halten sofort unter den Küchenwagen in Deckung. Einer davon war Hickersberger, der jetzt in

der Machlandmolkerei beschäftigt ist. Bei einem Besuch nach dem Krieg glaubte ich, einen Nervler zu finden. Der Molkereileiter wußte davon, daß Hickersberger im Krieg so fertig war, aber letzterer hatte sich inzwischen vollkommen erholt. Ich selbst hatte Dutzende Male Angst. Da war ich aber jedesmal so starr, daß sich nicht einmal der Ringmuskel hätte öffnen können. Wenn es vorgekommen ist, daß Soldaten in die Hose machten, dann sicher nicht aus Angst, sondern weil es manchmal Selbstmord gewesen wäre, auch nur den Kopf zu heben, noch viel mehr aber, wegen einem Schiß die Deckung zu verlassen.

Dabei fällt mir ein, daß Thomas in Wien von Schriftstellern immer angejammert wird, daß sie keinen Stoff haben, um etwas zu schreiben. Das kommt mir ganz jämmerlich vor. Wir gingen damals gerade den Stacheldrahtzaun einer Weide entlang, und ich sagte zu Thomas: Wenn ich den Draht ansehe, das alleine müßte den Stoff für ein Buch geben. Vom Erz angefangen, wo es herkommt, bis es zu Stacheldraht wird, über die Fabrik und die dort arbeiten, bis zu der Stelle, wo es hier als Weidezaun benützt wird, könnte man schreiben über schreiben. Denn da ist alles enthalten, von der Landwirtschaft bis zum Viehhändler und der Wurstfabrik, die dieses Vieh aus der Weide heraus bekommt. Wenn einer sagt, er hat keinen Stoff, dann kann er nie ein Schriftsteller sein, denn der erste Stoff, den er spürt, ist doch die Luft, die er einatmet, und davon allein müßte man ein Leben lang schreiben können. Denn die Luft, die wir einatmen, ist schon durch so viele Lungen von Mensch und Vieh gegangen, alle Völker vor uns haben sie schon ein- und ausgeatmet. Die Luft, die wir hier einatmen, die könnte was erzählen. Du gehst ja auch wegen der Luft spazieren und brauchst die Luft, damit dir gute Gedanken kommen. Ein Schriftsteller muß einfach aus Luft auch etwas machen können, und die hat jeder und die kostet nichts. Thomas hörte mir damals ruhig zu, ohne etwas zu sagen, und das gilt bei ihm in viel höherem Maße als Zustimmung, als wenn er dazu Worte verwendete.

An dieser Stelle würde es vielleicht passen, wenn ich die Fotokopie eines Briefes von Thomas Bernhard vom 12. 10. 1965 beiheftete. Der Brief ist maschinengeschrieben, da ich ihm „verboten“ habe, mit der Hand zu schreiben, denn ich besaß damals schon eine Menge handgeschriebener, die ich kaum lesen konnte. Thomas schreibt wörtlich:

Wien 19.
Obkirchergasse 3

12.10.65

Lieber Karl,
Dein nach Lovran geschickter Brief ist erst heute in meine Hände gekommen; inzwischen hast Du meine Karte und ein mysteriöses Telegramm aus Wien gekommen [bekommen], nicht wahr?
Zuerst: ich sitze in der Wiener Wohnung und schreibe mein Theaterstück fertig, das nächsten Sommer bei den Festspielen in Salzburg aufgeführt wird; ich bin fast fertig und ich sage mir, ich hab wieder einmal Glück gehabt.
Ich fahre am kommenden Dienstag nach Salzburg zu einer Besprechung, mit der Bahn und wieder nach Wien zurück, um mit dem Roman weiterzukommen, den ich ja auch heuer noch abschliessen möchte; am 9. bin ich in Hamburg und Bremen, am 10. wieder in Salzburg; ob ich dann nach Nathal komme hängt davon ab, wie es mir in Wien möglich ist zu arbeiten, geht es so wie jetzt, weg von allen Irritationen, dann bleibe ich; aber ich mache dann doch einmal einen Abstecher in die Gemeinde Ohlsdorf.
Zur eigentlichen Sache: ich möchte, dass Du nichts unternimmst und ich in Ruhe einmal vorderhand Nathal behalte; alles wird sich zeigen, ich will nichts übereilen. Meine Arbeit tut mir leid, alles, was mit dem Haus zusammenhängt. Wenn es nicht abbrennt, kann es ja ruhig zugesperrt und für sich allein sein, nicht wahr? Eine Beruhigung ist mir, wenn ich weiss, dass die Frau Stockhammer einmal in der Woche hinüberschaut, lüftet usf. Ich schreibe ihr auch heute.
Also, ich kann mich doch nicht „Hals über Kopf" von dem Haus und Hof trennen; ich bin gut in Schwung gekommen und will diesen Schwung ausnützen. Es ist soweit gekommen, dass mich Nathal nicht mehr nur unangenehm beschäftigt, wenn ich aufwache und bevor ich einschlafe. Tröste Dich, ich bin „soweit" kein Narr. Das Telegramm wurde von einem Freund, mit dem ich in der Stadt gesoffen und dem ich allerhand erzählt habe, abgeschickt.
Vielleicht schreibst Du mir, ob das Haus noch steht!
Am Schluss zu Deinem Brief: ich habe in den letzten Jahren keinen so vernünftigen bekommen, aber es ist mir unmöglich, ein Kompliment, gleich in welche Richtung, an welche Person, auf was für einen Kopf hin, auszuteilen. Es hat mich überrascht, wie Du schreibst, es überrascht mich und es sollte mich nicht überraschen – Ich neige nicht nur dazu, ich weiss, dass Du recht hast.

Möglicherweise liegt schon tiefer Schnee, bis ich mit dem Auto versuche nach Unternathal hinaufzukommen; dann ist mir alles neu und doch vertraut. Ich freue mich vor allem auf das Eisschiessen. Möglich ist es ja, dass ich sogar in Nathal auf einmal zu schreiben anfange. Es ist mir aber, wie Du weisst, unerträglich gewesen dort nichts arbeiten zu können, denn auf die Dauer bin ich doch kein Anstreicher oder Maurer, obwohl das, wie ich jetzt weiss, recht angenehme und vernünftige und konkrete Berufe sind.

Herzlich Dir und Deiner Frau
Thomas

P.S. Die Bilder, die Du gemacht hast, bewirken in mir einen sehr melancholischen Zustand; wieso machst Du so gute Bilder? Der Besitz scheint sehr schön zu sein!

Der Kauf der Liegenschaft Obernathal 2 hatte auch literarische Folgen. So heißt es in Bernhards 1978 erschienener Erzählung „Ja": „Kein Mensch kann auch nur ahnen, was es bedeutete, aus dieser Ruine ein bewohnbares Haus zu machen." Das Bild stammt aus dem Jahr 1993.

Das war 1965, als ich zu einer entscheidenden Wendung in Thomas Bernhards Leben beigetragen habe. Seither sagte er zu seinem Bruder Peter und zu Dr. Wieland Schmied einige Male, alles, was er sei und habe, verdanke er mir. Das ist sicher übertrieben, aber ein bißchen stimmt es schon. Auf diesen Brief bin ich unglaublich stolz, denn es existiert sicher keine Person, die einen ähnlichen Brief von Thomas Bernhard erhalten hat. Es braucht aber niemand glauben, daß sich mein gutes Verhältnis zu Thomas Bernhard allein auf das Jahr 1965 gründet. Daß einer unverschämt ist, wenn er von Thomas Bernhard Dank für eine Hilfe erwartet, gilt ja auch für mich! Ich muß daher schon von Zeit zu Zeit mit etwas Vernunft einspringen, damit die Freundschaft warm bleibt. Diese Vernunft beschreibt einen großen Bogen und reicht so weit, daß ich ihm manchmal recht gebe, wenn er ganz zu Unrecht jemandem Krach macht. Denn meine Widerrede würde seinen Zorn verstärken und ihn noch mehr herausfordern, bis zu Situationen, wo ich ihn fast wie einen „Untergebenen" behandle, damit er eine gewisse Achtung nicht verliert und mich nicht als weich bezeichnen kann. Denn weiche Menschen sind ihm ein Greuel. Also, die Weichen mag er nicht, mit den Harten verträgt er sich nicht, da bleibt niemand über für ein freundschaftliches Verhältnis mit ihm. Also nur ein auf Vernunft begründetes.
Um 18 Uhr ist Thomas heimgefahren, und da ich ihn für heute nicht mehr erwarte, war es mir möglich, etwas länger zu schreiben. Jetzt bestelle ich noch Tee bei Thomas' Salzburger Firma, eine Rechnung an Thomas lege ich auch bei.

31. Jänner 1972

Um 13 Uhr 15 kommt Thomas. Er will sofort zum Spaziergang mit mir weggehen, denn um 15 Uhr kommt Graf O'Donell mit seiner hochschwangeren Gattin auf Besuch. Den Spaziergang möchte er aber nicht auslassen. Wir nehmen den Weg über die Grotte zum Forsthaus. Ab der Grotte (Waldkapelle in Hildprechting) sind am Weg im Schnee nur unsere beiden Spuren von gestern zu sehen. Thomas sagt, er wollte den Spaziergang schon fast allein machen, da er so verärgert ist. Ich sage: Das kenne ich an deinem Tempo schon lange. Du trittst dir den Zorn mit den Füßen aus.

Er hat heute mit der Post eine abgezogene Mitteilung erhalten, wo als neueste Meldung der Grimme-Preis genannt wird, den Thomas Bernhard „für den gleichnamigen Roman“ erhalten habe, sagt Thomas. Stell dir vor, wenn das nicht einmal mein Verlag weiß, daß *Der Italiener* nicht nach einem gleichnamigen Roman ist, wenn solche Fehler passieren. Wenn ich jetzt eine so lange Hand hätte, die bis nach Frankfurt reicht, würde ich alle abwatschen. Er hat vor, einen geharnischten Brief an den Verlag zu schreiben, wo er wieder einmal alles sagen wird, was zu sagen ist. Jetzt hat er wieder Gründe genug. Ich erzähle ihm, daß in meinen geschäftlichen Angelegenheiten zwei Anwälte wieder schwere Fehler gemacht hätten, die so unmöglich seien, daß sie einfach gar nicht vorkommen sollten. Ich sage Thomas, daß ich gerade bei sehr großen Fehlern längst davon abgekommen bin, in den Anwaltskanzleien deswegen einen großen Wirbel zu schlagen, denn dazu sind die schon viel zu abgebrüht, und es vergeht kaum ein Tag, an dem nicht ein aufgeregter Klient sich beschwert. Ich mache das jetzt auf die feine Tour. Ich rufe an oder schreibe einen Brief, daß sich da oder da ein Fehler eingeschlichen hat. Der Fehler sei leicht festzustellen, und wie ich sie kenne, werden sie das sicher gleich in Ordnung bringen. Diese Art der Reklamation sind die Leute nicht gewöhnt, und daher merken sie sich das besser, und es wirkt besser. Das ist nicht Rücksicht von mir, sondern reine Vernunft.

Nach einer guten Stunde, während der wir Weiteres gesprochen haben, sagt Thomas: Ich werde doch nur kurz an den Verlag schreiben, daß ich für Holl nichts schreibe. Nur zwei Zeilen. Vielleicht werde ich noch schreiben, daß es ganz gut war, daß der Verlag über den Grillparzer-Preis nichts berichtet hat, sonst hätten sich dort auch so grobe Fehler eingeschlichen, wie es bei der Meldung über den Grimme-Preis der Fall ist. Inzwischen ist Thomas aber wieder einmal richtig hergezogen, über alles, eigentlich über die ganze Welt. Ich hatte ihn nämlich daran erinnert, daß er mir im Jahre 1965 im Brief vom 12. 10. 1965 geschrieben hat: „Zuerst: ich sitze in meiner Wiener Wohnung und schreibe mein Theaterstück fertig, das nächsten Sommer bei den Festspielen in Salzburg aufgeführt wird; ich bin fast fertig und ich sage mir, ich hab wieder einmal Glück gehabt.“ (Bei Anfertigen einer Fotokopie dieses Briefes als Beilage zu meinem gestrigen Bericht bin ich da draufgekommen.) Ich sagte: Du hast das so bestimmt mitgeteilt, daß ich annehmen muß, du hast damals fixe Zusagen gehabt. Thomas wird rot!

Deswegen ist für mich Kaut immer nur Kaut und wird Kaut bleiben. Natürlich hat er mir das versprochen. Auch im Burgtheater habe ich dann das Stück eingereicht, die haben es auch nicht genommen. Vom Verlag hab ich das Stück mit einem „Vordruck" ohne Unterschrift zurückbekommen. Da stand drauf, sie sind derzeit mit Stücken eingedeckt, usw. Deswegen mag mich ja jetzt niemand. Gut, mich hat eigentlich noch nie jemand gemocht, ich hab ja immer gleich auf jede Dummheit, die die Leute von sich gaben, eine richtige Antwort gegeben. Mich hat ja nicht einmal der Haidenthaler von der Salzburger Handelskammer gemocht. Vielleicht verleihen sie mir noch einen Ehrenkaufmannsgehilfenbrief in Salzburg. Bei der Prüfung bin ich von Haidenthaler gefragt worden, ob ich in eine Maggi-Flasche eine Graf-Würze einfüllen darf. Da hab ich gesagt, auf so eine blöde Frage, die jeder Lehrling im ersten Jahr schon wissen muß, gebe ich keine Antwort. Haidenthaler ist inzwischen verstorben, jetzt würde ich den Kaufmannsgehilfenbrief sicher bekommen. Und dann ging's weiter. Für all diese Leute, die meine Stücke und Arbeiten abgelehnt haben, sind diese Preise, die ich nun bekommen habe, lauter Ohrfeigen. Was glaubst du, was das bedeutet, daß gerade der *Boris* auch noch mit dem Grillparzer-Preis ausgezeichnet worden ist. Ich sage: Ja, aber da sind ja sieben Jahre vergangen, bis in Salzburg wirklich ein Stück von dir gekommen ist. Das hält ja kein Schriftsteller aus, sieben Jahre hingehalten zu werden. Das muß einer einfach aushalten, sagt Thomas, sonst ist er eben nichts, sonst ist er eine Null. Das muß einer überwinden können, sonst wird nichts aus ihm. Deswegen kann ja nicht so leicht einer hochkommen, weil ihm alles versprochen wird. Was glaubst du, was mir alles versprochen wurde? Ich werfe ein: Peter hat gesagt, du hast auch als Totengräber gearbeitet. Ja, das stimmt, sagt Thomas, alles habe ich gemacht, um durchzuhalten. Drum soll mir ja keiner kommen und sagen, ja bei Thomas Bernhard geht alles so leicht, der bekommt Preise noch und noch, der kann machen, was er will. (Ich denke an sein schallendes Gelächter bei der Meldung von Doderers Tod und kann sogar das schon begreifen.) Aber es geht weiter, ich möchte nur eine gute Zeitung haben, sagt Thomas, dann würde ich schon Artikel schreiben, wie der Kommunismus bereits verfault, wie alle Systeme abscheulich und verlogen sind, ich würde alle Scheußlichkeiten so richtig aufzeigen, usw. Ich sage: Aber eine gute Zeitung würdest du sicher finden, ich würde jetzt aber ganz still sein und den Nobelpreis abwarten. Thomas sagt, einen Schmarrn, es gibt keine, eine gute Zeitung, die gibt es nicht. Natürlich bin ich jetzt ruhig, aber in mir ist schon so viel aufgestaut, das muß einmal hervorbrechen. Sicherlich, sage ich, das ist auch gut so, aber jetzt ist nicht die Zeit dazu. Wenn du den Nobelpreis hast, dann brauchst du nur alles anzünden, lauter kleine Feuerchen legen, und deine Kritiker werden schon dreinblasen und ordentliche Brände daraus machen. Da Thomas nichts sagt, einige Schritte weit, rede ich weiter. Du wirst ja dann ganz anders dastehen, wie ein Block und nicht so leicht anzugreifen. Thomas sagt: Das ist vollkommen falsch, was du da sagst. Ich werde nie wie ein Block dastehen, und leicht anzugreifen werde ich auch immer sein. Nur muß man das eben wissen, daß es so ist. Ich sage: Aber weil du recht hast, wird es nicht so leicht sein, dich anzugreifen. Falsch, falsch, ob man recht hat, ha, ha, man ist immer leicht anzugreifen, sagt Thomas. Aber ich werde einmal alles schreiben über meine Preise und über diese Institutionen, wie das vor sich geht. Wenn ich alle Preise habe, werde ich sie alle so lächerlich machen, daß sich jeder schämen müßte, so einen Preis noch anzunehmen. Alle Hintergründe, wie der Johnson und andere, oder ich, die Preise bekommen haben, werde ich aufzeigen, denn es ist nur Geschäft dahinter. Beim Grillparzer-Preis waren alle in der Jury gegen mich, aber Klingenberg hat gesagt, ich muß den Preis bekommen, weil er das Stück im Burgtheater bringen wird. Weißt du, so schauen die Hintergründe aus, das werde ich rücksichtslos bringen. Auch auf meine Familie werde ich keine Rücksicht nehmen, alles werde ich schreiben. Ich sage: Sicherlich, warum nicht, wenn alles wahr ist, dann kann man es schreiben. Wenn es denen unangenehm ist, so hätten sie sich halt anders verhalten sollen. Wie es ist, so gehört es geschildert, sagte Thomas. (Das werde ich im Notfall Thomas vorhalten, wenn es einmal notwendig werden sollte. In Aupointen sind wir gerade entlang der vier Häuser gegangen. Thomas wird nie vergessen, was wir beide da gesprochen haben. Ohne daß er es weiß, gibt er mir Wasser auf meine Mühle.)

Um 14 Uhr 45 sind wir in Weinberg, und er fährt nach Nathal, damit er da ist, wenn O'Donell kommt. Er sagt aber noch, daß er abends ganz sicher kommt.

Um 18 Uhr 45 ist Thomas wieder da. Er ißt französische Zwiebelsuppe. Zu den Nachrichten um 19 Uhr 30 setzen wir uns bei Omi vor den Bildschirm. Als die drei Telegramme von Unterrichtsminister Sinowatz bezüglich des

Schranz-Ausschlusses verlesen werden, sagt Thomas: In diesem Telegramm kommen die Ausdrücke scheinheilig und heuchlerisch vor, so dürfte sich ein Minister nicht ausdrücken. [Karl Schranz durfte bei den Olympischen Spielen in Sapporo nicht starten, weil ihm aufgrund von Werbetätigkeit der Amateurstatus abgesprochen wurde.] Der Sinowatz macht wegen des Falles Schranz nun den Eindruck wie ein Gastwirt aus Pottenbrunn, der um einen halben Liter Wein geprellt wird.
Thomas war bis nach den letzten Abendnachrichten im deutschen Fernsehen, bis 24 Uhr da. Wir glaubten, daß noch die Verlautbarung über den Grimme-Preis kommt. Wir haben so viel gesprochen, viel Belangloses, und was gut gewesen wäre, konnte ich mir nicht merken, da ich selbstgemachten Hollerwein getrunken habe.
Ja, daß Bernadette Devlin den englischen Innenminister geohrfeigt hat, gefiel Thomas besonders gut.

1. Februar 1972

Um 14 Uhr 15 kommt Thomas zu mir, um mich zum Spaziergang abzuholen. Er bringt eine 15 x 18 cm große, grüne Marmorplatte mit einem faustgroßen daraufgeklebten Bergkristall mit. Auf einem Metallplättchen steht: Rauriser Literaturtage 14. 2. bis 17. 2. 1971. Er gibt es mir und sagt: Heute hab ich aufgeräumt, das schenk ich dir. Ich sage: Das freut mich sehr, mehr als es dich gefreut haben kann, denn du hast es nur von Rauris und nicht von einem Thomas Bernhard bekommen, wie ich. Für mich hat es den Wert, daß es von dir ist. Wir begeben uns wieder auf die Runde nach Ohlsdorf – Forsthaus – Aupointen – Sandhäuslberg – Weinberg.
Heute ist kein Glückwunsch gekommen, gestern kam noch von Herberts (Produktionsleiter der IFAGE Köln) einer. Aber Radax könnte was hören lassen, sagt Thomas. Ich sage: Für heute spätestens habe ich Nachricht von ihm erwartet. Thomas möchte unbedingt mit Radax sprechen. Er möchte ihm sagen, was er machen soll. In Deutschland soll er es mit dem *Frost* probieren, wenn der ORF nicht sofort annimmt. Thomas sagt, er werde an den Verlag schreiben, wenn der Vertrag mit dem ORF nicht sofort zustande kommt, zieht er sein Einverständnis zurück. Eine Nachfrist, etwa acht Tage, mußt du stellen. Eine Nachfrist zu stellen ist gesetzlich vorgesehen, sonst

kannst du nicht zurücktreten, sage ich. Thomas erzählt weiter, daß ihm beim Zusammenräumen die Einladung zu Dr. Klaus nach Salzburg untergekommen ist und daß das eigentlich noch nicht lange her ist. Das war 1968. Zuckmayer ist eigentlich ein recht lieber Kerl, er wirkt sehr gut. Ich erinnere Thomas, wie Zuckmayer im Fernsehen das „Juddebub", das sie ihm als Junge nachgerufen haben, so gut ausgesprochen hat.
Dann kommen die üblichen Kriegsgeschichten. Thomas erzählt, als im Juni 1945 sein Ziehvater zu Fuß von Jugoslawien heimkehrte, lag er in Traunstein auf einem Blechdach in der Sonne. Als er seinen Ziehvater kommen sah, rannte er vom Dach, was er nur konnte, seinem Ziehvater entgegen und wollte ihn stürmisch begrüßen. Dieser aber ging, ohne ihn anzusehen, an ihm vorbei und hob mit beiden Händen seinen Sohn Peter, den Halbbruder von Thomas, in die Höhe und nahm auch später von Thomas keine Notiz. So was merkt man sich, das bringt man nie mehr aus sich heraus. Ich war damals 14 Jahre alt. Stell dir vor, wie einen das in diesem Alter trifft. Das sagte Thomas kurz vor Eintritt in mein Haus, und das habe ich mir gemerkt. Krampfhaft denke ich nach, was ich mir vorgenommen hatte, nicht zu vergessen. Es war so gut und es fällt mir nicht ein. Während der zwei Stunden beim Gehen haben wir so viele Themen gehabt. Um 17 Uhr verläßt mich Thomas, und ich schreibe anschließend sofort, weil er abends gegen 19 Uhr 30 nochmal kommen will.
Ja, mir fällt noch ein, Thomas sagte, er habe einen Grimme-Preisträger zu Hause in einer Liste, in der Schriftsteller angeführt sind, entdeckt. Es ist der Schriftsteller, der das Stück *In Sachen Oppenheimer* geschrieben hat [Heinar Kipphardt, *In der Sache Robert J. Oppenheimer*]. Dieses Stück habe ich im deutschen und österreichischen Fernsehen gesehen, Thomas nicht, daher erzähle ich einiges vom Inhalt. Thomas sagt, daß dieser Schriftsteller für dieses Stück vier Preise, auch einen polnischen, bekommen hat. Sein *Italiener* wird sicher auch im Ausland gebracht werden, da die Übersetzungen keine Schwierigkeiten bereiten, weil kein Text da ist. Hoibafünfi usw. verstehen die in Norddeutschland ja auch schon nicht mehr, und am Schluß ist nicht viel zu übersetzen. Das könnte ein großes Plus für Vorführungen im Ausland sein. Außerdem werden ausgezeichnete Stücke meistens auch im Ausland gebracht.

2. Februar 1972

Thomas ist gestern abend nicht mehr gekommen. Heute früh habe ich von Landeshauptmann Dr. Erwin Wenzl ein Antwortschreiben in Sachen Thomas Bernhard erhalten. [Wenzl bestätigt Erhalt, verspricht sich zu informieren und will sich wieder melden.]
In den „Oberösterreichischen Nachrichten" steht: Lesung Thomas Bernhard, Donnerstag, 20 Uhr, Jägermayrhof. Da ich Thomas für Donnerstag zum Fasanessen eingeladen hatte, ich aber die Lesung im Jägermayrhof besuchen will, fahre ich um 10 Uhr zu Thomas nach Nathal und sage ihm, daß ich heute Mittwoch auf meine Turnstunde verzichte, damit wir das Fasanessen heute haben können, und daß es mir angenehm wäre, um 16 Uhr zu einem zweistündigen Spaziergang wegzugehen, damit wir um 18 Uhr 30 bei Appetit sind. Thomas ist mit meinen Vorschlägen einverstanden. Er sagt mir noch, dieser Artikel über die Lesung im Jägermayrhof sei unverschämt. Ich habe Laßl schon im Dezember ganz klar und kurz abgesagt. Er weiß genau, daß ich nicht komme. Ich sage: Ja natürlich, das weiß ich ja, drum will ich ja morgen unbedingt dort sein. Ich möchte diesen Holler hören, der dort über dich gesprochen wird.
Um 16 Uhr tritt Thomas ein. Bei mir gab es schon wieder eine Panne. Stell dir vor, alle Grimme-Preisträger sind verlautbart worden, ganz groß steht es in allen Zeitungen, aber mein Name ist nicht dabei. Da hab ich dir die „Frankfurter Allgemeine" mitgebracht, damit du selbst lesen kannst. Thomas will mir den Artikel aufschlagen, er findet ihn nicht und kommt drauf, daß er in der Aufregung die Ausgabe vom Dienstag, also vom Vortag mitgenommen hat. Macht nichts, sagt er und erzählt, daß die und die Namen angeführt sind und daß genau geschrieben steht, wofür der Preis verliehen wurde. Es mache ihm aber nichts aus. Da hat irgendein Fräulein in einem Büro diesen Fehler gemacht, und nun muß er dann alleine verlautbart werden. Wir begeben uns auf die Runde nach Ohlsdorf – Forsthaus – Aupointen – Sandhäuslberg – Weinberg. Ab dem Forsthaus ist es schon dunkel, es ist 17 Uhr 45, aber der Weg ist wunderbar, und wir beschließen, daß wir keine Abkürzung machen und die Runde voll gehen werden. Wir reden wieder von den Preisen und seiner Panne mit dem Grimme-Preis. Aber Thomas hofft, daß der Verlag oder Höfer vom WDR, die ja schon Glückwünsche telegrafiert haben, oder Falkenberg in Marl anrufen werden

und die Verlautbarung verlangen werden. Denn für die ist das ja Reklame und Geschäft, die werden sich schon wehren.
Um 18 Uhr 30 essen wir Fasan mit Blaukraut und trinken dazu Rotwein. Nach einer Stunde gehen wir mit der Zweiliterflasche in Omis Wohnzimmer zu den Nachrichten. Nach dem Ende der deutschen Tagesschau bittet Thomas, wir sollen den Bildschirm abschalten und uns selbst unterhalten. U. a. sagt Thomas, daß ihm bisher eigentlich fast alle Preise nur widerwillig verliehen wurden. Und daher braucht er sie auch nicht abzulehnen, sage ich dazu. Wir lachen fast Tränen, als wir auf seinen Unfall zu sprechen kommen, und meine Mutter sagt, wie leicht könnte Thomas tot sein. Meine Gattin, Tochter Reinhild und Sohn Wolfgang sind auch anwesend. Alles lacht laut, und Thomas sagt, da müßtet ihr halt jetzt alleine lachen. Wir reden über schöne Särge usw. Daß ein Bestattungsgeschäft eines der besten Geschäfte sei, sagt Thomas. Denn die einen geben viel Geld für den Toten aus, weil sie ihn wirklich geliebt haben, und die anderen, weil sie ein schlechtes Gewissen haben. Aufwand wird in jedem Fall getrieben.
Thomas erzählt lauter lustige Geschichten. Immer fällt ihm was ein. Er erzählt, daß er in Luxemburg einmal an einem Schriftstellertreffen teilgenommen hat. Schriftsteller aller Nationen waren versammelt, jeder hatte einen Kopfhörer an seinem Platz. Plötzlich mußte er das Klo aufsuchen. Nach einiger Zeit, als er wieder in den Saal zurückgekehrt war, dachte er sich, da wird ja jetzt von was ganz anderem gesprochen. Er schaute sich um und merkte, daß er neben Hallstein saß. Im gleichen Gebäude, zu gleicher Zeit war nämlich auch eine Tagung des Europarates, und da ist er in den falschen Saal geraten. Da der Saal ganz gleich ausgesehen hat und „sein" Platz frei war, hat er einige Zeit nicht bemerkt, daß er an der falschen Tagung teilnahm.
Dann kommt Thomas wieder auf Laßl zu sprechen und sagt, daß er vor 20 Jahren in Salzburg über Dr. Laßls Gedichte und die seiner Freundin eine vernichtende Kritik geschrieben habe. Über Laßl hat Thomas geschrieben: Der macht Gedichte, wie ein anderer eine Spanschachtel macht. Daraufhin haben Dr. Laßl und dessen Freundin Thomas zu sich eingeladen. Sie glaubten, Bernhard wäre ein Unikum, kamen aber zur Überzeugung, daß er eigentlich ein nettes Bürschchen ist. Und da haben sie ihn dann „eingekocht". Er war damals noch so jung, und da hat er sich „übernehmen"

lassen. Die beiden haben es sehr geschickt gemacht. Und jetzt rühmt sich Laßl, daß er mich 20 Jahre kennt, ja, aber wie das damals war, auf das kommt es ja an.

Da Thomas damit bei seiner Jugend angekommen war, erzählt er weiter, wie er sich 1945 in Salzburg 14 Tage lang als 14-jähriger allein in einer vierräumigen Wohnung verschanzt hat, damit sie nicht besetzt werden kann. Bis sein Stiefvater und seine Mutter aus Traunstein gezogen kamen. Als sie sich zur österreichischen Staatsbürgerschaft bekannten, mußten sie Traunstein innerhalb von 14 Tagen verlassen. Thomas hat daher in Salzburg die verlassene Wohnung eines Deutschen ausfindig gemacht, der umgekehrt Österreich innerhalb von 14 Tagen verlassen mußte. 14 Tage lang mußte er in der verrammelten Wohnung Tag und Nacht ausharren, denn sonst wäre die Wohnung sofort von jemand Fremdem bezogen worden. Verwandte haben ihn mit Brot versorgt, und da mußte er jedesmal alles von der Tür wegräumen, weil er vor Angst alles verrammelt hatte. Nachdem seine Eltern von Traunstein kamen, zogen immer mehr und mehr Verwandte in diese Wohnung, sodaß schließlich dreizehn Leute in vier Zimmern hausten. Und seine Bettstatt war inzwischen am Gang gelandet. Da sein Onkel [Onkel Farald] schon ab vier Uhr früh aufstand und er sonst auch am Gang keine Ruhe hatte, war er nie ausgeschlafen. Eines Morgens sagte er zu seiner Mutter, er gehe nicht mehr ins Gymnasium, sondern sofort in eine kaufmännische Lehre, um den Hunger zu stillen. Noch am selben Tag ist er als Lehrling in ein Lebensmittelgeschäft eingetreten. Daraufhin haben seine Angehörigen und seine ganze Verwandtschaft ihn dauernd aufgefordert, „was mitzubringen". Direkt gefordert haben sie das von ihm. Es sei ihnen ganz gleichgültig gewesen, in was sie ihn dabei hineinzogen. Thomas hat dann aufgezählt, wie lächerlich wenig im Geschäft vorhanden war, und es sei daher „nicht viel gegangen". Kaum für ihn selbst ein bißchen was.

Dann erzählt Thomas wieder Lustiges, und da ich vermeide, ihm zuviel Wein einzuschenken, fragt mich Thomas jedesmal, wenn sein Glas leer ist: Hast noch was? Erst auf Aufforderung schenkte ich mehrmals nach. Würde ich ihm immer gleich nachschenken und ihm den Wein aufdrängen, so würde er es mir für einige Zeit übelnehmen, daß ich ihm einen Schwips angehängt habe. So laß ich mich lieber zum Einschenken auffordern und bin vor einer Mißstimmung sicher, wenn er „einen wegschleppt". Es klingt paradox, aber im Interesse der Freundschaft muß ich gegen die Gastgeberpflichten verstoßen. Thomas ist eben eine so starke Persönlichkeit, daß er sogar seinen Schwips selbst bestimmt. Gegen 24 Uhr hatten wir so die Zweiliterflasche Rotwein leer, aber er fuhr gut nach Hause.

3. Februar 1972

Heute um 9 Uhr 30 brachte Thomas meiner Mutter die Struckshose und die blaue Arbeitshose, welche er beim Unfall anhatte, um Flicken einsetzen zu lassen. Gestern sagte Thomas, er wolle heute seiner Bedienerin, Frau Braun, die Hosen bringen. Ich hatte sofort vorgeschlagen, daß das meine Mutter machen möchte. Damit wollte ich den zerrissenen Hosenteil als Andenken retten. Meine Mutter hat sich gleich ausgekannt und sich sofort zu dieser Arbeit bereit erklärt. Thomas stimmte meiner Mutter zu, indem er sagte, das würde ihn natürlich besonders ehren.

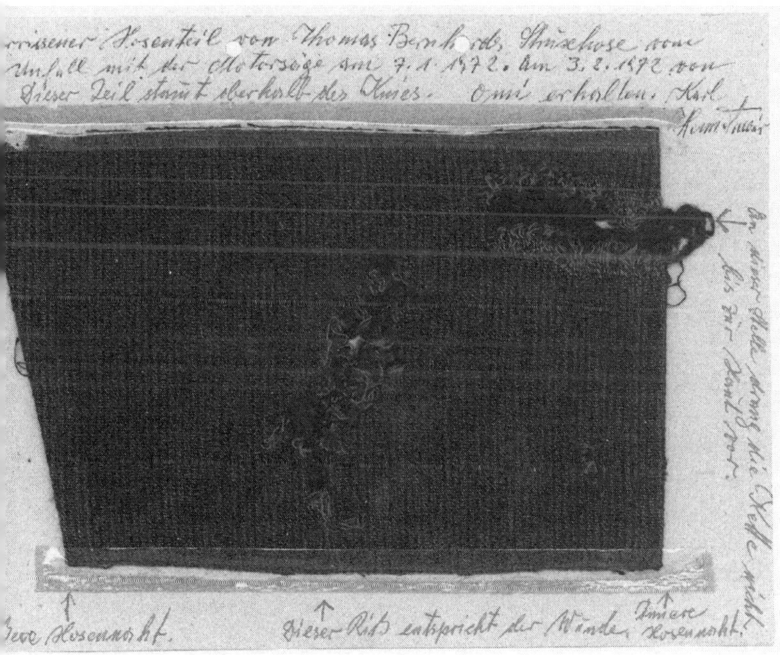

Um 13 Uhr erschien ich selbst bei Thomas in Nathal, um ihm um 800 Schilling Lebensmittel vom Großeinkauf in Wels zu bringen. Thomas war gerade mit dem Briefeschreiben fertig und gab mir zwei zum Lesen. Der eine an Herrn Donnepp nach Marl lautete in etwa so:

Sehr geehrter Herr Donnepp!
Sie haben mich in Ihrem Brief von der Verleihung des Adolf-Grimme-Preises verständigt. Ich habe mich mittels Ihres Briefes beigeschlossener Karte bereit erklärt, an den Veranstaltungen am 9. und 10. März teilzunehmen. Sie ersuchten mich aber ausdrücklich, diese Mitteilung nur zu meinem persönlichen Gebrauch zu verwenden, da Sie diese Preisverleihung erst am 31. 1. 1972 der Presse zur Verlautbarung übergeben wollten. Warum sollte ich das geheimhalten? Zu meinem Erstaunen sind in der Presse wohl die Grimme-Preisträger verlautbart worden, mein Name findet sich jedoch nicht darunter.
Das Ganze erinnert mich an ein Erlebnis in der Schule, als ich am schwarzen Brett mit anderen für ein Hochschulstipendium angeschlagen war. Als ich dann zur Entgegennahme des Stipendiums mit neuem Anzug in der Reihe stand, waren die Kuverts mit dem Geld schon alle vergeben, als ich dran war. Ich mußte mir sagen lassen, der Anschlag am schwarzen Brett alleine genüge nicht. Mein Name war versehentlich dorthin gekommen. Es erscheint mir daher nicht ratsam, Ihrer Einladung zu folgen.
Diese Angelegenheit ist mir besonders gegenüber den vielen Gratulanten, die mich telegrafisch beglückwünschten, äußerst peinlich.
Hochachtungsvoll, Thomas Bernhard

Den zweiten Brief nahm mir Thomas aus der Hand und las selbst laut vor.

Lieber Herr Siegfried Unseld,
seit zwei Monaten bin ich ohne Nachricht von Ihnen. Ich habe mich inzwischen entschlossen, nicht über Holl zu schreiben. Bei der Neuauflage des Frost sollten Sie dafür sorgen, daß die alten Fehler der INSEL-Ausgabe sich nicht wiederholen. Sie sollten das einer gewissenhaften, sorgfältigen Person, soweit Sie eine solche überhaupt in Ihrer Nähe haben, zum Durcharbeiten geben, sonst macht mir die Neuerscheinung keine Freude. Ich befinde mich in bester Verfassung.
Ihr Thomas Bernhard

P.S.:

Da muß ich noch wegen des Grimme-Preises einen Satz schreiben, unter dieses P.S., sagte Thomas. Das habe ich aber nicht abgewartet. Weil ich müde bin und mich für den heutigen Abend im Linzer Jägermayrhof im voraus noch ausschlafen will, gehe ich jetzt gleich. Den Spaziergang mußt du heute alleine machen. Ich werde morgen um 8 Uhr 30 mit deiner Post kommen und dir aus dem Jägermayrhof berichten, sagte ich. Gut, danke, Wiedersehen!
Heute nachmittag erscheint die „Salzkammergutzeitung" mit einem Artikel mit der Überschrift: Thomas Bernhard – Achtfacher Preisträger. Diesen Artikel habe ich mit Herrn Kihs abgesprochen. Von 19 Uhr 45 bis 23 Uhr 15 bin ich mit Mutter, Gattin und Tochter Elfriede im Jägermayrhof in Linz. Zum Weggehen nehme ich noch zwei Plakate als Souvenir mit. Gemeinsam mit meiner Tochter machte ich Notizen über die Lesung.

4. Februar 1972

Um 8 Uhr 15 bin ich mit der Post bei Thomas. Er bekommt einen dicken Brief von Radax. Bevor ich ihm vom Jägermayrhof berichte, möchte Thomas den Brief von Radax lesen. Ich lese inzwischen meine Post. Es ist auch ein Brief von Radax dabei.
Thomas sagt mir den wesentlichen Inhalt des Radax-Briefes und daß er diesbezüglich nicht aggressiv werde, da er sonst die Aufzeichnung bei den Salzburger Festspielen aufs Spiel setzt, wenn er dem ORF Krach macht.
Dann berichte ich von der Lesung im Jägermayrhof Linz.
Wir sind neben dem Tisch von Dr. Laßl mit seiner Sprechergruppe Herbert Baum und Pervulesko gesessen. Vor der Lesung konnte meine Tochter Elfriede hören, wie Herbert Baum sagte: Ich hab mir erlaubt, dem Bernhard ein Wort zu stehlen, ich bin mit dem Satz nicht zurechtgekommen. Das merkt doch niemand, nicht einmal er selbst.
Dann zu Beginn entschuldigt Dr. Josef Laßl Bernhard aus Gesundheitsgründen. Ein Dichter soll dichten und nicht arbeiten, sagt er. Bernhards poetischer Bogen ist weit, seine Welt jedoch lädiert. Bernhard steht hoch oben, niemand weiß, wann ihm die Luft zu dünn wird, usw.
Anhand des Programmzettels mußte ich Thomas genau berichten. Ich sagte ihm, Herbert Baum habe besser gelesen als er selbst (gemeint war

Ich hab' mir erlaubt dem Bernhard ein Wort zu stehlen, ich bin mit dem Satz nicht zurechtgekommen. – Das merkt doch niemand, nicht einmal er selbst.

Dichter sollen dichten und nicht arbeiten.

Sein poetischer Bogen ist weit, seine Welt ist jedoch lediert.

Ballett "Rosen der Einöde" Durchfall – südafrikanische evangelische Mission

Mit dem Geld der ersten Auflage (Frost) kaufte ich mir ein Bauernhaus, das ich mit meinem Bruder herrichtete.

~~Manxkönnte~~
Wo steht Thomas Bernhard? Man könnte sagen immer am selben Fleck, schöner formiert, immer am Anfang.

Er demonstriert die Angst der Erfahrung

Kalkwerk ist Verödung

Über die langen Sätze des Kalkwerkes hinaus gibt es nichts mehr. Mit dem
~~Thom~~ Kalkwerk hat er seine Leere im Bogen überbrückt, nun [illegible]
Thomas Bernhard ist ein genauer Seher, er sieht auch was andere nicht sehen.

Bernhard steht hoch oben, niemand weiß wann ihm die Luft ausgeht, dann wird

Der Intrigant u. der Wahnsinnige
spielt eindeutig in einer bestimmten Stadt, hoffentlich nimmt das Festspielpublikum das aus aller Welt zusammenströmt, ~~[illegible]~~ die Handlung die sich auf ~~[illegible]~~ die Welt aus oder das Publikum kommt, dass Bernhard ab!

(husten, beten, saufen, oder alles zusammen gut verschluckt)

Der Abend des 3. Februar 1972 im Jägermayrhof in Linz, auf einer Manuskriptseite festgehalten von Karl Ignaz Hennetmair.

eine Tonbandaufnahme von Thomas). Als Dr. Laßl geendet hatte, ging ich zu ihm und sagte: Thomas Bernhard hat schon wieder einen Preis bekommen, den Grimme-Preis. Dabei überreichte ich ihm den Bericht der „Salzkammergutzeitung" vom gleichen Tag. Wütend sagte Dr. Laßl: Was, schon wieder ein Preis, na ja, er braucht eh noch ein drittes Haus. Da sich Besucher um ihn drängten, wartete ich ab, bis Dr. Laßl im Vorraum mit seiner Freundin allein war. Ich sagte: Gönnen Sie ihm leicht die Krucka nicht? Ja, ja, sagt Laßl, er braucht eh die Preise, er muß ja leben davon. Mit siebenhundert Schilling im Monat kann er ja nicht auskommen. Ich sagte, ich sei ein Nachbar von Bernhard. Der steckt alles in die Häuser hinein. Ich weiß auch sicher, daß Bernhard seine Teilnahme an dieser Lesung schon im Dezember abgesagt hat. Laßl war von Beginn an sehr gereizt und wird nun immer heftiger. Ich weiß von keiner Absage, ich weiß von nichts. Da ich dazu nur lächle, sagt er weiter, schauns, was soll ich denn sonst machen, was wollen Sie denn, ich habe ihn sowieso nur beweihräuchert. Ich habe nichts gegen ihn gesagt. Darauf sagte ich: Bernhard hat mir so mehr im Spaß Grüße an Sie aufgetragen. Sie wissen vielleicht gar nicht, daß Bernhard Sie mag, log ich, denn er zeigt das niemandem, wenn er ihn mag. Oooh, das spürt man doch, sagte die Begleiterin Dr. Laßls. Oooh, wir wissen, daß er uns mag. Richten Sie recht herzliche Grüße aus. Sie reichte mir die Hand, und da sie bemerkte, daß ich sie fragend ansah, fügte sie noch hinzu: Bernhard weiß schon von wem. Laßl verabschiedete sich auch freundlich, ich solle Grüße ausrichten.

Immer Neues und weitere Details wollte Thomas wissen. Es ist inzwischen 11 Uhr geworden. Ich vertröste Thomas auf den Nachmittag mit weiterem Bericht, denn für 14 Uhr wollten wir uns auf der Krucka treffen. Anschließend gab ich bei der Post ein Telegramm an Radax auf. Um 14 Uhr traf ich auf der Krucka ein. Von der Straße ist es zu Fuß zehn Minuten zum Haus, fahren kann man nur mit dem Traktor. Thomas hat gut eingeheizt. Er zeigt mir die Eisklumpen von den eingefrorenen Kübeln. Thomas ersucht mich, noch eine Stunde heizen zu dürfen, bis wir zum Spaziergang weggehen. Er wolle richtig ausheizen, da er ab morgen wieder auf die Krucka ziehen möchte, um einige Tage zu bleiben. Also marschieren wir erst um 15 Uhr bergauf zur Grasberghöhe – Neukirchen – Reindlmühl. Dort haben wir unsere Autos. Um 17 Uhr treffen wir dort ein. Unterwegs beauftragte mich Thomas, für ihn den Wald von Asamer zu kaufen. Ich solle heute noch mit

Asamer sprechen. Um 19 Uhr werde er zu mir kommen, da möchte er schon wissen, ob der Wald zu haben ist.
Um 19 Uhr kann ich Thomas berichten, daß ich den Preisvorschlag gemacht habe. Asamer wolle sich bis Montag den Verkauf überlegen. Er möchte auch noch mit seiner Gattin sprechen. Da gerade größere Investitionen im Gasthaus Asamer vorgenommen wurden, war ich dafür, schon jetzt an Asamer heranzutreten. Allerdings nicht aufdringlich, sondern so: Bernhard wolle jetzt was kaufen, er würde auch in der Reindlmühl ein Stück Wald bekommen, aber es sei ihm gleichgültig, es könne auch in Ohlsdorf sein, sagte ich zu Asamer. Thomas gab mir nach meinem Bericht über Asamer ein Telegramm mit den Worten: Schau, von den Heuchlern. Das Telegramm lautete:

> Auch wenn der Dichter nicht anwesend war, so war er doch allgegenwärtig. Herzliche Grüsse von den Besuchern im Mai. Striegl(?) Lassl

Thomas blieb bis 22 Uhr. Er sagte, er werde wegen dem Adolf-Grimme-Preis doch nicht nach Marl fahren. Durch meinen Bericht über die Lesung im Jägermayrhof graust ihm so vor solchen Sachen. Man weiß nie, mit welchen Leuten man dort zusammenkommt. Die Filmleute hasse er, alle diese Veranstaltungen hasse er, usw. Da er vorhat, später all diese „Sachen" anzuprangern, will er sich nicht allzuviel durch Teilnahme darauf einlassen.
Thomas zeigt mir die „Salzburger Nachrichten", einen Artikel über die Übersetzung von *Verstörung* ins Französische. Das Ausland ist mir viel wichtiger. Was im Ausland geschrieben wird, zählt mehr als alles, was im Inland oder gar hier über mich geschrieben wird.

8. Februar 1972

Um 13 Uhr kommt Thomas. Da er noch nicht gegessen hat, lade ich ihn zum Mittagstisch. Zum Mocca überreicht meine Gattin Thomas eine Linzertorte mit einer aufgebackenen 41 darauf und gratuliert zum morgigen Geburtstag, zum vollendeten 41. Lebensjahr. Thomas ist sehr überrascht. Er erzählt, daß er einer plötzlichen Idee folgend am Samstag, dem 5. 2.,

vormittags nach Wien gefahren ist und erst vor ca. einer Stunde zu Hause eingetroffen ist. Er habe nur schnell die Post angeschaut und sei gleich gekommen. Er sagt, ich solle mit ihm kommen, er wolle mir die Post von Donnepp [Dr. Bert Donnepp, Gründer des Adolf-Grimmer-Instituts] zeigen. Es ist ein sehr frecher Brief gekommen, und es sind eine Menge Prospekte beigelegt. Aufgrund der Prospekte von Marl graust ihm so, daß er nicht hinfahren wird. In Wien hat Thomas Radax getroffen. Von dem weiß er, wer aller in Marl sein wird. Lauter Fettgesichter, unmögliche, scheußliche Leute, alles Typen, die er nicht mag, usw. Seiner Tante in Wien mußten neun Zähne zugleich gezogen werden, sagte Thomas. Sie kann nicht gut beißen, fühlt sich gesundheitlich nicht gut, ganz allgemein nicht gut. Er habe sich nie länger als eine Stunde ununterbrochen dort aufhalten können, denn das war immer schon lange genug. Nach einer Stunde sagte er immer: So, jetzt ist es genug, wenn wir noch länger so weiterreden, wird es unerträglich. Seine Tante konnte das nicht begreifen, sie wollte ihn mehr haben, aber er sei immer herumgelaufen. Er hätte es keinen Tag länger in Wien ausgehalten. Es wundere ihn jetzt, daß er so lange Zeit in Wien leben konnte. Der Schnee ist dreckig, die geparkten Autos mit schmutzigem Schnee überzogen, die Abstellplätze können nicht geräumt werden. Da viele Autos nicht benützt werden, sieht das schrecklich aus.
Radax war diesmal sehr vernünftig. Er war zwar nur eine Stunde mit ihm zusammen, aber diesmal war er sehr angenehm. Er hat nun doch einen guten Eindruck auf mich gemacht, sagt Thomas.
Nach zwei Stunden, um 15 Uhr, sagt Thomas, ich solle mit Mostflaschen und mit einem Kübel für Nüsse mitkommen. Er will mir auch die Briefe zeigen. Bei ihm in Nathal zeigt er mir die Briefe, einer ist von Agi, und eine Karte der Mutter von Agi, Baronin Handl, ist auch dabei, zum Geburtstag. Thomas sagt dazu, er werde wieder nach Almegg fahren. Er werde aber betonen, daß er nur die Mutter von Agi besucht, denn das ist wirklich eine nette alte Frau. Ich sage: Da wirst du jetzt schon brüllen müssen mit ihr. Bei meinem letzten Besuch dort, vor zwei Jahren, mußte ich schon schreien, damit sie mich verstehen konnte.
Ich lese den Brief der Grimme-Preis-Stiftung und sehe die Prospekte an. Es ist ein Volkshochschul-Bildungszentrum und nennt sich „Die Insel". Das Foto vom Lesesaal halte ich Thomas hin und sage: Das sieht genau so aus, wie du es am meisten haßt. Ja natürlich, sagt Thomas, die ganze Stadt wird

in ca. 60 Jahren als Beispiel dafür hingestellt werden, wie unmöglich die Architekten früher gebaut haben. Er begann dabei, wütend die Prospekte zu zerreißen. Das ist nicht mehr wert, als verheizt zu werden. Dann machte er mich auf einige Sätze im Brief von Donnepp aufmerksam und las mir vor: Sie sehen, daß ich sehr beschäftigt bin, sonst hätte ich Ihnen ein paar Stunden früher geantwortet, schreibt Donnepp und weiter: Wir haben kein schwarzes Brett, wir verstehen nicht, inwiefern die Glückwunschtelegramme peinlich sein sollten, usw. So eine Gemeinheit, sagte Thomas, als ob es mir darauf ankäme. Ein paar Stunden schreibt der, und wir haben kein schwarzes Brett. Aber so sind die Deutschen alle, sie haben keinen Humor. Die haben so eine Auffassung von Humor, daß sie glauben, es sei komisch, wenn einer den anderen etwas in den Hintern zwickt. Aber ich fahre ja nicht hin, ich will diese scheußlichen Leute nicht sehen. Ich sage: Den Preis soll Radax für dich entgegennehmen. Ja, für den ist es wichtig, wenn er dort ist. Denn dort trifft er alles von Rang und Namen, dort hat er Gelegenheit, Neues anzubahnen. Für ihn ist es so etwas wie ein Geschäftsmarkt von Film und Fernsehen, sagt Thomas.
Inzwischen ist es 18 Uhr 15 geworden, und ich bitte Thomas, um ca. 19 Uhr auf einen Glühmost nachzukommen.
Um 19 Uhr kommt Thomas zu mir. Als vom Empfang von Schranz die Rede ist, wird Thomas immer verstimmter. Er meint, er werde einen Artikel schreiben, wie blöd das alles ist, welche Ungeheuerlichkeit es ist, so einen Empfang zu veranstalten. Es sei nur Popularitätshascherei in übelster Form, er werde das richtig anprangern. Er werde überhaupt bald öfter zur Feder greifen und tüchtig seine Meinung sagen. Er könne es nicht mehr länger unterdrücken, zu solchen Ungeheuerlichkeiten zu schweigen. Die Leute sind ja ganz verblödet. Als wir später vor dem Bildschirm sitzen und den Rummel am Ballhausplatz sehen, sage ich: Es ist nichts anderes, als wenn man einen in Ried preisgekrönten Stier feiern würde. Denn Schranz ist ja auch nur ein hochgezüchteter Athlet, genauso hochgezüchtet wie die Stiere des Stierzuchtverbandes. Mit Hirn hat alles weit und breit nichts zu tun. Wie müßte man dann eigentlich im Vergleich dazu geistig schaffende Größen feiern? Thomas ist bleich vor Ärger über diesen Schranz-Empfang, sodaß ich darauf verzichte, das zu sagen, was ich eigentlich noch sagen wollte: daß hier ein Schuldiger von Mitschuldigen als Unschuldiger gefeiert wird.

Vielleicht hat die schlechte Laune von Thomas auch noch einen anderen Grund. Heute vormittag wollte ich Thomas mit meiner Gattin in Nathal besuchen. Wir wußten ja nicht, daß er nach Wien gefahren war. Wir glaubten ihn zwei Tage auf der Krucka und hofften, die Post habe ihn heruntergetrieben und wir würden ihn antreffen. Vor Thomas' Hof in Nathal stand ein Dienstwagen. Ich fragte den Fahrer, ob von ihm jemand bei Bernhard sei. Ja, sagt er. Sind Sie von der BH [Bezirkshauptmannschaft]? Nein. Wird der Herr länger zu tun haben? Nein, er ist schon eine Viertelstunde drinnen. Ich will daher nicht stören, und wir warten, bis der Besuch weg ist. Da bemerke ich, daß im Tor der Schlüssel innen nicht steckt. Ich greife daher zu der Stelle, an welcher der Schlüssel „gelegt" ist, und der liegt ganz vereist an seinem Platz. Da sage ich zum Fahrer, das gibt es nicht, daß sein Herr drinnen ist. Ganz sicher, sagt dieser. Nein, sage ich, ganz sicher ist er nicht zu Hause, ich kenne das. Außerdem macht Bernhard ja nicht auf. Das wissen wir, sagt der Fahrer, aber er ist ganz sicher drin, er ist schon über 1/4 Stunde drin. Wir sind von der Agrarbehörde. Ah, sage ich, da bin ich genau informiert, da geht es um die Begutachtung wegen der Grundsteuerbefreiung. Ja, so ist es, sagt der Fahrer. Da ich sicher bin, daß Thomas nicht da ist, will ich gerade wegfahren, da kommt der mir bekannte Dipl.-Ingenieur Panholzer zwischen den beiden Höfen zum Dienstwagen zurück. Ich halte an, und Ing. Panholzer sagt, er habe beim Nachbarn „Haumer" die notwendigen Informationen eingeholt. Eine Befreiung von der Grundsteuer werde nicht in Frage kommen, denn Bernhard müßte eine Familie haben, und durch den Zukauf müßte zum überwiegenden Teil die Lebensfähigkeit einer Familie durch den landwirtschaftlichen Betrieb gesichert sein. Daraufhin öffne ich mit dem gelegten Schlüssel das Tor und zeige dem Ingenieur die landwirtschaftlichen Maschinen und den neuausgebauten Stall. Ing. Panholzer wundert sich, daß alles so gepflegt ist, und ich erkläre, daß Bernhard im Frühjahr einige Stück Vieh einstellen möchte. Dazu hat er auch eine eigene, abgeschlossene Wohnung mit Bad ausgebaut, um eventuell ein Wirtschafterehepaar einstellen zu können. Anschließend erklärt aber Ing. Panholzer, daß er ein negatives Gutachten abgeben müsse. Weil Thomas dadurch ca. 20.000 Schilling an Grunderwerbssteuer zu bezahlen haben wird, ist seine Stimmung sehr gedrückt.
Leider muß ich auch bezüglich des Waldankaufes von Asamer berichten, daß dieser 170.000 Schilling fordert und das Angebot von 120.000 Schilling

von Asamer als dem Wert entsprechend bezeichnet wurde. Asamer sagte jedoch, Bernhard solle einen „Liebhaberpreis“ bezahlen, wenn er den Wald haben möchte.
Thomas entrüstet sich neuerlich über den Schranz-Empfang und sagt: Im Ausland werden sie uns auslachen, das kann man doch nicht machen. Wie soll denn einer geehrt werden, der wirklich eine Goldmedaille bringt? Oder wie sollen denn Leute geehrt werden, die für Österreich wirklich etwas leisten? Dann sage ich zu Thomas, daß ich ihm etwas zeigen möchte, was ich ihm bisher verheimlicht habe. Ich hoffte, damit könnte ich seinen Groll mildern und es wäre, wenn überhaupt, jetzt der günstigste Moment, mit einer Durchschrift meines Briefes an Landeshauptmann Dr. Wenzl herauszurücken. Um nicht „mit der Tür ins Haus zu fallen“, sage ich: Ich habe an den Landeshauptmann geschrieben, die Antwort habe ich hier, und ich übergebe ihm zuerst das Antwortschreiben des Landeshauptmannes vom 28. 1. 1972. Es ist für ihn natürlich daraus nichts zu entnehmen, und ich gebe ihm mein Schreiben vom 24. 1. 1972 an Dr. Wenzl. Er liest, dann sagt er: Du sollst sowas nicht machen, du weißt, ich will nicht geehrt werden. Dich können die nicht mehr ehren, die können sich nur selbst ehren, indem sie dir den Stifter-Preis geben, sage ich. Gehen wir hinauf zum Fernseher, es ist schon 5 Minuten nach halb acht. Oben sitzen wir bis 22 Uhr vor dem Bildschirm. Wir sehen die Pressekonferenz mit Schranz. Ich schenke Thomas Glühwein nach, mache manchmal Bemerkungen und kommentiere, aber Thomas bleibt 2 1/2 Stunden bei seinem eisigen Schweigen. Ich kann es nicht glauben, daß die Verstimmung nicht zu beheben ist, wenigstens ein „Muh“ wollte ich aus ihm herausbringen. Als der Sprecher am Bildschirm sagt, daß Karl Schranz morgen nach Innsbruck fliege, sage ich: Da soll Schranz tödlich abstürzen, jetzt hat er den Höhepunkt erreicht, das wäre der schönste Abgang für ihn. Denn in Zukunft kann es nur mehr bergab gehen. Ich habe mir wenigstens ein Kopfnicken von Thomas erwartet, denn der Tod ist sein Lieblingsthema, und über alles, was vom Tod handelt oder mit dem Tod in Verbindung steht, lächelt Thomas oder schmunzelt er am ehesten. Er blieb eisig. Um 22 Uhr erhob er sich, sagte zu meinen Angehörigen „gute Nacht“. Ich begleitete ihn zur Haustür. Sonst gehe ich im Gespräch bis zum Parkplatz mit, diesmal blieb ich an der Haustür und sagte ihm „gute Nacht“ hinterher. Er ging nämlich ohne jeden Gruß.

Ich kann kaum schlafen und überlege, wie ich es anstellen soll, daß der Kontakt in ca. 14 Tagen wiederhergestellt ist, denn ich rechne damit, daß Thomas längere Zeit nicht kommen wird. Ich selbst halte es aber für ausgeschlossen, daß ich vor Ablauf dieser 14 Tage mit Erfolg bei ihm erscheinen kann. Mit einem guten Vorwand hoffe ich in 14 Tagen ... und ich denke alle Möglichkeiten durch, welche ich anwenden könnte. Vor Ablauf von 14 Tagen darf ich ihm auf keinen Fall nachlaufen, das würde ihn anwidern. Ich mache mir nun die größten Vorwürfe, daß ich ihm den Brief an den Landeshauptmann gezeigt habe, noch dazu da ich mir vorgenommen hatte, ihm diesen Brief erst bei Erfolg zu zeigen.

9. Februar 1972

Thomas den ganzen Tag nicht da, meine Befürchtung stimmt, bin sehr niedergeschlagen.

10. Februar 1972

Um 13 Uhr 30 will ich gerade mit meiner Gattin zu Besorgungen wegfahren, da tritt Thomas ein. Freundlich lächelnd sagt er, wenn du mich zum Spaziergang begleiten willst, dann mußt du schnell sein, denn ich komme zu Fuß von Nathal, ich kann den Marsch nicht unterbrechen. Ich bin schon warmgelaufen, du weißt, wie das ist. Wenn man warmgelaufen ist, will man gleich weiter. Ich sage, ich habe höchstens eine Stunde Zeit, bis dahin kann ich meine Abfahrt verschieben. Ja, das genügt, sagt Thomas, 15 Minuten bin ich schon unterwegs, nach einer Stunde gehe ich noch 15 Minuten heim, dann komme ich auf eineinhalb Stunden, das genügt mir. Ich bin natürlich überglücklich, daß Thomas da ist. Er tut, als wenn nichts gewesen wäre, und ich auch. Wir sprechen natürlich wenig, keiner will recht anfangen. Wir gehen Richtung Forsthaus, ich sehe dauernd auf die Uhr, damit ich nicht übersehe, nach 30 Minuten umzukehren, denn meine Gattin wartet zu Hause auf die Abfahrt. Es entwickeln sich nur mühselige, verkrampfte Gespräche. Nach einer Stunde sind wir zurück, und ich habe den Eindruck, daß diese Stunde länger gedauert hat als sonst ein zweistündiger Spaziergang mit Thomas. Beim Auseinandergehen lade ich ihn für abends ein. Er sagt nur aus Höflichkeit zu, er sagt: Vielleicht, wenn der Besuch nicht zu lange bleibt. Er sollte um 17 Uhr Besuch bekommen. Aber auf Besuche hat er noch nie Rücksicht genommen, so wenig wie manchmal auch auf mich.

11. Februar 1972

Um 12 Uhr 30 komme ich von Besichtigungen und Besprechungen zurück. Meine Gattin berichtet mir, daß Thomas um 12 Uhr da war und mich um 13 Uhr zu einem Spaziergang abholen will.
Um 13 Uhr kommt Thomas. Er erzählt mir von seinen vormittägigen Besprechungen bei der Bauernkammer und bei der Agrarbehörde. Thomas hat dort folgendes ausgehandelt: Wenn er vom Gemeindeamt Ohlsdorf eine Bestätigung vorlegen kann, daß er seinen Hof selbst bewirtschaftet, wird die Bauernkammer die Befreiung von der Grunderwerbssteuer befürworten und die Agrarbehörde danach entscheiden. Trocken gesagt, er wird sich 20.000 Schilling ersparen. Die große Frage ist nur: Wird Thomas vom Gemeindeamt Ohlsdorf so eine Bestätigung erhalten? Der Bauernkammersekretär Meindl hat nämlich vormittags in Gegenwart von Thomas das Gemeindeamt Ohlsdorf angerufen, und der Gemeindesekretär Moser gab die Auskunft, die Gründe von Bernhards Hof seien verpachtet. Diese Auskunft war natürlich nicht richtig, denn Thomas hat seine Gründe nie verpachtet, sondern das Futter einmal dem, einmal einem anderen Nachbarn geschenkt.
Thomas ersuchte mich, den Spaziergang so einzuteilen, daß wir auch zum Gemeindeamt Ohlsdorf und zur Post gehen, damit er einiges erledigen kann. Zum Gemeindeamt soll ich mitkommen und ihm helfen, die erforderliche Bestätigung zu erreichen. Vor Abmarsch zum „Spaziergang", diesmal unter Anführungszeichen, haben wir unser Vorgehen beim Gemeindeamt beraten. Thomas wollte immer wissen, was zu machen sei, wenn die gewünschte Bestätigung nicht ausgestellt werde. Da habe ich jedesmal abgeschnitten und gesagt: Es hat keinen Sinn, über eine Situation nachzudenken, in der wir noch gar nicht sind, sondern wir müssen uns auf die Vorsprache im Gemeindeamt konzentrieren. Wir berieten hin und her, ob

ich mit dem Vorbringen beginnen soll oder er und wie wir das Gespräch beginnen.
Da ich nun erkenne, daß mich Thomas dringend benötigt, frage ich ihn unvermittelt, ob ich ihm meinen Brief an den Landeshauptmann noch einmal zeigen dürfe: Er hat wahrscheinlich das Datum, den 24. 1. 1972, also zwei Tage nach Verleihung des Grillparzer-Preises, nicht beachtet und in seiner Erregung vor drei Tagen einiges „überlesen". Thomas ist gierig auf den Brief. Er liest und sagt, der ist ausgezeichnet geschrieben, das hätte niemand besser machen können. Ich wende ein, daß ich es als peinlich empfinde, selbst diesen Brief geschrieben zu haben, aber ich hatte niemanden, den ich an meiner Statt diesen Brief hätte schreiben lassen können. Aufgrund unserer guten Bekanntschaft könnte das nach „Bestellung" aussehen. Thomas zerstreut meine Bedenken. Er sagt sogar: Mein Bruder könnte so etwas machen. So ein Schreiben kann einer ja nur machen, wenn er die Person kennt. Außerdem lobst du mich ja nicht, sondern schreibst gerade richtig. Vom Kulturamt selbst hätte das niemand besser machen können, das hat doch nichts mit Protektion zu tun. Das wäre es nur, wenn du Übertreibungen bringen würdest, aber einer muß es ja sein, der die Anregung gibt. Es ist vollkommen in Ordnung, was du da gemacht hast. Vor drei Tagen habe ich einen schlechten Tag gehabt. Ich war so verärgert, da habe ich gar nicht wahrgenommen, wie gut dein Schreiben ist. Daraufhin sage ich: Gott sei Dank, du hast mir 1965 in einem Brief geschrieben, daß du seit einigen Jahren keinen so vernünftigen Brief bekommen hast, darauf bin ich heute noch stolz. Und zu dem Brief an den Landeshauptmann hat es mich einfach gedrängt, ich konnte mich nicht mehr zurückhalten. Jetzt läuft dort ein Akt unter LH.Tgb. Nr.-3278/72-Sp/sch, was die jetzt machen, ist mir gleich. Ich kann mir jedoch nicht vorstellen, daß da, wenn ich im Jänner so ein Schreiben hinschicke, noch irgendein anderer den Stifter-Preis bekommen könnte, und wenn, dann wäre das eine Ungeheuerlichkeit. Aber ich lasse es zu so einer Ungeheuerlichkeit gar nicht kommen. Wenzl hat mir ja geschrieben, er werde mich benachrichtigen. Bis Ende April werde ich warten, dann werde ich meinem Schulfreund Hillinger, dem Bürgermeister von Linz, dem das Kulturamt untersteht, ein Foto schicken, wo du mit meinen Klassenkameraden beim Klassentreffen abgebildet bist. Da du der einzige Teilnehmer warst, der kein Klassenkamerad war, müßte er sich an dich erinnern, so wie du dich an sein Mascherl erin-

nerst. Ich werde ihm mitteilen, daß du damals im „Kommen“ warst, und wenn ich dich als Dichter vorgestellt hätte, wärst du gleich weggelaufen. Jedenfalls werde ich Hillinger einschalten, bevor es zu einer Ungeheuerlichkeit kommt. Denn einige Monate vor der Preisverleihung steht ja meistens schon fest, wer den Preis bekommt. Daher werde ich spätestens im Mai Klarheit verlangen. Ich habe mir überlegt, sage ich zu Thomas, ob ich nach Salzburg schreiben soll, aber für Salzburg habe ich keine so guten Argumente, außer daß sie dir den Preis schon seit Jahren schuldig sind. Außerdem, sage ich, wenn ich den Stifter-Preis in Oberösterreich erreiche, müssen die auch sofort mit einem Preis anrücken, die sind dann beinahe dazu gezwungen. Ja, sagt Thomas, und den werde ich aber dann ablehnen. Ich habe schon lange vor, einmal einen Preis abzulehnen, aber bis jetzt wäre das nicht klug gewesen. Aber wenn Salzburg so spät mit einem Preis kommt, werde ich ihn ablehnen. Aber um einen Preis ablehnen zu können, muß er einem ja erst angeboten werden.

Ich bin sehr froh, daß mein eigenmächtiger Schritt bezüglich Stifter-Preis keinen Grund mehr für ein Mißverständnis zwischen Thomas und mir darstellt, und wir gehen über das Forsthaus nach Ohlsdorf.

Unterwegs fällt Thomas ein, daß er das Gespräch mit Sekretär Moser beginnen wird. Moser ist der Mann, den er so haßte, daß er seinen Sekretär in der *Verstörung* Moser nannte. Der Bürgermeister von Ohlsdorf hat damals seinen Sekretär aufgefordert, Bernhard zu klagen, denn diese abscheuliche Darstellung sei auf ihn gemünzt. Das war es auch. Thomas hat mich dann ersucht, bei Moser zu planieren. Es war nicht leicht für mich. Erst als Moser freudig einsah, daß es sich um einen Roman handelt, gab er sein Vorhaben, zu klagen, auf. Ich sagte, ein Roman sei eben ein Roman, dagegen sei nichts zu wollen. Es würde zu weit führen, die Scheußlichkeiten dieses Sekretärs Moser dem wirklichen Moser aufzuzählen. Aber mit seiner Scheußlichkeit habe ich bei unserem „Vorhaben“ spekuliert, daher habe ich jede Debatte darüber, was geschehen soll, wenn Moser die gewünschte Bescheinigung nicht ausstellt, abgelehnt. Vor Betreten der Gemeindekanzlei informierte ich Thomas noch, daß Moser dem „Haumer“ in Nathal, Maxwald, gestern erklärt habe, daß Bernhard als einziger Einspruch gegen die Grundzusammenlegung erhoben habe. Ich sagte ihm, ich hätte ihm dies bisher verschwiegen, um ihn nicht unnötig zu ärgern, denn ich weiß, daß er keinen Einspruch gemacht hat, sonst hätte er mir das ja gesagt.

Ich habe es einfach nicht für notwendig gehalten, ihn zu fragen, ob die Behauptung des Sekretärs stimmt. Denn das gibt es nicht, daß Thomas mir so etwas nicht sagt.
Bei Betreten der Gemeindekanzlei, Moser war anwesend, sagte Thomas wie vereinbart, daß heute vormittag die Bezirksbauernkammer im Gemeindeamt angerufen habe und diese fälschlich unterrichtet wurde, indem behauptet wurde, Bernhard habe die Nutzgründe verpachtet. Diese Auskunft soll angeblich von Sekretär Moser erteilt worden sein. Moser wies dies entschieden zurück, fragte scheinheilig einen Angestellten, ob er diese falsche Auskunft gegeben habe, und sagte: Das kann ja nicht behauptet worden sein, weil es nicht stimmt, daß die Gründe verpachtet sind. Thomas verlangte nun eine Bestätigung der Gemeinde, daß er seinen Hof selbst bewirtschaftet, er möchte diese Bescheinigung der Bezirksbauernkammer vorlegen. Außerdem, sagte Thomas, habe er keinen Einspruch beim Zusammenlegungsverfahren eingebracht, wie dies Moser dem Haumer gegenüber behauptet hat. Moser hatte inzwischen schon ein Blatt Papier in die Schreibmaschine eingespannt, und wie ein Maschinengewehr tippte es. Rutsch, zog Moser das Papier aus der Maschine und stempelte es. Er reichte es Thomas. Dieser las nur flüchtig und steckte es ein. Gib her, sag ich, laß sehen. Ich wollte mich überzeugen, ob diese Bestätigung ausreicht. Thomas gibt mir den Zettel, und ich lese:

meindeamt Ohlsdorf,
zirk Gmunden.

Ohlsdorf,am lo.Feber 1972.

B e s c h e i n i g u n g !

Vom Gemeindeamte Ohlsdorf wird bescheinigt,dass der Besitzer moas B e r n h a r d ,die von ihm käuflich erworbene Liegenschaft ernathal.Nr.2 mit einem Grundausmass von 1.19 ha (neu 2,5 ha) selbst wirtschaftet.

Gemeindeamt Pol. Bez. Gmunden Oberösterreich 2 Ohlsdorf

Der Bürgermeister:

Obernathal 2, Planierungsarbeiten 1968.

Da ich nur die Worte „selbst bewirtschaftet“, welche unterstrichen waren, behalten konnte, war ich zufrieden. Aber ich dachte nach, wie ich in den Besitz dieser Bescheinigung kommen könnte, um meinen Aufzeichnungen eine Fotokopie hinzufügen zu können.
Wir gingen in gehobener Stimmung zur Post, Thomas gab zwei Briefe auf. Den Rückweg nahmen wir wieder durch den Wald über das Forsthaus der Herrschaft Puchheim. Thomas freute sich über diese Bescheinigung und sagte: So obigstrabelt, wie um Landwirt zu werden, habe ich mich bei meiner ganzen Schreiberei nicht. Meine Schreiberei ist mir viel leichter gefallen, als es zum Landwirt zu bringen. Ich sagte: Ja, das ist eine wertvolle Bestätigung, die sollst du nicht aus der Hand geben, ohne eine Fotokopie anzufertigen. Ich habe dich bei Steuerberater Tausch schon eingeführt, da kannst du darauf warten. Thomas gibt mir recht, er werde das tun. Moser ist deswegen nicht besser, sage ich, seine Scheußlichkeit hat er bestätigt. Ohne lange zu fragen, hat er auf der Schreibmaschine zu schreiben begonnen. Er wußte genau, worauf es ankommt, und hat die Worte „selbst bewirtschaftet“ unterstrichen. Wenn es darauf ankommt, wird er sagen, er hat dich immer

Wieland Schmied, Thomas Bernhard.

im Arbeitsgewand gesehen oder er wußte nicht, was von der Bestätigung abhängt, darum hat er nicht gefragt. Aber im selben Moment bemerke ich, daß diese Ansicht Thomas gegen den Strich gehen könnte, und ich behaupte nun, daß Moser ganz zu Recht diese Bestätigung ausgestellt hat. Und zwar deswegen, weil es ja im Rahmen eines Bewirtschaftens gesehen werden muß, wenn der Hof instand gesetzt, ein Stall und Miststätte gebaut wird, das Dach usw. repariert wird. Denn vorher kann man ja nicht verlangen, daß Tiere eingestellt werden. So gesehen wäre es geradezu falsch, zu behaupten, daß du den Hof nicht selbst bewirtschaftest, denn bei allen anderen Bauern gehören diese Arbeiten auch unter den Begriff „bewirtschaften". In dieser Hinsicht ist die Bescheinigung gerechtfertigt.
Dann erzählt Thomas. Vorgestern, am 9., war er in Salzburg. Dabei wird mir wohler, denn das ist der Tag, an dem wir uns nicht gesehen haben und ich an Absicht glaubte. Am Weg zu Schaffler, wo er zu Mittag eingeladen war, habe er Kaut (Präsident der Salzburger Festspiele) getroffen. Der zeigte sich sehr glücklich über den Grillparzer- und Grimme-Preis. Vor den Festspielen wolle er mit Bernhard gemeinsam für das Fernsehen ein Interview

machen. Thomas sagte unter der Bedingung zu, daß nur von „früheren Zeiten" gesprochen werde, nicht von seiner derzeitigen Arbeit oder den letzten Werken, nur über die vergangenen zehn Jahre. Da sage ich: Da hat er sich was Schönes eingebrockt, der Kaut. Das ist ja die Zeit, über welche du ihm einige Vorwürfe zu machen hast. Wie ich dich kenne, wirst du da rücksichtslos über diese Zeit plaudern. Thomas gibt das nicht zu, ich aber bleibe dabei. Er wird auf Kaut keine Rücksicht nehmen, er habe ja auch bei der Grillparzer-Preisverleihung gesagt, er kenne Grillparzer nur von der Schule her. Kihs' Gattin hat das für unmöglich gehalten. Ein Preisträger dürfe so etwas nicht sagen. Er hat es aber gesagt, ohne Rücksicht auf seine eigene Person. Daher wird er auch auf andere nicht Rücksicht nehmen. Er sagt, was stimmt, auch wenn es für ihn selbst einmal nicht rühmlich ist. Er kann nicht heucheln. Da ich es erwarte, wird er Kaut doch nicht allzusehr bloßstellen. Denn Thomas tut auch gerne das, was man im Einzelfall nicht von ihm erwartet.
Thomas erzählt, daß er von Schaffler zum Geburtstag ein silbernes Bein, wie man es früher als Votivgabe in die Kirche gehängt hat, erhalten hat. Zum Andenken an den glücklich ausgegangenen Unfall. Die Steuererklärung für 1970 ist gut ausgefallen, den Betrag hat er schon weggeschickt (Schaffler ist ihm nämlich bei der Steuererklärung behilflich). Von Schaffler habe er auch erfahren, daß der Suhrkamp Verlag vom Residenz Verlag die Verlagsrechte für eine Taschenbuchausgabe kaufen möchte. Ich sage darauf: Die sind ja schon um 30.000 Schilling von Schaffler verkauft worden. Ja, sagt Thomas. Er rechnet im Geiste nach und sagt dann: Nein, 28.000 Schilling dürften es gewesen sein, hab ich wirklich 30.000 Schilling gesagt? Ja, sage ich. (Seit ich Aufzeichnungen mache, merke ich mir sowas besser.) Von Martin Wiebel (Chefdramaturg 3. WDR) habe er auch einen Brief bekommen, sagt Thomas. Der will, daß ich den Brief des Donnepp nicht mißverstehe und zur Verleihung hinkomme. Das werde ich aber nicht. Dem Unseld habe ich heute einen Brief geschrieben. Zu Beginn des Briefes rate ich ihm, die französische Zeitung „Nouvel Observateur" vom 31. 1. zu lesen. Weiters habe ich ihm geschrieben: Den lächerlichen Grimme-Preis haben Sie zwar erwähnt, wahrscheinlich weil er von Deutschland kommt, den Grillparzer-Preis, weil aus Österreich, haben Sie vollkommen ignoriert. Usw. Ich habe Unseld alles, was mir nicht paßt, geschrieben. Ich habe nur geschrieben, weil eine Rate fällig ist, die er mir überweisen muß.

Sonst hätte ich ihm nicht geschrieben. Ich habe auch geschrieben, er soll meinen Brief nur beantworten, wenn er Humor hat. Als letzten Satz habe ich geschrieben: Denken Sie von mir, was Sie wollen, Thomas Bernhard. Es folgt eine Schimpforgie auf den Verlag, aber ich wiederholte im Geiste den Briefinhalt, denn es soll später mein Schrieb mit dem Original doch im wesentlichen übereinstimmen, und so habe ich weiter nicht hingehört. Ich weiß nur, daß noch sehr gute Sätze gekommen sind. Mir war aber wichtiger, den Briefinhalt zu behalten.

Außerdem sagte Thomas gleich anschließend, daß ihm heute früh am Weg vom Bad in die Küche der neue Roman eingefallen sei. Der Anfang, die Handlung und das Ende, der ganze Inhalt war auf einmal da. Das, worauf man manchmal Monate oder Jahre wartet, war auf einmal da. Wie ein Gerüst natürlich steht es vor ihm. Aber das ist ja nicht schwierig, die Details anzufertigen, wenn das Gerüst da ist. Das ist jetzt nur mehr eine Sache der Zeit und der Geduld und der Lust, wie er das im einzelnen aufbaut. Das kann man in einzelnen Abschnitten ausführlicher machen oder nicht. Das wird dann so, wie es ihm eben günstig erscheint, ob er einzelne Abschnitte weiter ausbaut oder weniger. Wichtig sei, daß er eine genaue Vorstellung über den Hauptinhalt hat, die Einzelheiten wird er so machen, wie er gerade Lust hat. Da ist er an nichts gebunden. Da ist dann innerhalb dieses Gerüstes noch so viel drinnen, das kann man noch gar nicht sagen, das kommt von selbst während der Arbeit, wenn man weiß, was man will, wie der Roman in der Hauptsache aussehen soll. Sicherlich, sage ich, das ist, wie wenn ein Rohbau dasteht. Das Haus, die Umrisse kann man nicht mehr ändern, aber in der Ausfertigung eines Rohbaus gibt es auch viele Varianten, von einfacher bis zur Luxusausstattung. In so einen Rohbau kann man auch hineinstecken, was man will, mehr oder weniger, es wird immer das vorbestimmte Haus.

Trotz des langen Marsches kann Thomas um 16 Uhr bei mir zu Hause die Linzertorte zum Kaffee nicht ganz aufessen. Seit ich ihn kenne, ist das das zweite Mal, daß er etwas nicht aufißt! Seit acht Jahren denke ich öfter, ob ich das einmal erleben werde, und nun passiert das in kurzer Zeit schon das zweite Mal. Als Thomas kurz nach 16 Uhr weggeht, sagt er, er komme heute noch einmal, und ich sehe, er sagt es aufrichtig. Meine Hoffnung ist nur, daß ich bis dahin genügend zu Papier bringe. Und während ich „genügend zu Papier bringe", fällt mir noch was Wichtiges ein. Thomas sagte u. a., daß

er die Bescheinigung erst am Dienstag zur Bauernkammer bringen werde, denn da sei auch der Bezirksbauernkammerobmann Stadlmayr zu sprechen. Den will er auch noch bereden, daß er die Grunderwerbssteuerbefreiung befürworte. Da schalte ich sofort und sage, ich habe Montag in Gmunden zu tun, ich könnte ihm die Fotokopie der Bescheinigung besorgen. Thomas gibt sie mir, und so kann ich eine Fotokopie beilegen.
Mitten im Schreiben, um 18 Uhr, läutet es. Der Läuter kann nur Thomas sein. Schnell flüchte ich mit der Schreibmaschine vom Wohnzimmer ins Büro. Dort ist nicht geheizt. Thomas kommt dort nicht hin. Seit ich über Thomas schreibe, bin ich jede Sekunde fluchtbereit, denn wenn er mich dabei ertappen würde, wäre alles aus. Seit sieben Jahren kennen wir uns, vor fünf Jahren waren wir splitternackt in der Alm baden, aber erst in den letzten Wochen hat die Bekanntschaft einen Grad erreicht, daß wir laut voreinander furzen.
Manchmal habe ich das Gefühl, er durchschaut mich. Gleichzeitig aber habe ich den Eindruck, als würde er das von mir sogar erwarten. Ich würde ihm ohne weiteres zutrauen, daß er mich durchschaut hat, mich sogar heimlich fördert und daher dauernd seine gesamten ankommenden und abgehenden Briefe mit mir bespricht. Ganz sicher traut er es mir aber nicht in dem Umfang zu, denn derzeit schreibe ich sicher mehr als er. Als er mir heute am Weg nach Ohlsdorf ein Telegramm von Werner Höfer zeigte, das er so plötzlich aus dem Mantel holte und mich zu lesen aufforderte, da hatte ich das Gefühl, er könnte was vermuten. Jedenfalls ist ihm aber mein starkes Interesse an allem stark aufgefallen. Aber das ist doch kein Grund, mir ein Telegramm mitzubringen, er könnte ja auch davon erzählen. Werner Höfer, Direktor oder Leiter des 3. WDR, telegrafiert, lang wie ein Brief, er würde sehr bedauern, wenn das kleine Mißverständnis mit Donnepp, schwarze Tafel usw., Anlaß dazu wäre, daß er Bernhard bei der Verleihung nicht sehen würde usw. Der übliche Schmus, sagt Thomas, wie jedesmal, wenn von Höfer die Rede ist. Das ist der, der gesagt hat, er will meinen Namen nicht mehr hören, nachdem er den *Italiener* gesehen hat. Da, und jetzt lies, wie der sich um mich bemüht. Ich sage: Vielleicht wäre der der einzige, mit dem du dich dort unterhalten könntest, vielleicht wäre der richtig. Nein, das ist ein Scheusal, sagt Thomas. Kennst du ihn persönlich? Nein, nur vom internationalen Frühschoppen am Sonntag im deutschen Fernsehen, sagt Thomas, das genügt mir.

Beim Eintreten um 18 Uhr sagt Thomas: Ich bin heute etwas früh dran. Weißt du, mir schwant so was, ich fürchte, die Hufnagls wollen mich besuchen. Auf das Nachbarhaus Hofmann ist schon das Scheinwerferlicht eines Autos gefallen, ich glaub das war Hufnagl, ich hab grad noch unbemerkt wegfahren können. Ich will die heute nicht sehen, ich will keinen Besuch. Da hab ich mir gedacht, ich fahr gleich zu dir, darf ich, darf ich dableiben. Ja, aber die werden dein Auto sehen und nachkommen, sage ich. Aber gut, das macht nichts, dann führe ich sie herein, und du hast den Vorteil, daß du weggehen kannst, wie es dir paßt, während du sie bei dir zu Hause nicht rauswerfen kannst. Thomas gab mir eine Flasche Rotwein für Omi und ersuchte mich, die Flasche gleich warmzustellen. Da ersuche ich ihn, ob ich nicht von mir eine Flasche Rotwein auf Zimmertemperatur bringen dürfe. Denn wenn wir die Flasche von Omi gleich leeren, ist sie unglücklich, wie schon einmal. Omi wird sich diese Flasche, weil von ihm, sicher zehn oder zwanzig Jahre als Erinnerung und Andenken aufheben. Sie hat schon einmal Pralinen verschimmeln lassen, weil sie diese als Andenken an den Spender aufbewahrt hat. Da erklärt Thomas, er werde heute keinen Wein trinken. Es sei besser, wenn er keinen trinke, es wäre schon aus diesem Grund ein Fehler, diese Flasche zu öffnen. Wir essen Bratwürstel mit Sauerkraut und trinken ein Bier dazu. Für später einigen wir uns auf Pfefferminztee, denn bis 22 oder 23 Uhr müssen wir ja was trinken. Im Zuge der Getränkedebatte habe ich von meiner Frau erfahren, daß oben bei Omi seit einigen Tagen eine volle Rotweinflasche neben dem Ofen steht. Es ist inzwischen 19 Uhr, es läutet, und die geschiedenen Ehegatten Hufnagl (Architekt, Wien, Blutgasse) treten ein. Zu meinem Sohn sage ich, er solle noch eine zweite Rotweinflasche zum Ofen stellen. Von den Hufnagls wird Thomas herzlich zum Geburtstag gratuliert. Ich sage dazu: Ich bin stolz darauf, daß ich ihm nicht gratuliert habe, daß ich das fertiggebracht habe. Er will das ja nicht. Nach der Gratulation ergibt sich aus den Gesprächen, daß Thomas heute vormittag die Hufnagls im Brandl in Gmunden treffen sollte. Sie haben zwei Stunden auf Thomas gewartet. Thomas sagt, er habe hineingeschaut und die Hufnagls nicht gesehen. Schließlich sagt Thomas: Nun habt ihr mich doch noch gefunden. Gehn wir nach oben zu den Abendnachrichten. Anschließend kommt „Mainz, wie es singt und lacht". Mit den Hufnagls trank ich die zwei Liter Rotwein, Thomas blieb stur beim Pfefferminztee. Jetzt wird mir auch klar, warum Thomas die Hufnagls nicht zu sich läßt. Hufnagl ist Kettenraucher, er frißt die Zigaretten. Nach zwei Stunden ist der Raum so verpestet, daß es vielleicht Tage dauert, bis der Duft aus den Vorhängen usw. wieder weg ist. Um 22 Uhr 15 verabschieden sich die Hufnagls und Thomas. Omi hat natürlich die Flasche Rotwein von Thomas bekommen. Auf das Etikett hab ich geschrieben, daß Omi am 11. 2. 1972 diese Flasche von Thomas Bernhard bekommen hat. Zur Erinnerung, sage ich dabei zur Omi, schreib ich dir das drauf. Ich habe vor, mit Thomas und Omi die Flasche auszutrinken. Dann schreibe ich das Datum des Aussaufens drauf, dann hat die Omi zwei schöne Erinnerungen an Thomas Bernhard. Wenn sich Omi entrüstet, werde ich ihr einfach sagen, daß sie diese leere Flasche nun Bekannten zeigen könne. Gästen eine volle Flasche als Erinnerungsstück zu zeigen und den Inhalt nicht anzubieten, wäre ja nicht schicklich.

13. Februar 1972

Um 11 Uhr kommt Thomas und fragt mich, ob ich nach 13 Uhr mit ihm den Spaziergang machen möchte. Um 13 Uhr 45 trifft Thomas mit Frau Hufnagl ein. Ihr geschiedener Gatte, Architekt Hufnagl, kommt wenige Minuten später nach. Thomas sagt mir kurz, daß er die Hufnagls loshaben wollte. Er habe ihnen erklärt, er sei mit mir bereits zum Spaziergang verabredet, sie seien aber nicht abzuschütteln und wollten nun den Spaziergang mitmachen. Ich sage aber gleich: „Normaltour". Daher gehen wir den schlechtesten Weg über die Grotte zum Forsthaus, dort gehen wir noch den Berg hoch bis zum Eyblhaus und den gleichen Weg wieder zurück. Es entwickelt sich bald ein Schuhgespräch. Während Thomas und ich kräftige Schuhe an den Füßen haben, ist das Schuhwerk der Hufnagls den Anforderungen des Weges nicht gewachsen. Auf angedeutete Vorwürfe sagt Thomas: So kann man sich eben nicht auf einen Spaziergang begeben. Ich fahre auch nicht in Gummistiefeln nach Wien. Am Rückweg, als ich mir gerade einen Umweg ausgedacht hatte, kam mein Sohn Wolfi mit dem Moped daher. Ein Kaufinteressent wartet schon eine Stunde auf mich. Ich fahre mit dem Moped heim, mein Sohn geht an meiner Stelle mit der Gesellschaft zurück. Als ich nach einigen Haus- und Grundbesichtigungen mit Herrn Lamberty aus Steyr zurückkomme, verlassen die Hufnagls und

Thomas gerade mein Haus. Frau Hufnagl mußte ein heißes Fußbad nehmen und die Strümpfe wechseln. Omi hatte ein Paar zur Verfügung gestellt. Seit einem Jahr, sagt Hufnagl, sei er nicht mehr so weit gegangen. Dabei hat aber Thomas gar nicht den Umweg über Aupointen und Sandhäuslberg eingeschlagen. Ohne mich, sagte er, wollte er nicht noch länger gehen. Es war nämlich kein Vergnügen. Wir konnten nicht das gewohnte schnelle Tempo einhalten, und das Gespräch war schlechter als der Weg.

14. Februar 1972

Als ich um 8 Uhr 30 dem Briefträger die Post für Thomas abnehmen will, sagt dieser: Bernhard hat sie um 8 Uhr schon selbst geholt. Ich habe in Gmunden mehrere Besorgungen und lasse auch die Bestätigung des Gemeindeamtes Ohlsdorf fotokopieren.

Um 13 Uhr 45 kommt Thomas, ich soll auf einen Spaziergang mitkommen. Draußen stürmt es. Es haut Schnee mit Regen herunter. Ich sage: Heute möchte ich nicht. Thomas schaut meine Zeitung durch. Nach 10 Minuten sagt er: Du Feigling, heut, weils stürmt, da kommst du nicht mit, aber ich werde schon gehen. Grade bei Sturm und Nässe macht es mir Spaß. Inzwischen war ich von meinem Mittagsschlaf etwas mehr erwacht und sagte: Ich komm mit. Trotz Sturm habe ich unter dem Mantel nur eine Strickweste angezogen und über den offenen Hemdkragen einen Schal gebunden. Bei Kälte sollte ich so zu rascherem Tempo gezwungen sein. Den Thomas wollte ich was anschauen lassen. Als wir uns in Richtung Ohlsdorf auf einem Ackerweg Peiskam näherten, fuhr ein Traktor mit der in Fetzen gehüllten Ohlsdorfer Ortsmusik in das Dorf ein. Es war Faschingsdienstag, da fährt die Musik von Haus zu Haus. Damit wir diesem Treiben auskommen, machten wir nach Osten um das Dorf einen großen Bogen über Wiesen und Äcker. Von Westen fegte uns der Wind stark ins Gesicht, und als wir in Ohlsdorf zur Abzweigung zum Forsthaus kamen, sagte Thomas, er möchte heute noch weiter nach Unterthalham gehen. Er sah nämlich, daß mir der Wind im Gesicht, dieser Schneematsch an der rechten Gesichtshälfte unangenehm war, und wenn wir zum Forsthaus abgebogen wären, hätten wir den Wind zuerst im Rücken, später im Wald überhaupt nicht mehr verspürt. Ich habe unter der Bedingung zugestimmt,

vor zwei Stunden den Spaziergang nicht abzubrechen. Wenn es ihm so gefällt, wenn schon, denn schon. Thomas meinte nämlich, wir könnten im Wald abkürzen, Aupointen und Sandhäuslberg auslassen. Ich sagte nur: Wir werden sehen. Wenn wir dazu zwei Stunden brauchen, dann ja. Dann habe ich das Tempo noch mehr gesteigert, und erst als wir bei Unterthalham traunabwärts den Wald betraten, konnten wir wieder sprechen, was vorher wegen des Sturmes kaum möglich war.
Dann erzählte ich Thomas von meinem Rückmarsch im ersten Winter in Rußland, wo zum Unterschied von heute nur das Brotbeutelband gedrückt hat. Das wisse ich noch genau, weil ich dadurch schräg über die Brust und den Rücken recht lästig schwitzen mußte.
Thomas erzählte wieder, wie er vor einem Jahr zu seinem Geburtstag in Brüssel war. Dort sei er von Unseld besucht und beglückwünscht worden. Er sei froh, daß er die notwendigsten Briefe geschrieben habe. Nun müsse er noch dem Falkenberg ein paar Zeilen schreiben. Den werde er ersuchen, er solle Werner Höfer von ihm grüßen. Dann erspar ich mir die Antwort auf das Telegramm von Höfer.
Bei der Abzweigung nach Aupointen zog ich nach rechts, damit Thomas vom Gehen einmal richtig genug bekommen sollte. Er zog ohne Muckser mit, und nach zwei Stunden und zwanzig Minuten waren wir vollkommen durchnäßt bei meinem Haus angelangt. Dort sagte Thomas: Heute komme ich nicht mit hinein, ich fahre wegen der nassen Kleider sofort nach Hause. So hatten wir sicher beide unsere Freude, zuerst er, dann ich.

15. Februar 1972

Um 10 Uhr erfahre ich vom Briefträger, daß Thomas die Post um 8 Uhr schon abgeholt hat. Kurz darauf kommt mir Thomas von Gmunden her in Ohlsdorf entgegen. Er sagt mir, daß er bei der Bauernkammer und bei der Agrarbehörde gewesen sei und daß er sich wie ein Dieb durch Gmunden geschlichen habe, damit er keine Bekannten treffe: Er war auch nicht im Kaffeehaus, er will niemand sehen. Ich soll am Nachmittag zum Spaziergang zu ihm kommen, er möchte wieder einmal Richtung Desselbrunn gehen. Da ich nachmittags Kunden erwarte, sage ich: Es geht nicht. Ich werde aber Most von ihm holen. Wenn ich vor 16 Uhr weggehen kann,

dann will ich auch noch den Spaziergang machen. Thomas betont: Ja gut, ganz unverbindlich, wenn du da bist, bist du da. Machen wir keine Zeit aus.
In Gmunden treffe ich anschließend Frau Hufnagl. Wo ist Thomas? Ich suche ihn, er ist nicht im Brandl. Er hat doch heute in Gmunden zu tun. Er könnte doch mit mir mittagessen, sagt sie. Der ist schon um 10 Uhr nach Hause. Der hat so viel Arbeit. Vor einer halben Stunde habe ich ihn getroffen und habe ihn erinnert, daß er gestern zum Valentinsdrink bei Frau von Levetzow in Salzburg eingeladen gewesen wäre. Er sagt, er habe es nicht vergessen, aber er habe keine Zeit, er habe so viele Besorgungen. (Statt Valentinsdrink machte er lieber den Spaziergang im Schneegestöber.)
Jetzt erinnere ich mich, daß Thomas gestern beim Spaziergang erzählte, daß Frau Hufnagl am vergangenen Samstag um 21 Uhr mit einem Taxi vom Bahnhof Attnang-Puchheim zu Thomas nach Nathal gekommen sei. O'Donell war aber noch auf Besuch bei Thomas, und so konnte er diesem Frau Hufnagl nach Gmunden mitgeben. Am nächsten Tag hat sich Thomas bei O'Donell bedankt, daß er so lange auf Besuch geblieben ist, daß er dadurch Frau Hufnagl losgeworden ist. O'Donell wollte seinem Freund Hufnagl einen „Freundschaftsdienst" erweisen und erzählte diesem, wofür sich Thomas bei ihm bedankt habe. Dieser hat das seiner geschiedenen Frau vorgehalten, und diese erzählte alles Thomas. Thomas sagte: Man muß einfach die Kraft aufbringen und so etwas zugeben, wenn es so weitererzählt wurde. Aber du kannst dir vorstellen, daß ich es satt habe, immer so in diese Auseinandersetzungen hineingezogen zu werden. Da heißt es immer, „der hat das gesagt", „was sagst du dazu", ich weiß nicht, wie ich Stellung nehmen soll, denn wenn ich dem einen recht gebe, halten beide wieder gegen mich zusammen.
Nach zehn Minuten habe ich Frau Hufnagl überzeugt, daß Thomas keine Zeit hat, und sie geht wieder weiter. Sie hat starken Schnupfen!
Um 17 Uhr fahre ich bei Thomas in den Hof ein. Ich schau gar nicht, ob er im Hause ist. Er könnte ja auch auf einem kurzen Spaziergang sein, wenn das Tor so einladend offensteht. Ich gehe daher gleich in den Mostkeller, fülle meine zwei Flaschen und denke mir, wenn er da ist, wird er inzwischen schon zur Hoftür kommen. Als ich vom Keller zurückkomme, steht Thomas in der Hoftür. Er sagt mir, er war vorher nur kurz in der Sonne. Er habe erhöhte Temperatur, 37.5 Grad Celsius und Schnupfen. Ich lache und sage:

Vorgestern haben wir der Frau Hufnagl zu einem Schnupfen verholfen, gestern hat es dich erwischt. Thomas bestreitet das. Der Schnupfen ist nicht von gestern, sondern Frau Hufnagl hat ihn angesteckt. Die ist ja zum Spaziergang schon mit einem Schnupfen gekommen, usw.
Dann sage ich Thomas, daß sich mein Sohn Wolfi am Sonntag beim Mostholen über sein Weinlager gewundert habe. Solche Mengen von Flaschen, sage ich, habe ich nur in Frankreich gesehen. 1940 habe ich einen fünfzigjährigen Wein von einem Weinbauern im Elsaß eingeschenkt bekommen. Er war aus Südfrankreich gekommen, vom Bahnhof Schlettstadt habe ich ihn heimgebracht, und aus Freude, daß sein Haus unbeschädigt und der Keller nicht geplündert war, hat er eine 50-jährige Flasche entkorkt. Es war aber selbstverständlich, daß nichts geplündert wurde. Die Franzosen taten es nicht im eigenen Land, und die Nazis wollten: „Elsässer, sprecht Elsässerdeutsch." Daher wurde peinlich darauf geachtet, daß nichts geplündert wurde. Aber durch die Bank haben mir alle Elsässer gesagt, wenn wir auch Deutsch sprechen, denken tun wir als Franzosen. Da somit die Sprache auf die Weinlager und den riesigen Wert solcher Lager kam, erzählte Thomas, daß der Jude Deutsch, gegen den jahrelang von Westdeutschland aus wegen Millionenbetrug ermittelt wurde, in Zürich für ihn (Thomas) und die Hauptdarstellerin in *Ein Fest für Boris* zwei Flaschen Sekt zu je 600 SFr. bestellt hat. Die Anschuldigungen konnten nicht bewiesen werden, alles sei in Ordnung, Deutsch werde am Genfer See ein Kulturzentrum errichten.
Bis 19 Uhr war ich bei Thomas. Morgen will er nicht aus dem Haus, er will sich auskurieren, ich soll ihm Zeitungen bringen. Außerdem soll ich ihm dringend ein Stück Grund oder Wald, da oder in der Reindlmühl, auftreiben. Ich soll die Nachbarn aushorchen. Er muß was kaufen, er braucht einen gewissen Zwang zum Schreiben. Solange er nicht weiß, daß wieder eine größere Summe erforderlich ist, kann er nicht gut schreiben. Wenn alles da ist, keine Wünsche offen sind, war das noch immer seine schlechteste Zeit. Daher muß er sich selbst herausfordern und was zukaufen, dann ist auch schreibmäßig wieder alles in Ordnung.
Dann erzählte ich Thomas noch, daß ich bei Dr. Erasmus Schneditz Bolfras war und dieser sehr bedauerte, daß er nicht mit ihm bekannt wurde. Für Schneditz wäre Thomas ein sehr interessanter Mann. Er würde ihn gerne kennenlernen, sagte Schneditz. Ich sagte Thomas, daß ich zu Schneditz

sagte, er solle froh sein, daß es damals nichts geworden ist. Bernhard habe einen großen Verbrauch an Anwälten, in Gmunden hat er schon Dr. Buchberger, Dr. Ortner und Dr. Meingast verbraucht, und einer ist schon in Vöcklabruck draufgegangen. Schneditz wunderte sich und fragte weiter über Bernhard. Unter anderem fragte er nach seiner Frau. Dann hat er keine Frauen? Da unterbrach mich Thomas und sagte: Wenn wieder einer sowas fragt, sagst du ihm, er soll mich am Arsch lecken. Das kannst du ruhig ausrichten, an solche Frager. Ich sagte zu Thomas: Diesmal ist mir meine vorbereitete Antwort eingefallen, und ich habe gesagt, daß du dich nur an sehr gut verheiratete Frauen heranmachst, damit nichts an die Oberfläche kommt. Sogar gute Freunde haust du ums Haxl.
Thomas erklärte mir, daß er sofort eine Frau nehmen würde, aber die müßte sein wie eine Magd. Über zehn Minuten lang, wie schon öfter, zählt er alles auf, was bei ihm eine Frau nicht machen oder sein dürfte. So eine Frau, wie sie sein Großvater gehabt hat, so eine würde er brauchen. Die hat aufgerieben (wöchentlich den Holzfußboden), konnte Gäste empfangen, erledigte unangenehme Behördengänge, hat gute Briefe geschrieben, hat es erduldet, daß der Großvater eine Woche nichts mit ihr gesprochen hat, ohne nach dem Grund zu fragen, na und drei Kinder haben sie halt gehabt miteinander. Das möchte ich ja auch haben, eine fürs Bett, aber dann hätte ich an allem anderen sicher so viel auszusetzen, daß ich sie am zweiten Tag ausjagen würde. Eine Frau für mich, die gibt es nicht. Oder es wäre alles aus. Ich könnte dann halt nichts mehr schreiben.
Weiter sagt Thomas: Aus diesem Grunde werde ich bald Vieh einstellen. Er könne den leeren Stall nicht länger ansehen. Ich rate zu Stieren, die sind leichter zu betreuen. Er soll das Vieh von einem miesen, schlampigen Bauern kaufen, das würde sich auch bei unsachgemäßer Behandlung noch ziemlich wohl fühlen. Außerdem sei er da nicht an eine allzu regelmäßige Arbeit gebunden. Gerade das will ich mir aufzwingen, sagt Thomas. Einen geregelten Tagesablauf, ausgefüllt mit Arbeit. Thomas hat bisher alle seine Werke unter Druck, Zeitdruck oder finanziellem Druck fertiggestellt. Diesen Druck erhofft er sich nun durch tägliche „Zwangsarbeit" zu verschaffen. Täglich, immer wieder, nur dadurch, durch Zeitdruck kann er komprimiert und gut schreiben. Daher schreibt er Briefe erst im letzten Abdruck. Wenn er Briefe zu beantworten hat, so bespricht er den Inhalt mit mir. Zuerst sehr ausführlich, das und jenes werde er auch noch hineinschreiben

usw., und das werde ich auch gleich noch, das gehört auch geschrieben, usw. Aber Thomas schreibt nicht. Täglich kürzt er im Geiste seine Antwort, und dann, wenn es schon sehr drängt, beantwortet er einen Brief mit ein oder zwei wichtigen Zeilen. Ich hab das ganz kurz gemacht, sagt er mir, da kann nichts falsch sein, weil es ja so kurz ist, und das Wichtigste ist gesagt.
Um wieder unter Druck schreiben zu können, hat er mich ja auch mit Zukäufen von Nachbargrundstücken beauftragt. Aber da er nicht dauernd finanziellem Druck ausgesetzt sein will, will er sich durch Viehhaltung Zeitdruck verschaffen. Er hat ja noch einiges vor. Aus diesem Grunde verschweige ich ihm einen Artikel über die Vergabe von Literaturstipendien, von denen heute die „Oberösterreichischen Nachrichten" schreiben. 5000 Schilling monatlich, ein Jahr lang, vergibt der Unterrichtsminister an acht Schriftsteller. Wenn ich da anfange, donnert Thomas noch länger dagegen los. Denn so ein Stipendium verhindert ja seiner Ansicht nach gute Leistungen, und er hat sicher recht. Wenn ich für mein Geschreibsel 5000 Schilling monatlich bekommen würde, würde ich manchmal um 1 Uhr früh, statt um 5 Uhr früh aufhören. So aber arbeite ich aus eigenem Antrieb, und da mir immer wieder was einfällt, schreibe ich weiter, weil es mich drängt. Um 5000 Schilling würde mir vielleicht nichts einfallen, die Erinnerung geschwächt werden. Diese Summe könnte mich irritieren, der Betrag mir zu hoch erscheinen, für gewöhnliches Niederschreiben von Vorkommnissen. Oder die Summe könnte mir lächerlich gering erscheinen, wenn ich daran denke, daß ich diesen Betrag auf einer Baustelle in 14 Tagen in frischer Luft und ohne Hirn verdienen könnte. So aber schreibe ich einfach für mich. Was Thomas von sich auch behauptet, stimmt bei mir noch viel mehr. Schon vor Jahren sagte Thomas, er würde auch schreiben, wenn seine Bücher nicht gelesen würden. Es sei ihm völlig gleichgültig, ob seine Bücher gelesen werden. Auch wie viele verkauft werden. Daher hat er auch alle Einladungen zu Reisen von Stadt zu Stadt, um in Buchhandlungen Autogramme zu geben, immer abgelehnt. Nicht einmal bei der Frankfurter Buchmesse, wo sich alle Autoren vor die Kameras drängen, zeigt er sich kurz.
Zum 13. Februar 1972, dem Spaziergang mit den Hufnagls, möchte ich noch nachtragen, daß Thomas und ich behaupteten, in bezug auf die derzeitigen Neubauten könne man nur auf einen Krieg hoffen, wo diese

Bauten alle wieder zerstört würden. Thomas selbst würde die Einsatzbefehle zum Sprengen erteilen, und beim Anblick der Trümmerhaufen würde er erstmals „positive Worte“ wie herrlich, prächtig, wunderbar usw. gebrauchen. Wir haben auch Einzelheiten über die Anbringung von Sprengladungen besprochen. Bei Hochbauten würden die Ladungen einseitig so angebracht, daß der Koloß nur nach der Seite fällt und so zerschellt. Wir berieten, wie man diese Bauten mit wenig Sprengmitteln zerstören könnte. (Thomas möchte Bauten von Architekt Hufnagl zerstören.) Wir kamen auch darauf zu sprechen, warum Thomas ein Gegner von Taufzeremonien ist. Weil man ja nicht weiß, ob man nicht einen zukünftigen Massenmörder über das Becken hält. Ich sagte, wahrscheinlich wird sich Thomas deswegen auch nicht fortpflanzen, weil er Angst vor der Ungewißheit des Nachwuchses hat. Thomas sagte aber darauf, im Gegenteil, wenn er die Garantie hätte, einen Massenmörder zu zeugen, würde er es tun. Ich sagte, mit was Besserem wäre bei ihm kaum zu rechnen. Ja, sagt Thomas, aber die Garantie müßte ich haben.

16. Februar 1972

Als ich um 10 Uhr 30 mit den Zeitungen bei Thomas erscheine, fragt er mich auch nach der Post. Ich war aber um 8 Uhr, als der Zusteller von Ohlsdorf wegging, noch nicht dort, und unterwegs habe ich den Zusteller nicht getroffen. Da ich für morgen wieder die Zeitungen bringen soll, verspreche ich ihm, auch seine Post mitzubringen. Aber da ich um 8 Uhr noch nicht in Ohlsdorf sein werde, werde ich dem Briefträger bei mir zu Hause die Post abnehmen.
Thomas hat das Buch *Jodok Fink* von seinem Großvater Freumbichler vor sich aufgeschlagen, und er erzählt mir, daß der Schnupfen seine gute Seite hat. Er habe das Buch seines Großvaters seit 20 Jahren nicht mehr gelesen, und nunmehr komme er drauf, daß seit damals, als sein Großvater erschien, keine so gute Prosa mehr herausgekommen ist. Ich komme jetzt drauf, sagt Thomas, daß ich eigentlich in moderner Form an meinen Großvater anschließe. Alles, was in der Zeit zwischen meinem Großvater und mir erschienen ist, ist zum Wegschmeißen. Gut, daß Schaffler kommt, mit dem werde ich eine Neuauflage besprechen. Das muß herauskommen. Mein

Großvater war ja Salzburger, die Handlung spielt im Flachgau. Mein Großvater schildert alles, wie es am Lande vor der Mechanisierung zugegangen ist, da kann der Residenz Verlag wohl nicht gut nein sagen. Außerdem kommt mir zugute, daß ein Salzburger Student derzeit eine Doktorarbeit über meinen Großvater schreibt [Georg Unterberger, *Johannes Freunbichler*, Salzburg 1977]. Ich hab das von Neuhuber (akademischer Maler, früher in Gmunden wohnhaft) erfahren. Der hat das in Ischl im Kaffeehaus durch Zufall gehört. Aber glaubst du, mein Ziehvater würde mir so was sagen? Als er letzthin da war, habe ich dem Fabjan (Ziehvater) gesagt, daß ein Student eine Doktorarbeit über den Großvater schreibt. Da sagte er mir: Ja, der war schon zweimal bei mir und hat sich über den Großvater erkundigt, zu dir traut er sich nicht.
Es sind fünf Bücher, sagt Thomas weiter, die da neu verlegt werden müßten. Das Beste davon ist *Philomena*. Das handelt von der Großmutter. Sie hat natürlich anders geheißen, es ist ein Deckname für sie. Damit ich auch was sage, werfe ich da ein, daß ich eine Tante hatte, die wirklich Philomena geheißen hat und daß wir sie nur Tante Meny nannten. Thomas sagt: Mena kann das nur in Kurzform heißen. Ich bleibe aber bei Meny, weil wir ja die Tante tatsächlich so genannt haben. Und so streiten wir einige Zeit über Mena und Meny. Dann schalte ich um und sage: *Jodok Fink* ist ein guter Titel, einen Jodok Fink gibt es in Vorarlberg wirklich, er ist ein Abgeordneter oder sowas. Er war sogar Bundeskanzler, sagt Thomas. Vor ein paar Jahren ist er erst verstorben. Ich sage: Der Freumbichler hat den Titel gut getroffen, Jodok Fink, der Name gefällt mir. Du wirst die Neuauflage sicher mit einem guten Vorwort versehen. Dann sagt Thomas, er will Schaffler nicht abtelegrafieren. Sonst glaubt er, ich bin ihm den Most nicht willig. Er wird ihm nämlich eine große Flasche Most mitgeben. Aber er muß halt gleich wieder fahren, ich kann mich ja nicht aufhalten mit ihm. Ich will ihm gar nicht die Hand geben, sonst stecke ich ihn an, so wie ich ja auch nur von Frau Hufnagl angesteckt worden bin.
Nach einer guten Stunde, kurz vor 12 Uhr, verlasse ich Thomas. Nachmittags habe ich in Wels zu tun, und da abends Schaffler kommt, will ich nicht stören. Thomas sagt noch, daß er sich sehr bald hinlegen und ein Schlafmittel einnehmen wird, damit er wenigstens in der Nacht nichts vom Schnupfen und Halsweh spürt. Er will mit diesen unangenehmen Sachen nicht wach daliegen. Ich sage noch: Der Most ist jetzt am Höhepunkt, der

ist so gut, daß Schaffler schon zufrieden sein kann, wenn er wenigstens so einen Most heimbringen kann. Das kommt, weil der Keller so kalt ist. So bleibt der Most lange gut und ist erst jetzt so wie in anderen Kellern um Neujahr.

17. Februar 1972

Um 9 Uhr 30 nimmt meine Gattin dem Briefträger auch Bernhards Post ab, und da ein Telegramm dabei ist, fahre ich am Weg nach Gmunden zuerst bei Thomas vorbei. Ich halte mich nicht lange auf. Zu den Zeitungen soll ich Thomas noch ein Bauernbrot und zwei Viertel Butter mitbringen. Um 11 Uhr bin ich mit Brot, Butter und Zeitungen bei Thomas. Er fragt mich sofort, ob er mich noch einmal um einen Gefallen ersuchen dürfe. Ja, natürlich, was du willst, sage ich. Da erzählt mir Thomas, das Telegramm sei vom Suhrkamp Verlag, Rudolf Rach fragte an, ob er am Samstag kommen dürfe. Ich möchte dich bitten, daß du mir in Ohlsdorf ein Telegramm aufgibst, daß ich ihn samstags erwarte. Hat er „am Samstag" telegrafiert oder „Sonnabend", frage ich. Samstags, sagt Thomas, der Wieland (Dr. Wieland Schmied), der gebraucht das Wort Sonnabend für Samstag. Ganz gut, Rach paßt sich an. Dann schreibt Thomas den Text des Telegramms auf die Rückseite der Einladung zum Besuch der Österreichischen Buchwoche im Rahmen der Österreichwoche in Wien, die er heute von der Österreichischen Gesellschaft für Literatur erhalten hat. Hoffentlich kann ich's lesen, sage ich bei der Übernahme. Da sehe ich, daß er sehr schön geschrieben hat. Deine Normalschrift könnte ich nicht lesen, sage ich. Meine Unterschrift aber schon, sagt Thomas. Diese ist nämlich in seiner normalen Handschrift geschrieben. Sofort fuhr ich nach Ohlsdorf, legte Blaupapier unter das Telegrammblatt und brachte den Block mit Telegrammformularen mit, damit Thomas in Zukunft auch zu Hause, eventuell mit Maschine, Telegramme schreiben kann. Ich habe solche Blätter zu Hause, sagte ich ihm.
Thomas sagt mir noch, daß er auch von Foelske, Köln 60, Grüner Hof 37, einen Brief erhalten habe. Thomas führt mich dann ins Austragstübchen. Dort hat er den Kachelofen angeheizt. Es ist sehr warm dort. Und diesen Ofen wollten sie mir wegreißen, sagt Thomas. Wie gut der ist, er gehört

nur bei den Kacheln verschmiert. Das würde ich aber selber machen. Das kannst du besser als jeder andere, dazu brauchst du niemand. Das schmierst du mit dem Finger in die Fugen. Ja, ich hab mir Lehm und Schamottmehl aufgehoben. Das werde ich selbst machen, sagt Thomas. Dann trete ich an den Ofen heran, besichtige den Ofen genauer und hebe auch den Deckel des Kupferschiffes. Du bist der gleiche wie hunderttausend andere Menschen auch. Die glauben alle, ein Schriftsteller ist ein Trottel, der heizt einen Ofen an, ohne Wasser ins Schiff einzufüllen. Ich hab mich nur überzeugt, daß du das Wasser drinnen hast. Das traue ich dir nicht zu, daß du kein Wasser einfüllst. Aber es wird bald kochen und überlaufen. Wie stellt sich denn Schaffler zur Neuauflage, frage ich noch. Der kommt ja erst heute, sagt Thomas. Wieso, frage ich, der sollte doch gestern kommen? Davon war doch nicht die Rede. Heute kommt Schaffler. Da habe ich das schlecht mitbekommen, sage ich, ich glaubte, er sollte gestern kommen, sonst hätte ich dich abends noch besucht. Ich wollte aber nicht stören, wenn der da ist. Das wäre schön blöd gewesen, sagt Thomas. Ich bin bald zu Bett und habe eine Tablette genommen, damit ich durchschlafe und nichts spüre von dem Schmarrn. Heute ist es schon wesentlich besser, aber hinaus traue ich mich noch nicht. Morgen, wenn's so bleibt, werde ich kurz nach Gmunden ins Café schauen. Ach, sage ich, und ich war schon so neugierig, wie Schaffler zur Neuauflage von Freumbichler steht. Ach, sagt Thomas, beim Weiterlesen habe ich schwache Stellen entdeckt. Alles ist viel zu schön, viel zu schön geschildert. Alles, was ich als scheußlich empfinde, findet mein Großvater schön. Das sagte Thomas etwas leiser werdend, etwas verschämt, mehr so in sich hinein. Na ja, aber wir werden sehen.
Du sollst nicht alles nur mit deinen Augen sehen, sage ich. Da du schon wieder gesund wirst, könnten wir für nächste Woche eine Tour ausmachen. Vielleicht für Dienstag, aber vorläufig noch unverbindlich. Wenn mir nichts dazwischenkommt, könnte es aber beim Dienstag bleiben. Ich würde die Abfahrt schon für sieben Uhr vorschlagen, damit wir in Stadl-Paura die Holzringe für deine Vorhangstangen kaufen können. Dann in Wels die Wohnung deines Bruders besichtigen. Er will das, du sollst ihn beraten. Anschließend sollten wir bei Eferding das Antiquitätengeschäft, das uns dein Bruder verraten hat, besuchen. Dann möchte ich über Aschach nach Ottensheim. Dort ist auch ein Antiquitätenladen, den wir noch nicht kennen. Dann könnten wir bei meiner Tante Campestrini Kaffee trinken, wenn

wir noch Zeit dazu haben. Denn um 11 Uhr 30 müssen wir im Linzer Dorotheum sein, damit ich im Büro noch einiges erledigen kann. Bis Ottensheim müssen wir die Omi mitnehmen, denn die will einige Tage bei ihrer Schwester bleiben. Ja, einverstanden, sagt Thomas, aber werden wir den Antiquitätenladen bei Eferding auch finden? Das ist so eine Sache, bei Eferding, wenn man das nicht so genau weiß, ist schwer hinzufinden. So, wie ich dir nicht zutraute, daß du kein Wasser im Schiff hast, so brauchst auch du mir nicht zutrauen, daß ich nicht weiß, wo der Antiquitätenhändler ist, sage ich. Na, wo ist er denn, wie heißt er denn? sagt Thomas. Ich habe mir die Adresse aufgeschrieben, auswendig weiß ich es nicht. Hörsdorf heißt der Ort, fällt mir gerade ein, Hörsdorf heißt der Ort, aber noch wichtiger ist, daß ich weiß, wo Hörsdorf liegt. Es liegt vor Eferding, und wie du mich kennst, fahre ich nicht ins Ungewisse, sage ich. Ja natürlich, sagt Thomas, das müßte ich eigentlich wissen.
Dann gehen wir vom Austragstüberl wieder in seine gute Stube zurück. In dem Austragstüberl werde ich auch mit Schaffler und Rach verhandeln.

Das Austragstüberl im Vierkanthof Obernathal 2, nach Meinung Thomas Bernhards „der beste Raum im ganzen Haus“ (Tagebucheintrag 17. 2. 1972).

Das ist der beste Raum im ganzen Haus, sagt Thomas und schenkt mir einen Schnaps ein. Weißt du, Rach ist der Mann vom Verlag, der geschrieben hat, daß wegen dem Theaterstück *Der Ignorant und der Wahnsinnige* eine Menge Anfragen von Theatern da sind, und er weiß nicht, wem er es zur Aufführung überlassen soll. Du weißt doch, wie ich dir gesagt habe, daß ich ihm zurückgeschrieben habe, er solle die Situation wie eine Kegelbahn betrachten. Die Theater sind die Kegel, und wir, der Verlag und ich, haben das Stück, die Kugel in der Hand. Und diese Kugel müssen wir jetzt richtig hineinschieben in die Kegel, in die Theater. Deswegen kommt Rach zu mir, um das zu besprechen. Es hätte nunmehr keinen Sinn mehr, das Stück „zu verstecken", wenn so viele Theater sich darum bewerben. Denn später wollen sie es vielleicht nicht mehr. Man muß das jetzt ausnützen. Ich habe das Stück lange genug zurückgehalten. Nur, der Verlag ist so blöd und weiß nicht, welchen Theatern er das Stück geben soll. Außerdem brauchen sie meine ausdrückliche Zustimmung, und das werde ich alles mit Rach besprechen.
Übrigens habe ich heute von Unseld einen sehr netten Brief bekommen. Es ist mir nicht möglich, diesen Mann zu beleidigen. Er hat sehr nett auf meinen Brief geantwortet. Ich werfe hier ein: Du hast ja geschrieben, er soll nur antworten, wenn er Humor hat, und er soll denken, was er will. Jetzt im Fasching hat er leichter begriffen, daß du ihn nicht ernstlich beleidigen willst. Du hast es ja offengelassen, wie er den Brief auffassen soll. Er hat halt auf deinen Humor einmal richtig reagiert und begriffen. Er schreibt mir auch, sagt Thomas, daß sie lange beraten haben, Unseld und Rach, wer von beiden kommen soll. Schließlich haben sie sich darauf geeinigt, daß Rach kommen soll.
Ich habe das Gefühl, daß Thomas mit seiner Komödie, die er schreiben will, schon sehr weit, entweder im Geiste oder am Papier, vorangekommen ist. Ich wage es aber nicht, danach zu fragen. Nur wenn ich es fertigbringe, nicht zu fragen, werde ich was von ihm erfahren. Denn ihn „auszufragen" ist einfach undenkbar. Ich könnte mit einem Schlag eine Verstimmung hervorrufen. Außerdem würde ich ihn mit so einer Frage „im Schwung" zurückwerfen. Wenn ich dieses Fingerspitzengefühl nicht hätte, würde ich von Thomas so gut wie nichts erfahren. So bin ich aber sicher, daß er als scharfer Denker und Beobachter genau weiß, daß ich absichtlich nicht danach frage, und daß er das sicher auch an mir schätzt. „Man soll die

Hunde nicht wecken", dieser Ausspruch stammt wahrscheinlich aus der Gaunersprache. Den hat Thomas nach einiger Zeit von mir übernommen. Der Ausspruch trifft eine Sache manchmal sehr gut, und ich glaube, in dieser Situation darf ich die „Hunde nicht wecken".
Ich sehe nach der Uhr. Es ist inzwischen 12 Uhr 30 geworden, und ich sage: Wann sehen wir uns wieder? Heute kommt Schaffler, morgen fährst du selber nach Gmunden. Komm morgen um 18 Uhr 45 zu mir zum Abendessen. Also, wenn wir uns nicht früher treffen, bleibt es bei 18 Uhr 45, damit wir keine Hetzerei bis zu den Abendnachrichten am Bildschirm haben. Thomas fragt mich noch, ob ich in Gmunden nicht Frau Hufnagl gesehen hätte. Wenn ich sie gesehen hätte, hätte ich so getan, als ob ich sie nicht sehe. Ich kann doch unmöglich mit ihr sprechen. Da müßte ich ihr von deiner Krankheit erzählen. Die würde glauben, sie muß dich sofort besuchen, und das Malheur wäre fertig.
Einige Stunden später, um 16 Uhr, fährt Frau Hufnagl im Taxi bei mir vor. Sie bringt die Strümpfe der Omi zurück und will sich verabschieden, weil sie morgen wieder nach Wien fährt. Sie will gleich weiter zu Thomas. Da sage ich ihr, daß Thomas krank ist und ich ihn schon zwei Tage lang mit Zeitungen versorge, da er nicht aus dem Haus kann. Weiter erzähle ich ihr, daß Thomas Schaffler erwarte. Den will er gleich wieder heimkomplimentieren, da er sich auskurieren will. Frau Hufnagl merkt man an, daß sie erkennt, daß sie einen unglücklichen Zeitpunkt für einen Besuch bei Thomas erwischt hat. Ich bin schon neugierig, was ich morgen erfahren werde.
Wenn ich das Wort neugierig oder gierig schreibe, denke ich immer daran, daß ich zu Thomas einmal gesagt habe, Regierung schreibt man mit langem ie, weil das Wort von gierig stammen dürfte.
Inzwischen bin ich wieder auf einen größeren Zeilenabstand übergegangen. Da ich bei Thomas gesehen habe, daß er diesen Abstand hält, habe ich zu Beginn diesen Abstand übernommen. Später fragte ich Thomas, ob dieser Abstand, dieser Zeilenabstand, vom Verlag verlangt werde, und er sagte: Nein, das wird nicht verlangt. Aber er mache es eben so breit. Da ich aber eine Menge Korrekturen vornehmen, ganze Sätze umändern muß usw., erachte ich es für besser, diesen breiten Abstand zu halten, da man dazwischen die Korrekturen unterbringen kann.

21. Februar 1972

Da Thomas am Freitag, dem 18., nicht wie vereinbart zu mir gekommen ist, besuche ich ihn um 10 Uhr. Warum bist du so lange nicht gekommen? fragt mich Thomas. Du bist ja nicht gekommen. Ja, ich hab nicht gewußt, ob es sicher ist. Ich glaubte, du kommst vorher noch mal, sagte Thomas. Nein, am Donnerstag hast du Schaffler erwartet, am Samstag den Dr. Rudolf Rach vom Suhrkamp, am Freitag solltest du kommen. Das war der einzige Tag, an dem du frei hattest, und wenn ich weiß, daß du Besuch bekommst, will ich nicht stören. Du störst nie. Wärst gekommen, du hättest das Ganze aufgelockert.
Die Hufnagl ist am Donnerstag nachmittag zu dir gekommen. Die hab ich nicht hereingelassen, sagt Thomas. Ich habe das Taxi gesehen, und dann hat es geklopft. Sie ist aber sehr schnell wieder weggefahren, und da hab ich sagen können: Ich hatte oben gerade eine Platte aufgelegt, und als ich sie hörte und aufmachen wollte, war das Taxi schon weggefahren. Ich bin leider zu spät gekommen. Die Hufnagls habe ich nämlich am Samstag getroffen, und Frau Hufnagl hat mir erzählt, daß du sie abhalten wolltest. Keine Spur, sage ich, davon war keine Rede. Ja natürlich, sagt Thomas, aber sie hat mir gesagt, daß du gesagt hast, daß Schaffler kommt und daß ich denen die Hand nicht geben werde, weil ich so verschnupft bin. Es ist ganz gut, daß du ihr das gesagt hast. Wenigstens ist die Sache mit Besuch usw. ein bißchen geklärt. Ich war ja noch nicht beisammen, und Frau Schaffler mußte selbst in den Keller gehen und die zehn Zweiliterflaschen füllen. Ich hätte selbst nie in den kalten Keller gehen können. Frau Schaffler hat aber den Most unten gekostet, und er schmeckte so herrlich, daß sie alle zehn Flaschen gefüllt hat. Immer schön rauf und runter in den Keller. Die hat schön lang Arbeit gehabt.
Inzwischen ist Ferdl, sein Hausmaurer, gekommen, und wir besprachen die Abtragung des Turmes vom Feuerwehrhaus. Seit einigen Jahren gehört das Feuerwehrhaus Nathal zum Besitz des Thomas, da der Löschzug aufgelassen wurde. Thomas möchte den Turm Stück für Stück abtragen, Ferdl möchte unten einseitig lockern und den ganzen Turm nach der Seite zum Einsturz bringen. Seit Monaten, sagt Thomas, überlegt sich Ferdl, wie er den Turm zur Seite schmeißen wird, weil er aber so eine Freude daran hätte und sehr viel dabei kaputtgehen kann, werde ich ihn das nicht

Obernathal 2: die Mostpresse im ehemaligen Schweinestall, 1972.

machen lassen. Schließlich verschiebt man die Arbeit ins Frühjahr, wo mit anhaltend besserem Wetter zu rechnen ist.
Wie ist es dir denn mit den „Kegelbuben" gegangen? frage ich Thomas, da mir der Name des Dr. Rach gerade nicht eingefallen ist. Ja, stell dir vor, um 14 Uhr hätte er am Samstag kommen sollen, kurz vor 18 Uhr ist er gekommen. Er hat mich aber am Donnerstag mit einem Expreßbrief von seiner Ankunft verständigt. Den habe ich heute, Montag, erhalten. Rach wollte sich in Zürich mein Stück *Boris* anschauen, die Leute waren schon an der Kassa, da hängte man plötzlich ein Schild „Abgesagt" hinaus. Die Hauptdarstellerin war nicht aufzutreiben, und nach einer Stunde ist sie vollkommen besoffen in die Bar gekommen. Deswegen mußte abgesagt werden. Übrigens wird das Stück *Ein Fest für Boris* in Wien im Burgtheater nicht gespielt werden. Es kommt nicht in Frage, daß die Holzmeister, die mein Stück gar nicht gut spielt, in Wien auf meinem Stück zum Erfolg reitet. Rach hat mir gesagt, daß der Regisseur ganz mies sein soll. Stell dir vor, wenn das der „Kegelbub" schon sagt, wie schlecht muß der wirklich sein.

Nein, lieber zahle ich 2000 Mark Konventionalstrafe, aber in Wien wird mir das nicht aufgeführt. Ja, außer es wird ein erstklassiger Regisseur dazu verpflichtet. Dem Rach hab ich gesagt, ich sei froh, daß ich das Gesicht des Unseld nicht sehen müsse, wenn er ihm das von mir mitteilen wird. Aber ihn selbst braucht es ja nicht zu berühren. Unangenehmer wäre es nur für mich selbst, aber er ist ja unbeteiligt an der Sache. Auch das Salzburger Stück bekommt nur Zürich, Hamburg... Thomas nannte noch zwei deutsche Bühnen, die ich nicht behalten konnte. Vom „Kegelbuben" habe ich mich am Samstag eigentlich schon richtig verabschiedet, so, wie wenn wir uns nächsten Tag nicht mehr sehen sollten. Er wollte Sonntag um 10 Uhr 30 mit der Bahn wegfahren. Am Sonntag habe ich mich aber dann doch besser gefühlt und bin zu ihm nach Gmunden zum „Schwan" frühstücken gefahren. Dann traf ich Hufnagl, und ich machte den Vorschlag: Wenn Hufnagl uns nach Salzburg fährt, kann er bis Salzburg mitfahren. Ich selbst fühlte mich zu schwach zum Fahren. In Salzburg machte nämlich Peymann die Bauprobe, und die wollte ich sehen. In Salzburg hat sich aber herausgestellt, daß die Bauprobe in der Nacht, nach 24 Uhr, nach der Vorstellung am Samstag gemacht wurde. Peymann war sehr zufrieden. Ca. 30 Arbeiter haben gut gearbeitet, und auch die Kostümberaterin Moidele Bickel hat zu ihrer Salzburger Kollegin [Magda Gstrein] sofort guten Kontakt gefunden. Weißt du, am Theater muß man ja auf alles gefaßt sein. Da spielen sich manchmal ungeheuerliche Rivalitäten ab, da möchte oft einer dem anderen alles einreißen. So ist aber eine gute Zusammenarbeit zu erhoffen. Übrigens möchte Peymann für seine Kommune ein ganzes Haus, es kann alt und dreißig bis vierzig Kilometer von Salzburg entfernt sein. Es kann ganz alt und ungepflegt sein, nur etwas warmes Wasser und eine Kochstelle brauchen sie. Zwei Kleinkinder werden sie auch mithaben. Sie möchten ein Haus auf zwei Monate alleine haben, sie bezahlen alles gemeinsam. Vielleicht kannst du was auftreiben, es könnte eine alte „Bockhütte" sein, wie du immer sagst.

Nach einer Stunde, nach 11 Uhr, habe ich Thomas verlassen, und um 14 Uhr bin ich wieder bei ihm, um mit der großen Schere den lebenden Zaun zu schneiden. Im Vorjahr hat Thomas selbst die Fichtenbäumchen geschnitten, an der Oberseite zuviel, und der Nachbar muß irgendwelche ätzenden Düngemittel oder sonstigen Giftstaub neben der Baumreihe verstreut haben. Wahrscheinlich hat er Säcke ausgeschüttelt. Von diesem Gift sind

die Bäumchen fast eingegangen. Mit dieser Arbeit war ich bald fertig, und Thomas erzählte mir wieder vom Verlag Suhrkamp. Dort hat die Sekretärin des Dr. Rudolf Rach, als sie die Post durchschaute, sofort Alarm geschlagen, als sie den Brief von Thomas an Dr. Rach durchsah. Sonst wird die riesige Post so nach und nach aufgearbeitet, doch Thomas Bernhards Brief hat sie dem Rach sofort gemeldet. Dieser hat sofort seinen Chef Unseld zugezogen, und dieser sagte, er habe gleichzeitig auch einen Brief von Bernhard erhalten. Daraufhin sind die Briefe auch von anderen Leuten gelesen und kommentiert worden, weil es sich um einen ganz ungewöhnlichen Inhalt handelte. Schließlich hat aber Unseld einige Sätze herausgegriffen und erklärt: Die sind doch wieder ganz gut. Daraufhin wurde dann beschlossen, daß Dr. Rach zu Bernhard nach Nathal fahren soll.
Fast bis 17 Uhr war ich bei Thomas, und gegen 19 Uhr hat er mich wieder besucht. Nach „Zeit im Bild" und „Tagesschau" gab es ein mieses Programm, und wir konnten daher wieder weiterplaudern. Thomas sagte u. a., das werde dem Burgtheater sicher noch nicht untergekommen sein, daß einer sein Stück nicht gespielt haben will. Aber dem „Kegelbub" hab ich gesagt, daß Klingenberg (Burgtheaterdirektor) gesagt hat: Nach dem Grillparzer-Preis ist das „a gmahte Wiesn". Dem „Kegelbub" hab ich erst erklären müssen, was das heißt, „a gmahte Wiesn". Omi schaute uns schon eine Zeitlang fragend an. Sie wußte nicht, wer der „Kegelbub" ist. Da habe ich ihr gesagt, der Dr. Rach vom Verlag habe im Burgtheater einen Kegel, einen Vertrag aufgesetzt, und Thomas habe den Kegel wieder umgeworfen. Um 21 Uhr 30 ging Thomas nach Hause. Der Schnupfen hat sich eher verschlechtert. Er wird zum Schlafen eine Tablette Valium nehmen.

22. Februar 1972

Gegen Mittag bringe ich Zeitungen zu Thomas. Er hatte mich gestern noch darum ersucht, da er heute nicht aus dem Haus gehen will. Er will sich schonen und auskurieren. Da ich nachmittags in Wels zu tun habe, halte ich mich nicht lange auf und lade Thomas für 19 Uhr zu mir ein. Auf der Rückfahrt von Wels um 17 Uhr schaue ich mit meiner Gattin bei Thomas vorbei, um mich zu überzeugen, ob er kommen wird. Als er mein Klopfzeichen hört, höre ich ihn „aha" sagen. Es dauert einige Zeit, bis er schlaf-

trunken öffnet. Ohne vereinbartes Klopfzeichen hätte er sich diesmal sicher nicht gerührt. Ich entschuldige mich, daß ich ihn im Schlaf störte, aber er sagte, es war jetzt gerade der richtige Zeitpunkt für ihn, den Schlaf zu beenden. Da sage ich zu meiner Gattin: Die Frau Hufnagl hatte doch recht, als sie gesagt hat, daß Thomas der vollendetste, höflichste Mensch sein kann. Wenn er will, habe ich damals hinzugefügt. Ich sagte weiter: Aber er zeigt das selten. Zu Thomas gewandt sagte ich: Ich hoffe aber, daß du nicht „abfällst", das wäre ja furchtbar, wenn du dauernd mit guten Manieren herumlaufen würdest. Ich hab sogar den Anzug, den ich beim Grimme-Preis anhatte, wieder zurückgeschickt. Der hat mir nicht gepaßt. Der jetzt den Anzug trägt, weiß gar nicht, daß sein Anzug schon so geehrt worden ist, sagte Thomas plötzlich.
Thomas bittet uns ins Austragstüberl, dort sei eingeheizt und dort sei es am gemütlichsten. Wir besprechen noch, welche Farbe er für den Anstrich der Türen wählen wird, und die Farbe der Vorhänge. Diese Woche wird es aber nicht mehr dazu kommen, daß wir eine Einkaufsfahrt machen, denn sein Schnupfen steckt noch immer. Nach ca. einer Stunde gehen wir, Thomas kommt in einer Stunde nach.
Beim Abendessen fragt mich Thomas, was ich in seiner Situation machen würde. Er will mir das erklären. Beim ersten Besuch von Peymann ergab sich, daß Thomas gezwungen war, ihm 2000 Schilling zu borgen. Seither hat er Peymann wiederholt getroffen, aber dieser rührt sich überhaupt nicht. Es ist mir so unangenehm, es kommt zum Zahlen in der Wirtschaft, aber Peymann rührt sich nicht. Was würdest du in so einem Fall machen, daß du zu den 2000 Schilling kommst? Da sage ich: Ganz einfach, wenn du wieder mit ihm zusammen bist, du weißt ja noch, mit welchen Worten er dich um Geld angegangen hat, würde ich ihn mit genau den gleichen Worten bitten, dir mit 2000 Schilling schnell auszuhelfen. Daran habe ich auch schon gedacht, sagte Thomas, aber ich wollte wissen, was du machen würdest. Dann sprachen wir davon, daß Claus Peymann für seine Kommune ein ganzes Haus mieten möchte, daß Moidele Bickel, Karl-Ernst Herrmann, der Bühnenbildner, zwei Kleinkinder alleine in einem Haus hausen möchten. Aber genaue Angaben kann Thomas nicht machen, und so vereinbaren wir, daß ich morgen um 8 Uhr 15 mit der Post zu Thomas komme und er mir dann die Adresse von Peymann geben wird, damit ich anfragen kann, wie viele Zimmer mindestens benötigt werden.

Thomas erzählt noch, daß er in Salzburg den ehemaligen Lehrherrn seiner kaufmännischen Lehre [Karl Podlaha] getroffen habe und daß dieser zu ihm gesagt habe: wenigstens einer ist was geworden. Weiters werde er morgen an Falkenberg schreiben, daß er zur Grimme-Preisverleihung nicht kommen werde. Er werde schreiben, „es ist mir nicht möglich zu kommen", sonst nichts, keinerlei Begründung. Diese Wendung „nicht möglich zu kommen" ist sehr günstig. Das kann alles heißen, daß ich krank bin, kann aber geradesogut heißen, daß mir die Leute dort zu widerlich sind, denn das ist ja auch ein Grund, warum man nicht kommen kann. „Es ist mir nicht möglich" stimmt immer, und das braucht man nicht begründen. Um 22 Uhr 30 fährt Thomas heim.

23. Februar 1972

Von 8 Uhr 15 bis 8 Uhr 45 war ich heute bei Thomas. Von Frau Erika Schmied hat er aus London eine Karte mit Wünschen zum Grimme-Preis bekommen. Sie fragt, was er mit soviel Geld machen wird. Die weiß nicht, daß diesmal ausnahmsweise kein Geldbetrag damit verbunden ist, sage ich. Thomas fühlt sich krank und geschwächt. Er will es nicht recht zugeben, aber ich sage ihm gleich: Mir brauchst du nichts vormachen, ich weiß, wie das ist. Man ist schwach, und es wird einem vieles gleichgültig. Das gibt er dann doch zu. Da er nicht aus dem Haus kann, ersucht er mich, falls ich heute noch nach Gmunden komme, ihm sieben Zeitungen mitzubringen. Da sage ich zu ihm: So zwischen 12 und 13 Uhr werde ich sie bringen.
Dann habe ich einen Brief an Peymann geschrieben, die Adresse 1 Berlin 31, Landhausstr. 44 hatte ich von Thomas bekommen.
Um ca. 13 Uhr bringe ich Thomas die Zeitungen. Er fühlt sich schwach und elend und ersucht mich sofort, seinen Bruder Peter in Wels anzurufen. Er solle unbedingt heute sobald wie möglich kommen. Die Ärztemuster, die er bisher geschluckt hat, reichen nur für drei Tage. Er hat schon drei verschiedene Ärztemuster geschluckt. Das muß aufhören, er will ordentliche Medikamente und nicht dauernd Ärztemuster, auch wenn sie nichts kosten. Peter solle eben so rechtzeitig kommen, daß er eventuell auch aus der Apotheke noch etwas holen könne. In Wels am Telefon meldet sich eine Schwester Annemaria. Sie sagt, Dr. Fabjan trete erst um 16 Uhr seinen

Dienst an, sie werde es aber verläßlich ausrichten. Es war ihr bekannt, daß Thomas Bernhard sein Bruder ist, usw. Dies sagte ich später Thomas. Er rechnete ab 18 Uhr 30 mit dem Eintreffen von Peter, denn um 18 Uhr hat er Dienstschluß. Thomas ließ daher beide Torflügel geöffnet und im Hof das Licht brennen, als ich ihn verließ, um meine Turnstunde zu besuchen. Für morgen habe ich meinen Besuch mit seiner Post für 8 Uhr 15 versprochen.

24. Februar 1972

Als ich heute um 8 Uhr 15 mit Post bei Thomas eintrat, wollte ich sofort wieder weg. Thomas verlangte aber sofort, daß ich den Mantel ausziehe. Es sei etwas Fürchterliches passiert, das müsse er mir erzählen.
Du weißt, sagte Thomas, ich habe gestern Peter erwartet und den Hof beleuchtet, damit er, wenn er kommt, sieht, er wird erwartet. Bis spätestens 19 Uhr habe ich ihn erwartet. Denn wenn in Wien in Floridsdorf ein Arzt zu einem Patienten muß, hat er auch eine halbe Stunde zu fahren, also ist es eigentlich gar nichts, wenn Peter mit seinem Volvo von Wels zu mir fährt. Um 21 Uhr bin ich noch immer dagesessen. Da ist es mir zu blöd geworden. So spät, dachte ich, wird er nicht kommen, ich nahm eine Schlaftablette, machte alle Fenster auf, um zu lüften, schloß dann das Tor und die Fenster und legte mich schlafen. Als mich gerade genug Müdigkeit zum Einschlafen befallen hatte und ich schon halb hinüber war, hörte ich Peter, so im Halbschlaf, „Thomas" rufen. Stell dir vor, um 21 Uhr 30 muß ich mich im Halbschlaf anziehen, das Tor öffnen, dabei über den kalten Hof gehen, den Ofen hatte ich schon ausgeschaltet. Wenn er eine halbe Stunde früher gekommen wäre, aber jetzt! Ohne sich zu entschuldigen, trat er ein. Ich fragte schon mit einer gewissen Vorahnung, wieso kommst du so spät? Ich war noch schnell in Linz, sagte er, setz dich hin. Das „Setz dich hin" sagte er in so einem Ton, wie sie das im Spital zu den Bauern sagen. Du weißt, so da, setz dich hin, mach's Maul auf, usw. Da sagte ich, was hast du denn in Linz so Wichtiges gehabt, daß du so spät kommst und mich aus dem besten Einschlafen herausreißt? Na, du weißt ja, sagte Peter, meinen ungarischen Freund habe ich ins Theater geführt. Na, mehr habe ich nicht gebraucht. Wenn er mir das wenigstens nicht ins Gesicht gesagt hätte, sondern mit

Bedauern eingetreten wäre und gesagt hätte, es tue ihm leid, er wollte früher kommen usw., aber so bin ich einfach explodiert. Was, hab ich gesagt, dein Freund ist dir wichtiger als ich? Wenn ich dich wirklich einmal als Arzt brauche, ist dir dein Freund wichtiger? Die Schwestern (Barmherzigen Schwestern) haben schon gewußt, warum sie gegen deine Anstellung gestimmt haben. Die haben deine Unverläßlichkeit durchschaut. So wie du es mit mir machst, wirst du es auch im Spital gemacht haben. Ich will überhaupt nichts mehr von dir, ich will dich nicht mehr sehen, du wirst deinem Vater immer ähnlicher in seiner Scheußlichkeit. Zieh sofort deinen Mantel wieder an und verschwinde und komm mir ja nicht mehr in mein Haus. Ja, schau nicht so ..., zieh deinen Mantel an und verschwinde sofort. Ohne etwas zu sagen, hat er den Mantel angezogen, ist über den Hof zum Tor hinaus. Dort hat er vor dem Auto etwas gezögert und gehofft, ich werde vielleicht doch noch sagen, er solle wieder zurückkommen. Da habe ich aber ostentativ das Tor laut zugeschlagen und den Riegel laut vorgeschoben, was ich sonst nie mache, weil ich ja den Schlüssel umdrehe. Eigentlich dürfte mir Peter auf diesen Vorfall hin lebenslänglich nicht mehr unter die Augen treten. Wenn mir so was wie ihm passieren würde, würde es ein Leben lang aus sein. Ich bereue aber gar nichts. Diesmal werde ich hart bleiben. Ich kann weder Mitleid für ihn aufbringen, noch kann ich sein Verhalten mit seiner ... entschuldigen. Mich wundert nur, daß er in gewissen Kreisen sehr beliebt ist und auch schon manchmal eine ganze Stube voller Leute alleine mit seiner Ziehharmonika unterhalten hat. Und daß er auch singt und sehr gesellig sein kann. Aber wie ich ihn kenne, ist er einfach unmöglich und für mich nun endgültig erledigt. Diesmal ist es mein Ernst, ich bleibe hart. Nachdem ich so grausam und scheußlich gegen ihn war, wie ich es mit noch keinem Menschen gemacht habe, kann er mir nicht mehr unter die Augen treten. Jetzt weiß ich endgültig, daß ich mit ihm als Arzt nicht rechnen kann, und für meine Arbeiten hat er ja noch nie Verständnis gezeigt. Bisher habe ich ihm aber immer wieder verziehen und das seiner ... zugeschrieben. Aber du weißt ja, ... hasse ich ja am meisten. Ich fühle mich aber heute so gut und frisch und gesund, daß ich mir ein wenig als Scheusal vorkomme, daß ich ihn wegen dem Schnupfen zu mir gerufen habe. Aber ich bereue trotzdem nichts, denn es könnte ja mit mir was sein, wo es auf Minuten ankommt, und dann würde er es genauso machen. Ich muß mich an einen anderen Arzt wenden, denn was sich Peter

erlaubt, das macht nicht einmal der letzte Arzt von hier. Ich bin sicher, daß ich da schneller einen auftreiben werde.
Dann richtete ich Thomas vom Pfarrer von Ohlsdorf, Dechant Kern, Grüße aus. Den Dechant habe ich auf dem Postamt getroffen, sagte ich zu Thomas, und während ich deine Post verlangte, sagte ich zu Kern, daß du krank bist. Dechant Kern fragte: Wer pflegt Bernhard denn? Da sagte ich: Wenn er sonst niemand will, dann kann er jetzt zum Pflegen auch niemand haben. Ja, sagte Thomas, so ist es, es ist gut, daß du das so gesagt hast, wie es ist. Grüße ihn auch schön von mir. Da sagte ich zu Thomas: Ich muß ihm nun im nachhinein noch einen zweiten Gruß vom Dechant ausrichten. Das ist schon ca. ein Jahr her, da hat er mir auch einen Gruß aufgegeben. Da ich aber vor ca. drei Jahren von ihm einen Gruß überbracht habe und du damals nicht gesagt hast, ich solle ihm auch Grüße ausrichten, habe ich dir den Gruß von ihm vor einem Jahr gar nicht ausgerichtet. Ich werde ihm jetzt drei Grüße von dir ausrichten. (Mindestens jeden zweiten Tag treffe ich Kern auf der Straße oder bei der Tarockpartie, und jedesmal spricht er mich an, wie die Tarockpartien laufen. Er ist selbst ein leidenschaftlicher Tarockierer und hat früher nächtelang mit mir gespielt.) Ja, sagte Thomas, ich kann mich erinnern, daß du mir vor ein paar Jahren Grüße von ihm gebracht hast, also grüße ihn halt dreimal von mir. Er wird dich sicherlich nicht einsegnen, da du ja in Neukirchen begraben werden willst, sage ich, aber trotzdem soll man sich gutstellen mit Dechant Kern. Na ja, man weiß nicht, was kommt, sagt Thomas. Ich habe kein Testament gemacht. Ich weiß nicht, was man mit mir machen würde. Ich denke noch gar nicht daran, ein Testament zu machen. Das ist aber schlecht, sage ich. Da wird Fabjan kommen und Anordnungen treffen und deinen Ruhm auskosten. Da wird mindestens ein Minister kommen, viele Leute von den Verlagen, vom Film, von den Akademien der Wissenschaften, usw. Da würde dem Fabjan erst einmal richtig zu Bewußtsein kommen, wer du bist. Niemand wird kommen, sagt Thomas, kein Mensch. Es ist ja niemand da, der das richtig in die Hand nehmen würde. Wer soll denn die Leute und Institutionen verständigen, es ist ja niemand da. Die einzige, die das könnte, ist meine Tante (Stavianicek). Niemand Prominenter würde bei meinem Begräbnis sein, es würde ja niemand davon wissen. Aber das würde doch sofort als Nachricht durchkommen, sage ich. Ja, du weißt ja, sagt Thomas, wie klein das gebracht würde. Darum bin ich froh, sage ich, daß ich den

Brief an den Landeshauptmann geschrieben habe. Denn wenn ich dich schon im Jänner vorschlage, dann können die nicht behaupten, für heuer sei der Vorschlag schon zu spät gekommen. Auch wenn die für heuer schon einen anderen für den Stifter-Preis ins Auge gefaßt haben, so habe ich mit meinem Brief, der eine „Geschäftszahl" bewirkt hat, einem anderen Kandidaten einen mächtigen Prügel vor die Füße geworfen, und über diesen Prügel wird kaum einer hinwegkommen. Ich rechne sicher damit, daß du heuer den Stifter-Preis bekommen wirst. Ja, und den von Salzburg werde ich auf alle Fälle ablehnen, sagt Thomas, das wird mir mehr nützen, als wenn ich ihn annehme.

Es ist schon gegen 10 Uhr, als ich Thomas verlasse. Nachmittag gegen 18 Uhr besuche ich Thomas wieder, um ihn anschließend zu mir zum Abendessen abzuholen. Thomas hat aber eine Menge Prospekte über eine Elektroheizung und zeigt mir im ganzen Haus, wo er überall einen Elektrospeicherofen aufstellen wird. 11 Stück Speicheröfen für Nachtstrom. Durch seine Krankheit ist er draufgekommen, daß es mit den Ölöfen nicht geht, daß er nicht dauernd, um Öl zu holen, über den kalten Hof gehen kann. Statt das Geld für ein Grundstück oder einen Wald auszugeben, will er lieber 100.000 Schilling bis 150.000 Schilling in eine Nachtspeicherheizung investieren. Es dauerte ca. zwei Stunden, bis wir die elf Standorte der Öfen besichtigt und beraten hatten, sodaß wir erst gegen 20 Uhr zum Abendessen kamen.

Später ist Thomas sehr lustig, und er erzählt mir, daß er an Unseld einen Brief geschrieben habe, daß in Wien überhaupt keines seiner Stücke aufgeführt werden dürfe. Die Zeit dafür sei noch nicht reif. Sollte der Vertrag mit dem Burgtheater aber schon perfekt sein und es sich nicht mehr aufhalten lassen, so werde ich in die Zeitung geben, daß ich als Autor mit der Aufführung in Wien nicht einverstanden war. Das hast du doch hoffentlich nicht in den Brief an Unseld geschrieben, daß du das vorhast, sonst legt er dich. Aber natürlich nicht, sagte Thomas, das sage ich nur dir, daß ich das machen werde, wenn die Aufführung nicht mehr zu stoppen ist. Dann habe ich dem Unseld noch geschrieben, er soll wenigstens einen Satz von mir einmal konkret beantworten. Seine Antworten sind charmant, aber zum Verzweifeln. Da wird wieder das ganze Büro zusammenlaufen und über diesen Brief beraten. Weißt du, aber da können sie mir nichts anhaben, wenn ich schreibe: charmant, aber zum Verzweifeln.

Nach 22 Uhr bringe ich Thomas nach Hause. Ich warne ihn, morgen, auch wenn er sich besser fühlt, gleich wieder ins Freie zu gehen. Diese Jahreszeit ist sehr gefährlich. Man glaubt, es ist schön und gesund draußen, aber bei uns haben die Mütter die Kinder im Zimmer gehalten und ihnen gedroht, draußen werde sie das „Märzenkalbl" erwischen. Damit meinten sie Verkühlungen und grippeartige Krankheiten, die um diese Jahreszeit leicht zu bekommen sind. Diesen Ausdruck kannte Thomas noch nicht. Es hat ihm sehr gefallen. Morgen, wo ich viel vorhabe, sagte ich, werde ich um ca. 17 Uhr zu ihm ins Haus kommen.

25. Februar 1972

Um 17 Uhr, als ich zu Thomas kam, war er sehr verstimmt. Gesundheitlich fühlte er sich gut, aber der Elektriker Stadlbauer aus Laakirchen hatte versprochen, um 13 Uhr zu kommen und die Elektroheizung zu offerieren, und ist bis jetzt nicht gekommen. Er will aber, daß die Arbeiten sofort in Angriff genommen werden. Denn wenn er sich schon dafür entschlossen hat, will er es auch sofort haben. Da sage ich zu Thomas: Um 17 Uhr gehen die Arbeiter aus Stadlbauers Werkstätte, da kann er jetzt weg. Ich kann nach Wels telefonieren und würde auch Stadlbauer telefonisch herrufen, wenn er es will. Thomas ist einverstanden und Stadlbauer in wenigen Minuten da. Während der finanziellen Endbesprechung um 19 Uhr 30, ich hatte Thomas für 19 Uhr 30 zu mir eingeladen, bat mich Thomas, alleine vorauszufahren, er werde gleich nachkommen. Ich hatte aber, kurz nachdem ich wegfuhr, keine Lust, mir die Nachrichten alleine anzuschauen, und so kehrte ich um und wartete vor dem Hof auf Thomas. Nach einer halben Stunde sah ich, daß Stadlbauer schon im Hof beim Wegfahren war, aber noch immer mit Thomas tratschte. Da bin ich hinein und hab gesagt, daß ich inzwischen spazieren war und wir nun fahren können. Thomas war froh, daß ich ein Ende gemacht hatte, und ist gleich mit mir mit. Er hatte schon Appetit auf den angekündigten Apfelstrudel. Thomas erzählte mir noch, daß es alles in allem, samt Anschlußgebühr von 50 kW, auf rund 150.000 Schilling kommen werde und daß Stadlbauer die Öfen dort aufstellen werde, wo wir es besprochen haben. In der Küche, wo Thomas und ich über den Standort nicht gleicher Meinung waren, hat Stadlbauer den

Platz, den ich vorgeschlagen hatte, als besseren Standort bezeichnet, und so wird er dort hinkommen, wo ich es vorgeschlagen habe.
Anschließend war Thomas sehr lustig, er hat die Sprecher und Kommentatoren im Fernsehen imitiert. Wunderbar ist ihm auch die Nachahmung von Tschu En-lai's Chinesisch gelungen. Vor lauter Eigenunterhaltung haben wir bald den Bildschirm abgeschaltet. Gegen 24 Uhr ersuchte mich Thomas, ihn heimzufahren.
Dann kamen wir aber noch auf seinen *Italiener* zu sprechen, der am 22. März im Fernsehen gesendet wird. Über das Buch *Der Italiener* hat ihm Schaffler vom Residenz Verlag holländische und rumänische Kritiken aus Zeitungen oder Zeitschriften geschickt. Die waren sehr positiv. Es wurde der Text des Drehbuches sehr gelobt und behauptet, Bernhard könne gute Filme machen. Daraufhin kamen wir darauf zu sprechen, daß der Film *Der Italiener* sehr wenig Text habe und daher sehr leicht in andere Sprachen zu synchronisieren sei. Radax müßte, bevor er zur Grimme-Preisverleihung fährt, unbedingt mit Thomas sprechen. Da müßte er dazu bewogen werden, bei der Grimme-Preisverleihung die gute Stimmung auszunutzen, um mit den maßgeblichen Herren eine Synchronisierung in mehreren Sprachen auszuhandeln. Ich sage zu Thomas, daß es für Radax leichter sein werde, dort die guten Auslandskritiken ins Treffen zu führen. Thomas selbst könnte nicht für sich Reklame machen. Eine solche Aussprache mit Radax sollte aber sofort zustande kommen, denn es ist schon der 25., in 14 Tagen ist die Verleihung. Radax fährt vielleicht schon etwas früher hinaus, sei es, daß er sonstwas mit der Reise verbindet, sei es, daß er diese Sache schon einige Tage vorher auskosten will. Ich schlug daher Thomas vor, daß ich Radax morgen um 8 Uhr anrufe, um ihn sofort zu Thomas zu bitten und ihm auch zu sagen, um was es geht. Thomas war sofort einverstanden. Ich sagte aber, vielleicht werde ich erst um 10 Uhr anrufen, denn um 8 Uhr geht Radax vielleicht erst zu Bett. Radax geht kaum vor drei bis fünf Uhr früh zu Bett. Um 10 Uhr braucht er immer erst eine Minute, bis er sich auskennt, was los ist, so verschlafen ist er noch. Also werde ich morgen Radax anrufen. Da ich aber sonst viel zu erledigen habe, habe ich Thomas meinen Besuch erst für 18 Uhr angekündigt.

26. Februar 1972

Um 10 Uhr versuche ich, Radax anzurufen. Es meldet sich Herr Tamare in der Rotenturmstraße und sagt, Radax sei seit ca. 4 Wochen ausgezogen. Frau Hedi Richter, Solotänzerin, Wien, Untere Augartenstraße 1–3 wisse, wo er sei. Hedi Richter meldet sich und sagt, Radax sei jetzt momentan bei seiner Frau in der Chimanigasse 30/6 unter der Tel.-Nr. 366306 erreichbar. Radax sagt für Samstag den 4. 3. zu, um 14 Uhr zu Bernhard zu kommen. Um 18 Uhr will ich das Thomas mitteilen, er ist jedoch nicht zu Hause, es liegt der Schlüssel.

28. Februar 1972

Der Nachbar Auinger erzählt mir, daß Thomas um 12 Uhr 15 ca. zehn Minuten geläutet hat und nicht zu mir ins Haus kam, obwohl mein Auto da war und ich zu Hause war. Um diese Zeit sahen wir alle der Übertragung des Nixon-Besuches aus Peking zu, und so kam es, daß wir das Läuten von Thomas nicht gehört hatten.

3. März 1972

Seit fünf Tagen ist Thomas „abgängig". Auch auf der Krucka in der Reindlmühl ist er nicht. Am Dienstag beim Mostholen aus Thomas' Keller habe ich den Torschlüssel so gelegt, daß ich es erkennen müßte, wenn der Schlüssel berührt wird. Da er bis heute unberührt liegt, entschließe ich mich, um 17 Uhr 30 Thomas' Tante Stavianicek in Wien anzurufen. Denn es ist höchste Zeit, daß ich Thomas verständige, daß Radax am Samstag, 14 Uhr, nach Nathal kommen wird. Frau Stavianicek meldet sich und sagt, Thomas liege bei ihr auf der Couch. Er schlafe aber nicht, er solle gleich selbst mit mir reden.
Thomas sagt mir, daß er sich am Montag plötzlich entschlossen habe, nach Wien zu fahren, und daß er mir das zu Mittag noch sagen wollte. Ich erzähle ihm, daß er vom Nachbarn gesehen worden sei, und vom Telefonat mit Radax. Mit dem hat Thomas inzwischen selbst gesprochen. Da sage ich

nur: Gott sei Dank, ich hatte schon Angst, Radax kommt umsonst. Thomas sagt, er sei so rasch weggefahren am Montag, daß er noch die Wäsche draußen hängen hat. Die Wäsche solle ich hineingeben. Am Montag komme er.

5. März 1972

Dr. Peter Fabjan aus Wels kommt. Er kommt gerade aus Nathal und hat sich dort gelagerte Autoreifen geholt. Er fragt nach Thomas und ist froh, daß er nicht da ist. Ich biete Peter Most von Thomas an. Da sagt er: Nein danke, ich hab mir gerade im Keller von Thomas mit Most die Hände gewaschen, da ich von den Reifen schmutzig geworden bin. Aber sagen Sie das ja nicht Thomas. Es berührt Peter peinlich, daß mir Thomas vom letzten Streit erzählt hat. Er schwächt ab.

7. März 1972

Thomas ist noch immer nicht aus Wien gekommen. Heute habe ich von Landeshauptmann Dr. Erwin Wenzl einen Brief bekommen, den ich beilege.

Linz, am 3. März 1972

Sehr geehrter Herr Hennetmair!
Ich ersuche Sie zunächst, die späte Antwort auf Ihr Schreiben vom 24. Jänner 1972 entschuldigen zu wollen. Da es aber notwendig war, in der von Ihnen angeschnittenen Angelegenheit mit der Kulturabteilung Verbindung aufzunehmen, so verzögerte sich die Beantwortung.
Ich darf Ihnen versichern, daß die o.ö. Landesregierung den Schriftsteller Thomas Bernhard außerordentlich schätzt und daß sie jederzeit bereit ist, diesen Künstler zu fördern. Was den Adalbert-Stifter-Preis anlangt, so bestehen allerdings Richtlinien, über die auch die o.ö. Landesregierung nicht hinweg kann. Nach den geltenden Statuten erstellt den Vorschlag für die Zuerkennung dieses Preises eine von der o.ö. Landesregierung bestellte Jury. Ich habe aber den Leiter der Kulturabteilung ersucht, den Herren der Jury von Ihrer Eingabe Mitteilung zu machen und ich kann mir vorstellen, daß die Jury durchaus

bereit ist, an Bernhard den Preis zu vergeben. Daß er ihn nicht bisher schon bekommen hat, liegt nicht daran, daß man den Dichter einer solchen Auszeichnung nicht für würdig erachtet hätte, sondern vielmehr daran, daß Bernhard ja nahezu jedes Jahr einen größeren Preis erhielt.
Ich danke Ihnen nochmals für Ihre Anregung und bitte Sie, auch weiterhin das kulturelle Geschehen im Lande aufmerksam zu verfolgen.
Mit herzlichen Grüßen *Ihr Dr. Wenzl*

Nachmittags fahre ich nach Nathal, der Schlüssel liegt unberührt. Ich betrete den Hof und sehe nach der eingeworfenen Post. Es befindet sich eine Aufforderung zur Abholung eines eingeschriebenen Briefes aus Wien dabei. Um ca. 17 Uhr rufe ich Tante Hede in Wien an. Sie will Thomas rufen. Ich lehne ab, will nur wissen, ob er krank ist und wann er kommt. Thomas ist gesund und kommt übermorgen. Ich lasse Thomas grüßen und sage, daß nur unwichtige Post da sei. Der Einschreibebrief soll ihn nicht beunruhigen.

9. März 1972

Um 11 Uhr 30 fahre ich mit meiner Gattin nach Nathal. Das Tor ist offen, vor einer Viertelstunde ist er eingetroffen. Alle Türen und Fenster sind offen, er hat noch nicht eingeheizt. Ich erzähle ihm vom Brief von Landeshauptmann Wenzl und vom Brief von Barbara Peymann. Wir laden ihn für 30 Minuten später zum Essen ein.
Thomas kommt und bleibt bis 14 Uhr 30. Er erzählt, daß beim Burgtheater die Verträge schon lange unterfertigt und die Abschlüsse mit den Schauspielern usw. bereits vereinbart seien. Eine Stornierung würde Hunderttausende Schilling kosten. Er hat aber erreicht, daß nun ein anderer Regisseur genommen wird. Außerdem sind sehr viele Aufführungen vorgesehen, und ein Freund sagte ihm: Sei vorsichtig, es geht bei dir um 350.000 Schilling, wenn diese Aufführungen stattfinden.
Um 19 Uhr kommt Thomas zum Abendessen. Wir unterhalten uns prächtig und sehen um 21 Uhr 45 die Sendung über Guido Zernatto. Um 23 Uhr fährt Thomas nach Nathal. Er erzählte noch, daß ihm nur 6 kW statt der beantragten 40 kW für die Elektroheizung bewilligt wurden. In ca. 14 Ta-

gen will er die Arbeiten ausführen lassen. Um 19 Uhr gedachten wir der geselligen Feier in Marl, an der er teilnehmen sollte. Radax ist mit dem Flugzeug erster Klasse nach Marl geflogen, da alles bezahlt wird. Auf seiner Rückkehr wird er in Nathal vorbeikommen. Die Synchronisation wird er dort anregen.

10. März 1972

Thomas kommt um 19 Uhr zum Abendessen. Wir haben die Absicht, uns bis 22 Uhr 30 selbst zu unterhalten und ab 22 Uhr 30 im Ersten Deutschen Fernsehen die Sendung über die Verleihung des Grimme-Preises anzusehen. Inzwischen erzählt Thomas unter anderem, wie er André Heller kennenlernte, oder besser gesagt, nicht kennenlernte. Er saß in Wien mit einer Freundin in einem Kaffeehaus, als André Heller das Lokal betrat. Freudestrahlend sagte die Freundin zu Heller: „Darf ich dich Thomas Bernhard vorstellen." „Der Bernhard ist mir wurscht", sagte Heller, drehte sich um und verließ das Lokal. Also, so kenne ich André Heller, sagte Thomas. In Wien hatte Thomas auch Kruntorad getroffen, und der hat ihm besonders zugeredet, sein Stück *Ein Fest für Boris* im Burgtheater aufführen zu lassen. Weiters hat Thomas bei seinem letzten Wienbesuch die Memoiren von Frau Kaschnitz gelesen, weil sie darin erwähnt, daß er vor sechs Jahren mit ihr in Frankfurt anläßlich einer Lesung beisammen war. Später sehen wir die Sendung über den Grimme-Preis. Thomas findet Höfer scheußlich, Wiebel hat ganz gut gesprochen, die Grimme-Preisträger sind zu kurz gekommen, man hat kaum Namen genannt, Vandenberg und Radax waren nur sekundenlang sichtbar. Thomas sagte, wie froh er nun ist, daß er nicht hingefahren ist. Er hat von dem scheußlichen Donnepp, den man auch einige Male im Bild sah, auf sein letztes Schreiben gar keine Antwort bekommen. Um 24 Uhr fuhr Thomas nach Hause.

11. März 1972

Nachdem sich die Kosten für die Heizungsinstallation in Thomas' Haus sehr verringert haben und sein *Italiener* in Deutschland ein zweites Mal

gesendet wird, wofür er wieder 5000 Mark bekommt, hat mich Thomas dazu gedrängt, für ihn irgendein Grundstück mit bis zu 200.000 Schilling Kaufpreis aufzutreiben. Dazu haben wir uns um 7 Uhr 45 beim Postamt Ohlsdorf getroffen. Wir vereinbarten, daß ich Thomas am Nachmittag in der Reindlmühl vom Ergebnis meiner Erkundungen bezüglich Grundzukauf informiere. Ich sagte Thomas, daß ich auf der Post noch bis 8 Uhr 15 zu tun habe, da ich Telefonate zu erledigen habe, usw.
Als ich um ca. 8 Uhr 15 das Postamt verlassen wollte, kam Thomas herein und sagte mir, er habe inzwischen seine Post gelesen. Er bekommt am Nachmittag Besuch aus Salzburg, er bleibt daher nur bis Mittag in der Reindlmühl, Nachmittag ist er in Nathal. Wenn du Besuch hast, will ich dich nicht stören, sage ich. Aber er sagt: Nein, nein, komm nur, ich will wissen, was du erreicht hast.
Am Nachmittag besuche ich Thomas. Sein Besuch, die Gattin von Axel Corti, sitzt im Hof auf der Bank. Er kommt gleich entgegen und fragt. Ich sage: So schnell geht das nicht, ich kann nicht nein oder ja zu deinen Fragen sagen, komm abends. Es ist gerade 15 Uhr, und er fragt, ob er nicht schon um 16 Uhr, in einer Stunde kommen könnte. Er sagt das mit einem Seitenblick auf seinen Besuch. Vermutlich dauert der ihm schon zu lange. Ich habe aber keine Zeit und steige auf diesen Vorschlag nicht ein. Es bleibt dabei, daß er mich um 19 Uhr besucht.
Thomas ist auf meinen Bericht so gierig, daß er sich während der „Zeit im Bild"-Sendung dauernd entschuldigend an mich wendet und sagt: Das und das erzähle mir noch genauer. Er ist ganz fasziniert davon, ein billiges, gutes Grundstück mit bis zu 200.000 Schilling anzukaufen. Eine Besichtigungstour ist aber erst Mitte nächster Woche möglich, da meinerseits mit den Verkäufern noch weitere Verhandlungen notwendig sind. Thomas drängt mich zur Eile, aber ich kann unmöglich schneller handeln, da ich mir ja selbst, wenn ich zudringlich auftrete, die Preise in die Höhe treibe.
Es ist noch ein lustiger Abend, und es wird 23 Uhr, bis Thomas heimfährt. Unter anderem sagte er, es gebe viel zuwenig „wirklich gute scheußliche", aber viel zu viele liebe, gute, schwache Menschen.
(Nachmittags Kettensäge von Thomas ausgeborgt, usw.)

12. März 1972

Ganz gegen seine Gewohnheit kommt Thomas an einem Sonntag zu mir. Er bleibt von 18 Uhr 30 bis gegen 23 Uhr. Er bohrt in mir, irgendeine günstige Liegenschaft aufzutreiben. Wir sitzen zum Teil auch vor dem Bildschirm, und als einer sagt, er sei überzeugt, sagt Thomas: Das kann man auch so verstehen, daß er „überzeugt" ist im Sinne von Über-Zeugung (Überproduktion). Das sind sehr viele Menschen. Alle Kinder, die man nicht haben wollte, sind „überzeugt". Ich nehme das einfach wörtlich.

13. März 1972

Der Montag abend ist seit sieben Jahren regelmäßig unser gemeinsamer Abend bei mir. Thomas kommt um 19 Uhr und bleibt bis 22 Uhr 30. Da ich für Dienstag abend bezüglich der Liegenschaften, an denen er interessiert ist, Aussprachen habe, die bis 23 Uhr dauern können, ersuche ich Thomas, daß er mich am Dienstag abends nicht besucht, denn ich werde einen starken Tag haben. Wir vereinbaren aber eine Besichtigungsfahrt für Mittwoch den 15. Dazu werde ich Thomas um 7 Uhr 45 in Nathal abholen.

15. März 1972

Um 7 Uhr 45 fahre ich mit Thomas zur Post. Diesmal ist nur ein Teil der Post da, ein Postbus hat Verspätung, und wir werden noch etwas nachbekommen.
Mit Thomas besichtige ich sechs Grundstücke. Das schönste und günstigste, 19.000 m² Südhang in der Großalm zu 9 Schilling pro m², findet er am scheußlichsten. Zwei Stunden lang macht er mich „fertig". Es ist unglaublich, was er alles kritisiert. Alles, was sichtbar ist, ob Bäume, Grenzsteine, die Aussicht auf den Hochlecken, alles ist grauenhaft, eine Zumutung. Ich verwechsle ihn scheinbar mit einem blöden Deutschen, der auf die Aussicht hereinfällt. Für diese Fläche würde er sogar noch überlegen, ob er 70.000 Schilling bezahlen würde, nicht aber die geforderten 171.000 Schilling. Anschließend besuchen wir das Gut „Kaltenbach", an der Großalmstraße

in Neukirchen bei Altmünster. Thomas geht nur mit, damit er meinen „Spruch" hört, denn für diese Liegenschaft wird ca. eine Million Schilling verlangt. Es sind aber nur 8 ha schlechter, schattiger Grund dabei. Dort stellt sich aber heraus, daß die Bundesforste für den m^2 Grund ein Angebot von 8 Schilling gemacht haben. Da die Bundesforste den niedrigsten Grundpreis bezahlen, erscheint nun der Preis an der Sonnenseite mit besserer Zufahrt usw. zu 9 Schilling pro m^2 für Thomas in einem anderen, besseren Licht. Ich nehme aber keine Notiz mehr davon und lenke das Gespräch auf Kinder und Hund des Besitzers.
Am gestrigen Tag habe ich mir die Antwort vom „Schmierermann" auf mein Kaufangebot nicht abgeholt, damit er einen „Schock" bekommt, wenn ich als erwarteter Käufer nicht komme. Thomas verlangt nun hinzufahren. Den Schock hat der Schmid, so schreibt sich der „Schmierermann", sowieso schon, er möchte wissen, wie die Antwort ist. Für ca. 4000 m^2 Wald habe ich 25.000 Schilling geboten, und die schlagreifen Bäume kann Schmid sich behalten.
Es ist uns klar, daß wir Schmid nicht treffen werden, aber mit seiner Gattin mache ich für den Abend einen Termin aus.
Thomas gibt mir Ratschläge, wie ich verhandeln soll und was ich sagen soll. Unter anderem sagt er, ich soll darauf hinweisen, daß ihn die Vermessung für die Abtrennung dieser 4000 m^2 schon über 6000 Schilling gekostet hat. Diese 4000 m^2 Wald hat sich nämlich der Verkäufer Schmid beim Verkauf der Krucka zurückbehalten, und Thomas mußte für diese Vermessung 6200 Schilling bezahlen. Das, verlangte er, soll ich ins Treffen führen.
Da kam ich darauf zurück, daß Thomas mich nach dem Besuch im Kaltenbachgut gerügt hat, daß ich zu lange von Kindern und Hund gesprochen hätte. Jetzt kann ich dir sagen, warum ich das mache. Wenn ich über Kinder und Hunde mit den Leuten spreche, habe ich sofort gewonnen. Denn nicht mich, aber den Hund lassen die Leute zu sich ins Bett. Es kann daher nie ein Fehler sein, so ein Gespräch mit den Leuten zu führen. Denn ich bin ja kein Bäcker, der die Semmeln oder sein Brot dort verkauft und sofort weiterrennt. Aber was noch genauso wichtig ist an so einem für dich belanglosen Gespräch, ist die Tatsache, daß ich dabei immer nachdenken kann, was gut ist und was schlecht ist, was man „geschäftlich" spricht. Jetzt gibst du mir da den blöden Rat, dort darauf hinzuweisen, daß der Geometer 6000 Schilling gekostet hat. Auch wenn es momentan günstig aus-

sieht, dies ins Treffen zu führen, kann es aber alles zerstören. Und um das rechtzeitig zu erkennen und zu überdenken, brauche ich das „Kindergespräch“. Denn wenn ich sage, daß der Geometer für 4000 m^2 6000 Schilling kostet, kann es passieren, daß der Verkäufer oder dessen Gattin die Hände über dem Kopf zusammenschlägt und ausschreit: Was, und wir sollen dieses Grundstück um 25.000 Schilling verkaufen, wenn die Vermessung schon 6000 Schilling kostet. Thomas gab mir sofort recht. Wenn man für ein Grundstück 25.000 Schilling bietet, kann man nicht sagen, die Vermessung kostet 6000 Schilling.
Um 12 Uhr mittags waren wir wieder in Nathal. Aber da er mich heute nervlich schon derart beansprucht hat, habe ich ihn ersucht, heute abend nicht zu kommen. Ich habe auch abends noch viel zu erledigen. Dafür werde ich morgen um 8 Uhr 15 mit seiner Post zu ihm kommen. Ich werde ihm dann wieder berichten, denn ich habe noch die Absicht, mit dem „Schmierermann“ zu verhandeln, usw.
Inzwischen hat Thomas im ehemaligen Saustall nachgesehen, ob noch Post nachgekommen ist. Ich setze mich schon ins Auto, um wegzufahren, da kommt Thomas mit einem Expreßbrief vom Verlag. Er sagt: Das kommt selten vor, daß ich einen Expreßbrief vom Verlag bekomme. Ich bin neugierig, ob es was Günstiges oder Ungünstiges bedeuten wird. Da sage ich: Morgen früh sage ich dir, was beim „Schmierermann“ los ist, und du sagst mir dafür, ob der Brief günstig oder ungünstig war, und fahre ab.
Der Nachmittag geht mit Erholung von den Anstrengungen mit Thomas drauf, und aus Wut schreibe ich auch das Obige gleich nieder.

16. März 1972

Da mir der Briefträger im Postamt irrtümlich nur meine eigene Post mitgegeben hat, muß ich dem Briefträger um Thomas’ Post im Rayon nachfahren und komme erst um 8 Uhr 30 zu Thomas. Er sagt mir: Ich konnte mir nicht denken, daß du nicht pünktlich kommst. Ich habe schon das Haus abgesperrt und fahre sofort weg nach Reindlmühl. Es ist heute so ein schöner Tag. Stell dir vor, ich war gestern nachmittag noch in Freilassing. In dem Expreßbrief vom Verlag wurde mir mitgeteilt, in Freilassing könne ich 10.000 Mark von der Bank abholen. Das hab ich natürlich gleich getan.

Ich sagte Thomas, daß „Schmierermann“ den Wald nicht verkauft. Wenn, dann höchstens in drei bis vier Jahren. Darauf verlangt Thomas, daß wir den Asamerwald in Traich, im Anschluß an seine Besitzung in Nathal, sofort noch einmal besichtigen. Ich soll doch sehen, daß Asamer den Wald verkauft. Er würde nun auch 150.000 Schilling dafür bezahlen. Ich sage: Gut, sehen wir uns den Wald an. Aber nachdem ich gestern von „Schmierermann“ eine Absage erhielt, dachte ich mir gleich, daß du nunmehr den Wald von Asamer haben willst, und deswegen habe ich in dieser Richtung mit Asamer gestern um 10 Uhr abends noch gesprochen. Natürlich nicht zudringlich, sondern möglichst nebensächlich. Aber er ist momentan zum Verkauf nicht reif. Thomas sagt, ich solle ihm mitteilen, daß er sofort den gesamten Kaufpreis haben könne, ohne Rücksicht darauf, wann die grundbücherliche Eintragung erfolgen werde. Ich sage zu Thomas, das werde ich erst machen, wenn Asamer dabei ist, um ca. 200.000 Schilling Dünger auf die Felder zu streuen. (Das wird erst im Mai sein.)
Nach der Waldbesichtigung fährt Thomas zur Krucka nach Reindlmühl, und ich bitte ihn für 19 Uhr zu mir. Als dann abends im Fernsehen Axel Corti erwähnt wird, sagt er: Der macht mir einen guten Eindruck. Der wird das im Burgtheater sicher gut machen. Seine Gattin aus Salzburg war ja diese Woche bei mir. Du weißt ja, der Besuch am Nachmittag. Als in der deutschen Tagesschau der Absturz des 151. Starfighters gemeldet wird, singt Thomas: „Amsel, Drossel, Fink und Star-fighters …“ Dann unterhalten wir uns noch mit Omi und Mutti bis 22 Uhr. Thomas sagt, daß er morgen früh sofort nach Wien fahre, denn Tante Hede müsse wieder ins Spital. Er hat heute von ihr eine Karte bekommen, daß sie nach Opatija fahren wollte, aber es wird nicht dazu kommen. Am Sonntag will Thomas abends wieder zurück sein. Er wird dann sofort zu mir kommen, denn er will wissen, ob ich was zu kaufen aufgetrieben habe. Er gibt mir dazu wieder Ratschläge. Es sind das all die Sachen, die er mir seit zehn Jahren abgeschaut hat. Darin ist viel enthalten von dem, was ich ihm früher selbst erzählt habe, wie man an die Geschäfte herangehen muß.
Thomas erzählt auch wieder vom Bombenangriff, den er als Bub beim Heidelbeerpflücken mit mehreren Frauen in der Nähe von Traunstein erlebt hat. Die Frauen beteten mit erhobenen Händen laut zum Himmel, während die Bomben fielen. Es war die Auslösung der Bomben deutlich zu sehen, daher sprangen alle in die Büsche und beteten laut. Da sich aber die

Frauen dabei die Kleider zerrissen hatten, mußte Thomas laut lachen, während alle laut beteten. Nachdem die Bomben explodiert waren, kamen Bauern, die gesehen hatten, daß sich dort, wo die Bomben gefallen sind, die Heidelbeerpflücker versteckt hatten und konnten es nicht glauben, daß sie noch am Leben waren. Aber ganz in der Nähe waren große Trichter, und auf die Frauen sind nur Erde, Holz und Splitter heruntergefallen. Dieses Niederprasseln und die Rauchwolken nach den Explosionen haben es natürlich ausgemacht, daß alle dann von einem Wunder gesprochen haben, daß niemand verletzt wurde. Denn sie waren alle mit Schutt bedeckt.

Gegen 22 Uhr hat sich Thomas bis Sonntag verabschiedet. Den anschließenden Film von Radax im Fernsehen wollte er auf keinen Fall ein zweites Mal sehen, denn der sei ganz schlecht, obwohl Radax auch damals den Grimme-Preis dafür bekommen hat. Also von Volkshochschulpreisen ist nicht sehr viel zu halten, sagte Thomas. Gemeint war Konrad Bayer und „Die Welt bin ich, und das ist meine Sache", eine dokumentarische Fiktion von Ferry Radax.

17. März 1972

Von Linz kommend, besuchte ich mit meiner Gattin um ca. 18 Uhr Thomas in Nathal. Er zeigte uns, wo die Elektroöfen aufgestellt werden und wie er die Zimmer einrichten und umstellen wird. Nach einer halben Stunde verließen wir Thomas und ersuchten ihn, in ca. 30 Minuten nachzukommen.

Um 19 Uhr traf Thomas ein. Es ist dies immer eine gute Zeit, denn da können wir vor den Nachrichten noch abendessen. Nach den Nachrichten saßen wir noch bis gegen 23 Uhr beisammen. Ich erzählte Thomas, daß ich heute von meiner Tante aus Linz eine Menge Bücher erhalten habe. Ich habe mehr als die Hälfte nicht mitgenommen, da ich den Wert der Bücher nicht kenne. Ich habe nur „Nazibücher" mitgenommen. Herausgegeben vom Oberkommando der Wehrmacht, *Von den Karawanken bis Kreta*, oder *Das deutsche Hausbuch*, herausgegeben vom Hauptkulturamt in der Reichspropagandaleitung der NSDAP. Weiters *Alle Wasser Böhmens fließen nach Deutschland*, *Deutsche kämpfen in Spanien* und *Das Bauernkind* von Springen-

schmid. Im Springenschmid-Buch ist noch der Stempel „Deutsches Frauenwerk“ drin, sage ich.
Beim Namen „Frauenwerk“ wurde Thomas wütend. So viele Ohrfeigen und so wenig zu essen wie beim Frauenwerk habe ich sonst nirgends bekommen. Ich war mit ca. elf Jahren in einem Heim des Frauenhilfswerks in Thüringen. Dort hat man mich so lange geohrfeigt, bis ich zum Bettnässer wurde. Dann hat man in der Früh im Frühstückssaal zum Frühstück mein nasses Leintuch öffentlich vorgezeigt. Du kannst dir vorstellen, wie man sich in so einem Alter schämt und was ich da mitgemacht habe. Ich kann heute noch nicht begreifen, daß mich meine Mutter damals dorthin gegeben hat. Aber noch weniger kann ich ihr verzeihen, daß sie mich auch noch dort gelassen hat, als sie schon wußte, wie es dort zuging. Darum kann mir heute niemand was erzählen, von Frauenhilfswerk und anderen scheinheiligen Dingen während der Nazizeit. Denn diese heuchelnden „Helferinnen“ haben nur mit Ohrfeigen erzogen.
Thomas ermahnte mich wieder, ich solle was auftreiben für ihn, als er mich gegen 23 Uhr verließ.

19. März 1972

Kurz vor 19 Uhr traf Thomas zu den Nachrichten ein. Nach der Tagesschau waren wir auf weitere Sendungen nicht neugierig und unterhielten uns selbst. Zwei schöne bäuerliche Schnapskaraffen mit je sechs Stamperln habe ich Thomas am Freitag aus Linz mitgebracht. Die habe ich ihm heute überreicht. Er war begeistert von den Glasstöpseln und den unregelmäßigen Formen der kleinen Schnapsplutzer.
Für Montag und Dienstag erwartet Thomas die Elektroinstallateure, und er ersucht mich, einige Male bei ihm vorbeizusehen, wie die Arbeiten gehen. Nach 22 Uhr fährt Thomas nach Hause.

20. März 1972

Bei meinem Eintreffen in Nathal fuhr gerade der VW-Kastenwagen der Elektrounternehmung Stadlbauer aus Laakirchen weg. Thomas kam mir aufgeregt entgegen und sagte mir, ich solle mir diese Bescherung ansehen. Die Leute sind gerade ohne Gruß weggefahren, denn er konnte einfach nicht mehr länger zusehen, wie blöd die an die Arbeit gehen. Nicht einmal stemmen können die Leute, die hätten noch den Türstock gelockert bei der unmöglichen Stemmerei.

Ich blieb nur bis 18 Uhr, denn nach einer Stunde Beschwerden anhören hatte ich genug. In allem und jedem Detail hatte Thomas aber recht. Er verstand wirklich alles besser als die sogenannten Fachleute. Ich lud Thomas für 19 Uhr zu mir ein. Da Omi nicht da ist, muß ich selbst einheizen, sagte ich, damit wir es warm haben. Ich kündigte ihm ein gutes Nachtmahl an und bat ihn um Pünktlichkeit, da ich selbst bereits jetzt Hunger hatte.

Als Thomas fünf Minuten nach 19 Uhr nicht da war, wollte ich ihm entgegenfahren, da er zu Fuß kommen wollte, damit ihm bis 19 Uhr die Zeit besser vergeht. Als ich zu meinem Wagen ging, traf aber Thomas mit dem Auto von Gmunden kommend ein. Er hat es zu Hause nicht mehr ausgehalten, sagte er, und ist noch nach Gmunden gefahren und hat sich einen alten Spätbiedermeierschreibtisch um 11.000 Schilling gekauft. Den hat er nochmals genau besichtigt und dann genommen. Als ich Thomas sagte, daß ich um 2 Uhr früh nach Wien fahre, ersuchte er mich, von Wien aus seine Tante anzurufen, um ihr kurz von seinen Problemen zu berichten, Grüße auszurichten und zu fragen, wie es ihr gehe. Mit Rücksicht auf meine frühe Abfahrt nach Wien fuhr Thomas um 21 Uhr nach Hause.

21. März 1972

Da ich meine Besprechung mit Dr. Michael Stern in Wien um 6 Uhr früh bereits beendet hatte, fuhr ich anschließend sofort nach Weinberg zurück, ohne die Tante von Thomas anzurufen. Denn zu so früher Zeit wollte ich sie nicht stören. Das sagte ich bei meiner Rückkehr auch Thomas und lud ihn für 18 Uhr 30 zu mir ein, um seine Sendung „Zu Gast bei Thomas Bernhard“ anzusehen. Seit Tagen sprach er schon davon, daß er das Schlimmste befürchte. Er hat das Filmteam nur bis ins Vorhaus gelassen, und außerdem hat er vor Jahren seine Zusage zu Aufnahmen telegrafisch sofort zurückgezogen, sodaß das Telegramm früher in Wien war als die zwei Leute vom Unterrichtsministerium, denen er die Zusage gegeben hatte.

Zu Beginn der Sendung, als Angaben über seine Biographie kamen, sagte er, damals war er so jung und glaubte, er müsse sich so arm hinstellen, damit man auf ihn aufmerksam werde. Heute, sagt Thomas, kann er das nicht mehr hören, daß er Mistführer war und eine 70-jährige Frau gepflegt hat. Aber ich hab das geschrieben, und so lange ich lebe, werde ich mir das anhören müssen. Nur sollte wenigstens dazugesagt werden, daß ich das im Alter von ca. zwanzig Jahren geschrieben habe. Aber es kommt alles so, wie wenn es jetzt gewesen wäre.
Nach Ende der Sendung sagte Thomas, es sei nichts Peinliches dabei gewesen, er sei froh, daß das so vorübergegangen sei. Denn die hätten ihm zum Schaden unmögliche Ausschnitte bringen können, da er ja so grob zu diesen Leuten war.
Thomas blieb bis gegen 23 Uhr, und wir machten aus, daß wir uns morgen den *Italiener* bei mir ansehen würden. Dazu soll Thomas um 19 Uhr zum Nachtmahl kommen, und nach den Nachrichten bis Sendungsbeginn um 21 Uhr 20 wollen wir nicht fernsehen, damit wir in der Aufnahmefähigkeit nicht beeinträchtigt sind.

22. März 1972

Um 16 Uhr besuche ich Thomas auf eine Stunde. Im Haus sieht es schon besser aus, die Arbeiten gehen dem Ende zu. Ferdl ist schon mit dem „Zuputzen“ fertig, und den meisten Schmutz und Schutt hat Thomas selbst schon weggeschafft.
Um 19 Uhr ist er zum Abendessen da, und wie vorausbesprochen sehen wir uns um 21 Uhr 20 *Der Italiener* an. Thomas ist mit der Aufführung zufrieden, mehr könne man von Radax nicht verlangen. Mehr steckt in Radax nicht drin, für Radax stellt das eine Höchstleistung dar. Ich widerspreche Thomas gründlich, denn ich kenne alle „Einstellungen“ und kann beurteilen, daß aus dem vorhandenen Filmmaterial keineswegs immer das Beste herausgeschnitten worden ist. Der Film sei zwar keineswegs langweilig, aber er hätte zugunsten mancher guter Szenen, die nur fünf bis zehn Sekunden lang gezeigt werden hätten können, noch in manchen Szenen gestrafft werden müssen. Thomas hielt zu Radax, ich blieb dabei, daß ich Radax Vorhaltungen machen werde, im Detail sogar, daß er in der Regieführung

besser war als beim Schneiden und daß er aus dem vorhandenen Material mehr hätte herausholen müssen. Thomas meinte, daß Radax beim Schneiden vielleicht zuviel unter dem Einfluß von Wiebel [von der IFAGE] gestanden ist. Diese Diskussion zog sich bis gegen 0 Uhr 30 hin.
Bei meinem Besuch am Nachmittag in Nathal zeigte mir Thomas den Grimme-Preis. Ein unmögliches Phantasiegestell, welches nicht alleine steht und auch nicht in den Sockel paßt, in den es gestellt werden sollte. Falkenberg hat den Preis für ihn entgegengenommen und hat ihm das Gestell zugeschickt.

24. März 1972

Ich bin dabei, einige alte Biedermeierrahmen abzuverkaufen. Thomas kennt die Rahmen längst, tat sie aber immer als Dreck ab. Ich fuhr zu ihm nach Nathal, um ihm vorsorglich die Rahmen noch einmal zu zeigen, bevor sie weg sind. Thomas ist beim Ausweißen. Rochelt und die Hufnagls sind für Nachmittag auf Besuch angesagt, daher stürze er sich mit Ferdl in die Arbeit, damit die gleich sehen, daß er keine Zeit für sie hat. Die kommen wegen der Umweltschutzgründung nach Altmünster, die morgen Freitag dort stattfindet.
Ich stelle die vier Bilderrahmen in seiner Küche auf und nenne als Preis 960 Schilling, wobei die Handschrift des einen Rahmens, auf die Thomas ja keinen Wert legt, nicht inbegriffen ist. Ich sage Thomas, daß ich diese Rahmen morgen bei Menzel in Salzburg in Kommission geben werde. Da sagt Thomas: Das sind genau die Bilderrahmen, die ich seit Jahren suche, kein einziger kommt mir mehr aus dem Hause raus. Ich nehm alle, hier, ich geb dir 800 Schilling dafür. Keinen Groschen weniger als 960 Schilling, verlange ich. In Salzburg würde ich genauso hart bleiben, denn die sind geschenkt. Schau nach, wo du so etwas noch bekommst. Da reicht mir Thomas 960 Schilling und sagt, nimm dir die Handschrift gleich aus dem Rahmen, aber laß mir wenigstens noch meinen Kopf. Du nimmst mir alles, so kenne ich dich nicht.
Also das Geschäft ist gemacht; Thomas hat viel Arbeit, jeden Moment können die Hufnagls eintreffen, und ich sage zu Thomas, ich würde ihn gegen 20 Uhr besuchen, denn soweit ich das überblicke, hat er bis dorthin Arbeit.

Um 20 Uhr treffe ich Thomas im Vorhaus auf dem Weg ins Bad. Er sagt, ich solle zu den Hufnagls hinaufgehen. Die sind oben im Vorraum, die Tagheizung ist schon einige Stunden eingeschaltet, es ist schon warm. Droben treffe ich die Ehegatten Hufnagl und die Lebensgefährtin von Hans Rochelt, Ursula Häring, welche sich Irina David nennt. Das Gespräch dreht sich um die morgige Pressekonferenz und Festveranstaltung in Altmünster. Ich sage zu, mit meiner Gattin daran teilzunehmen.
Nach einer Stunde, um ca. 21 Uhr, fährt Thomas mit seinen Gästen nach Gmunden, ich fahre heim.

25. März 1972

Um 8 Uhr treffe ich Thomas beim Postamt Ohlsdorf. Thomas erzählt mir, daß gestern alle noch mit dem Landtagsabgeordneten und Bürgermeister von Altmünster, Dr. Scheuba, zusammengekommen sind und daß er versprochen hat zu kommen. Natürlich interessiere ihn diese Veranstaltung nicht, und ich solle ihn daher entschuldigen. Wegen dringender Arbeiten, du weißt schon. Ich bin doch nicht blöd und geh zu so einer Veranstaltung. Übrigens, was ist mit dir los, sagte Thomas noch, nimmst du irgendwelche Tabletten, oder was ist denn, du kommst mir verändert vor? Wie verändert? frage ich. Das kann ich nicht genau sagen, aber du kommst mir verändert vor, so warst du noch nie. Dann verabschieden wir uns.

27. März 1972

Um 8 Uhr früh treffe ich mich mit Thomas beim Postamt Ohlsdorf. Er interessiert sich sehr dafür, daß ich inzwischen in Pfaffstätt für Peymann ein Haus aufgetrieben habe. Er will abends zu mir kommen.
Um 19 Uhr kommt Thomas. Er erzählt mir, daß er mit Architekt Hufnagl in Wörgl war. Dort hat Hufnagl eine Schule in Bau. Er war auch in der Wildschönau. Es sei schrecklich dort, er habe sich was anderes vorgestellt. Ich entschuldige mich bei Thomas, daß ich vergangenen Freitag seine Tante in Wien nicht anrufen konnte, denn um 6 Uhr war ich bei Dr. Stern schon wieder fertig, und um 10 Uhr war ich schon wieder in Wels. So früh

wollte ich seine Tante nicht anrufen. Thomas wollte wissen, ob sie den Termin für das Spital schon sicher habe und wie es ihr gehe.
Thomas blieb bis 22 Uhr 30. Meinen Brief an Frau Peymann hat er noch gelesen.

28. März 1972

Thomas ist ans Haus gebunden, da er seit gestern die Handwerker für die Elektroheizung im Hause hat. Ich besuche ihn mehrmals am Tag, und abends ist er froh, daß er mit mir bei mir zu Hause seine Sorgen mit den Elektrikern besprechen kann. U. a. haben sie vergessen, in die ausgestemmte Nachtstromzufuhr auch das Tagstromkabel hineinzulegen. Da Ferdl den Stemmschlitz schon zugeputzt hatte, wollten sie einen neuen Schlitz an anderer Stelle stemmen und noch mehr verschandeln. Thomas hat noch rechtzeitig eingegriffen, der Thermostat wäre ohne ihn auch an falscher Stelle montiert worden.
Thomas blieb bis ca. 22 Uhr.

29. März 1972

Mehrmals am Tag besuche ich Thomas, da er mich gebeten hat zu kommen, wenn die Handwerker im Haus sind. Mit den Monteuren funktioniert es nun besser. Es konnte sogar schon angeschlossen werden, und es gab schon Wärme.
Da ich heute Mittwoch abends meine Turnstunde habe, vereinbaren wir, daß ich Donnerstag am Vormittag zu ihm komme, um für Freitag, Karfreitag, eine Fahrt nach Pfaffstätt zu planen. Ich habe meinen Besuch für so zwischen 10 und 11 Uhr zugesagt.

30. März 1972

Um 11 Uhr, bei meinem Eintreffen in Nathal, ist Thomas mit seinen „Hausarbeiten" schon so weit fertig, daß er sagt: Wenn du Zeit hast, könnten wir

gleich heut nachmittag nach Pfaffstätt fahren. Ich sage ja. Ab 13 Uhr 45 können wir abfahren, aber mit deinem Auto.
Nachmittag fahre ich dann mit Thomas über Vöcklabruck, Straßwalchen nach Mattighofen. Dort sehen wir uns den Markt an und gehen rund um die Kirche, um die der Friedhof liegt. Wir kaufen uns beide die „Wochenpresse", da Thomas schon weiß, daß eine gute Kritik seines Werkes *Der Italiener* drinnensteht.
Als Thomas sieht, daß es von Mattighofen nur 38 km nach Salzburg sind, sagt er, entfernungsmäßig wäre Mattighofen für die Peymanns schon erträglich. Als wir in Pfaffstätt ankommen, ist Thomas äußerst begeistert vom Quartier, das ich aufgetrieben habe. So eine überschwengliche Zustimmung habe ich von ihm schon lange nicht mehr erhalten. Das Haus, der Garten, der Stall, alle Zimmer waren offen, und wir gingen durchs Haus. Beim Eintritt ins Haus sagte Thomas, er vermisse meinen lauten Halloruf, wie es sonst meine Art sei zu rufen. Ich sagte, das wäre zwecklos, das Haus ist zwar offen, aber es ist sicher niemand im Hause. Es ist sogar schon länger niemand mehr im Hause anwesend, denn beim Eintritt in den Garten habe ich bemerkt, daß die Hühner hungrig an der Stalltür standen. Wenn die Hühner so bei der Tür stehen, ist niemand zu Hause. Es wundere mich, daß die Türen nicht verschlossen seien. Ich zeigte Thomas alle Räume und führte ihn durchs ganze Haus. Als wir wieder auf die Straße traten, fragten wir eine Frau, wo die Besitzerin sein könnte. Die ist im Gasthaus helfen, sagte sie, aber der neunjährige Sohn müßte zu Hause sein. Wir streiften nochmals durch den Garten, denn Thomas war von allen Einzelheiten des Hauses so begeistert, daß er sagte, er werde Peymann schreiben. Die brauchen das Haus vorher gar nicht sehen, wenn sie das nicht nehmen, dann sollen sie sich gleich eingraben lassen.
Dann gingen wir zum Gasthaus. Dort schlug uns ein fürchterlicher Gestank entgegen. Das Gastzimmer mit alter Einrichtung war leer. Über einen Vorhausgang erreichten wir ein Loch von einem Raum, in welchem sechs Frauen auf engem Raum zusammengedrängt maschinell Hühner rupften. Man sah Berge von Därmen, und die Hühner gingen von Hand zu Hand. Die Frau an der Rupfwalze war Frau Bamberger, die wir sprechen wollten. Als mich Frau Bamberger erblickte, schüttete sie sich einige Kübel Wasser über ihre Gummikleidung und zog die Gummistiefel aus. Wegen des Gestankes gingen Thomas und ich aus dem Gang durch ein Tor ins Freie.

Dort war es aber auch nicht besser. Neben dem Haus im Freien lagen an einer Hühnerköpfmaschine Hunderte Hühnerköpfe auf einem Haufen. Thomas sagte: Das ist alles viel scheußlicher und schrecklicher anzusehen, als man es je schildern könnte. Diese sechs Frauen im kleinen Raum, daß sich zu so einer Arbeit überhaupt noch jemand findet. Dieser ganze Betrieb ist sicher gesetzwidrig und gegen die hygienischen Vorschriften.
Frau Bamberger kam endlich ohne ihr Gummizeug heraus. Aber wegen des Gestankes sagte ich sofort, der Handel sei perfekt. Ich habe mit Peymann telefoniert, sie nehmen die Räume auf alle Fälle. Sie soll einfach, wo sie glaubt, sechs Betten aufstellen. Das große Zimmer, das sie selbst benutzt und gegen ein kleineres eintauschen wollte, wird nicht benötigt. So viel Arbeit wollen wir ihr nicht antun. Wir sagten ihr, daß wir das offene Haus besichtigt haben. Sie war nicht überrascht, daß der Sohn weg ist, ohne zuzusperren. Es gibt noch Gegenden, sage ich zu Thomas, wo man die Häuser, so wie hier, offenläßt, wenn man weggeht. Du weißt, ich verbiete bei mir auch, daß am Tag das Haus abgesperrt wird. Auch wenn meine Leute nicht im Haus, sondern im Garten sind. In offenen Häusern wird am wenigsten gestohlen. Meistens wird es im ganzen Dorf so gehalten, und da jeder Fremde sofort auffällt, könnte schwerlich einer stehlen.
Thomas war von Frau Bamberger restlos begeistert. Eine bessere Hauswirtin könne man sich nicht vorstellen. Zurück fuhren wir Richtung Salzburg, Mattsee – Köstendorf – Steindorf, Bundesstraße 1 bis Vöcklabruck – Weinberg. Da mir zu Mittag als Gründonnerstagskost Spinat mit Spiegelei so geschmeckt hatte, wollte ich bei der Rückkehr um ca. 18 Uhr Thomas so ein Essen anbieten. Er sagte, er habe dasselbe auch mittags im Gasthaus gegessen. Da haben wir dann auf Omeletten umgeschaltet. Aber wir haben uns vorgenommen, öfter Spinat mit Spiegelei zu essen, denn es schmeckt so gut. Thomas blieb bis nach 22 Uhr und schwärmte noch immer vom guten Quartier in Pfaffstätt.
Thomas sagte noch, daß er die bestellte Butter von der Krucka holen werde, daß er zu Ostern eigentlich keinen Besuch erwarte, daß er aber gleich am Dienstag nachmittag nach Wien zur Tante ins Spital fahren werde. Vorher werde er sich noch sehen lassen.

4. April 1972

Um 8 Uhr treffe ich Thomas beim Postamt Ohlsdorf. Thomas tritt auf mich zu und sagt: Ich hoffte, dich hier zu treffen, sonst wäre ich jetzt gleich zu dir gefahren. Über die Feiertage, sagte Thomas, lag ich mit Fieber im Bett. Ich hab das Tor jeden Tag geöffnet und gehofft, du kommst. Ich sagte ihm, daß ich angenommen hatte, er werde zu Ostern vielleicht Wolfsegg besuchen: Da ist die ganze Verwandtschaft von Saint Julien auf einmal zu treffen, da könnte er mit einem Schlag seinen schuldigen Besuch einmal im Jahr erledigen. Ich dachte, er werde die gute Stimmung an solchen Tagen bei Kuchen und Kaffee ausnützen, woanders vielleicht auch. Ich dachte nicht daran, hinüberzufahren, denn auf keinen Fall hoffte ich ihn zu Hause. Und wenn, dann hast du Besuch, und du weißt ja, da will ich prinzipiell nicht stören. Ja, sagt Thomas, ich habe gehofft, du wirst vorbeifahren, und wenn du siehst, daß das Tor offen ist und es ist kein Besuch da, dann kommst du herein, wie du es ja sonst auch machst. Deswegen habe ich das Tor offen gelassen. So war ich ohne jeden Besuch und ohne Hilfe. Da sagte ich, du fährst mit mir sofort nach Hause. Ich muß die Omi zur Dr. Beck bringen, da nehme ich dich sofort mit. Du brauchst nicht warten, die Omi ist angemeldet und kann von hinten hinein. Da wird sie der Frau Doktor gleich sagen, daß sie dich drannehmen soll. Thomas war sofort einverstanden.

Wir machten den Arztbesuch und fuhren anschließend zur Apotheke. Thomas hatte eine rauhe Stimme und konnte kaum sprechen. Der Saft zum Einnehmen mußte für Thomas erst zubereitet werden und konnte erst ab 17 Uhr von der Apotheke abgeholt werden. Nachdem sich Thomas am Gründonnerstag auf der Fahrt nach Pfaffstätt so wohlgefühlt hatte, war ich sehr überrascht, daß er nun so kränklich war. Meine Mutter, die Omi, sah Thomas an und sagte: Sie haben ja die Waden verloren. Ja, die liegen im Bett, sagte Thomas. Er sah ganz geschwächt aus. Abends habe ich ihm dann den Saft von der Apotheke gebracht und war von 18 bis 19 Uhr bei ihm. Wir vereinbarten, daß ich um 8 Uhr 15 mit der Post zu ihm komme.

5. April 1972

Wie vereinbart, komme ich mit der Post zu Thomas. Dabei kann ich ihm berichten, daß Asamer nunmehr bereit ist, ihm den Wald im Anschluß an seinen Besitz in Nathal zu verkaufen. Ich habe Asamer gesagt, daß ich ihm spätestens morgen das Geld bringe und den Kauf perfekt mache. Asamer sei aber heute den ganzen Tag zu Hause, weil es regnet. Thomas hat zwar kein Fieber, aber die Stimme ist noch rauher als am Vortag. Ich schlage daher vor, daß ich ihn morgen zur Bank fahre, um das Geld für Asamer zu holen. Thomas ist aber schon so gierig auf den Wald, schon seit Herbst, daß er sagt, morgen gehe es ihm vielleicht schlechter als heute, ich solle ihn gleich zur Bank fahren, und er möchte das Geschäft sofort abschließen. Den notdürftigen Kaufvertrag schreibt er selbst auf seiner Schreibmaschine, und so fahren wir zuerst zur Bank und dann zu Asamer in Ohlsdorf.
So wie von mir vorbereitet, kommt das Geschäft zustande. Alles in allem dauert es bis kurz vor 12 Uhr. Mit Thomas fahre ich bei mir zu Hause vorbei, um meiner Frau zu berichten.

<u>V E R T R A G</u>

Rudolf und Maria Asamer,Gastwirtsehegatten in Ohlsdorf,verkauften am heutigen Tage an Thomas Bernhard,Ohlsdorf,Obernathal 2 um den Preis von
S 35.000.- (fünfunddreissigtausend)
die Grundstücke KG.Nathal Wald 1271/1272 und 1276
und haben diese nach Erhalt des Kaufpreises mit allen Rechten und Pflichten an Thomas Bernhard,Obernathal 2 übergeben.
Über diese Abmachung wird ein ordentlicher Kauffertrag von Dr.Konrad Weingast in Gmunden errichtet.

Ohlsdorf am 5.4.72

Thomas Bernhard .... Rudolf Asamer ....
Maria Asamer ....

Thomas hat bei Asamer nur einen Tee, Majorantee, getrunken, und als mich meine Frau fragt, hast du Thomas zum Essen eingeladen? kann ich nur sagen: Der kann nichts essen, es schmeckt ihm nichts, so krank ist er. Thomas verlangt, daß ich am Nachmittag noch den Vertrag zu Dr. Meingast bringe. Thomas hat mir beim Asamer auch noch die für die Vermittlung versprochenen 4500 Schilling sofort bezahlt. Dafür könne ich schon noch was leisten, hat er gesagt. Meine Leistung lag aber nicht darin, nach Abschluß noch zu Dr. Meingast zu fahren, sondern den günstigsten Zeitpunkt für den Kauf zu wissen. Schon im Herbst sagte ich ja zu Thomas: Wenn, dann geht das Geschäft nur, wenn die Bauern den Kunstdünger aufs Feld streuen. Zu so einem Zeitpunkt kann auch ein so gut Situierter wie Asamer Geld brauchen.
Abends, nachdem ich den Vertrag bei Dr. Meingast abgeliefert hatte, war ich noch ca. eine Stunde bei Thomas.
Für nächsten Tag versprach ich ihm wieder die Post für 8 Uhr 15. Thomas bat mich, Zeitungen mitzubringen. Da ich aber in Gmunden nichts zu tun hatte, war Thomas mit „Presse", „Kurier" und „Salzburger Nachrichten", die ich auch in Steyrermühl kaufen konnte, zufrieden.

6. April 1972

Gegen 9 Uhr traf ich mit Post und Zeitungen bei Thomas ein. Ich hatte noch einige Telefonate zu führen und verspätete mich daher. Die Stimme war noch immer sehr rauh, und ich sagte zu Thomas: Solange ich deine rauhe Stimme höre, brauche ich nicht fragen, ob es schon besser ist. Ja, sagte Thomas, es steckt noch immer alles da unten, und zeigte auf die Brust. Wenn er gesund ist, sagte er, werde er nach Wien fahren und sich untersuchen lassen. Da sagte ich, ich hätte angenommen, daß er das schon bei seinem letzten Wienbesuch gemacht hätte. Damals hatte er ja gerade die gleiche Krankheit überstanden, und ich hatte gehofft, daß er sich durch eine Nachuntersuchung bezüglich seines „Böck" überzeugen wird, daß es nichts mehr damit zu tun hat. Da sagte Thomas, daß er eigentlich die Absicht gehabt habe. Aber in Wien war er so gesund, daß er das als lächerlich empfunden habe, zur Nachuntersuchung zu gehen. Gerade das, sagte ich zu Thomas, sei kein Grund, nicht zur Nachuntersuchung zu gehen.

Denn bei dieser seltenen Krankheit und so einer seltenen Böckoperation ist der Arzt ja auch daran interessiert zu sehen, ob du gesund bist. Das bist du dem Arzt schon schuldig, dich auch gesund sehen zu lassen. Ja, ja, nächstesmal gehe ich hin, sagte Thomas.

7. April 1972

Um 8 Uhr 15 bin ich wieder mit Post und Zeitungen bei Thomas. Abends von 18 bis 19 Uhr bin ich wieder bei ihm. Da es morgen Samstag keine Post gibt, will Thomas gegen Mittag selbst nach Gmunden fahren, um Zeitungen zu lesen im Gasthaus und wieder eine ordentliche Suppe zu essen. Bisher hat er vier Knackwürste, jede anders zubereitet, verspeist. Richtigen Appetit hatte er nie. Vom Supermarkt Wels habe ich Thomas einige Artikel mitgebracht. Unter anderem ein Paket mit 500 Papiertaschentüchern, denn davon hat er einen enormen Verbrauch. Beim Abschied sage ich, daß ich morgen gegen Abend einmal vorbeischauen werde. Er sagt, er sei so schwach, daß er mehr, als diese miesen Zeitungen zu lesen, nicht machen könne.
Wir sprachen auch über den *Italiener.* Ich sagte, sein rasches Urteilsvermögen wäre beim Schnitt von Vorteil. Da brauchte er nicht so lange das und jenes ansehen, da würde er schnell richtig entscheiden. Daraufhin sagte er, er werde Radax mit *Frost* scheitern lassen, ihn alleine lassen. Dann wird er sämtliche Vollmachten und Rechte zur Produktion eines Fernsehfilmes für sich alleine verlangen und bekommen. Er wird Regie und Schnitt nach seinem Drehbuch selbst machen.

8. April 1972

Wie versprochen, habe ich gegen 17 Uhr Thomas besucht. Er sagte mir, daß er erst um 15 Uhr nach Hause gekommen sei. Er hat in Gmunden Frau Hufnagl getroffen und ist mit ihr nach Traunkirchen, Pühret, Fisch essen gefahren. Er hat einen Saibling gegessen, aber besonders die Suppe vorher hat ihm gutgetan. Er brauche unbedingt wieder ordentliches Essen, und er werde auch morgen Sonntag zu Mittag ins Gasthaus fahren.

Die drei Stunden bei Thomas bis 20 Uhr sind eigentlich recht rasch vergangen. Er hat seine ganze dörfliche Umgebung von einer Pockenwelle hinwegraffen lassen und alle Häuser und Gründe in der Umgebung aufgekauft, den ganzen Besitz, seine zwei Häuser und seine Einrichtung usw., aber in der Folge alles für sinnlos erklärt. Wenn er einmal alt ist, wünscht er sich, daß, wenn er auf der Straße geht, die Kinder vor ihm davonlaufen und daß sie rufen: „Gschwind, rennts, da kommt der alte Geizkragen." Und die Mütter sollten zu ihren Kindern sagen: „Wenn ihr nicht brav seid, dann kommt der Bernhard." So sollten sie ihn fürchten und hassen. Er möchte genauso aussehen wie der vor einigen Jahren verstorbene Franzmaier von Ohlsdorf, Hochbau 1: groß und hager.

Das Bild aus dem Jahr 1965 ist beschriftet: „Franzmaier von Hochbau mit Wolfi, Omi, Reinhild und Lebensgefährtin des Franzmaier. Thomas hat zugeschaut."

Vor dem Weggehen ist mir dann noch ein Hausmittel gegen seinen Schnupfen eingefallen: Franzbranntwein mit Menthol tropfenweise auf der heißen Herdplatte verdampfen lassen und diesen Dampf in die Nase aufziehen. Es ist natürlich eine Roßkur, denn es brennt in den Augen und in den Atemwegen, aber die Verstopfung löst sich, und es geht wieder Luft durch die Nase. Das muß natürlich mit Geduld mehrmals in der Stunde wiederholt werden, dann erst stellt sich eine längere Wirkung ein. Da Thomas keinen Franzbranntwein zu Hause hat, verspreche ich ihm, morgen um 10 Uhr einen zu bringen, damit er sich vor dem Mittagessen noch Luft verschaffen kann.

9. April 1972

Wie versprochen, bin ich um 10 Uhr mit dem Flascherl Franzbranntwein bei Thomas. Er saugt den Dampf fleißig ein und spürt sofort, daß die Atemwege frei werden. Nur das von der Brust kommt nicht herauf. Da unten sitzt es, sagt er immer, das muß herauskommen, sonst werde ich nicht gesund. Ich zeige Thomas einen Brief von der Galerie „Rosenbach" Hannover, welche mir auf Anregung seines Freundes Dr. Wieland Schmied geschrieben hat. Nachdem Thomas ihn gelesen hatte, gab er ihn mir mit der Bemerkung: Das ist ein Brief, wie du ihn geradesogut aus Neulengbach bekommen könntest. Thomas geht immer wieder zur Herdplatte und zieht und zieht. Er ist begeistert von der Erleichterung, die er sofort verspürt. Ich mache auch einige Züge, und es kommt mir dabei gar nicht so scharf vor. Wahrscheinlich empfinden die gesunden Atemwege den Dampf nicht so stark. Nach einer guten halben Stunde hau ich ab und sage, ich werde gegen Abend nachsehen, wie es ihm geht.

10. April 1972

Kurz nach acht Uhr früh bin ich mit der Post bei Thomas und entschuldige mich, daß ich gestern wegen Besuch nicht mehr kommen konnte. Ich war abends sehr müde und das mit dem Besuch war auch wahr. Nur hatten wir gestern auch von dem Artikel in den „Oberösterreichischen Nachrichten" gesprochen, in welchem Thomas als „unbequemer Scharfrichter alpenländischer Gedankenlosigkeit" bezeichnet wurde, und da wurde mir wieder einmal bewußt, daß es schon sehr anstrengend ist, mit Thomas stundenlang zu sprechen und zu debattieren. Das hat auch ein bißchen eine Rolle gespielt, daß ich ihn Sonntag abend „sitzen" lassen habe. Er kann selbst schon so lange nicht aus dem Haus, bekommt keine Besuche, mit denen er streiten könnte, giftige Briefe hat er auch nicht weggeschickt, und da ich bei Thomas bestimmt nicht unter Denkmalschutz stehe, könnte eine kleine Unachtsamkeit im Zusammenhang mit seiner Krankenstimmung sehr leicht zu einer Verstimmung führen. Denn daß sich sein Schnupfen so lange hinzieht, geht ihm und mir schon auf die Nerven. Wir zeigen es nur nicht und schwindeln uns darüber hinweg.

Seine Tante hat ihm geschrieben, daß ihr um zwei Jahre jüngerer Bruder am Ostersonntag gestorben ist. Thomas sagt, es sei besser, daß die Tante nun im Krankenhaus liege und am Begräbnis nicht teilnehmen könne. Das greift sie weniger an. Wir machten uns lustig über den schönen Todestag, den er sich gerade zum Ostersonntag ausgesucht hat, aber eigentlich nur unangenehme Nachrichten. Da mir Thomas sagt, daß er wieder essen und Zeitunglesen fährt, lade ich Thomas für den Abend zu mir ein, wenn es ihm gesundheitlich möglich scheint, und bin dann bald wieder weg.

11. April 1972

Um 8 Uhr 15 bin ich mit Post bei Thomas. Er fühlt sich um nichts besser und sagt, daß es ihm abends zu anstrengend gewesen wäre zu kommen. Thomas ist noch im Morgenrock und zeigt mir seine Narbe von der Kettensäge. Sie ist ca. 5 cm lang, dunkelrot und ist ein Wulst, halb so dick wie ein Bleistift. Die tiefen Einkerbungen der Nähte sind deutlich erkennbar. Wir unterhielten uns ca. eine Stunde, und Thomas sagt, daß er heut abend kommen will, denn er muß etwas aus dem Haus. Zur Kräftigung, habe ich Thomas gesagt, soll er einen Eidotter mit einem Kaffeelöffel Honig und einem Eßlöffel Branntwein verrühren und einnehmen. Ich mache das auch seit einigen Tagen. Mir tut es sehr gut.
Da ich um 17 Uhr gerade Zeit habe, fahre ich zu Thomas. In seinem neu zugekauften Wald habe ich Holzsammler bemerkt. Ich habe näher hingeschaut und bemerkt, daß die Bewohner vom Grubergut schon einige Reisighaufen zum Abtransport aufgeschlichtet hatten. Dabei bemerkte ich, daß der Sturm am vergangenen Sonntag eine 30 cm dicke Fichte an der Wurzel umgelegt hat und diese vom Waldrand in den Wald hineinfiel, ohne daß aber andere Bäume zu Schaden gekommen wären. Darüber habe ich Thomas berichtet und ihm gesagt, daß ihm die Wohnparteien vom Grubergut viel Arbeit abnehmen, denn er müßte das dürre Reisig sonst selbst entfernen. Auch für die Zukunft wäre es gut, wenn diese Leute am Wied interessiert sind, denn es steht ihm noch ein großer Anfall an Reisig durch Ausputzarbeiten bevor, da der Wald derzeit ungepflegt und verschlampt ist. Thomas fühlt sich nicht gut und sagt, daß er auch heute abend nicht kommen wird. Nach ca. eineinhalb Stunden bin ich wieder weg.

12. April 1972

Um 8 Uhr 15 bin ich wieder mit Post bei Thomas. Es ist ein Brief von Dr. Meingast, Gmunden, dabei, den er mir gleich überreicht und mich bittet, das für ihn zu erledigen. Er gibt mir auch den Originalvertrag, um den ihn Dr. Meingast in dem Brief bittet. Thomas will den Lokalaugenschein, um den es geht, morgen um 8 Uhr früh, nicht noch einmal wegen Krankheit verschieben. Er bittet mich, mit Ing. Panholzer zu besprechen, daß der Treffpunkt nicht auf der Liegenschaft, sondern im Gasthaus Schachinger, in Reindlmühl bei der Kirche sein soll. Er werde dort im Gasthaus sitzen bleiben, und die Grundgrenzen und das Haus solle ich herzeigen. Außerdem sei es ihm lieber, wenn ich dabei sei, denn es sei ihm sehr peinlich, daß er den Ing. Panholzer mit dem Ing. Meindl verwechselt habe, als er sein Telegramm von Wien an Ing. Meindl schickte. Ich sage Thomas, daß das überhaupt nicht schlimm sei. Der Ing. Meindl ist bei der Bezirkshauptmannschaft sehr einflußreich und maßgebend, sodaß sich Ing. Panholzer wegen dieser Verwechslung eher geehrt fühlt.
Thomas löffelt zum Frühstück den von mir angeratenen Eidotter mit Honig. Statt Kognak habe er Rum genommen, sagt Thomas. Das ist ja Gift, sage ich, wichtig an dieser Mischung ist, daß Weinbrand genommen wird, der kräftigt. Nicht einmal guten Kornbranntwein soll man nehmen. Das ist egal, gebrannt ist gebrannt, warum soll das nicht gleichgültig sein, welchen Brand man nimmt? sagt Thomas. Rum auf keinen Fall, denn der wird aus giftigen Aromaten gemacht, und Weinbrand sei eben Weinbrand und nicht Kornbrand. Weinbrand sei edler und kräftigender. Thomas gibt das nicht zu, und schließlich sage ich: Wenn du keinen Unterschied zwischen verschiedenen Bränden gelten läßt, dann kannst du gleich den Holzschnaps, der aus der Papiererzeugung als Abfallprodukt anfällt, saufen. So wie der Hradil, der ist mit 45 Jahren gestorben, weil er dauernd davon getrunken hat. Brand ist Brand, also dann nimm ihn gleich vom Holz.
Thomas sagt dann, daß er sich schon viel besser fühle, als ich ihm vorhalte, daß es schon acht Tage her ist, daß ich ihn zur Ärztin gebracht habe. Er sollte aber, wenn es nicht besser wird, nach vier Tagen wiederkommen. Du bist ein richtiger Bauer, sage ich zu Thomas. Der schaut auch, daß alles am Hof in Ordnung ist, aber wenn er selbst was hat, geht er nur zum Arzt, wenn es ihn schon dazu zwingt. Diese Medikamente bist du ja in acht Tagen

schon gewöhnt, die helfen nimmer. Wahrscheinlich hätte die Ärztin nach 4 Tagen was anderes verordnet, wenn sie sieht, daß keine Besserung eingetreten ist. Vielleicht was Stärkeres. Außerdem geht es dir überhaupt nicht besser, das erkenne ich an deiner rauhen Stimme. Du hast dich nur etwas mehr an deinen Zustand gewöhnt, und das verwechselst du mit „besser gehen". Morgen geht es wegen der Kommission nicht, aber am Freitag bring ich dich zur Ärztin, zur Hintertür, damit du gleich drankommst. Das werde ich machen, denn noch so ein Wochenende ohne Arzt schaue ich mir nicht mehr an. Es sind dann sowieso zehn Tage seit dem letzten Arztbesuch vergangen. Um sechs Tage hast du das verzögert. Nach einiger Zeit, einer guten Stunde oder länger, verabschiede ich mich und verspreche, nachmittags gegen 4 Uhr zu kommen, um ihn von dem neuen Treffpunkt, den ich mit Ing. Panholzer vereinbaren werde, zu informieren.
Nachdem ich Ing. Panholzer erreicht und den Originalvertrag bei Dr. Meingast abgegeben habe, komme ich wieder zu Thomas. Wir vereinbaren, daß wir uns morgen um 7 Uhr 30 beim Postamt Ohlsdorf treffen. Ich will nämlich haben, daß er bis Gmunden mit seinem eigenen Auto fährt, damit ich nicht an ihn gebunden bin. Ich will nämlich immer soweit wie möglich selbst mit meinem Auto fahren. Dr. Wieland Schmied hat mir schon früher erzählt, wie Thomas es bei ihm gemacht hat, wenn er auf ihn angewiesen war. Wie sich Thomas plötzlich diebisch freut, wenn er das Gegenteil von dem will, was der andere vorhat oder möchte. Oder wenn Thomas spürt, der andere möchte fahren, dann bleibt er, usw.
Wir sprachen noch von der abendlichen Sendung, in welcher Ferry Radax auch was zu sagen hat. Damit ich diese Sendung sehen kann, turne ich von 18 bis 20 Uhr mit den Jugendlichen, statt von 20 bis 22 Uhr mit den Erwachsenen, damit ich nicht aus der Bewegung komme und die Sendung mit Radax sehen kann. Thomas bleibt aber zu Hause, und ich will so spät nicht zu ihm, so sieht sich jeder zu Hause die Sendung an.

13. April 1972

Um Punkt 7 Uhr 30 treffe ich mich vor dem Postamt Ohlsdorf mit Thomas. Zur Postausgabe ist es noch zu früh, und so verlangen wir vom Zusteller, daß er die Post für Bernhard bei mir in Weinberg 3 abliefert.

Beim Finanzamt Gmunden läßt Thomas seinen Wagen stehen, und wir fahren mit meinem nach Reindlmühl. Dort wartet Ing. Panholzer schon vor dem Gasthaus Schachinger. Wir erklären ihm, daß Thomas im Gasthaus bleibt und daß ich ihm das Haus und das Grundstück zeigen werde. Thomas geht ins Gasthaus, und ich fahre mit Ing. Panholzer zur Krucka, das letzte Stück geht natürlich nur zu Fuß.

Die Liegenschaft Grasberg 98, die „Krucka". Foto: Matthias Burri

Ich zeige Panholzer ausführlich die Grundgrenzen, dann das Haus und schenke Schnaps ein. Während wir alles Für und Wider besprechen, kommt Thomas im Regen daher. Er sagt, im Gasthaus war nicht geheizt, daher hat er es für besser gehalten, langsam nachzukommen, um nicht zu frösteln. Da es auch in der Krucka eiskalt ist, sage ich: Gut, dann müssen wir gleich wieder gehen, damit du dich nicht verkühlst.
Die Schreibarbeiten wollten wir ursprünglich im Gasthaus Schachinger erledigen, so aber machte ich den Vorschlag, das Alpenhotel in Altmünster aufzusuchen. Dort bestellte Thomas eine riesige kalte Platte für drei Personen und Tee. Als wir uns dann wieder dem Schreibkram zuwendeten, gab

es dauernd Differenzen zwischen dem von Ing. Panholzer behaupteten Grundausmaß und dem von Thomas behaupteten. Schließlich stellte sich heraus, daß im Akt Panholzers der Einheitswertbescheid der Frau Charlotte Schmidt, Feldstraße 45, Holzen über Schwerte, über deren Liegenschaft Grasberg 68 irrtümlich als Grundlage verwendet wurde. Da der Vorbesitzer Josef Schmid, Grasberg 98, hieß, wurden die zwei Schmied verwechselt. Thomas war empört über solche Kopflosigkeit der Behörden, vor allem darüber, daß man monatelang den Akt behandelt und diesen Fehler nicht entdeckt hat. Alle inzwischen besprochenen Gesichtspunkte haben sich damit wieder völlig verändert, und eine abschließende Beurteilung ist ohne richtige Unterlage vom Finanzamt unmöglich. Gegen 11 Uhr habe ich mich bereit erklärt, sofort bei Dr. Meingast zu verlangen, daß er noch heute die richtigen Unterlagen vom Finanzamt besorgt. Thomas blieb noch bei Panholzer, und nach 12 Uhr wollten wir uns bei mir zu Hause treffen. Vom Kartenbüro habe ich noch die fünf bestellten Karten für die Uraufführung in Salzburg mitgenommen.
Thomas kam erst gegen 13 Uhr zu mir nach Weinberg. Er hat noch in Gmunden die Tageszeitung gelesen. Bei seiner Post befindet sich auch ein Telegramm. Thomas ißt und trinkt und will von mir wörtlich genau wissen, was ich bei Dr. Meingast gesagt habe. Ich berichtete Thomas, daß ich von Dr. Meingast verlangt habe, daß er noch heute vom Finanzamt den Einheitswertbescheid zu besorgen hat. Daß ich dich heute um 17 Uhr zu besuchen habe, um dir mitzuteilen, was ich bei Dr. Meingast erreicht habe. Ich habe ihn ausdrücklich darauf aufmerksam gemacht, daß ich dir um 17 Uhr sagen werde, daß er die Besorgung des Bescheides versprochen habe. Da ich morgen bei der Agrarbehörde in einer anderen Sache zu tun habe, werde ich mich morgen davon überzeugen, ob der Bescheid dort eingelangt ist. Alles Schimpfen und Krachmachen, sagte ich, hätte bei so einer großen Kopflosigkeit keinen Wert. Denn die Schande, daß so etwas passiert, ist schon groß genug. Wenn ein Schüler der vierten Klasse Volksschule falsche Bücher in die Schule mitbringt, wird er vom Lehrer bestraft. Was soll man mit einem Anwalt machen, der solche Fehler macht. Das war ganz gut, wie du das mit ihm gemacht hast, sagte Thomas. Ich hätte da nicht hingehen können, das wäre ein fürchterlicher Krach geworden.
Dann zeige ich auf das Telegramm und sage: Schau doch wenigstens das Telegramm an, vielleicht ist es wichtig. Thomas öffnet, liest, es ist ein langer

Text, und reicht es mir zum Lesen. Das Telegramm stammt von Musulin. Er bittet Thomas um eine Buchbesprechung von Zuckmayers *Henndorfer Pastorale*. In dem Telegramm wird als Aufnahmetag der 24. 4. in Wien vorgeschlagen, oder der 5. 5. bei Musulin in Frankfurt. Er sei überzeugt, Thomas werde das gerne machen, es würde ihn sehr freuen, usw., Dein Janko. Nachdem ich das Telegramm gelesen hatte, sagte Thomas verärgert: So will man einen zu was zwingen. Aber ich werde so etwas nie machen. Da sieht man wieder, wie ... und verblendet Musulin ist. Das Buch von Zuckmayer ist doch schlecht, alle Namen sind falsch geschrieben, usw. Aber die Leute kaufen es nur, weil es von Zuckmayer ist, und es gefällt ihnen auch, weil es von ihm ist. Ich sage: Ich bin erstaunt, daß Musulin dich nicht so gut kennt, daß er überhaupt hofft, daß du so eine Buchbesprechung machen wirst. So gut müßte er dich eigentlich kennen, um zu wissen, daß er das nie haben kann. Ja natürlich, das ärgert mich ja, seit 15 Jahren sind wir bekannt, aber wirklich kennen tut er mich immer noch nicht. Aber er ist natürlich lieb, reich, fürchterlich reich, und ... Bei seinen Sendungen sieht man es ja manchmal, wie ... er eigentlich ist. Aber mit seinem Reichtum versucht er das zu kaschieren. Aber er ist sehr lieb, und vor allen Leuten, die lieb sind, muß man sich hüten. Die haben keinen Geist, sind eben nur lieb und sonst steckt nicht viel dahinter. Nur mit lieb und nett sein alleine geht es nicht. Ich kann doch nicht über ein Buch, vor dem mir graust, was Gutes sagen, denn das erwarten doch Zuckmayer und Musulin von mir. Außerdem ärgert mich, daß er schreibt, daß ich als kleiner Bub dort im Hause Zuckmayer gerne Schokolade bekommen habe. Ich sage: So weit habe ich das Buch gar nicht gelesen, nur einen Auszug aus der Zeitung, wo er sich im Tümpel eine Blutvergiftung zugezogen hat. Aber ich hatte den Eindruck, daß das nicht besser geschrieben ist als ein Schüleraufsatz in der dritten Klasse Hauptschule. Ich begreife nicht, daß ein Mann wie Zuckmayer sowas schreibt und drucken läßt. Thomas sagt: Daran ist nur Schaffler schuld. Der ist nur aufs Geld aus, der hat ihm das eingeredet, er soll das schreiben, denn es läßt sich gut verkaufen, auch wenn es Dreck ist. Zuckmayer ist senil, hat eine gierige Frau und eine gierige Tochter, und die wollen noch herausholen, was aus Zuckmayers Namen halt noch herauszuholen ist.
Schließlich sagt Thomas, daß es ihm um die 50 Schilling leid ist, die das Telegramm kosten wird, mit welchem er abtelegrafieren wird, und noch

mehr stört es ihn, daß er deswegen auch noch zur Post fahren muß. Für solche Zwecke habe ich immer einige Telegrammformulare zu Hause. Damit du auch einen Durchschlag machen kannst, gebe ich dir zwei und Blaupapier. Thomas will gleich am Kastl, wo meine Schreibmaschine abgestellt ist, schreiben. Ich aber nehme die Maschine und sage: Nur nicht hetzen. Ich stelle die Maschine vor ihm auf den Tisch und sage, daß ich das Telegramm für ihn zur Post bringen werde.
Thomas tippt: Baron Musulin D 6 Frankfurt/Leerbachstr. 28 Bin seit zwei Monaten krank und zur völligen Untätigkeit verurteilt. Herzlich Thomas. So, da sollen die glauben, ich bin am Verrecken. Aber eine andere Ausrede hätte ich auch nicht, wenn ich gesund wäre, denn ich kann es mir nicht mit Musulin und Zuckmayer vertun.
Dann zeige ich Thomas freudestrahlend die heute erhaltenen Karten für die Salzburger Festspieluraufführung von *Der Ignorant und der Wahnsinnige.* Thomas betrachtet die Karten und sagt: Vor zehn Jahren hätte ich mir das nicht träumen lassen, daß es so etwas einmal geben wird. *Der Ignorant und der Wahnsinnige,* der Titel alleine ist schon ein Wahnsinn, aber alles ist Wahnsinn. Siebte Reihe, das sind gute Plätze, davor werden schon Kritiker und Ehrengäste sitzen. Aber wieso ist die Aufführung am 28.? Na ja, ich glaub, Kaut hat mir was gesagt, daß sich eine Kleinigkeit geändert hat. Thomas betrachtet die Karten weiter und sagt plötzlich: Die sind ja für den 28. August. Die haben dir falsche Karten gegeben. Die Uraufführung ist am 29. Juli! Thomas sagt, ich solle sofort, noch heute, die Karten zurückgeben und unbedingt darauf bestehen, daß ich Karten für die Uraufführung bekomme. Thomas sagt weiter, daß ihm von diesem Reisebüro in Gmunden einmal eine Fahrt nach Brüssel verkauft worden sei, die auf einer Nebenstrecke, ohne Schnellzugverbindung nach Brüssel führte. Außerdem sei seiner Tante schon zweimal eine falsche Zugsauskunft erteilt worden, und als sie sich deswegen beschwerte, habe die Angestellte dort ruhig ihre Wurstsemmel weiterverzehrt, worauf seine Tante einen Skandal geschlagen habe. Sie wird nie wieder dieses Reisebüro in Anspruch nehmen. Ich sage dann, daß man mir zu den fünf Karten unbedingt eine Karte für eine Matinee am 26. 8. verkaufen wollte. Obwohl ich wiederholt sagte, die hätte ich nicht bestellt, sagten die immer wieder, diese Karte sei von mir mitbestellt worden, ich müsse sie nehmen. Erst als sie auf mein Verlangen ganz genau nachsahen, sagten sie, ja, die Karte wurde von jemand anderem bestellt.

Thomas sagte: Überall sind so kleine „Meingast“ versteckt, die alles falsch machen.
Thomas blieb bis 17 Uhr, und wir vereinbarten, daß ich gleich zum Kartenbüro fahre und ihm dann darüber berichte. Thomas sagte, ich solle dort sagen, daß allen drei die Köpfe abgeschnitten gehörten, und mit herausgestreckter Zunge sollten diese Köpfe in die Auslage kommen, mit der Überschrift: Die haben falsche Zugsauskünfte und falsche Karten verkauft. Ich solle mir eine Hacke mitnehmen. Außerdem solle ich sofort verlangen, daß in meiner Gegenwart die Kartenstelle in Salzburg angerufen werde und daß denen in Salzburg, wenn sie sagen, daß keine Karten mehr zu haben seien, vorgehalten werden solle, daß das nicht stimme, der Autor selbst habe das gesagt, denn er wisse aus Erfahrung, daß immer noch einige Karten zu haben seien, auch wenn sie sagten, es gebe keine mehr. Der Anruf müsse sofort erfolgen, denn die Kartenkassa sei immer besetzt, es sei immer jemand da. Die Karten solle ich hinwerfen und das Geld sofort zurückverlangen. Ich solle ihnen auch die Sache mit seiner Tante vorhalten und das mit der unmöglichen Zugsverbindung, die sie ihm dort vermittelt haben.
Ich sage darauf zu Thomas: Ich werde versuchen, was ich kann, aber ich bin so niedergeschlagen, daß ich heute keinen Krach mehr machen kann, außerdem habe ich noch keine Karten, auch wenn ich denen die Köpfe abschlage. Thomas ersucht mich, ihn sofort zu besuchen, wenn ich von Gmunden zurückkomme, er will wissen, wie das ausgegangen ist.
In Gmunden geht aus den Bestellungsunterlagen hervor, daß die Karten für den 29. 8. bestellt wurden. Der 29., sage ich, stammt von mir, aber der 8., den haben Sie verschuldet. Ich habe für 29. 7. bestellt. Es wird mir auch ein Schreiben der Kartenstelle Salzburg vorgezeigt, in dem diese schreibt, daß am 29. 8. keine Vorstellung von *Der Ignorant und der Wahnsinnige* stattfindet, sondern am 28., und daher senden sie die Karten für den 28. Dann verlange ich den Anruf in Salzburg, wie von Thomas Bernhard verlangt. Auf die Auskunft, daß keine Karten mehr da seien, sagt die Angestellte, daß der Autor wisse, daß trotzdem immer noch einige Karten zur Verfügung stünden, und da es sich um Bekannte von ihm handelt, sollen sie damit herausrücken. In Salzburg bleibt man dabei, es sind alle weg. Man vertröstet, wenn was zurückkommt, würden welche geschickt werden. Daraufhin sage ich der Angestellten, daß Thomas Bernhard mich zum Köpfen aufgefordert habe, so erbost sei er, und daß sie ihn seinerzeit nach Brüs-

sel über eine Nebenstrecke, über Luxemburg geleitet hätten, und das von der Tante hielt ich der Angestellten auch vor. Das hat mit dem nichts zu tun, sagte diese. Aber natürlich, sage ich, hat das was zu tun damit, denn es ist eine ähnliche Schlamperei geschehen. Sie gibt mir anstandslos das Geld und ersucht mich, morgen zu kommen, wenn der Herr Ruckser, der meine Bestellung falsch aufgenommen hat, selbst da ist, denn es sei seine Schrift.

Gleich darauf besuche ich Thomas in Nathal, es ist ca. 18 Uhr 30. Er fragt mich sofort, ob ich das vom Köpfeabschlagen gesagt habe, und als ich bejahe, fragt er: Hast du das auch gesagt, daß ihre Zungen aus den abgeschlagenen Köpfen herausgestreckt werden sollten? Darauf habe ich vergessen, sage ich. Aber das vom Plakat, das über den abgehackten Köpfen angebracht werden sollte, das habe ich gesagt. Dann ist es gut, sagt Thomas, wie steht's mit den Karten? Als ich ihm berichtet hatte, sagte er, ich solle mir das auf keinen Fall gefallen lassen. Die sollen die Karten hernehmen, wo sie wollen. Ich habe ordentlich bestellt, ich habe ein Recht auf die Karten. Was ist denn, wenn jemand aus Amerika herfliegt, dem könnte man doch auch nicht sagen: Es war ein Irrtum, wir haben keine Karten. Thomas hetzt mich sehr auf, morgen ganz energisch vorzugehen, denn er sei überzeugt, daß noch Karten zu bekommen seien, auch wenn die in Salzburg gesagt haben, es seien keine mehr da.

Dann zeigt er mir die Rechnung vom Elektrikermeister Stadlbauer in Laakirchen, sie lautet auf 32.346,10 Schilling für die gesamte Heizungsinstallation. An Arbeit wurden ca. 4000 Schilling verrechnet, sodaß auf Heizkörper und Material ca. 28.000 Schilling entfallen. Wir beide fanden die Rechnung in Ordnung, nachdem wir die einzelnen Posten durchgingen. Thomas sagt, mit 30.000 bis 35.000 Schilling habe er gerechnet, daher habe er heute noch kurz vor 12 Uhr in Gmunden das Geld überwiesen. Jetzt habe er bei der Bank 50.000 Schilling Schulden. Jetzt ist ihm leichter, denn die Guthaben bei der Bank sind sehr unangenehm, da ja die Geldentwertung so rasch fortschreitet. Es sei besser, 50.000 Schilling Schulden zu haben als 50.000 Schilling Guthaben. So ein Guthaben schmilzt wie Schnee in der Sonne.

Dann kommen wir auf Radax zu sprechen. Thomas hat sich die Sendung vom Mittwoch angesehen und ist von Radax enttäuscht. Besonders seine Aussage im Wiener Dialekt war scheußlich, so etwas kann man einfach

nicht sagen. Außerdem hat Thomas inzwischen das Drehbuch von Radax durchgesehen, näher durchgesehen, und ist draufgekommen, daß er ganze Textstellen aus dem Buch wörtlich abgeschrieben hat und nur zusätzlich dann hinzugefügt hat, wo die Person zu gehen hat oder wo sich die Person da zu befinden hat. Das, was Radax gemacht hat, ist keine 20.000 DM wert. Wenn man bedenkt, daß er dafür 20.000 DM bekommt, da kommt einem zum Bewußtsein, daß das für diese Arbeit viel zuviel ist. Außerdem schreibt Radax: *Frost*, nach dem gleichnamigen Roman. Das alleine ist schon eine Gemeinheit. Aber wenn er kommt, dann werde ich ihm einiges erzählen. Ich sage Thomas, er solle das nicht tun, er solle Radax lieber scheitern lassen, und umso leichter wird er mit was Neuem ankommen. Denn ein schlechter Film von Radax über den *Frost* wird ihm nicht schaden.
Als Thomas merkt, daß ich ihn gegen 19 Uhr 30 verlassen will, sagt er, er würde gerne mitkommen, er halte es heute abend allein nicht aus. Später ist Thomas bei mir zu Hause noch so lustig und witzig, daß ich sage, er wird sich das aus der Brust noch „herauslachen", das wird sicher lockerer vor lauter Lachen.
Um 23 Uhr 30 bringe ich Thomas nach Hause. Wir vereinbaren, daß ich mit der Post um 8 Uhr 30 zu ihm komme und dann mit ihm zur Ärztin fahre.

14. April 1972

Gegen 8 Uhr 30 bin ich bei Thomas. Er hat nur zwei Briefe. Jeder von einem Verlag. Die schmeißt er hin und liest sie gar nicht. Er ersucht mich nochmals, auch wirklich zur Ärztin mitzukommen. Ich hatte ihm nämlich versprochen, daß ich ihn von „hinten" anmelden werde, damit er gleich drankommt. Thomas gibt mir auch die Fotokopie der gemeindeamtlichen Bestätigung von der Bauernkammer, die die Agrarbehörde dringend benötigt, weil die Bestätigung von der Bauernkammer dem Amt nicht vorgelegt wurde. Es ist ein Schreiben des Gemeindeamtes Ohlsdorf, in dem bestätigt wird, daß Thomas Bernhard seinen Hof selbst alleine bewirtschaftet. Eine Fotokopie habe ich Thomas damals eingeredet, machen zu lassen, damit ich in deren Besitz kommen konnte. Damals habe ich sie auch meinen Aufzeichnungen als Beilage hinzugefügt. Nun war es gut, daß auch Thomas diese Fotokopie hatte. Ich ließ sie nochmals fotokopieren und brachte ein Exemplar dem Ing. Panholzer von der Agrarbehörde. Für 19 Uhr habe ich Thomas zum Abendessen eingeladen. Thomas wird inzwischen selbst den Dr. Meingast besuchen und den Hauptvertrag für kommenden Montag verlangen. Ich mache Thomas darauf aufmerksam, daß er das Dr. Meingast spätestens bis 10 Uhr sagen soll, damit er noch bis 12 Uhr das Lustrum einholen kann. Denn es ist Freitag, und nachmittags kann Dr. Meingast bei Gericht und beim Vermessungsamt die Daten nicht mehr einholen und dann auch den Vertrag bis Montag nicht fertigstellen. Nur an einem Montag, wenn Asamer Sperrtag hat, kann dieser nämlich den Vertrag unterschreiben, und wenn das Wetter besser wird, ist Asamer auch am Montag von 4 Uhr früh bis 8 Uhr abends auf den Feldern. Denn er ist alleine mit den Maschinen auf seinen 150 ha unterwegs. Da er auch den Kaufpreis schon hat, werden wir den Asamer, wenn die Feldarbeit beginnt, auch mit dem Lasso nicht zum Notar bringen können, weil wir ihn auf seinen weit auseinanderliegenden Feldern gar nicht finden werden. Also, Thomas wird alles dransetzen, den Vertrag von Dr. Meingast bis Montag zu bekommen. Thomas gibt mir noch Ratschläge für meine Vorsprache beim Kartenbüro und sagt schließlich: Auf alle Fälle kannst du meine haben, denn du weißt ja, ich werde auf keinen Fall an der Uraufführung teilnehmen. Da sage ich: Hast du diese Karte nicht Irina, der Frau von Rochelt, versprochen? Die sagte mir, sie hat noch keine Karte, sie wird aber schon eine bekommen, und da dachte ich, sie wird neben Tante Hede sitzen. Da ist Thomas entrüstet: Ich gebe niemandem eine Freikarte. Nur für den Fall, daß du nichts bekommen solltest, würde ich dir die Karte geben. Ich habe allen Bekannten gesagt, das muß ich ihnen schon wert sein, daß sie die Uraufführung besuchen, wenn nicht, sollen sie das bleiben lassen. Ich will ja nicht unbedingt, daß sie die Vorstellung besuchen. Genauso verschenke ich keine Bücher mehr. Wo käme ich da hin, 49 Bekannten gebe ich ein Buch, und der fünfzigste ist dann beleidigt, wenn er keines bekommt. Das hat sich alles aufgehört, dieses Buchverschenken. Wenn sich jemand für meine Bücher interessiert, soll er sie kaufen. Aber für den Fall natürlich, daß du keine Karten mehr bekommen solltest, meine ist dir sicher. Naja, sage ich, mir ist es wegen meiner Familie, die hat sich schon so gefreut. Vielleicht könnte ich über Peymann noch Karten bekommen, denn der muß ja auch über einige Freikarten verfügen.

Anschließend begleite ich Thomas zur Ärztin nach Steyrermühl. Ich melde ihn „rückwärts" an, aber da die Frau Doktor gerade einen Patienten zu nähen hat, was mindestens noch 20 Minuten dauern wird, verspricht die Arzthilfe, daß Bernhard gleich danach aufgerufen wird. Er soll sich nur vorn hinsetzen. Ich blieb bei Thomas noch ca. 30 Minuten sitzen, da wir uns sehr interessant unterhielten und der Patient mit der Naht noch immer nicht fertig war. Als ich von ihm wegging, ahnten wir nicht, daß es für beide ein erfolgreicher Tag werden würde. Daß er den Vertrag zustande bringen und ich die Karten für die Festspiele bekommen würde. Ich verabschiedete mich bis 19 Uhr.
Um 19 Uhr kommt Thomas wie vereinbart zum Abendessen. Er konnte alles gut erledigen, der Kaufvertrag ist am Montag um 15 Uhr zu unterschreiben. Treffpunkt Kanzlei Dr. Meingast. Die Ehegatten Asamer hat er noch nicht verständigt, da würde er mich bitten, daß ich das für ihn mache. Ich sage, daß ich sofort nach dem Abendessen, während der Nachrichten, nach Ohlsdorf zu den Asamers fahren werde, denn da werde ich den Rudolf antreffen. Je früher die wissen, daß sie kommenden Montag um 15 Uhr in Gmunden sein müssen, desto besser ist es.
Vorher kann ich aber Thomas noch berichten, daß mir vom Reisebüro Gmunden die Karten schon zugesichert sind. Offiziell an das Büro konnten keine Karten mehr geliefert werden, aber sie haben privat, also über eine Privatperson die Karten erhalten. Es ist so, wie Thomas gesagt hat. Wenn die sagen, es ist alles ausverkauft, dann ist trotzdem immer noch was da für private, dringende Fälle. Ich war natürlich sehr glücklich darüber und bin anschließend gerne zu Asamer gefahren. Asamer habe ich getroffen, und er hat für Montag zugesagt, mit seiner Gattin den Vertrag zu unterfertigen. Thomas war beruhigt, daß das auch noch erledigt ist, und er blieb in guter Stimmung bis 23 Uhr 30.
Omi hat ihm die an der Tasche zerrissene Windjacke sehr schön genäht. Darüber hat er sich auch sehr gefreut, daß die Naht so gelungen ist, daß man fast nichts merkt, und er hat sich sehr herzlich bedankt.
Da Samstag und Sonntag meistens Tage sind, an denen wir uns schwer treffen, weil ich da meistens mit Kundschaften Gründe oder Häuser besichtigen bin, haben wir ausgemacht, wenn wir uns nicht vorher treffen, daß ich auf alle Fälle am Montag früh mit der Post zu ihm komme.

15. April 1972

Thomas kommt um 15 Uhr, trifft nur meine Mutter, da wir, meine Gattin und ich, mit Hausinteressenten unterwegs sind. Thomas unterhält sich einige Zeit mit meiner Mutter im Garten und läßt mich grüßen. Da am Samstag sehr viele Leute da waren, ist es mir erst am Sonntag eingefallen, daß ich eigentlich zu Thomas gesagt hatte: Wenn du nicht kommst, schau ich zu dir, wie es dir geht.

17. April 1972

Kurz nach 8 Uhr kam ich heute mit Post zu Thomas. Er bekam eine größere Menge Briefe, auch von Musulin einen. Ich fragte Thomas, ob es ihm nichts ausmachen würde, wenn ich etwas länger bliebe, um auch meine Post durchsehen zu können, und aus einem zweiten Grund, den ich ihm später sagen würde. Thomas war es angenehm, daß ich bis 9 Uhr blieb. Wir sprachen auch vom japanischen Nobelpreisträger Jasunari Kawabata, der am Vortag 72-jährig Selbstmord verübte. Sein Schriftstellerkollege machte vor einigen Jahren Harakiri. Ich sagte wie schon öfter, daß Selbstmord eine sehr häufige Todesart unter den Schriftstellern sei. Thomas sagt: Mit 72 Jahren ist das das Beste, was man machen kann. Wenn du dich, so sagt er zu mir, mit 72 Jahren umbringen würdest, würde ich große Hochachtung vor dir haben und den Hut ziehen. Oder die Zipfelmütze, sage ich, die du jetzt gerade aufhast. Thomas sagt, die habe er auf, damit er sich nicht verkühle, da er sich vorhin gerade den Kopf gewaschen habe. Bei meinem Eintritt habe ich sofort festgestellt, daß er gesund erscheint. Deswegen wollte ich länger bei ihm bleiben. Nach einer Stunde hatte er noch immer keinen Huster gemacht, sodaß ich ihm dann sagte, ich wollte kontrollieren, ob er noch hustet. Vor allem den gefährlichen, trockenen, kurzen Huster, der für den „Böck" typisch ist, den hat er nicht. Daher kann er ruhig nach Wien fahren, sich dort untersuchen lassen, aber trotzdem behaupten, daß er den Husten und Druck in der Brust hat, damit er gründlich auf „Böck" untersucht werde, und mit einer sicheren Bestätigung, daß kein „Böck" in der Brust sitzt, zurückkehre. Thomas stimmte mir zu. Beim Abschied habe ich ihn dann für 19 Uhr zu mir gebeten.

Vor dem Weggehen sagte mir Thomas noch, daß er das Erdbeben genau um 12 Uhr 05 verspürt habe. Ein Irrtum seinerseits sei ausgeschlossen, denn er sei am Diwan gelegen, als plötzlich die Flammen aus dem Ofen schlugen, wie wenn der Ofen explodieren würde. Gleichzeitig hat es ihn zum Ofen hin geschaukelt. Daraufhin ist er aufgesprungen und hat auf einen Zettel die Uhrzeit, 12 Uhr 05 notiert. Ein Irrtum sei auch deswegen ausgeschlossen, weil er wisse, welche Sendung er angesehen habe, und die war nicht um 11 Uhr, oder was sonst in den Nachrichten behauptet wurde. Er sagte, es sei eine Schlamperei, daß man für das Erdbeben eine falsche Zeit angebe, denn er habe es deutlich verspürt, und das war ganz sicher um 12 Uhr 05. Inzwischen habe ich heute in der Zeitung gelesen, daß um 12 Uhr 05 in der Gegend von Vöcklabruck ein Nachbeben verspürt wurde. Thomas hatte sich also wirklich nicht getäuscht, nur wurde das Nachbeben von Vöcklabruck in den gestrigen Nachrichten nicht durchgegeben.
Um 19 Uhr kam Thomas wie vereinbart. Während des Abendessens erzählte er mir, daß er heute seit langem wieder zwei Briefe weggeschickt habe. Einen an Burgtheaterdirektor Klingenberg, der hatte ihm vor ca. 14 Tagen einen fünf Seiten langen Brief geschrieben. Es sei ihm, Thomas, aber unmöglich, auf so einen langen Brief einzugehen. Es sei ihm unverständlich, wie ein Direktor an einen Autor überhaupt einen so langen Brief schreiben könne, mit so vielen kleinen Details, usw. Dazu sei doch weder der Direktor noch der Autor da. Aber da zeigt sich eben das Kleinformat dieser Leute. Er hat an Klingenberg nur ganz kurz geantwortet, ist auf den Brief im einzelnen gar nicht eingegangen und hat ihm mitgeteilt, er solle zu ihm herkommen.
Den zweiten Brief hat er an seine Hamburger Freundin geschrieben und ihr darin seine Karte für die Uraufführung in Salzburg angeboten. Die hat ihm nämlich inzwischen sehr nett geschrieben, und die soll neben der Hede der Uraufführung beiwohnen, während er im Kaffeehaus auf uns wartet. Ich zeige Thomas meine Karten, die ich heute für die Premiere erhalten habe. Er sieht, daß es Rücksitze hinter der Mittelloge sind, und sagt, diese Plätze sind sehr gut, er hat so einen Platz schon öfter gehabt, und wenn ich nichts sehe, solle ich einfach dem Vordermann in der Loge eine auf den Kopf hauen. Er hat immer so lange nach vorne Klapse ausgeteilt, bis es denen zu dumm war und sie die Sicht ordentlich freigegeben haben.

Dann war es höchste Zeit, wegen der „Zeit im Bild"-Nachrichten in den ersten Stock zur Omi zum Fernseher zu gehen. Omi hat gleich zu Beginn der Nachrichten Thomas das Stilett aus seiner Hirschlederhose gezogen. Ich habe das bemerkt, und da Omi alle zwei Monate immer den gleichen Scherz macht, habe ich gesagt: Omi, wenn du das noch einmal machst, wird dich Thomas abstechen. Ja natürlich, sagte Thomas. Machen wir das gleich heute, sagte ich, wie alt bist du, Omi, damit wir dein Alter richtig in der Zeitung angeben können. 72 Jahre, du weißt es ja, sagte Omi. Das ist das Alter, wo sich der Japaner Kawabata umgebracht hat, sagte Thomas, das paßt sehr gut, dieses Alter. Wo willst du eingegraben werden, bei Opa in Ottensheim oder in Ohlsdorf, fragte ich Omi. Na, schon in Ohlsdorf, sagte Omi. Dann entwarf Thomas ein halbes Dutzend Zeitungsüberschriften: Schriftsteller ersticht 72-jährige Omi, bluttriefendes Messer sichergestellt, usw.

In Omis Wohnzimmer im ersten Stock des Hauses Karl Ignaz Hennetmair waren im Jahr 1972 meist fünf Programme zu empfangen: „Österreich 1 und 2, Deutschland 1, Thomas auf österreichisch und auf bayrisch" (Tagebucheintrag 27. 6. 1972).

Als die Bilder vom sozialistischen Parteitag in Villach gezeigt wurden, gab sich Thomas als Bauchredner, indem er einige politische Versprechungen mit sehr hoher Stimme nachäffte und dann mit sehr tiefer Stimme die Preis- und Steuererhöhungen bekanntgab. So wechselte er dauernd, mit hoher Stimme gab er Versprechungen, mit tiefer gab er das Gegenteil bekannt. Bei einigen ganz miesen Sätzen des Landeshauptmannes Sima sagte Thomas, solche Leute machen Programme, von solchen Leuten werden wir regiert. Die haben einfach keine Persönlichkeiten, und die ÖVP ist auch an einem Tiefpunkt angelangt, die haben auch keine Persönlichkeiten. Wie soll das noch werden, wenn dem Volk, das alles glaubt, solche Sinnlosigkeiten vorgemacht werden. Nach der Tagesschau im deutschen Fernsehen drehten wir ab, und da Omi morgen früh nach Linz fahren wollte, ging diese zu Bett.
Als wir dann alleine waren, sagte Thomas, daß er heute einen langen Brief von Musulin bekommen habe. Der Musulin ist so lieb und ... Er schreibt, ob er mir helfen kann, weil ich so krank bin, usw. Natürlich stimmt es, daß ich krank bin, aber da gibt es doch kein Helfen. Ich weiß gar nicht, was ich da zurückschreiben soll, erwartet der sich einen rührseligen Brief von mir, oder was denn? Wenn er schon weiß, wie scheußlich und ekelhaft ich bin, dann muß er an dem Telegramm doch gemerkt haben, daß es nicht nur meine Krankheit ist, auch wenn ich „herzlich Thomas" geschrieben habe. Wenn es wirklich meine Krankheit allein gewesen wäre, dann würde man so einem Telegramm noch ein paar Worte hinzufügen, wie etwa, „leider" bin ich zur Untätigkeit verurteilt. Wenn das echt gewesen wäre, hätten einige ähnliche Worte in meinem Telegramm enthalten sein müssen. Aber der ist so ..., der merkt das gar nicht, dem fällt so etwas nicht auf. „Bin seit zwei Monaten krank und zur völligen Untätigkeit verurteilt, herzlich Thomas", da muß er, wenn er intelligent ist, unbedingt merken, daß das nicht nur die Krankheit ist. Aber soll ich „herzlich" auch nicht mehr schreiben, damit der merkt, was für ein Scheusal ich wirklich bin? Wenn er weiß, was für ein schrecklich unangenehmer Mensch ich bin, muß er so ein Telegramm einfach begreifen. Aber der kennt mich scheinbar noch immer nicht. Von mir kann einer einfach nichts erwarten, ich will ja auch nichts von den Leuten. Auch das Interview mit Kaut, das wir vor den Festspielen machen wollten und das ich ihm versprochen habe, werde ich nicht machen. Sag mir, sagte Thomas, wie soll ich das machen, vor den Festspielen? Ich rechne, so ab

Mai werden die Reporter aller Zeitungen auf mich zukommen, und ich soll was über mein Stück sagen. Die wollen alle vor der Uraufführung was über mich bringen, und ich will aber überhaupt nichts sagen. Ich habe nichts zu sagen. Das Stück ist da, und dazu gibt es nichts zu sagen und zu interpretieren. Alles, was man sagen würde, wäre sicher nur blöd, und in zehn Jahren würde ich das selbst nicht anhören können. Außerdem lassen die Journalisten Sätze aus oder entstellen die Aussage, indem sie was weglassen. Ich fühle mich so stark, daß ich mich auf nichts einlassen werde. Natürlich, sage ich, so wie damals, als sie bei deinem Wort Narzißmus das „r" ausgelassen haben, wenn auch aus Schlamperei, so bist du dauernd der Gefahr der Verdrehung ausgesetzt und denen ausgeliefert. Sie können die schlechtesten Stellen herausschneiden und bringen, statt umgekehrt. Aber wie soll ich dem am besten entfliehen, fragt Thomas. Na ja, sage ich, du müßtest wieder fest zusperren und dich nicht rühren, und da du ja in letzter Zeit den Verkehr mit den Nachbarn ganz eingestellt hast, wissen die nicht, wo du bist, und werden sagen, vielleicht ist er auf der Krucka oder in Wien. Und wenn du wirklich mit einem von der Zeitung konfrontiert wirst, weil er dich zufällig erwischt, sagst du, du steckst mitten in einer größeren Arbeit, du bist restlos beschäftigt damit, du kannst dich unmöglich ablenken lassen. Du mußt so einen halt ganz grob abweisen. Ich gab ihm Ratschläge, wie er hinten zum Wald gehen soll, damit seine Spaziergänge von den Nachbarn nicht bemerkt werden, damit sie keine Auskunft geben können, usw. Wegen der täglichen Post und den Zeitungen, die er im Kaffeehaus lesen will, kommt ein Verstecken für mehrere Wochen auf der Krucka nicht in Frage. Schließlich begründet Thomas seinen Standpunkt, daß er keinerlei Informationen an die Zeitungen geben will und daß er überhaupt nicht will, daß vor der Aufführung was geschrieben wird, noch damit, daß es für nichts ist. Denn entweder wird das Stück ein Erfolg, dann ist es nicht notwendig, vorher was dazu tun zu wollen, oder es fällt durch, dann wäre auch alles umsonst, was vorher geschrieben wurde. Deswegen macht er auch das Fernsehinterview mit Festspielpräsident Kaut nicht. Denn wenn das Stück ein Erfolg wird, rennt er mir nachher sowieso nach, wenn es durchfällt, will er auch trotz Fernsehinterview nichts mehr von mir wissen. Daher kann es nur gut sein, nichts zu machen. Thomas sang und trällerte noch und blieb bis nach 23 Uhr. Es ist ihm wieder ein Stein vom Herzen gefallen, daß er keinerlei Verpflichtungen eingehen wird.

Da ich morgen schon bald zu Bett gehen will, weil ich am Mittwoch um 3 Uhr früh nach Wien fahren werde, verspreche ich Thomas, die Post in der Früh zu bringen und ihn abends um ca. 18 Uhr zu besuchen, nur damit wir uns sehen.

18. April 1972

Um 7 Uhr 15 brachte ich Omi zum Zug in Steyrermühl. Anschließend holte ich die Post in Ohlsdorf und brachte sie zu Thomas. Ich richtete ihm schöne Grüße von Omi aus. Er solle inzwischen die Messer schleifen, sagte sie, am Freitag ist sie wieder zurück. Da werden wir gleich sehen, ob sie hieb- und stichfest ist, die Omi, sagte Thomas.
Da ich am Mittwoch, dem 19., um 3 Uhr früh nach Wien abfahren will, sagte ich zu Thomas, daß ich ihn um ca. 17 Uhr 30, spätestens aber bis 18 Uhr besuchen werde und daß ich dann früh zu Bett gehen werde. Da ich eine Menge Erledigungen hatte, war es genau 18 Uhr 30, als ich bei Thomas klopfte. Der Torschlüssel steckte von innen, und als sich auf mein zweites Klopfzeichen nichts rührte, ging ich ums Haus, um zu sehen, ob Thomas den Hof von rückwärts durch ein Tor verlassen hat, und um durch den Torspalt zu sehen, ob er im Keller oder Stall ist. Bis dorthin würde er das Klopfen nicht hören. Als ich aber bemerkte, daß er nicht im Keller ist und auch nicht den Hof nach hinten verlassen hatte, ging ich weiter ums Haus zum Auto und fuhr sofort weg. Es hätte keinen Sinn mehr gehabt, hartnäckig zu bleiben, denn er hätte sicher schlecht gelaunt geöffnet. Er hat mich ab 17 Uhr 30 von Minute zu Minute erwartet, und ich sehe es im Geiste, wie er nach 18 Uhr zornig das Tor verschlossen hat. Ich fühlte mich beim Wegfahren von ihm beobachtet und sah nicht einen Augenblick zum Haus hin, sodaß er den Eindruck haben mußte, daß es mir völlig gleichgültig ist, ob er öffnet.
Außerdem wollte ich ihn in gereizter Stimmung nicht sehen. In letzter Zeit hatte er ja keine Gelegenheit, seine Bösartigkeit woanders anzubringen, sodaß ich selbst in immer größere Gefahr kam.

19. April 1972

Um 11 Uhr wollte ich mit meiner Frau von Wien zurück sein, es wurde aber 18 Uhr. Bei unserem Eintreffen sagte meine Tochter Reinhild, Bernhard sei vor einer halben Stunde da gewesen und hätte gefragt, wo ich sei. Als er hörte, daß ich von Wien noch nicht zurück sei, äußerte er sich besorgt.

20. April 1972

Um 13 Uhr kam Dr. Wieland Schmied mit seiner 3-jährigen Tochter Franziska zu mir ins Haus. Wir plauderten eine Stunde, um dann gemeinsam zu Thomas zu fahren.
Thomas war natürlich nicht zu Hause. Das erkannte ich sofort daran, daß der Torschlüssel außen am Haus „gelegt" war. Dr. Schmied zog sich aber am Fenstergitter hoch, um zu sehen, ob nicht doch das Auto da sei und Thomas sich im Hause befinde. Er sagte, er traue das dem Thomas schon zu, daß er den Schlüssel lege, damit man glaube, er sei nicht zu Hause, und er sei aber doch drinnen. Da sagte ich Dr. Schmied: Das hätte ja keinen Sinn, denn wo der Schlüssel liegt, weiß ja nur ich, damit ich hinein kann, wenn ich Most holen will oder wenn eingebrochen würde, damit ich sofort hinein kann, wenn er nicht da ist. Für fremde Besucher wäre das sinnlos. Na ja, sagte Dr. Schmied, er weiß, daß ich komme, da versteckt er sich vielleicht. Ich sage, daß Thomas derzeit eher gut gelaunt sei, da er den Wald günstig dazugekauft habe. Dabei zeigte ich auf den Wald. Wir waren nämlich inzwischen um den Hof in Richtung dieses Waldes gegangen.
Dr. Schmied wollte anschließend noch nach Gmunden fahren, um zu telefonieren. Da ich nicht sicher war, ob er Thomas noch treffen würde, sagte ich, er solle mit seiner Frau um 19 Uhr zu mir kommen. Um diese Zeit wird Thomas sicher bei mir erscheinen, denn wir haben uns schon einen Tag lang nicht gesehen, er wird sicher kommen. Aha, sagte Dr. Schmied, habt ihr noch eure gewohnte Zeit abends. Ja, sagte ich, normal schon. Dr. Schmied sagte aber, es ist der Zeitpunkt, wann er abends kommen kann, ungewiß, denn seine Gattin ist mit Dr. Will Keller, ihrem Chef, unterwegs, und erst wenn sie heimkommt, kann er kommen. Ich sagte, da er das Nachtleben gewöhnt ist, kann er auch um 10 oder 11 Uhr nachts noch

kommen, mir wird das nichts ausmachen. Außerdem werde ich ihn am Nachmittag in der Lederau besuchen, da ich in der Nähe zu tun habe. Dabei werde ich erfahren, ob er Thomas nicht doch schon in Gmunden getroffen habe.
Um ca. 16 Uhr 30 war ich dann in der Lederau. Dr. Schmied zeigte mir die neuen Lärchenböden im Flur und im Gurtengewölbe, usw. Thomas hatte er noch nicht getroffen, seine Frau war auch noch nicht zu Hause.
Anschließend fuhr ich zu Thomas nach Nathal. Er kam mir im Hof entgegen und sagte: Frau Schmied ist da. Sie sind sich auf der Straße nach Ohlsdorf um ca. 15 Uhr begegnet, Thomas war auf der Heimfahrt, und Frau Schmied wollte Thomas besuchen. Es war ca. 17 Uhr 15, als ich bei Thomas eintraf, und so war mein Eindruck der, daß der Besuch schon zu lange dauerte. Thomas war unglaublich grob zu Frau Schmied, sodaß sie schließlich sagte: Du bist doch ein Scheusal. Daraufhin sagte ich: Sie sagen das so, wie wenn er es jetzt erst wäre, Sie müssen sagen, er sei noch immer ein Scheusal. Er wird es nur immer mehr. Sonst glaubt der Herr Doktor, dabei meinte ich ihren Chef, Thomas sei nur heute so. Das wäre ein schönes Mißverständnis. Thomas Bernhard, sagte ich, wird sich von Jahr zu Jahr zu einem noch größeren Scheusal entwickeln, er wird ja auch älter. Thomas nickte zu meinen Worten, und ich merkte, daß es ihm recht war, vor dem neuen Besucher, dem Doktor in Begleitung von Frau Schmied, als richtiges Scheusal hingestellt zu werden. Thomas schenkte Frau Schmied und mir Schnaps ein. Der Doktor, der kaum sprach, bekam keinen. Weil er ihn nicht verträgt, sagte Frau Schmied.
Dann kam die Rede auf Tante Hede, die noch immer im Spital ist, schon 4 Wochen lang. Sie schrieb, daß sie noch weitere 4 Wochen dort bleiben müßte. Thomas sagte: Sie hat einfach zuwenig gegessen, sie wiegt nur mehr 44 Kilo, dadurch hat sich das kleine Magengeschwür entwickelt. Ich sagte: Da sie zuwenig zu sich genommen hat, sind einfach die kleinen Gedärme in die größeren hineingekrochen, damit sie noch was zu verdauen haben. Daraufhin sah mich Thomas an, dachte nach und sagte: Was soll man dazu noch sagen.
Dann, es war ca. 17 Uhr 25, sagte Thomas, daß er vor 18 Uhr noch einen Expreßbrief bei der Post aufgeben müsse. Außerdem sagte er, nachdem ich von meinem Treffpunkt ab 19 Uhr bei mir berichtet hatte, daß er für heute schon zu schwach sei für ein abendliches Beisammensein. Er könne höch-

stens noch kurz in die Lederau fahren. Aber er fühle sich von der Krankheit noch sehr geschwächt. Aus diesem Grunde will er auch noch heute den Expreßbrief an Frau Gertrud Frank vom Residenz Verlag nach Salzburg senden, damit am kommenden Sonntag Elias Canetti nicht zu Besuch komme. Er sei einfach nicht in der Lage, Canetti zu empfangen und einige Stunden ein anstrengendes Gespräch mit ihm zu führen. Thomas sagte, daß er geschrieben habe, ihn (Canetti) nicht zu sehen, schmerze ihn. Dabei ist er froh, sagte er, wenn er ihn nicht sieht, denn dauernd vom Tod mit ihm zu sprechen, ist nicht angenehm. Obwohl er ihn sehr mag, den Canetti, ist er froh, wenn er ihn nicht besucht. Denn es ist widerlich, die gegenseitigen Probleme zu besprechen. Es muß jeder selbst seinen Weg gehen und seine Probleme lösen. Er mag das nicht mit anderen besprechen.
Inzwischen war es 10 Minuten vor 18 Uhr und höchste Zeit, den Brief zur Post zu bringen. Da Thomas uns aber nicht rausschmeißen wollte, sagte er, statt des Briefes werde er morgen ein Telegramm senden. Da sagte ich: Da kannst du aber nicht telegrafieren, ihn nicht zu sehen schmerze dich. Es ist besser, der Brief geht heute noch weg. Ich bin bereit, den Brief sofort zur Post zu bringen.
Es war mir schon sehr angenehm, auf so günstige Art wegzukommen. Denn erstens war Thomas allgemein schon sehr ungenießbar, und zweitens wollte ich anschließend wenigstens das zweite und dritte Drittel des Eishockeyländerspiels zwischen der UdSSR und der Tschechoslowakei sehen. Ich konnte also noch sehen, wie die Tschechen die Weltmeisterschaft gewonnen haben, nachdem ich den Brief aufgegeben hatte.

21. April 1972

Um Punkt 12 Uhr kam Thomas zu mir. An einem Freitag kommt er gerne zu Mittag, denn da weiß er, daß es eine gute Mehlspeise gibt, und er ist ein großer Mehlspeistiger. Nach dem Essen erzählt Thomas über den gestrigen Abend bei Dr. Schmied. Daß sie im Gasthaus Roith essen waren. Die ganze Zeit, bis 14 Uhr, schimpft er über die Frau von Schmied. Daß sie so laut ist, daß sie sich mit einem Aussehen wie mit 40 Jahren so lächerlich wie eine 20-jährige benimmt und absichtlich eine 20-jährige spielt. Er, Dr. Schmied, mache mit. Er spielt einen 25-jährigen. Der ganze Schmied wirkt wie ein

Plastikkübel zu zehn Schilling, so blöd und so dumm sind seine Ansichten. Das Kind ist vollkommen verzogen, hat überhaupt keine Erziehung, macht nur das Gegenteil von dem, was die Eltern wünschen. Neben dem Kind zanken sich die Eltern über dessen Erziehung, einer verlangt es vom andern, dem Kind einen Gehorsam beizubringen. Für ihn war es ein Alptraum, dieser Abend, er hat das kaum noch ausgehalten. Er will aber nichts gegen Wieland sagen, denn er habe ihn sehr gern, aber diese Zänkereien seien noch schlimmer als die zwischen den Hufnagls, das könne er auch nicht mehr ertragen. Was ist das für eine Ehe, wenn die dauernd sprechen, du vermachst mir das, und das behältst du, und reden dauernd von Trennung, usw.
Gegen 14 Uhr, Thomas saß neben dem Ofen auf der Polsterbank mit den Füßen auf dem Sessel in sehr bequemer Stellung, sagte ich zu ihm, daß ich um 15 Uhr in Wels sein und um 14 Uhr 30 spätestens wegfahren müsse. Da ersuchte mich Thomas, vorher noch mit zu ihm nach Nathal zu kommen, um das Bild des französischen Diplomaten an die Wand zu hängen. Ich hätte schon einige Male die Nägel für die Bilder so gut in die Wand geschlagen, daß er möchte, daß ich auch diesmal den Nagel in die Wand schlage.

Obernathal 2: Zimmer im Parterre mit dem Bild des französischen Diplomaten.

Wir fuhren gleich nach Nathal. Ich wollte das Bild um ca. 5 cm höher hängen, aber er bestand auf der Höhe, so wie sie war, über dem Tisch im kleinen Zimmer im Parterre. Ich war immer noch der Meinung, daß es besser wirken würde, wenn das Bild um 5 cm höher hinge, aber Thomas blieb stur. Dann zeigte mir Thomas ein Telegramm vom Burgtheaterdirektor Klingenberg, in dem dieser kabelt: „Vertrag mit Axer (Regisseur, von Thomas verlangt) abgeschlossen, aber Brief folgt nicht."
Thomas sagte, Klingenberg hat schon begriffen, daß ich auf Briefe von ihm nicht neugierig bin, da ich seinen fünf Seiten langen Brief so kurz beantwortet habe. Außerdem kann ich das nur so auffassen, daß er schon merkt, daß ich Humor habe, sonst würde er ja nicht hinzufügen: „aber Brief folgt nicht". Bisher hat er immer telegrafiert: Brief folgt. Nun merkt er schon, daß mir seine Briefe gleichgültig sind. Denn wenn Axer Regie macht, bestimmt der sowieso alles, was haben wir uns da zu schreiben? Jetzt wird der *Boris* am Burgtheater vielleicht doch gut. Außerdem kommt er ins Abonnement, da bekomme ich meine 450.000 Schilling, ob die Vorstellungen leer sind oder nicht, sagte Thomas.
Dann zeigte mir Thomas den Literaturteil der Pariser Zeitung „Le Monde" und einen Zettel seiner befreundeten Familie in Brüssel [Uexküll], wo draufstand, wenn du es nicht übersetzen kannst, komme selbst zu uns. In großer Aufmachung über eine ganze Seite war eine Kritik über seinen Roman *Verstörung*. Sehr positiv, sagte Thomas, soweit er es abschätzen könne. Er sagte, sein Schulfranzösisch sei so schlecht, daß es ihm immer peinlich sei, wenn er in Brüssel in der Wohnung allein sei und das Telefon läute. Dann steht er da und kann sich mit dem Anrufer nie verständigen. Die denken dann, was ist denn dort für ein Trottel am Telefon. Nur so viel kann er schon entnehmen, daß die Kritik sehr gut ist, denn im negativen Falle würde nur eine kurze Notiz oder gar nichts in „Le Monde" stehen.
Mit einiger Verspätung fahre ich nach Wels. Vor der Abfahrt zeigte mir Thomas noch das Textbuch von *Der Ignorant und der Wahnsinnige*. Thomas freute sich, daß es genau 99 Seiten ergab. Ich besichtigte den Schluß, wo nach dem Kellner Winter gerufen wird und die Diva fragt: „Haben Sie die Telegramme nach Stockholm, Kopenhagen usw. abgeschickt?" Winter sagt: „Natürlich, gnädige Frau." Ich sagte, da fehlt ja das Wort „nicht" im Text. Thomas sagte: Nein, das habe ich weggelassen, so ist es besser, erinnere mich nicht mehr daran, alles andere, das „Gott sei Dank" und der ganze

Schluß bleibt gleich. Es ist finster, und niemand weiß, wer die Gläser vom Tisch fegt.
Abends um 18 Uhr 30 kommt Dr. Wieland Schmied mit seiner Tochter Franziska, ohne Gattin, sie fühle sich nicht wohl, sagt er. Thomas sagte mir nachmittags schon, daß Schmied abends wahrscheinlich kommen wird, ob seine Frau mitkomme, sei fraglich, denn die habe er beleidigt. Dr. Schmied sagte, er fahre gleich zu Thomas, er wollte sich nur anmelden und werde mit Thomas gleich kommen. 15 Minuten später kam er mit Thomas. Nach dem Nachtmahl blieben alle noch bis 22 Uhr. Im Gespräch ging Thomas dauernd massiv auf Dr. Schmied los. Alles, was er ausstelle und verkaufe, sei Dreck. Es wird den Leuten nur eingeredet, daß es moderne Kunst sei, aber Dr. Schmied selbst verstehe von seinem Geschäft überhaupt nichts, er sei überhaupt kein Fachmann, sonst würde er solchen Dreck gar nicht verkaufen. Die Leute kaufen es nur, weil so viel Geld dafür verlangt wird, und weil sie blöd sind, glauben sie, wenn es teuer ist, dann ist es auch ein Kunstwerk, usw. Das Gespräch kam dann auch auf Lehmden. Dr. Schmied wußte nicht mehr, daß er mir seinerzeit ein Buch von Lehmden geschenkt hat. Dann wurde sein Schloß in Deutschkreutz von Thomas restlos vernichtet. Acht Räume hat Lehmden bisher saniert. Ein Wahnsinn, so ein Schloß zu bewohnen. In Wien haben sie eine kleine Wohnung, seine Frau geht ihm nicht mehr hin, nach Deutschkreutz, weil sie es in diesem Schloß nicht aushält. Es sei auch wirklich nicht zum Aushalten und ein Wahnsinn. Dauernd rennt er um Subventionen für das Schloß von einer Stelle zur anderen, auch Schaffler habe sich schon eingeschaltet, aber so ein Riesending wird nie was werden.
Als ich Dr. Schmied fragte, was er vom neuen Bild aus dem 18. Jahrhundert, dem französischen Diplomaten halte, sagte Thomas: „Wie kannst du den Wieland sowas fragen, wenn er überhaupt nichts versteht von Bildern, er versteht weder von moderner Kunst was und noch weniger von alter." In der Folge wurde Thomas immer aggressiver und kräftiger in seiner Vernichtung des Dr. Schmied. Dieser ließ aber alles gelassen über sich ergehen, er kennt Thomas zu gut und weiß, daß es keinen Sinn hätte, sich dagegen zu wehren. Außerdem hatte ich das Gefühl, daß Thomas recht hatte und Dr. Schmied nur wegen des Geldes diesen Dreck als Kunst verkauft und daß er es sich nur einredet, es sei Kunst, wie Thomas sagte. Nur einige wenige Sachen des Lehmden seien gut, sagte Thomas, und einige

andere Einzelheiten fand er gut, aber die große Masse vernichtete Thomas. Morgen Samstag sind die Hufnagls und O'Donells zu Mittag mit Thomas beim Pabst zum Mittagessen verabredet. Dr. Schmied sollte auch kommen, meinte Thomas. Dr. Schmied sagte aber nicht ausdrücklich zu, da er morgen schon wegfährt, und wahrscheinlich war er auch von Thomas doch zu sehr „fertiggemacht" worden.
Das Scheusal Thomas hat nun, nachdem er seinen Bruder verscheucht hat, doch wieder ein Opfer gefunden, um sich auszulassen. Ich war in letzter Zeit schon sehr vorsichtig, daß er nicht mit mir was anfängt, denn seine Tante hatte er auch nicht zum Streiten, und ich wußte, es wird Zeit, daß sich Thomas wieder einmal richtig „auslassen" kann. Er braucht das. Es ist auch möglich, daß er Canetti deswegen gebeten hat, ihn am Sonntag den 23. 4. von Salzburg aus nicht zu besuchen, da er aufgrund seines Befindens Streit oder Mißstimmung befürchtete.

23. April 1972

Gegen 19 Uhr kam Thomas bestürzt zu mir und sagte: „Nun muß ich für ein Jahr von Nathal wegziehen." Meine Gattin und ich waren ganz weg, sowas zu hören. Thomas sagte, daß er gerade erfahren habe, daß am Maxwaldgrund in der Nähe seines Hofes nach Öl gebohrt werden wird. Der Standort sei schon ausgesteckt. Gerade jetzt, wo er sich wieder in die Arbeit stürzen wollte, sei für ihn so eine Lärmbelästigung unmöglich. Außerdem arbeiten diese Bohrmannschaften mit Scheinwerfern die ganze Nacht durch, das sei ihm nicht zuzumuten. Er war seinerzeit, in Ruhsam, wo ein Wald zwischen der Bohrstelle und seinem Hof gelegen ist, arg gestört gewesen und konnte nicht schlafen. Thomas beriet sich mit mir, ob er gleich an den Unterrichtsminister schreiben solle, usw. Ich sagte ihm, daß vorher von der Gemeinde Ohlsdorf eine Bewilligung erteilt werden müsse und daß auf jeden Fall vorher über die Bohrstelle eine Verhandlung mit den Anrainern stattfinden werde. Ich selbst habe bei der seinerzeitigen Bohrung in Ruhsam auch eine Einladung zur Bauverhandlung bekommen, obwohl ich nur sehr entfernt meinen Besitz an Straße und Wald hatte. Ich sagte Thomas, daß er sicher vor Genehmigung der Bohrstelle gehört werden würde und sicher die Möglichkeit habe, in einigen Instanzen zu verzögern, sodaß man,

weil man nicht rasch zum Bohren kommen werde, auf eine andere Stelle ausweichen werde. Denn die Bohrgeräte müssen ja ausgenützt werden, und die Rohölgewinnungs-AG wird sich auf einen langen Instanzenweg sicher nicht einlassen.
Thomas sagte, er werde einen Hotelaufenthalt und Verdienstentgang usw. geltend machen. Thomas schimpfte und debattierte mit mir bis 23 Uhr. Er war zu Fuß da, und da ich schon von den Gesprächen erschöpft war, habe ich ihn zu Fuß heimgehen lassen. Ansonsten habe ich ihm immer meinen Wagen angeboten.
Thomas bat mich noch, ob ich nicht um 7 Uhr 30 mit ihm gemeinsam zum Gemeindeamt Ohlsdorf gehen möchte, denn er will dort Näheres erfahren. Er will, daß ich dabei bin.

24. April 1972

Um 7 Uhr 15 kommt Thomas zu mir und sagt, er habe gestern gleich einschlafen können, aber heute ist er schon um 5 Uhr auf und hat einen Brief an das Gemeindeamt Ohlsdorf geschrieben. Er habe sich überlegt, daß es besser sei, den Brief an das Gemeindeamt zu richten, mit sämtlichen Begründungen, usw. Da lies. Es war eine eng beschriebene Seite mit einigen Zeilen auf der Rückseite. Thomas führte seine ganzen Gründe, die wir schon am Vortag besprochen hatten, an und teilte dem Gemeindeamt mit, daß er eine Abschrift dieses Briefes an Landeshauptmann Wenzl und an den Unterrichtsminister Sinowatz senden werde. Als ich den Brief gelesen hatte, sagte Thomas, da erspare ich mir zwei Briefe, indem ich die Durchschriften an Wenzl und Sinowatz sende, und überall liegt jetzt das gleiche vor. Jetzt soll das Unterrichtsministerium einmal zeigen, wofür es da ist und was es kann. Es muß sich halt mit dem Handelsministerium, oder wer sonst zuständig ist, auseinandersetzen.
Inzwischen sagte Thomas zu Omi, daß er den Schock von gestern schon überwunden habe, und sie sprachen schon wieder davon, daß sie sich gegenseitig abstechen wollten. Omi möchte an Thomas die Schneide des Messers ausprobieren, aber Thomas habe es nicht eingesteckt, weil er feige sei. Sie möchte einen guten Stich, bevor der „Vorhang fällt", sagte Omi. Der „Eiserne", sagte Thomas. Ein „Schlammvorhang" wird fallen, wenn gebohrt

wird, sagte ich. Habt ihr damals gesehen, wie die ganze Umgebung und die Bäume ausgesehen haben? Mit einer zehn Zentimeter dicken Schlammschicht war alles überzogen, als nach der Bohrung durch eine Eruption grauer Schlamm aus dem Bohrloch geschleudert wurde. Die Feuerwehr mußte kommen, um vom Hof und den Bäumen den Schlamm zu entfernen. Du kannst gar nicht wegfahren, sagte ich zu Thomas. Das ist keine Lösung, du mußt ja wegen des „Schlammvorhanges" dableiben. Jeden Tag kann was passieren, wo du selbst erforderlich bist.
Thomas nahm mir diese Schwarzmalerei sehr übel, und als wir uns später, nachdem der Brief in Ohlsdorf abgegeben war, trennten, sagte er zu mir: Du Hennetmairscheusal, pfüat di.

26. April 1972

Heute um 8 Uhr früh traf ich Thomas beim Postamt Ohlsdorf. Ich berichtete ihm, daß ich gestern bei seiner 82-jährigen Nachbarin in Grasberg 99 war und wegen eines Zukaufes zur Krucka, den er mir aufgetragen hatte, verhandelte. Ich sagte Thomas, daß sie mir sagte, sie habe dem „Kruckamann" (damit ist Thomas gemeint) schon gesagt, daß sie nichts sagen könne. Da ich die Mentalität dieser Menschen kenne, sagte ich zu Thomas, habe ich mit Geduld und Schläue versucht, von ihr herauszubekommen, was sie „nicht sagen" kann.
Es stellte sich also im weiteren Gespräch mit der 82-jährigen heraus, daß auch ein anderer Nachbar, nämlich der Bauer Druckenthaner, seit Jahren an einem Zukauf dieser Liegenschaft interessiert ist. Druckenthaner habe auch angeboten, daß die Verkäufer bis zum Lebensende in ein weiter oben gelegenes Haus mit eingeleitetem elektrischem Licht ziehen könnten, von wo aus der Weg zum Dorf nicht so beschwerlich wäre, usw. Aber wegen des Onkels aus Salzburg, der immer arbeiten hilft, zum Wochenende immer eigens aus Salzburg kommt, wollen sie es nicht verkaufen. Auf meine Erklärung, daß dieser Onkel sicher nicht dorthin ziehen und das Haus sicher verkaufen werde, sagte die Alte, daß der Onkel selbst hinziehen wolle und vorhabe, das Licht einleiten zu lassen. Damit, sagte ich zu Thomas, habe ich nun herausbekommen, daß ein Verkauf der Liegenschaft zu Lebzeiten der Alten weder an ihn noch an andere Interessenten in Frage kommt. Es wird

notwendig werden, sich rechtzeitig mit dem Onkel aus Salzburg zu besprechen und diesem auf alle Fälle ein ordentliches Angebot für den Ernstfall zu unterbreiten. Wir wollten ursprünglich, besonders Thomas, den Onkel aus Salzburg „überspielen". Er hat aber auf die Alte doch einen größeren Einfluß, als wir erwartet hatten. Meistens fallen solche „Erbschleicher", wie der Onkel aus Salzburg, nämlich daneben und gehen leer aus. Die Alte glaubt aber dem Onkel, daß er selbst dort wohnen möchte, und steht zu sehr unter seinem Einfluß.
Thomas und ich sind aber überzeugt, daß der Onkel aus Salzburg noch froh sein wird, wenn ihm Thomas im Erbfalle die Liegenschaft abkauft, denn für niemanden als für Thomas als Anrainer hat sie den Wert, welchen Thomas als Kaufpreis bieten wird. Thomas sagte noch: Da du heute abend Turnen hast, werde ich morgen zu dir kommen. Ja, spätestens, sagte ich. Für gestern abend hatte ich dich fest erwartet.
Thomas fragte mich noch, ob ich bei seinem Haus, der Krucka, vorbeigeschaut hätte, er wäre neugierig, wie es aussieht. Ich bin von oben gekommen und nach oben wieder zu Fuß weggegangen. An den Pächtern des Druckenthaner mit den 4 Hunden vorbei. Es lag viel Neuschnee, und es war mir zu rutschig, sagte ich, sonst hätte ich bei deinem Haus vorbeigeschaut. Ach ja, sagte Thomas, es hat ja so geschneit gestern.

27. April 1972

Um 11 Uhr 30 kam heute Thomas zu mir. Als er mich sah, sagte er, daß man mir ansehe, daß ich sehr lange beim Kartenspiel gewesen sei. Ja, sagte ich, um 23 Uhr 30 bin ich für einen eingesprungen, bis 24 Uhr hatten wir die Absicht zu tarockieren, aber es ist 2 Uhr früh geworden. Alle drei Partner haben geschimpft und geflucht, daß wir so blöd waren, so lange zu spielen, als wir um 2 Uhr aufbrachen. Ja, so ist es immer, sagte Thomas. Ich habe mit Frau Schmied vor einigen Tagen beim Pabst „Siebzehnundvier" gespielt und genau die Zeit ausgemacht, wann auf die Minute genau Schluß gemacht wird. Und der Gewinn oder Verlust wird natürlich nicht zurückgezahlt, sondern wer verliert, hat eben verloren, sagte Thomas. Ich habe tausend Schilling gewonnen, und als die Uhr genau die Minute anzeigte, nahm ich meinen Gewinn und sagte: Es tut mir leid, es war so ausgemacht.

Da kenn ich nichts, mit den Hufnagls wird zwar selten, aber auch nur so gespielt.
Dann sagte mir Thomas, daß er eine Abschrift des Briefes an den Bürgermeister bezüglich der Ölbohrung auch an die Berghauptmannschaft Salzburg und an Schaffler (Residenz Verlag) geschickt habe. Jeweils nur ein paar Zeilen habe ich zusätzlich geschrieben. Der Sachverhalt geht aus dem beigelegten Schreiben an den Bürgermeister hervor, und sie sollen das verhindern und Schluß. Ich erwarte mir, daß achtzig Prozent der Angeschriebenen den Brief in den Papierkorb werfen, zehn Prozent werden antworten und zehn Prozent, das ist der Schaffler, der wird wirklich was tun für mich.
Dann zeigte ich Thomas das Schreiben der Frau Barbara Peymann vom 23. 4. 1972, das ich heute früh erhielt und auch schon beantwortet habe. Mein Antwortschreiben zeigte ich Thomas allerdings nicht und sagte auch nicht, daß die Antwort schon weg ist. Thomas las den Brief und sagte, er werde der Barbara Peymann nicht schreiben, die kenne er ja gar nicht. Aber ihrem Mann Claus Peymann werde er nun doch schreiben, daß das Quartier in Pfaffstätt in Ordnung sei. Aber so eine Frechheit, zu schreiben, daß sie Mitte der Woche nach Salzburg kommen und sich von dort aus mit mir in Verbindung setzen wird. Das müßten sie doch in erster Linie mir selbst mitteilen, daß sie kommen. Nächste Woche am Mittwoch bin ich in Wien und werde die Tante nach Wolfsegg bringen und nicht auf diese Herrschaften warten, ob sie kommen. Ich gab Thomas recht und sagte, der Brief ist blöd geschrieben. Wieso, fragte Thomas, das ist die Art, wie sie draußen schreiben. Ist dir der Schluß nicht aufgefallen, „für heute bin ich mit sehr freundlichen Grüßen Ihre Barbara Peymann". Was heißt „für heute", sage ich, morgen oder sonst nicht? Das ist eine Floskel, sagte Thomas. Ja, aber eine blöde, gedankenlose Floskel, oder würdest du sowas schreiben? Floskeln gehören eben überhaupt nicht geschrieben, sagte ich. Also, die meisten Menschen können überhaupt keine Briefe schreiben, sagte Thomas. Achtzig Prozent der Menschen wissen überhaupt nicht, wie sie mir schreiben sollen, daher schreiben sie mir nicht. Zehn Prozent schreiben mir schlechte Briefe und höchstens zehn Prozent sind gut. Das werden die kurzen Briefe sein, sagte ich, und die Telegramme. Thomas lachte und nickte zustimmend. Dann sagte Thomas: Gestern habe ich wieder einen unmöglichen Brief von der Gattin des Schauspielers Rueprecht,

den ich eh nicht mag, bekommen. Sie schrieb: „Ich weiß, daß Sie das nicht wollen. Trotzdem komme ich kommenden Samstag nachmittag zu Ihnen. Bereiten Sie sich darauf vor."

Inzwischen habe ich Thomas zum Mittagessen eingeladen, und Thomas erzählt, daß er mit O'Donell gestern beim Dr. Jungk bei der Agrarbehörde war und daß er dort von diesem derart vorzüglich behandelt wurde, wie wenn er weiß Gott was für ein großes Tier wäre oder eine weiß Gott welch große Persönlichkeit, daß sogar O'Donell und er selbst erstaunt waren. Naja, sagte ich, der hat nicht alle Tage mit einem Büchner-Preisträger zu tun, ja nicht einmal alle Jahre oder sein ganzes Leben nicht mehr. Außerdem weiß ich von meiner Tante, daß Jungk ein sehr netter Mensch ist, denn er war der beste Studienfreund meines gefallenen Cousins.

Dann erzählte Thomas noch, daß die Gattin des Rueprecht, welche kommenden Samstag kommen wird, so ein pompöses Briefpapier mit einem großen Briefkopf mit dem Attersee und Litzlberg hat und daß die Wiener Wohnung und die Litzlberger Adresse darauf sind. Vor so einem Briefpapier alleine graust ihm schon. Weiters sagte Thomas, daß er seinem Verleger Unseld geschrieben habe, daß sein neuer Roman *Korrektur* heißen werde und daß er sich selbst angenagelt habe, indem er Unseld geschrieben habe, daß der Roman Ende 1972 fertig sein werde und im Frühjahr 1973 erscheinen solle. Weißt du, sagte er, ich brauche das, ich muß mir selbst solche Termine stellen, sonst komme ich zu keiner Arbeit, sonst kommt nie ein Roman zustande, wenn ich nicht muß, wenn ich nicht einen Termin einhalten muß. Bisher war es ja mit allem so, immer habe ich unter Zwang gearbeitet. Da ich nun an meinem neuen Roman *Korrektur* zu arbeiten habe, lasse ich mich auf gar nichts ein. Der Kaut wird sich wundern, wenn er einen Empfang gibt, wer da nicht erscheinen wird. Mein Stück habe ich geliefert, das Geld habe ich auch, und wenn jetzt die Presse oder das Fernsehen wegen der kommenden Uraufführung in Salzburg was will, werde ich mich überhaupt nicht blicken lassen. Ich werde mich überhaupt nicht und über nichts äußern. Wenn das Stück gut ist, werden sie sowieso wieder was wollen von mir, und wenn es durchfällt, bin ich erledigt, ob ich nun vorher ein Interview gebe oder nicht. Kaut hat nun scheinbar vor seiner eigenen Courage Angst, auf was er sich da eingelassen hat. Aber mir ist alles gleich, mich geht's nichts an, was die aus meinem Stück machen. Herrmann will nächste Woche kommen und will zu mir, ohne mir das vor-

her mitzuteilen. Das geht doch nicht. Man kann doch nicht glauben, weil man in Salzburg ist, fährt man schnell zu Bernhard. Sowas gehört vorher vereinbart, aber rechtzeitig. Nächste Woche bin ich in Wien. Am Dienstag kommt Tante Hede aus dem Spital, für Donnerstag hat sie sich auf der Baumgartner Höhe zur Nachuntersuchung angemeldet. Spätestens Mittwoch, wenn nicht schon Dienstag nachmittag, werde ich nach Wien fahren. Anschließend bringe ich Tante Hede nach Wolfsegg. Sie hat sich dort schon angemeldet.
Von Frau Schaffler habe ich einen Saft bekommen. Da weiß ich nicht, was es ist. Es schmeckt nach gar nichts, und ich weiß auch nicht, wieviel ich davon nehmen soll. Es war nicht dazugeschrieben, nur die Flasche allein hat sie mir geschickt. Sie hat natürlich erfahren, daß ich krank bin, weil ich geschrieben habe, Canetti könne ich nicht empfangen, und hat mir sofort die Flasche geschickt. Aber Canetti ist soweit, daß ihn jeder einladen kann. Er ist alt und senil und liest alle acht Tage in einem anderen Dorf.
Dazwischen fragte mich Thomas mehrmals, was ich zu dem Titel *Korrektur* sage, ob das gut sei, ob er mir gefällt, was ich dazu sage. Ich sagte immer, der Titel sei ein sehr guter Einfall, es gebe nichts Besseres. Das sei ein Titel, wo man über alles schreiben könne, man ist an kein Thema gebunden. Ja, eben, das will ich ja, sagt Thomas, da kann ich völlig frei über alles schreiben, außerdem wird es wahrscheinlich doch manche Korrektur geben.
Wir haben so viel gesprochen, daß ich Angst hatte, daß ich mir nicht alles merken kann bis zum Niederschreiben. Daher habe ich manche Serviergänge selbst aus der Küche geholt und hab dann immer heimlich Notizen gemacht. Dabei hatte ich diesmal für die Notizen die Rückseite eines Glückwunschtelegrammes hergenommen.
Um 14 Uhr, als sich Thomas verabschiedete, lud ich ihn für 19 Uhr ein, und er sagte: Gut, in ein paar Stunden sehen wir uns wieder.
Nachdem Thomas weg war, habe ich diese Aufzeichnungen zu schreiben begonnen. Immer, wenn ich an diesen Aufzeichnungen arbeite, ist meine Frau auf Posten, um mich zu warnen, damit mich Thomas nicht durch ein überraschendes Kommen erwischt und sieht, daß ich über ihn schreibe. Um 15 Uhr 30 gab meine Frau Alarm: Der Bernhard kommt, rief sie mir ins Zimmer. Thomas sah mich noch wegräumen, aber damit es ihm nicht auffällt, habe ich einige Geschäftsbriefe und Belege in die Hand genommen und geschäftliche Arbeit vorgetäuscht.

Thomas sagte, jetzt ist die Katastrophe eingetreten. Ein Caterpillar schiebt schon die Erde weg, an der Bohrstelle wird schon gearbeitet. Was soll ich machen? Thomas ersuchte mich, daß ich ihn sofort zur Post und zum Bürgermeister begleite. Er werde sofort Schaffler in Salzburg anrufen, der muß zusehen, daß die Berghauptmannschaft die Arbeiten sofort einstellt. Wir fuhren zur Post, Schaffler war verreist, aber die Sekretärin wußte Bescheid und sagte, ein Brief an Bernhard sei unterwegs, daß die Berghauptmannschaft die Baustelle besichtigen werde und daß vorher keinerlei Arbeiten vorgenommen werden dürften. Wenn allerdings der Grundbesitzer der Rohölgewinnungs-AG schon unterschrieben hat, wird es etwas schwierig sein, die Sache abzulehnen. Jedenfalls wird aber über die Bohrung eine Verhandlung mit sämtlichen Anrainern stattfinden. Mit dieser Nachricht gingen wir zum Gemeindeamt, um vom Bürgermeister die Einstellung der Arbeiten zu verlangen. Wir mußten aber den Bürgermeister in der Wohnung in Ruhsam besuchen, da er nicht im Amt war. Dieser sagte, daß die Arbeiten sofort eingestellt werden müßten, er werde den Gemeindebeamten Siegerl Pesendorfer sofort hinsenden, um die Einstellung zu verlangen. Nach einem Telefonat mit dem Gemeindeamt stellte sich heraus, daß Pesendorfer bei einer Wasserleitungsverhandlung ist und vielleicht erst in einer Stunde kommen wird. Da so eine Raupe in einer Stunde riesige Erdbewegungen zustande bringt, sagte ich: Wir werden vor Eintreffen des Pesendorfer selbst zur Baustelle fahren und dem Raupenfahrer die Einstellung ankündigen. Ich hatte vor, den Fahrer bis zum Eintreffen des Gemeindebeamten zumindest in ein Gespräch zu verwickeln, damit die Arbeit ruht, bis Pesendorfer kommt. Bürgermeister Radner sagte aber: Wenn ihr eh zur Baustelle fahrts, dann könnt ihr das gleich ausrichten, daß die Arbeit sofort eingestellt werden muß, sonst wird die Gendarmerie gerufen. Das hat Thomas besonders gefallen, daß der Bürgermeister mit der Gendarmerie gedroht hat und daß wir berechtigt sind, die Einstellung vorzunehmen. Zwischendurch sagte Thomas immer wieder, daß er beruflich vollkommen ruiniert sei, wenn dort eine Bohrstelle errichtet wird. An der Baustelle war der Raupenführer sofort bereit, die Arbeit zu beenden. Er sagte uns, daß erst gestern sein Chef den Einsatz mit aller Dringlichkeit befohlen habe und daß in Kürze eine zweite Schubraupe ankommen solle, da die Arbeiten schnellstens beendet werden sollen. Während wir sprachen, kam auch schon ein Tieflader mit einer zweiten Schubraupe

an. Dieser neue Mann zögerte etwas, der Einstellung nachzukommen, und ich gab ihm daher meine Karte und schrieb auch die Adresse von Thomas darauf. Die gab ich ihm und sagte, bevor er beginnt, soll er selbst zum Bürgermeister gehen und fragen, ob die Einstellung stimmt. Da glaubte er uns und machte ein sehr umständliches Umkehrmanöver, um wieder nach Mondsee, wo der Firmensitz Kothmaier ist, zurückzufahren. Kurz vor Abfahrt nach Mondsee kam aber noch der Gemeindebeamte Pesendorfer an, machte den beiden Mitteilung, und die Sache war erledigt. Thomas freute sich, und wir gingen zum Maxwald vulgo Haumer ins Haus, um diesem die Situation mitzuteilen. Wir tranken bei Maxwald 5 Stamperl Schnaps. Inzwischen war es etwa 18 Uhr geworden, und Thomas sagte zu mir: Das feiern wir heute, diesen Sieg. Ich lade dich zum Abendessen ein. Du kannst dir aussuchen, wo wir hinfahren. Ich sagte: Gut, aber wir müssen noch bei meiner Frau vorbeifahren, damit ich ihr sagen kann, wo ich bin. Wir gingen noch zu Thomas ins Haus, trödelten und blödelten, sodaß es 18 Uhr 45 war, als wir bei mir zu Hause ankamen, wo ich meiner Frau sagen wollte, daß ich mit Thomas zum Essen fahre. Inzwischen war ich aber schon so müde und erschöpft, daß ich zu Thomas sagte, mir sei lieber, wenn wir bei mir bleiben, da könne ich die Füße auf den Stuhl legen und es bequem haben. Im Gasthaus haben wir es beide nicht so bequem. Thomas war einverstanden, und während meine Frau was zu essen richtete, überkam uns beide eine Müdigkeit, wahrscheinlich tat der Schnaps auch seine Wirkung.
Da läutete es an der Haustür, und die Hufnagls traten ein. Beide waren sehr laut und brachten Unruhe ins Haus. Thomas forderte mich auf, den Hufnagls zu erzählen, was heute alles los war. Da beide Thomas deswegen nicht sofort bedauerten und sogar lachten, wurde Thomas immer gereizter gegenüber den Hufnagls. Außerdem begriffen sie das Geschehen überhaupt nicht. Als Hufnagl schließlich sagte, sie hätten Thomas aufgesucht, um ihn zum Pabst zum Essen einzuladen, sagte Thomas: Es geht nicht, ich bin hier eingeladen. Ich fügte hinzu, daß meine Frau leider auf den Besuch nicht vorbereitet ist, sonst würde ich sie gerne zum Essen einladen. Als die Hufnagls weg waren, sagte Thomas: Was die gleich für eine Unruhe verbreiten. Heute hätte ich das keinen Moment mehr länger ausgehalten, es war gut, daß du nicht gesagt hast, sie sollen dableiben, das hätte ich nicht ausgehalten. Thomas bedankte sich bei mir sehr artig, daß ich ihm heute so geholfen habe.

Inzwischen hatten wir gegessen, und ich bat Thomas, den fälligen Brief an Peymann zu schreiben. Dann aber sofort, gib her, sagte Thomas. Er schrieb auf meiner Maschine, einen Durchschlag durfte ich mir behalten, welchen ich beilege.

Ohlsdorf 27.4.72

Lieber Claus Peymann,
ich habe mit Hennetmaier das Haus, in dem Sie alle wohnen sollen, besichtigt, ein idealeres Refugium für Ihre ganze Gesellschaft kann ich mir nicht denken. Also danken Sie dem Mann entsprechend, er ist ein Genie.
Von Kaut höre ich, dass Sie telefonisch, nachdem wir es für Sie längst gefunden haben, Quartier suchen. Unsinn! Aus Salzburg kommt für mich nur Widerliches, spärlich aber wiederlich. Für mich ist die Geschichte bis zu den Proben erledigt, da werde ich mir erlauben, ein, zweimal aufzutauchen, damit Sie mich verfluchen können. Beim Korrekturlesen ist das Stück vom Wahnsinnigen für mich sehr spannend gewesen.
Hermann und Bickel sollen kommen, sollen, denn ich selbst xxx bin nicht verständigt worden.
Ab zweiten Mai bin ich vier, fünf Tage in Wien, also nicht hier anwesend.
Im Augenblick führe ich einen heroischen Kampf mit allen Mitteln gegen eine englische Rohölfirma und den Staat, die beide in unmittelbarer Nähe meines Arbeitshauses nach Oel bohren und mich ruinieren wollen.
Der Bagger hat das ganze Erdreich aufgeworfen, ist aber heute durch mich gestoppt worden und abgezogen. Vorläufig. Ich verabscheue Waffengewalt. Vor allem gegen Baggerführer und Oelmagnaten.
Rühren Sie sich, Sie sind ein fürchterlicher Mensch.
Was für ein Regisseur Sie sind, wird sich zeigen.

Herzlichst
Thomas B.

Thomas blieb bis nach 23 Uhr, und wir vereinbarten, daß er mir morgen früh die vom Grundbesitzer der Bohrstelle, Baldinger, unterfertigten Schriftstücke zum Fotokopieren bringt, damit wir überhaupt einmal in der Hand haben, was da unterschrieben wurde.

28. April 1972

Um 7 Uhr 15 ist Thomas bei mir und übergibt mir in jenem Kuvert die von Alois Baldinger unterfertigten Vereinbarungen, in welchem Uexküll ihm die Kritik des „Le Monde“ geschickt hatte. Da ich den ganzen Vormittag in Gmunden zu tun hatte, sagte ich zu Thomas, er soll um 14 Uhr zu mir kommen, da werde ich mit ihm versuchen zu erreichen, daß Baldinger die Unterschrift zurückzieht. Denn das erachte ich als notwendig, auch wenn die Bauarbeiten derzeit eingestellt sind. Thomas sah, daß ich eine Menge Schriften vor mir hatte, und ich sagte ihm auch, daß ich um 8 Uhr die Post abholen möchte, aber vorher noch sehr viel zu erledigen habe. Gut, sagte Thomas, für meinen Besuch beim Gemeindeamt ist es zwar noch ein bißchen zu früh, aber ich will dich nicht weiter stören. Ich komme um 14 Uhr wieder.

Um 8 Uhr sah ich Thomas' Auto vor dem Gemeindeamt, ich ging ins Postamt. Dort traf ich den Gemeindeangestellten Pesendorfer. Der sagte mir, daß heute wieder alles anders ist, daß schon wieder weitergearbeitet wird und daß der Baumeister vom Bürgermeister Schadenersatz für die unberechtigte Einstellung der Arbeiten verlange. In Gegenwart des Baumeisters und Bernhards wurde die Berghauptmannschaft Salzburg angerufen, und dort wurde erklärt, daß für die Humusabhebung und Planierung keine Baubewilligung erforderlich sei. Eine Einstellung der Arbeiten könne nicht verfügt werden. Ich hatte keine Zeit, um zu Thomas ins Gemeindeamt zu kommen, um ihm zu helfen, denn inzwischen habe ich erfahren, daß Baldinger im Gasthaus fast geweint hat, da ihm die Herren der Rohölgewinnungs-AG mit dem Gericht gedroht hatten, falls er nicht unterschreibe. Er sei aber überhaupt nicht einverstanden, daß auf seinem Grund gebohrt werde, aber um nicht mit dem Gericht zu tun zu haben, habe er unterschrieben. Es war mir klar, daß es nunmehr darauf ankam, Baldinger zur Rücknahme seiner Unterschrift, die ihm abgepreßt wurde, zu bewegen. Dazu war es aber notwendig, daß ich in Gmunden sofort die Fotokopien der Originale, die ich bei mir hatte, anfertigen lasse, damit wir anhand der Fotokopien was unternehmen können. In Gmunden traf ich Frau Hufnagl, die mich am Vortag mit ihrem geschiedenen Gatten besucht hatte. Diese ersuchte ich, gleich mitzukommen zu Steuerberater Tausch, wo ich fotokopieren ließ. Frau Hufnagl soll sofort mit dem Taxi nach Ohlsdorf zur

Gemeinde fahren, denn dort sei Thomas in Bedrängnis. Er braucht Hilfe und die Unterlagen. Ich sagte noch, sie solle unterwegs achtgeben, ob Thomas ihr nicht schon auf der Fahrt nach Gmunden entgegenkommt. Gegen 11 Uhr war ich wieder zu Hause und legte mir den Text zurecht, den Baldinger unterschreiben sollte.

Um 13 Uhr 30 kam Thomas in Begleitung von Frau Hufnagl zu mir. Thomas sagte mir, die Bauarbeiten seien um 10 Uhr schon wieder eingestellt worden, denn um 10 Uhr habe der Berghauptmann von Hallein aus das Gemeindeamt Ohlsdorf angerufen und erklärt, es dürften auch keine Vorarbeiten ausgeführt werden. Die Verantwortung für die Einstellung übernehme er selbst, erklärte er dem Bürgermeister, als dieser ihm sagte, daß er eine Rechnung von der Baufirma für den Schaden der Einstellung bekommen würde, usw. Daraufhin sagte ich Thomas, jetzt sei es günstig, sofort von Baldinger die Rücknahme seiner Unterschrift von der Vereinbarung vom 15. 4. 1972 zu verlangen. Ich zeigte Thomas meinen vorbereiteten Text des Schreibens an die Rohölgewinnungs-AG. Thomas war begeistert. Das stimmt ja, sagte Thomas, Baldinger ist ja blind, er konnte es wirklich nicht lesen, daher wird es schon so sein, wie du sagst. Ich bin mir sicher, sagte ich. Deswegen wird Baldinger auch diesen Brief unterschreiben. Damit ich mich aber nicht als Winkelschreiber betätige, fahren wir jetzt zum Gemeindeamt und lassen dort vom Sekretär Moser den Brief schreiben. Das geschah, und anschließend fuhr Thomas mit Maxwald zu Baldinger um die Unterschrift. Im Hause des Maxwald wartete ich mit Frau Hufnagl, die uns überallhin begleitete, auf die beiden. Es dauerte einige Zeit, bis Thomas mit Maxwald wiederkam, da Baldinger erst vom Wald geholt werden mußte. Baldinger hat natürlich unterschrieben und im Gespräch bestätigt, daß die Herren ihm mit dem Gericht gedroht hatten, falls er nicht unterschreibe. Ich sagte Thomas: Nun ist der Berghauptmann [Franz Prezelj] restlos gedeckt, denn auch seine Einstellung war gesetzlich nicht gerechtfertigt. Er wird froh sein, wenn er am kommenden Dienstag, für den er sein persönliches Erscheinen zugesagt hat, dieses Schreiben vorfindet. Durch das Schreiben des Baldinger vom 28. 4. 1972 sind nun Bürgermeister und Berghauptmann gedeckt. Ich werde daher noch heute eine Fotokopie beim Gemeindeamt hinterlegen und gleichzeitig das Schreiben zur Post bringen.

Es war inzwischen 16 Uhr 30 geworden, und Thomas fuhr mit Frau Hufnagl in die Lederau zu Frau Schmied. Abends wollten sich alle in Laakirchen treffen. Bis dahin sollte auch Architekt Hufnagl aus Wörgl, wo er den Schulbau hat, wieder zurück sein.

29. April 1972

Um 8 Uhr 30 kam meine Frau ins Schlafzimmer und sagte mir, Thomas sei da. Wenn ich will, soll ich aufstehen, aber es muß nicht sein, nur wenn es leicht geht, will er ein bißchen reden mit mir, sonst kommt er später. Ich sprang natürlich sofort unter die Dusche. Es war mir recht, aus dem Bett zu kommen. Thomas wollte wissen, wie das jetzt weitergehen werde, ob nicht die Herren der Rohöl den Baldinger nochmal bearbeiten und umstimmen würden, ob diese nicht auf der Vereinbarung vom 15. 4. bestehen würden und wer den Schaden, die Planierungsarbeiten bezahlen müsse. Ich sagte Thomas: Wie es weitergeht, weiß ich nicht, denn ich bin kein Hellseher. Kaum habe ich die Sache geschlichtet und gerichtet, willst du schon wieder wissen, was kommt und wie es weitergeht. Eines ist sicher, daß diese Herren auf die Unterschrift vom 15. 4. nicht bestehen werden und auch deswegen nicht zu Gericht gehen, weil sie nicht selbst die Hunde wecken werden. Denn da würde sich ja herausstellen, daß sie beim Zustandekommen der Vereinbarung strafrechtlich verstoßen haben. Da sie die Arbeiten widerrechtlich angeordnet haben, sind sie auch schadenersatzpflichtig und werden das Grundstück wieder in den alten Zustand versetzen müssen. Ja, aber wenn der Baldinger wieder umschmeißt, sagte Thomas, wenn er sich nicht zu sagen traut, daß sie ihm mit dem Gericht gedroht haben und daß er nicht wollte, usw. Dazu sind schon zu viele Zeugen da, die davon wissen, wie es zustande kam. Baldinger kann nur die Wahrheit sagen, wie er es allen sagte und dir und Maxwald ja auch. So einigermaßen beruhigt verließ mich Thomas nach einer Stunde.

30. April 1972

Um 18 Uhr kam Thomas zu mir und sagte, er wolle bis 19 Uhr bleiben, dann treffe er sich zum Abendessen mit den Hufnagls und O'Donell in Laakirchen beim Pabst.

Ich fragte Thomas, ob er gestern die Frau Rueprecht aus Litzlberg getroffen habe. Ich bin geflüchtet, sagte Thomas. Gestern war ich mit O'Donell im Restaurant zum Jagdschloß Offensee. Der Erzherzog Johann hat einen VW-Bus mit einem Schlauch gewaschen, wie wir hingekommen sind. Es waren nur 4 Tische, wo zu Mittag gegessen wurde. Das ganze Gebäude ist abscheulich, innen und außen, und es paßt auch nicht in die Gegend. Daraufhin sagte ich zu Thomas: Dasselbe sagte ich zu meiner Frau, als ich vor einigen Wochen dort war. Wenn du das siehst, wirst du das sagen. Ich bin ganz deiner Meinung. Aber natürlich, sagte Thomas, so ein Architekt hat diesem tolpatschigen Buben etwas aufgeschwatzt, und der machte das einfach. Aber es wird in finanzieller Hinsicht eine vollkommene Pleite. Das Essen ist miserabel, und einrichtungsmäßig ist alles grauenhaft. Damit ich nicht zu früh heimkomme, bin ich noch mit O'Donell um den See herumgegangen, und anschließend sind wir noch zum Forellenhof. Dort stand das Personal auch nur herum wie am Offensee. Alles pleite, kein Geschäft, wie soll sich so etwas abzahlen? Diese enormen Investitionen! Solche Lokale wollen ja die Leute nicht, alles aus Glas, usw. Wie eine richtige Holzknechthütte, so müßten die Lokale sein. Klein, ein Raum, in dem alles durcheinander vermischt sitzt an Gästen und wo man mit Einheimischen beisammen sein muß. Das alte Jagdschloß am Offensee hätte man als Gasthaus einrichten, aber so lassen sollen, wie es ist.
Wie ich heimgekommen bin, sagte Thomas, war natürlich nichts von einer Frau Rueprecht da. Aber die Erika (Frau von Dr. Wieland Schmied) hat mir einen Zettel hineingeworfen, daß sie schon nach Deutschland heimgefahren sei. Als sie vom Abendessen bei Pabst nach Hause kam, waren sechs Männer in ihrem Bett. Es hatten sich schon früher unerlaubt Leute im Bauernhaus eingenistet, wahrscheinlich glaubten wieder welche, es sei niemand zu Hause. Außerdem schrieb Erika, sie sei vier Stunden auf dem Gendarmerieposten gewesen und habe einen kleinen Unfall gehabt. Ob im Zusammenhang mit den sechs Männern oder dem Unfall oder als Zeugin, da kannte ich mich nicht aus, warum sie so lange am Gendarmerieposten war. Ich sagte zu Thomas: Wir sollten in einigen Tagen hinüberfahren. Dann werden wir im Geschäft alles erfahren, was los war. Denn es ist interessant, was es alles geben kann.
Thomas erzählte mir noch, daß er auch die schweren Auffahrunfälle gesehen habe, die zwischen Steyrermühl und Vorchdorf passiert sind, die in

der heutigen „Kronen Zeitung“ stehen. Thomas sah nach der Uhr, es war 19 Uhr. Jetzt warten sie schon auf mich, sagte er, ich muß fahren, sonst ist es ganz aus. Damit verabschiedete sich Thomas.

1. Mai 1972

Um 19 Uhr kam Thomas. Ich fragte ihn gleich, ob er vor Janko Musulin flüchtete, denn er schrieb, daß er ihn am 1. Mai besuchen werde. Thomas wollte ihn aber nicht treffen. Wenn man schon um 10 Uhr 30 besucht wird und gerade beim Schuhputzen ist, kann man nicht mehr flüchten, sagte Thomas. Ich dachte nicht, daß Musulin so früh kommen wird, ich wollte gerade weg. Ich hab ihm natürlich später doch meine Meinung über das Buch von Zuckmayer gesagt, denn meine Krankheit hat mir Musulin nicht geglaubt. Die Besprechung der *Henndorfer Pastorale* wird nun Lernet-Holenia machen. Ich hab Musulin gesagt, daß ich das Buch nicht besprechen kann, denn es ist eine Beleidigung meiner Großeltern, wenn er schreibt, meine traurige Kindheit habe er mir mit Schokolade versüßt. Ich hatte keine traurige Kindheit, im Gegenteil, von meinen Großeltern wurde ich direkt verwöhnt und bin so wie jeder andere Bub dort aufgewachsen. Alles andere, was mir nicht paßt und was nicht stimmt, was ich dir ja schon erzählt habe, habe ich dem Musulin auch gesagt.
Dann sagte Thomas, er habe nun seine roten Vorhänge entfernt, weil diese Farben für das Wohlbefinden im Zimmer schädlich seien. Man solle ganz einfärbige, unauffällige Vorhänge in den Zimmern haben, sagte Thomas. Die deinen sind eigentlich auch aufregend, diese Muster sind schädlich. Ich sagte: Die sind nicht schädlich, außerdem sind wir sie auch schon gewöhnt. Das ist falsch, was du da sagst, sagte Thomas. An Rauschgift kann man sich auch gewöhnen, und es ist trotzdem schädlich, mit Gewöhnung hat das überhaupt nichts zu tun. Diese Vorhänge haben mehrere tausend Schilling gekostet, ich kann sie jetzt nicht auswechseln. Aber wenn ich wieder Vorhänge brauche, werde ich deinen Rat befolgen und ruhige Vorhänge ohne Muster kaufen, sagte ich. Dann ist das Aussuchen der Vorhänge in Zukunft nicht mehr so schwierig, weil die einfachsten die besten sind. Dann sagte Thomas, daß er den Zettel von Frau Schmied noch einmal durchgelesen habe und daß er nun herausgefunden habe, daß ihre Schwe-

ster Ilse zu Besuch gekommen ist und daß die sechs Männer in ihrem Bett wahrscheinlich Gäste ihrer Schwester Ilse waren, denn die hat schon öfter mit Gästen das Haus der Schmieds in der Lederau bewohnt, usw.
Dann kam Thomas wieder auf Peymann zu sprechen, und unter anderem erzählte er, daß Peymann sehr höhnisch gelacht habe, als Kaut zu ihm sagte, daß es für Peymann eine Auszeichnung sei, wenn er die Regie bei den Salzburger Festspielen bekomme. Karajan hat dazu 15 Jahre gebraucht. Ha ha ha, sagte darauf Peymann. Weißt du, so einer ist das, das ist Kaut nicht gewöhnt, daß einer so mit ihm umgeht.
Wir besprachen noch, daß ich morgen trachten werde, um ca. 10 Uhr, wenn der Berghauptmann von Salzburg kommt, bei Thomas in Nathal zu sein. Thomas blieb bis 22 Uhr 30.

2. Mai 1972

Um 8 Uhr kam ich mit Thomas beim Postamt Ohlsdorf zusammen. Er sagte, daß er beim Gemeindeamt gesagt habe, daß er ab 9 Uhr zu Hause sei. Er müsse jetzt unbedingt nach Gmunden. Ich sagte Thomas, daß ich um diese Zeit zu ihm kommen werde. Meine Erledigungen in Gmunden werde ich auch bis ca. 9 Uhr beendet haben.
Um 9 Uhr 15 war ich dann bei Thomas in Nathal. Er sagte, daß er vom neu gekauften Wald schon unterständige Bäume schlägern lasse und daß er auf der Krucka für ca. ein Joch Weidezaun aufstellen werde. Die Nachbarin darf dort zwei Stück Vieh weiden und muß ihm dafür ein Stück Jungvieh mitbetreuen. Für drei Stück Rindvieh ist genug Futter da und Platz im Stall. Dann sei die Krucka auch ausgenützt, und er habe keine Arbeit dabei.
Da nach 10 Uhr der Berghauptmann noch immer nicht da war und ich zu Hause einige Arbeit hatte, fuhr ich nach einer Stunde wieder heim. Thomas ersuchte mich, wenn ich ein Auto aus Salzburg fahren sehe, in welchem vielleicht der Berghauptmann ist, solle ich sofort zu ihm kommen. Das sagte ich zu.
Thomas gab mir noch einen Brief vom Unterrichtsminister zu lesen, den er gerade bekommen hat. Der Brief war zwei Seiten lang, vom 28. 4. datiert, und Sinowatz schrieb, daß er Erkundigungen eingeholt habe. Die Bohr-

stelle sei 380 Meter vom Hause entfernt, und die Verhandlungen über die Bohrstelle würden erst stattfinden. Thomas werde Gelegenheit haben, seine Einsprüche geltend zu machen. Wieweit man diesen Einsprüchen stattgeben könne, werde man sorgfältig prüfen, und er könne auf alle Fälle alle Instanzen ausnützen. Eine Abschrift dieses Briefes, schrieb Sinowatz, habe er an den Handelsminister Staribacher und an den Berghauptmann von Salzburg geschickt. Er werde also keinesfalls von einer Automatik überrollt werden. Diesen letzten Satz habe ich mir gleich notiert, alles andere habe ich aus dem Gedächtnis wiedergegeben. Zum Schluß schrieb Sinowatz, er solle sich bei weiteren Schwierigkeiten sofort wieder an ihn wenden. Er zeichnete mit herzlichen Grüßen.
Als ich Thomas den Brief wieder reichte, machte ich ihn auf einen Rechtschreibfehler auf der zweiten Seite aufmerksam. Rohöhlgewinnungs A.G. hieß es da. Da man Roh mit h schreibt, sagte ich, verleitet es dazu, daß man Öl dann auch mit h schreibt. Ich schreibe, ich würde, verbesserte ich mich, wahrscheinlich auch diesen Fehler machen. Ich wollte schon sagen, daß auch ich Öl dauernd mit h schreibe, also „Öhl“ geschrieben habe, denn das ist mir in meinen unkorrigierten Aufzeichnungen wirklich dauernd passiert. Thomas sagte, das sei ein Irrtum, als ich ihn auf diesen Fehler im Brief des Unterrichtsministers aufmerksam machte. Natürlich, sagte ich, jeder Fehler ist ein Irrtum. Dann besprachen wir noch die günstige Wendung, daß er „nicht von einer Automatik überrollt werden wird“. Ich sagte: Er kann doch nicht schreiben, daß du nicht vom Gesetz überrollt werden wirst, aber statt Automatik könnte man auch Gesetz meinen.
Um 12 Uhr 30 kam Thomas zu mir und sagte, daß er gerade beim Pabst essen war. Es sind dort jetzt lauter Schwarze. Die Schwester der Wirtin und deren Mutter sind jetzt auch im Gasthaus tätig und auch so schwarz wie die junge Wirtin, die Pabst aus Hawaii mitgebracht hat. Nur kommt ihm vor, daß jetzt weniger Gäste dort sind. Die mit den Zetteln vom Mitterbauer kommen auch nicht mehr Mittagessen.
Was ist mit dem Berghauptmann, fragte ich. Gleich wie du weg warst, sagte Thomas, ist die Frau Maxwald gekommen und hat mir mitgeteilt, daß die Gemeinde angerufen hat, der Berghauptmann hat zum Gemeindeamt Ohlsdorf telefoniert, daß er kommenden Donnerstag um 14 Uhr kommen werde. Da möchte ich dich bitten, daß du auch da bist. Das sagte ich Thomas zu, und um 13 Uhr 15 hat mich Thomas wieder verlassen.

Um 19 Uhr kam Thomas wieder. Er erzählte mir, daß er an Kaut einen Brief geschrieben habe. Ganz kurz und sachlich. Dann sagte mir Thomas den Text, wobei er nach jedem Satz den Punkt besonders betonte. Etwa so: „Habe das Haus für Peymann, das eine alleinstehende Frau betreut, schon vor sechs Wochen in Pfaffstätt, 35 km von Salzburg entfernt, besorgt, Punkt. Bei dieser Gelegenheit möchte ich Ihnen sagen, daß Peymann, Ganz, Herrmann, Bickel usw., alle namentlich angeführt, für mich die optimale Besetzung darstellen, Punkt. Für die Uraufführung wollen Sie mir 3 Stück Karten reservieren, Punkt. Zu den Proben werde ich einige Male erscheinen, ansonsten will ich mich nicht blicken lassen, Punkt." Zum Schluß, sagte Thomas, habe ich nicht „herzlichst" geschrieben, sondern „mit freundlichen Grüßen", damit es etwas kühler wirkt.
Dann sprach Thomas noch über die Komödie *Mehr Glück als Verstand*, daß dies ein sehr guter Titel sei, der einmal so geläufig sein werde wie *Was ihr wollt*. Dann sagte mir Thomas noch, daß er auch von Unseld einen Brief bekommen habe und daß mit gleicher Post die Neuauflage des *Frost* weggeschickt worden sei. Das Buch werde ich morgen bekommen. Es ist sehr schön in Blau, sagte Thomas.
Wir besprachen noch meine Arbeit für morgen, sodaß Thomas wußte, daß ich morgen keine Zeit für ihn habe und daß ich abends in die Turnstunde gehe. Um 22 Uhr 15 fuhr Thomas heim.

3. Mai 1972

Um 10 Uhr traf ich Thomas in meinem Wald in Weinberg neben der Straße. Er hatte den Briefträger abgepaßt und war erbost, daß ihm statt des *Frost* ein anderes Buch, nämlich eines von Bert Brecht vom Suhrkamp Verlag zugeschickt wurde. Ich sagte ihm: Du schimpfst ja dauernd auf die Leute und den Verlag, daß sie blöd sind und alles falsch machen. Sie haben dich nur wieder einmal bestätigt. Thomas nickte, schwang das Buch in der Luft und stimmte mir stumm zu.
Dann sprachen wir noch ein Weilchen. Thomas sagte mir, daß die Hufnagls seit voriger Woche wieder verheiratet und auf Hochzeitsreise in Italien seien. Als sie vorige Woche am Donnerstag herkamen, da hatten sie am Vortag, am Mittwoch, in aller Stille wieder geheiratet. Du weißt ja, sagte

Thomas, sie hat sich damals ja nur scheiden lassen, weil sie glaubte, ich würde sie heiraten. Wie sie nur so was glauben konnte. Ich hab das aber nicht von ihr selbst erfahren, sondern von der Frau Pauser.
Also, spätestens morgen um 14 Uhr sehen wir uns. Da komm ich zu dir, wegen dem Beri-Hauptmann, sagte ich zu Thomas, als wir uns trennten. (Statt Berg sagen hier die Einheimischen Beri, also Beriwiese usw., daher verwenden Thomas und ich diese Dialektausdrücke gerne in erweitertem Umfang, wie es die Einheimischen nicht tun würden.)

4. Mai 1972

Um 14 Uhr war ich bei Thomas. Erst gegen 15 Uhr waren einige Leute der für 14 Uhr angesetzten Besichtigung durch den Berghauptmann Prezelj zu sehen. Inzwischen waren wir im Hof in der Sonne, und Thomas sagte mir, daß er nicht einmal eine Einladung zur Verleihung des Wildgans-Preises an Ingeborg Bachmann erhalten habe. Damals hatte man ja die Feier für Thomas überhaupt abgesagt und nur den Geldbetrag überwiesen. Und nun laden sie mich auch nicht zur Feier des nächsten Preisträgers ein.
Da Thomas sofort nach der Kommissionierung nach Wien fahren wollte, sagte er nach 15 Uhr, als wir die Kommission in der Ferne sahen, am liebsten würde er wegfahren. Denn wenn es heißt 14 Uhr, dann sei es genug, eine Stunde zu warten. Thomas bat mich dann, zur Kommission hinzufahren, er könne das nicht, ich solle sehen, was los sei. Ich merkte schon im Vorbeifahren an deren Gesten, daß der Sekretär Moser und der Berghauptmann den Baldinger umgestimmt hatten, und schloß auch deswegen darauf, weil ich vorher die Herren der Rohöl, die sich abseits hielten, begrüßt und ein paar Worte mit ihnen gewechselt hatte.
Daraufhin fuhr ich zu Thomas und sagte ihm, es wäre besser, wenn ich selbst nicht anwesend wäre, wenn sie in sein Haus kommen. Denn dann könne er sich auf mich ausreden, wenn es um Vorhalte der von ihm unternommenen Schritte geht. Ich hatte das Gefühl, daß die Bohrung nicht aufzuhalten ist, da ich gehört hatte, daß nur zehn Tage lang gebohrt werde. Tatsächlich war dann Thomas selbst mit der Bohrung einverstanden, da nach zehn Tagen und Nächten alles vorbei sein wird. Anschließend fuhr

Thomas sofort nach Wien, denn für morgen Freitag hatte ihn seine Tante zur Untersuchung auf der Baumgartner Höhe angemeldet. Kommenden Sonntag oder Montag wird Thomas mit der Tante wieder zurückkommen. Thomas bat mich noch, während seiner Abwesenheit im Walde die Entrindung der geschlägerten Bäume stichprobenweise zu beaufsichtigen und mich auch um den Hof zu kümmern. Vielleicht hat er Angst, daß Studenten ihm etwas antun könnten. Jedenfalls will er, daß ich auf den Hof aufpasse und einige Male hinüberfahre.
Vier Liter Most hatte ich mir abgezapft, während wir auf die Kommission warteten. Er rinnt schon sehr dünn aus dem Faß, und wenn Thomas von Wien zurück ist, wird er ein neues anschlagen.

10. Mai 1972

Heute ist Thomas mit seiner Tante aus Wien zurückgekommen. Gegen 16 Uhr kam er. Meine Gattin sagte ihm, daß ich mich um 9 Uhr in Salzburg mit Moidele Bickel und Herrmann aus Berlin traf, um die Unterkünfte während der Festspiele zu besichtigen. Ich sei jedoch noch nicht zurück. Daraufhin sagte Thomas, er werde später nochmals kommen. Da ich aber eine halbe Stunde später schon aus Salzburg zurück war, fuhr ich gleich zu Thomas nach Nathal. Das Tor war offen und das Auto da, aber niemand anwesend. Also mußte Thomas mit seiner Tante auf Spaziergang sein. Ich ging ums Haus und traf Thomas mit Tante beim Feuerwehrhaus. Thomas bat mich mitzukommen, für ein bis zwei Stunden.
Zuerst mußte ich ihm erzählen, wie es in Salzburg war. Frau Bickel und Herrmann waren von den Unterkünften begeistert. Von seinem Brief an Peymann hatten sie schon gewußt. Thomas freute sich, daß ich den beiden auch Mattighofen gezeigt hatte, sodaß sie vom Haus aus den nächsten Markt auch gleich kannten. Denn wenn man von Salzburg kommt, ahnt man nicht, daß sich drei Kilometer weiter so ein schöner Marktflecken befindet. Dann mußte ich über die inzwischen erfolgten Holzarbeiten berichten. Ferdl ist nicht zur Arbeit erschienen, aber der Nachbar Ennsberger hatte sich einen Arbeitskollegen mitgenommen, der so fleißig arbeitete, daß ihm sogar im schattigen Wald, bei kühlem Wind, der Schweiß von der Stirne rann. Auch über die genauen Arbeitszeiten konnte ich Thomas

berichten, da ich mehrmals nachgesehen hatte. Dann sagte ich Thomas, daß ich mit Bickel und Herrmann überhaupt nicht über das Theater oder ihre Arbeiten am Theater, noch über sein Stück gesprochen habe, denn ich merkte sofort, daß beide vom eigenen Beruf genug haben und ausspannen möchten. Ich sagte Thomas, daß ich ihnen nur gesagt habe, daß er an Kaut einen Brief geschrieben habe und in dem Brief namentlich alle Mitwirkenden als optimale Besetzung bezeichnet habe. Aber sonst werden sie Bernhard in Salzburg nicht viel sehen. Der Autor wird nur zweimal nachsehen, die Generalprobe besichtigen und der Uraufführung nicht beiwohnen.
So nach einer Stunde, wir waren schon in Aichlham angekommen, war Thomas an der Reihe zu berichten. Ich bemerkte längst, daß Thomas wartete zu berichten, wie seine Untersuchung ausgefallen sei. Aber da ich genau erfahren wollte, wie das Ergebnis war, fragte ich nicht danach, denn er könnte, falls nicht alles in Ordnung war, so eine Frage nur kurz und ungenau beantworten. Andererseits, wenn Thomas selbst, aus Eigenem, davon berichtet, erzählt er ganz präzise. Um nicht gleich mit seiner Krankheitsuntersuchung in Wien zu beginnen, erzählte Thomas, daß er einen Brief bekommen habe, in dem ihm von der Deutschen Akademie für Sprache und Dichtung mitgeteilt wurde, daß er zum korrespondierenden Mitglied ernannt wurde. Der neue Präsident Böll hat ihn seinerzeit zum Büchner-Preis vorgeschlagen, und nun wird der wahrscheinlich auch das veranlaßt haben.
Dann kam Thomas aber gleich auf seine Untersuchung in Wien zu sprechen und sagte, daß er so gründlich wie noch nie untersucht worden sei und daß keine Spur von einem Gewächs an der seinerzeitigen Operationsstelle gefunden worden sei. Die Ärzte selbst waren an der Nachuntersuchung sehr interessiert, da es ja gelungen ist, diesen seltenen „Böck", eine gutartige Wucherung, für die es in der Fachliteratur noch keine gültigen Heilmethoden gibt, restlos zu heilen. Mir war nur wichtig zu wissen, daß eine sehr sorgfältige Untersuchung stattgefunden hatte, die seine Gesundheit bestätigte. Die Ärzte sagten, er sei vollkommen gesund, gesünder könnte er nicht sein. Damals kam es ja zur Krise, da selbst ein Fachmann den „Böck" nicht erkannt hatte. Mir liegt heute noch der trockene Husten von Thomas im Ohr. Den hatte er nicht, als er zur Untersuchung fuhr. Also hätte es sich nur um ein Frühstadium eines „Böcks" handeln

können, daher war mir eine sorgfältige Untersuchung eine große Beruhigung.
Dann kamen wir aber gleich wieder auf seine Berufung zum korrespondierenden Mitglied der Deutschen Akademie für Sprache und Dichtung zu sprechen, und Thomas erklärte, daß er auf diesen Brief sehr lange nicht antworten werde, denn er müsse sich gut überlegen, ob er diese Berufung annehmen werde. Es könnte sein, daß diese Mitgliedschaft mit einem hohen Mitgliedsbeitrag verbunden ist, dann käme es für ihn überhaupt nicht in Frage. Ich hielt das für ausgeschlossen, sondern sagte, daß eher ein Ehrensold an die Mitglieder bezahlt wird. Hier mischte sich auch Tante Hede ziemlich ins Gespräch ein, weil sie es für unmöglich ansah, daß Thomas auf diesen Brief länger nicht antworten will. Ich hielt zu Thomas und gab ihm recht. Antworten kann er auch in einigen Monaten. Thomas will sich nichts verderben mit einer Ablehnung, er will aber auch mit der Annahme keine Verpflichtungen eingehen. Die Tante bestand darauf, Thomas sollte eine rasche Entscheidung fällen und die Mitgliedschaft annehmen.
Daraufhin hat Thomas den Schritt verlangsamt, damit Tante Hede allein vorausging. Es war inzwischen 18 Uhr 30 geworden, und die abendliche Kühle zwang Tante Hede zu raschem Gehen, da sie die Kälte ziemlich spürte. Das nützte Thomas aus, und als Tante Hede nicht zuhören konnte, sagte mir Thomas, daß ihm in Wien das Gerüst für seinen neuen Roman *Korrektur* eingefallen sei. Die Handlung des Romans wird sich nur über drei Tage erstrecken. Ein Österreicher kommt aus dem Ausland zurück, mit der Absicht, nun endgültig in Österreich zu bleiben und nie mehr von hier wegzufahren, da er die Heimat in so schöner Erinnerung hat. Nach drei Tagen kommt er aber drauf, daß sich so vieles gewandelt hat, daß alles so scheußlich ist, daß es in Österreich nicht zum Aushalten ist, und so verläßt er Österreich, um nie wieder zurückzukehren. Weißt du, sagte Thomas, in diesen drei Tagen kann ich alles unterbringen, was ich will, alles. Dabei werde ich nicht zurückschrecken, Leute wie den Bürgermeister von Wien, Slavik, auch beim Namen zu nennen. Auch alle anderen, wie den Unterrichtsminister, alle werde ich namentlich nennen. Aber was da alles kommen wird, dagegen werden alle meine bisherigen Sachen verblassen. Ich werde den ganzen schrecklichen Zustand, wie wir ihn haben, diese ganze Perversität beschreiben, und der Titel *Korrektur* wird aus zwei Gründen gut

passen. Weil einerseits meine Romanfigur ihre Ansicht über Österreich in drei Tagen korrigiert und ich selbst auch meine bisherigen Aussagen kräftig korrigiere. Die werden schauen und sich noch wundern, was da von mir kommen wird.
Dann haben wir die Tante wieder eingeholt. Beim Nachbarn Ennsberger blieb Thomas zurück, um weitere Waldarbeiten zu besprechen, und von dort ging ich mit Tante Hede allein zum Hof. Frau Stavianicek hatte keinen Schlüssel zur Haustür, und sie fröstelte sehr. Sie sagte: Thomas muß doch gleich nachkommen, er weiß doch, daß ich keinen Schlüssel habe und mir sehr kalt ist. Sie kennen doch Thomas, sagte ich, Thomas „muß" gar nichts. Setzen Sie sich in mein Auto, und holen wir den Schlüssel von Thomas.
Wir fuhren Thomas entgegen, und auf halbem Weg zu Ennsberger trafen wir ihn. Er gab uns den Schlüssel, und in der Küche angelangt, begann Tante Hede, ein Grießkoch zu machen, da sie wegen ihres Magenleidens sonst nichts essen darf. Thomas sagte, sie solle eine doppelte Menge machen, er esse Grießkoch, gemeint war Grießbrei, auch sehr gerne.
Es war inzwischen 19 Uhr 25 geworden. Daher verabschiedete ich mich rasch, um zu Hause die Nachrichten noch zu sehen. Zu Thomas sagte ich noch, daß am 12. meine Tochter Elfriede Hochzeit habe und daß ich vom 13. bis 16. in St. Nikolai im Sausal sei, daß wir uns also länger nicht sehen würden.

17. Mai 1972

Gegen 14 Uhr kam Dr. Wieland Schmied mit Generaldirektor Wolf Jobst Siedler, Berlin, Lindenstraße 76, vom Ullstein Verlag (Propyläen) zu mir. Schmied war auf der Suche nach seiner Frau und nach Thomas. Beide waren nicht zu Hause. Er hoffte, seine Frau bei Thomas zu treffen. Da Siedler nach München weiterfahren müsse, habe er kein Auto, und wenn Thomas nicht da sei, solle ich ihn gegen Abend in die Lederau bringen. Je später, je besser, denn da sei seine Frau sicher schon zu Hause.
Da Siedler am Ankauf eines Bauernhofes interessiert war, besichtigten wir mit ihm bis zum Abend einige Objekte. Da Thomas um 7 Uhr abends noch immer nicht zu Hause war, brachte ich Dr. Wieland Schmied in die

Lederau, wo wir seine Frau mit ihrer Mutter antrafen. Am Tor von Thomas ließ Schmied noch eine Nachricht zurück.

18. Mai 1972

Um 8 Uhr früh traf ich Thomas vor dem Postamt Ohlsdorf. Er sagte mir, daß er gerade zu mir fahren wollte, um mich wegen Dr. Schmied zu fragen. Schmied hatte die Nachricht am Tor auf der Rückseite meiner Visitenkarte hinterlassen, und so wußte Thomas, daß ich mit Schmied bei ihm war. Ich sagte Thomas, daß ich Generaldirektor Siedler seinen Hof von innen gezeigt hätte, wozu ich den gelegten Schlüssel benützt hätte. Den Siedler kenn ich eh, sagte Thomas. Wolf Jobst Siedler heißt er. Natürlich konnte ich den Wohnteil außer dem Auszugstüberl nicht herzeigen, denn Thomas läßt selbst niemand hinein. Aber drei Seiten des Vierkanters sind nicht tabu.

Thomas zeigte mir ein Buch, das er soeben mit der Post erhalten hatte, mit dem Titel *Jemand, der schreibt.* Thomas zeigte mir stolz die zweite Seite, wo unter einem Zitat von Goethe ein Zitat von ihm stand:

Ich bin kein Schriftsteller, sondern jemand, der schreibt. (Thomas Bernhard)

Die Bezeichnung „Schriftsteller“ hat Thomas immer angewidert. „Autor“ ließ er gerade noch gelten. Bevor er im Paß seinen „Landwirt“ hineinbekam, habe ich ihm geraten, er solle sich „Akkordant“ nennen. Im Hinblick auf seine Akkordarbeit wäre er berechtigt dazu.

Thomas sagte mir noch, daß er gestern in Wien gewesen und erst nach Mitternacht zurückgekommen sei. Er habe um 1 Uhr nachts noch mein Auto beim Gasthaus Asamer stehen gesehen. Da ist es wieder spät geworden beim Tarock, sagte Thomas.

Ich gab Thomas den Rat, gleich am Vormittag zu Schmied zu fahren. Dann trifft er Schmied, den Langschläfer, sicher, sonst verpassen sie sich wieder. Thomas wollte nämlich auf die Krucka fahren, denn der Weidezaun solle schon fertig sein und da müsse er nachsehen. Ja, du hast recht, sagte Thomas, ich fahr gleich hinüber zu Schmied, dann hab ich's hinter mir. Er fuhr zu Schmied.

Obernathal 2 im Jahr 1968: ein Anwesen und das Fahrzeug seines Besitzers: Thomas Bernhard, Landwirt.

19. Mai 1972

Um 9 Uhr kam Thomas zu mir, um bei mir auf den Briefträger zu warten. Ich sagte Thomas aber, daß ich meine Post um 8 Uhr schon geholt habe und daß der Briefträger daher nicht hereinkommen werde. Wenn er mein Auto sieht, wird er sicher hereinkommen, sagte Thomas.
Dann erzählte er, daß er vergangenen Freitag und Samstag von Schauspielern aus Berlin besucht wurde, die schon am 1. September in Berlin sein Stück *Der Ignorant und der Wahnsinnige* aufführen. Am Freitag abend hat er mit ihnen beim Pabst in Laakirchen „Siebzehnundvier" gespielt und den Theaterleuten bis 3 Uhr früh fast das ganze Geld abgenommen. Um 3 Uhr früh hatten sie dann keine Quartiere. Ein Malermeister hat sie dann nach Eisengattern mitgenommen, wo sie notdürftig und primitiv schlafen konnten. Das Gepäck hatten sie aber bei Thomas in Nathal, und so mußten sie ohne ihre Sachen mitfahren. Um 3 Uhr früh, denn Thomas war natürlich nicht bereit, sie mitzunehmen oder um das Gepäck zu fahren, denn dann wäre er sie nicht mehr los geworden. Bei ihm gibt es prinzipiell keine Übernachtung. Außer seiner Tante Stavianicek war noch nie jemand über Nacht bei ihm. Thomas sagte, dieser hohe Gewinn sei ihm sehr peinlich gewesen, denn nun sei er gezwungen gewesen, den Leuten das Quartier zu bezahlen. Er habe sie am nächsten Tag im Hotel Schwan in Gmunden untergebracht. Aber jetzt ist Schluß, für heuer möchte ich niemand mehr sehen. Der ganze Besuch der Schauspieler hat zu nichts geführt. Solche Besuche sind vollkommen überflüssig. Wozu brauchen die Schauspieler den Autor kennen?
Inzwischen war es 10 Uhr geworden, und ich zeigte Thomas eine Karte von seiner Tante Stavianicek, die bei meiner Post war. Die Karte kam aus Wolfsegg. Da der Briefträger längst vorbei sein mußte, fuhr Thomas ihm in seinem Rayon nach.
Abends um 20 Uhr kam Dr. Wieland Schmied mit seiner Gattin. Thomas ist nicht zu finden, sagte er. Sie hätten sich bei Pabst um 19 Uhr treffen sollen, Thomas sei aber nicht gekommen. Zu Hause sei er auch nicht. Da dachte ich, schau ich bei Ihnen vorbei. Ich fahre um 23 Uhr von Attnang nach Venedig zu Hundertwasser, meine Frau bringt mich zum Zug. Es sei aber noch zu früh. Um 22 Uhr 30 fuhren die Schmieds nach Attnang und ließen Grüße an Thomas zurück.

Mir fiel noch ein, daß mir Thomas sagte, daß er heute den Schaffler aus Salzburg für abends erwarte und daß er diesem den „Kopf waschen" müsse. Dr. Schmied wußte das auch von Thomas, er sagte aber: Schaffler sollte doch schon zu Mittag kommen, für abends hat er mit uns ausgemacht.

22. Mai 1972

Um 11 Uhr 45 kam der Regisseur Ferry Radax. Er wollte am Weg von Deutschland zu seinem Bauernhaus in Schönbach Nr. 35 im Waldviertel Thomas Bernhard einen kurzen Besuch abstatten. Da Thomas Bernhard nicht zu Hause war, kam er zu mir, ob ich vielleicht wüßte, wo Thomas Bernhard sei. Radax sagte mir, daß er die Aufnahmen für den *Frost* im Waldviertel bei Schönbach machen möchte. Die Originalgegend um St. Veit im Pongau sei inzwischen so bebaut, daß die Gegend im Waldviertel dem Roman besser entspreche. Auch die Häuser und die Statisten usw. Nur in der Gegend um Weng sollen einige Aufnahmen gemacht werden. Wir sprachen davon, daß die Gegend um Rappottenstein und Ritterkamp auch für eine Verfilmung von *Verstörung* sehr geeignet wäre. Da ich diese Gegend gut kenne, stimmte ich Radax zu. Nach ca. einer Dreiviertelstunde, um 12 Uhr 30, kam plötzlich Thomas Bernhard zur Tür herein. Thomas hatte keine Ahnung, daß Radax bei mir ist, er wollte mir nur sagen, daß er abends zu mir komme. Er begrüßte Radax und sagte ihm gleich, daß er jetzt keine Minute Zeit habe, da er in Wolfsegg von seiner Tante zum Mittagessen erwartet werde. Er sei in Begleitung von Frau Schmied, deren Tochter und Mutter. In Ohlsdorf waren sie mit dem Kind am Kirtag (Kirchtag). Frau Schmied sei auf dem Rollschotter gestürzt und habe an den Knien und Händen blutende Hautabschürfungen, aus diesem Grunde habe er schon Verspätung nach Wolfsegg, sagte Thomas. Er bat Radax, zum Brandl in Wolfsegg nachzukommen.
Um 12 Uhr 45 fuhr Radax nach Wolfsegg. Vorher erzählte er mir noch, wie es bei der Grimme-Preisverleihung war und daß er im Fernsehen gehört habe, daß Thomas Bernhard korrespondierendes Mitglied der Deutschen Akademie für Sprache und Dichtung in Darmstadt geworden sei. Ich war überrascht, denn Thomas hatte mir nicht gesagt, daß er die Sache angenommen hat.

Um 20 Uhr trat Thomas mit den Worten „Gott sei Dank, nun hab ich diesen Tag auch hinter mir“ ein. Ich sagte Thomas sofort, daß ich von Radax gehört habe, er sei korrespondierendes Mitglied geworden. Wenn das wahr sei, dann gehört er wie Hilde Spiel eingereiht, die alle „Amterl“ annimmt. Ich könne es nicht glauben, daß das wahr ist. Du wirst lachen, sagte Thomas, ich habe angenommen, und Hilde Spiel und Canetti sind auch korrespondierende Mitglieder. Wozu brauchst du das, wofür ist das gut? fragte ich. Mit dem neuen Präsidenten darf ich es mir nicht vertun, sagte Thomas, und deswegen habe ich sofort zurückgeschrieben, daß ich annehme. Gleich darauf erfolgte die Veröffentlichung. Auf meinem weiteren Weg brauche ich das. Man muß auf seinem Weg über Leichen gehen können, unter anderem eben auch über die Leiche eines korrespondierenden Mitgliedes. Das muß man einfach können, über solche Leichen hinwegzusteigen. Canetti und Spiel sind ja Leichen, alles Leichen, aber in diesem Falle bin ich sogar bereit, über meine eigene Leiche hinwegzusteigen. Ich muß das, weil ich es mir, wie schon gesagt, mit dem neuen Präsidenten nicht verderben möchte. Da muß man halt auch einmal machen, was man eigentlich nicht will, aber ich habe deswegen keinerlei Verpflichtungen. Übrigens, sagte Thomas, habe ich schon ganz andere Sachen abgelehnt, was du gar nicht begriffen hättest, warum ich das ablehne.
Ich gab mich mit dieser Erklärung zufrieden und erzählte Thomas, daß die Ehegatten Schmied am Freitag dagewesen seien, und fragte, ob er dem Schaffler am Freitag den Kopf gewaschen habe. Ja, sagte Thomas, am Freitag war ich ab 19 Uhr beim Pabst in Laakirchen. Am Tor hab ich ein Zetterl gelassen, daß ich dort bin. Die Schmieds sind nicht gekommen, der Schaffler hat den Zettel gefunden und ist um ca. 21 Uhr zum Pabst gekommen. Aber so, wie du dir das Kopfwaschen vielleicht vorstellst, mache ich das nicht, daß ich mir nachher vielleicht einen neuen Steuerberater suchen muß und mir Schaffler zum Feind mache. Dr. Schmied und Schaffler sind sowieso schon zerstritten. Deswegen wird Schmied am Freitag nicht zum Pabst gekommen sein, damit er Schaffler nicht trifft. Denn ich war ja ab 19 Uhr beim Pabst, die Schmieds waren nicht da. Sie sind gleich mit einer Ausrede zu dir gekommen, damit sie mit Schaffler nicht zusammenkommen. Aha, sagte ich, Dr. Schmied erzählte mir, daß er sein neues Buch über Arik Brauer in Wien verlegen lassen hat. Deswegen wird Schaffler böse sein auf ihn. Ja natürlich, Schaffler hat dem Schmied nicht bezahlt, was er für

das Buch wollte, deswegen hat Schmied dann das Buch in Wien bei einem anderen Verlag herausgebracht. Nein, nein, ich habe Schaffler gar nicht den Kopf gewaschen, aber ich habe ihm gesagt, daß das über mich im Buch von Zuckmayer *Henndorfer Pastorale* einfach wegbleiben muß. Schaffler hat gesagt, das trifft sich sehr gut, es wird gerade eine zweite Auflage herausgebracht, er werde Zuckmayer sofort schreiben, daß das wegbleiben müsse, daß ich das verlange. Oder zumindest muß statt „traurige" oder „unglückliche" Jugend das Wort „glückliche" gesetzt werden. Denn ich hatte eine glückliche Jugend. Außerdem habe ich Schaffler auf die Fehler in dem Buch aufmerksam gemacht. Stelzhamer mit zwei m zu schreiben und so weiter, sowas darf doch nicht vorkommen.
Dann sagte ich: Eigentlich hättest du ja zu der Henndorfer Brettljause eingeladen werden müssen, daß du nicht hingekommen wärst, ist natürlich klar, aber einladen hätten sie dich sollen. Das wird die Tochter von Zuckmayer schon verhindert haben, sagte Thomas, du weißt ja, was ich dir erzählt habe, von der Hundepeitsche damals. Das wird einmal eine schöne Biographie über dich geben, sagte ich. Da wird auch darüber geschrieben werden, daß du deinen Besuchern beim Kartenspiel „Siebzehnundvier" immer die Gelder abnimmst. Das wird man sowieso nicht glauben, sagte Thomas, auch wenn es geschrieben wird, denn alle Biographien stimmen nicht und sind nicht wahr. Außerdem ist es mir egal, denn dann weiß ich nichts mehr davon.
Thomas erzählte weiter, daß er im Gasthaus Brandl in Wolfsegg sehr spät zu Mittag gegessen habe und daß auch Radax noch zum Mittagstisch hinzugekommen sei. Ihm gegenüber am nächsten Tisch saß an diesem Pfingstmontag der Landeshauptmann Dr. Wenzl mit Gattin und Töchtern, auf den er sehr zornig war, da dieser ihm auf sein Schreiben bezüglich der Ölbohrung keine Zeile geantwortet hat. Da Radax am Tisch Thomas gegenübersaß, sah Thomas, wenn er mit Radax sprach, im Hintergrund am anderen Tisch immer das Gesicht des Landeshauptmannes. Thomas sagte, daß er dem Radax ziemlich deutlich gesagt habe, welche Fehler im Film *Der Italiener* gemacht wurden, und da er auch immer wieder das Gesicht des Landeshauptmannes sah, mußte das Radax büßen, denn das stachelte ihn zu noch stärkerer Kritik an Radax an. Unter anderem verlangte Thomas von Radax, daß er so schnell wie möglich sehen solle, daß der Vertrag über die Verfilmung vom ORF unterfertigt werde, denn wenn er es sich

„Henndorfer Brettljause" in traditionellem Stil. Zur Präsentation von Carl Zuckmayers „Henndorfer Pastorale" fanden sich unter anderen ein: Gertrud Frank, Carl Zuckmayer, Clemens Holzmeister, Rudolf Bayr, Ingrid Oberascher, Wolfgang Schaffler, die Musikanten …

anders überlege, dann habe Radax sein Drehbuch umsonst geschrieben. Er machte Radax klar, daß man nicht ohne vertragliche Absicherung und Berechtigung nach seinem Roman *Frost* ein Drehbuch schreiben könne. Im übrigen habe er auf die Frage von Radax, wie ihm das Drehbuch gefalle, geantwortet, daß er nur einen ganz kleinen Teil gelesen habe und daß er annehme, daß das übrige genauso sei. Im übrigen sage ein Drehbuch noch gar nichts, man könne nie sagen, ob es gut oder schlecht sei, denn man könne aus einem schlechten Drehbuch einen guten Film machen und aus einem guten Drehbuch einen schlechten. Nur wäre es höchste Zeit, wenn der Film im kommenden Winter gedreht werden soll, sich jetzt schon um die Besetzung zu kümmern und jetzt schon mit den Vorbereitungen zu beginnen. Landeshauptmann Wenzl hat mehrmals aufmerksam zu Thomas herübergeschaut, und Thomas hatte den Eindruck, daß ihm dessen Töchter längst gesagt hatten, wer er sei. Als Landeshauptmann Wenzl das Lokal verließ, heischte er im Vorbeigehen von Thomas einen Gruß, wie sich Thomas in seiner Erzählung ausdrückte. Aber als der Landeshauptmann vorbeiging, sah Thomas absichtlich auf seinen Teller und tat so, als ob er nichts merkte. Als der Landeshauptmann aus dem Lokal war, kam der Wirt, der das bemerkt hatte, aufgeregt zu Thomas Bernhard und sagte: Haben Sie ihn nicht erkannt, das war der Landeshauptmann. Natürlich habe ich ihn erkannt, sagte Thomas. Da der Wirt vor dem Hause dann noch längere Zeit mit dem Landeshauptmann sprach, sagte Thomas, wird er ihm das wahrscheinlich auch noch gesagt haben. Aber eine Zeile hätte er mir doch antworten können, auf meinen Brief. Wenn ihm eine Rentnerin schreibt, muß er es ja auch tun, der Wenzl, sagte Thomas. Auch das mit dem ORF ist ganz unmöglich, sagte Thomas weiter. Ein Drehbuch nach meinem Roman schreiben zu lassen und mit mir keinen Vertrag abschließen und nichts bezahlen. Die behandeln mich ja schlechter als in einem Freudenhaus. Dort kann man auch nicht vorn hineingehen, alles konsumieren und, ohne zu bezahlen, hinten hinausgehen. Aber das habe ich Radax gesagt, das muß ehestens erledigt werden, sonst werde ich es mir überlegen und nicht mehr zustimmen.

Ich fragte Thomas, ob er auch im Schloß gewesen sei. Ja, sagte Thomas, zum Kaffee. Aber der Graf war nicht zu Hause. Die alte Gräfin war natürlich da und ihre zwei Töchter. Es war, wie es halt ist, mit lauter Damen, dieses Gezwitscher. Radax war auch mit. Er ist dann um 18 Uhr nach Schönbach im Waldviertel weggefahren. Nachdem ich ihn wieder einige Stunden beobachten konnte, gefällt er mir wieder gar nicht. Radax ist ein unmöglicher Regisseur. Ich hab natürlich schon gesagt, daß ich mir sein Haus im Waldviertel einmal ansehen möchte. Aber stell dir vor, wenn er von Wien zweieinhalb Stunden mit dem Auto zu fahren hat, dann könnte er auch gleich hier was haben. Außerdem paßt der Mann nicht in ein Hundertvierzigtausendschillingauto. Weshalb braucht der für sich alleine so ein Familienauto, ein sündteures? Es gibt Leute von Format, die können drei Rolls-Royce besitzen, ohne damit aufzufallen. Um 19 Uhr 30 bin auch ich von Wolfsegg weggefahren und direkt zu dir.

Inzwischen war es 22 Uhr 15 geworden, als Thomas nach Hause fuhr, und er sagte, morgen abends werde er mich wieder besuchen.

23. Mai 1972

Um 18 Uhr trat unerwartet Thomas bei mir ein. Er kommt sonst gewöhnlich um 19 Uhr, und ich war momentan sehr verärgert. Denn obwohl ich eigentlich den langen Bericht über den Pfingstmontag noch weiterschreiben wollte, habe ich unwillkürlich vor kaum fünf Minuten alles weggeräumt. Wenn er mich beim Schreiben überrascht, wie leicht könnte er zur Schreibmaschine treten und sagen: Laß sehen, wem schreibst denn da? Diesmal hatte ich mir ziemlich viele Notizen gemacht, und die sind alle kurz vorher noch am Tisch herumgelegen. Das alles wegzuräumen hätte ich diesmal kaum so schnell geschafft. Im Winter war es noch leichter, da waren die Haustüren zu, und er mußte im Vorhaus den Mantel ablegen oder den Fußabstreifer benützen. Da konnte ich inzwischen einige Male rechtzeitig mit den Blättern verschwinden. Aber jetzt, bei schönem Wetter, steht er plötzlich in der Wohnzimmertür.

Thomas sagte mir bei seinem Eintreffen, daß er heute alle notwendigen Briefe erledigt und daß er alles gerade noch vor 18 Uhr zur Post gebracht habe. Er möchte mit mir eineinhalb Stunden bis zur „Zeit im Bild“ spazierengehen. Ich war bereit dazu, zeigte ihm vorher aber noch den Brief vom 17. 5. 1972 von Ulrich und Vera Wildgruber, 463 Bochum, Blumenfeldstraße 98, den ich an diesem Tage erhalten habe.

Wir gingen also in Richtung Traun, Aupointen – Sandhäuslberg und zurück. Thomas erzählte mir, daß er heute endlich das korrigierte Textbuch von *Der Ignorant und der Wahnsinnige* an den Verlag geschickt habe. Gleichzeitig habe er dem Verlag mitgeteilt, daß er nun in dieser Sache nichts mehr hören und sehen will. Denn es werden an den Verlag immer Anfragen wegen dieses Stückes kommen. Daß er auch an der Uraufführung in Salzburg nicht teilnimmt, hat er dem Verlag auch gleich mitgeteilt. Er müsse sich bis Ende des Jahres vollkommen abkapseln, um mit seiner Prosa fertig zu werden. Das ungefähr habe ich dem Unseld geschrieben. Kommenden Freitag fahre ich nach Salzburg, weil Unseld kommt. Den treffe ich dort noch, aber dann muß Schluß sein, ich will jetzt arbeiten. Aber da kommst du in die Zeit der großen Hitze hinein, sagte ich. Das will ich ja, sagte Thomas. Den *Frost* habe ich auch in der Badehose geschrieben. Alle zwei Stunden habe ich mich kalt geduscht, und so werde ich es jetzt auch wieder machen mit der *Korrektur.*

Von diesem Spaziergang kamen wir rechtzeitig zur „Zeit im Bild". Heute möchte ich die Nachrichten wieder einmal hören, sagte Thomas. (Am Vortag, am Pfingstmontag, hatte er keine Lust, die Tagesschau zu sehen, welche im Deutschen Fernsehen gerade anlief.) „Zeit im Bild" begann mit der Begrüßung des Bundeskanzlers Brandt durch den Bundespräsidenten Jonas in der Hofburg in Wien. Schau, zwei Hochstapler sind hier zu sehen, sagte Thomas. Einer davon ist Drucksetzer.
Dann kam Thomas noch auf den Brief von Frau Wildgruber zu sprechen, deren Mann in Salzburg den „Ignoranten" spielt. Es sei ein ganz unmöglicher Stil, wie dieser Brief geschrieben sei. Da kommt vor: „Ermutigt" und „zu belästigen" und „darf ich auf ein Antwortkärtchen hoffen?" Ich mußte Thomas den Brief noch einmal zeigen. Er gab mir den Rat, im gleichen Stil zu antworten. Komm, ich mach dir das vor. Thomas nahm den Brief und las im selben Stil ein lustiges Antwortschreiben vor. Ich sagte zu Thomas: Ich werde morgen einen sehr sachlichen, korrekten, klaren Brief zurückschreiben. Ich werde ihn dich lesen lassen.
Thomas wollte um 21 Uhr 05 „Das Gespräch" mit Günther Nenning und Elisabeth Mann Borghese in FS 2 sehen. Bis dahin sahen wir uns „Ihr Auftritt bitte" mit Fischer-Karwin in FS 1 an. Beim Gespräch mit André Heller sagte Thomas: Furchtbar, wie der sich anzieht und wie er sich auf die Bank setzt. Später, bei der Sendung mit Günther Nenning, war dieser von Anfang an so schlecht und tolpatschig und wirklich unmöglich, daß ich jeden Moment auf eine kritische Bemerkung von Thomas wartete. Thomas verfolgte die Sendung gespannt. Besonders die Mutter der Mann Borghese [Katia Mann, die Witwe Thomas Manns] sprach sehr gut, und erst später gegen Schluß, als das Gespräch mit Mann Borghese etwas versandete, rührte sich Thomas. Ich kann den Nenning nicht mehr sehen, das ist nicht auszuhalten. Aber er ist Präsident der Journalistengewerkschaft. Man will ihn weghaben als Präsident, man will längst einen anderen. Er gehört wirklich weg, ich kann ihn nicht mehr sehen. Bitte dreh ab.
Vielleicht hat Thomas auch deswegen so lange geschwiegen, weil bei Beginn der Sendung die Ansagerin diese als die erste Folge einer neuen Sendereihe ansagte. Ich sagte sofort zu Thomas: Ich habe nur 4 Klassen Hauptschule besucht, aber eine erste Folge einer neuen Sendereihe gibt es nicht. Nur die nächste Sendung kann die erste Folge sein. Thomas sah mich betroffen an und gab mir recht. Aber insgeheim störte es ihn viel-

leicht, daß er das selbst nicht sofort bemerkt hat, und deshalb schwieg er so lange, bis er Nenning nicht mehr sehen konnte.
Dann gegen 22 Uhr 15 fuhr Thomas heim. Wir hatten schon während des Spazierganges vereinbart, daß ich für ihn morgen um 8 Uhr die Post vom Postamt abhole und ihn um 8 Uhr 30 im Café Brandl in Gmunden treffe. Er muß morgen um 7 Uhr früh seinen VW zur Überprüfung bringen, und da er den Wagen erst gegen 12 Uhr von der Werkstätte zurückbekommt, werden wir inzwischen gemeinsam auf die Krucka fahren, etwas spazierengehen, und um 12 Uhr werde ich ihn wieder zur Werkstätte bringen. Meiner Frau sagte ich, sie solle mich um 4 Uhr 30 aufwecken, damit ich mit meiner Schreiberei zurechtkomme. Denn wenn ich morgen wieder dreieinhalb Stunden mit Thomas zusammen bin, möchte ich das Alte vorher aufgeschrieben haben, sonst bringe ich das alles durcheinander, oder ich weiß überhaupt nichts mehr. Zu Thomas, der das hörte, sagte ich: Ich habe wichtige Briefe zu schreiben. Zum Abschied erinnerte mich Thomas nochmals an den Treffpunkt für morgen.

24. Mai 1972

Auf der Fahrt nach Gmunden zu Thomas sah ich vorher in der Werkstätte nach Thomas' Wagen. Er stand noch vor der Waschbox und war noch nicht in Arbeit. Ich ging sofort zum Meister, und der versprach mir, der Wagen von Bernhard sei um 11 Uhr 30 abholbereit. Als ich Punkt 8 Uhr 30 beim Café Brandl in Gmunden vorfuhr, sah ich vom Auto aus, daß Thomas zur Kellnerin zahlen ging. Er sah mich und winkte heraus. Wir hatten am Vortag besprochen, daß wir am Weg zur Krucka noch bei der Werkstätte vorbeischauen, um anzutreiben. Aber als ich Thomas sagte, daß ich gerade in der Werkstätte war, sagte er: Dann brauchen wir nicht hinfahren, fahren wir gleich am Grasberg zur Krucka. Neben der Aurach stellten wir den Wagen ab und gingen die zehn Minuten zu Fuß zum Haus. Denn es hat keine Zufahrt, man kommt nur zu Fuß oder mit einem Allradtraktor zum Haus. Unterwegs war Thomas wieder voll des Lobes über diesen Besitz. Jedesmal, sagte er, muß ich an dich denken, wenn ich hierher komme, denn nur dir verdanke ich dieses „Geschenk". Es ist nämlich ein Geschenk für mich. Heute würde ich 500.000 Schilling dafür bezahlen, so gut gefällt es mir.

In Hausnähe waren uns zwei Kalbinnen in der Weidekoppel entgegengekommen. Ich sah, daß Thomas den Weidezaun so weit nach Westen an den Wald hin aufstellen ließ, daß die Stelle, an welcher wir im Vorjahr sehr schöne Arnikablüten pflückten, zur Hälfte vom Weidezaun umschlossen war. Da werden wir heuer zuwenig Arnika pflücken können. An der Stelle, wo jetzt die Kühe den Boden abgrasen, waren im Vorjahr die schönsten Blüten, sagte ich zu Thomas. Thomas hörte kaum auf meine Worte, er war so begeistert von den Kühen, er streichelte sie und lobte den guten Geruch des Viehs. Schau, und die scheißen so schön, sagte er, als eine Kuh den Schwanz hob und einen richtigen Fladen fallen ließ. Wir besichtigten die Viehtränke und sahen dann weiter oben, daß der zweite Weidezaun noch nicht fertig war, da zuwenig Stacheldraht vorhanden war. Wir umschritten die zweite Koppel, wo nur die Pflöcke eingeschlagen waren, und stellten fest, daß er fast nochmal soviel Draht wie bisher zur Fertigstellung benötigte. Nur der steilste Teil der Bergwiese wurde als Weide eingezäunt, da hier die Bringung des Futters sehr beschwerlich war. Der Rest der Bergwiese ist sehr leicht zu bearbeiten, und somit ist die Einbringung des Futters sehr erleichtert. Nachdem wir den ganzen Grund abgegangen waren, gingen wir ins Haus. Dort lag in der Speis ein Kilo Butter von der Nachbarin. Thomas kauft die Butter von der 82-jährigen „Spanbrennerin", weil er glaubt, daß sie ihm dann das Haus lieber verkauft. Mit diesem Nachbarhaus Nr. 99 wird es aber so kommen, wie ich es schon früher geschildert habe. Denn Thomas hat mich ja mit dem Zukauf längst beauftragt, und ich habe die Situation längst ausgeforscht. Beim Anblick der Butter sagte Thomas: Ich habe schon so viel Butter zu Hause, darf ich dir die Butter schenken? Jetzt liegt schon wieder Butter da, erst vor einigen Tagen habe ich Butter bekommen. Ich weiß nicht, wie ich das jetzt stoppen soll. So viel Butter kann ich nicht brauchen, obwohl ich täglich sehr viel davon esse. Das Haus selbst wird von der Nachbarin blitzsauber gehalten, nur im Stall war nicht ausgemistet, stellte ich fest.
Um 10 Uhr stiegen wir von der Krucka herab, und um 10 Uhr 30 fragten wir in der Werkstätte, wie es mit dem Wagen stehe. In einer Stunde ist er abzuholen, hieß es. Wir fuhren nach Pinsdorf-Kufhaus ins Gasthaus Dichtlmühl, ein richtiges Landgasthaus für Einheimische. Wir waren um diese Zeit natürlich die einzigen Gäste und haben uns eine Stunde lang prächtig unterhalten. Das Auto wurde inzwischen fertig, und als ich um 11 Uhr 30

von Thomas wegfuhr, rief er mir noch nach: Vergiß die Butter im Auto nicht, sonst wird sie noch ranzig. Das ist sie eh schon ein wenig, sagte ich und war weg. Vorher erinnerte ich Thomas noch, daß ich am Mittwoch meinen Tarocktag habe und daß wir uns daher abends nicht sehen können, erst wieder morgen Donnerstag. Komm du zu mir, sagte Thomas. Lieber nicht, sagte ich, denn wenn du nicht arbeitest, kommst du sowieso zu mir, und wenn du beim Schreiben bist, kannst du mich nicht brauchen. Es trifft sich bestimmt besser, wenn du kommst.
Heute habe ich auch Frau Vera Wildgruber geschrieben. Den Durchschlag habe ich Thomas noch nicht zeigen können, da ich diesen Brief heute um 5 Uhr früh geschrieben habe und Thomas seither nicht in meinem Hause war. Über den wesentlichen Inhalt meines Schreibens an Vera Wildgruber habe ich Thomas aber während des Herumgehens auf der Krucka unterrichtet. Dabei kam Thomas wieder auf diesen schrecklichen Brief der Gattin des Schauspielers Ulrich Wildgruber zu sprechen. Er sagte, er könnte unmöglich verheiratet sein. Wenn er sich vorstellt, daß seine Frau einen solchen Brief schreiben würde oder daß sie sich in seine Angelegenheiten einmischen könnte! Also, es ist einfach ganz unmöglich für mich, eine Frau zu haben. Nur wenn ich acht Tage lang mit 40 Grad Fieber im Bett liege, dann denke ich an eine Frau, sagte Thomas. In so einem Falle mußt du eben eine Krankenschwester eigens für dich engagieren, sagte ich. Die ist dann vom Fach und muß dich pflegen. Aber noch besser und billiger wäre es, wenn du im Krankheitsfall vom Präsidenten der Gesellschaft für Literatur, Kraus, oder über Hilde Spiel eine Nachwuchsschriftstellerin zur Pflege anforderst. Es würden sich bestimmt sofort welche melden, die glauben, sie können gleichzeitig praktizieren. Oder sie sind der Meinung, wenn sie einen erfolgreichen Schriftsteller pflegen, dann werden sie besser schreiben können. So ähnlich, wie man von Manns Tochter erwartet hat, sie müsse gute Aufsätze schreiben können, weil ihr Vater ein berühmter Schriftsteller ist. Thomas sagte zehn bis zwanzig Schritte lang nichts. Dann sagte er, es sei das Schrecklichste, was einem Menschen passieren könne, der Sohn oder die Tochter eines berühmten Vaters zu sein. Solche Kinder werden nie etwas leisten, weil sie wissen, daß sie nie an die Größe und Berühmtheit des Vaters heranreichen werden. Das nimmt ihnen von Haus aus den Mut. Ich sagte darauf: Es ist auch möglich, daß sie sehen, wie ihr Vater oft nur durch besonderes Glück oder Zufall so berühmt geworden ist.

Wenn sie dann in solchen Fällen die genaueren Verhältnisse und Ursachen kennen, dann muß sie das ebenfalls entmutigen, etwas Besonderes leisten zu wollen. Ja natürlich, sagte Thomas.
Es ist schon sonderbar, was für ein Gespräch und welche Gedankengänge der blöde Brief der Frau Wildgruber ausgelöst hat, bei Thomas und bei mir. Es soll aber Schriftsteller geben, die können nicht schreiben, weil sie keinen Stoff haben. Ich begreife es immer mehr, warum sich Thomas gegen die Bezeichnung „Schriftsteller" so wehrt.

27. Mai 1972

Da Thomas am Donnerstag abends nicht zu mir kam, besuchte ich ihn heute um 10 Uhr in Nathal. Er wollte gerade nach Gmunden fahren, um die Zeitungen durchzusehen. Ich kam in Gummistiefeln, denn es regnete in Strömen. Thomas gab mir an der Hoftür auf meine Frage, ob ich störe, neue Lederpantoffel. Da Thomas gestern in Salzburg war, hatte er natürlich viel zu berichten.
Schaffler vom Residenz Verlag will für das gleiche Honorar wie für den *Frost* die *Baumgrenze* verfilmen lassen. Der Fernsehfilm soll von denselben Stellen wie *Der Italiener* gemacht werden. Als Regisseur ist jedoch nicht Radax vorgesehen, denn sonst hätte dieser etwas wissen müssen, als er am Pfingstmontag hier war, sagte Thomas. Er werde daher am Montag sofort einen Brief wegsenden, daß er nicht mehr einverstanden sei, daß *Frost* vom ORF gedreht wird. Wenn er für die *Baumgrenze* denselben Betrag kassieren kann, ist ihm lieber, wenn die *Baumgrenze* gedreht wird. Da kann nichts schiefgehen, wie mit dem *Kulterer*, denn die *Baumgrenze* ist ja nichts Besonderes. Während es um den *Frost* schade wäre, wenn er schlecht verfilmt würde, und vielleicht findet sich für den *Frost* später doch ein besserer Regisseur. Wenn aber einmal vom *Frost* ein schlechter Film da ist, greift ein guter Regisseur nicht mehr nach diesem Stoff.
Schaffler hat Thomas erzählt, daß er nun doch ein Theaterstück von Canetti annimmt. Canetti hat als Honorar 100.000 Schilling verlangt, und Schaffler glaubte, daß Thomas dem Canetti erzählt habe, daß er für den *Italiener* 100.000 Schilling bekommen hat und deswegen Canetti auch diesen Betrag forderte. Schaffler hat auf diese Honorarforderung Canettis

noch nicht geantwortet und sagte zu Thomas, daß so hohe Honorare, wie sie Thomas bekommt, nicht üblich seien, auch für gute Schriftsteller nicht. Er werde daher Canetti 30.000 Schilling bieten. Ich hätte ihm die 100.000 Schilling vergönnt, sagte Thomas. Aber so sieht er wenigstens, was er wert ist, sagte ich in die Pause hinein, in der Thomas überlegte, noch etwas zu sagen. Sicher wollte er eine ähnliche Bemerkung machen.

Dann sagte Thomas, daß er dem Schaffler einige Klappentexte „zerlegt" habe. Einige von Schaffler verlegte Autoren hat er dem Schaffler vergraust. Er hat Sätze herausgefischt und vorgelesen, richtig gelesen, daß man sieht, was für einen Unsinn diese Sätze aussagen. Er hat aber gesagt, Schaffler soll es ruhig drucken, denn so wie er liest niemand einen Text, und die große Masse kommt nicht dahinter, was für einen Unsinn sie zu lesen bekommt, weil sie geistig abwesend ist. Überhaupt, alle sind geistig abwesend. Weiters habe er Schaffler noch gesagt, daß er Kopien von Kopien herausbringe, denn zuerst habe Handke ihn (Thomas Bernhard) kopiert, und nun kopieren alle Handke. Weißt du, ich habe das aber alles in sehr lustiger, freundlicher Art gesagt, denn nur so kann man die Wahrheit sagen, sonst würde ich es mir mit Schaffler verderben und müßte mir sogar einen neuen Steuerberater suchen.

Aber viel wichtiger war mir ja der Unseld, den ich in Salzburg getroffen habe, sagte Thomas. Über den Inhalt des Gespräches mit Unseld sagte Thomas nichts, aber daß er beim Festspielpräsidenten Kaut war. Kaut sagte ihm, daß bei einer Uraufführung noch nie so viele Karten für alle Aufführungen verkauft worden seien wie diesmal. Außerdem mußte er den Regisseur Peymann bremsen, denn der wollte um ein Honorar von 10.000 Schilling eine ihm bekannte Medizinstudentin für die Regie haben. Das habe Kaut abgelehnt. Thomas sagte, das war richtig von Kaut, denn die Schauspieler haben in Berlin am Anatomischen Institut die Bewegungen, die sie bei der Aufführung zu machen haben, an Leichen eingeübt. Da kann eine Medizinstudentin nicht die Richtigkeit der Bewegungen überwachen. Das müßte schon jemand anderer sein als eine Studentin. Dann, sagte Thomas, hätte ihn fast der Schlag gerührt, als Kaut ihm sagte: Seit einigen Tagen ist die Aufzeichnung des Stückes durch den ORF auch gesichert. Thomas wußte nicht, daß die ursprüngliche Zusage des ORF zurückgezogen wurde, mit allerlei Begründungen usw., und daß erst vor kurzer Zeit ein Schreiben des ORF zu Kaut kam, daß die Situation nun eine an-

dere sei und daß die Fernsehaufzeichnung nun doch gemacht werde. Da sieht man wieder, wie diese Stellen in Österreich sind, sagte Thomas.
Dann fragte mich Thomas, wann ich das letzte Mal bei der Antiquitätenhändlerin Menzel in der Getreidegasse 13 gewesen sei. Ich antwortete: Einige Minuten, bevor ich mich mit Moidele Bickel und Herrmann getroffen habe, war ich zuletzt bei ihr. Frau Menzel machte mir Vorwürfe, daß ich ihr das versprochene Renaissancezimmer nicht gebracht habe. Ich sagte ihr, daß es nicht nach meinem Geschmack sei, die Ware auf Kommission zu ihr zu geben. Sie verdoppelt meinen Preis. Wenn sie es verkauft, hat sie so viel wie ich für die Ware, wenn nicht, hat sie kein Risiko, weil sie ja kein Geld auf der Ware liegen hat. So ein Geschäft, wo mir die Ware auf Kommission gegeben wird, möchte ich selbst haben, sagte ich. Frau Menzel sagte, ich solle selber ein Antiquitätengeschäft anfangen. Darauf sagte ich ihr, das könne ich nicht, weil ich es nicht verstehe und weil man in dieser Branche wahrscheinlich Jahrzehnte brauche. Sehen Sie, sagte sie, ich bin schon vierzig Jahre in diesem Geschäft tätig. Ja, und sicher können Sie manchmal auch heute noch was dazulernen, sagte ich.
Ich war nämlich bei Frau Menzel im Geschäft, sagte Thomas, und als ich sagte, daß ich von Ohlsdorf sei, hat sie gleich von dir gesprochen und gewußt, daß du von Ohlsdorf bist. Sie hat aber lauter scheußliche Sachen dort. Ich bin nur wegen einem Bild, das in der Auslage war, hinaufgegangen, aber ich möchte kein einziges Stück von ihr haben. Dein Marienbild habe ich bei ihr nicht gesehen. Was für ein Marienbild, ich habe zwei, sagte ich. Na, das alte, sagte Thomas, das wolltest du ihr ja bringen. Ja, sagte ich, aber es hängt bei mir zu Hause an der Wand. Weil es dir so gefällt, gefällt es mir jetzt auch noch besser. Das andere, das du auch kennst, das habe ich zur Menzel gebracht. Ja, das paßt zu ihr, mit solchen Sachen handelt sie, sagte Thomas. So ein Bild möchte ich nie. Ich fragte dann Thomas, ob ich mir sein vorige Woche von Wien gebrachtes Bild von Joseph II. ansehen dürfe. Ja, geh hinauf, aber fall nicht auf der Stiege. Die Pantoffeln rutschen, weil sie neu sind. Im Zimmer oberhalb der Stiege zwischen zwei Fenstern über dem schwarzen eingelegten Tisch betrachtete ich das Bild. Es gefiel mir sehr gut, und es paßte dorthin. Das sagte ich auch Thomas.
Es war inzwischen 11 Uhr geworden, ich hatte wieder genug erfahren und schickte mich an zu gehen. Während ich meine Gummistiefel wieder anzog und Thomas mich zum Tor begleitete, sagte er noch, daß er heute noch die

Tante in Wolfsegg besuchen werde. Vorher wolle er noch die Zeitungen im Brandl in Gmunden lesen. Bei dem Regenwetter wird die Tante besonders froh sein, wenn du zu ihr kommst, sagte ich und fuhr weg. Thomas sagte noch: Vielleicht komm ich heut abend zu dir.
Um 19 Uhr kam Thomas tatsächlich zu mir. An einem Samstag ist das selten, da trifft er sich meistens mit den Hufnagls oder O'Donells. Später sollte sich dann herausstellen, warum er kam. Vorläufig sprachen wir noch von Frau Schmied, die heute von der Lederau wegfahren wollte. Thomas sagte, er war drüben, das Haus war offen, die teuren Fotoapparate lagen herum, von Frau Schmied nichts zu sehen, auch in der Nachbarschaft nicht. Die fährt einfach vom Haus weg, ohne abzusperren. Ich würde ihr wünschen, daß sie ihr einmal etwas stehlen, damit sie weiß, daß ein Haus abgesperrt gehört, wenn man es verläßt.
Dann, als Thomas um 20 Uhr 15 in FS 2 den Film *Weekend* von Jean-Luc Godard sehen wollte, wußte ich, warum er diesmal am Samstag gekommen ist. Thomas war besonders vom Beginn des Films begeistert und sagte, da könnte sich Radax was abschauen. Thomas blieb bis 22 Uhr 30. Vorher sagte ich ihm noch, daß mich am kommenden Montag mein Bruder aus Schwarzenau besuchen wird. Thomas sagte, er könne sich noch an ihn erinnern.

30. Mai 1972

Thomas betrat um 19 Uhr mein Wohnzimmer. Wir hatten gerade eine große Tafel, da wir den Namenstag meiner Tochter Reinhild feierten. Außer meiner Frau, Omi, Reinhild und Wolfi war auch meine Tochter Elfriede mit ihrem Mann Stiegler Franz am Tisch. Ich lud Thomas sogleich dazu ein, und er war sehr lustig. Das hielt bei ihm so lange an, daß er sich sogar noch die Sendung „Was bin ich" mit uns gemeinsam ansah. Vorher war in „Zeit im Bild" Bischof Zak zu sehen. Er sprach über Umweltverschmutzung. Thomas sagte: Die sollen bei sich selbst mit der geistigen Umweltverschmutzung aufhören. Wenn er an die Totenrede von Dechant Kern von Ohlsdorf denkt, dann zerreißt es ihm die Arschbacken. Als wir dann auf die „Tagesschau" im deutschen Programm umschalteten, sagte Thomas, er habe am vergangenen Freitag mit Unseld über die deutsche

Politik gesprochen. Der Erzsozialist Unseld glaubt selbst nicht daran, daß bei Neuwahlen die Sozialisten als Sieger hervorgehen würden. Thomas erzählte weiter: Alles, was Deutschland schwächt, stärke Europa, sagte er zu Unseld, denn der glaubt, ein starkes Deutschland stärkt Europa.
Wie stehst du sonst mit Unseld, derzeit? fragte ich. Von dem könnte ich alles haben. Wenn ich für mein Buch einen Goldumschlag verlangen würde, er würde das auch machen. Weil ihm vielleicht deine Ernennung zum korrespondierenden Mitglied der Akademie in Darmstadt so imponiert? fragte ich. Aber, das hat er noch gar nicht gewußt, das habe ich ihm gesagt. Aber von wegen Mitglied, da hab ich heute einen Brief bekommen mit der Anschrift: „An das Mitglied der Deutschen Akademie für Sprache und Dichtung". Das wird sich bald wieder aufhören. In dem Brief teilt mir die Akademie mit, daß sich alle neuen Mitglieder mit einer Rede vorstellen werden. Siehst du, da hast du es, sagte ich. Du sagtest, es sind keine Verpflichtungen damit verbunden. Die werden niemals eine Rede von dir bekommen, denn heucheln wirst du nicht, und die Wahrheit wirst du dort nicht sagen, du kannst einfach keine Rede halten. Natürlich nicht, sagte Thomas, ich werde einfach gar nicht hinfahren. Wer kann mich denn zwingen hinzufahren? Du mußt auch hinschreiben, daß du nicht als Mitglied angeschrieben werden willst. Das ist ja das, was du nicht willst, „Mitglied" sein. Ja, das wird sich einfach ganz von selbst aufhören. Wenn ich nicht mitmache, dann schläft das einfach ein.
Thomas sagte dann, daß er morgen Mittwoch seine Tante in Wolfsegg besuchen werde. Ich ersuchte ihn, er solle die Tante fragen, wann ihr am Donnerstag, am Fronleichnamstag, ein Besuch recht sei, damit wir sie nicht gerade beim Nachmittagsschläfchen störten, wenn wir sie besuchen. Thomas sagte, er werde morgen abends, nach seinem Besuch, noch zu mir kommen und es mir ausrichten. Mit Grüßen an die Tante fuhr Thomas um 22 Uhr 30 heim.

31. Mai 1972

Um 18 Uhr 15 kam Thomas direkt von Wolfsegg zu mir. Er wußte, daß ich um 19 Uhr wieder zum Kartenspiel gehen werde, und er sagte gleich, er will mich nur bis 19 Uhr aufhalten. Mit der Tante war er in Wolfsegg im Haus-

ruckhof, trotz Regen war die Aussicht aufs Gebirge gut. Außerdem hat er mit der Tante zufällig im Radio eine Sendung von ca. 30 Minuten über *Verstörung* gehört. Ich erinnerte Thomas daran, wie damals wegen diesem Titel vierzehn Tage lang Telegramme zwischen ihm und dem Verlag hin und her gegangen sind und wie sich schließlich sogar die Lektorin auf die Seite von Unseld schlug und einen anderen Titel verlangte. Die Lektorin, die sonst immer zu Thomas gehalten hat. Schließlich kam es soweit, daß der Verlag Thomas drei Titel vorschlug, aus welchen er einen auswählen sollte, sonst würde das Buch nicht gedruckt. Es sei höchste Zeit, sonst könne es zur Buchmesse nicht erscheinen. Ich erinnerte Thomas daran, wie er fast jeden Tag mit einem Telegramm zu mir kam und ich ihm immer sagte, er solle hart bleiben. Als dann gar die drei Vorschläge kamen, sagte ich, er solle zurücktelegrafieren, sie sollen sich zu den Titeln das Buch selbst schreiben. Jeden anderen Titel würde man heute direkt als Fremdkörper empfinden, sagte ich, und außerdem wird seit Erscheinen der *Verstörung* dieses Wort als Hauptwort von Journalisten immer häufiger gebraucht.
Thomas sagte mir, daß es der Tante um 15 Uhr 30 recht sei, wenn wir sie besuchten. Thomas sagte noch, daß er heute schon um 5 Uhr früh aufgestanden sei und Ordnung in seinen Büchern gemacht habe. Er ist mit einer großen Menge in einem Kasten abgefahren. Es hatte sich schon so viel aufgestapelt, was ihn überhaupt nicht mehr interessiert. Bist du denn schon in „Schwung", fragte ich, da du so früh aufgestanden bist?, und machte dabei Tippbewegungen in die Luft. Darüber spreche ich nicht, sagte Thomas. Sofort redete ich unauffällig weiter, ohne seiner Bemerkung Beachtung zu schenken, wenigstens versuchte ich es.
Es war ein großer Fehler von mir, diese Frage zu stellen, denn wenn Thomas in „Schwung" ist, kommt er sowieso freudestrahlend zu mir und sagt: „Heute ist es wieder gegangen, aber jetzt mußte ich raus" (gemeint war, an die frische Luft). Thomas hat also offenbar noch nicht damit begonnen, das „Gerüst" seines neuen Romans *Korrektur* auszufüllen. Es wurde etwas nach 19 Uhr, als wir uns verabschiedeten. Mit so einer direkten Frage an Thomas könnte ich mir die Quelle zuschütten.

1. Juni 1972

Um 15 Uhr 30 besuchten meine Mutter, meine Frau und ich Tante Hede in Wolfsegg. Wir kehrten im Hausruckhof ein und gingen dann bis 18 Uhr 30 spazieren. Unterwegs fragte uns Frau Stavianicek immer wieder, ob uns der Spaziergang nicht zu weit sei und uns vielleicht zu sehr strapaziere. Es war uns allen klar, daß uns Tante Hede an Ausdauer weit übertreffen würde, und sie zeigte uns die große Tour, die sie am Vortag mit Thomas gegangen war. Als ich darauf zu sprechen kam, daß sie am Vortag mit Thomas im Radio einen Teil aus *Verstörung* zu hören bekam und mit ihr den vierzehntägigen Kampf um den Titel dieses Buches besprach, gab sie mir nicht recht, als ich sagte: Der Titel muß vom Autor stammen. Tante Hede erzählte, daß sie sich noch sehr gut daran erinnern könne, als sie mit Dr. Wieland Schmied und Thomas in St. Veit im Pongau vor der Mitternachtsmesse am Heiligen Abend eine Stunde spazierengingen und nach einem Titel für einen Gedichtband von Thomas suchten. Eine Menge Vorschläge wurden diskutiert. Sie könne heute nicht mehr sagen, was für ein Titel dann genommen wurde. Nur eines habe sie nicht vergessen, daß Dr. Wieland Schmied unter anderem auch „Streunende Hunde“ als Titel vorgeschlagen hat.

Ich machte Frau Stavianicek noch den Vorschlag, daß sie mit mir und meiner Familie zur Uraufführung nach Salzburg fahren könne. Thomas wird an der Uraufführung nicht teilnehmen. Seine Karte gibt er meiner Mutter, sodaß sie im Theater beisammen sein werden. Tante Hede war begeistert von diesem Vorschlag, und die drei Stunden mit ihr vergingen im Nu. Sie sagte noch, daß sie sich allmählich, mit ihren 78 Jahren, daran gewöhnen müsse, auch mit alten Menschen zu sprechen. Bisher ist sie immer nur mit jüngeren zusammengekommen, aber in der Pension, am Abend, wird es allmählich notwendig, sich auch mit alten Leuten abzugeben. Bisher hat sie sich noch immer zu den Jungen gerechnet.

3. Juni 1972

Um 19 Uhr betrat Thomas mein Haus. Obwohl er oft monatelang an Samstagen nicht kommt, sagte ich sofort: Ich habe dich erwartet. Wieso, fragte er. Weil du unlängst gesagt hast, du willst „Peer Gynt“ sehen, und da du sicher nicht alleine so lange am Apparat hängen willst, habe ich gewußt, daß du kommen wirst. Thomas sagte, daß er gerade von Tante Hede aus Wolfsegg komme. Er fragte mich, wie es war bei unserem Besuch, was es Neues gebe. Ich sagte, es war sehr nett, seine Tante habe dauernd erzählt und gesprochen, sodaß die Zeit direkt verflogen sei. Aber ganz dasselbe hat doch Tante Hede von dir gesagt. Du hast dauernd gesprochen und erzählt, sagte sie mir. Da war ich ganz weg. Ich schüttelte den Kopf und dachte nach. Dann sagte ich: Das ist ja doch gar nicht möglich, ich habe dauernd zugehört, wie könnte ich sonst wissen, was sie alles erzählt hat. Dabei gab ich Thomas schlagwortartig die Themen an, von denen seine Tante gesprochen hatte. Natürlich habe ich mitgesprochen, aber eigentlich hauptsächlich zugehört. Naja, wie ich euch beide kenne, kann ich es mir schon vorstellen, wie es war, sagte Thomas. Aber die Tante sagte genau dasselbe wie du, du hast gesprochen, und sie hat mehr zugehört. Wahrscheinlich kam jedem von uns deswegen derselbe Eindruck, weil wir eigentlich in den Ansichten fast immer auf gleicher Linie lagen.

Thomas war sehr begeistert von der neuen Regelung, daß seine Tante mit uns zu den Festspielen hin- und zurückfahren kann. Denn es war zunächst vorgesehen, daß die Tante mit den Hufnagls nach Salzburg fährt und dort nach der Uraufführung mit ihnen übernachtet. Das wäre alles viel zu umständlich und beschwerlich. Außerdem ist Thomas auch von seinem Plan abgekommen, nach der Vorstellung in einem Café eine kleine Feier zu veranstalten, an der auch einige Schauspieler teilgenommen hätten. Ich war ebenfalls gegen eine solche Feier, weil es eigentlich nichts zu feiern gibt. Und was soll das, wenn man dann noch fast eine Stunde mit dem Auto heimfahren soll.

Dann war es soweit, daß wir „Peer Gynt“ im Fernsehen ansahen. Für Thomas war es interessant, weil Herrmann das Bühnenbild gemacht hat und Bruno Ganz mitspielte. Beide sind ja in Salzburg an der Uraufführung von *Der Ignorant und der Wahnsinnige* beteiligt. Um 23 Uhr verließ mich Thomas und sagte, er werde morgen zum zweiten Teil wiederkommen.

8. Juni 1972

Um 12 Uhr kam Thomas. Ich lud ihn zum Mitessen ein. Thomas hatte eine Menge zu erzählen. Am Sonntag, als er zum 2. Teil von „Peer Gynt" kommen wollte, war er am Nachmittag bei O'Donell in Hochkreuth und war dann abends zu müde, um noch fernzusehen. Er fragte mich, wie es war. Ich sagte ihm: Bis 20 Uhr 30 habe ich zugeschaut. Als ich dann merkte, daß du nicht kommst, habe ich mir gedacht, wenn du es nicht sehen willst, dann brauch ich das auch nicht sehen, und habe abgeschaltet.
Thomas erzählte noch, daß auch die Gattin des Zweiten Parlamentspräsidenten in Hochkreuth war und Frau O'Donell einen riesigen Blumenstrauß mitgebracht hat. Bei der Überreichung sagte Frau Maleta, daß sie diesen Blumenstrauß vom Bundeskanzler erhalten habe, der heute bei ihrem Mann zu Gast war, und daß sie eigentlich diese Blumen nicht möge. Dabei wippte mir Thomas mit dem Kopf und zusammengepreßten Lippen zu. Das war wieder ein Fressen für dich, sowas Unmögliches wahrzunehmen, sagte ich. Ja natürlich, sagte Thomas, und wie kann sie denn vom Bundeskanzler sprechen? Das kann doch nur der Schleinzer sein, den nennt sie jetzt schon Bundeskanzler. Das ist alles so unmöglich, sowas dürfte ich gar nicht schreiben, das würde mir niemand abnehmen, man würde sagen, ich übertreibe maßlos. Frau Maleta mußte früher weg, weil der Bundeskanzler da ist, sagte sie. Aber der ganze Trubel hat mich so ermüdet, daß ich mir dann „Peer Gynt" nicht mehr ansehen wollte.
Am Montag, so erzählte Thomas weiter, ist er mit dem Architekten Hufnagl und O'Donell nach St. Wolfgang ins Weiße Rößl, nach Altötting in Bayern und nach Burghausen gefahren. Da O'Donell in Hochkreuth eine Gaststätte errichten will, haben sie eine Besichtigungsfahrt zu modernen Hotels gemacht. Am Abend haben sie dann in Mattighofen sehr gut zu Abend gegessen und sehr billig. Das solle ich den Theaterleuten, die in Pfaffstätt einquartiert sind, mitteilen. Da es in Mattighofen sehr spät geworden ist, hat er mich Montag nicht besuchen können, sagte Thomas.
Am Dienstag war er abends auch zu müde, um noch zu kommen, denn da hat er in Gmunden beim Fleischhauer Lampl Frau Maleta getroffen, und die wollte unbedingt die Krucka sehen. Er ist mit ihr auf die Krucka, und Frau Maleta war so begeistert, daß sie gar nicht mehr heruntergehen wollte. Mit dem Fleischhauer Lampl sind die Maletas seit 1945 verbunden.

Denn als damals Herr Maleta auf einem amerikanischen Lastwagen durch Gmunden gefahren wurde, ist er am Graben abgesprungen und sofort bei der Haustür von Lampl hineingerannt. Dort hat er sich dann einige Zeit versteckt, bis er dann nach Oberweis in seine Villa gehen konnte. Schließlich sagte Thomas zu Frau Maleta, daß sie doch wieder ins Tal müßten, und anschließend lud ihn Frau Maleta noch nach Oberweis zum Tee. Und stell dir vor, sagte Thomas, als sie mir das Gästebuch vorlegte, stand vor mir der Gorbach dort eingetragen. Es war also mit dem Bundeskanzler der Gorbach gemeint (der war damals schon a. D.).

Gestern, Mittwoch, sagte Thomas, wollte ich trotz deiner Turnstunde zu dir kommen. Ich habe aber dein Auto schon um 7 Uhr in Ohlsdorf stehen gesehen, und so bin ich heute zu Mittag bei dir. Es gibt nämlich noch allerhand Neues.

Also, die Mitgliedschaft der Akademie in Darmstadt werde ich nun doch zurücklegen. Stell dir vor, gestern habe ich schon wieder einen Brief bekommen. „An das Mitglied der Akademie“ steht als Anschrift auf dem Kuvert. Ich kann das nicht mehr ertragen, solche Briefe zu bekommen. Ich kann kein „Mitglied“ sein, ich muß das rückgängig machen. Ich werde dem guten Krolow schreiben. Ich werde natürlich nicht „Herr Präsident“ schreiben, das kann ich nicht, ich sage auch zu Kaut nicht Herr Präsident. Nach längerer Überlegung bin ich zur Ansicht gekommen, daß ich die Mitgliedschaft doch nicht annehmen kann. Ich kann einfach nicht, ich muß was machen, es bedrückt mich. Ich sagte darauf: Dem Unseld wird das vielleicht nicht recht sein. Beim Unseld habe ich Narrenfreiheit, da kann ich machen, was ich will. Dem werde ich schreiben, er soll mir auf mein Konto bei der Oberbank in Gmunden 10.000 Schilling schicken, denn ich habe schon ziemlich überzogen. Thomas zählte dann der Reihe nach seine Ausgaben auf: Weidezaun, Kaminköpfe neu mauern, dann kommt noch ein Teil des Daches, usw.

Dann sagte Thomas, daß er heute früh einen blauen Brief bekommen habe, daß er von der „Furche“ zusammen mit Günther Nenning geklagt wurde und daß am 22. 6. in Wien, Hernalsergürtel, um 9 Uhr 10 die Verhandlung stattfinde. Das „Neue Forum“ hat in der Mai-Nummer seinen alten Brief über das Theater gebracht. Thomas sollte vor einigen Jahren für eine Theaterzeitschrift über das Theater schreiben. Er schrieb damals an den Redakteur einen Brief, daß er über das Theater nicht schreiben werde,

denn das Theater und speziell das Burgtheater sei so schlecht, daß er deswegen keinen Artikel schreiben kann. Denn vor mehr als zehn Jahren habe er das Theater kritisiert, und dann habe er vor Gericht müssen und ist zu einer Geldstrafe verurteilt worden. Da er mit dem Gericht nichts zu tun haben will, werde er über das Theater nicht schreiben.
In diesem Brief war natürlich eine vernichtende Kritik über das Burgtheater enthalten. Der Redakteur hat dann statt eines Artikels von Thomas Bernhard über das Theater diesen Brief, der natürlich nicht für die Veröffentlichung bestimmt war, gedruckt. Thomas wurde deswegen 1970 von der „Furche" geklagt. Thomas ersuchte damals Günther Nenning als Präsident der Journalistengewerkschaft, ihm einen guten Anwalt für Pressesachen beizustellen. Außerdem ersuchte er Hilde Spiel, der Verhandlung beizuwohnen, damit keine verdrehten Berichte über die Verhandlung entstehen. Thomas hatte sich damals so aufgeregt, wochenlang vor der Verhandlung war er täglich bei mir und war nicht zu beruhigen. Daher bin ich damals mit meiner Frau nach Wien zu dieser Verhandlung gefahren. Damals wurde Thomas in der Vorladung des Gerichtes als Journalist bezeichnet. Das war für ihn Grund genug, um wochenlang mit einem roten Kopf herumzulaufen. Bei der Verhandlung selbst kam es aber dann zu einem Vergleich. Die zwei Herren von der „Furche" waren persönlich gar nicht gegen Thomas Bernhard eingestellt und waren nach der Erklärung, daß es sich um einen nicht zur Veröffentlichung freigegebenen Privatbrief, was ja auch aus dem Text hervorging, handelt, mit einem Vergleich einverstanden, in dem Thomas symbolisch zu einer Sühne von einem Schilling verpflichtet wurde und beide Parteien die Prozeßkosten selbst tragen. Die „Furche" war offenbar daran interessiert, daß die ungeheuren Angriffe auf das Theater nicht allzu publik werden, und hat von dem im Vergleich enthaltenen Recht zu einer entgegengesetzten Veröffentlichung keinen Gebrauch gemacht, um die Angelegenheit einschlafen zu lassen.
Nun hat Günther Nenning im „Neuen Forum" diesen Brief mit dieser beleidigenden Kritik zum Abdruck gebracht. Thomas hat sofort an Nenning geschrieben, daß er sich gegen diese unerlaubte Veröffentlichung verwahre und daß das Forum die alleinige Verantwortung dafür zu tragen habe. Von der „Furche" hat Thomas inzwischen einen vor lauter Beleidigungen strotzenden Brief bekommen. Im „Neuen Forum" wurde nämlich der Text so gebracht, als hätte Thomas Bernhard erst jüngst diese Aussage gemacht. Es

war daher nicht verwunderlich, daß die „Furche" so böse reagiert hat. Nun fragte mich Thomas nach einem Anwalt, der ihn am 22. 6. in Wien vertreten könnte. Am liebsten, sagte Thomas, möchte er gar nicht hingehen, denn er rege sich so auf, daß er die Beherrschung verlieren und sagen könnte, daß das, was er über das Theater sagte, richtig sei und daß er den Richter womöglich auch noch beschimpfen würde, sodaß er möglicherweise auch noch verhaftet werden könnte.
Ich sagte: Das geht doch nicht, wenn du vor Jahren wo hingespuckt hast, daß man dann diese Spucke dauernd aufnimmt. Das könnte sich ja alle Jahre wiederholen, daß eine Redaktion diesen Text bringt, und du würdest alle Jahre geklagt werden. Da gibt es nur einen, sagte ich, den Dr. Michael Stern. Wichtig ist nur, daß du die Geschäftszahl von der Verhandlung mit dem Vergleich aus dem Jahre 1970 hast. Die habe ich, sagte Thomas, denn ich habe die Ladung von damals noch. Und stell dir vor, sagte er weiter, diesmal steht wiederum „Journalist" auf der Ladung. Drum, ich kann gar nicht hingehen, denn da kommt's zu was. Also, wenn du die Ladung von 1970 noch hast, sagte ich, da steht die Geschäftszahl darauf, dann ist es nicht notwendig, daß du zur Verhandlung persönlich erscheinst. Der Dr. Stern muß einfach verlangen, daß der Akt von damals beigeschafft wird. Aus diesem Akt ist alles ersichtlich, und du bist aus dem Wasser. Denn Vergleich ist Vergleich, der gilt heute auch noch. Nachdem DDr. Günther Nenning nicht nachweisen kann, daß er zur Veröffentlichung deine Zustimmung hatte, wird der halt verurteilt. Solltest du aber dennoch persönlich vorgeladen werden, würde ich sagen, daß du dich an nichts mehr erinnern kannst und daß du bei deiner Aussage von 1970 bleibst. Dann ist die Vernehmung schnell zu Ende.
Thomas war begeistert von meinem Vorschlag. Da Thomas wußte, daß ich mit Dr. Michael Stern in Verbindung stehe, ersuchte er mich, mit diesem zu sprechen, daß er die Sache annimmt. Es war inzwischen 14 Uhr 30 geworden, und ich machte den Vorschlag, daß ich sofort versuche, Dr. Stern über die Geheimnummer zu erreichen. Wir fuhren zusammen zur Post in Steyrermühl, wo Thomas dann nach Wolfsegg zur Tante weiterfahren wollte. Ich hatte Glück, Dr. Stern war am Telefon, und nach schlagwortartiger Schilderung sagte Dr. Stern, Bernhard solle kommenden Montag zwischen 14 und 18 Uhr zu ihm kommen und sich auf mich berufen. Ich sagte Thomas, daß er alles mithaben müsse, denn Dr. Stern sei sehr kurz und

sachlich, und vor allem solle er 5000 Schilling Kostenvorschuß mitnehmen. Die Zahlung des Kostenvorschusses soll er möglichst zu Beginn des Gesprächs anbieten, denn Dr. Stern will zuerst Geld haben, bevor er was macht. Thomas war der Montag sehr angenehm, denn er wollte Tante Hede am Sonntag nach Wien fahren, da wäre er sowieso am Montag in Wien. Er sagte, er werde das nun gleich Tante Hede erzählen, und fuhr nach Wolfsegg. Abends komme ich noch zu dir, sagte er noch.
Um 19 Uhr war Thomas wieder da. Mit Tante Hede hat er vereinbart, daß er sie am Samstag nach dem Essen nach Nathal holt. Ich sagte, er solle mit ihr bei uns vorbeikommen, am Samstag nachmittag auf einen Tee. Thomas blieb bis 23 Uhr 30. Wir haben alles, was wir mittags schon gesprochen haben, wieder und wieder durchgekaut. Thomas sagte aber zum Abschluß, daß er sich diesmal bis zur Verhandlung nicht so bedrückt fühle, daß er sogar versuchen werde, bis Freitag in Wien zu bleiben und an seinem Roman weiterzuschreiben.

9. Juni 1972

Um 19 Uhr besuchte mich Thomas. Er sagte, daß die Ölbohrung schon im Gange sei. Dabei erwähnte er, daß er vor drei Tagen, am 6. 6. 72, von Landeshauptmann Wenzl eine Antwort auf seinen seinerzeitigen Brief bekommen habe. Die Antwort sei ungefähr die gleiche wie von Unterrichtsminister Sinowatz, aber datiert sei der Brief vom 30. 5. Also sechs Tage braucht so ein Brief, bis er aus dem Amt hinauskommt, wenn er schon geschrieben ist. Da wäre man schön verloren, wenn man sich auf sowas einmal verlassen müßte, sagte Thomas. Er sprach davon, daß Tante Hede jetzt schon packen wird, denn morgen werde er sie abholen. Er wird mit ihr zu mir herkommen, wenn er nach Nathal fährt.
Thomas war auch auf der Krucka und sagte, daß die Arnika schon blühe. Da auf seinem Grund nur eine Stelle ist, wo die Arnika blüht, und wir vom Vorjahr nur mehr ein kleines Fläschchen hatten, sagte meine Mutter: Die wollen wir morgen früh gleich holen. Thomas war bald müde und blieb nur bis 22 Uhr.

10. Juni 1972

Um 15 Uhr kam Thomas mit Tante Hede zu uns. Er war mit Tante Hede gleich nach dem Mittagessen von Wolfsegg weggefahren und besuchte mit ihr die Krucka. Von der Krucka kam er direkt zu mir. Er hat natürlich schon gesehen, daß die Arnika abgebrockt war, und wir konnten ihm ein Körbchen voll vorzeigen. Es war sehr gemütlich. Nach zwei Stunden, um ca. 17 Uhr, machte sich bei Frau Stavianicek und Thomas der fehlende Mittagsschlaf bemerkbar. Ich habe das aber rechtzeitig erkannt und auf ein anregendes Gespräch umgeschaltet. Daraufhin kamen wir alle, es waren auch meine Frau und meine Mutter anwesend, so in Schwung, daß Tante Hede sogar entschlüpfte, daß sie fünf Jahre lang in der Lungenheilstätte Grafenhof war. Diese Anstalten, Krankheiten, wie überhaupt solche Themen werden immer peinlichst vermieden, obwohl wir natürlich alle alles wissen. Tante Hede sagte das aber im Zusammenhang mit den Weltreisen einer ihrer Freundinnen, und so ging das Gespräch in Richtung ihrer Freundin weiter. Aber überrascht waren wir schon, daß die Tante Hede fünf Jahre dort verbringen mußte. Wie lange sie dort war, hatten wir bisher nicht gewußt. Es plauderte sich so munter weiter, daß es 18 Uhr 30 wurde, bis uns Tante Hede und Thomas verließen.
Morgen Sonntag gegen 10 Uhr will Thomas mit seiner Tante nach Wien fahren, unterwegs irgendwo essen, um vor 15 Uhr in Wien zu sein. Thomas ersuchte mich, täglich nach seinem Haus zu sehen. Der Schlüssel liegt, sagte er. Wahrscheinlich komme ich erst Freitag zurück. Ich begleitete Thomas mit Tante noch zum Auto. Da verlangte Thomas, ich solle noch schnell mitkommen und mir den neuen Kamin ansehen, wie gut der vom Ferdl gemacht wurde. Das tat ich und fuhr aber gleich wieder nach Hause.

16. Juni 1972

Gestern Donnerstag hatte ich bei Thomas in Nathal den gelegten Schlüssel kontrolliert, und da er anders lag, mußte jemand den Schlüssel benützt haben. Da nur Ferdl vom Schlüssel weiß, habe ich im Hof nachgesehen, ob er was gearbeitet oder gebracht hat. Tatsächlich hat Ferdl, der Hausmaurer von Thomas, noch zu tun gehabt.

Da Thomas heute gegen 17 Uhr noch immer nicht bei mir war, wollte ich wissen, ob er von Wien überhaupt schon zurückgekehrt ist. Ich fuhr nach Nathal und sah schon an der Lage des Schlüssels, daß er so liegt, wie Thomas ihn legt. Wenn er weg ist, lege ich den Schlüssel immer etwas anders, damit ich leicht erkennen kann, ob er benützt worden ist. Um sicherzugehen, daß Thomas da ist, sah ich noch, ob die Post, die sich inzwischen im ehemaligen Saustall angesammelt hatte, weg ist. Ja, die Post war weg, also konnte ich Thomas abends erwarten. Ungefähr eine Stunde später blieb ein Auto mit belgischem Kennzeichen in meinem Wäldchen auf der Straße nach Ohlsdorf stehen. Ich dachte mir gleich, daß dieses Auto zu Thomas nach Nathal will, und blieb stehen, um Auskunft geben zu können. Als ich mich aber dem Wagen näherte, sagte der Mann: So oft war ich schon da, aber jedesmal übersehe ich die Abzweigung nach Nathal. Ah, Sie wollen zu Thomas Bernhard, sagte ich. Der ist heute erst von Wien gekommen. Ich war vor einer Stunde drüben, da war er aber nicht zu Hause. Naja, wir haben geschrieben, daß wir um 18 Uhr kommen, sagte der Mann, da wird er sicher da sein. Da dachte ich mir, das kann nur Graf Uexküll mit seiner Gattin sein, denn sonst bekommt Thomas aus Belgien keinen Besuch.

17. Juni 1972

Um 15 Uhr kam Thomas zur Tür herein und sagte: So, jetzt sind sie weggefahren. War es Uexküll, fragte ich. Ja, sie haben mir erzählt, daß sie mit dir gesprochen haben. Ich hab gleich gewußt, das kannst nur du gewesen sein. Die Uexkülls waren bei mir über Nacht. Sie sind auf der Fahrt nach Genf über einen Umweg zu mir gekommen. Uexküll ist geborener Wiener und hat in Brüssel von der UNO aus die Ostflüchtlinge zu betreuen. Er sympathisiert aber mit der Baader-Meinhof-Gruppe. Uexküll ist links eingestellt und gegen jedweden Besitz. Ich bin von ihm so angesteckt worden, daß ich nun plötzlich auch keinerlei Besitz haben möchte. Um sich vom Besitz einen Grausen zu holen, muß man ihn aber zuerst einmal haben, sonst kann dir nie richtig grausen davor, sagte ich. Daher muß das auch sein, daß du ihn zuerst einmal hast. Ja, du hast recht, sagte Thomas.
Ich war natürlich schon neugierig, wie es Thomas in der Kanzlei Dr. Stern ergangen ist, und Thomas erzählte: Dr. Michael Stern hat sich überhaupt

nicht ausgekannt, aber alle seine Leute in der Kanzlei machen einen guten Eindruck. Alles scheint sehr gut organisiert zu sein. Dr. Stern war auch sehr nett, nur in der Pressesache hat er sich nicht ausgekannt. Er hat daher mit dieser Sache gleich eine Frau Dr. Schönborn betraut. Diese sagte, Dr. Stern sei ihr Onkel und er, Thomas Bernhard, solle sich nichts daraus machen, daß Dr. Stern keine Ahnung habe, wer er sei. Diese Dr. Schönborn hat sich der Sache dann gleich richtig angenommen, und am nächsten Tag war das Protokoll von der Verhandlung von 1970 schon in der Kanzlei. Dort ist die Verantwortung des Thomas genau enthalten, und das wird vorgelegt. Thomas braucht nicht selbst bei der Verhandlung anwesend zu sein. Thomas sagte, daß ihm das eine große Erleichterung sei, daß er nicht dort sein müsse. Weiters sagte Thomas, daß er in Wien den Verleger Schaffler mit seiner Frau getroffen habe. Plötzlich sei es ihm eingefallen, daß er am nächsten Tag in Salzburg bei Schaffler hätte sein sollen. Er hatte ganz darauf vergessen. Er hat aber gleich geschaltet und geheuchelt, er wollte gerade telegrafieren, daß er morgen nicht in Salzburg sein könne, und er sei froh, daß er Schaffler treffe, er erspare sich damit das Telegramm. Thomas lud beide ins Sacher ein. Sie blieben dort über zwei Stunden sitzen, und Frau Schaffler und ihr Mann waren ganz überrascht, daß man zwei Stunden auch einmal wo sitzen kann und nicht herumhetzen muß. Diese zwei Stunden haben den Schafflers sehr gut getan. Während sie vor dem Sacher saßen, ging Haeussermann vorbei und sagte im Vorbeigehen: „Alle Verträge sind gemacht – der Schilling rollt." Das ist sehr gut, daß mir Haeussermann das gesagt hat, sagte Thomas, denn jetzt weiß ich, daß die Verträge gemacht sind. Da ich von Unseld verlangt habe, daß er für die Aufzeichnung so viel verlangen muß, daß meine Schulden bei ihm abgedeckt sind, werde ich ihm nun schreiben, daß wir glatt sind, er soll mir gleich wieder einen Vorschuß senden. Wenn Unseld nicht soviel verlangt hat, ist das seine Sache, da hätte er mich benachrichtigen müssen. Ich glaube, das könnte er doch ohne meine Zustimmung nicht machen, was meinst du? Du bist ein ganz raffinierter Hund, sagte ich, dir fällt immer wieder was ein. Auf die Art, wie du es schilderst, bist du auf alle Fälle schuldenfrei, egal, wie hoch die Verträge abgeschlossen wurden. Ja, was er mehr bekommen konnte, gehört dem Verlag, sagte Thomas. Ich wollte nur so viel, daß ich schuldenfrei bin. Damit weiß ich auch, daß die Salzburger Aufzeichnung endgültig gemacht wird.

Übrigens, sagte Thomas, seit gestern müßte ja Peymann mit seinen Schauspielern da sein. Weißt du was, das Regenwetter wäre gut für einen Besuch in Pfaffstätt. Am 16. 6. sollten sie doch kommen. Ich sagte: Ich werde vorsorglich im Geschäft in Pfaffstätt anrufen, die wissen sicher, ob die Berliner eingetroffen sind. Bei meinem Anruf konnte sich Frau Neuhauser in Pfaffstätt nicht erinnern, daß ihr was aufgefallen wäre. Sie war aber so nett und sagte, sie werde selbst zu Frau Bamberger gehen, in 30 Minuten solle ich wieder anrufen.
Inzwischen hatten Thomas und ich nicht den Eindruck, daß die Peymanns schon da sind, denn die wären in Pfaffstätt sofort aufgefallen und müssen ja vor dem Kaufgeschäft zur Frau Bamberger in die Straße einbiegen. Nach einer halben Stunde, bei meinem zweiten Anruf, war Frau Bamberger selbst am Apparat und sagte, daß die Peymanns für den 26. 6. angemeldet seien. Sie fragte mich, wie viele Betten sie richten solle. Sechs Betten hat sie schon gerichtet. Ich sagte ihr, daß ich das heute nicht mehr wisse, deshalb habe ich beim Quartiermachen gesagt, sie solle die Anzahl und Namen auf die Türstöcke schreiben, denn wenn die Leute kommen, wissen sie alle nicht, wie sie eingeteilt sind. Jetzt ist es soweit, daß sie es selbst auch nicht mehr weiß. Ich hab dann Frau Bamberger ersucht, wenn jemand aus Berlin eintrifft, soll sie gleich Frau Neuhauser verständigen, damit mir diese am Telefon sagen kann, ob schon wer da ist.
Thomas war sehr verärgert, daß seine Bedingung, sein Stück mindestens sechs Wochen zu proben, nicht eingehalten wird. Sicher, sagte ich, wird sich bei den Proben herausstellen, daß das Stück gewisse Schwierigkeiten enthält und daß man es nicht wie ein x-beliebiges proben kann. Ja natürlich, sagte Thomas, der Regisseur Dorn aus Hamburg ist da schon draufgekommen. Dort findet die Aufführung viel später statt, aber die proben jetzt schon. Eigentlich müßte so ein Stück 3 Monate lang geprobt werden. Ich kann mir vorstellen, daß die mit so kurzen Proben bis zur Uraufführung restlos erschöpft und ausgelaugt sind, und dann sollen sie was leisten. Ja, es ist unglaublich, sagte Thomas, jetzt müssen wir spazierengehen, auch wenn es regnet. Ich halte das nicht mehr aus. Bis zu „Kultur Speziell“ gehen wir, dann sehen wir uns das an. Der Spaziergang im Regen tat uns so gut, daß wir nach „Kultur Speziell“ sofort wieder einen Spaziergang bis zur Sendung „Zeit im Bild“ machten. Später wollte Thomas noch im Fernsehen die russische Verfilmung *Gestohlenes Leben* nach der Novelle *Der Mantel*

von Gogol sehen. Der ärgste Groll auf Peymann war wieder weg, als mich Thomas um 23 Uhr verließ.

18. Juni 1972

Etwas unerwartet, da Sonntag war, kam Thomas um 20 Uhr. Ich bleibe nur eine Stunde bei dir, ich bin nämlich mit O'Donell bei Frau Maleta in Oberweis für 21 Uhr eingeladen. Thomas sagte, daß er bei der Gasbohrung zugesehen habe und daß er es ihnen wünschen würde, wenn sie was finden. Alle Rohrleitungen und Auspuffleitungen haben die so stark schallisoliert, daß Uexküll und seine Gattin bei offenen Fenstern nichts als ein leises, gleichmäßiges Summen hörten und sehr gut schlafen konnten. Es sei sehr interessant, da zuzusehen. Ich sagte ihm, daß ich, während er in Wien war, schon mehrmals zugeschaut hätte und daß die unglaublich schnell arbeiteten. Jeder Griff und jede Bewegung sitzt wie im Zirkus. Sie haben schon 950 Meter Tiefe erreicht.
Wir hätten uns fast verplaudert, plötzlich sah Thomas auf die Uhr, es war 21 Uhr, und er raste nach Oberweis.

19. Juni 1972

Von Gmunden kommend sah ich an der Bohrstelle in Nathal eine haushohe Flamme lodern. Ich fuhr hin, und unter großem Getöse zischte Wasser und Gas aus dem Rohr für die Abfackelung. Als ich hinkam, erlosch nach kurzer Zeit die Flamme, und mit einem brennenden Lappen an einer langen Stange brachten die Arbeiter das ausströmende Gas-Wasser-Gemisch wieder zum Brennen.
Anschließend ging ich zu Thomas. Es war genau 11 Uhr, der Schlüssel steckte von innen, also war Thomas da. Da das Fenster offen war, rief ich durchs Fenster nach ihm. Thomas kam im Schlafrock direkt vom Bett. Stell dir vor, es ist 4 Uhr früh geworden bei Maletas. War er auch da? fragte ich. Nein, ich glaube, da würde das gar nicht vorkommen. Wenn die Katze nicht da ist, haben die Mäuse Kirtag, sagte Thomas. Der Park der Villa sei wunderschön. Zum Rasenmähen haben sie zwei Rasenmäher zum Sitzen zu je

60.000 Schilling, damit der Park immer gepflegt ist, und 360 Meter Traunufer gehören auch zum Park. Die Leute sind stinkreich. In Wien besitzen sie noch einige Fabriken, das Gehalt als Präsident des Nationalrates ist wahrscheinlich nur zum „Drüberstreuen". Thomas fragte mich noch, wann ich nachmittags Zeit hätte, er möchte mit mir spazierengehen. Den ganzen Nachmittag, zu jeder Zeit, sagte ich. Komm, wann es dir paßt, ich bin zu Hause.

Um 14 Uhr wurde mir langweilig, und da ich hoffte, daß Thomas wegen der durchdrehten Nacht nicht so bald kommen würde, fuhr ich nach Ohlsdorf zum Steindlbau, um zu arbeiten. Zu meiner Frau sagte ich: Wenn Thomas kommt, soll er nachkommen, und ich werde sofort mit ihm von Ohlsdorf aus spazierengehen.

Thomas kam um 16 Uhr zu meiner Frau nach Weinberg, er ließ aber sein Auto in Weinberg und ging durch den Wald über das Forsthaus zu mir zum Steindlbau in Ohlsdorf. Als er ankam, erklärte ich mich sofort bereit, weiterzumarschieren. Thomas sagte, im Wald sei es sehr kühl gewesen, er möchte über Feldwege gehen. Wir schlugen Richtung Süd ein, aber nach zehn Minuten machten wir kehrt, denn ein Gewitter zog auf. Kaum hatten wir mein Auto erreicht, tröpfelte es schon. Zu Hause angekommen, merkten wir, daß das Gewitter eine andere Richtung genommen hatte, und Thomas sagte: Zwei Stunden bis zu den Nachrichten halte ich es nicht aus im Zimmer. In eine Decke eingehüllt legte er sich in den Garten. Ich setzte mich in einem Sessel daneben. Thomas erzählte, daß er heute schon den Brief an Unseld weggeschickt habe, wo er ihm mitteilte, daß er von Haeussermann von den Verträgen erfuhr, usw. Dabei hätte ihn heute fast schon der Schlag gerührt, denn in der „Frankfurter Allgemeinen Zeitung" las er von einem Autounfall Unselds, Schlüsselbeinbruch usw., sagte Thomas. Da kann Unseld jetzt lange nicht schwimmen. Das ist sein Hobby, er schwimmt täglich. Aber so könnte jederzeit ein Unglück passieren, und wer weiß, wie sich ein Nachfolger zu mir stellen würde. Unseld tut sehr viel für mich.

Dann sagte Thomas, daß er sich auch für seine morgige Fahrt nach Salzburg zu Schaffler vorbereitet habe. Es sei der letzte Termin für die Steuererklärung. Außer einigen alten Fahrkarten und Flugkarten sowie Stromrechnungen und Benzinzettel hat er nichts vorzuweisen, was er abschreiben könnte. Außerdem wird er Schaffler sagen, daß er sich das

Dach nicht vom Staat oder dem Land bezahlen läßt, denn die Dacheindeckung für den Wohnteil kostet nur 25.000 Schilling, und um diesen Betrag will er seine Unabhängigkeit nicht verlieren. Auf keinen Fall möchte er haben, daß jemand wegen 25.000 Schilling glaubt, er habe für ihn was getan. Diese Summe sei viel zu gering, das Dach bezahlt er sich lieber selber. Außerdem werde er den Radax seinen *Frost* nun doch nicht verfilmen lassen, denn der sei ihm zu schwach, und wegen des Geldes habe er das jetzt nicht nötig.
Als es dann soweit war, daß wir wegen „Zeit im Bild" zum Fernseher gingen, holte Thomas aus seinem Auto den „Kurier" und zeigte mir einen Artikel über ihn mit der Überschrift „Gegen Thomas Bernhard". Wir besprachen wieder seinen Besuch bei Dr. Stern in dieser Sache. Nach 21 Uhr zeigte sich bei Thomas Müdigkeit. Er spürte die Nachwehen vom Vortag, als er erst um 4 Uhr früh zu Bett kam, und fuhr heim.

21. Juni 1972

Um 8 Uhr traf ich Thomas beim Postamt Ohlsdorf. Da er am Vortag in Salzburg war, wollte er mir einiges erzählen. Ich hatte aber keine Zeit, da ich in Gmunden zu tun hatte, und wir verabredeten uns zu einem Spaziergang um 13 Uhr 30.
Thomas kam pünktlich, und wir gingen über Aupointen zum Forsthaus. Wir besichtigten das verlassene unbewohnte Forsthaus, und Thomas sagte, ich solle fragen, ob es nicht doch zu kaufen wäre. Er würde es eventuell nehmen, da es schade ist, wenn es verfällt. Am Weg zum Forsthaus sagte Thomas, daß er, nachdem er in Salzburg war, nun bezüglich der Proben mit Peymann nicht mehr so beunruhigt sei, denn er habe den Bühnenbildner Tinguely getroffen. Der läuft in den Straßen herum, soll das Bühnenbild für die Felsenreitschule machen und weiß überhaupt noch nicht wie. Er hat keine Idee und keinen Einfall. Thomas hat ihm dann gesagt, er soll Schienen legen, usw. Um ihm weitere Anregungen zu geben, hat er mit dem Bühnenbildner vereinbart, daß sie sich um 15 Uhr im Tomaselli treffen. Thomas hat bis 16 Uhr gewartet, ist dann in sein Hotel gegangen und hat ihm einen Zettel hinterlassen. Darauf schrieb er: „Wo waren Sie? Ich habe eine Stunde auf Sie gewartet! Ich bin in Ohlsdorf, Nathal, zu Hause. Tho-

mas Bernhard." Das „eine Stunde" habe ich zweimal unterstrichen, sagte Thomas. So groß kann einer gar nicht sein, daß er einen eine Stunde sitzen läßt, im Grunde ist es unmöglich.
Thomas habe in Salzburg mit Schaffler alles gut regeln können. Kaut war im Urlaub, den habe er daher nicht angetroffen. Dann erzählte Thomas mit einem unverschämten Lächeln weiter, daß er sich aber seine drei Karten für die Uraufführung geben hatte lassen und daß dabei die Sekretärin gesagt habe, es seien sehr günstige Plätze, wo er gleich zur Bühne gehen kann. Die glauben immer noch, daß ich bei der Uraufführung auf die Bühne gehen könne, sagte er mit hämischem Lächeln. Die werden sich wundern, wenn zwei alte Frauen an deinem Platz sitzen, sagte ich und lachte mit. Dann kamen wir wieder auf den Bühnenbildner Tinguely zu sprechen, und ich sagte: Er wird sicher bei dir auftauchen, denn der will sich bei dir Ratschläge holen. Du kennst die Verhältnisse, warst dort Hilfsregisseur. Der wird sich an dich klammern, der wird erkennen, daß du dort ein Bühnenbild machen könntest. Thomas schwächte ab und sagte: Naja, es wird schon werden. Da war ich mir sicher, daß er stark dahintersteckt, denn es kommt kaum vor, daß er jemand zu sich einlädt.
Dann sagte Thomas, daß er morgen von einer ehemaligen Freundin mit deren Gatten besucht werde. Das war auch so eine: Als es am Höhepunkt mit ihr angelangt war, hat sie plötzlich einen anderen geheiratet. So war es einige Male. Oder meine Freundinnen sind plötzlich ins Ausland verreist, dann war es auch immer plötzlich aus. Frag die Tante Hede, die weiß alles, die kann dir alles erzählen. Sowas habe ich bisher nicht gewagt, hinter deinem Rücken mit ihr so ein Thema anzuschneiden. Was du mir erzählen willst, hast du mir bisher immer selbst erzählt. Ja, schon, sagte Thomas, aber selbst will ich von dem nicht mehr reden, aber die Hede, die soll dir das erzählen.
Dann sagte Thomas, daß er sich eine Jahreskarte für das Strandbad mit Kabine in Altmünster gekauft habe und daß er jetzt jeden Tag schwimmen gehen werde. Er könne derzeit unmöglich schreiben. Er werde im September, Oktober nach Brüssel zu Uexküll fahren und dort alles fertigschreiben. Derzeit hat er den Kopf nicht dazu. Er hat es sich so vorgenommen, jetzt zu arbeiten. Aber wenn er in der Früh aufsteht, dann sucht er da und dort im Hause was zu ändern, er sucht, bis er irgend etwas Belangloses im Hause zu tun hat, nur damit er was zu tun hat und nicht schreiben muß.

Ich sagte: Es hätte mich gewundert, wenn du jetzt gut schreiben könntest, denn es drängt dich ja nicht. Wenn du erst im November das Buch fertig haben sollst, wirst du wahrscheinlich im Oktober einige Wochen ohne Unterbrechung hinhauen, denn da schmeckt dir eh kein Essen, da denkst du an nichts als ans Schreiben. Du brauchst den Zeitdruck, sonst geht es nicht richtig.
Um ca. 16 Uhr hatten wir den Spaziergang beendet, und Thomas sagte, er fährt lieber gleich nach Hause hinüber, eine Zwischenrast wäre nicht gut, da möchte er dann gleich länger sitzen bleiben, das will er aber nicht.

25. Juni 1972

Heute Sonntag kam Thomas um 21 Uhr zu mir. Seit drei Tagen hatten wir uns nicht gesehen. Wir hatten gerade den Krimi *Strandgut* eingeschaltet, Thomas setzte sich eine Stunde dazu. Er wollte einiges sagen, aber es reichten die belanglosen Szenen des Krimis nicht ganz aus, und so sagte Thomas, er komme gerade von der Krucka, die Arnika sei wieder voll in Blüte, und wir sollen sofort in den nächsten Tagen die Arnika pflücken, sonst sei es zu spät. Ich habe natürlich beim Eintreten von Thomas sofort den Fernseher leiser gedreht, um mit Thomas sprechen zu können, aber meine Frau sah gebannt auf den Apparat, und so hielten wir uns zurück. Nach Ende des Krimis stand Thomas auf und ging sofort. Das war um ca. 22 Uhr. Ich begleitete ihn noch zum Auto und sagte, daß wir den Peymann gleich besuchen sollten, der müßte heute schon in Pfaffstätt eingetroffen sein. Keinesfalls, sagte Thomas, es ist besser, wenn wir einige Tage warten.

27. Juni 1972

Um 16 Uhr traf ich Thomas in Gmunden, Am Graben. Ich sagte ihm, daß ich ihn für Montag, also gestern, erwartet habe, denn der Montag sei immer einer unserer sichersten Tage. Ja, sagte Thomas, da muß ich dir was Schönes erzählen. Ich war gestern um 9 Uhr abends noch in Pfaffstätt. Keine Spur von Peymann oder Ganz. Die Frau Bamberger hat sich schon in ein Zimmer verkrochen und hat alle Zimmer für die Gäste vorbereitet.

Aber keine Karte, nichts lassen die hören und kommen einfach nicht. Dabei ist das so eine nette Frau. In Salzburg wären die Zimmer sofort an jemand anderen vergeben. Ich sagte zu Thomas: Das kann Peymann doch nicht machen, 20.000 DM kassieren und sechswöchige Proben versprechen. Da gehören ihm für jeden Tag einige hundert Mark abgezogen. Im nächsten Vertrag verlangst du alles schriftlich und setzt ein Pönale pro Probentag ein, dann wird so etwas nicht mehr vorkommen. Den Peymann werde ich sowieso nicht mehr nehmen, sagte Thomas. Nächstes Mal ist wieder alles ganz anders. So wie ich den Ganz kenne, hat der sicher seine Rolle schon gut studiert, und man muß abwarten, vielleicht haben die schon in Berlin geprobt. In Hamburg laufen die Proben schon, dort üben sie an Leichen die Handgriffe, und der Schauspieler führt Operationen an Leichen aus, um für das Stück zu üben.
Ich hab dir ja noch gar nicht erzählt, was alles los war, sagte Thomas, als ich am Sonntag noch bei dir war. Der Bühnenbildner Tinguely war schon zweimal bei mir, und am Sonntag, bevor ich zu dir kam, hat mich eine Freundin meiner Mutter aus Holland auf der Krucka besucht. Da sie mich in Nathal nicht angetroffen hat, ist sie in Begleitung zweier Holländerinnen zur Krucka nachgekommen. Sie hat aber den Weg verfehlt, ist von unten hinauf auf den Grasberg und ist dann von oben zu mir gekommen, gerade als ich schon weggehen wollte, denn es war ja schon sehr spät. Ich hab daher der alten Dame, sie ist 64 Jahre und hat mich seit meinem 12. Lebensjahr nicht mehr gesehen, versprochen, daß ich sie auf dem Weg nach Brüssel in Holland besuchen werde. Weißt du, das ist nämlich die Freundin meiner Mutter aus Henndorf, die Ferstl Anna [Aloisia], die damals in Holland war und wegen der meine Mutter nach Holland gefahren ist, wie ich zur Welt gekommen bin. Es war dies ihre beste Freundin, und es hat mich sehr gefreut, daß sie mich besucht hat. Gesprochen hat sie, wie wenn sie nie von Henndorf weggewesen wäre, genauso wie sie in Henndorf sprechen. Ihre holländischen Freundinnen haben kein Wort verstanden. Aber es war alles sehr kurz, sie mußten diesen Abend noch wegfahren, und anschließend bin ich zu dir gekommen.
Du, wir stehen schon eine halbe Stunde auf der Straße, da vor den „Drei Hacken“. Ich war heute in Linz, ich hab dir auch viel zu erzählen. In Wels war ich einkaufen, und am Freitag fahr ich nach Salzburg. Da schau ich in Pfaffstätt vorbei, ob schon wer da ist. Komm um 19 Uhr zum Abendessen

zu mir. Thomas sagte zu und meinte: Von Dr. Stern habe ich einen Brief bekommen. Der schreibt, daß die Verhandlung vertagt worden ist. Er selbst, Dr. Michael Stern, habe ihn bei der Verhandlung vertreten. Dr. Stern habe geschrieben, daß er ihm etwas mitteilen müsse, was er ihm im Brief nicht schreiben könne. Was sagst du dazu? Da wird er dir sagen wollen, was du bei der Verhandlung sagen sollst und was du nicht sagen sollst. Das will er nicht im Brief schreiben. Aber ich will ja bei der Verhandlung nicht dabei sein, sagte Thomas. Das wirst du nicht verhindern können, sagte ich. Du wirst vorgeladen, als Beschuldigter mußt du selbst erscheinen, wenn es der Richter verlangt. Also, abends reden wir weiter, sagte ich, denn ich muß noch einiges besorgen.
Anschließend mußte ich darüber nachdenken, warum mir Thomas alles so genau erzählt. Den Namen des Bühnenbildners, einen italienischen Namen, hat er mehrmals genannt, ich konnte ihn nicht behalten [der Objektkünstler Jean Tinguely ist Schweizer]. Mir ist nämlich aufgefallen, daß, als ich vor einigen Tagen das Wohnzimmer verlassen hatte, bei meinem Wiedereintritt Thomas bei meinem Vormerkkalender stand und sehr verlegen in die alte Zeitung sah. Wenn er auf meinem Kalender die Schlagworte St. Wolfgang – Altötting – Burghausen – Mattighofen und Narrenfreiheit gesehen hat, dann ist Thomas dahintergekommen, daß ich Aufzeichnungen mache. Nun bilde ich mir ein, daß er ein heimliches Interesse daran hat, und es gibt mir auch zu denken, daß er sagte: Frag die Tante Hede, wie das mit meinen Freundinnen war, die weiß alles. Aber andererseits hat mir Thomas, seit wir uns kennen, alles erzählt. Wie ihn der Filmschauspieler Dahlke in der Neujahrsnacht in Grundlsee wegen einer deutschen Prinzessin erschießen wollte, oder die Peitschenhiebe der Tochter von Zuckmayer usw., sodaß ich mich da sehr täuschen kann. Eher glaube ich an eine „Nachrichtensperre“, wenn er mir daraufkommt, daß ich alles aufschreibe.
Zehn Minuten vor 19 Uhr kommt Thomas mit Agi. Agi und Thomas haben sich vor dem Hoftor in Nathal getroffen. Am Tor steckte ein Zettel vom Präsidenten Maleta, der Thomas mitteilte, daß er mit Gattin zur Krucka unterwegs sei, da er ihn hier in Nathal nicht getroffen habe. Da Thomas heute überhaupt keine Lust hatte, mit den Maletas zusammenzukommen, hat er Agi sofort gebeten, zu mir mitzukommen. Agi hat ihre Mutter, Baronin Handl, in Wels im Spital und hat dort Peter, den Halbbruder von

Thomas getroffen. Der hat ihr erzählt, daß er von Thomas im Februar sehr, sehr grob aus dem Haus gewiesen wurde. Nun hat Agi sich ein Herz genommen und Thomas wieder besucht, und so trafen sie sich vor dem Tor. Ich war nicht überrascht, daß Thomas mit Agi wieder gut war, denn er hat nach dem Skandal mit dem „Münchner Abendblatt" zu mir gesagt: Bis zum Sommer laß ich die Agi „dunsten". Also hat Agi den richtigen Zeitpunkt erwischt, denn seit sechs Tagen ist Sommerbeginn.

Thomas war sehr gut aufgelegt. Er hat, nachdem er nachmittags von mir weg ins Kaffeehaus gegangen war, dort Frau Hufnagl getroffen. Er sagte, daß er versuche, zu einem Zeitpunkt ins Brandl zu gehen, wo er Frau Hufnagl möglichst nicht antrifft, da schon wieder von Scheidung die Rede ist, obwohl die Hufnagls erst vor ein paar Wochen zum zweitenmal geheiratet haben. Aber wie es so sein will, sagte Thomas, kam Frau Hufnagl ins Brandl, und er wollte schon gehen, da hat sie ihn abgefangen und gesagt, daß sie am Nachmittag in Salzburg war und im Theater nachgefragt hat, ob Peymann schon da sei. Man hat ihr gesagt, daß Peymann und Ganz und die anderen den ganzen Tag proben. Nach allem Bisherigen war sie aber mißtrauisch, hat gefragt, wo die Proben stattfinden und ist hingegangen. Tatsächlich hat Peymann geprobt. Sie hat ihn selbst gesehen. Also, jetzt wissen wir wenigstens sicher, daß er da ist, sagte Thomas. Denn wenn sie ihn nicht selbst gesehen hätte, nur auf eine Auskunft allein hätte ich auch nichts gegeben.

Nach dem Abendessen sind wir zum Fernseher zu den Nachrichten in den ersten Stock übersiedelt. Aber von den Nachrichten haben wir nichts mitgekriegt, so ein Gespräch war im Gang. Agi sagte, sie wolle Thomas mit Hede und Peter zu sich zu einem Essen einladen, damit zwischen Thomas und Peter wieder eine Versöhnung stattfinde. Thomas sagte: Lad nur alle ein. Und an meine Frau gerichtet fügte er leise hinzu: Ich komm so und so nicht. Daraufhin lachten meine Frau und Thomas recht diebisch, aber Agi und mir sagten sie nicht, warum sie so lachen. Erst nachdem die Gäste weg waren, hat mir meine Frau gesagt, warum sie so gelacht haben. Ich habe an Wieland Schmied gedacht, was der mir seinerzeit gesagt hat, und ich sagte zur Agi: Der Thomas ist dem Peter sicher nicht böse deswegen, weil er Peter beleidigt hat.

Das Gespräch mit Agi war sehr rauh, aber freundlich. Als von Thomas wieder einige negative Äußerungen über Frau Hufnagl fielen, fragte Agi:

Redet ihr über mich auch so, wenn ihr alleine seid? Da sagte ich zu Agi: Du hast so einen breiten Rücken, du verstehst Spaß, mit dir reden wir so offen und kritisch, daß es hinterher nichts mehr zu sagen gibt. Kurz vorher hatte ich Agi in Anspielung auf den Artikel im „Münchner Abendblatt" mehrmals eine Verräterin genannt und gesagt, daß ich nicht wußte, daß man ihr nicht vertrauen könne, sonst hätte ich ihr damals nicht gesagt, daß Thomas dem Kaut nur den Titel *Der Ignorant und der Wahnsinnige* verkauft habe und das Stück erst schreiben müsse. Thomas hatte mich damals schon gerügt, da er von ihr sofort erfuhr, daß ich ihr das gesagt hatte. So scharf wie dich könnte man Frau Hufnagl nie angreifen, sie würde das nicht vertragen, daher wird halt hinterher über sie so geredet. (Im Grunde bin ich froh, daß das Verhältnis zu den Hufnagls sehr abgekühlt ist und daß ich auch den O'Donell bis heute nicht persönlich kenne und daß ich überhaupt nie in diesen Kreisen dabei bin, denn es käme sicher nichts Gutes heraus und Thomas würde seine Zufluchtsstätte bei mir, wie er sie heute wieder gegen die Maletas benötigte, verlieren, weil sie dann auch zu mir kommen würden.)
Als dann die Sendung „Was bin ich" begann und Marianne Koch im Bild war, sagte Thomas: Die war diese Woche mit einem Freund von mir, den seine Frau verlassen hat, in Nathal. Er war aber nicht zu Hause, sie haben einen Zettel hinterlassen. Der Freund von Thomas sei sehr unglücklich, und Marianne Koch tröste ihn. Dann schaltete ich aber den Fernseher aus, denn Agi erzählte sehr gute Judenwitze, und wir hatten den Fernseher die längste Zeit nicht mehr beachtet. Agi fragte mich noch, wie viele Programme ich hier bekomme, da rief Thomas „fünf" dazwischen. Agi staunte und fragte: Wirklich, so viele, was sind das für Programme? Da sagte ich: „Österreich 1 und 2, Deutschland 1, Thomas auf österreichisch und auf bayrisch." Thomas hatte nämlich wieder etwas Urbayrisch gesprochen. Es war dann noch sehr lustig, bis um 23 Uhr 30 beide heimfuhren.

29. Juni 1972

Thomas kommt um 21 Uhr. Er sagt, er geht gleich. Er war heute in Salzburg. In der Weinstube Moser hatte er zu Mittag gegessen und wollte dann zu Peymann zu den Proben gehen. Als er um 14 Uhr die Weinstube Moser

verlassen wollte, traten Peymann und Ganz ein. Thomas fuhr dann mit Peymann und Ganz nach Pfaffstätt und Mattighofen. Frau Peymann war nicht mitgekommen aus Deutschland. Sie hat ein sechs Wochen altes Kind und ist krank. Peymann und Ganz wollen nicht in Pfaffstätt Quartier nehmen, da es ihnen nach Salzburg zu weit ist. Sie proben bis 14 Uhr, müßten dann nach Pfaffstätt, um sich auszuruhen, und um 18 Uhr wieder zu den Proben. Thomas war der Meinung, daß täglich nur einmal hin- und zurückgefahren werden müßte. Frau Bickel und Herrmann mit Gattin werden für morgen erwartet. Viermal täglich diese Strecke zu fahren ist Peymann zuviel. Thomas sah das ein. Denn er sah, daß beide bis zur Erschöpfung proben und daß es dann unmöglich ist, in den Ruhepausen zweimal so weit zu fahren. Thomas erzählt noch, daß Ganz die Rolle sehr ernst nimmt und schon mehrere Gehirne seziert hat, um seine Rolle fachgerecht zu spielen. Denn in seiner Rolle kommt das vor.
Da Omi heute vom Jugoslawienurlaub zurückgekehrt ist, dreht sich das Gespräch auch um die jugoslawischen Urlaubsorte und Städte. Omi und Thomas kennen alles. Es hört sich so an, als ob beide den gleichen Film gesehen hätten. Dann kommt das Gespräch unweigerlich auf die mitgebrachten Souvenirs, und obwohl ich der Omi aufgetragen habe, keine Souvenirs zu kaufen, hat sie doch einige Kleinigkeiten mitgebracht. Thomas sagte: Ja natürlich, man kommt nicht umhin, einige Sachen mitzubringen. Nur bekommt man diese Sachen in Wien in der Wollzeile wesentlich billiger. Wenn Tante Hede aus Jugoslawien zurückgekehrt ist, bin ich immer in die Wollzeile gefahren und habe für ihre Freundinnen die Geschenke aus Jugoslawien eingekauft.
Schließlich ist es doch 22 Uhr 30 geworden, als Thomas heimfuhr. Vorher besprachen wir noch, daß ich kommenden Freitag, wenn ich in Salzburg bin, Peymann nicht aufsuchen werde.

5. Juli 1972

Thomas kam um 17 Uhr zu mir, denn er wußte, daß ich heute abend um 19 Uhr 30 zur Turnstunde gehe. Wir setzten uns in den Garten, und Thomas hatte viel zu erzählen. Er war von Montag auf Dienstag, also vom 3. auf den 4. in Salzburg. Er war eigentlich wegen Lilienthal und Dr. Rach vom

Suhrkamp Verlag nach Salzburg gefahren, denn Lilienthal will den *Kulterer* machen. Es ist nicht wegen des Geldes, sagte Thomas, daß ich den Lilienthal das machen lasse. Finanziell schaut nichts heraus, aber ich halte was von ihm. Den Radax werde ich den *Frost* nun nicht mehr machen lassen. Wegen des Geldes habe ich es nicht nötig, und der Radax ist eine Niete, der verhaut den Film. Weiters sagte Thomas, daß Dr. Rach bei Unseld im Spital war und daß dieser gesagt hat, Thomas Bernhard sei der einzige, der sich auf seinen Unfall hin nicht gerührt habe, weder mit einem Brief noch mit einem Besuch. Von allen anderen hat er Briefe oder Besuche bekommen. Ich sagte darauf zu Thomas: Für dich ist ja so ein Spitalsaufenthalt nichts. Du warst sechs Wochen im Sterbezimmer, was soll dich so ein kleiner Unfall von Unseld veranlassen, ihm zu schreiben. Sowas rührt dich doch nicht. Naja, sagte Thomas, scheinbar war der Unfall doch nicht so harmlos, wie es dem Zeitungsbericht nach aussah. Aber jetzt ist es vorbei, er wird nichts hören von mir.
Aber stell dir vor, sagte Thomas weiter, was ich mit Peymann wieder erlebt habe. Also, die Bickel und Herrmann mit Gattin sind inzwischen eingetroffen. Herrmann bleibt in Pfaffstätt und die Bickel auch. Die Bickel mußte die weinende Frau Bamberger trösten, so grob war Peymann zu ihr. Da, wo er seinen Sozialismus zeigen könnte, hat er sich wieder einmal entpuppt. Peymann hat von Deutschland eine … mit Pappendeckelkoffer mitgebracht und ist mit ihr ins vornehmste Hotel in Salzburg schlafen gegangen. Dabei mußte ich zuhören, wie er sich von Ganz wieder zweitausend Schilling ausborgte. Ganz war es peinlich, er wollte nicht – wahrscheinlich macht er das öfter, der Peymann –, aber dann hat er ihm das Geld doch geborgt. Und dabei habe ich meine 2000 Schilling bis heute nicht. Ich werde ihm jetzt schreiben. Was meinst du? Ja, ganz kurz, sagte ich. Schreib, senden Sie mir die 2000 Schilling auf mein Konto Nr. soundso bei der Oberbank Gmunden. Als Termin merke ich mir den soundso vor. Bernhard, aus. Ich hab dir schon gesagt, das ist ein Schuldenpinkel, du hast es nicht geglaubt, weil er so hoch verdient. Aber bei einem Verschwender kommt es ja nicht auf die Höhe der Einnahmen an. Was glaubst du, was man in einer Nacht ausgeben kann. Ja, sagte Thomas, das werde ich machen, denn mit Peymann bin ich fertig. Peymann ist mir äußerst widerlich, er ist ganz unmöglich. Aber bei den Proben ist er gut, ich muß sagen, da ist er nicht wiederzuerkennen, bei den Proben ist er großartig. Aber ich werde

keine seiner Proben mehr besuchen. Ich habe ihm gesagt, er soll mich mit einer Postkarte von der Generalprobe verständigen, zu der werde ich kommen. Ich hatte Krach mit ihm, er ist widerlich.
Dann habe ich mit Herrmann und der Bickel noch bis 4 Uhr früh gesoffen. Es war mir schon zu spät, um nach Hause zu fahren, da hab ich mich im Hause, wo Herrmann wohnt, in das Zimmer des Buben der Hauswirtin gelegt. Du weißt, der so viele Rennwagen und Rennfahrer im Zimmer an der Wand hat. Die Frau war sehr nett. Nur in der Früh, da hab ich wieder was beobachtet. Als Herrmann länger nicht aus dem Zimmer kam, rief ihn seine Frau mehrmals, und da hörte ich, wie sie sagte, ach ja, in der Früh wäschst du dich ja nie. Stell dir vor, mit so langen Haaren herumzulaufen. Aber da gehört eben wahrscheinlich dazu, daß man sich nicht wäscht. Wie soll er sich auch mit so langen Haaren pflegen und waschen?
Ich habe natürlich auch wieder alle Schauspieler beleidigt, aber es ist mir egal, wie die das auffassen. Der Ganz, die Bickel und die Herrmanns werden das nicht begreifen. Peymann sagte nämlich, die Schauspieler wären auf Nathal neugierig, ob sie nicht auf einen Kaffee kommen dürften. Da sagte ich: Aber ich, ich bin nicht neugierig darauf, ich will nicht. Das hat sie ganz furchtbar getroffen, aber mir ist das Wurst.
Inzwischen haben wir noch zu Abend gegessen, und um 19 Uhr 15 fuhr Thomas heim und ich zum Turnen.

6. Juli 1972

Um 8 Uhr früh traf ich Thomas beim Postamt Ohlsdorf. Wir sprachen nur kurz, und er sagte, er werde am Nachmittag zu mir kommen. Um 17 Uhr kam Thomas und setzte sich in den Garten. Ich war auf der Straße mit Nachbarn wegen Grundgrenzen in heftiger Debatte und hatte Thomas nicht bemerkt. Nach einer guten halben Stunde sagte mir mein Sohn Wolfi, Thomas sei da. Ich ging sofort in den Garten, aber Thomas war weg. Kurze Zeit später kam er wieder und erzählte mir, daß er vom Garten aus alles mitangehört habe, er sei nur schnell nach Laakirchen gefahren. Zum Spaziergang war es schon zu spät. Wir machten es uns gemütlich. Ich erzählte Thomas, daß ich gestern nach dem Turnen im Gasthaus Asamer erfahren habe, daß Thomas heiraten werde. Er war schon beim Pfarrer und

hat das Aufgebot bestellt. Er sei gesehen worden, wie er mit einer blonden, stärkeren Frau, etwas älter als er, zu Fuß von Nathal zum Pfarrhof gegangen sei. Auf meine eindringlichen Fragen wurde fest behauptet, daß Bernhard heiratet. Thomas mußte herzlich lachen. Er war tatsächlich mit Frau Maleta nach Ohlsdorf gegangen. Am Pfarrhof sind sie aber nur vorbeigegangen. Dann besprachen wir seinen Presse-Ehrenbeleidigungsprozeß. Dr. Stern war persönlich bei der Verhandlung. Er hat geschrieben, daß er mit Thomas vor dem nächsten Verhandlungstermin am 22. 7. 72 noch etwas zu besprechen hätte, was er im Brief nicht schreiben kann. Thomas sagte, er habe keine Lust, deswegen nach Wien zu fahren. Ich gab Thomas recht und sagte, seine Sache sei klar und korrekt, er solle das dem Dr. Stern schreiben. Es kann daher nichts geben, was man nicht auch in einem Brief schreiben könnte. Ja natürlich, so ist es, sagte Thomas, es gibt da nichts, was man nicht in einem Brief schreiben kann. Vielleicht werde ich ihm das schreiben.
Dann sagte ich Thomas, daß ich seinen Brief über das Theater im „Neuen Forum" nochmals gründlich gelesen hätte und daß ich es als mutig ansehe, daß er sich nach so einem Artikel überhaupt ein Stück wie *Ein Fest für Boris* oder *Der Ignorant und der Wahnsinnige* zu schreiben getraute. Thomas hatte auf meine Worte nur das Gesicht verzogen und mit der Hand eine wegwerfende Bewegung gemacht. Aber er sagte sofort: Weil du mich ans Theater erinnerst, stell dir vor, was noch passiert ist. Wie ich in Salzburg war, habe ich die Plakate besichtigt, die überall angeschlagen sind und das Programm der Festspiele beinhalten. Stell dir vor, am 29. 7. steht dort Premiere *Der Ignorant.* Das ist doch nicht der Titel. Man kann doch nicht *und der Wahnsinnige* auslassen. Ich habe natürlich sofort an Kaut geschrieben, daß das geändert werden muß. Aber wahrscheinlich hat so ein kleiner Setzer nicht alles hingebracht und den Titel einfach gekürzt. Der Kaut wird auf meinen Brief sicher nicht reagieren, denn der wird täglich einen ganzen Haufen von Beschwerdebriefen kriegen, daß er auf so einen Brief einfach nicht eingehen kann, wie auf viele andere auch nicht. Aber ich habe ihm geschrieben, damit er nicht glaubt, daß ich mir alles gefallen lasse. Übrigens, der Ganz ist ganz großartig. Man spürt direkt, daß er die Rolle ernst nimmt und daß er eine Persönlichkeit ist. Er hat mindestens zehn Gehirne seziert, er ist einfach großartig, und die anderen wird er mitreißen. Die Aufführung wird ein großer Erfolg werden. Aber ich hab sie geärgert. Am Dienstag habe ich

statt bei den eigenen Proben bei den Proben in der Felsenreitschule zugesehen, sozusagen bei der Konkurrenz, bei Tinguely. Morgen muß Peymann woanders proben, weil Otto Schenk zum Proben kommt. Wo sie dann proben, weiß ich nicht, ich scher mich nicht darum. Mich sehen sie erst zur Generalprobe wieder.
Kurz nach 21 Uhr ist Thomas heimgefahren.

15. Juli 1972

Da Thomas seit über einer Woche nicht bei mir war, besuchte ich Nathal. Der Schlüssel lag. Ich betrat den Hof, holte eine Sense und mähte die Fichtenbäumchen vor dem Hause aus, da das Gras die Bäumchen schon überwucherte. Ich ließ Thomas einen Zettel zurück, daß er kommen solle. Da meine Tante auf Besuch war, kam Thomas nicht. Das wußte ich von früher, daß er dann wegbleibt.

19. Juli 1972

Um 11 Uhr kam Thomas, und er hat meine Gattin angetroffen. Er ließ mir sagen, daß er auf die Krucka gezogen sei und dort auch übernachte. Einige Male war er in Salzburg. Am Freitag wolle er mich wieder besuchen. Die Karte, seine eigene Karte für die Uraufführung in Salzburg, habe er schon. Er wird sie wie versprochen der Omi geben. Thomas ließ mir Grüße ausrichten.
Etwas später traf ich Thomas in Ohlsdorf beim Postamt. Thomas sagte mir, was er schon meiner Frau gesagt hat und daß er am Freitag kommen werde, um sich die Diskussion über die Zukunft der Salzburger Festspiele anzusehen.

21. Juli 1972

Um 7 Uhr, es war sogar 10 Minuten vor sieben, kam Thomas. Er sagte, daß er heute abend ganz sicher kommen werde. Er fährt nun auf die Krucka und möchte bei mir warten, bis es acht ist, um die Post mitzunehmen. Ich sagte Thomas, daß ich um 7 Uhr 30 nach Gmunden wegfahre, da ich bei der Versicherung sein muß. Thomas lud mich und Wolfi ein, ihn heute auf der Krucka zu besuchen. Er war jetzt immer oben, es sei so schön. Ich sagte zu. Da Wolfi am Sonntag in Gastein in die Kellnerlehre eintritt, sollte sich Wolfi von ihm verabschieden, und Thomas sollte den kurzen Haarschnitt von Wolfi sehen.

Dann sagte Thomas, er habe sich wieder auf was Schreckliches eingelassen. Wenn du das wüßtest, würdest du was Schönes denken von mir, sagte Thomas. Na, so schrecklich wird es nicht sein, sagte ich. Also sagte Thomas, Schaffler habe ihn überredet, ein zwangloses Gespräch mit einem Reporter vom „Spiegel" zu machen. Der wird morgen Samstag nach Nathal kommen. Heute abend wird er, der Reporter, mit Schaffler zu Abend essen, da wird ihm dieser schon einiges sagen. Ich redete Thomas das aus, er soll er selbst bleiben und sich auf kein Gespräch einlassen. Seine Äußerungen werden verstümmelt oder verdreht wiedergegeben. Thomas sagte, daß Peymann das gerade passiert sei. Er nannte den Betrieb und das Treiben um die Festspiele herum ein großes flambiertes Salzburger Nockerl, und die Zeitungen schrieben, die Festspiele seien so ein Nockerl. Peymann sei sehr gut, er habe auch schon einige gute Interviews gegeben. Thomas sagte weiter: Es war doch gut, daß ich zu dir gekommen bin. Jetzt werde ich Schaffler anrufen und ihm sagen, er soll heute abend dem vom „Spiegel" sagen, daß ich es mir überlegt habe. Ich will kein Gespräch, er soll das mit Peymann machen. Außerdem, sagte Thomas, muß ich gleich dem Verlag telegrafieren, sie müssen das Textbuch zurückziehen, weil es so viele Fehler hat. Wenn das ein Arzt liest, das ist ganz unmöglich, was wird sich der denken. Der kann nur glauben, ich sei ein Trottel.

Inzwischen war es 7 Uhr 30 geworden, und ich machte Thomas den Vorschlag, er solle inzwischen die Zeitungen im Kaffeehaus lesen, ich werde von Gmunden um 8 Uhr wieder nach Ohlsdorf um seine und meine Post fahren. Thomas war einverstanden und sagte: Ich bin froh, wenn ich sehr früh die Zeitungen lesen kann, denn ich muß vor zehn Uhr weg sein aus dem Kaffeehaus, denn ab dieser Zeit kommen Bekannte an, und dann komme ich nicht auf die Krucka. Ich will jetzt keine Bekannten treffen.

Thomas sagte mir noch, daß in der „Abendzeitung" der Reporter Müller, der mit Agi bei ihm war, diesen Wirbel mit der Ionesco-Festansprache aus-

gelöst hat und auch mit Peymann ein Interview gemacht hat. Thomas und ich fuhren gemeinsam nach Gmunden, um 8 Uhr 30 sollte ich mit seiner Post im Brandl sein.
Thomas hatte keine Post. Als ich das Kaffee betrat, saß Thomas in Zeitungen eingehüllt an einem kleinen Tisch. Als er mich erblickte, ging er mir ein paar Schritte entgegen, gab mir die Hand und sagte: Der Skandal, den ich erwartet habe, ist schon da. Er nahm einige Zeitungen von einem Sessel und bot mir Platz an. Dann sagte er: Ich wußte, daß bei mir immer etwas passiert. Entweder es bricht sich ein Darsteller einen Fuß oder sonst was, denn glatt geht es ja bei mir nie, da, schau dir das an. Dabei reichte er mir das „Salzburger Volksblatt" vor das Gesicht: „Bernhard-*Ignorant* verboten" stand ganz groß auf der ersten Seite. Da ich die kleinere Überschrift „Feuerpolizei gab nicht nach" nicht sofort bemerkte, war ich ganz weg und befürchtete Schlimmstes, ich wurde blaß. Ich schöpfte Luft und begann zu lesen. Als ich nun las, daß es feuerpolizeiliche Gründe sind, wurde mir leichter, und ich sagte zu Thomas: Das Bühnenbild kann man kürzen, damit der Eiserne heruntergeht, und außerdem kann man auch noch so brennbare Stoffe mit Wasserglas oder sonstigen Mitteln besprühen, sodaß diese leichtbrennbaren Stoffe unbrennbar werden. Die müssen sich doch da zu helfen wissen. Aber natürlich, sagte Thomas, ich habe da gar keine Angst. Der Kaut wird das schon machen, daß das Verbot aufgehoben wird. Das ist sehr gut, daß es zu diesem Verbot gekommen ist. Da haben die Zeitungen was zu schreiben, da schau, auch die „Salzburger Nachrichten" bringen das auf der ersten Seite. Dabei gab er mir die „Nachrichten" zu lesen.
Nachdem ich auch diesen Artikel gelesen hatte, fragte mich Thomas, ob ich den Artikel von Müller in der „Münchner Abendzeitung" schon gelesen hätte. Ich verneinte. Da, ich geb dir „Die Presse" von gestern, da steht das von den Salzburger Riesennockerln von Peymann drinnen. Diese Zeitung kannst du dir mitnehmen, ich hab noch ein Exemplar zu Hause. Aber jetzt kann ich natürlich nicht auf die Krucka fahren, das würde ich nicht aushalten. Ich fahre jetzt gleich nach Salzburg, um zu sehen, was los ist, und werde dann planlos kreuz und quer durch die Stadt laufen. Denn ich kann in so einem Fall keine Ruhe finden, da muß ich herumlaufen. Es wäre unmöglich, jetzt auf die Krucka zu gehen, ich wüßte nichts anzufangen. Die Sache mit dem Verbot wird sicher heute noch geregelt, denn das kann sich

Feuerpolizei gab nicht nach

BERNHARD-„IGNORANT" VERBOTEN

Eine kleine Sensation ereignete sich gestern um 8.30 Uhr im Landestheater, als nach einer feuerpolizeilichen Kommissionierung des Bühnenbildes für das Thomas-Bernhard-Stück „Der Ignorant und der Wahnsinnige", das bei den heurigen Festspielen uraufgeführt werden soll, die vorgesehenen fünf Aufführungen und die Generalprobe verboten wurden.

Die Feuerpolizei stellte fest, daß bei dem Bühnenbild Dekorationen und Kulissen aus etwa 120 Quadratmeter Sperrholzelementen bestehen, deren leichte Brennbarkeit durch Seegrasauflagen und Bespannungen mit Kunstseide beträchtlich erhöht wird. Eine Brennprobe ergab, daß ein Stück dieser bespannten Sperrholzplatten mit einer Stichflamme verbrannte. Außerdem wurden Plexiglasscheiben von der Feuerpolizei beanstandet, die mit nitrolöslichen Lacken – äußerst brennbaren Stoffen – bemalt sind.

Im Zusammenhang damit lehnte die Polizei Dekorationen des Bühnenbildes ab, die bis in den Orchesterraum reichen und auf diese Weise das Schließen des Eisernen Vorhanges zum Schutz des Hauses und seiner Besucher gegen Feuer verhindern. Es wurde festgestellt, daß gegebenenfalls nicht einmal eine verstärkte Feuerwache ausreichen würde.

Der Verbotsbescheid wurde gestern der Festspieldirektion zugestellt, deren technische Leitung bereits Besprechungen mit dem Regisseur Claus Peymann und dem Bühnenbildner Karl-Ernst Herrmann aufgenommen hat. Es soll Vorsorge getroffen werden, daß die beanstandeten Dekorationen rechtzeitig in einer den feuerpolizeilichen Auflagen entsprechenden Form bereit sein werden, so daß die Uraufführung von „Der Ignorant und der Wahnsinnige" planmäßig stattfinden kann.

(„Salzburger Volksblatt", 21. Juli 1972)

Kaut nicht bieten lassen, die Aufführung muß einfach stattfinden, sagte Thomas. Wenn ich von Salzburg zurückkomme, komme ich gleich zu dir, so gegen 19 Uhr, denn heute ist im Fernsehen eine Diskussion „Gegenwart und Zukunft der Salzburger Festspiele“, das möchte ich mir bei dir ansehen, darf ich? Ja natürlich, ich bin ja auch neugierig, was du von Salzburg berichtest, was los ist bezüglich des Verbotes, sagte ich. Da kannst du beruhigt sein, das Verbot wird aufgehoben, das ist ganz selbstverständlich. Aber es freut mich, daß es zu dieser Panne gekommen ist. Ich wußte ja, irgend etwas wird passieren, denn bei mir gibt es immer Schwierigkeiten, das war noch immer so. Ja, sagte ich, und wenn sonst einmal keine auftreten, dann machst du sie selbst, das war auch schon da. Thomas schmunzelte.

Thomas zahlte plötzlich, ich bin gar nicht dazugekommen, etwas zu bestellen, und wir verließen das Lokal. Kauf dir die „Abendzeitung“, abends sehen wir uns dann. Servus, rief er mir noch zu, als er zum Parkplatz ging.

Um 19 Uhr 30 zu den Nachrichten kam Thomas. Er sagte, es ist so, wie er es erwartet hat, die Generalprobe wird nächsten Freitag stattfinden. Aber ohne mich oder Peymann zu fragen, hat man für die Generalprobe Karten ausgegeben. Zuerst glaubte ich, Peymann habe da zugestimmt, und ich machte ihm Vorwürfe. Da stellte sich heraus, daß der gar nichts davon wußte, daß die Generalprobe öffentlich stattfinden soll und schon Karten ausgegeben wurden. Ich sagte Peymann, diese Frechheit soll er sich auf keinen Fall gefallen lassen. Bei der Oper oder einer Musikprobe ist das was anderes. Ich will aber nicht, daß schon nach der Generalprobe die Kritiken geschrieben werden. Ich habe Peymann gesagt, das müsse er auf alle Fälle verhindern, das sei seine Generalprobe, und er brauche das nicht zulassen, daß diese Generalprobe öffentlich stattfinde. Wo eh alles zum Zerreißen gespannt ist, wo der Text immer noch nicht sitzt, weil gleichlautende Texte hintereinander vorkommen, ist es schwierig. Er weiß plötzlich nicht, an welcher Stelle im Text er sich befindet. In Musikstücken ist das leichter, da reißt die Musik alles mit. Aber in Textstücken müssen sich die Schauspieler so konzentrieren, es könnte leicht zu einer Panne kommen, dann würden die Kritiken aufgrund der Generalprobe geschrieben. Kommt gar nicht in Frage, Peymann muß das verhindern. Ein zweitesmal werden sie Peymann in Salzburg sowieso nicht mehr nehmen, denn er ist ihnen zu unbequem.

Von der inzwischen laufenden „Zeit im Bild" haben wir kaum etwas mitgehört, so war Thomas im Gespräch. Nach der „Tagesschau" im deutschen Fernsehen blieben wir bei der Sendung „Alles oder nichts", wo der Finanzbeamte mit den Fragen über Rußland 8000 DM gewonnen hat. Dann schalteten wir auf die letzten zehn Minuten des Krimis *Arsène Lupin*, wie wir das schon öfter gemacht haben. Denn in den letzten zehn Minuten ist alles enthalten. Durch die Lösung des Falles wissen wir um die ganze vorherige Handlung, wir erleben dabei immer die höchste Spannung und ersparen uns die Längen.
Um 21 Uhr 10 begann dann die Sendung „Gegenwart und Zukunft der Salzburger Festspiele". Thomas war schon während der Sendung maßlos enttäuscht. Die Allerschwächsten sind hier versammelt, sagte er. Am Schluß der Sendung sagte Thomas, so eine schlechte Diskussion habe er noch nie gehört.
Dann sprachen wir noch über sein Stück *Der Ignorant und der Wahnsinnige*, und Thomas sagte: Es wird so werden, wie du einmal gesagt hast. Dabei spielte er darauf an, daß ich sagte, sein Stück werde der einzige Höhepunkt sein und als einziges gute Kritiken bekommen. Thomas erzählte auch, was Tinguely in der Felsenreitschule alles aufgebaut habe. Aber er sagte, dieses Stück wird sehr langweilig werden, und erklärte mir, wie sich die aufgebauten Sachen des Tinguely drehen. Dann sagte Thomas, daß der Reporter vom „Spiegel" morgen Samstag doch kommen werde. Er habe mit Peymann darüber gesprochen, und Peymann sagte, daß dieser Mann ein sehr netter, seriöser Herr sei und daß er da sicher kein Risiko eingehe, wenn er mit ihm ein Gespräch führe. Daraufhin habe ich mich entschlossen, das mit dem „Spiegel" zu machen. Der Artikel wird am Sonntag gleich nach der Uraufführung erscheinen. Thomas sagte noch, daß die Tante Stavianicek erst am Montag kommen werde. Ursprünglich war Samstag vorgesehen. Um 22 Uhr 45 fuhr Thomas heim.

25. Juli 1972

Thomas hatte mir versprochen, mit der Tante sofort zu mir zu kommen. Da er bis heute Mittwoch noch nicht da war, fuhr ich zu seinem Hof. Der Schlüssel lag, und ein Telegramm steckte an der Hoftür.

26. Juli 1972

Um 11 Uhr 45 begegnete mir Thomas mit seiner Tante auf der Traunbrücke in Steyrermühl. Er blinkte mich an, ich ahnte, daß er zum Gasthaus Pabst essen fährt, und erwartete anschließend seinen Besuch.
Um 14 Uhr kam Thomas mit der Tante. Es gab viel zu erzählen, und es gab auch viele Gehässigkeiten zwischen Thomas und seiner Tante. Nach kurzer Zeit versuchte ich eine Wendung herbeizuführen, indem ich mitten in die Gehässigkeiten hinein ein neues Thema aufbrachte. Omi und meine Frau halfen mir. Nach kurzer Zeit wurde Thomas lustig, und er erzählte, daß Hilde Spiel vor ein paar Tagen zu ihm gesagt hatte, er sei der arroganteste Mann der Welt. Thomas plauderte nämlich mit ihrem Gatten recht nett, sodaß dieser zu seiner Frau Hilde Spiel sagte, Bernhard sei so nett, er wisse nicht, warum er immer als scheußlich usw. geschildert werde. Darauf sagte dann Hilde Spiel, Bernhard sei der arroganteste Mann der Welt. Wir lachten herzlich. Thomas erzählte dann, daß Peymann in einem Interview gesagt habe, Bernhard sei ein Unterhaltungsclown. Ja, das ist er wirklich, sagte meine Mutter. Als Ing. Bernath vor einigen Jahren auf Besuch war, machte Thomas solche Späße, daß Karli, mein Sohn, am Boden gelegen ist vor lauter Lachen. Immer wenn man glaubte, jetzt legt sich der Lachanfall, machte Thomas einen neuen Spaß, und das steigerte sich so stark, daß man schon glaubte, einen Arzt holen zu müssen.
Als meine Mutter der Tante Kuchen anbot, sagte diese, danke nix. Sie hat nämlich ein Magenleiden und darf nur Zwieback und Grießbrei essen. Darauf sagte Thomas: Nix, da schieß ich mit da Bix. Schließlich wollte Frau Stavianicek noch die „Kronen Zeitung“ mit dem Bild und dem Artikel von Thomas sehen. Die Überschrift zu dem Artikel lautet: „Champagner für die Linke“. Thomas erläuterte dazu, daß er verlangt habe, daß französischer Sekt bei den Proben verwendet werde, da die deutschen Erzeugnisse nicht knallen beim Öffnen und auch nicht genug schäumen. Natürlich wird dieser Sekt dann auch getrunken, und er selbst habe bei der Probe auch ein Glas getrunken. Auf diesen französischen Sekt sollte es auch nicht mehr ankommen, sagte Thomas.
Um ca. 15 Uhr läutete es, ich ging zur Haustür, und Frau Hufnagl, die Gattin des Firmenmitinhabers Asamer & Hufnagl, überreichte für Omi eine schöne Bonbonniere für einen Blumenstock, den ihr Omi vor einigen

Wochen geschenkt hatte. Frau Hufnagl fuhr gleich weiter, da sie erwartet wurde. Als ich ins Zimmer trat und sagte, daß Frau Hufnagl ein Geschenk abgegeben habe, dachte Thomas an die Gattin des Architekten Hufnagl. Er war erstaunt, daß ich Omi die Schachtel überreichte. Was für Hufnagl? fragte Thomas. Ich sagte: Die vom Schotterwerk. Ich dachte meine Hufnagl, sagte Thomas. Dann sagte Thomas: Die Ehegatten Hufnagl werden nicht nach Salzburg zur Uraufführung kommen, denn die sind total zerstritten. Dr. Wieland Schmied wird auch nicht kommen, der ist in Italien in einem kleinen Zimmer und schreibt. Seine Frau ist mit der Tochter in der Lederau. Sie wird in Salzburg sein. Schmied kann in der Lederau nicht arbeiten, weil ihn das Kind stört. Inzwischen hatte Omi die Bonbonniere ausgepackt, und da kam eine schöne „Hofbauer" zum Vorschein. Alle sahen wir uns sehr betroffen an, denn es ist ein merkwürdiger Zufall, daß gerade zu dem Zeitpunkt, da die einzige Tochter von Hofbauer, nämlich Tante Stavianicek, bei uns sitzt, eine Hofbauer-Bonbonniere abgegeben wird.
Es war weiter lustig bis 16 Uhr. Dann bat mich Thomas, nach Nathal mitzukommen, um die Karte für Omi zu übernehmen. Frau Stavianicek wird nämlich am Samstag mit Frau Schmied nach Salzburg fahren. Thomas wird zu Hause in Nathal bleiben und warten, bis wir von der Premiere zurückkommen. Dann müssen wir ihm genau berichten.
Ich fuhr also mit nach Nathal. Tante Hede machte mir Tee. Thomas gab mir die Karte: Parterre, Links, Reihe 9, Sitznummer 102. Thomas gab mir den Rat, schon um 16 Uhr nach Salzburg abzufahren, um lieber früher dort zu sein und etwas spazierenzugehen. Irina wird auch nicht kommen, sagte Thomas, die ist verschnupft, weil ich kein Kartenbüro bin. Dann erzählte Thomas, wie er Freitag und Samstag stundenlang von vergammelten Studenten durch Klopfen und Rufen belästigt wurde und daß sie ihm dann einen Zettel mit Beschimpfungen, einer Morddrohung und einer Selbstmorddrohung zurückgelassen hätten. Beim Nachbarn Hofmann haben sie im Garten Karotten geklaut, zweimal haben sie privat genächtigt. Thomas hatte mir nämlich am Freitag abend schon erzählt, daß Studenten wegen ihm in Ohlsdorf übernachten. Ich sagte Thomas, daß ich, als er mich am Freitag um 22 Uhr 45 verlassen hat, noch nach Ohlsdorf zu Asamer gefahren sei, um über seine Besucher etwas zu erfahren oder sie zu treffen. Da sie aber privat übernachteten, hatte ich niemanden getroffen. Thomas sagte, daß auch der Reporter vom „Spiegel" die Studenten gese-

hen habe und daß er sagte, er werde auch darüber im Artikel berichten. Thomas sagte, daß der Reporter sehr angenehm war. Er sei in Begleitung einer alten Freundin von Thomas gekommen. Das hat Schaffler so eingefädelt, daß die mitkommt, damit das Gespräch etwas aufgelockert wird. Der ist ganz schön raffiniert, der Schaffler, sagte Thomas. Der Reporter sei aber ihm gegenüber positiv eingestellt. Er war über alle seine Bücher bestens informiert und sagte, *Der Ignorant und der Wahnsinnige* sei noch besser als *Boris*. Es wird also einen guten Artikel im „Spiegel" geben.
Dann zeigte mir Thomas die Festspielbeilage der „Salzburger Nachrichten" vom 22. Juli, Seite 11. Er sagte, ich solle versuchen, noch ein Exemplar zu kriegen. (Das tat ich anschließend.)
Dann zeigte mir Thomas ein Telegramm von Kaut. Thomas sagte: Das habe ich heute bekommen, aber ich werde überhaupt nicht darauf reagieren. Was wäre denn, wenn ich nicht zu Hause wäre und das Telegramm nicht bekommen hätte? Nachdem ich das Telegramm gelesen hatte, legte ich es vor mich hin. Ich dachte wieder an die Worte von Thomas, als er mir sagte, Biographien werden nicht geglaubt. Ich habe daher unauffällig den Text des Telegramms auswendig gelernt und mir den Text immer wieder heimlich heruntergesagt. Als Thomas einmal kurz das Zimmer verließ, notierte ich: Tel. 2611 26 26. 18 Uhr. Daher kann ich nun das Telegramm voll wiedergeben. Es lautet: Angenommen: Tel., Aufgabenummer: 2611, Wortanzahl: 26, Aufgabedatum: 26., Aufgabezeit: 18 Uhr. Herrn Thomas Bernhard, Ohlsdorf.

> PEYMANN WILL ÖFFENTLICHE GENERALPROBE ABSAGEN, FÜR DIE KARTEN BEREITS AUSGEGEBEN. STOPP. BITTE UM IHRE MITHILFE ZUR SICHERUNG ÖFFENTLICHER GENERALPROBE. HERZLICHE GRÜSSE KAUT

Thomas sagte mir noch, daß er abends bei Frau Schmied in der Lederau eingeladen sei. Tante Hede sagte, daß sie auch eingeladen sei, daß sie aber nicht mitkomme, da es spät werden könnte. Thomas sagte, gar so spät würde es nicht werden, denn morgen werde er um 8 Uhr nach Salzburg zur Generalprobe wegfahren. Diese beginnt um 10 Uhr, Unseld wird auch da sein. Gegen 12 Uhr ist sie dann zu Ende, aber er weiß nicht, wie lange er sich noch aufhalten wird. Wenn nicht morgen, so wird er mich doch am Samstag vor der Premiere noch besuchen.

DIE NATURGESCHICHTE EINER OPERNSÄNGERIN

... Thomas Bernhards Fünfpersonenstück „Der Ignorant und der Wahnsinnige“ ... ist in doppeltem Sinne ein *Theater*stück. Es spielt vor und nach einer „Zauberflöten“-Aufführung. Bernhard behandelt das Thema allerdings nicht als Festspielkritik mit Mozart-Bezug, sondern generell als „Naturgeschichte einer Opernsängerin“... Wer das bisherige Werk kennt, begegnet in „Der Ignorant und der Wahnsinnige“ nicht völlig Neuem, sondern einer neuen Variation des Identischen in bezug auf die bekannte Thematik des Autors. Das ist nicht pejorativ gemeint, einen Van Gogh erkennt auch jeder. Das Stück besteht aus zwei aktartigen Teilen. Der erste Teil umfaßt etwa zwei Drittel der Gesamtdauer und spielt vor der „Zauberflöten“-Aufführung in der Garderobe der „Königin der Nacht“, der zweite dagegen nach der Aufführung in dem Lokal „Bei den Drei Husaren“. Der „Königin der Nacht“ stehen zwei dramatisch bedeutsame Personen gegenüber: ihr der Trunksucht verfallener Vater und ein Doktor der Medizin. Nebenfiguren sind Frau Vargo, die Garderobiere, und Winter, der Kellner in den „Drei Husaren“. Ungefähr in der Mitte des Stückes betritt die Opernsängerin erstmals die Bühne und beginnt sich mit Hilfe der Vargo auf ihren Auftritt vorzubereiten. Die zwei Männer haben ihren Auftritt in der Garderobe erwartet, die Spannung des Wartens jedoch durch Trinken (Vater) und Dozieren (Doktor) bekämpft ... Das Motto, das Bernhard seinem Stück vorausschickt, stammt von Novalis: „Das Märchen ist ganz musikalisch.“ Man kann vieles in diesem Stück demonstriert finden ...: Kritik am Theaterbetrieb, am Publikum, an der großen Oper, den Akademien, den Gesangslehrern usw. ... Der Mediziner kommentiert in seiner Sprache ein Existenzmodell unserer Zeit. Der Künstler steht, befangen in persönlichen Spannungen, vor jedem Auftritt am Rande des Nervenzusammenbruchs ... Alles ist bedeutsam in diesem musikalischen Gefüge von Themen. Denn, wie Novalis noch sagt, „alles ist sich gegenseitig Symptom“.

(Adolf Haslinger, „Salzburger Nachrichten“, 22. Juli 1972)

Ich sagte: Ja, es wäre mir angenehm, wenn wir uns noch treffen würden. Reinhild, meine Tochter, kommt morgen Freitag von Gastein und fährt nach der Uraufführung um 23 Uhr 20 nach Gastein zurück. Thomas sagte, nach der Uraufführung sollten wir sofort zu ihm nach Nathal kommen, um ihm zu berichten. Ich sagte, ich wundere mich, daß er nicht aus Neugierde in Salzburg auf uns wartet. Thomas sagte, es würde dann sehr spät zum Heimfahren, es sei besser, wenn wir in Nathal sind.

Dann wurde Thomas sehr ernst und sagte: Hoffentlich passiert nichts, keiner der fünf Mitwirkenden ist zu ersetzen. Wenn nur einem etwas passiert, ist alles geschmissen. Das ist nicht so wie bei einem Theater, da kann man einen späteren Termin ansetzen, aber bei den Festspielen muß die Uraufführung auf die Stunde und den Tag genau stattfinden. Wenn da einem Darsteller was zustoßen würde, wäre das eine Katastrophe. Er wird froh sein und aufatmen, wenn die Aufführung am Samstag vorbei ist. Bruno Ganz muß am Montag schon in Berlin sein und eine andere Rolle spielen. Ich zerstreute Thomas' Befürchtungen, und etwas nach 17 Uhr verabschiedete ich mich.

Keine drei Stunden später sagte die Fernsehsprecherin in „Kultur", daß auf Wunsch des Autors Thomas Bernhard und des Regisseurs Peymann die öffentliche Generalprobe für Freitag abgesagt worden sei. Von der Premiere am Samstag wird ausführlich berichtet werden. Gleichzeitig wurde dasselbe Foto von Thomas wie in der „Kronen Zeitung" gezeigt. Es war mir eine Genugtuung, daß ich das Telegramm von Kaut so präzise mit Aufgabenummer und Daten behalten hatte. Anschließend setzte ich mich zum Schreiben. Um 1 Uhr früh bin ich nun fertig mit meinem Bericht. Die Rede von Ionesco hatte ich auch noch gelesen.

29. Juli 1972

Wie versprochen kam Thomas um 13 Uhr, um mir von der Generalprobe zu berichten. Er sagte: Die Generalprobe war großartig, hoffentlich ist die Stimmung heute auch so gut, daß die Schauspieler nicht abfallen. Nach der Generalprobe habe er Ganz und Peymann nur kurz gesagt, daß sie großartig waren, und habe sich weiter gar nicht aufgehalten. Dolf Lindner wollte ein Interview mit ihm machen. Er trat an Thomas heran mit der

Im Juli 1972 posiert der Autor von „Der Ignorant und der Wahnsinnige" vor dem Festspielhaus in Salzburg für Foto Ellinger. Das Bild rechts, das Thomas Bernhard besonders gefallen hat, wurde oft publiziert, unter anderem in der Augustausgabe der Zeitschrift „Die Bühne" (Tagebuch 18. August 1972).

Frage: Wie sind Sie zufrieden? Thomas sagte: Was heißt zufrieden, Sie haben ja gesehen, wie gut die Aufführung war. Am Einlaß waren strenge Kontrollen, es durften nur Fotografen und keine Journalisten eingelassen werden. Ich sagte Thomas, meine Frau sei jetzt beim Friseur. Sie habe gesagt, es sei ganz richtig, daß die Generalprobe nicht öffentlich sei, denn das wäre so, wie wenn sie sich zusehen lassen müßte, wie sie sich beim Friseur zurechtmachen läßt und dann zum Theaterbesuch anzieht.
Thomas sagte, daß Unseld bei ihm übernachtet habe und gerade weggefahren sei. Zum Schluß habe er zu Unseld gesagt, er möchte, nachdem die Arbeit geleistet ist, sein Lieblingsthema noch mit ihm besprechen. Da hat Unseld gleich gewußt, daß es sich um finanzielle Probleme dreht. Thomas sagte, er habe es so gemacht, daß er nun keine Schulden habe und nun wieder neue machen könne, wie es eben notwendig sei.
Dann zeigte ich Thomas die Artikel in den „Oberösterreichischen Nachrichten“ vom Freitag und von heute, das „Porträt der Woche“ sowie den Artikel „Schwarzseher“. Thomas kannte nur das Porträt. Ich informierte Thomas auch über die Kulturnachrichten vom Donnerstag und darüber, daß für heute Samstag ein Bericht über die Aufführung angekündigt wurde. Thomas wußte nichts davon, denn er war ja abends bei Erika Schmied eingeladen und hatte keine Gelegenheit, die Nachrichten zu hören.
Thomas bat mich, nach der Uraufführung sofort zu ihm zu kommen, um ihm zu berichten. Ich sagte, vor 23 Uhr werde ich nicht bei ihm sein können, da ich warte, bis der Zuschauerraum leer ist, und bis wir dann zum Auto kommen, wird es schon dauern. Ja, aber komm sicher. Ich sitz sonst und warte. Ich will von dir hören, wie es war. Daraufhin sagte ich, er solle den Fernseher einschalten, da werde sicher schon über die Aufführung berichtet. Ja, das kann sein, sagte Thomas, denn gestern bei der Generalprobe wurde viel fotografiert. Diese Bilder werden sie bringen.
Dann besprachen wir noch den kommenden Artikel vom „Spiegel“. Thomas meinte, es wäre ohne weiters denkbar, daß nach der Aufführung einer anruft und daß am Sonntag, wenn der „Spiegel“ herauskommt, noch was drinsteht, wie die Aufführung war. Sein Interview wird auf alle Fälle erscheinen. Ich sagte Thomas, daß ich gerade sein Textbuch gelesen hätte und daß die Fehler nicht so kraß seien. Da zweimal „Rautengrube“ und erst beim drittenmal „Rapengrube“ steht, sieht man, daß das ein Druckfehler ist.

Thomas machte mich aber auf andere Fehler aufmerksam, die mir nicht auffallen konnten, da ich die richtigen lateinischen Fachausdrücke nicht kenne. Ich sagte nur, statt Daumen und Zeigefinger hätte er richtigerweise auch erster und zweiter Finger sagen können, wie er an anderer Stelle vom zweiten und vierten Finger spricht. Ansonsten ist das Stück sehr korrekt, und wenn man es kennt, darf einen nicht wundern, daß er als Autor an der Uraufführung nicht teilnimmt. Denn das wäre ja gegen seinen Strich. Außerdem ist das mit dem Sezieren sehr hintergründig. Darauf sagte Thomas: Ja, zum Schluß wird die Zunge entfernt, sodaß die Stimme weg ist. Das betrifft die Königin. Und bei ihm wird das entfernt, was er als einziges gehabt hat, der Penis. Sonst hat der Vater ja nichts gehabt.
Übrigens, sagte Thomas, kommen zur Uraufführung alle Schauspieler aus Berlin, die dort die nächste Aufführung machen. Ich würde das ja nicht machen, ich würde mir so etwas nicht ansehen, um meine eigene Aufführung zu machen und nicht irritiert zu werden. Der Berliner Regisseur hat auf die Musik viel mehr Wert gelegt und das sehr viel mehr herausgearbeitet. Peymann hat die Musik aus dem Lautsprecher nur sehr nebensächlich behandelt, aber trotzdem ist die Aufführung gestern sehr gut gewesen. Hoffentlich ist das heute auch so. Warum nicht, sagte ich, die Schauspieler sind das ja gewöhnt, und vor dem Premierenpublikum werden sie sich eher steigern. Naja, der Ganz mit dem Text macht mir Sorgen, den beherrscht er an einigen Stellen nicht richtig. Hoffentlich überbrückt er das geschickt. Gestern ist es nicht allzusehr aufgefallen.
Hoffentlich kommt die Erika und hat keine Panne bei der Anfahrt. Wann fährst du denn weg? Um 16 Uhr, sagte ich. Erika kommt so um halb fünf. Da bin ich schon weg, sagte ich, denn ich möchte in der Getreidegasse gegen 18 Uhr in der Niederösterreichischen Weinstube zu Abend essen und eine Stunde Spielraum für Pannen oder Absperrungen oder Umleitungen haben. In der Niederösterreichischen Weinstube waren wir beide schon einmal, und zwar im ersten Stock. Ganz am Anfang, als ich nach Ohlsdorf kam, waren wir einmal dort. Kannst du dich noch erinnern? fragte Thomas. Dr. Rach ist heute auch bei der Aufführung. Morgen wird er zu mir kommen.
Dann machte ich Thomas darauf aufmerksam, daß Ionesco in seiner Rede fast wörtlich dasselbe sagt wie Thomas im Textbuch auf Seite 23. Das von der Existenz, die Ablenkung von der Existenz, usw. Ja, das ist eben reiner

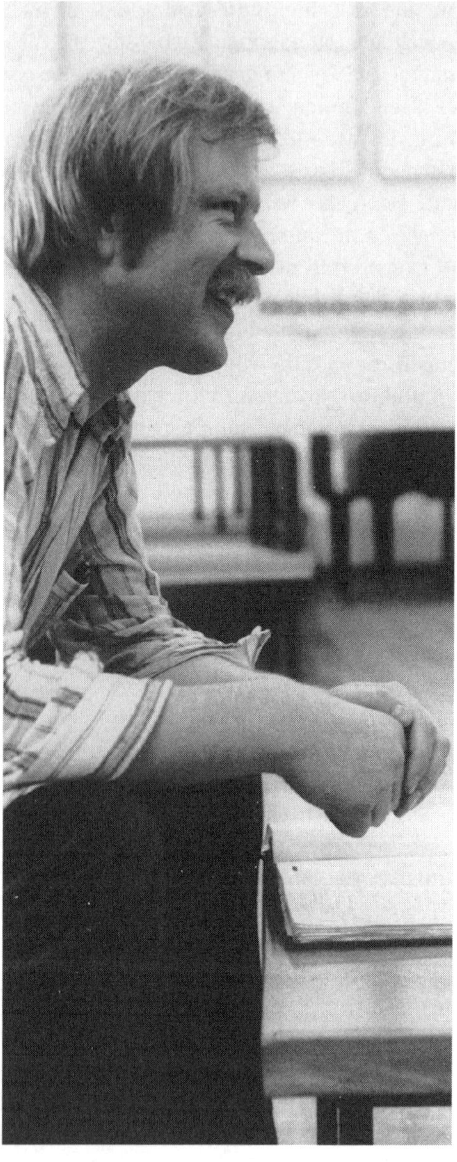

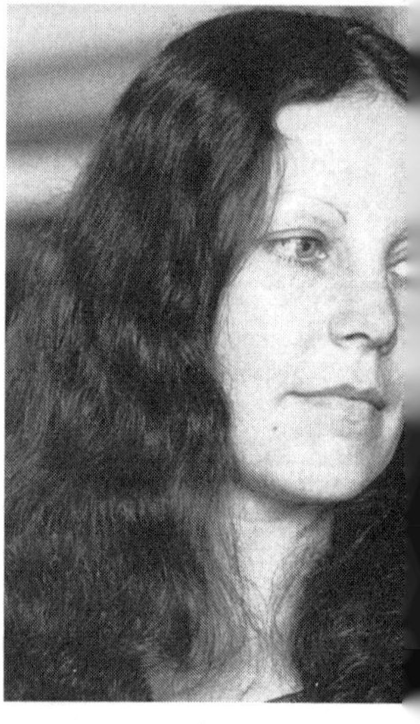

Zufall, sagte Thomas. Aber jetzt hab ich genug, ich kann vom Stück nichts mehr hören, ich breche jetzt ab, ich gehe. Wenn man das Stück kennt, sagte ich nochmals zu Thomas, wie könnte man da erwarten, daß du als Autor der Uraufführung beiwohnen wirst? Das schließt das Stück direkt aus. Thomas gab mir recht.
Ich begleitete Thomas noch zum Auto. Er bat mich, bald nach der Vorstellung zu kommen, er wird warten. Es war 14 Uhr 20, als Thomas wegfuhr, und ich begann sofort zu schreiben, denn der heutige Tag wird noch einiges bringen, und ich kann sonst nicht alles so frisch berichten.
Um 19 Uhr 15, bei Regen, traf ich mit meiner Frau, meiner Mutter, meinen zwei Töchtern und meinem Schwiegersohn vor dem Landestheater in Salzburg ein. Bei Eintreffen auf dem überdeckten Gehsteig standen plötzlich Tante Hede und Frau Erika Schmied vor uns. Nach einem kurzen Gespräch über die anwesende Prominenz nahmen wir unsere Plätze ein. Tante Hede und Frau Schmied saßen in der 8. Reihe. Neben Frau Schmied saß Hilde Spiel. Meine Mutter saß eine Reihe dahinter, zwei Plätze neben Dr. Laßl. Meine beiden Töchter und mein Schwiegersohn saßen in der Mittelloge hinter Otto Schenk. Haeussermann stand einige Zeit neben Schenk und plauderte mit ihm. Mit meiner Frau saß ich im 1. Rang, ganz vorne neben den Scheinwerfern, sodaß ich das Parkett sehr gut beobachten konnte. ORF-Bacher, Frau Karajan, Johanna Matz, Susi Nicoletti, Axel Corti, Bernhard Wicki u. a. waren zu sehen.
Die Vorstellung begann 8 Minuten nach 19 Uhr 30 und endete genau um 21 Uhr 30. Der Schein der Notbeleuchtung genügte, um mir während der Vorstellung Notizen zu machen. Ich sollte anschließend Thomas ja genau berichten. Ganz zum Schluß, bei den Worten des Doktors: „... In solcher Finsternis wie sie jetzt eintritt ..." hörte man den Zwischenruf: „Gott sei Dank." Mein Schwiegersohn und meine Töchter sagten mir gleich nach der Vorstellung, daß dieser Zwischenruf von Otto Schenk kam. Mit meiner Mutter und meiner Frau fuhr ich, nachdem sich die letzten Leute verlaufen hatten, sofort nach Nathal.

„Der Ignorant und der Wahnsinnige" bei den Salzburger Festspielen 1972.
Der Regisseur: Claus Peymann. Der Bühnenbildner: Karl-Ernst Herrmann.
Die Kostümbildnerin: Moidele Bickel.

Uraufführung

Der Ignorant und der Wahnsinnige

von Thomas Bernhard

Inszenierung: Claus Peymann
Bühnenbild: Karl-Ernst Herrmann
Kostüme: Moidele Bickel

Landestheater
Samstag, 29. Juli 1972, 19.30 Uhr

Königin der Nacht	Angela Schmid
Vater	Ulrich Wildgruber
Doktor	Bruno Ganz
Frau Vargo	Maria Singer
Kellner Winter	Otto Sander

Regieassistenz: Florian Mercker
Medizinische Beratung: Cornelia Kliemann

Technische Gesamtleitung: Hermann Andre
Einrichtung und Beleuchtung: Ekkehard Goetze
ie Ausstattung wurde in den Werkstätten der Salzburger Festspiele hergestellt
Dekorationen: Imre Vincze / Kostüme: Magda Gstrein

Bühnenrechte bei Suhrkamp Verlag KG, Frankfurt

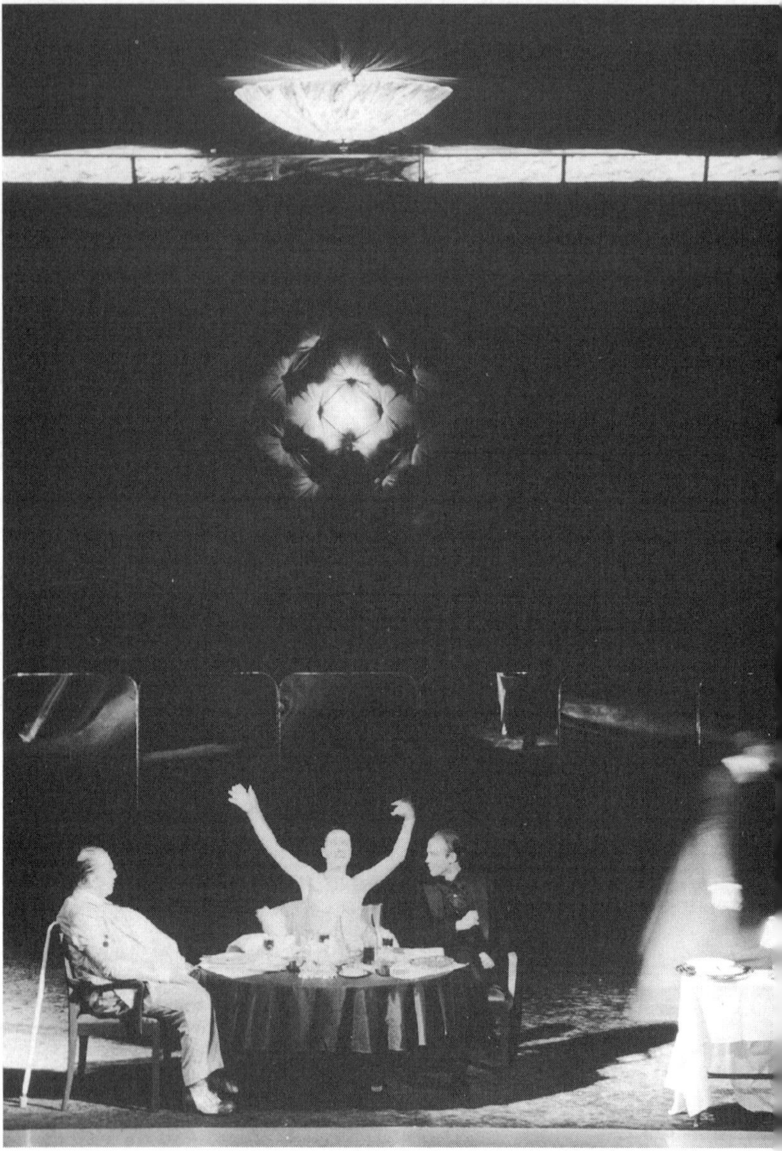

Das Hoftor war weit geöffnet, in der Küche war Licht. Es war ca. 23 Uhr 10. Thomas saß mit Tante Hede und Erika Schmied schon in der Küche. Die beiden waren ca. zehn Minuten vor uns eingetroffen. Ich war der Meinung, diese beiden hätten schon einiges berichtet, aber Thomas sagte, ich solle erzählen, was war, er wisse noch gar nichts. Aufgrund meiner Aufzeichnungen konnte ich nun berichten, daß bei den Worten des Doktors: „... herrscht hier auch das Chaos, auf die Inspizienten ist Verlaß ...“ das erstemal gelacht wurde. Thomas sagte: Weil das dort gar nicht zutrifft. Am Landestheater Salzburg ist auch auf die Inspizienten kein Verlaß. Das zweitemal wurde gelacht, als der Doktor sagte: „Dieser Mann hätte Fleischhauer werden sollen, nicht Dirigent.“ Lachen war wieder ausgebrochen, als der Doktor sagte: „... oder es handelt sich um die Kinder von Fleischhauern, die sich in den Konservatorien oder Akademien einschreiben lassen.“ Inzwischen, so sagte ich zu Thomas, hatte ich längst herausgefunden, welche Herren von den Zuschauern Ärzte sind. Bei den ersten Fachausdrücken wurden von den Ärzten die Köpfe gehoben, und es wurde angestrengt hingehört. Ganz dieselben Köpfe nickten in der Folge bei den Fachausdrücken zustimmend und regelmäßig, sodaß es vom Rang aus direkt komisch anzusehen war. Es waren gut fünfzehn Köpfe, die jedesmal bei den Fachausdrücken nickten. Zum drittenmal wurde gelacht, als der Doktor sagte: „Wenn Sie wüßten, was für eine ungeheure Schlamperei herrscht in diesem Hause.“ Hier unterbrach mich Frau Schmied und fragte, für welche Zeitung ich das alles so genau aufgeschrieben habe. Ich sagte: Thomas wollte doch wissen, wie die Vorstellung verlief, und da alles, das gesamte Publikum den Texten angespannt folgte und mäuschenstill war, notierte ich nur, wenn gelacht wurde, denn diese Stellen werden Thomas sicher interessieren, dachte ich mir. Natürlich, sagte Thomas, da habe ich auch gelacht bei der Generalprobe, sogar noch öfter.
Ich berichtete weiter, daß nach dem ersten Akt anhaltender langer, gleichmäßiger Beifall war. Nach dem ersten Akt haben in der dritten und vierten Reihe vier oder fünf Personen mit einem ca. neunjährigen Mädchen das Theater verlassen. Es dürfte sich um Angehörige der Mitwirkenden gehandelt haben, sagte ich. Im zweiten Akt konnte nur der Vater essen, sagte ich, denn die beiden anderen mußten ja dauernd reden. Auch der Winter hat seine Rolle sehr exakt und glaubhaft gespielt. Der hätte nicht besser sein können. Zum Ende, bei den Worten: „... In solcher Finsternis, wie sie jetzt

eintritt …" gab es ja den Zwischenruf: „Gott sei Dank." Einige Leute zischten daraufhin. Als ich dann Thomas sagte, daß dieser Zwischenruf von Schenk war, konnte er das gar nicht glauben. Das ist unmöglich, sagte er, deine Töchter und dein Schwiegersohn werden sich verhört oder getäuscht haben. [Richtigstellung von Otto Schenk siehe S. 575] Ich sagte: Das glaube ich nicht, wenn die keine zwei Meter von ihm entfernt waren.
Inzwischen hatten wir zwei Flaschen Rotwein geleert, und Thomas unterhielt uns prächtig. Er erzählte, wie er einen Lastwagen nach dem anderen kaputtgefahren hat. Aber er gab auch den Autos die Schuld, weil sie ihm als neuem Fahrer immer den ältesten Lastwagen in die Hand gaben. Als Thomas schon von einer Menge zertrümmerter Lastwagen erzählt hatte, warf ich ein: Da hast du aber ziemlich oft die Firmen gewechselt. Da sagte Thomas: Nein, nein, einmal war ich sogar sehr lange bei einer Firma, nämlich 14 Tage. Er sagte das im Ernst, aber wir schüttelten uns vor Lachen. Wie ich Thomas kenne, ist es für ihn bestimmt lange, 14 Tage bei einer Firma zu sein. Thomas erzählte wieder, wie er einen Kanzleikiosk niedergefahren hatte und wie er anschließend die Autopapiere beim nächsten Postamt aufgab und der Firma mitteilte, wo der Wagen steht, usw. Wir hatten alle ziemlich getrunken. Ich konnte um 1 Uhr 40 noch den einen Kilometer heimfahren, aber Frau Schmied blieb bei Thomas, damit sie nicht betrunken in die Lederau nach Vorchdorf fahren mußte.
So zwischendurch habe ich Thomas noch berichtet, daß Otto Schenk fünf Minuten lang Beifall geklatscht hat, daß der Eiserne dreimal hochgezogen wurde und daß der gesamte Applaus sechs Minuten angehalten hat. Dann natürlich auch, daß ich nach der Premiere Frau Hufnagl getroffen habe und daß ich deswegen später von Salzburg weggefahren bin, da ich wartete, bis sich die Leute verlaufen hatten. Thomas sagte, daß morgen Sonntag noch der Dr. Rach vom Suhrkamp Verlag zu ihm kommen werde.

31. Juli 1972

Vormittags gegen 10 Uhr kam Thomas. Ich war nicht zu Hause, und er fragte meine Frau, ob wir schon ausgeschlafen seien und ob ich nachmittags zu treffen sei. Meine Frau sagte ihm, daß ich mit dem Wagen in der Werkstätte und nachmittags da sei.

Um 13 Uhr 45 kam Thomas wieder. Wir plauderten eine Weile, und als Thomas merkte, daß ich für den Nachmittag nichts vorhatte, sagte er, er habe einen Anschlag auf mich vor. Er möchte, daß ich mit ihm nach Mattighofen fahre. Mit seiner Tante habe er soeben einen fürchterlichen Krach gehabt, er könne jetzt nicht nach Hause. Er muß irgendwie raus. Der Riesenkrach war wie immer wegen nichts. Während er die „Süddeutsche Zeitung" und die „Frankfurter Allgemeine" wegen der darin enthaltenen Kritiken nach Hause brachte, die mir Thomas gleichzeitig vorlegte, schimpfte seine Tante Hede, weil keine Milch da sei und wegen lauter Kleinigkeiten, die ja heute und im Moment gar nicht so wichtig seien. Alles wäre ihm heute egal, nur auf die Kritiken komme es heute an, sagte Thomas. Da lies. Ich las und muß noch nachtragen, daß Thomas schon nach der Uraufführung seiner Tante und Frau Schmied Vorwürfe machte, als er von mir erfuhr, daß die Hilde Spiel neben Frau Schmied gesessen sei. Erika Schmied sagte nur: Ach, das war die Hilde Spiel, das wußte ich gar nicht. Ja, aber du kennst sie doch, sagte Thomas zu seiner Tante, und du sagst mir nichts davon. Thomas sagte, er habe nicht geglaubt, daß die Hilde Spiel so gut über ihn schreiben würde, da er ihr ja das Textbuch nicht gegeben hatte. Ich sagte, daß ich sie während der Aufführung genau beobachten konnte und den Eindruck hatte, daß sie positiv mitging. Sie hat das Spiel mit äußerster Konzentration verfolgt. Es wäre günstig, sagte ich zu Thomas, wenn du am Rang in der ersten Reihe sitzen würdest, denn da könntest du dem Publikum ins Gesicht sehen, und das sei sehr interessant. Von einem Parkettsitz aus hätte ich die Ärzte nie erkennen können. Thomas sagte, er habe für jede Vorstellung schon zwei Karten für das Parkett. Es seien gute Plätze, er werde dabei bleiben. Kommenden Freitag werde er die Vorstellung besuchen.
Etwas vor 15 Uhr fuhren wir nach Mattighofen ab. Als wir aus dem Hause gingen, fragte ich Thomas, ob lieber ich mit meinem Wagen fahren solle, denn er wollte in Mattighofen ein altes Fernsehgerät zu 540 Schilling kaufen, und das ist in meinem Wagen besser unterzubringen. Das war nur ein Vorwand. Thomas war vom Krach mit seiner Tante sehr verstört und erschöpft, deswegen wollte ich am Steuer sitzen. Thomas sagte: Ja, das wäre mir sehr angenehm, ich wollte dich schon darum ersuchen. Wenn es dir nichts ausmacht, könnten wir am Rückweg über Attnang fahren, da gibt es am Bahnhof gegen Abend schon den „Spiegel" zu kaufen.

PRESSE ZUR PREMIERE

Alpen-Beckett und Menschenfeind

... ein faszinierendes Stück aus Bernhards Katastrophen-Kosmos ... Groteske, schwarze Romantik rollt ab; eine, so Bernhard, „auf die Spitze getriebene Koloratur“: Der Arzt, ein Virtuose des Messers, besingt das Sezieren einer Leiche; die Sängerin, eine Virtuosin des Kehlkopfs, hypertrophiert Kunst zu leerer Artistik; der Mensch, ob er singt oder säuft, ist letzten Endes nur ein bißchen Mechanik. Zum Schluß herrscht Erschöpfung, die Sängerin hustet schwindsüchtig, Finsternis, allerfürchterlichste Verzweiflung, Vorhang...

(Fritz Rumler, „Der Spiegel“, Nr. 32/72)

Der Mensch – ein Präparat

... Heraklit, Kierkegaard, Swift, Kafka, Beckett, Ionesco ... In ihrer Reihe steht Thomas Bernhard, in seinem Werk vielleicht der konsequenteste Verkünder der „weinenden Philosophie“. Ein einziges Grundthema zeichnet sich ab in seiner gesamten Prosa, nun auch in seinen Dramen: die Trostlosigkeit, die Lächerlichkeit des Lebens, da es doch unentrinnbar zum Tode führt ... Für den Regisseur, der dieses Stück inszeniert hatte, Claus Peymann, stellte dessen zweiter Teil zweifellos die schwierigste Aufgabe dar. Hier setzt, von dem heiteren Zwischenspiel abgesehen, jene lähmende Wiederholung ein, die Bernhard im Roman als Kunstmittel entwickelt hat, die auf der Bühne jedoch verhängnisvoll sein kann ... So blieb es bei einem Drama, das den Kulturbetrieb in Frage stellte, ohne ihn an der Wurzel zu treffen, das intelligent erfaßte Typen anbot, ohne verbindlich-tödlich zu betreffen, das seine Verzweiflung nicht zu entwickeln vermochte, sondern als wohlformuliertes Requisit benutzte. Das Salzburger Elitepublikum brauchte nicht zu erschrecken – es durfte vielmehr donnernd applaudieren.

(Hilde Spiel, „Frankfurter Allgemeine Zeitung“, 31. 7. 1972)

PRESSE ZUR PREMIERE

Ein Fest für die Königin der Nacht

Einige Zuschauer verließen das Theater vorzeitig in dieser kaum zwei Stunden dauernden Uraufführung. Einige husteten und lachten demonstrativ, ließen also gehorsam erkennen, daß sie des Autors Zumutungen tatsächlich als Zumutungen empfunden hatten. Doch als dann der Vorhang fiel, setzte ein donnernd ostentativer Premieren-Beifall ein. Er galt einer Inszenierung von hoher Intelligenz, Präzision und Sachdienlichkeit ... Die Akklamationen galten auch einem Stück, das die verzweifelt protestierende Darstellung existentiellen Angewidertseins und kunstprofessionellen Schwachsinns recht sinnfällig mitteilt. Eine exzentrische Attacke auf (festspielhaften) Kunstbetrieb endete als donnernde Bestätigung – *erstens* des Salzburger Festspiel-Unternehmungsgeistes („daß die den Bernhard so weit gebracht haben!“) und *zweitens* des Salzburger Niveaus („Wo kann man so was schon besser sehen?“) ...

(Joachim Kaiser, „Süddeutsche Zeitung“, 31. 7. 1972)

Die Königin fällt ins Geschirr

... In den schwachen Applaus, der für Bruno Ganz, den Darsteller der textreichsten Rolle, zu kurzem Jubel anschwoll, mischten sich beim Verbeugen Claus Peymanns, des Regisseurs, einige Buhs, die wahrscheinlich dem Autor galten, der jedoch nicht erschien. Wem dieser Abend mißfiel, der konnte nur das Stück, nicht die Aufführung meinen ... Bernhard hat wiederum bewiesen, daß er kein Dramatiker ist. Die Salzburger Festspiele wollten unbedingt eine Uraufführung. Er hat ihnen einen Monolog für die Bühne geschrieben. Das Publikum interessiert ihn nicht. Ionesco überrumpelte die Mozart-Genießer mit einer pathetischen Untergangs-Orgie. Bernhard spuckte ihnen seinen geballten Spott ins parfümierte Gesicht. Man lauschte atemlos.

(Andreas Müller, „Münchner Abendzeitung“, 31. 7. 1972)

Den möchte ich heute noch haben. Ich sagte zu. Wir fuhren über Vöcklabruck – Straßwalchen nach Mattighofen. Ich fuhr sehr langsam, da wir dauernd im Gespräch waren. Als wir in Mattighofen einfuhren, sagte Thomas: Ja, wir sind ja schon da. Das ist unglaublich, wie schnell wir da waren. Mir ist es auch so vorgekommen, als ob wir kaum eine Viertelstunde unterwegs gewesen wären.
Thomas kaufte sich zwei alte Fernsehapparate zu je 580 Schilling, da sein neuer dauernd reparaturbedürftig ist. Da der Fernseher meiner Mutter schon 14 oder 15 Jahre alt ist und nie eine Reparatur brauchte, wollte Thomas auch so ein altes Baujahr. Als Thomas beim Aussuchen war, kam eine dicke Frau ins Geschäft und verlangte auch so einen alten Apparat, da ihr neuer dauernd auf Reparatur ist und jede Reparatur mehr kostet als dieser alte Apparat. Der Verkäufer schaltete die Apparate ein, sie funktionierten sofort, und Thomas nahm gleich zwei. Denn eine gewöhnliche Hose kostet auch soviel, sagte er. Als die Apparate in meinem Wagen verstaut waren, sagte Thomas: Du, es wäre eigentlich gar kein großer Umweg, wenn wir über Salzburg fahren würden. Ich würde dort am Bahnhof auch den „Spiegel" kaufen können und vielleicht schaue ich noch einen Sprung zu Kaut rauf. Bist du einverstanden? Gerne, sagte ich. Thomas war natürlich angezogen wie der „Wurzlsepp". Plumpe Schuhe, kurze graugrüne Jägerleinenhose und ein kurzärmeliges buntes Hemd. Ich hatte auch nur die Anzugshose und ein weißes kurzärmeliges Hemd an. Während der Fahrt sagte Thomas: Wir werden einen kleinen Stadtbummel machen.
Dann sagte er, sehr schlecht habe der siebzigjährige Hans Kutschera im „Salzburger Volksblatt" über ihn geschrieben. Der kenne ihn schon als kleinen Bub, und für den sei er halt immer noch das kleine Thomerl von der Müllnkirche. Ich redete Thomas auf der Fahrt nach Salzburg ein, er solle nach seinem nächsten Buch eine klassische Komödie mit philosophischem Inhalt schreiben. Ich sei davon überzeugt, daß so ein Stück ein riesiger Erfolg werden würde. Denn er brauche seinem Humor nur freien Lauf lassen, und die Philosophie würde sich ganz von selbst dazumischen. Aber es müßte eine derartige Komödie werden, daß man einen ärztlichen Notdienst einrichten müßte, um die Lachkrämpfe zu behandeln. Er sollte ruhig solch einen Humor auf die Bühne bringen, daß vor lauter Gelächter die Aufführung zeitweise unterbrochen werden muß. Die Darsteller müßten sich währenddessen ja auch „auslachen". Außerdem sagte ich, bist du ja

„Der Ignorant und der Wahnsinnige". Ulrich Wildgruber als Vater, Bruno Ganz als Doktor.

gezwungen, was anderes zu bringen. Deine bisherigen Arbeiten lassen sich kaum steigern. Einen Abfall wirst du nicht bringen, da kommt eben nichts. Aber wenn du wechselst auf was Neues, anderes, das kann noch am ehesten eine Steigerung bringen. Thomas sagte: Ja, es ist so wie du sagst, ich muß die Arbeit wechseln. Dann schimpften wir beide auf Dr. Laßl, denn meine Mutter hat beobachtet, daß er bei der Uraufführung überhaupt nicht applaudiert hat.
In Salzburg am Bahnhof kaufte Thomas den „Spiegel". Er wollte noch die „Abendzeitung". Die war am Bahnhof aus. Thomas lotste mich in die

PRESSE ZUR PREMIERE

Der unglaubwürdige Thomas

Sage mir keiner, dieser Claus Peymann sei kein geschickter Regisseur! ... Mehr, als Claus Peymann aus dem Festspiel-Beitrag Thomas Bernhards regielich herausgeholt hat, ist bestimmt nicht drin. Was er vor der Uraufführung durch „Schnauze" und die Absage der öffentlichen Generalprobe an propagandistischen Effekten produzierte ..., gibt zu der Vermutung Anlaß, daß er selber von Bernhards Stück nicht große Stücke hält. Seine Rechnung, damit bei den Premieren-Snobs „anzukommen", ging auf. Was „in" erscheinen wollte, klatschte heftig.

(Hans Kutschera, „Salzburger Volksblatt", 31. 7. 1972)

Von der Malaise perfektionierten Kulturbetriebs

... Bernhard ... sieht die bürgerliche Kultur als Leichnam und seziert ihn, wohl wissend, daß diese Analyse nicht genügt ... Die Kritik ... ist im besten Fall empfindsam feuilletonistisch ... Peymann ... ist es gelungen, die nahezu ungegliederte literarische Partitur in einen spannungsgeladenen szenischen Ablauf zu bringen ... Bruno Ganz ... läßt keinen Satz der schwierigen Partitur unreflektiert: ein schonungsloser und messerscharfer Anwalt von Bernhards Thesen und Gedanken ...

(Ulf Birbaumer, „Salzburger Nachrichten", 31. 7. 1972)

Karajanopolis in der Perversion des Dichters

... Diese formalen Absonderlichkeiten [des „Boris"] wiederholen sich in dem neuen Stück aufs anstrengendste und schwierigste, so daß beim Zuschauer, der während der Akte nicht denken will, sondern sich lieber unterhalten läßt, Ermüdung und Überdruß eintreten, zumal er mit dem medizinischen Vokabular nicht immer etwas anzufangen weiß ... Die Salzburger Festspiele haben – intensiver, als es bisher alle Diskussionen vermochten – mit den zwei Akten von Thomas Bernhard einen unbarmherzigen Spiegel erhalten ...

(Josef Laßl, „Oberösterreichische Nachrichten", 31. 7. 1972)

Schwarzstraße. Dort konnten wir parken, und obwohl es schon nach sechs Uhr war, versuchten wir, in der Buchhandlung vor der Staatsbrücke noch Zeitungen zu bekommen. Es war noch offen, und wir erhielten die „Abendzeitung". Ich kaufte ebenfalls die „Abendzeitung", Thomas hatte sie mir angeraten. Ich sollte lesen, was Andreas Müller für Frechheiten geschrieben hat. [„Wem dieser Abend mißfiel, der konnte nur das Stück, nicht die Aufführung meinen ... Thomas Bernhard hat wiederum bewiesen, daß er kein Dramatiker ist."]
Am Bahnhof habe ich mir natürlich auch den „Spiegel" gekauft und den „Kurier". Die „Salzburger Nachrichten" hatte ich schon vormittags in Steyrermühl gekauft, ebenso „Die Presse". Jeder schon mit einem Pack Zeitungen unter dem Arm, kamen wir am Rathausplatz an. Beim dortigen Zeitungsstand fragte Thomas, ob er einen Blick in die „Frankfurter Rundschau" machen dürfe. Auch in diesem Blatt war ein Artikel über ihn, und wir kauften jeder ein Exemplar. Dann besah er noch die „Stuttgarter Zeitung". Wieder ein Artikel, und wir kauften das Blatt. Thomas wurde kühn, er griff sich die „Stuttgarter Nachrichten", wieder ein Artikel, wir kauften. Halb lesend gingen wir zum Zeitungsstand beim Alten Markt. Dort kaufte Thomas die „Neue Zürcher Zeitung", ohne vorher nachzusehen, ob von ihm was drinnensteht. Auf meinen Einwand: Du weißt ja gar nicht, ob da auch was drin ist, sagte er: Wenn in den Stuttgarter und Kölner Zeitungen schon was drinnensteht, warum nicht in der „Zürcher Zeitung". Eine Kölner Zeitung mit einem Artikel über sein Stück hatte Thomas nämlich auch gekauft. Da hab ich, wie bei der „Zürcher", nicht mitgemacht.
So, jetzt setzen wir uns in den Garten vom Tomaselli, sagte Thomas, dort lesen wir. Dort angekommen, sah Thomas zuerst die „Neue Zürcher Zeitung" durch. Er fand keinen Artikel, nur von den Bregenzer Festspielen stand was geschrieben. Voller Wut gab mir Thomas die Zeitung und sagte: Da, die schenk ich dir. Als ich sie lachend nahm, lachte er auch. Als Thomas alle Kritiken gelesen hatte, hatte ich kaum die Hälfte durch. Wir tranken jeder ein Achterl Rotwein, Thomas zahlte. Während Thomas auf den Zahlkellner wartete, sagte er zu mir: Hör hin, der am Nachbartisch liest seiner Frau eine Kritik über mein Stück vor. Tatsächlich war es so. Thomas sagte: Nur die österreichischen Zeitungen schreiben schlecht, alle deutschen sind gut. Ich sagte darauf, das ist doch nur eine Bestätigung deines Stückes, du greifst doch diese an. Die schlechten Kritiken sind so notwendig wie

die guten. Außerdem sind die negativen Kritiken nicht überzeugend. Im Grunde würde ich über dieses Stück überhaupt keine Kritik schreiben. Wenn ich den Inhalt des Stückes kenne, würde ich als Kritiker nicht einmal hingehen. Denn du bist ja so unverschämt und hast im Stück selbst schon so viel und alles kritisiert, daß für eine Kritik nichts mehr übrigbleibt. Du hast den Leuten praktisch die Kritik auch noch genommen in diesem Stück. Ja natürlich, sagte Thomas, statt einer Kritik des Stückes müßten weiße Seiten in den Zeitungen erscheinen.
Inzwischen waren wir beim Weinhaus Moser angekommen. Da schauen wir hinein, sagte Thomas, vielleicht treffe ich den Peymann, der ist mir immer noch die 2000 Schilling schuldig. Wir gingen das Lokal bis rückwärts durch und wieder heraus. Peymann war nicht drinnen. Thomas sagte, nun werde er Peymann doch einen Brief schreiben: Zahlen Sie bis da und dahin, usw. Ja, und gleich mit Zinsen seit soundso lang, sagte ich, denn es wird ja im Herbst schon ein Jahr. Wieviel kann man rechnen? fragte Thomas. Ein Prozent pro Monat, sagte ich. Mit Wertsicherung wäre es viel mehr, aber wenn das nicht ausdrücklich vereinbart ist, kann man die Wertsicherung nicht verlangen. Inzwischen waren wir beim Festspielhaus angelangt, und Thomas sagte zu mir: Du wolltest doch einen Sonderstempel. Ich stellte mich an. Dabei beobachtete ich, daß der Beamte den Sonderstempel so auf die Karte drückte, daß man den oberen Teil des Sonderstempels kaum lesen konnte. Ich verlangte fünf Karten und nach der ersten Stempelung verlangte ich, den Stempel quer auf die Postkarte zu drücken, damit er sauber zu sehen ist. Nach einigem Zögern sagte der Beamte „Wie Sie wünschen" und drückte sehr sorgfältig nach meinem Wunsch. Natürlich drücken Sie, wie ich will, und nicht, wie Sie wollen, sagte ich lächelnd. Ich sah dann, wie die Nachkommenden ebenfalls den Stempel so wie ich verlangten, da sie das von mir gesehen hatten.
Thomas hatte inzwischen vor dem Festspielhaus eine Bekannte getroffen. Das war die Souffleuse, sagte er mir nachher, und als ich näherkam, verabschiedete er sich. Zwei Karten schenkte ich Thomas, eine für ihn und eine für seine Tante. Es war inzwischen 19 Uhr 30 geworden, wir wollten heim. Das Auto stand in der Schwarzstraße. Unterwegs am Rathausplatz sah ich Radax mit einer Dame ein Juwelierschaufenster besichtigen. Ich machte Thomas auf Radax aufmerksam. Wir blieben stehen und beobachteten ihn eine Weile. Soll ich ihn ansprechen, oder gehen wir weiter? fragte ich Tho-

„Der Ignorant und der Wahnsinnige", Salzburger Festspiele 1972. Kellner Winter: Otto Sander, Königin der Nacht: Angela Schmid.

mas. Sprich ihn an, sagte er. Es kam zur Begrüßung. Schauen Sie, wer noch hinter mir steht, sagte ich zu Radax. Da erst sah er Thomas. Radax entschuldigte sich bei Thomas, daß er nichts hören ließ, aber ohne konkreten Abschluß mit dem Fernsehen wollte er sich nicht anschauen lassen. Es war das übliche Klagen über diese und jene. Sprechen wir nicht vom *Frost*, sagte Thomas, es ist schwül. Darf ich Sie zum Kaffee einladen, sagte Radax, und wir gingen zum Bazar. Inzwischen regnete es leicht, aber wir setzten uns im Garten unter einen Kastanienbaum, wo es nicht durchregnete. Drinnen sitzen die Scheusale, sagte Thomas mit einem Blick durch die Fenster. Thomas wurde auch hier von einigen erkannt, was ich durch ihr Anstarren und Nachstarren bemerkte. Einige grüßten auch. Die müssen sehr verwundert gewesen sein, da Thomas mich immer rechts gehen läßt und ich doch völlig unbekannt war und bin.

Im Bazar sagte die Schauspielerin, die in Ischl Operetten spielte und in deren Begleitung Radax war, daß für Thomas Bernhard im Landestheater ein Telegramm sei. Die erledigen sich von selbst, sagte ich vorlaut, solche Telegramme interessieren Thomas nicht. Radax machte sich erbötig, das Telegramm zu holen, da er auch gleichzeitig Zigaretten holen würde. Das mache ich, sagte die Schauspielerin und entschwand. Weder Thomas noch ich kennen ihren Namen. Bei der Begrüßung wurde kein Name genannt, das ist ihr gutes Recht, aber ich glaube, sie erwartet, daß wir sie kennen sollten. Sehr schonend brachte Thomas dem Radax bei, daß er an einer Verfilmung des *Frost* nicht mehr sehr interessiert sei. Eine kleine Hoffnung hat er ihm noch gelassen. Sie haben leicht reden, sagte Radax zu Thomas, Sie sitzen da mit einem Paket Zeitungen, Sie haben den Erfolg, die Spannung hinter sich. Thomas sah wirklich etwas protzig aus, wie er so mit den Zeitungen unterm Arm dasaß. Als Thomas dann für einige Zeit aufs Örtchen verschwand, sagte ich zu Radax: Mit Peymann ist auch nicht alles so glatt gegangen, wie Sie vielleicht glauben. Vor vier Wochen hat er noch zu ihm gesagt, daß er sich bei ihm nicht mehr sehen lassen wird, er soll ihm eine Karte schreiben, wann die Generalprobe ist, usw. Inzwischen kam die Schauspielerin mit dem Telegramm und überreichte es Thomas, als dieser wieder zum Tisch kam. Thomas öffnete und las. Dann hielt es Thomas mir vor die Nase. Ich las lautlos wie Thomas: Eine Menge Gedanken und Wünsche zu Ihnen hin, Axel Corti. Ja, ich sagte dir schon, der war auch bei der Premiere. Thomas steckte das Telegramm ein und rief: Zahlen! Wir gingen noch gemeinsam Richtung Mozarteum. Radax will kommenden Freitag das Stück ansehen. Ich sagte zur Schauspielerin, sie solle mich von Ischl aus besuchen. Sie sagte, sie sei schon einmal bei mir gewesen. Ich sagte: Das stimmt nicht. Da sagte sie, im Hause war sie nicht, aber vor dem Hause. Ich war nicht daheim, als mich Radax mit ihr besuchen wollte. Sie machte einen sehr guten Eindruck. Thomas bestätigte das auch, und ich vermutete, daß Radax ihretwegen endlich einmal normal und gut gekleidet war.

Kaum hatten wir uns von Radax verabschiedet, kramte Thomas das Telegramm hervor. Ich muß sehen, wann er das aufgegeben hat. Am 29. 7. 72, 19 Uhr, das war ja genau vor der Uraufführung, sagte Thomas. Der glaubte, ich sei anwesend, und wollte, daß mir das Telegramm überreicht wird.

Es war ungefähr 20 Uhr 30, als wir von Salzburg wegfuhren. Da Thomas sein eigenes Auto bei mir in Weinberg am Parkplatz stehen hatte, fuhren wir zu mir. Von mir weg wollten wir mit zwei Wagen fahren, denn ich hatte

ja seine Fernsehapparate im Wagen. Beim Umsteigen fragte mich Thomas, ob ich heute noch einen Apparat bei ihm aufstellen helfe. Ich sagte: Ja, wenn du noch willst, aber dann geh ich zu meiner Frau hinein und sag, daß wir da sind. Ich fahre inzwischen voraus, sagte Thomas, während ich ins Haus ging. Meine Frau sah mich verwundert an, als ich ihr sagte: Wir sind da, und ich stelle noch einen Apparat auf. Sie sagte mir, in „Zeit im Bild" und „Kultur" wurde gemeldet, daß Peymann die Regie zurücklegen will, daß weitere Aufführungen in Frage gestellt sind und daß Peymann die Gage gesperrt wurde. Als ich ein paar Minuten später bei Thomas in Nathal eintraf, rief ich ihm vom Hof aus zu. Es ist was Großartiges passiert, es gibt einen neuen Skandal. Thomas war ebenfalls begeistert von dieser Nachricht. Jetzt haben wir heute so viele Zeitungen gekauft, sagte ich, und morgen müssen wir das schon wieder. Ja, das ist morgen wieder in allen Zeitungen, sagte Thomas.
Wir luden die Apparate aus. Inzwischen war es zehn Minuten vor 22 Uhr. Mir fiel ein, daß in den Abendnachrichten im 1. Programm „Kultur" nicht wiederholt wird und daß wir mit diesen Apparaten nur das 1. Programm empfangen können. Sofort nachsehen, wann im 2. Programm die Reprise ist, und wenn's noch geht, fahren wir gleich zu mir und sehen uns diese Nachricht an. Um 22 Uhr 40 hatten wir noch Gelegenheit, bei mir im 2. Programm „Zeit im Bild" zu sehen. Meine Frau konnte nicht begreifen, daß wir von Salzburg kommen und nicht wissen, was los ist. Wir lachten hellauf. Es war gut, sagte Thomas, daß ich da nicht hineingeprellt bin. Ich halte mich da vollkommen heraus. Wie gut, daß ich nicht zu Kaut bin. Es wurde 23 Uhr 30, bis Thomas heimfuhr, und ich versprach, morgen um 15 Uhr zu ihm zu kommen, am Vormittag hätte ich eigene Erledigungen.

1. August 1972

Um 12 Uhr tritt Thomas bei mir ein. Er sagt, er habe um 11 Uhr ein Telegramm an Kaut aufgegeben. Das muß er jetzt schon haben, denn ich habe verlangt, daß es gleich weggeht. Der Kaut soll wissen, wie ich dazu stehe. Schau, folgendes habe ich telegrafiert. Er las vom Rand einer Zeitung den Text ab. Er lautete:

Ich hoffe Sie stehen ganz auf der Seite des höchsten Anspruchs, des Ernstes und der Kunst und nicht auf der Seite der lokalen Dummheit, Gemeinheit und Niederträchtigkeit und beglückwünsche Sie zu dieser hervorragenden Inszenierung. Thomas Bernhard

Weißt du, höchste Ansprüche, Ernst und Kunst habe ich lokaler Dummheit, Gemeinheit und Niedertracht gegenübergestellt. Denn so ist es und nicht anders. Kaut soll wissen, wie ich denke. Wenn Thomas nur wüßte, wie stark ich denken mußte, um das zu behalten. Dauernd Telegrammtexte so schnell auswendig lernen ist erschöpfend, aber es geht, weil jedes Wort einen Sinn hat und um kein Wort zuviel ist. Man könnte nichts weglassen oder dazutun. Aber ich muß doch immer wieder rasch sehen, daß ich den Text versteckt niederschreiben kann. Das ist manchmal sauschwierig und geht auf Kosten anderer, auch wichtiger Themen und Aussagen, weil ich dann Thomas nur scheinbar zuhöre und im Geiste den Telegrammtext wiederhole. Hast du überhaupt gehört, was ich jetzt gesagt habe, fragt mich Thomas dann manchmal. Da reißt es mich, ich bejahe und sag ein paar Schlagworte von dem, was er sagte, damit er mir glaubt.
Thomas aß Reis nach Schönbrunner Art. Den ißt er gerne. Gegen 13 Uhr 30 ersuchte mich Thomas, mit ihm nach Nathal zu kommen. Bis 16 Uhr 15 blieb ich bei ihm. Wir besprachen noch die heutigen Zeitungsartikel und wie es weitergehen soll.
Thomas erzählte mir noch, daß er die Tante nach Attnang gebracht habe. Sie sei weinend weggefahren, aber er war hart und hat gesagt, so geht das nicht.
In aller Früh, um 8 Uhr 30, beim Zeitunglesen im Café Brandl in Gmunden setzte sich Frau Hufnagl zu ihm und sagte gleich: Du bist wie eine Diva, du läßt dich nicht anschauen. Da sagte er: Laß mich in Ruh, ich will die Zeitungen lesen. Als sie weiterschwatzte, sagte Thomas, stand ich auf und setzte mich zu einem anderen Tisch. Dabei sagte ich laut, daß es alle hören konnten: Jetzt habe ich aber genug von dem Weiberpack! Etwas später habe ich dann die Tante nach Attnang zum Zug gebracht, die hatte gestern schon gepackt. Jetzt ist wenigstens Schluß für einige Zeit, ich kann diese dauernden Ratschläge nicht ausstehen. Die glauben immer, mir was raten zu müssen. Das mit der Hufnagl mußte einmal so kommen. Daß diese Leute immer so aufdringlich sein müssen. Was sagst du, glauben die viel-

leicht, ich bin ein Trottel, oder halten die mich für einen Narren? Was sagst du, für was halten die mich, glauben die, ich bin nicht normal? Die haben für einen Typen wie dich einfach keine Menschenkenntnis und kein Gefühl, das ist alles, sagte ich. Außerdem wird dir deine Tante innerlich den Erfolg gar nicht mehr gönnen. Denn sie hat doch von früher her großen Anteil und viel, wenn auch indirekt, dazu beigetragen, und von ihr ist weit und breit keine Rede. Früher konnte sie wenigstens Aufführungen oder Ehrungen an deiner Seite erleben, das war diesmal auch nicht der Fall. Alleine, ohne dich, mußte sie unerkannt der Uraufführung beiwohnen. Das kränkt sie. Wenn am Freitag eine Aufführung stattfindet, was ich sicher annehme, sagte Thomas, dann fahren wir zusammen. Ich sagte nämlich, daß ich nun nach dem Skandal und nachdem die Kritiken heraußen sind, auf die Reaktion des Publikums neugierig wäre. Ich könnte mir vorstellen, daß jetzt noch mehr applaudiert wird. Beim Abschied sagte Thomas: Irgendwann morgen komm ich zu dir.
Zum Besuch am 31. 7. mit Thomas in Salzburg möchte ich noch nachtragen, daß wir deswegen auf einen Festspielsonderstempel neugierig waren, weil das Motiv am Stempel aus einer Szene aus seinem Stück stammt. In der Mitte ist die Königin der Nacht, und zu beiden Seiten sitzen der Doktor und der Vater. Bei diesem Salzburgbesuch habe ich Thomas auch erzählt, daß sein Bruder Peter bei der Uraufführung war. Da beide noch immer beleidigt sind aufeinander, habe ich den Besuch von Peter am Samstag abend nach der Aufführung in Anwesenheit der Tante und der Frau Schmied nicht besonders erwähnt.

2. August 1972

Um 9 Uhr war Thomas kurz bei meiner Frau und bei meiner Mutter, mich hat er nicht angetroffen. Er wollte mir sagen, daß er auf die Krucka fährt. Thomas war, ganz in Weiß, sportlich gekleidet. Mit weißen Tennisschuhen, weißer Hose und weißem Pullover hatten meine Frau und meine Mutter Thomas noch nie gesehen.
Da ich mittwochs immer meinen Tarockabend bei Asamer habe, wollte ich Thomas noch sprechen und fuhr um 18 Uhr 15 zu ihm. Eigentlich hatte ich ihn für nachmittags erwartet, weil er weiß, daß er mich abends ab 19 Uhr

Thomas Bernhard
Der Ignorant und der Wahnsinnige

nicht mehr antrifft. Thomas war in seiner Küche und sagte, gerade wollte ich zu dir fahren. Ich sagte Thomas, daß mir meine Frau von seinem Besuch am Vormittag erzählt hat und daß ich nachsehen möchte, was es Neues gibt. Thomas sagte, er habe es nicht ausgehalten heute vormittag in Gmunden. Da alle deutschen Zeitungen von dem Skandal mit Peymann berichten, habe er sich umgezogen und sei nach Salzburg gefahren. So mit kurzer Hose, weißt schon. Mit der Jägerleinenhose? fragte ich. Ja, so ganz gewöhnlich, damit sie nicht glauben, ich nehme das Ganze so tragisch. An Kaut habe ich folgendes Telegramm geschickt:

> Eine Gesellschaft, die zwei Minuten Finsternis nicht verträgt, kommt ohne mein Schauspiel aus stop Mein Vertrauen in Regisseur und Darsteller ist hundertprozentig stop Sie fällen die selbstverständlich kompromisslose Entscheidung für künftige Aufführungen. Thomas Bernhard

Vorher, sagte Thomas, bevor ich das Telegramm aufgegeben habe, war ich nämlich bei Kaut. Der wollte mich überreden, daß ich Peymann umstimme.

Wie ich dann weg war von Kaut, ist mir eingefallen, daß er mein Telegramm, in dem ich höchste Ansprüche, also du weißt schon, wo ich ihm telegrafierte, daß ich hoffe, daß er auf der Seite höchster Ansprüche – Ernst und Kunst, sagte ich dazwischen – ja, ja, Ernst und Kunst, sagte Thomas, habe ich der Gemeinheit und Niedertracht – lokaler Gemeinheit, verbesserte ich – gegenübergestellt, sagte Thomas weiter, gar nicht erwähnte. Eigentlich hätte er zu diesem Telegramm wenigstens ein paar Worte sagen müssen. Wie ich dann von Kaut weg war, habe ich ihm dann ein Telegramm geschickt. Es war der APA-Mann bei mir, dem habe ich gleich den vollen Wortlaut dieses Telegramms übergeben und den Text von meinem ersten Telegramm an Kaut auch, damit er das nicht verheimlichen kann, daß es nun an ihm liegt. Jetzt erst, vor einer halben Stunde, bin ich von Salzburg zurückgekommen. Jetzt wollte ich zu dir. Ich sagte: Ich verzichte heute auf den Tarockabend, komm, fahren wir zu mir. Ja, sagte Thomas, wenn ich mit dir fahren kann, zurück möchte ich dann gehen. Es gab bei mir Rahmsuppe, die ißt Thomas besonders gerne.

Thomas Bernhard, Josef Kaut, Salzburger Festspiele 1972.

DAS SCHWARZE SCHERZO THOMAS BERNHARDS

... 1971, nachdem ich Präsident der Salzburger Festspiele geworden war, bot mir Bernhard seine neueste dramatische Arbeit an, und es kam 1972 zur Uraufführung seines Stückes „Der Ignorant und der Wahnsinnige“ bei den Salzburger Festspielen – allerdings nur zu der Uraufführung ... Schon die Bekanntgabe der Uraufführung eines Werkes von Thomas Bernhard bei den Salzburger Festspielen löste widerstreitende Kommentare aus, die Betrauung Claus Peymanns mit der Regie nicht weniger ... Vorerst nahm alles den gewohnten Gang. Die Dekoration, die Karl-Ernst Herrmann entworfen hatte, war eindrucksvoll, besonders für den Schlußakt, der in einem Wiener Nobelrestaurant spielt. (Herrmann und Peymann hatten dieses Restaurant auf einer Informationsreise besucht, waren aber wegen ihrer unpassenden Kleidung hinauskomplimentiert worden.) Gegenüber der Feuerwehr und der Baupolizei gab es einige Schwierigkeiten zu überwinden, da man alle möglichen Bedenken gegen die freilich ungewöhnliche Dekoration hatte; aber als die Proben begannen, stand das Bühnenbild ...

Zwei Tage vor der Generalprobe forderte Peymann, daß in der letzten Szene des Stückes nicht nur die Regiebemerkung „Die Bühne ist vollkommen finster“ erfüllt werde, sondern daß auch die Notbeleuchtung im Zuschauerraum und das Licht in den anschließenden Gängen gelöscht werden müsse. Besprechungen mit der Theaterpolizei ergaben, was ohnedies alle Theaterleute wußten, daß eine zwingende gesetzliche Bestimmung die Notlichter ausnahmslos vorschreibt ...

Für die Generalprobe waren, wie das bei den Salzburger Festspielen besonders für die Sprechstücke üblich ist, Karten an interessierte Gruppen der Salzburger Bevölkerung ausgegeben worden. Obwohl das im Einvernehmen mit Peymann geschehen war, teilte dieser plötzlich mit, er könne Publikum nicht zulassen. Die Direktion stimmte nun zu, daß bei der Generalprobe – in der also kein Publikum anwesend war – die Notlichter in der Schlußszene kurz ausgeschaltet würden, damit Peymann sich überzeugen könne, daß sie keinen Einfluß

auf den Effekt der Szene hatten. Vielleicht war es falsch, diesen Versuch zu ermöglichen. Peymann bestand jetzt erst recht darauf, auch in den Vorstellungen ohne Notlichter zu spielen. Am Tag vor der Premiere nahm noch einmal der technische Inspektionsbeamte in Anwesenheit von Peymann eine Prüfung der Bühne vor. Im Theaterbuch ist unter dem 28. Juli 1972 darüber ein Protokoll verzeichnet, in dem es abschließend heißt: „Der Ausschaltung der Notbeleuchtung, auch kurzfristig, wird keine Zustimmung erteilt. H. Regiss. Peymann, von dieser Entscheidung in Kenntnis gesetzt, wurde ausfällig, deswegen verwaltungsrechtlich verwarnt." Peymann hat später behauptet, er sei getäuscht und in dem Glauben gelassen worden, die Notbeleuchtung würde bei der Premiere abgeschaltet.
Aber fast wäre es überhaupt nicht zur Generalprobe gekommen. Kurz vor deren Beginn urgierte Peymann Requisiten, die vorher nie verlangt worden waren. Als der Requisiteur diesen Sachverhalt klarstellte, beschimpfte ihn Peymann in wüster Weise, wandte sich dann an alle Bühnenarbeiter, schrie sie an und steigerte sich in die unflätigsten Reden. Daraufhin verließen alle Arbeiter die Bühne und verweigerten den weiteren Dienst. Der Betriebsrat verständigte die Direktion von dem Streik. Peymann, der indessen doch den Ernst der Lage erkannt hatte und Generalprobe wie Premiere schwinden sah, entschuldigte sich vor dem versammelten Personal. Daß die Stimmung im Haus dennoch gespannt blieb, ist begreiflich.
Die Premiere im ausverkauften Haus war brillant … Die Presse schwankte zwischen himmelhoch jauchzend und zu Tode betrübt … „Das schwarze Scherzo eines Dichters, als eine Art Antifestival gedacht, entpuppt sich die Uraufführung gleichwohl als richtige Festspielaufführung. Sie, die Aufführung, hat Glanz, schauspielerischen, theatralischen" (Piero Rismondo). Aber auch die Kritiker ahnten nicht, daß sie ein einmaliges Ereignis im Sinne des Wortes erlebt hatten. Vorerst kam die Zeit der Telegramme …

(Josef Kaut in: „Die Salzburger Festspiele 1920–1981", Residenz Verlag, Salzburg und Wien 1982, S. 103–107)

Thomas erzählte, daß Peymann noch immer in Salzburg sei, daß er alle Kritiken kenne und daß er sehr glücklich sei über den Erfolg. Die 2000 Schilling, welche er ihm schuldete, habe er ihm unaufgefordert gegeben. Die guten Kritiken über Bruno Ganz stehen im Widerspruch zu den schlechten seines Stückes, denn ein guter Schauspieler spielt nur gute Stücke. Ca. siebzig Prozent der Kritiken beurteilen das Stück negativ. Aber über die gute Regie und die schauspielerischen Leistungen sind sich alle einig.
Für morgen Donnerstag hatten wir vereinbart, daß Thomas zum Großeinkauf mit dem eigenen Wagen mitfährt, da er größere Mengen Rotwein benötigt. Als ich Thomas daran erinnerte, sagte er, er könne morgen unmöglich zum Einkaufen mitkommen, denn solange diese Aufregungen mit Salzburg sind, kann er nicht an den Einkauf von Wein und Lebensmitteln denken. Er müsse morgen sofort wieder die Zeitungen durchlesen, und er wisse gar nicht, was der Tag bringe. Thomas ersuchte mich, ihm eine ungarische Salami und Bergkäse mitzubringen. Dann erzählte er, daß ihm Peymann am Sonntag ein Telegramm geschickt habe, mit seiner Telefonnummer von Maria Alm [Niederalm bei Salzburg], daß er ihn anrufen sollte. Vom Postamt Gmunden haben sie dann Peymann angerufen, daß das Telegramm nicht zugestellt werden kann, weil sie niemand haben und weil der Hof von Thomas von Gmunden so weit entfernt und abgelegen liegt. Das war sehr schön vom Gmundner Postamt, daß sie das gemacht haben. Thomas wollte dann im 2. Programm *Das Teufelsauge* von Ingmar Bergman sehen. Anschließend war Thomas ziemlich müde, und ich sagte, ich werde ihn nach Hause fahren. Sonst verliert er die Bettschwere, wenn er zu Fuß heimgeht. Etwas vor 22 Uhr brachte ich Thomas heim.

3. August 1972

Um 8 Uhr traf ich Thomas beim Postamt Ohlsdorf. Wir blickten gemeinsam in meine Zeitung, die „Oberösterreichischen Nachrichten". Ich überblickte das Blatt und sagte: „Nichts." Thomas entdeckte aber eine kleine Spalte mit seinem Telegramm, das er gestern der APA gegeben hatte. Gott sei Dank, nichts verstümmelt oder ausgelassen, sagte ich. Ja was glaubst du, wie ich diesem Bürschchen gedroht habe, wenn er den Text nicht genau

durchgibt. Aber das zweite Telegramm, na, das ist mir eigentlich nicht so wichtig. Wichtig ist mir, daß dieses veröffentlicht wurde. Wie sind meine Aussichten, daß ich mit dir morgen die Vorstellung besuchen kann? fragte ich Thomas. Ja, ich fahre schon früher hinauf, denn um 17 Uhr soll eine kleine Probe stattfinden. Ich werde dir noch Bescheid sagen, aber es bleibt dabei, wir besuchen gemeinsam die Vorstellung.
Thomas fuhr ins Café zu seinen Zeitungen, ich hatte geschäftliche Erledigungen. Da Thomas den ganzen Tag nicht kam und er nach 20 Uhr nicht mehr zu erwarten war, fuhr ich nach Nathal. Es war 20 Uhr 30. Der Schlüssel lag am Fenster. Ich öffnete das Hoftor und hängte ihm die Salami und den Bergkäse an die Türschnalle.

4. August 1972

Um 7 Uhr 15 kam Thomas sehr unruhig zu mir. Er trug einen hellen Anzug und sagte, daß er jetzt nur bei mir warten möchte, bis um 8 Uhr die Post aufsperrt. Er möchte die Post holen und gleich nach Salzburg fahren. Thomas gab mir die Karte, Loge V, Rücksitz 4. Im Theater, in der Loge treffen wir uns, sagte Thomas. Ich fahre jetzt schon hinauf, denn ich werde zusehen, daß die Aufführung stattfindet. Wenns schon da seids, dann spielts auch, werde ich sagen. Ich sagte Thomas, daß die Schauspieler von der Bühne aus irritiert waren, denn durch die Notbeleuchtung sind von der Bühne aus sicher die Schädel der Besucher vor diesen kleinen Leuchten zu sehen. Ich habe aber genau auf die Bühne gesehen, und gegen die Bühne zu war es vollkommen finster, man sah nicht eine Spur des Tisches oder einer Person. Es war so finster, daß ich bei Hellwerden enttäuscht war, daß nur ein Glas am Boden lag und der Sektkübel und sogar die geschliffenen Sektkelche noch am Tisch standen, denn es sollte ja alles am Boden liegen. Vom Zuschauerraum her herrschte volle Finsternis, sagte ich. Vielleicht kann man die Notbeleuchtung, die Ausschaltung der Notbeleuchtung auf 30 Sekunden reduzieren, das könnte polizeilich vielleicht verantwortet werden. Aber darum geht es ja gar nicht, sagte Thomas. Es geht ums Prinzip, man kann den Schaltkasten nicht einfach gegen jede Vereinbarung bei der Vorstellung absperren, das kann man sich einfach nicht gefallen lassen. Denn wo liegt dann die Grenze?

Zehn vor acht fuhr ich mit Thomas zur Post. Dort verabschiedete er sich und sagte: Also heut abend im Theater treffen wir uns. Spätestens im Theater, vielleicht schon früher. Ziehst du dich eh nicht besonders an? So wie ich jetzt bin, sagte ich, komme ich. Er fuhr zustimmend weg.
Zehn Minuten vor 19 Uhr traf ich in Salzburg vor dem Landestheater ein. Gegenüber vom Mozarteum konnte ich den Wagen abstellen. Beim Theater angelangt, stand plötzlich Frau Hufnagl vor mir, die Thomas am vergangenen Dienstag so beleidigt hat. Sie hatte eine Karte um 300 Schilling gekauft. Frau Hufnagl sagte nach der Begrüßung sofort: Es wird nicht gespielt. Der Platz vor dem Theater war voller Menschen, festlich gekleidet, und niemand ahnte was. Ich konnte es nicht glauben. Wer hat das gesagt, fragte ich Frau Hufnagl. Ich komme soeben von Ganz, der hat mir das gesagt. Thomas sitzt im Café Bazar, dort soll ein Schriftstück aufgesetzt werden. Was für eines? fragte ich. Warum nicht gespielt wird oder so, sagte Frau Hufnagl, Näheres hat mir Ganz nicht gesagt. Inzwischen kamen Peymann und Ganz vom Bühnentürl den Gehsteig entlang. Es war genau fünf Minuten vor 19 Uhr. Ich begrüßte Peymann, er streckte mir lachend die Hand entgegen. Ich sagte: Sie gehen jetzt zu Thomas ins Bazar, wenn Sie schon da sind, dann spielts doch, Sie haben heute ein besseres Publikum als bei der Uraufführung. Ja, das weiß ich, sagte Peymann, aber bitte, jetzt würden Sie uns nur stören. Daraufhin blieb ich auf halbem Weg zum Bazar zurück. Inzwischen waren noch mehr Menschen vor dem Theater, und Frau Hufnagl stand noch am gleichen Platz, neben der Säule vor dem Theater. Um Punkt 19 Uhr wurde der Kassenraum geöffnet, und das Publikum strömte hinein. Es wird doch gespielt, sagte Frau Hufnagl, Sie entschuldigen mich, ich hab da vorne mein Auto stehen, ich muß mich für die Vorstellung noch etwas zurechtmachen. Daraufhin ging ich zum Sonderpostamt, ließ mir eine Festspielmarke „50 Jahre Salzburger Festspiele" ins Textbuch kleben und schön knapp abstempeln. Dann kippte ich in der Niederösterreichischen Weinstube in der Getreidegasse zwei Achterl Rotwein im Stehen am Schanktisch im ersten Stock. Ein Achterl kostete nur 4,70 Schilling und war von bester Qualität. Ich sagte noch: Ihr seid billig, in jedem Dorf verlangt man schon fünf Schilling für ein Achterl.
Um 19 Uhr 20 war ich wieder vor dem Theater. Klaus Emmerich und der Schriftsteller Torberg standen in der Menge. Ich fragte, ob gespielt wird, nein war die Antwort. Kaum stand ich eine Weile, kam Thomas vom Bazar

her über den Zebrastreifen. Kaum hatte er die Gehsteigkante betreten, wurde er von Bekannten umringt und mit Fragen bestürmt. Nach einigen knappen Erklärungen von Thomas fragte Torberg: Können Sie als Autor nicht ein Machtwort sprechen, damit gespielt wird? Thomas sagte, er könne nichts dazu beitragen. Daraufhin sagte ich zu Torberg: Der Bernhard ist eh deswegen hergefahren, damit die Aufführung zustande kommt. Und zu Thomas gewendet sagte ich: Du kannst die Leute ja nicht zwingen. Daraufhin gab mir Torberg die Hand und sagte: Torberg. Ich sagte: Hennetmair aus Ohlsdorf. Plötzlich stand auch Ferry Radax in der Nähe. Wir begrüßten uns. Ebenso Torberg und Radax, sie kannten sich. Ich ging in den Kassenraum, um zu sehen, was los ist. Die Menge rief: Spielen, spiiielen, spiiielen. Ich ging zurück zu Thomas und Torberg und sagte, daß die Menge „spielen" schreit. Dann zog ich mein Textbuch hervor, zeigte Thomas und Torberg die Jubiläumsmarke mit dem Sonderstempel und sagte: Diesen Skandal zu den 50. Salzburger Festspielen haben sie auch noch mit einem Sonderstempel mit einer Szene aus diesem Stück verewigt. Weil ich schon um sieben hörte, daß nicht gespielt wird, habe ich mir wenigstens den Sonderstempel mit dem heutigen Datum ins Textbuch geholt. Das lockerte ein wenig auf. Thomas ging urplötzlich mit raschen Schritten zum Schauspielereingang, ohne was gesagt zu haben. Mit Radax und Torberg stand ich da. Radax sagte: Was hat er (Bernhard) eigentlich, gestern hab ich ihn in Ischl gesehen, da hat er mich auch nicht angeschaut? Thomas und Radax hatten sich nämlich nicht begrüßt. Torberg sagte: Ich weiß nicht, wie Bernhard ist, ich kenne ihn nicht. Sie haben ja schon eine Menge Kritiken über ihn geschrieben, sagte ich. Ja, sagte Torberg, aber kennen tue ich ihn noch immer nicht. Weiß Bernhard eigentlich, was man hier mit ihm treibt, sagte Torberg weiter. Mit Bernhard läßt sich nichts „treiben", sagte ich, dazu ist er viel zu stark und umsichtig. Nur bei den Proben ist er hintergangen worden. Bernhard hat zur Bedingung gemacht, daß sechs Wochen lang geprobt wird, denn er wollte keine übliche Festspielaufführung mit 14 Tagen Proben. Dazu ist das Stück nicht geeignet. Er verlangt intensivstes, langes Proben. Ich selbst habe die Quartiere für Peymann und seine Leute besorgt. Thomas war dabei, und da Peymann die Quartiere ab sechs Wochen vor der Uraufführung bestellen ließ, schien alles in Ordnung. Nur hat sich Peymann zwischenzeitlich auf eine neue Inszenierung eingelassen und ist mit seinen Leuten um 14 Tage später als vereinbart eingetroffen. Dies-

bezüglich haben sie Bernhard hintergangen. Torberg sagte: Naja, ich bin ihm auch immer gut gesinnt, dem Bernhard, aber ob dieser Skandal für ihn gut ist? Ich war doch in der Uraufführung, die Bühne war vollkommen finster, trotz Notbeleuchtung, mir ist überhaupt nichts aufgefallen. Ja, weil Sie nicht wußten, wie es sein sollte, sagte ich. Nach dem Klirren, das viel stärker sein sollte, hätten alle Gläser und der Sektkübel am Boden liegen sollen. Außerdem, sagte ich, würde ich den Schluß kürzen. Dabei schlug ich das Textbuch auf und sagte: Nach den Worten Winters: „Natürlich gnädige Frau" würde ich schon die Gläser klirren und das Stück enden lassen. Die Worte des Doktors: „Das ist gut, daß Sie das Telegramm abgeschickt haben ..." halte ich für überflüssig und langweilig. Ich wäre für ein abruptes Ende. Torberg und Radax, der auch zugehört hatte, schmunzelten.
Einige Leute trugen Zettel vorbei, ich konnte nur lesen: Die Festspielleitung gibt bekannt, oder so ähnlich. Torberg sah das auch und er verabschiedete sich. Dann ging ich in den Kassenraum. Neben der Kassa stand Peymann und hielt einen ca. 50 x 30 cm großen, beschriebenen Pappendeckel in die Höhe. Ich drängte mich zu ihm und sagte: Sie schwitzen ja wie eine Sau. Es rannen ihm erbsengroße Schweißperlen von der Stirn in den Hals. Er lachte mich an. Da ich neben ihm stand, konnte ich von der Tafel nur ablesen: „Wegen zwei Minuten kann nicht gespielt werden." Es war aber ein längerer Text. Ich hielt ihm mein Textbuch mit der schönen Marke und dem Sonderstempel vor die Nase und sagte, wenn schon nicht gespielt wird, soll er mir eine Unterschrift auf das Textbuch setzen. Das geht nicht, Sie sehen ja, ich muß die Tafel halten, sagte er. Die halte ich inzwischen, sagte ich. Nein, ich kann jetzt nicht schreiben, sagte Peymann. Wissen Sie, daß Otto Schenk den Zwischenruf gemacht hat, fragte ich. Nein, das gibts nicht, das kann nicht stimmen, sagte er. Ja, das stimmt schon, sagte ich. Meine zwei Töchter waren bei ihm in der Loge, die haben das ganz verläßlich gehört. Hat Ihnen Bernhard nichts gesagt davon? Nein, davon hat er mir nichts gesagt, sagte Peymann.
Thomas kam die Stiege, wo neun Polizisten, zu dritt gestaffelt, den Eingang zum Theater absperrten, herab. Die Polizisten ließen ihn herunter, und auf der ersten Stufe stehend, sagte er zur Menge, er habe mit den Schauspielern gesprochen, sie sind bereit zu spielen, aber das Stück wird dort abgebrochen, wo es finster werden sollte. Er winkte Peymann zu sich, und beide gingen die Stiege nach oben. Thomas war mit einer hellgrauen Hose,

einem dunkelgrauen Rollkragenpullover und darüber mit seiner grünen Windjacke bekleidet. Zwei Frauen fragten mich, wer das war. Ich sagte: Der Autor. Wer war der andere, fragten sie weiter. Da sagte ich: Der auf der Stiege war Thomas Bernhard, der mit der Tafel war Regisseur Peymann, und dort steht der Baum mit den Bananen, und wie es weitergeht, wissen Sie selbst. Sie starrten mich entsetzt an. Da sagte ich: Sie haben keinen Humor. Humor hat nur der Autor, den könnte man heute auch mit S vorne schreiben. Wie, was heißt das, fragte die eine. Na, sagte ich, Autor vorne mit S geschrieben heißt Sau-tor. Da blickten sie noch entsetzter, und ich ging ins Freie zum Schauspielereingang. Dort stand auch Radax und sprach mit Bühnenarbeitern. Die sagten, daß Peymann sie ein Arbeitergesindel genannt habe, und er hätte gute politische Schulung. Das war allerdings vor einigen Tagen. Herrmann hätte einen Polizeimajor einen uniformierten Trottel genannt, usw. Ich fragte, wie lange es dauern werde, bis die Aufführung beginnen kann. Da sagte der Arbeiter: Mindestens eine Dreiviertelstunde, denn als abgesagt wurde, haben die Monteure sofort die Scheinwerfer aus den vorderen Logen abgebaut, weil sie morgen weg sein müssen. Bis die wieder aufgebaut sind, das geht nicht so schnell.
Da kam plötzlich Thomas aus dem Bühnentürl. Ich ging zu ihm. Nichts ists, sagte er, ich fahr sofort heim. Dann zu mir, sagte ich. Ja, sagte Thomas, wo hast du deinen Wagen stehen? Als ich sagte: Gleich da vorne gegenüber dem Mozarteum, sagte er: Da könntest du mich zu meinem Auto bringen, das habe ich da ganz draußen stehen. Während wir zu meinem Auto gingen, sagte Thomas, er habe Ganz überreden können zu spielen, und der habe sich auch schon zu schminken begonnen, aber Peymann sagte, er werde das verhindern, er werde auf der Bühne alles zertrümmern. Peymann ist nicht mehr ansprechbar, er hört auf nichts mehr, er ist einem Nervenzusammenbruch nahe. Den hat er schon, sagte ich, denn dieser enorme Schweißausbruch deutet auf eine Nervenkrise.
Wir mußten in der Autoschlange vor dem Schauspielereingang halten, und da bestieg Angela Schmid gerade den Wagen. Thomas ersuchte, sie anzuhupen, und es begann dann ein gegenseitiges Winken. Thomas lotste mich über die Staatsbrücke flußaufwärts und wieder über die Brücke. Dort stieg er in seinen Wagen um. Wir vereinbarten, daß er vorausfährt, direkt zu mir nach Weinberg. Dort werden wir den Schluß der Vorstellung mit Beefsteak Tatar nachholen. Das Fleisch habe ich schon vorbereitet, sagte ich noch.

Thomas fuhr noch einmal am Theater vorbei. Wegen der Einbahnen mußten wir diesen Weg nehmen. Es war 20 Uhr 15, und es standen noch immer Leute vor dem Theater.
Als wir bei mir ankamen, richtete ich das Essen. Thomas stellte sich zu mir in die Küche. Dann bat er, ob wir nicht mit dem fertigen Essen gleich nach oben zum Fernseher gehen könnten, er möchte die Nachrichten hören. Es wird sicher was durchgegeben. Auch das Radio soll um 22 Uhr 10 eingeschaltet werden. Vielleicht wird bei den Festspielberichten was erwähnt. Thomas sagte immer wieder, daß er eigentlich wollte, daß gespielt wird, aber sicher war es gut, daß es doch nicht mehr dazu gekommen ist, denn die Darsteller hätten sich im Text verhaut usw., durch diese Aufregung. Als ich Thomas den Teller mit dem Eidotter am zweimal faschierten Fleisch vorsetzte, fragte er: Wie macht man das jetzt? Da sagte ich: Das mußt du ja wissen, du hast das ja im Stück vorgeschrieben. Mit der Gabel vermischst du den Dotter ins Fleisch. Wir haben in den letzten Jahren, auch mit den Ehegatten Schmied aus Hannover, sicher ein Dutzend Mal ein Beefsteak Tatar gegessen, aber der Einfachheit halber habe ich immer selbst die Zutaten vermengt und mit Pfeffer und Salz abgeschmeckt. Diesmal stellte ich Salz und Pfeffer separat, Thomas sollte sich das selbst dazugeben und mischen.
Bis zu den Nachrichten sprachen wir immer nur den Skandal durch. Thomas hatte Angst, daß er auch finanziell geschädigt sein könnte, denn der Verlag habe das Geld noch nicht. Da nahm ich das Textbuch in die Hand, hielt es Thomas vor die Nase und sagte: Hier, da ist deine Arbeit, deine Arbeit hast du geleistet, was die dann machen, geht dich nichts an. Du kannst nie zu Schaden kommen. Im Vertrag steht, sagte Thomas, daß die Festspielleitung das Stück während der Festspiele so oft, wie sie wollen, aufführen dürfen. Nur mit der Fernsehaufzeichnung wird es nun nichts, da gehen mir 200.000 Schilling verloren. Aber das werden dann die Deutschen machen, da krieg ich dann auch mein Geld. Du wirst dir schon auch mit was anderem wieder Geld holen, sagte ich. Meine Frau und meine Mutter waren dauernd anwesend. Schließlich kam in den Nachrichten doch die Meldung von dem „handfesten Skandal". Thomas war froh, daß er persönlich nicht beschuldigt wurde. Beim Weggehen, Thomas fragte, ob ich das nicht gehört habe, ging eine zornige Frau auf Peymann los und sagte: Sie gehören umgebracht. Thomas sagte, ich solle sobald wie möglich

nach Salzburg fahren und mehrere Textbücher mit dem Sonderstempel versehen lassen. Das von meinem Textbuch hat ihm sehr gefallen, und es könnte sein, daß sie sogar den Sonderstempel ändern, auf diesen Skandal hin. Diese Gruppe wird nie wieder spielen, denn die sind jetzt alle verkracht. Es wird Prozesse geben, Peymann wird Schadenersatz leisten müssen, überall wo er hinkommt, wird ihm die Gage gepfändet werden. Peymann wird auch gar nicht mehr so gerne genommen werden, wenn er solche Sachen macht. So ein Risiko wollen die Theaterdirektoren auch nicht eingehen. Peymann muß jetzt entweder in eine Nervenklinik eingeliefert werden, oder er muß für den Schaden einstehen. Regisseur Dorn mit Gattin ist eigens von Berlin zur Vorstellung geflogen. Frau Maleta war auch dort. Was das die Leute alles kostet. Die Karten, das ist ja noch das Wenigste.
Gegen 23 Uhr 30 fuhr Thomas heim. Wir fragten ihn noch, ob wir ihm Valium 10 mitgeben sollten oder ob Valium 5 auch genüge, damit er schlafen kann. Ich werde mich an dem Skandal weiden, sagte Thomas. Vorher hatte mir Thomas noch aus deutschen Zeitungen berichtet und natürlich auch vom „Salzburger Volksblatt", das wieder eine sehr gemeine Glosse schrieb.

6. August 1972

Um 15 Uhr kam Thomas zum Kaffee. Er sagte, daß ihn um 17 Uhr 30 die „Königin der Nacht", Angela Schmid, besuchen werde.
In erster Linie besprachen wir die Artikel über den Skandal in den „Salzburger Nachrichten", „Salzburger Volksblatt", „Oberösterreichische Nachrichten" vom Samstag und die Artikel von heute in der „Kronen Zeitung" und im „Kurier". Thomas fand es komisch, daß in den „Oberösterreichischen Nachrichten" noch ein Porträt von Peymann steht, während die „Salzburger" schon vom Skandal berichten. Für die Zeitungen kam der Skandal zu spät, sagte Thomas. Am Montag wird in allen Zeitungen berichtet werden. Ich machte den Vorschlag, daß wir so wie letzten Montag wieder nach Salzburg fahren sollten, um die deutschen Zeitungen zu bekommen. Da der „Spiegel" erst am Nachmittag einlangt, sagte ich, sollten wir um 15 Uhr abfahren. Da bekommen wir den „Spiegel" in den Geschäften, und

die Zeitungen, die dann schon aus sind, bekommen wir an den Ständen am Rathausplatz und am Alten Markt, die um 18 Uhr neu aufmachen. Thomas stimmte zu.
Thomas erzählte dann noch weitere Einzelheiten von Salzburg vor und während des Skandals. Wegen des Artikels im „Salzburger Volksblatt" vom 4. 8., der Glosse „Ein Ignorant", intervenierte Schaffler bei Kaut, er solle in einem Telegramm Bernhard in Schutz nehmen. Kaut sagte, das sei ihm Wurst, was die schreiben. Da hat er sich wieder gezeigt, sagte Thomas. Für ihn bin ich noch immer der kleine Thomerl, der nur in den Zeitungen berühmt ist, aber er selbst hält überhaupt nichts von mir. Thomas sagte: Nachdem der Protest wegen der Finsternis stattgefunden hatte, machte ich ja den Vorschlag, man solle spielen, aber vor der Aufführung solle Peymann eine Erklärung verlesen. Das hat Peymann überhaupt abgelehnt. Ich hätte das Stück gerne noch einmal gesehen, es wäre ein Riesenerfolg geworden. An manchen Stellen hätte tosender Applaus eingesetzt. Peymann hat sich selbst um sein Kunstwerk gebracht. Protestieren ja, aber dann spielen. Außerdem hätte Peymann die Vorfälle hinter der Bühne publizieren müssen, nicht nur stur auf den 2 Minuten bestehen. Denn wenn die Brille vier Meter weit wegfliegt und Herrmann weint, gehört das auch alles gesagt. Ich sagte, als Peymann das Publikum gesehen hat, die Frauen in Gold und Silber, die Herren im Smoking, da hat er rot gesehen, das ist ihm zu Kopf gestiegen, und denen wollte er es zeigen. Ja, sagte Thomas, aber

Porträt der Woche: Claus Peymann

... Die Oper als Schau- und Hörplage, die Dirigenten als Skalpellvirtuosen einer Leichensezierung und der von Eugene Ionesco zelebrierte Kulturpessimismus wurden vor ein Forum gezerrt, wo nicht nur die Publikumsbeschimpfung der Ignoranten, sondern auch die Direktoriumsentlarvung der Wahnsinnigen stattfindet ... Claus Peymann wußte als kühler Spekulant auch Salzburg zu nützen. Seine Regiekunst galt nicht nur dem Hauptspiel, sondern ebenso stark den Vor- und Nachspielen. Baupolizei und Feuerwehr waren dem Kenner der Szene ebenso recht wie die fulminante Textinterpretation ...

(Josef Laßl, „Oberösterreichische Nachrichten", 5. 8. 1972)

gerade deswegen hätte ich nach kurzem Protest gespielt, gerade das Stück ist doch geeignet dazu. Das Publikum, gerade dieses Publikum, das ich ja restlos verabscheue, hätte in dem Stück zu den Fußtritten, die es bekommen hätte, auch noch geklatscht. Gerade dieses Stück hätte er spielen müssen. Ich glaube, in Salzburg werden wir dieses Stück nicht mehr sehen, sagte Thomas. Peymann war so fanatisch gegen die Aufführung, daß ich Angst hatte, er haut mir eine runter, als ich Bruno Ganz zum Spielen überredet hatte und sagte, protestiert ist genug, jetzt gehört gespielt. Als dann auch Ganz und die anderen Schauspieler gegen das Spielen waren, sagte ich: Gut, dann bin ich in euren Augen ein Trottel, und als Trottel geh ich von euch weg. Daraufhin habe ich das Theater verlassen, und da hab ich dich ja beim Ausgang getroffen. Es war gut, daß ich weg bin. Stell dir vor, meine Schwester ist auch so ..., die hatte sich für diese Vorstellung eigens ein Kleid gekauft und neue Schuhe. In ein Stück von mir geht man doch nicht mit neuen Kleidern, da geht man, wie man ist. Wenn gespielt worden wäre, wär ich, wie ich war, in der Loge gesessen.
Dann kam die Sprache noch auf Radax. Thomas sagte, der Torberg hat zu mir gesagt, da ist Radax, aber ich hab nicht reagiert. Was geht mich der Radax an, der ist so ein Schwächling, nicht einmal wenn ich Geld brauche, werde ich ihn den *Frost* machen lassen. Übrigens, sagte ich, Radax hat für sein Drehbuch über den *Frost* sein Honorar schon erhalten, so sagte er es wenigstens zu mir. Wenn Radax keine Arbeit bekommt, wird er halt um

CHRONIK EINES SKANDALS

Der „Ignorant" ist geplatzt!

Einen Festspielskandal solchen Ausmaßes hat Salzburg noch nicht erlebt: Wenige Minuten vor Beginn der zweiten Vorstellung des Bernhard-Stückes „Der Ignorant und der Wahnsinnige" ließen am Abend des Freitag Autor Thomas Bernhard, Regisseur Peymann und das Schauspieler-Ensemble die Aufführung platzen! ... Peymann, der es offenbar zielbewußt auf diesen Skandal angelegt hatte, was aus seiner ganzen „Regie-Arbeit" zu schließen ist, verließ das Theater in bester Laune ...

(„Salzburger Volksblatt", 5./6. 8. 1972)

Subventionen betteln gehen, so stelle ich mir den vor. Wie heute „Staberl" in der „Kronen Zeitung" schreibt, hat Nenning 108.000 Schilling Subventionen für Zeitungen erhalten. So eine Sauerei, sagte ich, und wegen dem Grillparzer-Preis, mit 30.000 Schilling dotiert, ziehen sie eine „Ehrung" auf. Die Nullen gehen um Subventionen betteln und bekommen das Drei- und Vierfache.
Wir sprachen noch über mögliche Prozesse. Ich sagte: Spätestens bei den Prozessen wird Peymann bereuen, daß er deinem Rat nicht gefolgt ist. Mir kann man auf keinen Fall was anhaben, sagte Thomas, denn daß ich für die Aufführung war, das hat ja auch die Schmid gehört. Am schönsten ist es, wenn man einen Skandal hat, für den man nicht verantwortlich ist. An Peymanns Stelle hätte ich gestern schon mit anderen Theatern Verbindung aufgenommen, um das Stück an einem anderen Theater in gleicher Besetzung aufzuführen. Aber der ist ja auch zu ..., einen Skandal richtig auszunützen, sonst hätte er ja die vier Aufführungen in Salzburg bringen müssen. Skandal ist schon recht, aber ausnützen muß man ihn können.
Gut, sagte Thomas, morgen vormittag werde ich die hiesigen Zeitungen lesen, und am Nachmittag fahren wir nach Salzburg. Am Dienstag hätte ich dich gerne ersucht, wenn du mit mir auf die Krucka gehst, ich möchte den Fernseher aufstellen. Um 17 Uhr 15 fuhr Thomas nach Nathal, denn ab 17 Uhr 30 erwartete er Angela Schmid.
Thomas sagte noch, er wollte schon immer, daß ein Stück nur einmal gespielt wird. Er glaubt, in irgendeinem Roman von ihm ist davon geschrieben, er weiß nicht in welchem. Ich sagte noch, daß nach dem Gesetz die

CHRONIK EINES SKANDALS

Peymann und die Feuerwehr

... Erstaunlich, welche Wirkung es haben kann, wenn die Feuerwehr ihr Licht nicht unter den Scheffel stellen will ... Nicht nur „eine ignorante Beeinflussung der künstlerischen Freiheit" sieht Peymann in dem Verhalten der Techniker; in einer Pressekonferenz ließ er gar anklingen, der Vorfall passe gut in eine von ihm bemerkte Sabotage progressiver Tendenzen bei den Festspielen ...

(„Die Welt", 2. 8. 1972)

Festspielleitung im Recht ist. Natürlich, sagte Thomas. Aber ich bin trotzdem auf der Seite Peymanns und der Schauspieler, denn ich bin doch nicht so blöd und bin der Ansicht, daß eineinhalb Minuten Finsternis das Publikum gefährden würden. Auch wenn es das Gesetz vorschreibt, das sagt gar nichts, neunzig Prozent der Gesetze sind ja unsinnig. Thomas sagte auch noch, daß er mich nach dem Besuch der Angela Schmid noch besuchen werde. Obwohl ich mir nicht recht sicher war, ob er so spät noch einmal kommen würde, habe ich doch gleich seinen Besuch niedergeschrieben, denn wenn er wirklich noch einmal kommt, wird es mir zuviel, mir alles zu merken.

Um 20 Uhr 30 kam Thomas tatsächlich nochmals. Thomas erzählte chronologisch, was inzwischen bei ihm los war. Zuerst hat er den Dr. Meingast fast rausgeschmissen. Kurz nach seinem Eintreffen in Nathal, um ca. 17 Uhr 30, kam Dr. Meingast und teilte ihm mit, daß morgen, Montag, auf der Krucka eine neuerliche Besichtigung durch die Agrarbehörde und die Bauernkammer stattfinden sollte. Die Verständigung war sehr kurz erfolgt, sagte Dr. Meingast, daher sei er zu ihm gefahren, um ihn persönlich zu verständigen. (Sicher wollte Dr. Meingast, der in Salzburg bei der Uraufführung war, nach dem Skandal mit Thomas näher in Kontakt kommen.) Thomas kanzelte ihn aber kurz ab und sagte, Ing. Panholzer habe bereits eine Besichtigung vorgenommen, Dr. Jungk habe auch schon zugestimmt, daß die Grundsteuerbefreiung befürwortet wird, er lasse keine Besichtigung mehr zu, morgen hätte er überhaupt keine Zeit, und auch in den nächsten Tagen und Wochen sei er anderweitig so beschäftigt, daß auf keinen Fall eine

CHRONIK EINES SKANDALS

Terrorspiele: Bernhard abgesetzt

... Die Festspieldirektion betrachtet dieses Verhalten als Vertragsbruch ... Peymann, das großartige Ensemble, die fabelhafte Inszenierung, das künstlerische Konzept in Ehren. Aber hat er sich nicht verpflichtet, Österreichs Gesetze einzuhalten, indem er seinen Salzburger Festspielvertrag unterschrieb? Und wenn es auch nur ein Gesetz über die Notbeleuchtung ist? ...

(KHR, „Illustrierte Kronenzeitung“, 6. 8. 1972)

Besichtigung stattfinden kann. Lieber zahle er doch die Steuer, wenn das nach einem Jahr noch immer nicht erledigt ist.
Als Dr. Meingast weg war, ist dann gleich die Angela Schmid gekommen. Sie berichtete ihm, daß Peymann ein Telegramm an ihn gerichtet habe, das er aber natürlich noch nicht zugestellt erhalten hat. Sie sagte weiter, Peymann möchte spielen, im Freien oder in einem Zelt. Der hat nun ganz verrückte Ideen, sagte Thomas. Er will auch morgen wieder eine Pressekonferenz geben. Es wäre besser, wenn er überhaupt nichts machen würde, denn er wird ja wieder ausfällig. Ich sagte: Das soll man auf alle Fälle verhindern, vielleicht kann ich ihn morgen treffen. Aber da ist es schon zu spät, ich müßte am Vormittag zu ihm. Thomas sagte: Laß dir weiter erzählen, der Gimmelsberger war gerade bei mir. Er wollte mich unbedingt sprechen, bevor er der APA eine Meldung durchgibt. Da hab ich ihm meinen Standpunkt gleich aufgesetzt. Sinngemäß ungefähr so: Empfinde es als einen eklatanten Vertrauensbruch, und es ist dadurch eine ungeheuerliche Irritation der Schauspieler eingetreten, aber ich bin dagegen, daß man mutwillig ein so großartiges Kunstwerk zerstört. Er sei für eine Aufführung. Alle Beteiligten wollten spielen. Von einem Mißverständnis hab ich auch noch was geschrieben, sagte Thomas. Aber jetzt ist Schluß, ich werde mich an nichts mehr beteiligen und auch keine Stellungnahme mehr abgeben. Ich

CHRONIK EINES SKANDALS

Notlicht

... In Bernhards Dunkel leuchtet kein Notlicht ... Führt man aber Bernhards düstere Vision nicht auf eine klinische Deformation des Gemüts, sondern auf die wahrheitsgetreue Erkenntnis unseres menschlichen Zustands zurück, dann muß man ihren Realisatoren um so eher zubilligen, ihr die entsprechende theatralische Wirkung verschaffen zu wollen. In der Tat war Peymann und seinem Bühnenbildner Karl-Ernst Herrmann auf der Generalprobe jener totale Blackout zugestanden worden, der ihnen unumgänglich erschien ... der Skandal, den sich Gegner der Aufführung aus dem Auditorium erhofft hatten, fand hinter der Bühne statt.

(H. Sp., „Frankfurter Allgemeine", 3. 8. 1972)

hab nichts mehr zu tun damit. Dann sagte Thomas: Der Peymann wird Prozesse bekommen, die ihn fertigmachen. Der wird nicht mehr arbeiten können. Nicht nur die entgangenen Einnahmen aus dem Kartenverkauf, auch mein Honorar und die Gagen der Schauspieler, das Bühnenbild, die Kostüme, alles werden sie von ihm einklagen. Das werden gegen zwei Millionen Schilling mindestens. Außerdem kann er Arbeitsverbot bekommen, das gibt es auch, daß er gar nicht mehr beschäftigt werden darf, usw. Ich sagte: Vielleicht sollte ich ihn darauf aufmerksam machen, wie tief er den Hals in der Schlinge hat, das ist ihm sicher noch gar nicht zu Bewußtsein gekommen. Wenn ich nicht mit ihm reden konnte, sagte Thomas, wirst du auch nichts ausrichten. Er ist ja für normale Gespräche nicht mehr zugänglich. Ich habe das doch versucht, ich habe ihn in der Garderobe gebeten, als sich Ganz schon schminkte, ich möchte zwei Minuten alleine mit ihm reden. Als ich mit ihm beiseite gehen wollte, da schlug er mit dem Arm nach mir und weigerte sich. Umso eher möchte ich ihn vor der Pressekonferenz warnen, sagte ich, der rennt ja wie ein wütender Stier ins Verderben. Ja, sagte Thomas, da fällt mir noch ein, ich habe dem Gimmelsberger von großartigem Kunstwerk und hoher Intelligenz etwas geschrieben, aber das mit der hohen Intelligenz stimmt ja gar nicht, denn mit seiner Intelligenz kann es nicht weit her sein, sonst könnte er nicht solche

CHRONIK EINES SKANDALS

Bubenstück

... Herr Peymann ist vermutlich der erste Regisseur, der die Notbeleuchtung eines Theaters in sein Konzept integriert. Er hat sich mit diesem ganzen Vorfall weltweite Publicity gesichert und kam nun zu jenem Skandal, der bei der Premiere ausgeblieben war. Damit hat Herr Peymann für sich und seinen Autor bestens gesorgt, denn über Thomas Bernhard, über dessen neues Stück und die Salzburger Inszenierung wäre wohl n a c h der Premiere nicht mehr so viel geredet und geschrieben worden, hätte man bloß Theater gespielt und nicht protestiert ... So betrachtet, demaskiert sich die ganze Affäre als das, was sie wohl ist: ein Bubenstück.

(Karl Löbl, „Kurier", 6. 8. 1972)

Fehler machen. Sonst hätte er doch nicht sein eigenes Kunstwerk verhindert. Er hätte sich gar nichts vergeben, wenn er gesagt hätte, er bleibt auf seinem Standpunkt, er geht nicht ab davon, aber im Interesse der Schauspieler, die so viel geprobt haben, wird das Stück aufgeführt. An seiner Stelle hätte ich schon ein anderes Theater, wo das Stück in gleicher Besetzung aufgeführt wird. Ich möchte wissen, was er mit Ganz besprochen hat. Ich werde ihn anrufen, wenn es dir nichts ausmacht, sagte ich. Aber jetzt gleich, es ist jetzt 22 Uhr, das ist eine gute Zeit, da könnte ich ihn erreichen. Ja gut, sagte Thomas, ich stell mich daneben, aber sag ja nicht, daß ich da bin. Sag, ich sei derzeit zu emotionell, erschöpft und nicht erreichbar. Ja, sagte ich, ich muß mir einige Notizen machen. Ich werde ihm auch sagen, daß er sich überfordert hat, durch die Inszenierung in Hamburg, so kurz vor Salzburg. Denn daher kommt ja alles, das hat er nicht durchgestanden. Da wird er gleich hochgehen, wenn du ihm das sagst, sagte Thomas. Ich will ihn ja testen, ob er nervlich noch fertig ist. Denn wenn er zur Besinnung gekommen ist, muß ich auch darüber mit ihm reden können, sagte ich. Thomas lachte und nickte mit dem Kopf. Natürlich werde ich ihm vorher sagen, daß du der Meinung bist, er hätte sein eigenes Kunstwerk nicht selbst verhindern sollen usw., aber einige Vorwürfe, so wie ich sie mir denke, werde ich ihm machen. Außerdem, sagte ich, werde ich ihm den Inhalt deiner APA-Aussendung mitteilen. Da Thomas die Telefonnummer von Peymann nicht dabeihatte, fuhr ich mit ihm nach Nathal und dann ins

CHRONIK EINES SKANDALS

Ignorant oder Wahnsinniger, was ihr wollt

... Man weiß nicht, ob das Spiel des Ignoranten und Wahnsinnigen zu Ende ist oder ob das Theater erst angefangen hat? Es gibt einen Ausweg. Man stelle mit allen Rechtsfolgen dem mutwilligen Claus Peymann den Regiestuhl vor die Türe. Denn das Licht war nicht dunkel genug. Er und der Dichter erfreuen sich der Einmaligkeit: eine Uraufführung und sonst nichts mehr. Otto Schenk inszeniert im Landestheater das Lustspiel „Was ihr wollt" in großer Besetzung. Er soll die übriggebliebenen Termine von Claus Peymann füllen ...

(Josef Laßl, „Oberösterreichische Nachrichten", 7. 8. 1972)

Gasthaus Laska in Laakirchen. Es war 22 Uhr 10, und es meldete sich niemand. Thomas sagte, seine Frau mit dem Kind müßte wenigstens da sein. Da sagte ich, dann probiere ich den Anruf in einer Stunde wieder, denn mit dem Kind können beide nicht so lange wegbleiben. Wir fuhren wieder zu mir nach Weinberg. Um 23 Uhr ging ich zum Nachbarn Reisenberger. Mit Thomas habe ich vereinbart, wenn sich Peymann meldet, sage ich, daß ich ihn in fünf Minuten wieder anrufen werde, da ich von hier aus nicht alles sagen könne. Dann fahren wir gemeinsam zum Laska, damit Thomas mithören kann. Zum Reisenberger konnte Thomas nämlich nicht mitkommen, da er seit Jahren mit ihm verkracht ist. Als ich 06246/28502 anrief, meldete sich Peymann, und ich kam sofort ins Gespräch. Es dauerte genau 20 Minuten.

Dann berichtete ich Thomas: Zuerst habe ich Peymann den Besuch von Angela Schmid mitgeteilt und daß du dadurch weißt, daß Peymann im Freien oder in einem Zelt spielen möchte. Weiters habe ich ihm von Gimmelsberger berichtet, den Inhalt der Aussendung usw., und daß du nicht mehr erreichbar bist und auf das zu erwartende Telegramm nicht reagieren wirst. Du seist zu emotionell und auch erschöpft. Daraufhin gab mir Peymann den Text eines Telegramms an Kaut durch. Er sagte aber, es sei sehr lang. Ich sagte: Das macht nichts, ich werde das behalten können. Peymann las ab:

CHRONIK EINES SKANDALS

Notbeleuchtung …

… Der Anlaß des Streites steht in keinem Verhältnis zu dem Verlust, den die Salzburger Festspiele, die Zuschauer der nun annullierten Aufführungen und nicht zuletzt der Dichter selbst dadurch erleiden … Durch das bornierte Beharren auf einem für den Gesamteindruck der Inszenierung völlig unerheblichen Detail, das zu einer Prestigefrage hochgespielt wurde, wandelte sich Bernhards Schauspiel „Der Ignorant und der Wahnsinnige“ zu einer Tragikomödie, die den Titel „Die Ignoranten und die Größenwahnsinnigen“ tragen könnte …

(haj, „Neue Zürcher Zeitung“, 8. 8. 1972)

Sehr geehrter Herr Professor Kaut! Ich hoffe, wir sind nicht in Schilda. Bei der Generalprobe wurde in Gegenwart der Feuerpolizei die Abschaltung der Notbeleuchtung geduldet und nicht beanstandet. Entgegen alter Theatergepflogenheit, die Aufführungen müssen der Generalprobe entsprechend aufgeführt werden, wurden ich und die Schauspieler völlig im unklaren darüber gelassen, daß bei der Uraufführung die Notbeleuchtung nicht ausgeschaltet wird, obwohl Sie das selbst angeordnet haben. Daraufhin kam es zum Schluß der Aufführung zu Tätlichkeiten, Herrmann wurde an den Haaren gezerrt und ihm die Brille aus dem Gesicht geschlagen, usw. Ich und die Schauspieler sind aber jederzeit und sooft Sie wollen bereit, unter freiem Himmel oder in einem Zelt usw. der Generalprobe entsprechend zu spielen. Ich fordere Sie auf und bitte Sie, das zu ermöglichen usw., usw.

Er hat vor, sagte Peymann, dieses Telegramm der Presse zu übergeben. Ich sagte, das Telegramm sei sehr gut, das wird Bernhard sicher recht sein, wenn Sie das der Presse geben. Bernhard wollte, daß Sie schon früher, am Freitag, der Öffentlichkeit diese Angriffe mitgeteilt hätten, dann wäre die Presse mehr auf Ihrer Seite, aber das Argument mit den zwei Minuten allein war zuwenig. Dann sagte ich Peymann, Schuld an der Sache habe er selbst, denn er habe sich übernommen, die Inszenierung in Hamburg so

CHRONIK EINES SKANDALS

Zwei Minuten Finsternis

... schon beträchtlich vor Beginn der Festspiele, Mitte Juli ..., mußte man sich darüber klar sein, daß Peymann den Salzburger Festspielen – wie man in Österreich sagt – mit dem nackten Hintern ins Gesicht springen wollte ... Der redlich in sich selbst versponnene, ja verbissene Dichter Thomas Bernhard – seinerseits, so möchte man hoffen, weit davon entfernt, all diese Machenschaften zu durchschauen – solidarisierte sich mit Peymann und den Schauspielern ... Peymann und die Seinen dürfen aufatmen. Der Eklat, der bei der Premiere enttäuschenderweise ausgeblieben war, ist ihnen wenigstens bei der zweiten Vorstellung geglückt. Sie haben ihr Plansoll erfüllt ...

(Friedrich Torberg, „Die Welt", 7. 8. 1972)

kurz vorher und dann Salzburg sei ihm zuviel geworden. Da ist er gleich hochgegangen. Er sagte, er hätte sich von Bernhard erwartet, daß er sich schon am Samstag mit ihm in Verbindung setzt. Ich hielt ihm vor, daß er für Bernhard nicht mehr zugänglich gewesen sei, daß Bernhard schließlich sagte, dann seht ihr mich ja für einen Trottel an, dann geh ich als Trottel. Ja, in dem Telegramm an Kaut bat Peymann um eine Aussprache mit ihm und mit Bernhard. Thomas sagte darauf, was habe ich noch damit zu tun? Kaut wird das Telegramm nicht einmal lesen. Das ist alles zu spät. Peymann hätte selbst sofort die Initiative ergreifen sollen, er hätte ja am Samstag zu mir kommen können, wenn er was will von mir, aber er ist ja so unverläßlich. Ich bin nach Maria Alm [Niederalm] zu ihm gepilgert, da habe ich länger als eine halbe Stunde auf ihn warten müssen.
Dann, sagte ich zu Thomas, habe ich Peymann gesagt, daß du im Grunde das Publikum verabscheust, aber es hätte gespielt gehört, denn in diesem Stück hätten sie zu den Fußtritten, die sie bekommen hätten, noch heftig applaudiert. Peymann sagte sofort: Da kann ich Bernhard nicht zustimmen, ich verabscheue das Publikum nicht, ich achte jedes Publikum. So dreht der um, sagte Thomas. Die Angela Schmid hat erzählt, daß er, als sie ihn bei der Premiere vor den Vorhang zerrten, immer vor sich hinmurmelte: Vor diesem Gesindel soll ich mich verneigen, vor diesem Gesindel

CHRONIK EINES SKANDALS

Zwei Skandälchen

... die Aufführung platzte unter großem melodramatischen Aufwand ... Claus Peymann ist wahrscheinlich auf das hereingefallen, was er eigentlich kritisieren wollte: den Salzburger Kulturtourismus. Er selbst ist dessen neueste Attraktion, ist allzu bereitwillig ... auf die Rolle des engagierten Störenfriedes eingegangen ... [Es ist der Widersinn der Requisitengroteske von Salzburg], daß der Regisseur sich von vornherein blindlings auf den Mißbrauch einer Festspielidee, die Deformierung Salzburgs zur Touristenattraktion, einläßt und die ihm zugedachte Rolle des Unruhestifters durchsteht bis zur Preisgabe des künstlerischen Resultats ...

(Jens Wendland, „Die Zeit", 11. 8. 1972)

soll ich mich verneigen. Das ist mir nicht eingefallen, sagte ich zu Thomas, sonst hätte ich ihm das gleich vorgehalten. Während der 20 Minuten habe ich ihn absichtlich vier- bis fünfmal hochgebracht. Es ist daher zwecklos, mit ihm was zu besprechen, nach fünf Minuten ist ein Krach mit ihm da. Er will seine Fehler nicht einsehen. Außerdem sagte er, er sei gar nicht erregt, sondern ganz ruhig. Da er das sagte, ist er es nicht, sonst brauchte er das nicht zu sagen. Er ist in einer Lage, wie wenn er im Moor stünde, sagte ich, und je mehr er um sich schlägt, desto tiefer versinkt er. Jetzt bin ich wenigstens davon überzeugt, daß jede Besprechung mit ihm zu keinem Ergebnis führen würde. Nach den ersten fünf Minuten wäre der Krach da. Ich habe ihn gefragt, wo er morgen zwischen 16 und 17 Uhr anzutreffen sei. Er sagte, zu Hause. Ich sagte ihm, er dürfe kaum hoffen, daß du zu ihm kommst. Natürlich, sagte Thomas, aber morgen werde ich ihn anrufen, weil es von Salzburg aus nicht so viel kostet und weil es mir Spaß macht. Ich habe Peymann gesagt, ich werde ihn wenigstens anrufen, wenn du nicht kommst, und ihm auch versprochen, daß ich versuchen werde, dir alles mitzuteilen. Aber ich hatte den Eindruck, daß er größenwahnsinnig ist und nichts mit ihm zu machen ist. Thomas sagte, daß er nun schon seit der Quartierbesorgung, während der Proben, bis jetzt dauernd mit dem Stück beschäftigt sei und zu was anderem während dieser Zeit nicht gekommen

CHRONIK EINES SKANDALS

Das Notlicht ist dunkel genug

... Man verließ den Vorraum des Theaters mit dem angenehmen Gefühl, Zeuge des bislang wohl albernsten Theaterskandals gewesen zu sein. Die Alberei war allerdings schmerzlich, denn bei einem so ungewöhnlich begabten Theatermenschen wie Claus Peymann dürfte man doch etwas mehr Gespür für das Ereignis Theater voraussetzen. Wer hat während des Spiels auf der Bühne jemals die Notlampen am Rand des Zuschauerraums wahrgenommen? Und wenn Finsternis, endgültig hereinbrechende Finsternis suggeriert werden soll, käme es doch einer Bankrotterklärung der Theaterkunst gleich, wenn man dazu der Ausschaltung der Notlampen bedürfte ...

(Heinz Beckmann, „Rheinischer Merkur“, 11. 8. 1972)

sei. Jetzt hat er endgültig genug. Morgen, sagte er, fahren wir noch nach Salzburg, die Zeitungen interessieren mich noch, aber ich lasse mich nirgends blicken, und ab Dienstag bin ich wieder auf der Krucka. Es war 24 Uhr, als Thomas heimfuhr.

7. August 1972

Um 8 Uhr traf ich Thomas beim Postamt Ohlsdorf. Wir lasen gemeinsam den Artikel von Laßl in den „Oberösterreichischen Nachrichten". Thomas sagte: Das sagt nichts, die Zeitungen heute nachmittag in Salzburg werden interessant. Könnten wir nicht schon um 14 Uhr wegfahren? Ja, sagte ich, hoffentlich wird es uns nicht zu langweilig, bis wir den „Spiegel" bekommen. Du brauchst nicht zu mir zu kommen, ich komm um 14 Uhr zu dir. Wir fuhren beide. Vorher zeigte mir Thomas noch das Telegramm von Peymann: Halte es für notwendig, alles noch einmal zu besprechen. Über eine Essigwurst können wir noch sprechen, sagte Thomas lächelnd.
Um 11 Uhr 45 kam Thomas. Er sagte, er gebe sieben Textbücher und seinen Pullover jetzt gleich in mein Auto, damit er es nachher nicht vergesse. Da Thomas sah, daß ich etwas deprimiert war, sagte er: Du hast natürlich

CHRONIK EINES SKANDALS
Absurdes Theater in Salzburg
... die Reduzierung des Konflikts auf die Frage der Notbeleuchtung verstellt nur den Blick auf die tieferliegende Problematik. Nicht wenige reiben sich jetzt die Hände und erklären, modernes Theater könne man in Salzburg eben nicht machen, die Festspiele seien nicht der Platz dafür. Dies mag tatsächlich stimmen. Nur muß man sich fragen, ob es am modernen Theater liegt oder an den Festspielen. Dort nämlich, wo modernes Theater gemacht wird, kann man sehen, daß es nicht genügt, wenn zwei, drei Leute in der Intendanz derartige Intentionen verfolgen, sondern daß sich ein ganzer Apparat, Beleuchter, Schneider, Bühnenarbeiter ... dafür einsetzt ...
(Werner Thuswaldner, „Salzburger Nachrichten", 7. 8. 1972)

das „Salzburger Volksblatt" und die „Salzburger Nachrichten" gelesen, aber der Leitartikel in den „Salzburger Nachrichten" ist doch sehr gut. Du wirst sehen, was wir am Nachmittag in den deutschen Zeitungen lesen werden, wird ganz anders aussehen. Das ist maßgeblich, nicht diese Lokalzeitungen. Ich sagte: Den Leitartikel habe ich nicht bemerkt. Thomas zeigte drauf, und mir war leichter, als ich den gelesen hatte. Ich muß jetzt noch schnell wohin, sagte Thomas um 12 Uhr 15, und um 14 Uhr bin ich da. Beim Auto gab mir Thomas dann die Bücher, den Pullover und die Windjacke.
Pünktlich um 14 Uhr war Thomas zur Abfahrt nach Salzburg da. Ich hatte mich inzwischen gedanklich mit dem Skandal beschäftigt und sagte zu Thomas: Wenn in einer Zeitung steht, daß Kaut eine Zusage zurückgezogen hat, dann muß er was zugesagt haben, sonst wäre ja nichts zurückzuziehen. Ja natürlich, sagte Thomas, ich hab dir ja schon oft gesagt, daß Kaut selbst zu mir gesagt hat, er hat die Abschaltung der Notbeleuchtung zugesagt, damit die Uraufführung zustande kommt. Er sagte so ganz im Vertrauen zu mir, dann hab ich das abgeblasen und Weisung gegeben, daß nicht abgeschaltet werden soll. Damit hat Kaut aus einem Vertrauensbruch nun einen Vertragsbruch gemacht, sagte ich. Vertragsbrüchig ist Kaut, und er haftet nun für den vollen Schaden, auch für die Rufschädigung, die er begangen hat. Es war dies während der Fahrt auf der Autobahn, und ich bin dabei sehr heftig und zornig geworden, nachdem mir Thomas das von Kaut nochmals wiederholt hatte. Ich sagte, Kaut müsse geklagt werden, der ist schuldig, wenn Thomas das so bestätigt. Außerdem können die Schauspieler ihren Vertrag nicht erfüllen, wenn einer hinter der Bühne zusammengeschlagen wird wie Herrmann und Peymann bedroht wird. Natürlich, davon hätte sich Kaut zumindest distanzieren müssen. Man kann nicht in seinem Hause Gäste zusammenschlagen lassen und sich nicht äußern dazu, das gehört auch alles einmal gesagt. Aber nachdem Kaut gesprochen hat, ist ja nun die andere Seite an der Reihe, eine Darstellung des wahren Sachverhaltes zu geben.
Ungefähr ab Oberwang schwiegen wir, wir hatten uns ausgetobt. Kurz nach Mondsee sagte Thomas: „Mit kühlem Kopf", weißt du, das wirkt gut, mit kühlem Kopf. Ich werde dem Kaut ein Telegramm senden, ganz gleich, was mich das kostet, denn das wird lang werden. Und beginnen werde ich: Mit kühlem Kopf muß ich die heute von der Festspieldirektion veröffentlichte Argumentation gegen Claus Peymann und sein Ensemble als Infamie bezeichnen. Was sagst du dazu, zu „Infamie", das ist gut, nicht? Thomas über-

stürzte sich plötzlich mit Worten wie „hinterhältig", „List", „Vertrauensbruch", usw. Als Thomas die Kirche von Eugendorf sah, sagte er zu mir: Da, hier ist Eugendorf, da ein Postamt, da gebe ich gleich ein Telegramm an Kaut auf. Ich weiß genau, was ich telegrafieren werde.

Vor dem Gemeindeamt Eugendorf, in dem sich auch das Postamt befindet, blieb ich im Schatten stehen. Ich machte den Vorschlag, in den Gastgarten gegenüber zu gehen. Nein, sagte Thomas, bitte hol mir ein Telegrammformular, nein zwei, eins ist zuwenig, ich schreib das gleich im Auto. Ich ging ins Postamt und holte vier Formulare, denn ich hatte vor, Thomas ein Blaupapier unterzulegen, sonst kommt er erst beim Durchgeben darauf, daß er keine Abschrift hat. Als ich mit den Formularen zum Auto kam, sagte ich: Ich gehe inzwischen in den Gastgarten, ich habe Durst. Dann geh ich doch mit, sagte Thomas.

Ich bin ständig, wo immer ich unterwegs bin, verkaufsbereit: Das heißt, ich habe immer eine Aktenmappe mit genügend Schreibpapier, Blaupapier und selbstverständlich Kugelschreiber mit. Das ist für mich lebenswichtig, damit ich zu jeder Zeit einen Vorvertrag über Grund- oder Hauskauf rechtsgültig abschließen kann. Nach dieser Mappe griff ich, als wir den Gastgarten aufsuchten, denn ich wußte ja, daß zumindest das Blaupapier notwendig werden würde. Dort setzten wir uns in den Schatten der großen Kastanienbäume, abseits von den übrigen Gästen.

Thomas verlangte zuerst meinen Kugelschreiber. Ich sagte: Leg gleich Blaupapier unter, sonst mußt du es wieder abschreiben. Thomas wollte schon zum Schreiben ansetzen, als er sagte: Nein, ich muß es mir doch erst aufsetzen, hast du Schreibpapier? Ich reichte ihm ein Blatt. Thomas bestellte Apfelsaft, ich ein Viertel Cola aufgespritzt auf einen halben Liter. Thomas schrieb, und ich schwieg. Nachdem Thomas ein Blatt beidseitig beschrieben hatte, verlangte er noch ein Blatt und sagte: Es ist mir ganz egal, was das Telegramm kostet, es geht nicht kürzer, ich muß das schreiben. Ich reichte ihm ein weiteres Blatt und sagte: Ich hole inzwischen noch vier Telegrammformulare. Als ich zurück war, sagte Thomas: Ich bin schon fast fertig. Ich begann je zwei Stück Telegrammformulare mit Blaupapier dazwischen auf ein Blatt Schreibpapier zu heften und legte noch ein Blatt „für mich", wie ich Thomas sagte, darunter. Thomas begann nun den Text von den zwei Blättern auf die Telegrammformulare in Blockschrift zu übertragen. Er benötigte tatsächlich alle acht Formulare.

Praesident Kaut – Festspiele – Salzburg

Mit kuehlem Kopf muss ich die heute von der Festspieldirektion veroeffentlichte Argumentation gegen Claus Peymann und sein Ensemble als Infamie und die Tatsachen um alle Grade umkehrend bezeichnen – Sie die Festspieldirektion werfen Peymann und seinem Ensemble Vertragsbruch vor und haben selbst die Vertraege mit Peymann und seinem Ensemble gebrochen indem Sie erstens die auf der Generalprobe gegebene Zusage – gleiche Realitaet in der Premiere wie in der Generalprobe im letzten Augenblick und tatsaechlich hinterhaeltig gebrochen und damit die ganze Premiere in Gefahr gebracht und den Schluss des Schauspiels durch Ihren skandaloesen Eingriff verfaelscht haben – Sie selbst haben nach der Premiere in einer Unterredung mit mir zugegeben Peymann hereingelegt zu haben um die Premiere zu sichern – durch Ihren Eingriff aus dem Hinterhalt – einen Vertrauensbruch ohne Beispiel gegen das Ensemble – sind Sie abgesehen auch davon dass der Buehnenbildner Karl-Ernst Hermann hinter der Buehne von Unbekannt zusammengeschlagen worden ist – eine kriminelle Handlung von der Sie sich bis jetzt noch nicht distanziert haben – absolut vertrauens- und durch Ihre arrogante Absage der kuenftigen Vorstellungen vertragsbruechig geworden – der Vertragsbruch liegt voll und ganz auf Ihrer Seite und nicht auf seiten des Ensembles dem ich empfehle auf den kuenftigen Vorstellungen im Landestheater – hier geht es um die Strenge und um die Unbestechlichkeit einer nervenanspannenden Kunst und um ihr Prinzip und nicht um die Gemeinheit eines unappetitlichen Tagesfeuilletonismus – sollten Sie die Vorstellungen tatsaechlich absagen sind Sie und das heisst die Festspieldirektion vertragsbruechig und fuer alle – auch die bereits eingetretenen Schaedigungen – nicht das Ensemble sondern Sie sind fuer das Narren des Publikums verantwortlich – unter diesen befuerchteten Umstaenden ist naturgemaess von seiten des Regisseurs und der gefoppten Darsteller Klage gegen die Festspieldirektion einzubringen denn Peymann und seine Schauspieler zu welchen ich hundertprozentig stehe sind absolut im Recht welches Sie selbst durch falsche und ich muss nocheinmal sagen infame Angaben listig zu hintergehen trachten

Thomas Bernhard

Dann gingen wir gemeinsam zum Postamt. Als der Beamte diesen Pack Telegramme sah, sagte er, er müsse bei der Direktion anfragen, ob er so ein langes Telegramm annehmen dürfe. Er sagte, er hätte mich schon vorher aufmerksam gemacht, Telegramme müssen kurz gehalten sein. Ich hatte dazu nur gelacht und gesagt: So kurz es eben geht, es können auch lange Telegramme kurz gehalten sein. Davon hatte ich Thomas nichts gesagt, um ihn nicht abzulenken. Thomas bekam einen kleinen Wutanfall, während der Beamte telefonierte. Was ist, wenn acht Leute hintereinander mit Telegrammen kommen, dürfen Sie die auch nicht nehmen? Es ist Ihre Pflicht, das sofort durchzugeben, ich muß das hören können, damit kein falsches Wort durchgegeben wird. Es muß wörtlich genau sein, es darf kein Fehler passieren. Dem Beamten wurde von seinem Vorgesetzten gesagt, er müsse es annehmen, aber da er alleine im Postamt sei und er bei Durchgabe am Telefon das Postgeheimnis nicht wahren könne, wenn er es während des Parteienverkehrs macht, könne er das Telegramm erst gegen 19 Uhr weitergeben. Das ist einfach unmöglich, da muß es schon dort sein, schimpfte Thomas weiter, bis ich sagte: Fahren wir in Salzburg zum Hauptpostamt und geben wir es dort auf. Wenn der das telefonisch durchgeben muß und an der anderen Seite sitzt auch so eine Figur wie der, dann kannst du dir vorstellen, was sich da abspielt: Wie bitte, noch einmal, B wie Berta? Usw. Ja, du hast recht, sagte Thomas, sofort zum Hauptpostamt! Aber in meinen nächsten Roman *Korrektur* wird das alles hineinkommen.
Beim Bahnhof in Salzburg war wieder genau die gleiche Parklücke frei wie am Montag vor einer Woche. Das bringt sicher Glück, sagte Thomas. Schon während der Beamte am Schalter die zweihundert Worte zählte, kam die Frau vom Fernschreiber und sah sich den Text an. Ich sagte ihr, sie soll das Wort „gefoppte" nicht übersehen und alles peinlichst genau durchgeben. Es ist das für mich heute das erste Mal, sagte die Frau. Zu Thomas gewandt sagte ich: Das ist eh besser, da wird sie besonders genau arbeiten. Der Beamte war sehr nett, er sagte, so ein langes Telegramm habe er noch nie bekommen, wahrscheinlich hats das überhaupt noch nie gegeben. Drei bis vier Stunden kann es schon dauern, bis es ankommt, obwohl es sofort durchgegeben werden kann, da sonst nichts vorliegt. Thomas zahlte 257 Schilling.
Thomas zeigte mir, während der Beamte noch arbeitete, eine Frau am Nebenschalter. Das ist die Fotografin, die hat mich in Hamburg auch schon

fotografiert, und bei der Hauptprobe hat sie viele Szenenbilder gemacht. Als wir dann aus dem Postamt kamen, trat die Frau an ihn heran, es war Felicitas Timpe, und fragte, ob sie nicht jetzt die längst versprochenen Aufnahmen machen dürfe. Thomas sagte: Ja, denn jetzt fühle ich mich erleichtert. Zwei ganze Filme hatte sie bereits verschossen, da fragte sie, die gute Gelegenheit ausnutzend: Und jetzt darf ich noch einige Farbfotos machen? Ihr Sohn knipste auch dauernd dazwischen. Bei einigen Aufnahmen durfte ich mich danebenstellen. Da ich bemerkte, daß Thomas sein Aussehen völlig verändert hatte, sagte ich zur Fotografin, Thomas sei nicht fotogen, es kommen selten gute Bilder von ihm zustande, aber unter so vielen müßte doch was Brauchbares dabei sein. Sie gab Thomas noch ihre Karte, sie war aus München und versprach einige Fotos zu senden. Ja, aber die Adresse hab ich ja gar nicht, sagte sie. Daraufhin gab ich ihr meine Karte, schrieb vorher aber Thomas Bernhard dazu und sagte: Ohlsdorf genügt.

Thomas Bernhard, Karl Ignaz Hennetmair, 7. August 1972.

Inzwischen war es 17 Uhr 30 geworden. Von Eugendorf hatte ich Peymann angerufen und ihn für 18 Uhr 30 zum Schloßwirt in Anif bestellt. Da wir noch Zeitungen kaufen wollten, mußten wir uns beeilen, der Text sollte ja auch noch der APA übergeben werden. Wir kauften am Bahnhof noch folgende Zeitungen: „Der Tagesspiegel", „Die Welt", „Stuttgarter Nachrichten" und die „Frankfurter Allgemeine". In jeder war ein Artikel über die Auseinandersetzung um die Peymann-Inszenierung. Dann fuhren wir zum Mozartplatz und gingen von dort zu Fuß zum Festspielhaus. Thomas bemerkte, daß einige Leute, die ihn sonst sehr freundlich grüßten, wegsahen. Da lernt man sie kennen, sagte er. Beim Sonderpostamt vor dem Festspielhaus ließ ich die sieben Textbücher abstempeln, von denen ich mir eines behalten durfte. Auch ein Kuvert ließ ich mir stempeln. Da Thomas Bedenken hatte, der Stempel könnte geändert werden, was ich für ganz und gar ausgeschlossen hielt, habe ich den Beamten danach gefragt, sodaß Thomas selbst hören konnte, daß der Stempel keinesfalls geändert wird. Dann fuhren wir zur APA. Thomas ließ seine Durchschrift des Telegramms dort fotokopieren, ich wartete herunten in der Eingangshalle, die wir um 18 Uhr 20 betraten. Da Thomas sagte, es könne auch etwas länger dauern, besorgte ich mir die Telefonnummer des Schloßwirtes in Anif. Um Punkt 18 Uhr 30 wählte ich 06246/2175. Dazu trat ich unter die Plexiglashaube zum Telefon. Den Zettel mit der Nummer hatte ich in der Hand. Als ich den Hörer mit der Linken abhob und mit der Rechten wählen wollte, bemerkte ich, daß es keine Möglichkeit gab, den Zettel hinzulegen. Am unteren Rand der Plexiglashalbkugel versuchte ich immer wieder, den Zettel hinzulegen, aber er rutschte ab. Da rief ich zur Portierloge hin: Den Architekt Peichl brauche ich dringend, er soll mir den Zettel halten, damit ich wählen kann. Der junge Mann dort lachte, inzwischen wählte ich die Nummer aus dem Gedächtnis. Als sich Peymann, den ich rufen ließ, meldete, sagte ich: Es ist jetzt genau 18 Uhr 31, wir sind noch immer bei der APA im neuen Funkhaus, damit Sie nicht ohne Nachricht ungeduldig warten müssen, sage ich Ihnen Teile des Textes, den Sie dann bekommen werden. Man kann nicht sagen, ob es hier noch fünf Minuten oder 15 Minuten dauern wird, denn es müssen Fotokopien gemacht werden, und wenn Gimmelsberger nicht da ist, muß er vielleicht erst gerufen werden. Peymann bedankte sich sehr. Das ausnutzend sagte ich noch, er solle möglichst auf alle Vorschläge von Thomas eingehen, denn wenn es wirklich auf was

ankommt, ist doch Thomas der größere „Denker“, und wenn er auch einmal sehr rasch handelt, so macht er doch instinktiv immer das Richtige.
Ungefähr zehn Minuten später kam Thomas mit Gimmelsberger die Stiege in die Halle herunter und machte uns bekannt. Thomas mußte ihm von mir einiges erzählt haben, denn er sagte, daß ich da tüchtig mithelfe. Nachbarschaftshilfe, sagte ich zu Gimmelsberger.
Kaum waren wir in Anif beim Schloßwirt eingetroffen, wurde Thomas schon zum Telefon gerufen. Es war Gimmelsberger, im Text fehlten zwei Worte. Thomas ließ diese hinzufügen, und als er zurückkam sagte er: So einen Lektor müßte man haben.
Peymann war vom Text begeistert, und während wir, Thomas und ich, etwas aßen, schrieb sich Peymann den Text ab. Er wollte anschließend den Text seinen Schauspielern in Berlin am Telefon vorlesen.
Im Grunde drehte sich das ganze Gespräch mit Peymann immer im Kreise. Schließlich einigten wir uns, auf einen Sprung in Peymanns Haus zu kommen, da er einige Kritiken hatte, die Thomas nicht kannte. Auf der Terrasse des Hauses empfing uns Peymanns Gattin. Wir blieben nur kurz, denn Thomas wollte spätestens um 22 Uhr bei mir sein, da er um 22 Uhr noch einen Besuch vorhatte. (Seit einiger Zeit bemerke ich, daß er „flockerlt“. Seit der Ortstratsch behauptet, daß er gesehen wurde, als er mit einer blonden Frau zum Pfarrer das Aufgebot bestellen ging.)
Ich ließ mir von Peymann in eines der sieben Textbücher unter die Festspielmarke mit dem Sonderstempel noch schnell ein Autogramm geben, und dann fuhr ich mit Thomas ins Bazar voraus. Die Peymanns sollten nachkommen. Kurz nachdem wir auf der Terrasse Platz genommen hatten, trafen auch die Peymanns ein. Wir schärften Peymann nochmals ein, nichts Unüberlegtes zu unternehmen, am besten gar nichts, sondern gleich dem Dr. Stern in Wien alles zu übergeben. Um 22 Uhr sagte ich zu Thomas: Jetzt wolltest du schon bei mir angekommen sein. Macht nichts, sagte Thomas, es kann auch später werden. Jetzt warten wir noch eine halbe Stunde, dann bekommen wir schon die Zeitungen von morgen zu kaufen. Als Leute in Abendkleidern aus irgendeiner Vorstellung ankamen, sagte Peymann: „Ich kann Opernbesucher nicht riechen“, ein Zitat aus Thomas’ Stück. Um 22 Uhr 30 kauften wir die Dienstagausgabe des „Salzburger Volksblattes“ und der „Salzburger Nachrichten“. Nachdem Peymann den Artikel im „Volksblatt“ gelesen hatte, war seine Stimmung wieder auf Null.

Nach neuerlichem Zuspruch fuhren wir weg. Als wir um 24 Uhr bei mir zu Hause ankamen, sagte Thomas: Jetzt waren wir genau zehn Stunden beisammen, aber es kommt mir vor, als wären es höchstens drei gewesen. Während der Fahrt haben wir noch ausgemacht, daß ich morgen früh um 7 Uhr 30 bei ihm sein soll, um mit ihm auf die Krucka zu gehen und den Fernseher schleppen zu helfen.

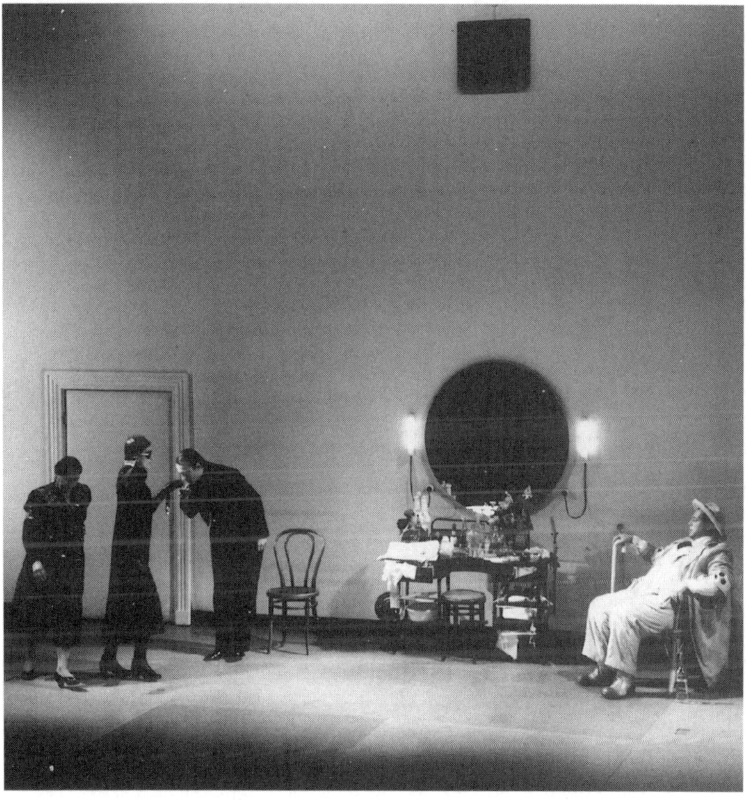

„Der Ignorant und der Wahnsinnige", Salzburger Festspiele 1972, die Garderobe der „Königin der Nacht". Auch in seinen anderen Theaterstücken bevorzugte Thomas Bernhard ein Bühnenbild mit hohen, kahlen Räumen.

BERNHARDS SALZBURGER TAGEBUCH

Ein „Vertrauensbruch“, so Regisseur Claus Peymann, hat dem zweiten Drama des renommierten Prosa-Autors Thomas Bernhard nur ein einmaliges Bühnendasein gewährt. Wie bereits mehrfach geschildert, haben sich das Inszenierungsteam und die Darsteller durch die bei der Generalprobe abgegebene Garantie einer „totalen Finsternis“ für die letzten Minuten der Aufführung zur Premiere entschlossen, wo sie deren Nichteinhaltung erlebten. Im Anschluß daran kam es hinter der Bühne zu Handgreiflichkeiten und in der Öffentlichkeit zu einem sehr intensiven Austausch von Stellungnahmen zwischen Peymann und Festspielleitung. Auch der Autor griff selbst in diese – ungewöhnliche – Kontroverse ein und bewies dabei theaterreife Verwandlungsfähigkeit.

„Es wurde in meiner Gegenwart während der Probe zu meinem Stück, im Einvernehmen mit allen Zuständigen, zugesichert, daß auch bei der Premiere zum Schluß eine zweiminütige völlige Finsternis eintritt. Ich war Augen- und Ohrenzeuge!“

Thomas Bernhard am 1. August

„Aber es ist besser, die Aufführung nicht mehr zu sehen, als einen Kompromiß zu machen!“

Thomas Bernhard am 2. August

„Eine Gesellschaft, die zwei Minuten Finsternis nicht erträgt, kommt ohne mein Schauspiel aus.“

Thomas Bernhard am 3. August

„Wir spielen, doch lassen wir den Schluß weg.“

Thomas Bernhard am 4. August

„Mein größter Wunsch wäre es, diese Aufführung noch einmal in Salzburg zu sehen, gleichgültig, ob es ganz finster ist oder nicht.“

Thomas Bernhard am 5. August

(„Kleine Zeitung“ Graz, 8. 8. 1972)

8. August 1972

Bei meinem Eintreffen in Nathal um 7 Uhr 30 waren Tor und Türen geöffnet. Schon im Hof hörte ich Thomas auf der Schreibmaschine tippen, daß es sich aus der Ferne wie ein Maschinengewehrfeuer anhörte. Thomas kann nur auf Modellen der 20er oder Anfang der 30er Jahre schreiben, weil er so hindrischt auf die Typen, daß von späteren Modellen in wenigen Tagen die Typen wegfliegen, einfach abbrechen. Meistens schreibt er auf der Maschine seines Großvaters Freumbichler. Er hat sich aber ein zweites solches Modell dazugekauft, denn er hat auch die alte, starke Maschine schon öfter zusammengedroschen, und während der Reparatur ging seine moderne Reisemaschine regelmäßig kaputt. Thomas schrie von oben herunter: Du entschuldigst, ich muß dem Unseld noch einen Brief schreiben, daß ich nun mein Geld von Salzburg gleich will. Es wurde knapp acht, als Thomas fertig war. Wir verluden den Fernsehapparat in meinen Wagen, Thomas gab mir den Brief an Dr. Siegfried Unseld, 6 Frankfurt am Main, Lindenstr. 29–37. Ich soll zur Post vorausfahren, sonst ist der Briefträger weg, und soll den Brief eingeschrieben aufgeben. Er muß noch überall absperren und kommt gleich nach. Beim Postamt wartete ich auf ihn, wir fuhren, er voraus, nach Reindlmühl. Über Ehrendorf – Buchen folgte ich ihm. Als ich sah, daß Thomas nach Pinsdorf hineinfährt und den Weg durch das Aurachtal nimmt, bog ich, von ihm unbemerkt, in die Umfahrungsstraße ein und nahm den Weg über Altmünster, weil es, meiner Ansicht nach, dort viel näher ist. Ich war tatsächlich vor Thomas beim Aufstieg zur Krucka eingetroffen, und Thomas schüttelte darüber den Kopf. Den Fernseher schleppten wir gemeinsam in einer Decke. Viermal mußten wir rasten. Während des Aufstiegs erzählte mir Thomas, daß er den O'Donell getroffen habe. Jetzt sitzt der in der Tintn, sagte dieser, ich hätte mir das gar nicht angefangen, usw. Da sieht man wieder, diese Leute sind nur für den bequemen Weg. Der O'Donell hat ja für so einen Fall überhaupt kein Verständnis, sagte Thomas. Über die Besitzverhältnisse der „Furche", die im Besitze von Kardinal König, einigen Bischöfen und Prälaten ist, entwickelte sich das Gespräch zur Kirchensteuer. Thomas sagte, bei Frau Maleta in Oberweis habe er die Tochter des Grafen Lamberg aus Kitzbühel getroffen, und diese habe gesagt, daß ihr Vater wegen der Kirchensteuer von der Kirche ausgetreten sei. Ich habe schon einige Male daran gedacht, aus der Kirche auszutreten, sagte Thomas. Stell dir vor, wenn das ein Graf Lamberg, noch dazu in Tirol machen kann, was das heißt. Ja, das weiß ich, denn das ganze Land Tirol ist der hl. Muttergottes geweiht, und die Tiroler sind streng religiös.

Weißt du, sagte Thomas dann, als wir wieder Rast machten, ich werde zwar heute auf der Krucka heroben schlafen, aber ich kann nicht heroben bleiben, wie ich es vorgehabt habe. Ich habe jetzt nachgedacht, ich geh mit dir gleich wieder hinunter und fahre nach St. Wolfgang zur Hilde Spiel. Es gehört sich, daß ich mich für ihren Artikel von gestern in der „Frankfurter Allgemeinen" bedanke. Glaubst du, ich kann sie, wie ich bin, besuchen? In der Früh, als ich mich anzog, habe ich noch nicht gewußt, daß ich hinfahre. Ich muß halt sagen, ich komme vom Berg. Dann werde ich mit beiden essen. Ihr Mann ist nämlich auch da. Aber bis spätestens 17 Uhr bin ich wieder zurück. Könntest du mich dann nicht abends noch einmal besuchen? Du bist der einzige, mit dem ich normal sprechen kann. Ja, und obwohl nicht vom „Fach", weiß ich doch mehr von dir und bin mehr eingeweiht als alle anderen, sagte ich. Mit mir kannst du sogar über deine Arbeit normal reden, das glaube ich schon.

Auf der Krucka angekommen, hatten wir bald das Testbild, aber Thomas ersuchte mich, zur genaueren Einstellung der Antenne nochmals zu kommen. Wir wanderten wieder hinunter zu den Autos und fuhren weg. Vorher sagte ich aber noch zu Thomas, daß ich abends zwischen 18 und 19 Uhr auf die Krucka kommen würde, genau wollte ich mich nicht festlegen.

Es ergab sich dann tatsächlich, daß ich von 17 Uhr 30 bis 18 Uhr 30 bei Fritsch in Gmunden über einen Hausverkauf verhandeln mußte, und so traf ich um 18 Uhr 45 auf der Krucka ein. Unten beim Aufstieg stand ein Wagen, W-526 oder W-556, auf jeden Fall eine niedere Nummer. Das konnte nur das Auto vom Präsidenten des Nationalrates Maleta sein, denn außer Frau Maleta kennt niemand aus Wien den Weg zur Krucka. Als ich mich der Krucka aus dem Wald heraus näherte, spielten drei Kinder vor dem Hause, und aus der Ferne glaubte ich, die gehören zum Besuch. Erst als ich näherkam, sah ich, daß es die Kinder der Nachbarn waren. Der Nachbar selbst mähte weiter unten mit dem Motormäher für Thomas die Wiese. Als ich ca. 30 Meter vor dem Hause angelangt war, trat Thomas mit einer blonden Frau heraus und verabschiedete sie. Im Dirndlkleid und barfuß huschte sie an mir vorbei, während mir Thomas schon die Hand entgegen-

streckte. Frau Maleta, fragte ich, während wir ins Haus traten. Ja, nicht so laut, wegen der Kinder, sagte Thomas.
Dann beschäftigten wir uns mit dem Fernseher und der Antenne. Ich hatte das Tagesprogramm mitgebracht, dadurch konnten wir feststellen, welchen Sender wir hatten. Die Antennenschnur war aber etwas zu kurz, sodaß wir außer den „Baumwollpflückern" nichts hereinbekamen, und das war laut Programm Ö1. In Nathal bekommt Thomas beide österreichischen Programme und das 1. und 2. deutsche Fernsehprogramm herein. Wir haben dann weitere Versuche auf ein andermal verschoben. Thomas war schon zufrieden, daß er ein Programm bekommt, um nicht wegen der Nachrichten hinunter zu müssen.
Wir besprachen noch den morgigen Tag. Da ich in der Früh in Gmunden zu tun habe, ersuchte mich Thomas, seine Post im Café Brandl abzugeben. Er selbst werde erst gegen 11 Uhr hinkommen. Es war inzwischen 21 Uhr geworden, und Thomas gab mir seine Taschenlampe mit auf den Weg. Denn durch den Wald ist es stockfinster, sagte er. Wenn du morgen keine Post hast, dann liegt zumindest die Taschenlampe im Brandl, sagte ich zu Thomas und war weg.

9. August 1972

Am Postamt Ohlsdorf folgte mir um 8 Uhr der Briefträger einen Einschreibebrief aus. Der Absender war Dr. phil. Edgar Schmidt, Professor, Vorstadt 9/IV A-6800 Feldkirch Vlbg. Über der Anschrift stand deutlich Privat, persönlich. Aber das störte den Briefträger nicht im geringsten, ich sagte auch nichts und bestätigte den Empfang mit meinem Namen. Ein zweiter Brief war von Architekt Hufnagl aus Wien. Dick mit Filzschreiber beschrieben, typisch Hufnagl, nicht zu übersehen. Ich hatte mir eine Schnur mitgenommen und machte die beiden Briefe mit der Taschenlampe zu einem Paket. Um 9 Uhr gab ich das im Café Brandl ab. Bernhard war aber heute schon da, sagte man mir. Dann wird er um 11 Uhr nochmals kommen, sagte ich und ging weg. Nach meinen weiteren Besorgungen ging ich um 11 Uhr ins Brandl. Thomas saß an einem Tisch mit einem Pack Zeitungen vor sich. Er las mir die markantesten Stellen aus den deutschen Zeitungen vor, und er verlangte auch immer wieder, ich solle lesen. Wenn ich bei dir sitze, kann ich nicht konzentriert lesen, sagte ich. Ja, aber das und das mußt du wissen, sagte Thomas und las weiterhin wichtige Sätze aus den verschiedensten Artikeln vor.

Ich sagte dann Thomas, daß ich gerade von Dr. Meingast komme, der auch die Uraufführung gesehen hatte. Mit dem habe ich den Fall besprochen. Weil es nichts kostet, fügte ich hinzu. Der sagte mir, daß gestern im Mittagsjournal der gesamte Text des Telegramms verlesen wurde. Davon haben wir gar nichts gewußt, sagte ich. Du warst bei der Hilde Spiel um diese Zeit, und ich war froh, auch einmal nichts mehr zu hören von den Nachrichten nach diesem anstrengenden Tag. Außerdem hätte ich nicht geglaubt, daß das so schnell in den Nachrichten kommt. Da Thomas nichts wußte, mußte ich ihm auch noch sagen, was Kaut dazu gesagt hat. Da das somit endgültig die Anwälte in der Hand haben, sagte Thomas, mußt du gleich den Peymann anrufen. Sag ihm, er soll aus Salzburg verschwinden und soll vorher noch den Dr. Stern mit der Klage beauftragen. Willst du das nicht selbst machen, sagte ich. Nein, mach bitte du das und laß das Gespräch auf meine Rechnung setzen. Sag ihm noch, sagte Thomas, wenn er mit mir sprechen will, soll er zu dir kommen, du wüßtest sofort, wo du mich erreichen kannst. Sonst kommt er und findet mich nicht, denn in Nathal bin ich in den nächsten Tagen sicher nicht.

Ich rief also Salzburg an, und Frau Peymann war am Apparat. Ich sagte ihr, Thomas ließe ihnen anraten, von Salzburg wegzufahren, sicherlich würden sie schon genug haben von Salzburg, und Peymann solle vorher noch den Dr. Stern beauftragen, usw. Auch daß sie zu mir kommen sollen, wenn sie mit Bernhard sprechen wollen. Frau Peymann versprach, das auszurichten, und gab schöne Grüße an Thomas auf. Dann berichtete ich Thomas vom Gespräch und kam wieder auf Dr. Meingast zu sprechen. Der sagte, infam, listig, hinterhältig, das alles seien Beleidigungen, und von Kaut könne er geklagt werden. Er, Meingast, glaube aber, daß Kaut vielleicht gar nicht klagt, weil Bernhard ja eine gewisse Narrenfreiheit genießt. Das ist mir egal, sagte Thomas, ob Kaut klagt, ich nehme nichts zurück und lasse mich lieber um einige tausend Schilling strafen, oder ich setze mich sogar acht Tage ins Gefängnis dafür. Ja, du lachst, aber ich würde ganz gerne einmal für acht Tage im Gefängnis sein. Das habe ich noch nicht erlebt, das würde ich auch ganz gern noch kennenlernen. Mit Wonne würde ich ins Gefängnis gehen.

Zehn Minuten vor 12 Uhr, beim Weggehen aus dem Brandl, fand Thomas den Autoschlüssel nicht. Wir suchten den Polstersitz ab, nichts zu finden. Ich war nur bei Mader und in dem anderen Zeitungsgeschäft, in der Theatergasse, sagte Thomas. Bitte, bleib noch da, wenn ich den Schlüssel nicht finde, ich bin um 12 Uhr verabredet, dann mußt du mich dort hinbringen. Bei Mader war nichts. In der Theatergasse sagte die Besitzerin: Wir haben nichts gesehen von einem Autoschlüssel. Dann griff sie nach einer ganz tiefen Lade am Boden, hob so ein Lederschlüsseletui in die Höhe und fragte: Ist es vielleicht das? Ja, sagte Thomas und griff danach. Gott sei Dank, sagte er, ich hab nämlich die Hausschlüssel von beiden Häusern auch im Auto, ich hätte nirgends hineinkönnen.

10. August 1972

Wie gut war es, daß ich mich mit meinen Schreibarbeiten in ein kleines Gewölbe in meinem Haus zurückgezogen habe. Diesmal wäre ich im Wohnzimmer von Thomas ganz schön überrascht worden. Plötzlich um 9 Uhr kam Thomas. Er sagte, er komme gerade von der Krucka herunter, weil wir vergessen hatten, wegen seiner Post etwas auszumachen. Es wäre ihm angenehm, wenn ich, während er auf der Krucka ist, seine Post übernehmen würde. Ich sagte: Gut, jeden zweiten Tag bringe ich dir die Normalpost, Telegramme bringe ich sofort. Darf ich bei dir auf den Briefträger warten? fragte Thomas. Da müssen wir aber hinausschauen, denn ich habe meine Post heute schon geholt, er kommt daher nicht ins Haus. Wir traten vors Haus, und zufällig kam der Briefträger schon daher. Thomas übernahm die Post und sagte dem Briefträger, wenn Telegramme kommen, solle er sie auch bei mir abliefern. Seine übrige Post werde wieder Hennetmair abholen. Dann zeigte mir Thomas eine Karte von Hilde Spiel. Sie schrieb, daß sie ihn noch verständigen werde bezüglich der Fernsehrechte für die Aufzeichnung, die der ORF machen sollte. Sie wird noch berichten, schreibt sie, sagte Thomas. Dann vereinbarten wir, daß ich ihm morgen, Freitag, die Post bringe.

Thomas sagte dann: Peymann hätte schon längst kommen sollen, er muß was unternehmen. Den Peymann mußt du jetzt vollkommen abschalten, sagte ich, das muß jetzt vorbei sein. Ja, aber Peymann ist so weich, er tut mir leid, sagte Thomas. Was glaubst du, wie die ihn zermahlen, wenn er sich nicht wehrt. Ja, mir tut er noch mehr leid wie dir, sagte ich zu Thomas, aber nur, weil du ihn in einigen Jahren für ein neues Stück brauchen könntest. (Thomas merkte, daß ich auf eine Komödie anspielte.) Aber du hast jetzt genug für ihn getan, noch dazu, wo wir sogar gestern noch einmal angerufen haben, das muß genug sein. Wenn er weich ist und das, was du bis jetzt für ihn getan hast, nichts nützt, dann verdient er kein Mitleid mehr. Ja, schon, er muß jetzt selbst was unternehmen, sagte Thomas. Also gut, morgen bringst du mir die Post, je früher, je lieber. Um 9 Uhr 30 war Thomas wieder weg.

11. August 1972

Mit dem Zettel, den ein Besucher am Tor zurückgelassen hatte, und mit einem Brief des Suhrkamp Verlages traf ich um 8 Uhr 45 bei Thomas auf der Krucka ein. Ich erzählte Thomas, daß gestern in „Österreichbild" sein Sonderstempel als philatelistische Rarität gezeigt wurde. Thomas sagte, er arbeite bereits. Ich sagte, daß er nun sein Buch *Korrektur* gut abgelagert zu Papier bringen werde, so wie ein Lungenbraten, Bier, Käse, chinesische Eier oder sonstige Spezialitäten gut abgelagert am besten sind. Im Kopf hat Thomas sein Buch längst gespeichert.
Morgen, Samstag, sagte ich schließlich, gibt es keine Post. Am Montag um 7 Uhr 30 schau ich in Nathal, ob du Post oder Zettel hast, da sehe ich auch, ob es dir inzwischen anders eingefallen ist und du wieder unten bist. Wenn nicht, bringe ich dir alles mit der Montagpost gegen 9 Uhr. Wenn du wider Erwarten hinunterkommst, schau zu mir. Um 9 Uhr 15 war ich weg.
Als ich kurz vor 12 Uhr nach Hause kam, sagte mir meine Frau, daß Peymann mit Gattin da gewesen sei. Er suche den Thomas und warte auf mich im Café Brandl. Ich fuhr ohne Mittagessen zum Brandl und führte die Peymanns auf die Krucka. Dort mußte ich Thomas erst vom Nachbarhaus holen. Am Weg vom Nachbarhaus zu Peymann sagte mir Thomas, daß er vom Verlag einen herrlichen Brief bekommen habe, den wolle er mich lesen lassen, aber Peymann wolle er nichts davon sagen. Peymann und ich hatten großen Hunger, und wir bekamen von Thomas eine Brettljause. Peymann rückte noch immer nicht damit heraus, warum er gekommen sei.

Erst als wir alle draußen unter einem schattigen Birnbaum saßen, sagte Peymann, daß die ORF-Aufzeichnung gemacht werde. Die Termine 24. bis 26. 8. seien schon festgelegt. Nekola [Dr. Tassilo Nekola, Direktor der Salzburger Festspiele] sei sehr freundlich, usw. Dann wollte Peymann die Geheimnummer von Dr. Michael Stern und notierte sich, was er an Unterlagen zu Dr. Stern mitbringen sollte. Als aber Peymann die Frage stellte, was er machen solle, daß eventuell doch noch gespielt werden könnte, wurde Thomas heftig und sagte ihm, daß das endgültig vorbei sei. Ich berichtete Peymann von meiner Unterredung mit Dr. Meingast. Peymann sagte dann: Die freibleibenden Termine will Otto Schenk ausfüllen, die Schauspieler wollen aber aus Solidaritätsgründen nicht spielen. Da sagte ich, erstens werden die Schauspieler nicht Zeit haben, zweitens werden sie nicht wollen, und drittens werden sie deswegen sagen, daß sie aus Solidaritätsgründen nicht spielen. Thomas und Peymann pflichteten mir bei.
Peymann erwähnte noch, daß er von Nekola sogar eine Probe für den 23. genehmigt bekommen habe und daß er Ganz telefonisch gesagt habe, er müsse unbedingt täglich eine Stunde Text üben. Zu der Probe am 23. möchte Peymann ca. 30 Prominente einladen, usw. Ich bat Peymann, ob ich auch kommen dürfe. Natürlich, sagte er. Ich wollte mich absichern, denn es schien mir nicht wahrscheinlich, daß Thomas hinfährt, mich plagte aber die Neugierde.
Um 14 Uhr 30 brachte ich die Peymanns wieder zum Parkplatz in Altmünster, wo Frau Peymann den Wagen abgestellt hatte. Peymann meinte, ich solle ihm auch so ein Haus wie die Krucka besorgen. Ich sagte, er müsse zuerst ab sofort das doppelte Honorar für seine Arbeit verlangen und in einem Jahr noch einmal das doppelte. Dann brauche er für das gleiche Geld nur ein Viertel seiner bisherigen Arbeit zu leisten, und dann könne er so ein Haus erst ausnützen. Vorher hat das keinen Sinn. Er hat ja keine Zeit, so ein Haus zu bewohnen. Dasselbe habe ich Thomas vor Jahren vorgeschlagen. Der hat das so gemacht, und bei ihm, Peymann, wird das auch gehen. Man braucht nur zu fordern, wenn man was kann. Peymann nahm das wortlos zur Kenntnis. Er war überhaupt schon beim Weggehen von Thomas etwas bedrückt, da dieser von Peymann rascheres Handeln bezüglich der Forderungen gegen Kaut verlangte.
Ich war leider schwach, als mich Thomas ersuchte, daß ich abends noch zu ihm kommen sollte. Für spätestens 20 Uhr sagte ich zu. Aber als ich mich

von den Peymanns um 15 Uhr verabschiedet hatte, hatte ich so einen vollen Kopf, daß ich es sehr bereute. Statt zu schreiben, legte ich mich hin, und um 19 Uhr 30 rief ich bei Peymann an. Frau Peymann war am Apparat und sagte, ihr Mann sei schon nach Wien unterwegs, denn morgen um 9 Uhr habe er mit Dr. Stern eine Besprechung. Mit dieser Nachricht stieg ich dann doch etwas lieber zu Thomas auf. Taschenlampe war notwendig. Das Gespräch mit Thomas drehte sich immer im Kreise. Seit dem Skandal kommen wir von dem Thema Salzburg nicht mehr los, obwohl wir uns schon wiederholt vorgenommen hatten, nicht mehr davon zu sprechen, weil wir davon nichts mehr hören können. Aber Thomas zeigte mir den Brief von Unseld.

Es waren in dem Kuvert drei Briefe:

1. der von Kaut an den Suhrkamp Verlag, der mit 7. 8. datiert war und begann: Wie Sie bereits den Zeitungen entnommen haben, hat Peymann unter Mitwirkung von Thomas Bernhard, usw. Der ganze Brief war sehr schwach und dürftig.

2. der Brief an Thomas, nur wenige Zeilen, in denen auf die Abschrift des Kautbriefes hingewiesen wurde und daß Thomas, juristisch gesehen, nicht als Vertragspartner des Kaut angesehen werden kann. („Wie gut wäre es, wenn Sie doch ein Telefon hätten", begann der Brief.)

3. ein Durchschlag des Schreibens des Suhrkamp Verlages an Kaut. Dr. Unseld hält Kaut vor, daß er sich vor Lösung der Verträge mit ihm hätte besprechen sollen, da er ja wußte, daß er sich drei Tage in Salzburg aufgehalten hat. Der Verlag besteht auf Einhaltung des Vertrages auch hinsichtlich der ORF-Aufzeichnung, denn es hätten bereits Gespräche mit deutschen Fernsehanstalten stattgefunden und Kaut könne sich selbst ausrechnen, wie hoch diese Schadensforderungen alleine bezüglich der Aufzeichnungen sein würden. Unseld verlangte Zahlung der restlichen 20.000 DM bis 15. 8. (10.000 DM wurden bereits bezahlt, das Gesamthonorar war 30.000 DM). Sollte der Betrag nicht bis 20. 8. in Händen des Verlages sein, wird der Verlag den Betrag zwangsweise eintreiben, usw. Wiederholt wies Unseld darauf hin, daß nicht Thomas Bernhard, sondern der Verlag Vertragspartner sei und daß es vollkommen belanglos sei, welche Rolle Bernhard in der Skandalangelegenheit gespielt habe. Das kann keinerlei Auswirkungen auf den Vertrag, welcher ja nur zwischen den Festspielen und dem Verlag geschlossen wurde, haben.

Dieser Brief war rechtlich gesehen brillant formuliert, sodaß mir eine Wiedergabe besonders schwer fällt. Einzelne Stellen dieses Briefes ging Thomas mit mir immer wieder durch, und er sagte, daß er an den Verlag schon am Vormittag geschrieben habe, er habe schon lange keinen so gut geschriebenen Brief gelesen. Thomas sagte: Aus Angst vor diesem Brief, da hätte ja auch eine schreckliche Nachricht drinnen sein können, habe ich ihn heute früh neben dir nicht geöffnet. Es war gut, daß du mir den gebracht hast, denn morgen hat der Verlag schon wieder meine Antwort darauf. Ich habe Unseld nochmals geschrieben, daß ich nach dem Telegramm an Kaut, das ohnehin den Sachverhalt ausführlich darstellt, nichts mehr verlauten lassen werde und daß ich nun für niemanden mehr zu sprechen bin und daß ich auch auf Angriffe gegen meine Person nunmehr nicht reagieren werde, usw. Der Verlag soll genau wissen, daß ich jetzt schweigen werde, bis ich als Zeuge verlangt werde. Wir sprachen auch davon, daß wir in Salzburg gemeinsam ganz versteckt und zurückgezogen der Probe am 23. beiwohnen würden.
Gegen 23 Uhr 30 machte ich mich auf den Weg.

13. August 1972

Um 7 Uhr 45 rief mir meine Frau aus der Küche ins Wohnzimmer zu: Thomas kommt! Meine Frau wollte mich warnen, denn ich wollte einiges schreiben. Ich war aber noch nicht soweit und hatte noch nichts ausgebreitet. Daher konnte ich ihm gleich zur Haustür entgegengehen. Warum Thomas so einen Riecher hat und weiß, daß er mich am Sonntag um 7 Uhr 45 schon angezogen und nicht im Bett trifft, ist mir unerklärlich. Wenn er kommt, er triffts immer.
Thomas sagte, er komme von Nathal, er mußte herunter, um sich zu baden. Er fand ein Telegramm vom Schillertheater in Berlin vor. Am 1. September soll er dort eine Lesung machen und der Aufführung am 3. beiwohnen. Ich weiß noch nicht, was ich machen soll, ob ich da hinfliege. Wenn ich ein Telefon hätte, das wäre furchtbar, statt des Telegramms hätten die angerufen. Eine Sekretärin würde beauftragt werden, den ganzen Tag zu versuchen, mich an den Draht zu bekommen. Dann würde sie sagen: Sie werden gewünscht, Moment, ich verbinde, und dann könnte ich warten. Es ist

ganz verkehrt, was Unseld geschrieben hat. Wie gut, daß ich in den vergangenen Wochen kein Telefon hatte. Natürlich, deswegen habe ich dich ja davor zurückgehalten, sagte ich, außerdem müßtest du am Telefon sofort sagen, ob du am 1. 9. nach Berlin kommst oder nicht. Wenn du ablehnst, würde man dich zu überreden versuchen, momentan könntest du möglicherweise nicht entscheiden, auf alle Fälle wäre das telefonisch blöd. So kannst du dir die Antwort auf das Telegramm gut überlegen. Ich muß jetzt abwägen, sagte Thomas, was dafür spricht und was dagegen, dann sehe ich, was schwerer wiegt. Eine Lesung war eigentlich noch nie gut für mich. Dann dachten wir beide eine Weile nach. Naja, sagte ich dann, zusagen mußt du schon jetzt, du weißt nicht, was Peymann vom 23. bis 26. 8. noch alles anstellt, welche Schlagzeilen der wieder macht. Von der Presse wird die Aufzeichnung durch den ORF auf alle Fälle ausgeschlachtet, alle Korrespondenten sind in Salzburg versammelt und machen Spesen. Die müssen Stoff haben. Da weißt du jetzt noch nicht, in welcher Situation du am 1. 9. bist. Es könnte dir die Lesung unangenehm sein, weil du Reporterfragen dann kaum ausweichen kannst. Außerdem ist das Stück vom Text her nicht sehr dazu geeignet, daß der Autor offiziell anwesend ist. Jaja, das ist es ja, was ich mir so überlegen muß, sagte Thomas. Wenn es ein Erfolg wird, und das wird es, dann brauch ich nicht dort sein, und wenn es keiner wird, will ich auch nicht dabei sein. Bisher war es noch immer am besten, wenn du dich rar gemacht hast, sagte ich. Ja, wahrscheinlich werde ich nicht hinfahren. Aber eine spätere Aufführung möchte ich schon sehen. Eigentlich hab ich das Stück ja noch gar nicht gesehen, sagte Thomas, nicht einmal die Generalprobe. Was ich gesehen habe, war die Hauptprobe um 11 Uhr vormittags. Die Generalprobe war um 17 Uhr, da war ich nicht mehr dort.

Dann sagte Thomas: Stell dir vor, heute um 18 Uhr bin ich zur Geburtstagsfeier von Architekt Hufnagl eingeladen. Im Forellenhof Bräuer in der Großalm. Er hat mir geschrieben, er möchte seinen 50. Geburtstag unbedingt in seinem Heimatort Neukirchen feiern. Aber das Unglaubliche und Wahnwitzige ist, daß seine Frau, mit der er ja nun wieder auseinander ist, die Vorbereitungen für das Fest trifft und daran teilnimmt, obwohl Hufnagl mit seiner jungen Geliebten kommen wird. Höchstens bis 22 Uhr, länger werde ich da wahrscheinlich nicht bleiben können. Ich werde mich sehr unbeteiligt geben, wie soll ich mich sonst da aus was heraus-

halten. Was da alles passieren kann, wenn zwei solche Frauen zusammenkommen.
Gestern, sagte Thomas, habe ich die Frau Maleta fast rausgeschmissen. Die glaubt, sie kann auch so anfangen wie die Hufnagl. Jeden Tag besuchen, jeden Tag ein Zetterl, die hat dieselbe besitzergreifende Art wie die Hufnagl. Übrigens, die Hufnagl hab ich seit damals im Café Brandl nicht mehr gesehen. Und jetzt hätte ich die Frau Maleta am Hals. Ich bin doch nicht blöd, daß ich dem Alten da drüben aushelfe. Einmal im Monat kann sie kommen, aber nicht jeden Tag. Mehr ist bei mir nicht drin, mehr kann sie einfach nicht haben. Außerdem würde das ja auffallen, wenn sie öfter kommt. Ich laß mich doch nicht auf sowas ein. Aber diese Weiber können das nicht begreifen, dann muß ich eben grob werden.
Thomas war in Arbeitshose und Gummistiefel. Weil um 6 Uhr früh das Gras so naß war, sagte Thomas, zog ich lieber die Gummistiefel an. Und außerdem gehe ich gerade am Sonntag, wenn alle Leute schön angezogen in die Kirche gehen, im Arbeitsgewand herum. Ich kann mir das leisten. Heute, sagte ich, wird der Dechant Kern in der Kirche die Arbeitserlaubnis für den Sonntag erteilen, weil so schönes Wetter ist. Da ist er sicher stolz darauf, daß er diese Bewilligung erteilen darf. Die Bauern würden natürlich auch ohne seinen Dispens die Ernte einbringen, die fragen schon lange nicht mehr. Jetzt tret' ich eh bald aus, sagte Thomas, das paßt gar nicht mehr für mich, daß ich da dabei bin.
Übrigens, sagte ich, hast du auch deiner Verwandtschaft von der Bühne des Salzburger Landestheaters aus das gesagt, was zu sagen war. Ja, sagte Thomas, aber für andere moderne junge Autoren habe ich alles vermasselt. Die nehmen jetzt wieder den Zuckmayer. Vor Jahren habe ich schon gehört, daß er den „Rattenfänger" machen will. Wenn er noch zwei Jahre arbeitet, kann das nichts werden. Seine beiden letzten Sachen waren ja schon ein Durchfall. Das ist sowieso ein Schmäh, sagte ich, so lange kann man gar nicht daran Arbeit haben. Wie lange brauchst du für *Korrektur*, wenn du den Stoff im Kopf hast, um ihn auf der Maschine niederzuschreiben, wenn du durcharbeitest? fragte ich Thomas. Vierzehn Tage, allerhöchstens drei Wochen, länger überhaupt nicht. Es muß schnell gehen, sonst sitzt es nicht. Drei Monate habe ich aber noch Zeit dazu, sagte Thomas. (Da ich vorher, als Thomas von seinen Frauengeschichten erzählte, keinerlei Bemerkungen machte und schon gar keine Frage stellte, konnte ich mir nun, da er so

zutraulich wurde, diese Frage erlauben, und ich bekam auch eine Antwort. Wer Thomas kennt, weiß, was das heißt, so tief in sein Metier einzudringen.) Ich dachte mir schon immer, daß du zu einem Buch, besser Roman, nur so lange brauchst, als es notwendig ist, daran an der Maschine zu sitzen, sagte ich. Einer, der ein wissenschaftliches Buch schreibt, der kann sagen, er braucht Jahre, weil er „nachschlagen" muß. Gut, sagte ich, einschließlich des Speicherns im Kopf kommst du auch auf eine gewisse Zeit, aber das ist doch kein Schriftsteller, der sich den Text jahrelang heruntersaugen muß. Da Thomas gerade so auskunftsfreudig war, stieß ich gleich mit einer überraschenden Frage nach und fragte: Sag, hast nicht du Peymann dazu angeregt, daß er die Notbeleuchtung ausschalten soll, oder ist ihm das selbst eingefallen? Thomas lachte, und ich fuhr fort: Dir würde ich das ohne weiteres zutrauen, denn du hast vor einem Jahr zu mir gesagt, und ich kann mich da ganz genau daran erinnern: Wenn der Peymann mit seinen Leuten nach Salzburg kommt, da wird irgend etwas passieren, da kommt es sowieso zu einem Skandal. Der Vertrag der Festspiele mit dem Verlag wurde auch auf dein Verlangen hin so formuliert: Keine bestimmte Anzahl von Aufführungen, sondern während der Dauer der Festspiele sooft sie wollen. Du hast dein Honorar nicht von einer bestimmten Anzahl von Aufführungen abhängen lassen, da traue ich dir diese Regie schon zu. Das war rein instinktiv, daß ich den Vertrag so haben wollte, sagte Thomas. Natürlich hab ich auch gewußt, daß es zu irgend etwas kommen wird, aber ich wußte nicht, was kommt. Irgend etwas halt, denn mit diesen Leuten muß es ja zu was kommen in Salzburg. Aber das mit dem Notlicht stammt nicht von mir. Im Stück schreibe ich nur vor, die Bühne muß finster sein, von der Notbeleuchtung ist gar keine Rede im Textbuch. Dann ist Peymann selbst auf diese Idee gekommen? fragte ich. Ja, sagte Thomas, aber auch wenn ich ihm das angeraten hätte, könnte er das nie zugeben. Denn dann wäre er ja als Regisseur erledigt, wenn sich herausstellt, daß er nicht selbst arbeitet. Es war einfach so, sagte Thomas, ich war ja dabei, bei der Hauptprobe sagte Peymann „dunkler, noch dunkler, noch dunkler, Licht ganz aus" und nach einiger Zeit „Notbeleuchtung aus!" Und die haben das so gemacht. So war das. Und ich hab schon geglaubt, sagte ich lachend, daß du der Hundianer warst, dem das eingefallen ist und der es Peymann angeraten hat. Aber keine Spur, sagte Thomas. Mir war nun doch leichter, denn insgeheim hatte ich Thomas verdächtigt, darum wollte ich Klarheit.

Meine Frau brachte inzwischen Kuchen. Thomas war in ausgelassenster Stimmung und bloßfüßig, denn die Gummistiefel hatte er vor der Haustür ausgezogen. Er hatte seine typische Bequemstellung eingenommen, zurückgelehnt in die Polsterbank, die diesmal nackten Füße auf dem Sessel. Erst nach über zwei Stunden, nach 10 Uhr, fuhr Thomas wieder weg. Bei seiner Ankunft hat es gar nicht danach ausgesehen, daß es noch so lustig werden würde, denn Thomas ist über den Dr. Laßl, aber noch mehr über Hermann Polz wegen der zwei Artikel in der gestrigen Samstagausgabe der „Oberösterreichischen Nachrichten" hergezogen. Wie kann man über etwas einen Leitartikel schreiben, wenn man keine Ahnung davon hat, über was man schreibt? Unerhört, Schweinerei. Wenn man so was liest, kann man ja der ganzen Zeitung nichts mehr glauben, tobte Thomas. Ich hoffte, du seist auf der Krucka und würdest die Artikel gar nicht sehen, sagte ich. Wie ich das gelesen habe, sagte ich, habe ich mir vorgenommen, keine Zeitung mehr zu lesen. Es ist so, wie du sagst. Was soll man da noch glauben.

NOTLICHT

Auf Salzburgs Kulturhaut ist abermals ein Symptomwimmerl aufgeschossen. Es macht deutlich, daß unserer Gesellschaft der Blick für das Wesentliche immer mehr abhanden kommt und die Auseinandersetzungen über Nebensächliches immer mehr in den Vordergrund treten ... Offensichtlich gehört Herr Peymann zu jenen Jungregisseuren, die es noch nicht wissen und denen es daher beigebracht werden müßte, daß Regisseure ebenso wie Dirigenten zum Dienstleistungsgewerbe der Kunst zählen. Da hätte der Autor Thomas Bernhard nützliche Erziehungsarbeit leisten können. Indes ist er von einer widersprüchlichen Äußerung zur anderen gestolpert ...

(Hermann Polz, „Oberösterreichische Nachrichten", 13. 8. 1972)

... Claus Peymann und Thomas Bernhard müssen ihre kreative Hoffnung auf die Mattscheibe richten... Ein Mann des ORF spottete: Das Glotzophon wird ihnen die Honorare zahlen, die sie für den Anwalt brauchen, um gegen die Festspieldirektion zu prozessieren ...

(Josef Laßl, „Oberösterreichische Nachrichten", 13. 8. 1972)

14. August 1972

Mit mehreren Briefen für Thomas, unter denen sich zwei vom Suhrkamp Verlag und einer vom Residenz Verlag befanden, traf ich um 9 Uhr bei Thomas auf der Krucka ein. Thomas öffnete die Post und begann zu lesen. Ich sagte: Ich will dich nicht stören, ich geh inzwischen hinaus. Umso mehr wird mir Thomas dann erzählen, war mein Hintergedanke. Nach einiger Zeit kam Thomas zu mir auf die Bank vor dem Haus. Was hast du jetzt vor, was machst du anschließend? fragte Thomas. Eigentlich nichts, sagte ich, aber warum fragst du mich? Ich möchte gern eine Stunde mit dir spazierengehen, sagte Thomas. Hier ist so gut sitzen, vor dem Haus im Schatten, sagte ich, bleiben wir hier. Ich war nämlich vom Aufstieg her noch verschwitzt. Gut, sagte Thomas. Ich bin dir so dankbar, daß du mir die Post gebracht hast, es war lauter gute Post, die du gebracht hast. Daß die Post gut ist, ist dein Verdienst, sagte ich. Ja, aber ich bin so froh, daß ich sie habe. Der Residenz Verlag, Schaffler, schreibt, die Steuervorschreibung ist nach Wunsch ausgefallen. Was glaubst du, was das heißt, wie froh ich da bin. Allerdings bekomme ich für die Aufzeichnung nur 3000 DM. Was für eine Aufzeichnung, fragte ich. Na du weißt doch, sagte Thomas, für den *Kulterer*. Ach ja, sagte ich, na für den *Kulterer*, für diesen Schmarrn, du entschuldigst, wenn ich diesen Ausdruck gebrauche, aber in Hinblick auf deine gesamten Sachen ist der *Kulterer* ja wirklich ein Schmarrn, da sind 20.000 Schilling auch ganz schön. Noch dazu vom Residenz Verlag herausgeholt, ist das umso höher zu werten. Ja, du hast recht, sagte Thomas, für so eine zehn Jahre alte Sache ist es ganz schön. Das wird für die Steuern verwendet. Ich wollte noch sagen, ein anderer Autor wäre froh, wenn er für neue Sachen solche Honorare bekäme, aber dazu bin ich nicht mehr gekommen, denn Thomas erzählte weiter, daß ihm Unseld gerade geschrieben habe, der Peymann werde möglicherweise verlieren. Ich sagte: Der hat zuwenig richtige Informationen, um das beurteilen zu können, aber wenn, dann gibt es auch kein Erbarmen. Die künstlerischen Qualitäten können sie Peymann nicht nehmen, und das Geld gehört ihm eh weggenommen, denn der kann sowieso nicht umgehen damit, das verdirbt ihn nur. Es ist, wie du sagst, sagte Thomas, ich bin noch nie auf meine eigene Rechnung in Salzburg in den Goldenen Hirschen gegangen. Ich hau auch das Geld nicht hinaus, und ich kann auch nicht etwas machen, was mich das Dach über dem Kopf kosten kann. Deswegen habe ich ja bis zuletzt gesagt, es gehört jetzt gespielt. Gut, sagte ich, deswegen habe ich dich ja gestern gefragt, ob du ihm das Abschalten der Notbeleuchtung angeraten hast. Denn wenn der sieht, daß du nicht mitgeschädigt bist, wird er noch auf dich losgehen oder dich mit hineinziehen wollen. Peymann wäre es sicher lieber gewesen, wenn du auch um dein Geld kämpfen müßtest. Ich seh das so kommen, sagte Thomas, daß Peymann auch noch auf mich losgeht. Aber mir können sie nichts anhaben, dafür gibt es zu viele Zeugen, daß ich bis zuletzt zwar für den Protest war, aber verlangte, daß gespielt wird. Du weißt ja, was meine letzten Worte waren. Ja, was für Kaut gilt, sagte ich, gilt natürlich auch für Peymann. Kaut hätte Peymann über die Belassung der Notbeleuchtung nicht im unklaren lassen dürfen, ebenso hätte Peymann rechtzeitig sagen müssen, daß er ohne Abschaltung nicht spielt. Dann hätte Kaut die Vorstellung absagen müssen. Aber das ist doch nach der Uraufführung von Ganz sofort gesagt worden, sagte Thomas. Ganz sagte ausdrücklich, er werde am Freitag zur nächsten Vorstellung zwar kommen, aber wenn die Notbeleuchtung nicht abgeschaltet wird, wird er nicht spielen. Und Peymann hat dasselbe gesagt. Dann sieht es ja gut aus für Peymann und seine Leute, sagte ich. Wenn das so war und sie haben das so früh gesagt, im voraus, dann haben sie sich ja ganz korrekt verhalten. Die Festspielleitung war nicht im unklaren, das ist wichtig. Natürlich, sagte Thomas, nur wollte ich nicht, daß die Leute, die von Berlin herflogen, fünf- bis siebentausend Schilling Unkosten hatten, dann keine Vorstellung sehen. Das habe ich Peymann und den Schauspielern vorgehalten und sagte, es solle gespielt werden. Als sie dann darüber abstimmten, habe ich kein Wort gesagt. Mir kann niemand einen Vorwurf machen, ich hätte die Aufführung verhindert oder dazu geholfen. Ich hätte heute früh Peymann anrufen und fragen sollen, was bei Stern in Wien los war. Aber ich hab mir gedacht, ich warte mit dem Anruf, es soll nicht danach aussehen, daß man sich aufdrängt, sagte ich zu Thomas. Wenn es dich interessiert, kann ich immer noch anrufen. Aber wenn er eine Panne mit dem Anwalt hat, soll er sich selbst rühren, und wenn er sich nicht meldet, kann man annehmen, daß alles in Ordnung ist. In ein paar Tagen ruf ich vielleicht an. Du hast einen guten Instinkt, sagte Thomas, ganz richtig so, der soll nicht glauben, wir wollen uns aufdrängen. Mich hat es ja gestört, wie er sagte, er ist nicht da, um zu prozessieren, sondern um Regie zu führen. Das hätte er vorher bedenken müssen und auf mich hören sollen, wie ich sagte, sie sollen spielen. Man muß immer wissen, was man macht. Ich habe den Kopf hingehalten für ihn, mit meinem Telegramm, das hätte ich nicht notwendig gehabt. Das Telegramm war auf alle Fälle für dich selbst gut, sagte ich, denn das hatte ja in deinem Interesse gesagt werden müssen. Daß es für Peymann gut ist, liegt an der Sache. Aber einen „Nasenstüber" würde ich Peymann schon vergönnen, der würde ihm schon gehören.

Dann erzählte ich Thomas, daß mich vorhin beim Postamt Dechant Kern von Ohlsdorf angesprochen hat. Er fragte: Wie geht's denn Bernhard in Salzburg? Ich sagte, du warst gestern früh bei mir und hast gesagt: Wie kann man nur einen solchen Leitartikel schreiben, wenn man nicht weiß, um was es geht. Ich sagte dem Dechant, daß alles ganz anders sei, als es in den Zeitungen geschrieben steht, und daß du im Grunde mit der ganzen Angelegenheit überhaupt nichts zu tun hast. Mit der Zeit wird sich die Wahrheit schon herausstellen. Die lauern alle im Hintergrund, sagte Thomas, und fragen nur aus Schadenfreude. Gestern, bei Hufnagls Geburtstagsfeier, ist mir das auch passiert. Der Spalt [Architekt Dipl.-Ing. Johann Spalt aus Gmunden] hat auch so angefangen. Ich habe ihm zugehört, ohne ein Wort zu sagen, sehr lange. Als er dann fertig war, habe ich nur gesagt: Sie waren ja nicht dabei in Salzburg. Übrigens, diese Geburtstagsfeier hat in hemmungslosen Beschimpfungen zwischen den beiden Hufnagls geendet. Er war schon so laut, daß viele Gäste weggegangen sind. Ich bin um halb ein Uhr weggefahren. O'Donell und einige Bekannte Hufnagls aus Wien waren auch dabei. Aber die haben sich gegenseitig die intimsten Sachen vorgeworfen. Na, und was war mit Hufnagls Freundin? fragte ich. Die ist in Gmunden geblieben, die war nicht dabei, sagte Thomas.

Inzwischen war es 10 Uhr 30 geworden, wir gingen ins Haus, und ich sah einen Brief liegen. Wenn du den Brief da zum Aufgeben hast, nehme ich ihn mit, sagte ich. Ja, das wäre mir angenehm, sagte Thomas. Da steht die Absage ans Schillertheater in Berlin drinnen. Für Anfang November habe ich meinen Besuch in Aussicht gestellt, da fahr ich von Brüssel aus hin oder so, das werde ich noch sehen. Der Brief war an Ernst Wendt, Schillertheater, West-Berlin adressiert. Den nahm ich und haute ab.

Als ich gegen 12 Uhr nach Hause kam, war ein Rieseneilbrief für Thomas vom Suhrkamp Verlag da. Das Kuvert war 20 x 30 und ca. 5 bis 7 cm dick. Ich dachte, da sei ein Buch drinnen, aber das würde man Thomas nicht per

Eilzustellung senden. Jetzt komm ich gerade herunter von ihm und soll nun schon wieder hinauf, sagte ich mir, das ist zuviel. Ich hab zwar die Erlaubnis von Thomas, ein Telegramm zu öffnen, damit ich nicht in unwichtiger Sache zu ihm auf den Berg komme, aber über diesen Eilbrief war ich mir nicht im klaren. Dann öffnete ich doch, denn in unwichtiger Sache wollte ich erst abends, nicht jetzt in der Hitze zu ihm. Es befanden sich mehr als vierzig Fotokopien von Zeitungsausschnitten mit Kritiken zu Thomas Bernhard drinnen. Und weiters ein Brief von Dr. Rach. Mit diesem Eilbrief konnte ich ruhig bis gegen Abend warten. Um 17 Uhr 30 beim Aufstieg zur Krucka war aber der Wagen von Thomas weg, sodaß ich den Brief nicht zustellen konnte.

15. August 1972

Nachdem ich mich in Nathal vergewissert hatte, daß Thomas nicht herunten ist, begab ich mich mit dem Brief um 9 Uhr zur Krucka. Thomas war in der prallen Sonne beim Holzschneiden. Warum er nicht in den Schatten gehe, fragte ich. Ich will abnehmen, sagte Thomas, und mich doch dabei kräftigen. Abnehmen kann ich nur durch Schwitzen, und das erreiche ich schneller in der Sonne. Thomas ging dann mit mir eine Stunde lang die Presseausschnitte durch. Ein „Kreisblatt der Grafschaft Hoya" war auch dabei. Ich weiß gar nicht, wo das liegt. Es waren überhaupt Blättchen vieler und mir unbekannter Kreisstädtchen dabei, und es war zum Teil so, daß die nur wenig abgewandelte Kritiken anderer Zeitungen brachten, während zum Beispiel Ingolstadt eine sehr selbständige Ansicht vertrat. Thomas machte mich immer wieder auf einzelne Sätze aufmerksam, wie z. B.: „Der bei der Uraufführung vorausprophezeite Skandal fand nicht statt", usw. Diese Kritik ist vor dem Skandal geschrieben worden. Wie die auf sowas kommen, sagte Thomas.
Den Brief von Rach hatte mir Thomas auch längst mit der Bemerkung vorgelegt: Lies, jetzt bin ich endgültig ein Roter. Eigentlich kenne ich mich nicht aus bei diesem Brief, was er eigentlich meint. Ich las daraufhin den ersten Satz laut vor und las moderne Festspielleitung. Modernde, heißt das, unterbrach mich Thomas. Ich hatte mich verschaut und glaubte, moderne sei ironisch gemeint. Als ich den Brief durchgelesen hatte, den ich mir

mißbräuchlich vorher zu Hause abgeschrieben hatte, sagte ich: Es ist ein nichtssagender Schmeichelbrief, z. B: Daß es richtig war, sich hinter Peymann zu stellen, scheint unbestreitbar. Dieser Satz ist, wenn man ihn wörtlich nimmt, eine Frechheit. Er traut sich nicht zu schreiben, ist unbestreitbar. Aber wahrscheinlich ist er so ..., daß ihm das nicht auffällt. Natürlich, sagte Thomas, der ist so weich und schwach, genau wie sein Brief.

Nach Durchsicht dieser riesigen Menge an Kritiken plauderten wir noch eine gute Stunde bis 11 Uhr 45 im Schatten vor seinem Haus. Thomas fragte mich, ob ich vom Flugzeugabsturz in Berlin noch nichts gehört hätte. Ich hatte keine Ahnung davon (weil ich vor lauter Schreiben keine Nachrichten mehr hören kann). Ja, sagte Thomas, alle 148 Passagiere tot. Jetzt sind an der Schwarzmeerküste 148 Betten für die Laufkundschaft frei geworden. Dort herrscht eh immer so eine Bettennot. Da sind wieder einige froh, daß sie ein Zimmer kriegen.

Dann sagte Thomas, morgen früh hole er sich die Post selbst, weil ab acht der Elektriker komme. Bis Mittag sei er in Nathal. Ich sagte: Gut, wenn wir uns nicht treffen sollten, dann machen wir gleich aus, daß ich am Donnerstag deine Post hole und daß ich sie dir aber, wenn nichts Wichtiges dabei ist, erst mit der Freitagspost bringe. Gut, sagte Thomas, du kennst eh, was wichtig ist. Ja, sagte ich, wenn vom Verlag ein Brief dabei ist, komme ich sofort. Denn nach den drei Briefen, die du jetzt bekommen hast, schreiben die sicher nur Wichtiges so kurz danach. Ja, ja, ist gut, bist du morgen vormittag zu Hause? Ja, nur die Post hole ich mir, antwortete ich. Dann komme ich vorbei, sagte Thomas noch im Weggehen.

16. August 1972

Um 7 Uhr 20 war Thomas schon bei mir zu Hause und sagte: Ich bin um 6 Uhr schon von der Krucka herunter, habe mich gebadet und warte jetzt bei dir, bis ich um 8 Uhr die Post bekomme. Ja, rasieren darf ich mich noch, sagte ich zu Thomas, dann fahren wir zusammen. Ich hatte inzwischen den Brief von Dr. Rach nochmals durchgelesen, um herauszubekommen, warum Thomas diesen Brief gestern als ... bezeichnete. Ich war beim Abschreiben vom guten Stil so verblendet, daß mir der Brief sehr gefallen hatte, auch inhaltlich. Nun aber sagte ich zu Thomas: Ich habe inzwischen über den Brief von Rach nachgedacht, was der schreibt, ist wirklich ... Daß dein Eintreten für Peymann von großer politischer Konsequenz ist, stimmt ja gar nicht. Mit Politik hat das überhaupt nichts zu tun. Der Rach wird nicht wissen, daß auch Kaut Sozialist ist. Daß Peymann ein Linker ist, ist nur ein Zufall. Für dich ist es doch nur entscheidend, daß er als Regisseur gut ist und daß er recht hat. Du würdest doch den gleichen Standpunkt einnehmen, auch wenn Peymann kein Linker wäre. Es ist schon eine Frechheit, da gleich politisch was zu sehen. Wenn der Rach wüßte, daß du mit den Linken genausowenig zufrieden bist wie überhaupt mit der ganzen Gesellschaft. Ja, die politische Richtung gibt es nicht, die mir was sagen könnte, sagte Thomas.

Wir plauderten dahin, sodaß es uns plötzlich hochriß, als er nach der Uhr sah und es sechs vor acht war. Höchste Zeit zur Post, sagte er, und wir fuhren jeder mit seinem Wagen hin. Dort sagte Thomas, er möchte noch mit seiner Tante telefonieren, um acht könnte aber der Elektriker schon in Nathal sein. Gut, ich fahr sofort hinunter und warte, bis du nachkommst, sagte ich. Wenn der kommt und dich nicht findet, ist er weg, noch dazu wenn er dein Auto auch nicht sieht. Ja, das wäre mir angenehm, sagte Thomas, und ich war weg.

Als er nachkam, war der Elektriker noch nicht da, und Thomas erzählte vom Gespräch mit der Tante. Alles abgesagt, habe ich ihr gesagt, auch Brüssel, Berlin, usw. Wenn ich mich dann doch noch für was entschließe, kann ich ihr das immer noch mitteilen. Vorläufig alles gestrichen, ich bleib auf der Krucka. Thomas ersuchte mich, morgen auf die Krucka zu einem Spaziergang zu kommen. Ich sagte nicht sicher zu.

17. August 1972

Um 7 Uhr 45 läutete mich Thomas aus dem Bett. Als ich zum Fenster hinunterblickte, rief er: Ich hab deine Post auch mitgebracht. Ich öffnete und Thomas sagte sofort: Du mußt mir jetzt sagen, was ich machen soll. Ich habe heute um 6 Uhr früh an meinem Auto diesen verregneten Zettel von Frau Maleta gefunden. Bitte lies das selbst. Dabei reichte er mir den Zettel, auf dem in Blockschrift stand:

Mittwoch 17h

Luftgeist Ariel,

Hoffentlich trägt der Geist Obst, pardon Früchte, alles andere Nebensache. Will er morgen, Donnerstag, Vormittag, Mittag, Nachmittag, einen Aufklärungsunterricht für mit Blindheit geschlagene Journalien geben? Zcokol, Vorhofer, Sassman (Strein) (keine erfundenen Namen, sondern hoffentlich richtig gefundene). Der Polz bei uns (top secret) Schlachtplan wäre – Anwesenheit des vollkommen Durchgeistigten (damit sind Sie gemeint), wenn bei ihm Funk- oder Schöpferpause eingetreten ist: Telefon wenn möglich.

War in der Metropole – scheusslich!

Es grüsst der Eisbär mit dem dicken Fell

Nachdem ich das gelesen hatte, sagte ich sofort: Da kannst du unmöglich was machen. Auch wenn die dir alle recht geben und deine Ansicht teilen, werden sie ein „Aber" in den Zeitungen hinzufügen, so wie sie das immer machen. Maletas eigene Zeitung kritisiert Koren oder Schleinzer heftig und ohne Rücksicht. Was glaubst du, warum sie das bei dir nicht machen sollten. Noch dazu, wo sie dich persönlich gesprochen hätten. Was würden die dir unterstellen und verdrehen. Wären diese Herren nicht rücksichtslos, wären sie nie in so hohe Stellungen gekommen. Außerdem würde es ja zu einem Zusammenstoß kommen, denn du würdest Polz was Schönes sagen, und der wird nie einen Rückzieher machen.

Die (Frau Maleta) wird glauben, sagte Thomas, ich sei so einfältig und meinte, daß sie diesen Artikel von Polz veranlaßt hat. Sie kennt nämlich die Wahrheit und meint vielleicht, ich denke, daß sie sich auf meinen Hinauswurf mit dem Artikel revanchiert hat. Die meint, sie muß was gutmachen. Ich war heute schon um 6 Uhr 30 im Kaffeehaus und habe mir vorgenommen, nicht hinzugehen, aber ich wollte hören, was du sagst. Ich muß manchmal wen haben, den ich fragen kann. Deswegen bin ich schon so früh zur Post, damit ich dich erwische. Ich dachte, sagte ich, du glaubst, ich komme heute nicht mit der Post zu dir, weil ich wieder bis 2 Uhr früh tarockiert habe. Aber ich hätte den Briefträger um 8 Uhr 30 im Rayon abgefangen und wäre, wie versprochen, um 9 Uhr bei dir gewesen.

Thomas gab mir noch einen Brief vom Deutschen Schauspielhaus Hamburg zu lesen, von Herrn Nagel [Ivan Nagel, seit 1971 Intendant des Deut-

schen Schauspielhauses in Hamburg]. Der fragt an, ob er die Rechte für das Stück und das Bühnenbild von den Salzburger Festspielen haben könnte. Und von Hilde Spiel habe ich auch eine Karte, hier lies, sagte Thomas, nachdem ich den Brief von Nagel gelesen hatte. Stell dir vor, die Spiel wird geächtet, obwohl sie vor zwei Jahren von den Festspielen den Kritikerpreis bekommen hat, sagte Thomas.
Ich möchte dem Nagel sofort antworten, dürfte ich den Brief gleich bei dir schreiben, sagte Thomas. Thomas ist nun schon fast gewöhnt, daß ich Blaupapier unterlege und mir einen Durchschlag als „Andenken" behalte.
Als Thomas gegen halb neun, ich war noch immer im Bademantel, mit dem Brief fertig war, sagte er: Ich werde den Brief selbst zur Post bringen, denn ich werde mir auch gleich die Haare schneiden lassen. Dann will ich auch mit dir frühstücken, sagte er auf meine Einladung. Die Briefe und den Zettel von Frau Maleta ließ Thomas auf meinem Tisch liegen, sodaß ich den Text abschreiben konnte, während Thomas beim Friseur saß.
Als Thomas nach kaum einer Stunde wieder eintraf, rief er schon im Vorhaus: Jetzt habe ich mir die Haare so kurz schneiden lassen, damit ich nirgends hingehen kann. Ich bin dir sehr dankbar, daß du mir vom Besuch da drüben (Maleta in Oberweis) abgeraten hast. Jetzt habe ich mir die Haare so kürzen lassen, daß ich auch woanders so nicht hingehen kann. Aber ja, sagte ich, gerade so kannst du wieder überall hingehen, wo man dich nicht erkennen soll. Wer dich nur von einem Foto kennt, dem ist es unmöglich, dich zu erkennen. Sogar Bekannte werden zweifeln.
Beim Frühstück erzählte mir Thomas, daß er gestern abend in der Sendung „Kultur" den Haeussermann gesehen habe und Dolf Lindner nach dem Stück *Der Ignorant und der Wahnsinnige* fragte, usw. Thomas erzählte mir ausführlich davon. Nach dem Frühstück nahm Thomas auf der Polsterbank seine gewohnte bequeme Stellung ein und las mir unter Betonung mehrerer Sätze und Wörter aus der „Wochenpresse" vom 16. August, Seite 6 und 7 vor. Einzelne Stellen und Sätze ging Thomas immer wieder durch und kommentierte und schimpfte, aber er war guter Laune dabei. Da die Artikel besonders auch von Peymann handelten, machte ich den Vorschlag, Salzburg anzurufen. Das war so 15 Minuten nach 10 Uhr. Frau Peymann war am Apparat und sagte mir, zwischen 11 und 12 Uhr würde ich ihren Mann erreichen. Ich bat, Peymann möge bis 12 Uhr 15 warten, da ich nach 12 besser durchwählen könne.

AKTEN ZU

Festspielleitung verzichtet auf weitere Gespräche mit Peymann

Spät, aber doch, ist den Verantwortlichen der Salzburger Festspiele die Geduld gerissen. Hatten sie in den vergangenen Wochen bei jedem einzelnen der zahllosen Zusammenstöße, die während der Probenarbeit für „Der Ignorant und der Wahnsinnige" unter dem Regisseur Claus Peymann passierten, beschwichtigt und vermittelt, so sagt nun Festspielpräsident Josef Kaut: „Für mich sind die Akten geschlossen." „Mit diesen Leuten werde ich nicht mehr reden", erklärt Kaut entschieden, das Wort hätten nun nur noch die Anwälte. Letzter Tropfen auf den heißen Stein: ein Telegramm des Dichters Thomas Bernhard, das Kaut zu Beginn der vergangenen Woche erreichte und das, so der Festspielpräsident, „in Ton und Inhalt einfach unmöglich war" ... Eine genaue Berechnung des finanziellen Schadens, der den Salzburger Festspielen durch den Streik des Peymann-Kollektivs erwachsen ist, liegt im Augenblick noch nicht vor. Fest steht nur, daß allein am 4. August 90.000 Schilling für gelöste Eintrittskarten an der Kasse zurückgegeben werden mußten ...

(„Wochenpresse", 16. 8. 1972)

Auf diese Nachricht hin sagte Thomas, ich solle mit ihm nach Nathal fahren und von dort aus bis 12 Uhr mit ihm spazierengehen. Thomas konnte nur in Lederpantoffeln gehen, da er seit gestern durch neue Schuhe an beiden Fersen zwei große Blasen hatte. Kurz vor 12 Uhr erreichten wir wieder Thomas' Hof. Dort packte er seinen Rucksack mit Wäsche usw. für den Aufenthalt auf der Krucka, damit er anschließend von mir gleich hinauffahren könne, wie Thomas sagte. Dabei reichte mir Thomas aus dem Kasten einen herrlichen neuen Anzug für Wolfi als Patengeschenk. Er ist ja der Firmpate von meinem Sohn Wolfgang.
Für das Telefonat mit Peymann hatte ich mir sechs Punkte notiert, einschließlich der schönen Grüße von Thomas. Wenn mir Thomas für jemanden nicht ausdrücklich Grüße aufgibt, richte ich in Fällen wie diesem keine aus. Als ich nun Peymann am Apparat hatte, begann ich mit den Grüßen,

berichtete von der Ächtung der Hilde Spiel – das hatte mir Thomas nicht aufgetragen – und erzählte Peymann auch gleich vom Brief von Nagel vom Schauspielhaus Hamburg, auch aus Eigenem. Da Peymann sagte, Nagel sei gerade bei ihm in Salzburg, gab ich gleich den Inhalt des Antwortschreibens von Thomas bekannt und ersuchte ihn, das Nagel weiterzugeben. Das hat mir anschließend von Thomas besonderes Lob eingebracht. Peymann berichtete dann ausführlich über seine Besprechungen mit Dr. Stern. Am Samstag konferierte er eineinhalb Stunden und am Montag darauf in Salzburg, da Dr. Stern bezüglich des Verkaufes des Café Winkler in Salzburg zu tun hatte. Dr. Stern war aus der Presse schon ziemlich informiert und meinte, man solle das nicht auf der Bühne, sondern hinter der Bühne aus dem Weg räumen. Ein Schiedsgericht sei zuständig, usw. In diesem Zusammenhang stellte ich dann Peymann verschiedene Fragen, was mich später veranlaßte, an Dr. Stern einen Brief zu schreiben. Ich sagte Peymann, Thomas möchte wissen, wie die Schauspieler reagieren. Da zögerte Peymann mit einer Antwort und wiederholte immer, ja, reagieren, reagieren, reagieren ... Da sagte ich, das sei eigentlich eine blöde Frage von Thomas, ich werde Thomas sagen, daß ich diese Frage für blöd halte, denn wie sollen sie denn reagieren? Da wurde Peymann sehr ernst und sagte: Sagen Sie das nicht, die Schauspieler haben die Vollmachten für Stern unterschrieben und machen natürlich mit. Wortwörtlich berichtete ich das Thomas, und der sagte nur: Ja, das wollte ich wissen, sie hätten ja auch sagen können, sie klagen nicht.

Dann kam der heikelste Punkt. Ich sollte Peymann sagen, er solle auf Anschüsse in den Zeitungen nicht reagieren. Ich sagte daher Peymann einleitend, daß Thomas nun fast täglich in den Zeitungen angeschossen werde, berichtete von der „Wochenpresse“, sagte, daß diese Artikel nur von Kaut angeregt sein können, da außer Kaut niemand wisse, daß er Thomas einst zumutete, in der Gebietskrankenkasse Salzburg Akten zu schleppen, nur um ihn loszuwerden, ihm diesen und andere Posten verschaffte, Thomas aber schreiben wollte, usw. Dann sagte ich, Thomas ließe bitten, er solle auf solche Anschüsse möglichst nicht reagieren. Wenn ich angeschossen werde, sagte Peymann, und ich halte es für notwendig, dann werde ich reagieren. Sie können aber Herrn Bernhard ausrichten, und auch Ihnen möchte ich das sagen, daß ich sehr ruhig bin, was ihr beide mir ja nicht immer glaubt. Also ich bin wirklich sehr ruhig, sagen Sie das Bernhard.

Dann sagte ich sofort, Thomas würde sich sehr freuen, wenn das Bühnenbild vom Hamburger Schauspielhaus angekauft werden könnte. Das wäre wieder eine Sensation für die Zeitungen. Wenn ich der Kaut wäre, würde ich das verbrennen. Dann kam ich auf den letzten Punkt, den Thomas wissen wollte, ob die Aufzeichnung zu den vorgesehenen Terminen vom 24. bis 26. stattfinden wird und am 23. der vorgesehene „Durchlauf" sei. Peymann sagte, daß er den Durchlauf frühestens um 17 Uhr, möglicherweise aber erst um 19 Uhr machen könne. Er lasse Bernhard bitten, nicht vor dem Durchlauf zu kommen, er müsse bei den Proben absolute Ruhe haben. Ich wiederholte seinen Wunsch und erzählte Peymann von dem Interview Dolf Lindner – Haeussermann vom Vortag in „Kultur", das Peymann nicht kannte, um ein besonders freundliches Ende des Gespräches anzusteuern.
Beim Mittagessen berichtete ich Thomas über das Gespräch. Nach dem Essen kamen meine Frau und meine Mutter noch hinzu, und wegen der kurzen Haare wurde es noch sehr lustig. Seit meine Mutter bei der Uraufführung am Platz von Thomas gesessen ist, verstehen sich beide noch besser. Thomas hat sich auch schon längst daran gewöhnt, daß ich in seiner Gegenwart meine Mutter mit derben Worten begrüßte. Es dauerte ca. zwei Jahre, bis Thomas dabei keinen roten Kopf mehr bekam.
Schließlich fragte mich Thomas, was ich heute noch vorhabe. Ich sagte: Ab 17 Uhr erwarte ich einen Käufer. Thomas sah nach der Uhr, es war 14 Uhr 30, und sagte: Komm mit auf die Krucka, da können wir noch leicht eine Stunde spazierengehen. Ich konnte nicht nein sagen, die Unterhaltung zwischen uns war so im Fluß. Thomas spöttelte, jetzt werden sie schon alle beisammensitzen da drüben (gemeint war Schloß Traunegg in Oberweis), nur ich, die Hauptperson fehle. Die Preise, die ich habe, bekommt man gewöhnlich erst, wenn man ein Canetti ist. Damit spielte er auf das Alter an.
Auf der Krucka angekommen, machte ich den Vorschlag, mit meinem Auto bis zur Handstallbachkapelle im Aurachtal zurückzufahren und dort zu Fuß ein verlassenes Bauernhaus zu besichtigen. Thomas mußte aber wegen der Blasen an den Fersen Sandalen tragen, und da der Weg zu dem Bauernhaus mit nassem Gras sehr hoch bewachsen war, gingen wir die Forststraße auf den Kronberg hoch. Am Rückweg kam uns der Förster Lahnsteiner vom Schloß Orth, mit dem wir schon öfter wegen eines Servitutsholzes für

Thomas verhandelt hatten, entgegen. Später trafen wir noch einen Häusermakler aus Gschwandt, dem ich in den letzten Jahren mehrere Häuser vor der Nase weggeschnappt hatte, mit einem Zigeuner, der riesige goldene Ringe angesteckt hatte. Ich ersuchte Thomas, mit dem Makler einige Worte sprechen zu dürfen, er solle aber zuhören. Thomas begrüßte daraufhin den Makler sehr freundlich und hörte geduldig meinem Gespräch mit dem Manne zu. Beim Auseinandergehen sagte der Makler zu Thomas: Von dem habe ich schon sehr viel gehört und dadurch auch schon sehr viel gelernt. Ich sagte sofort, daß ich auch schon sehr viel von ihm gelernt habe, und als mich der Mann überrascht anblickte, fügte ich hinzu: Ja, aber wie man es nicht machen soll. Lachend gingen alle weiter.

Thomas sagte, daß er nun Schaffler schreiben werde, daß er den *Kulterer* nicht machen lassen wird. Für 3000 DM gehe er kein Risiko ein. Er weiß ja nicht, wer Regie macht, usw. Außerdem kann er sowas nicht für 20.000 Schilling machen, jeder mittelmäßige jugoslawische Koch in einem mittelmäßigen Restaurant bekommt das im Monat. Dabei kann der was anbrennen oder sogar in die Suppe spucken, so macht das auch nichts. Für so eine Summe werde ich nicht meinen Namen riskieren. Ich sagte: Sicher, wenn du für deinen Stoff, deinen *Kulterer* mehr verlangst, wird bestimmt auch sorgfältiger damit umgegangen. Natürlich, sagte Thomas, ich hätte, wie es jetzt steht, überhaupt keinen Einfluß mehr darauf, was daraus gemacht wird. Aber um zwanzigtausend Schilling kann ich mich nicht auch noch darum kümmern, daher wird nichts daraus, nichts, weil ich auch jetzt kein Geld brauche. Wenn mir das Wasser bis daher – dabei zeigte er zum Hals – stehen würde, dann schon, dann würde ich das tun, auch für 3000 DM.

Um 16 Uhr 45 setzte ich Thomas beim Aufstieg zur Krucka ab und fuhr heim. Natürlich haben wir noch über vieles gesprochen, aber es ist unmöglich, auch nur annähernd die Themen wiederzugeben, zu voluminös war unser Gespräch. Früher hatte ich manchmal die Hoffnung, daß ich später einiges nachholen könnte, wenn einmal weniger los sein sollte, aber diese Hoffnung gebe ich allmählich auf. Alleine über die Dokumentation – ich regte an, man solle über die Kritiken ein Buch schreiben, Thomas nannte es Dokumentation – könnte ich ein eigenes Buch schreiben. Hansi (Hans Rochelt) und Alexander Müller hatten wir als Schreiber erwogen und den ganzen Aufbau und Inhalt usw. durchbesprochen. Oder z. B., daß in der ORF-Aufzeichnung statt der Finsternis der Text eingeblendet werden

müßte und in diese Einblendung hinein das Klirren erfolgen müßte, da man ja im Fernsehen mit einer Finsternis nichts anfangen kann.
Um 15 Uhr habe ich für Thomas auf der Fahrt zur Krucka ein Telegramm an Hilde Spiel aufgegeben. Thomas hat nämlich bei mir zu Hause das Telegramm geschrieben, und ich habe wieder Blaupapier unterlegt.

18. August 1972

Mit Post und Zeitungen traf ich um 9 Uhr bei Thomas auf der Krucka ein. Während mir Thomas eine Karte aus Ungarn von seinem Stiefvater Fabjan zeigte, sagte er: Nun ist die Wohnung in Salzburg wieder vier Wochen leer. Der Vater ist in Ungarn, wenn ein Steuerbescheid kommt, kann er mich nicht verständigen. Einmal war es schon so, daß ein Steuerbescheid zurückgegangen ist, das war sehr unangenehm, der mußte dann vom Finanzamt selbst geholt werden.
Dann zeigte mir Thomas die Artikel in den Zeitungen bezüglich der Absage von „Was ihr wollt" in Salzburg und freute sich diebisch. Haeussermann hat den Publikumsliebling noch schützen wollen und das Publikum belogen, sagte Thomas, indem er von einem technischen Gebrechen sprach. Da sieht man wieder, wie es mit der Glaubwürdigkeit der Festspielleitung bestellt ist. [Tatsächlich hatte Josef Meinrad die Aufführung vergessen und war nach Wien gereist.]
Dann gab ich Thomas die Abschrift meines in der Sache Peymann an Dr. Stern gerichteten Schreibens. Verderben kann ich nichts mit dem Brief, sagte ich. Der ist sehr gut, sagte Thomas, nachdem er ihn gelesen hatte. Wir mußten Peymann ja direkt drängen, damit er zu Stern fährt. Ja, sagte ich, deshalb stimmt es eh, daß wir Peymann baten, wie ich das im Brief geschrieben habe. Es war wirklich so, daß wir ihn bitten mußten.
Dann schenkte mir Thomas die Augustausgabe der „Bühne" mit dem ganzseitigen Foto von ihm. Als er mir von dem guten Foto erzählte, hatte ich ihn nämlich gebeten, er solle mir diese Ausgabe besorgen. Dann kam Thomas wieder darauf zu sprechen, daß er nun endlich Schaffler davon verständigen müsse, daß der *Kulterer* nicht gemacht werden darf. Ich sagte: Das bekommt Schaffler jetzt als Dank, daß der Steuerbescheid so gut ausgefallen ist. Dafür, daß er dir hilft, geringe Steuern zu bezahlen, bekommt er

nun den *Kulterer* nicht zum Verfilmen. Der Schaffler ist ja direkt blöd, daß er dir hilft. Wenn du hohe Steuern zu zahlen hättest, würde er nun den *Kulterer* machen dürfen. Oder sogar bevor der günstige Steuerbescheid von ihm gemeldet wurde, hättest du nie gewagt, ihn den *Kulterer* nicht machen zu lassen und dein Versprechen zurückzunehmen. Schreib ihm doch gleich die Wahrheit, damit er dich richtig kennenlernt. Er kennt dich eh nicht, wie viele andere auch. Schreib etwa so, sagte ich, als ich merkte, daß Thomas meine Worte gut aufnimmt und lacht: Wie Sie ja bereits wissen, ist es mir unmöglich, irgend jemandem Dankbarkeit zu erweisen. Da der Steuerbescheid im gewünschten Sinne ausgefallen ist, ziehe ich meine Zusage, den *Kulterer* zu verfilmen, zurück. Thomas sagte: Dem werde ich ganz anders schreiben. Ich werde ihm schreiben, wenn der *Kulterer* jetzt nicht gemacht wird, wird ihm das sicher später in vielfacher anderer Weise zugute kommen, usw. Ich habe Thomas widersprochen, natürlich mehr zum Spaß, und wir wurden in unserem Gespräch sehr laut und immer lauter. Ich sagte, er solle sein wahres Gesicht zeigen und Schaffler die Wahrheit schreiben. Thomas formulierte im Gegensatz zu mir immer neue gute Ausreden, die er gegenüber Schaffler anwenden wird. Im Nu war es 10 Uhr, und ich wollte weggehen. Thomas fragte mich, was ich nachmittags vorhätte. Eigentlich nichts. Er sagte, ob wir nicht für Schaffler was suchen sollten, es könnte auch im Innviertel sein, ob ich nichts wüßte. Er will unbedingt hinaus und dabei einige Stunden laufen. Ich sagte, die „Brustleiten" am Hongar könnten wir besichtigen. Wenn schon, dann bin ich um 13 Uhr 15 unten beim Aufstieg zur Krucka, und ich verzichte auf den Mittagsschlaf. Thomas sagte: Ja, aber ich muß noch vorher dem Schaffler schreiben, insgesamt drei Briefe muß ich noch schreiben. Zum Essen muß ich mir auch noch was richten. Könntest du nicht heraufkommen, ich weiß nicht, ob ich zurechtkomme. Gut, sagte ich, ich bin um Punkt 13 Uhr 15 unten beim Aufstieg, wenn du nicht da bist, bin ich sieben Minuten später heroben. Ich werde die Strecke im Eilmarsch machen. Normal braucht man 10 bis 12 Minuten.

Thomas begleitete mich aus dem Zimmer, und im Vorhaus gab es uns einen Ruck. Die Haustür war offen gestanden, und unter die offene Haustür hatte jemand einen Karton mit sechs Weinflaschen und eine Plastiktragtasche mit einem bemalten Bauernteller gestellt. Der Weinkarton war verschnürt. Thomas besah das Etikett, es war französischer Rotwein. Das kann nur die Maleta gewesen sein, sagte Thomas, sonst weiß niemand, daß ich diesen Rotwein so gerne trinke. Aber das geht doch nicht, sowas ist doch unmöglich. Weil ich gestern nicht gekommen bin, läuft sie mir heute schon wieder nach. Jetzt müßt' ich das nehmen und zurückschicken. Aber wo komm ich da hin, wenn ich auch noch zur Post muß und das zurückschicke. Ich kann jetzt unmöglich meine drei Briefe schreiben. Mich stört das derart, daß ich gar nichts machen kann. Jetzt mußt du aber noch dableiben, sagte Thomas. Bitte schau rund um das Haus, die hat sich vielleicht wo versteckt. Ich zögerte, dann ging ich ums Haus und fand niemand. Vielleicht ist sie gar oben, sagte Thomas, bitte geh hinauf. Ich zögerte noch mehr. Wenn ich Frau Maleta im Freien getroffen hätte, wäre mir sicher was Passendes eingefallen, aber ich dachte nach, was ich sagen sollte, wenn ich sie oben im Zimmer treffe. Da mir nichts Passendes einfiel, sagte ich laut zu Thomas: Komm, gehen wir hinauf und zeig mir den Brief, welchen du mir noch zeigen wolltest. Ich stieg die schmale Stiege hoch, und Thomas folgte mir. Die Räume waren leer. Thomas schüttelte den Kopf und sagte: Wie sollte ich jetzt was arbeiten, wenn ich annehmen muß, sie steht hinter einem Baum und kommt herein, wenn du weg bist. Du mußt unbedingt noch eine Weile dableiben. Wir setzten uns wieder in die Wohnstube und besprachen den Fall. Maleta muß uns bei offenem Fenster reden gehört haben, sagte Thomas. Ich glaub, wir waren einige Zeit sehr laut, sonst hätten wir was hören müssen. Die hat sich bestimmt von oben herab zur Haustür geschlichen, sonst hätten wir sie ja sehen müssen. Außer sie hat sich wie eine Indianerin angeschlichen und sich unter das Fenster geduckt, sagte ich. Du bist doch so gesessen, sagte ich, daß du sie sehen hättest müssen. Die hat unten schon mein Auto gesehen und gewußt, daß du Besuch hast. Da muß sie sich durch den Wald geschlichen haben, denn wenn sie den normalen Weg nimmt, sieht man sie ja schon von weitem über die Wiese kommen. So wie du gesessen bist, siehst du ja schon von weitem, wenn jemand heraufkommt. Natürlich, sagte Thomas, aber was würdest du jetzt an meiner Stelle tun. Ja, ganz einfach, sagte ich. Ich würde mich dumm stellen und den Fall als Dutzendfall behandeln. Leute in deiner Stellung mit ähnlicher Berühmtheit können nichts dagegen tun, Verehrer und Verehrerinnen zu haben. Nachdem sie selbst sich als Eisbär mit dickem Fell bezeichnet, ergibt sich überhaupt kein Problem. Außerdem ist die jetzt in einem Zustand totaler …, da ist alles ganz Wurscht. Wie gut, daß du

gestern da nicht hingegangen bist, die ist so ..., daß ein einziger Blick von ihr den Gästen alles verraten hätte. Noch dazu sind das keine Trotteln, Zcokol, Sassmann, Polz usw., daß die nicht merken würden, was da los ist. Der einzige, der nichts merken würde, wäre höchstens ihr Mann. Aber da du gestern nicht hingekommen bist, reizt sie das derart, daß sie heute gleich gekommen ist. So wie einen Mann ein unschuldiges Mädchen reizt, so reizt du die Maleta. Einem Hurenbock würde sie nicht nachlaufen.
Ja, sagte Thomas, stell dir vor, sie hat sich sogar angetragen, bei mir zu putzen. Das ist aber eine Frechheit, sagte ich, die muß doch sehen, daß alles blitzblank ist bei dir. Nein, so ist es nicht, sagte Thomas, sie hat gesehen, wie die Frau Braun bei mir putzte, und da sagte sie, daß sie das tun möchte. So ein ..., sagte ich, damit es noch früher auffällt. Natürlich, sagte Thomas, ich kann es mir doch nicht leisten, mit der aufzufallen.
Inzwischen war es 11 Uhr geworden. Ich sagte zu Thomas: Ich habe vor 12 Uhr noch einige Besorgungen in Gmunden zu machen, also was ist jetzt, bleibts bei 13 Uhr 15 Treffpunkt unten, oder ich bin sieben Minuten später da. Ja, es bleibt bei dem, was wir ausgemacht haben, sagte Thomas. Bitte sei aber pünktlich, rief mir Thomas noch nach. Das hast du notwendig, mir das zu sagen, rief ich zurück.
Es hatte zehn Grad Außentemperatur, und wir hatten ausgemacht, auch bei Regen zu marschieren. Mit richtiger Winterbekleidung war ich um 13 Uhr 15 beim Anstieg und ging hoch. Nach 20 Metern sah ich Thomas entgegenkommen. Er hatte einen Rucksack und sagte: Die Briefe habe ich nicht geschrieben, sie ist nicht mehr gekommen, aber wir sollten so zurückkommen, daß ich noch vor 18 Uhr einkaufen kann. Ich sollte auch vor 18 Uhr noch einen Brief in Gmunden aufgeben, sagte ich. Das habe ich gleich gewußt, sagte ich, daß die Maleta nicht mehr kommt, denn ich hab hier und in Reindlmühl beim Gasthaus und unterwegs nach ihrem Wagen geschaut. Ich hab gerechnet, daß sie wo aufpaßt, bis ich weg bin. Aber ich hätte sie sehen müssen, denn ich kenne ihren Wagen. Ja, W-500 und wieviel weiß ich nicht, hat sie, sagte Thomas.
Wir fuhren über Großkufhaus zum Grünbergwirt am Hongar. Dort unterhielten wir uns ca. eine Stunde mit dem versoffenen, lallenden Wirt. Wir erfuhren dort, daß es bis zum Bauernhaus Brustleiten von hier aus noch eine Stunde zu gehen sei und daß wir gestern nur zwei bis drei Minuten davon entfernt waren, als wir vom Handstallbach aus den Spaziergang

machten. Um 15 Uhr 30 machten wir uns auf den Weg zum Gasthaus Schwarz auf dem Hongar, wo wir um 16 Uhr 30 eintrafen. Nach einer halben Stunde Rast gingen wir wieder zurück. Da die Klapperln – ein Riemen riß aus – schon wieder kaputt waren, ging Thomas barfuß. Ich war trotz guter Schuhe auch an den Füßen naß. Unser Gesprächsstoff drehte sich im Kreise, von Salzburg über Meinrad zur Maleta. Schließlich erklärte mir Thomas, daß er sich eigentlich äußerst wohl fühle. Die Häuser seien in Ordnung gebracht, es drückten ihn keine Schulden, er habe keine Termine, weil er alles abgesagt hat, und mit den kurzen Haaren fühle er sich sehr wohl. Na, und wie gehts mit dem anderen, fragte ich. (Thomas wußte, daß nur sein Buch *Korrektur*, an dem er jetzt arbeiten sollte, gemeint war.) Das ist meine Sache, sagte Thomas ernst, und nach einer kurzen Pause fügte er hinzu: Ich brauche Ablenkung. Ohne Übergang und als ob ich das nicht gehört hätte, sprach ich von was anderem weiter. Nach langer Zeit war das der erste große Fehler, den ich gemacht hatte. So eine Frage darf auch ich nicht stellen. Wenn ich mit dieser Frage nicht vorgeschnellt wäre, aber im allgemeinen Redefluß ist es mir eben passiert, hätte Thomas sicher von sich aus darüber auch noch eine kleine Bemerkung gemacht, schon der Vollständigkeit halber.
Heut' ist Kaisers Geburtstag, sagte Thomas, da war früher sowieso der Urlaub zu Ende. Alles fuhr mit dem Kaiser nach Wien, und am nächsten Tag spielte schon die Oper. Heute spielen sie halt ab 1. September, aber sonst hat sich in dieser Zeit eigentlich nicht viel geändert. Jetzt kriegt halt der Kreisky Blumen, und kleine Mäderl sagen ihm Gedichte auf, früher war's halt der Kaiser.
Gegen 17 Uhr waren wir wieder beim Grünbergwirt beim Auto angelangt und um 17 Uhr 15 im Geschäft in Reindlmühl einkaufen. Mein Gespräch mit der Chefin an der Kassa wäre alleine schon eine kleine Geschichte, ich vermerke hier nur die Worte der Frau: „Eigentlich nicht.“ Vielleicht habe ich später mehr Zeit darüber zu berichten. In lustiger Stimmung gingen wir auseinander, und ich sollte am Montag um 9 Uhr mit der Post kommen und vorher auch noch die Zettel an seinem Haus in Nathal einsammeln. Thomas hatte fest vor, auf der Krucka zu bleiben.

19. August 1972

Nach dem Mittagessen begann ich sofort zu schreiben und sagte zu meiner Frau: Heute könnte ich wieder einmal im Wohnzimmer bleiben, Thomas kommt sicher nicht. Nach einigem Überlegen sagte ich: Eigentlich war ich noch nie eine Sekunde vor Thomas sicher, wer weiß, was alles sein kann, und er kommt plötzlich herein. Ich schreib doch lieber im Gewölbe. Um 17 Uhr war es soweit. Es läutete, und Thomas stand draußen. So freudig wie diesmal hatte ich Thomas schon lange nicht begrüßt. Ich freute mich so, daß ich meine Schreibsachen im Gewölbe hatte und nicht im Wohnzimmer, es wäre mir unmöglich gewesen, noch etwas zu verbergen. Auch wenn ich mit was abgefahren wäre, hätte er gesagt, laß sehen, was schreibst denn. Er interessierte sich auch vielfach für meine Geschäftspost. Er kennt meine Verkäufe, meine Gründe und Häuser, meine Einnahmen und Ausgaben, meine Schulden, meinen Steuerbescheid, vor Thomas habe ich keinerlei Geschäftsgeheimnisse. Ich muß ihm auch immer über meine Haus- und Grundbesichtigungen mit Interessenten berichten. Er hat sich meinem Sprachgebrauch angepaßt und fragt mich, „waren's Maulaffen oder haben sie was gekauft?"

Genauso kenne ich auch die Gebarung von Thomas. Wenn er alles angeben würde, müßte er um die 300.000 Schilling nachzahlen. Ich habe ihm gesagt, je größer die Schuld sein wird, wenn sie einmal draufkommen, um so eher wird man sie ihm erlassen. Fünfzig- oder hunderttausend Schilling wird man ihm nicht nachlassen, die wird er zahlen müssen, aber fünfhunderttausend würden an seiner Existenz rühren, die wird man ihm nachlassen. Das Gesuch und die Schreiberei bleibt die gleiche, ob 50.000 Schilling oder 500.000 Schilling. Auch in Hinblick auf die Steuer habe ich ihm schon zweimal geraten, das doppelte Honorar zu verlangen, da ja das Finanzamt ca. fünfzig Prozent bekommt. Diesen Rat hat er befolgt, er hat zweimal verdoppelt und bekommen, aber dem Finanzamt gegenüber ist er unten geblieben. Meine diesbezüglichen Warnungen haben nichts genützt.

Thomas fühlte sich bei uns, meiner Frau, Omi und mir, sauwohl. Er sagte, wenn er schon herunten sei, werde er auch in Nathal übernachten. Thomas war in ausgelassener Stimmung. Es begann schon, als wir das Fernsehprogramm studierten. Omi sagte: Lauter Dreck ist im Fernsehen, kein

ordentliches Programm, man kann kaum noch eine Sendung ansehen. Ah, da schau her, sagte Thomas, vor sieben, acht Jahren war ich der einzige, der das Fernsehen kritisiert hat. Sie haben damals noch mit Ehrfurcht die Sendungen bestaunt. Jetzt brauch ich nichts mehr zu sagen, jetzt fallen Sie schon über die Sendungen her. Ja, weil Sie mir die Augen geöffnet haben, sagte meine Mutter. Sogar der Wolfi spricht schon von schlechter Kameraführung, fügte ich hinzu. Als ich dann sagte: Heut ist „Erkennen Sie die Melodie", sagte Thomas: Oije, da bin ich sehr schlecht, da versag ich immer. Aber die Bayrische Symphonie, sagte ich, die kennst du? Nein, die kenn ich nicht, sagte Thomas. Die Bayrische Symphonie – am Arsch leckst mi, sagte ich. Thomas wiederholte die Symphonie mehrmals auf urbayrisch, denn in dieser Mundart ist er ein Meister, das hat er in Traunstein gelernt.
Dann erzählte Thomas, daß ihn der Buchhändler Mader in Gmunden um eine Unterschrift für ein Buch gebeten habe. Er sagte ihm: Sie wissen doch, daß ich das nicht mehr mache, ich unterschreibe grundsätzlich keine Bücher mehr. Aber das ist für Herrn Tostmann, sagte Mader. Jetzt erst sah Thomas, daß Tostmann daneben stand, und er unterschrieb. Und stellt euch vor, sagte Thomas, ausgerechnet *Ein Fest für Boris* kaufte sich Tostmann, wo ihm doch auch ein Fuß fehlt. Wie kann er sich nur ausgerechnet das Buch kaufen. Wenn ich einen Wasserkopf hätte, würde ich mir doch auch kein Buch kaufen, das von lauter Menschen mit Wasserköpfen handelt. (Tostmann ist ein entfernterer Nachbar von Thomas auf der Krucka, sie kennen sich vom Sehen.)
Später, bei der Sendung „Erkennen Sie die Melodie" sang Thomas sehr laut die Melodien mit. Es war richtig lustig, er hat uns mehr als das Programm unterhalten. Das ging so bis 23 Uhr. Es waren wieder sechs Stunden mit Thomas, die mir zum Schreiben sehr fehlen, und so kommt viel Lustiges und Heiteres mit Thomas nicht zu Papier.
Inzwischen hatte Thomas den Weinkarton von Frau Maleta geöffnet. Er sagte mir, es war kein Wein drinnen, sondern Dosen mit Mehl, Zucker, Salz usw., in welche keine Ameisen hineinkönnen. Maleta hatte beobachtet, daß Thomas auf der Krucka viele Ameisen hat, und da hat sie ihm ameisensichere Dosen gebracht. Ich bin froh, daß es kein Wein war, daß es doch nicht so wertvoll ist, das Geschenk, denn der französische Wein, von dem war nur die Schachtel, der ist sehr teuer.

Ich muß annehmen, daß Thomas mit seinem Buch *Korrektur* ein gutes Stück weitergekommen ist, daß ihm einige Passagen sehr gut geglückt sind, denn eine andere Ursache, so ausgelassen zu sein, hatte er ja nicht. Die Samstagzeitungen schrieben wieder sehr schlecht über ihn, auf die schlechtesten machte er mich aufmerksam. Aber die „Ablenkung" bei mir war diesmal perfekt. Ich bin auf die Artikel gar nicht eingegangen, weil das eine unsinnige Sache ist, auf solche Artikel einzugehen, sagte ich.

20. August 1972

Meine Tochter Elfriede und mein Schwiegersohn besuchten den *Jedermann*. Sie sollten in Salzburg weitere Programmhefte für *Der Ignorant und der Wahnsinnige* kaufen. Es wurde ihnen an der Kassa erklärt – nach einigen Telefonaten und Absprachen –, daß der Autor verlangt habe, sämtliche Programmhefte einzuziehen. Das einzige Programm der Uraufführung ließ ich mit dem Festspielstempel versehen.
Gleichzeitig ließ ich meine Tochter eine Karte an Kaut senden mit dem Inhalt: „Herzliche Stempelgrüße von einem glücklichen Besucher der Uraufführung." Diese Karte war natürlich mit dem Sonderstempel versehen.

21. August 1972

Um 8 Uhr 45 traf ich bei Thomas mit Post und Zeitungen ein. In Hausnähe der Krucka hörte ich Thomas auf der Schreibmaschine wie rasend tippen. Thomas sah mich vom Fenster aus kommen und fetzte die letzten Zeilen eines Briefes an Schaffler aufs Papier. Als ich in sein Zimmer eintrat, sagte er: Grad bin ich fertig, das ist an Schaffler, da lies. Es war ein Bogen mit zwei eng beschriebenen Seiten. Thomas teilte Schaffler darin mit, daß er grundsätzlich nichts mehr verfilmen ließe, auch nicht den *Frost*, obwohl über den *Frost* bereits, so wörtlich, ein ebenso umfangreiches wie dürftiges Drehbuch geschrieben wurde. Außerdem gebe er seine Rechte für den *Kulterer* nicht um den halben Monatslohn eines jugoslawischen Kellners her, noch dazu, wo er keinen Einfluß auf die Regie haben würde und nicht einmal wisse, welches Studio diesen Film machen würde, usw. Unter anderem schrieb

Thomas, daß die Stadt Salzburg wieder einmal den Mistkübel über seinem Kopf ausgeleert habe und daß er nun endgültig genug habe von Salzburg. Unter den Poststücken an Thomas befand sich auch eine Postkarte von meiner Tochter und ihrem Mann Stiegler mit herzlichen Stempelgrüßen. Thomas freute sich darüber, und ich sagte ihm, welchen Text ich an Kaut geschickt hatte. Thomas erzählte mir noch, daß gestern Sonntag gegen 8 Uhr abends die Nachbarin Mittendorfer mit einem Dosengeschenk der Frau Maleta zu ihm gekommen sei. Frau Mittendorfer sagte, daß diese „Frau" schon seit zwei Stunden bei ihr zu Hause sitze und sich nicht herübertraue. Sie selbst müsse sofort wieder zurückgehen. (Der Weg ist etwa 10 Minuten.) Was heißt, Sie müssen sofort zurückgehen? sagte Thomas, kommen Sie herein, setzen Sie sich. Nein, sagte Frau Mittendorfer, diese Frau massiert meinen Mann, sie sagt, sie hat in ihren Händen Heilkräfte, magnetische Heilkräfte, ich möchte sofort zurück. Thomas sagte: Da habe ich sie absichtlich hereingeführt und lange aufgehalten, als ich gesehen habe, daß diese Frau Angst hat, daß Frau Maleta ihren Mann zuviel massiert. Hast du Frau Mittendorfer gesagt, wer diese Frau ist, fragte ich. Ja, natürlich, sagte Thomas, da kenne ich keine Rücksicht. Ich hab ausrichten lassen, ich arbeite und möchte meine Ruhe haben. Hoffentlich hat das Frau Mittendorfer so ausgerichtet. Es war auch ein Zettel im Paket, sie respektiere, daß ich arbeite, usw. Was heißt das, sie respektiert, daß ich arbeite, sie muß mich überhaupt – nicht nur, wenn ich arbeite – respektieren, sagte Thomas. Übrigens, die Hufnagl hat sich „seither" nicht mehr blicken lassen, die läßt mich jetzt in Ruh.
Thomas wollte nachmittags mit mir spazierengehen. Ich mußte aber ablehnen, da ich keine Zeit hatte. Dafür besprachen wir für nächsten Tag ein umfangreiches Programm. Thomas ersuchte mich, ihn irgendwohin, in eine Gegend, die er noch nicht kennt, mitzunehmen. Dabei sollte ich nach alten Häusern für Interessenten, besonders für Schaffler suchen. Thomas sagte, er brauche eine vollkommene Ablenkung, daher sollten wir ins Innviertel fahren, möglichst in einen Teil, den er noch nicht kennt. Das hab ich für den nächsten Tag, den ganzen Tag, versprochen.
Da ich Thomas für Nachmittag den Spaziergang abschlagen mußte, hat er mich sehr lange aufgehalten. Immer wieder hatte er was zu besprechen und zu erzählen, sodaß ich erst um 11 Uhr von ihm wegkam. Thomas gab mir noch fünf Briefe zur Post mit. Es waren Briefe an Schaffler, Salzburg,

„Schon im Hof hörte ich Thomas auf der Schreibmaschine tippen, daß es sich aus der Ferne wie ein Maschinengewehrfeuer anhörte. Thomas kann nur auf Modellen der 20er oder Anfang der 30er Jahre schreiben, weil er so hindrischt auf die Typen, daß von späteren Modellen in wenigen Tagen die Typen wegfliegen, einfach abbrechen. Meistens schreibt er auf der Maschine seines Großvaters Freumbichler“ (8. August 1972).

an Unseld und Frau Ritzerfeld, Suhrkamp, Frankfurt, an Koltz, Luxemburg, und an Stadlbauer, Laakirchen.

Als ich Thomas davon erzählte, daß meine Tochter Reinhild in Wien schon einen Heimplatz bei den Altkatholiken erhalten hat, sagte mir Thomas, wenn ich Hilfe brauche für Reinhild, solle ich mich an Halbgebauer wenden, den kenne er. Der ist an der Kunstakademie Professor oder Assistent, er ist der Liebhaber der Tochter der Maleta.

Meinen Notizen entnehme ich, daß mir Thomas noch was von einem Schreiben vom 19. 8. 72 von Bauer Theussen [der Dirigent Franz Bauer-Theussl?] erzählte, aber ich weiß nicht einmal mehr, ob er ihn gelobt oder beschimpft hat.

22. August 1972

Schon vor acht Uhr habe ich den Hof in Nathal nach Zetteln abgesucht, wie ich es eigentlich immer vor dem Postabholen in Ohlsdorf mache. Diesmal waren drei Notizblätter von Hammerstein dabei. Ich überflog den Text, und da ich sah, daß Dufreunde von ihm, Grüße von Hede usw., ihn zwischen 10 und 11 Uhr im Brandl anrufen wollten, holte ich nur die Post und kaufte für Thomas keine Zeitungen, da ich annahm, er werde das Café Brandl aufsuchen und dort die Zeitungen lesen. Auf der Durchfahrt durch Gmunden ließ ich die drei Zettel von Hammerstein fotokopieren.
Als ich Thomas um ca. 8 Uhr 30 die Zettel und die Post, darunter ein Brief von Agi überreichte, war ich erstaunt, als Thomas nach flüchtigem Lesen der Zettel diese sofort zerriß und sie auf die Bank warf. Dann las mir Thomas den Brief von Agi vor. Agi (Agnes) beschwerte sich, daß Thomas sie so lange nicht besucht habe. Dann schrieb sie weiter, daß sie geträumt habe, Thomas hätte sich mit Gretl (Grete Hufnagl) verlobt. Als sie aber wach wurde, wußte sie gleich, sowas könne nur im Traum vorkommen. Nachdem Thomas abschließend diesen Brief von Agi nochmals überflog, zerknüllte er ihn, nahm die zerfetzten Zettel von Hammerstein und schob beides in die Flammen des Ofens. Das verbrenne ich immer gleich, sagte Thomas. Ja, ich kenne deinen Aschenhaufen im Kamin in Nathal, sagte ich.

„… Da, hier hab ich auch nicht geantwortet und hier auch nicht. Aber da, und da, ein oder zwei Fälle wären gut gewesen für mich. Aber das zeigt sich erst nachher. Und weil ich das vorher nicht wußte, daß doch ein oder zwei Sachen gut wären, ist es besser, wenn ich alles ablehne. Die paar guten Sachen kann ich dann eben auch nicht haben. Es wird jetzt ja schon besser, ich bekomme schon fast keine Einladungen mehr.“ (14. 1. 1972)

Zeitungen habe ich nicht gekauft, da ich annahm, du kommst zu Hammerstein ins Café. Glaubst, ich bin blöd, die interessieren mich doch nicht, sagte Thomas. Erzähl, was es sonst Neues gibt, fragte er weiter. Dabei saß Thomas noch immer auf dem Sessel, jetzt aber mit etwas mehr vorgebeugtem Körper, seitlich nach rechts zu mir geneigt. Ich hab die Klapperl schon angezogen, sagte Thomas, und hab mir gedacht, daß wir am Vormittag auf die Mülnerhalt gehen, dann gegen Mittag in Nathal eintreffen und dann gleich nach dem Mittagessen ins Innviertel oder wohin du sonst willst, fahren. Hast du dir schon was ausgedacht? Ja, sagte ich. Wir fahren Richtung Wolfsegg. Das ist ein Notstandsgebiet. Die Kumpels vom stillgelegten Kohlebergwerk besitzen viele kleine alte Häuschen mit ein bis drei Joch. Die müssen jetzt woanders zur Arbeit, da sind solche Häuser vielleicht zu bekommen, und gegendmäßig wäre das für Schaffler oder andere noch interessant. Viel Wald mit Sicht auf die Alpen. Ja gut, sagte Thomas, dann fahren wir jetzt, und er wollte sich erheben. Aber Thomas kam nur langsam und mühsam hoch, er hatte plötzlich einen Hexenschuß bekommen. Er hatte Schmerzen, schließlich sagte er, gehen wir, es wird schon gehen.
Um 10 Uhr 30, nachdem wir nach dem Abstieg von der Krucka mein Auto bestiegen hatten, trafen wir beim Handstallbach beim Forellenhäuschen ein. Nach ca. zwanzig Schritten sagte Thomas, es geht doch nicht. Fahren wir nach Nathal, vielleicht wird es besser und wir gehen am Nachmittag spazieren. Wo es eben ist, geht es vielleicht. Wir fuhren nach Nathal, Thomas hatte nur kurz im Hause zu tun, und anschließend zu mir. Um 11 Uhr waren wir bei mir zu Hause, und meine Frau rieb Thomas mit Arnika, seiner eigenen von der Krucka, den Rücken ein. Die Schmerzen wurden immer stärker, und Thomas bat, ob er sich im Wohnzimmer lang hinlegen dürfe. Im Liegen besserte sich sein Zustand, und Thomas hoffte, daß er nachmittags schon wieder gehen könnte. Nach dem Mittagessen merkte er aber, daß noch nichts besser ist, und er bekam eine zweite Einreibung. Zu diesem Zweck wurde die Arnika ziemlich angewärmt, um besser zu wirken. Thomas legte sich wieder der Länge nach auf die Polsterbank. Ich fragte Thomas, ob er nicht schlafen wolle. Thomas sagte, bei Tag könne er nie schlafen. Daraufhin bat ich meine Frau, sich zu uns zu setzen. Nach einiger Zeit kam auch noch Omi dazu. Zu viert entwickelte sich nun eine derartige Unterhaltung, daß wir zweimal einen mehrere Minuten langen Lachkrampf bekamen. Zweimal haben wir die Omi direkt hinausgelacht. Omi

mußte aus dem Zimmer, da sie es vor Lachen nicht mehr ausgehalten hat. Mich wunderte nur, daß Thomas so mitlachen konnte, denn es schüttelte ihn vor Lachen, und das mußte doch Schmerzen im Rücken verursachen. Aber wenn ich glaubte, es flaut ab, dann brachte Thomas wieder etwas Urkomisches, sodaß wir wieder aus dem Lachen nicht herauskamen. Gegen 14 Uhr sah Thomas auf die Uhr und sagte: Jetzt haben die da drüben in Oberweis das Mittagessen auch schon hinter sich. Ja, da werden's aber anders aufgekocht haben als bei uns, sagte Omi und machte dabei mit beiden Fäusten gewichtige Auf- und Abbewegungen und unterstrich das Ganze durch eine tiefe, laute Stimme. Ja, sagte Thomas, und sie (Frau Maleta) wird auch schon kochen.
Natürlich war es Thomas' Lieblingsthema „Spital – Ärzte – Schwestern – Tote", worüber er witzig erzählte. Während Thomas so dalag, wie im Spital, erzählte er von der Letzten Ölung. Der Priester ist gekommen, hat sein schwarzes Kofferl hingestellt, auf einen Knopf gedrückt, daß der Deckel aufsprang und gleichzeitig zwei Kerzen in die Höhe schossen. Dann fragte er die Schwestern, wer kommt denn heute dran. Dabei ahmte er in Geste und Tonfall den Pfarrer so gut nach, daß wir uns vor Lachen zerkugelten. Im Sterbezimmer lag neben ihm einer, von dem man von einem Tag zum anderen nicht wußte, ob er in der Früh noch lebt. Dieser sah, obwohl er sich kaum rühren konnte, bei einem Neuankömmling nach der Krankengeschichte. Diese Bewegung ahmte Thomas nach, wie sich der mühsam zur Tafel mit der Krankengeschichte reckte und dabei ooiheeehhh sagte. Dieser Patient war gerade auf der Toilette, und daher sagte der dazu: Den haben wir morgen nimmer. Als der Mann mit der schlechten Krankengeschichte am nächsten Tag in der Früh zur Waschmuschel ging, sackte er plötzlich tot zusammen. Der Kopf fiel in die Waschmuschel und blieb dort hängen. Thomas schilderte dann genau, wie zwei Schwestern Mühe hatten, den Toten vom Waschbecken wegzubringen, usw. Thomas schilderte das aber so witzig, daß wir aus dem Lachen nicht herauskamen.
Dazwischen jubelte Thomas plötzlich: Österreich du bist mei Freid, zur Sommer- und zur Winterszeit. Thomas flocht dann eine Periode ein, wo er nur in Reimen sprach. Er kann eine halbe Stunde lang ununterbrochen in Reimen sprechen. Er antwortete meiner Frau, Omi und mir im Gespräch auch immer nur in Reimen. Wie ein echter Mundartdichter, sagte ich, und Omi fügte hinzu: Wie die „Prügelbacher Feierwehr". Es war aber unaus-

weichlich, daß Thomas wieder auf seinen Aufenthalt im Sterbezimmer zu sprechen kam. Es war wieder nur witzig, und einen Höhepunkt an Gelächter gab es, als Thomas uns die Schwestern vorspielte, wie sie im Sterbezimmer immer Nachschau hielten und nachsahen, ob nicht schon einer tot sei, da sie wegen der vielen Grippekranken die Betten schon dringend benötigten. Wie sie dann schnell dem Toten eine Nummer an die große Zehe hängten und ihn wegbrachten. Die drei Stunden, die sie ihn noch liegenlassen sollten, haben sie da nimmer eingehalten, sagte Thomas.
Der Nachmittag ist so rasend schnell vergangen, daß wir beim Abendessen fast hetzen mußten, um zur „Zeit im Bild" zurechtzukommen. Bei Omi im Wohnzimmer konnte Thomas beim geheizten Ofen sitzen, und er sagte, daß er auf alle Fälle morgen mit mir nach Mattighofen fahren werde. Dort hatte ich beim Gericht um 14 Uhr eine Tagsatzung. Anschließend wollte Thomas über Burghausen nach Salzburg, um dort den Durchlauf von seinem Stück *Der Ignorant und der Wahnsinnige* zu sehen. Thomas sagte, er werde sich eine Wärmflasche unter den Rücken legen und hoffen, daß er morgen wieder soweit sein wird. Ich sagte Thomas, daß ich ihm in der Früh die Post bringen werde. Dann soll er mir sagen, ob ich ihn nach Reindlmühl fahren soll, weil er ja sein Auto drinnen stehen hat. Er sei daher unbeweglich in Nathal und er solle mir sagen, was er braucht und was er will. Nur Zeitungen und nicht einmal diese, sagte Thomas, denn die lese ich morgen nachmittag in Salzburg im Tomaselli. Das Auto kann ruhig drinnen in Reindlmühl bleiben. Das ist eine schöne Falle. Wenn mich jemand sucht, wird er glauben, ich kann nicht weit sein oder komme bald zurück. Auf das kommt niemand, daß das Auto in Reindlmühl steht, und schlafen tu ich in Nathal.
Thomas sah nach der Uhr, es war 23 Uhr 15. Jetzt sind wir 15 Stunden ununterbrochen beisammen, sagte Thomas, bringst mich jetzt bitte nach Hause. Ja, sagte ich, und es wird kaum jemand geben, mit dem du nicht innerhalb von 15 Stunden gestritten hättest. Daß wir 15 Stunden blödeln und lachen können, wird kaum jemand glauben können. Ein Fläschchen Arnika gab ich Thomas noch mit, damit er sich selbst noch einreiben kann. Thomas ersuchte mich noch, mit der Post Butter und Brot zu bringen, da er nichts im Hause hat.

23. August 1972

Mit Post, Butter, Brot und den „Salzburger Nachrichten" kam ich um 8 Uhr zu Thomas nach Nathal. Ich gab ihm die Leserbriefe der Mittwochausgabe mit den Worten: Ärgere dich nicht, der zweite Artikel hebt alles wieder auf. Thomas las die Artikel und sagte, das berühre ihn gar nicht mehr. Dann ersuchte mich Thomas, die Abfahrt, welche wir gestern für 12 Uhr 30 festgelegt hatten, auf 12 Uhr vorzuverlegen. Ich stimmte zu und sagte, um 11 Uhr hole ich dich zum Essen. Es war inzwischen 9 Uhr geworden, und ich sagte: Ich muß weg, sonst kann ich um 11 Uhr nicht da sein. Die Rückenschmerzen hatten sich gebessert, und Thomas sagte: Ob ich im Auto sitze oder sonstwo, es tut gleich weh.

Also um 11 Uhr holte ich Thomas ab. Er konnte nur ein Omelett essen, was selten ist, und um 12 Uhr fuhren wir nach Mattighofen. In der Schnapsbrennerei und Forellenzucht vor Munderfing kehrten wir ein. Von dort fuhren wir so weg, daß wir um 13 Uhr 30 in Mattighofen eintrafen. Thomas ging mit ins Gerichtsgebäude, besah sich meinen Fall und sagte: Das steht doch ganz eindeutig für dich. Ja, sagte ich, aber du wirst noch sehen, was ein Richter ohne jedes Risiko aus so einer eindeutigen Sache alles machen kann, wenn er gegen mich eingestellt ist, wie der in Gmunden. Wir trafen Dr. Litschauer von der Kanzlei Dr. Stern. Dieser konnte uns über die Sache Peymann nichts berichten, denn er kannte den Fall nur durch meinen Brief an Dr. Stern, der durch seine Hände gegangen ist.

Thomas wollte sich die Tagsatzung anhören, der Richter sagte aber auf meine Frage, ob die Verhandlung nicht öffentlich sei: Nein, wir sind kein Kaffeehaus. Thomas fragte, was sagen Sie da, und wollte sich mit dem Richter anlegen, besann sich aber und verließ den Raum. Als kurz darauf der Richter seiner Sekretärin meinen Wohnort Ohlsdorf diktierte, fügte er hinzu: Das ist der Wohnort von Thomas Bernhard, falls Sie das nicht wissen sollten. Fast zugleich mit Dr. Litschauer sagte ich, das war er, der sitzt jetzt draußen. Da überschlug sich der Richter in Begeisterung für Thomas und sagte, er werde sich anschließend ein Autogramm holen. Nach Schluß der Verhandlung war Thomas aber weg. Er kam mit mehreren Hemden unterm Arm zum Auto, er hatte sie um 59.90 Schilling pro Stück im Ausverkauf gekauft. Der Kassazettel blieb später im Auto liegen. Thomas zeigte mir, daß hier in Mattighofen die Salzburger Fa. Salko durch billige Arbeitskräfte

Kleider herstellen läßt. Dann schlug Thomas vor, nicht nach Burghausen, sondern gleich nach Salzburg zu fahren.
Inzwischen hatte sich nämlich unser Gespräch schon wieder so auf die Vorfälle mit Peymann und Kaut konzentriert, daß ich deswegen besonders langsam fuhr und erst nach fast einer Stunde, um ca. 16 Uhr, mit Thomas in Salzburg ankam. Bei der Anfahrt hatten wir vom Markartplatz aus schon drei Übertragungswagen des ORF beim Theater stehen gesehen. Die Aufzeichnung findet also doch statt, sagte Thomas dazu. Thomas verschaffte mir beim Landestheater vor dem Bühneneingang einen Parkplatz für Mitwirkende. Vom Personal erfuhren wir, daß Peymann probt. Wenn er probt, gehen wir gleich weg, sagte Thomas, und wir gingen zu Fuß zum Tomaselli in den Gastgarten. Von dort aus ging ich mit elf Textbüchern und vier Mozartkuverts zum Sonderpostamt vor dem Festspielhaus. Dort klebte ich 15 Stück Jubiläumsmarken „50 Jahre Salzburger Festspiele" in die Bücher und auf die Kuverts und ließ den Sonderstempel daraufgeben. Ein Textbuch und zwei Kuverts waren für mich bestimmt. Nach meiner Rückkehr in den Tomaselligarten betrachtete Thomas die Briefhüllen mit dem Mozartkopf und sagte: Ich hasse zwar diesen kitschigen Mozartkopf, aber diese Stadt hat uns beiden einen Fußtritt gegeben. Fünf Minuten vor 17 Uhr sagte Thomas: Jetzt tragen wir die Bücher zum Auto, und du schaust, ob der Durchlauf um 17 Uhr oder um 19 Uhr stattfindet.
Beim Landestheater blieb Thomas vor dem Bühnentürl und schickte mich hinein mit Grüßen von ihm und ich sollte fragen, wann wir kommen sollen. Kaum war ich im Gang vor der Bühne angelangt, traten Peymann und Ganz von der Bühne kommend in den Gang. Während ich sie begrüßte und Grüße von Thomas ausrichtete, kamen der Reihe nach Herrmann, Moidele Bickel, Wildgruber, Sander, Angela Schmid und Maria Singer hinzu. Peymann fragte die Runde, ob sie einverstanden seien, Kaffeetrinken zu gehen. Alle stimmten zu. Ich sagte zu Peymann, Thomas sei zwar draußen, aber er wolle keinesfalls stören. Wir kommen gerne erst um 19 Uhr zum Durchlauf, wir folgen der Regie. Peymann lachte und sagte: Nein, Sie stören absolut nicht, wir gehen gemeinsam zum Kaffee. Inzwischen war Frau Singer auf den Eingang zugegangen, um Luft zu schöpfen. Sie erblickte Thomas, sagte ihm, daß die Probe gerade zu Ende ginge, und Thomas kam herein. Thomas grüßte, aber reichte keinem die Hand. Es war, als ob Thomas eine Menschenfeindlichkeit ausstrahlte, und die anderen spürten das.

Der Abmarsch ins Bazar auf einen Kaffee kam ins Stocken, alles stand, und keiner wußte, was er sagen soll. Schließlich sagte Thomas zu Bruno Ganz: Na, Sie sehen eh sehr gut aus. Sehr gut aussehen heißt bei Thomas Bernhard erschöpft aussehen, sagte ich. Ausgeschöpft, berichtigte mich Thomas. Ganz sah nämlich erbärmlich aus. Nach peinlich wirkenden Sekunden sprach Thomas die Bickel an und bedankte sich für die Entwürfe, die sie ihm zugeschickt hatte. So schön langsam bewegten wir uns dann in Richtung Café Bazar. Da wir dort an einem Tisch nicht alle Platz fanden, setzten wir uns in einem Oval um zwei runde Tischchen. Im Sinne des Uhrzeigers saßen der Reihe nach: Thomas Bernhard, Bruno Ganz, Karl-Ernst Herrmann, Moidele Bickel, Claus Peymann, meine Wenigkeit, Ulrich Wildgruber, Otto Sander, Angela Schmid und Maria Singer.
Thomas wollte wissen, was Nagel vom Hamburger Schauspielhaus bezüglich des Bühnenbildes erreicht habe. Peymann sagte, daß Kaut 26.000 DM dafür verlange, und das sei Nagel zuviel. Thomas war darauf sehr erbost, daß das von Nagel nicht sofort angekauft wurde. Aber Peymann sagte, daß auch noch ein sehr teurer Transport und die Mehrwertsteuer zu diesen Kosten kämen und daß Hamburg für ein Bühnenbild höchstens 20.000 DM ausgebe. Natürlich muß Kaut diese Wattefetzen wegwerfen, er kann gar nichts anfangen damit, sagte Peymann, aber er verlangt trotzdem 26.000 DM. Um das Gespräch etwas aufzulockern, erzählte ich von der Karte an Kaut mit den Stempelgrüßen eines glücklichen Besuchers der Uraufführung und fügte hinzu, daß ich mit meiner Familie ein Prozent der Besucher gestellt hätte, nämlich sechs Personen. Das brachte ein Lachen in die Runde, Herrmann lachte besonders herzlich. Dann stellte sich heraus, daß Ganz eine Nacht schon ohne Schlaf war, da er in Berlin bis 24 Uhr eine Vorstellung hatte und sofort zu der Probe herflog. Außer Frau Schmid, Frau Singer und Peymann hatten die übrigen fünf Personen noch kein Quartier besorgt. Um 18 Uhr ersuchte nun einer den anderen, telefonisch ein Quartier zu besorgen. Keiner wollte sich erheben, und sie fragten mich, ob ich nicht was wüßte. Ich sagte, nein, von Salzburg habe ich so – dabei strich ich mit der Hand über meinen Kopf – genug. Schließlich ging Sander telefonieren. Ganz ging dann weg und sagte, er werde sich im Sanitätsraum neben der Bühne hinlegen. Sander kam ohne Erfolg zurück, und Peymann riet ihm, in Anif eine Zimmervermittlung anzurufen. Mit Wildgruber hatte ich inzwischen ein kleines Geschäftsgespräch, seine Gattin

Vera hatte mir ja wegen eines Häuschens geschrieben. Auf die Frage, wie die Sache bei Dr. Stern stehe, sagte Peymann, Dr. Stern habe gesagt, in dieser Angelegenheit genüge allein sein guter Name, er müsse nur noch sehen, wie er dem Kaut aus der Sache am besten heraushilft. Das war sehr deutlich, und wir waren damit zufrieden.
Die Besitzerin des Café Bazar bat Peymann, ob sie in den Durchlauf kommen dürfe. Selbstverständlich, jeder darf hinein, sagte Peymann, um 19 Uhr fangen wir an. Nach Wildgruber verschwanden alle anderen Darsteller genau der Reihe ihres Auftretens nach. Als schließlich auch Peymann ging und Otto Sander sitzen blieb, sagte Peymann im Gehen zu Sander: Ach ja, du kannst ja noch sitzen bleiben, du kommst ja erst zum Schluß dran. Es war 18 Uhr 40 geworden. Thomas sagte: Es zieht mir in den Rücken, gehen wir zum Würstelessen hinein. Für mehr als zum Würstelessen reicht es nicht mehr. Wir sprachen nämlich am Nachmittag davon, daß wir abends im Sternbräu einen Schweinsbraten essen wollten. Als ich mit Thomas um 19 Uhr eine leere Loge betrat, war zufällig Dr. Karl Heinz Rossbacher, Universitätsassistent in Salzburg, mit seiner Frau, einer Bekannten von mir, in der Nebenloge, und wir wechselten einige Worte.
Der Anfang des Stückes mußte wiederholt werden, ansonsten lief das Stück durch. Peymann saß mit den Kameramännern in der Mittelloge und sprach mit ihnen manchmal leiser, manchmal lauter. Einige Male machte er unnötige, kindische, auf den Text bezogene Bemerkungen. Nach der Vorstellung bemerkte Thomas zwei Logen weiter rechts die Ehegatten Hammerstein und führte ein kurzes Gespräch. Nach der Vorstellung wollten sich alle Schauspieler, Peymann, Bickel und Herrmann mit Thomas im Sternbräu treffen. Peymann entwickelte aber mit den Schauspielern und den Kameramännern eine rege Tätigkeit, und es sah aus, als sollte das längere Zeit dauern. Wir verließen daher mit den Ehegatten Hammerstein das Theater. Dann begannen die zu betteln, daß wir in die Wohnung oder in ein Café mitkommen sollten. Thomas wollte nicht. Schließlich redete er sich auf mich, seinen Freund, aus, der heim möchte. Jetzt wurde ich von Hammerstein in die Zange genommen. Ich begriff nicht, daß Thomas von mir erwartete, daß ich nein sage. Ich sagte: Das überlasse ich Thomas. Da sagte Thomas: Gut, aber nur kurz und weil es auf dem Weg liegt.
Wir fuhren zu einem riesigen Neubau auf den ehemaligen Arenberggründen. Für monatlich 2000 Schilling bewohnten die Hammersteins hier zwei

Zimmer mit Küche und Bad. Nach kurzer Zeit hatte ich heraußen, daß Hammerstein, 1925 geboren, der Sohn des ehemaligen Bezirkshauptmannes von Braunau und späteren Sicherheitsdirektors in Linz ist, der damals ein sehr bekannter Schriftsteller war. Er ging in Linz zur Schule, und ich kannte auch sein vor 40 Jahren vom Vater gekauftes Haus in Micheldorf in allen Einzelheiten. Das Haus in Micheldorf war mir allerdings schon von früher Jugend an bekannt. Seine Frau ist als Bühnenbildnerin tätig und muß zum Haushalt den größeren Teil beitragen, denn dieser 47-jährige Hammerstein ist lieb und nett, aber nicht zum Geldverdienen geeignet.

Die Ehegatten Hammerstein – die Frau führt den Ledigen- oder einen Künstlernamen – erzählten dann, daß sie sich gestern Haferlschuhe gekauft hatten. Nachdem Thomas gestern im Café Brandl nicht telefonisch erreichbar war, fuhren sie mit dem Auto und den Haferlschuhen an den Füßen zu Thomas nach Nathal und von dort zur Krucka. Da sie das Auto von Thomas sahen, waren sie überzeugt, ihn anzutreffen. Als er aber nicht im Haus war, gingen sie Mittagessen und kamen später wieder. Sie konnten es nicht begreifen, daß sie Thomas, wenn das Auto dort ist, nicht doch treffen würden, und blieben fast bis zum Abend. Dazwischen mußten Thomas und ich herzlich lachen, denn er lag während dieser Zeit auf meiner Polsterbank im Wohnzimmer, und wir lachten uns halbtot. Thomas bedauerte, daß sie ihn nicht getroffen hatten, und zählte viele gute Schnäpse und Weine sowie viele gute Speisen, die er gar nicht auf der Krucka hat, auf, die er ihnen angeboten hätte. Die Hammersteins glaubten ihm und luden ihn für kommenden Sonntag nach Micheldorf zum Mittagessen ein. Dabei soll er mithelfen, die Mutter zu bearbeiten, daß sie endlich den kleinen Besitz übergibt. Ich sollte die sieben Joch zum Parzellieren und Verkaufen erhalten.

Schließlich zeigte Frau Hammerstein ihre Blasen auf den Fersen her, welche sie sich gestern auf dem Weg zur Krucka gelaufen hatte. Dann auch noch die Schuhe. Als Thomas den Preis von 99 Schilling hörte, sagte er zu Hammerstein: Zeig mir deine Schuhe auch. Der brachte sie, Größe 45, Preis auch 99 Schilling. Thomas sagte, das sei seine Größe, probierte sie, sie paßten. Thomas zog 100 Schilling aus der Tasche und sagte: Bitte nimm und kauf dir morgen neue. Hammerstein war einverstanden. Es gibt nur die Größe 45 und 38 in dem Geschäft, deswegen sind sie so billig, sagte er.

Thomas behielt die Schuhe gleich an und nahm die alten in die Hand, als wir um 23 Uhr 30 wegfuhren. Auf der Heimfahrt sagte Thomas dann, er würde sehr lachen, wenn der Hammerstein morgen diese Schuhe im Ausverkauf nicht mehr bekäme. Diese Schuhe sind nämlich unter 450 Schilling nicht zu bekommen, zwiegenäht sind sie, sagte Thomas. Während der Fahrt erzählte mir Thomas, daß eine Cousine von Hammerstein mit Uexküll in Brüssel verheiratet sei und daß darauf seine Bekanntschaft mit Uexküll beruhe.
Wir vereinbarten, daß ich Thomas morgen Donnerstag um 8 Uhr die Post bringe und ihn anschließend zur Krucka bringe. Gegen 0 Uhr 30 waren wir wieder in Ohlsdorf zu Hause angekommen.
Die Hammersteins erzählten noch, daß sie sich am Tage des Skandals, dem 4. 8., mit Frau Hufnagl wegen verschiedener Ansichten über den Skandal gestritten hätten. Frau Hufnagl war dafür, daß nicht gespielt wird und war gleicher Ansicht wie Thomas in dieser Sache, die Hammersteins waren empört, daß nicht gespielt wurde. (Thomas hat diesbezüglich seine Meinung mehrmals gewechselt.)

24. August 1972

Kurz nach acht kam ich mit der Post zu Thomas. Es gab einen Brief aus Gütersloh und einen aus Darmstadt, „An das Mitglied der Akademie für Sprache und Dichtung Thomas Bernhard". Thomas las den Brief aus Darmstadt vor und sagte: Zu dieser Vorstellung der neuen Mitglieder werde ich nicht erscheinen. Ich erinnerte mich, daß Thomas am Vortag in Mattighofen, als wir am Kino vorbeikamen, „Nonne am Scheideweg" laut las und sagte: Dieser gräßliche Titel fällt den Sittenaposteln gar nicht auf. Daher sagte ich jetzt: Die Akademie kann bei dir das Wort Mitglied bald mit einem kleinen m und einem großen G schreiben. Thomas sah mich an, dachte eine Weile nach und sagte: Dann hast du eine Gliederpuppe. Ich lese jetzt gerade an einem Buch von Hermann Hesse, das trifft sich sehr gut, sagte Thomas, der hat auch keine Mitgliedschaften angenommen, ich werde das genauso halten. Hesse hat sich auch ganz abgeschlossen. Aber ich würde erst nach der Vorstellung der neuen Mitglieder die Mitgliedschaft ablehnen, damit du dort noch erwähnt wirst, sonst geht deine Ab-

lehnung sang- und klanglos unter, sagte ich. Ja, natürlich, so werde ich das machen, sagte Thomas.
Dann sagte Thomas, er habe schon um 6 Uhr früh gewaschen und die Wäsche draußen. Er möchte erst gegen 11 Uhr in die Reindlmühl fahren. Als ich ein bißchen herumdrückte und sagte, die Wäsche würde ich für ihn abnehmen, sagte er: Dann müßte ich halt mit meinem Auto gleich wieder herausfahren, wenn du mich jetzt hinbringst. Ich überlegte, wie ich mir das einteilen könnte, und sagte für 11 Uhr zu. Es war nämlich 9 Uhr, und ich war schon wieder eine Stunde bei Thomas.
Als ich um 11 Uhr zu Thomas kam, bügelte er die Wäsche. Er lachte und sagte, wenn ich noch zwei Stunden arbeiten kann, bin ich fertig und habe die frischgewaschene Wäsche gebügelt im Kasten. Bitte, kannst du nicht um 14 Uhr kommen? Ich konnte leicht zusagen, denn Thomas hat schon in der Früh gefragt, ob ich nachmittags nicht zu einem Spaziergang Zeit hätte. Da konnte ich noch nicht zusagen, aber inzwischen hatte ich es mir so eingeteilt, daß ich nachmittags Zeit hatte. Denn ich wußte, er wird

Obernathal 2: die Küche mit Waschmaschine und Einmachgläsern, 1972.

Obernathal 2: die Küche mit Blick in den Innenhof, 1972.

bei dem schönen Wetter gehen wollen. Insbesondere war Thomas auch auf ein Haus für Schaffler erpicht. Wir wollten gemeinsam eines auftreiben.

Um 14 Uhr war Thomas fix und fertig. Er übergab mir einen großen Korb voller reifer Mirabellen von seinem Baum im Garten für meine Frau. Auf der Fahrt zur Krucka nach Reindlmühl machte Thomas den Vorschlag, noch vor dem Aufstieg zur Krucka die Mülnerhalt, eine Kleinlandwirtschaft zu besuchen, um festzustellen, ob sie verkäuflich sei. Wir hatten in den vergangenen Tagen einiges darüber gehört. Beim kleinen Forellenverkäufer am Handstallbach machten wir halt und gingen auf eine Cola in die Hütte neben dem Haus. Auf vorsichtiges Fragen bekamen wir die Auskunft, daß die Mülnerhalt vom Besitzer zwar gerne verkauft werden würde, aber der Alte habe ein Belastungs- und Veräußerungsrecht auf dem Haus, und solange der lebt, läßt er einen Verkauf nicht zu. Ein stockbesoffener Weidmann, mit gut einem Dutzend Fuchszähnen als Westenknöpfe angenäht, widerte

uns am Tisch an, sodaß wir bald gingen. Trotz der negativen Auskunft wollten wir das Haus besichtigen.
Bei der Mülnerhalt angekommen, sahen wir auf den ersten Blick, daß das Haus nicht verschandelt und noch im Urzustand ist. Einige hundert Meter weiter war ein Neubau. Thomas blieb zurück, und ich nahm Kontakt mit dem Alten auf. Er war 73 Jahre alt und sagte sofort, er werde dem „Jungen" bei einem Verkauf keine Schwierigkeiten machen. Ich stellte Thomas als „Kruckamann" vor, und der Alte zeigte uns das Haus bis zum Dachboden. Später zeigte er noch die genauen Grundgrenzen und gab uns die Adresse seines Schwiegersohnes Weberstorfer in Attnang. Er sagte, wir sollen seinem Schwiegersohn ausrichten, daß er nichts gegen einen Verkauf hat, da er mit einer auch nur geringen Arbeit nicht mehr fertig wird.
Am Rückweg sagte Thomas: Was wär's, wenn wir gleich nach Attnang fahren würden? Ich sagte: Zu lange darf ich sowieso nicht warten, denn das Haus ist reif zum Verkauf. Die einzige Schwierigkeit, die noch auftreten kann, sagte ich, ist ein Phantasiepreis. Thomas sagte, auf dreihunderttausend Schilling und darüber würde er selbst gehen. Schaffler werde er Auflagen machen, damit er das Haus in seiner Ursprünglichkeit läßt. Eventuell werde er es selbst kaufen und an Schaffler vermieten.
Unten beim Auto angekommen, fuhren wir sofort nach Attnang. Weberstorfer wohnte im Postamt am Bahnhof im ersten Stock, und er ist auch dort bei der Post beschäftigt gewesen. Daher konnten wir ihn gegen 16 Uhr sprechen. Ich sagte Weberstorfer, wer ich sei, daß ich vor einem Jahr die Krucka und die Rainlwies verkauft hätte, und stellte Thomas als Besitzer der Krucka vor. Nachdem ich Weberstorfer die Verkaufspreise der Krucka und der Rainlwies genannt hatte und die Flächen dazu in beiden Fällen größer waren, fragte ich nach dem Preis. Natürlich hatte ich auch schon von der Besichtigung berichtet und auch davon, was der Alte gesagt hatte. Weberstorfer sagte, er hätte schon einige gute Angebote, aber er nannte keinen Preis. Ich bot schließlich 300.000 Schilling. Weberstorfer sagte aber, da sei ich weit entfernt von dem Angebot. Er behauptete, daß er achthunderttausend Schilling geboten bekommen habe, das sind nur 20 Schilling pro m², das Haus koste nichts. Nach einem weiteren belanglosen Abschiedsgespräch fuhren wir zurück. Auf der Fahrt zur Krucka sprachen wir fast nichts. Auf so einen hohen Preis waren wir nicht gefaßt, und ein Haus für Schaffler lag in weiter Ferne. Ich begleitete Thomas noch ein Stück Wegs

zur Krucka und machte um ca. 17 Uhr 30 kehrt zum Auto. Thomas bat mich noch, am nächsten Tag seine Post zu bringen.

25. August 1972

Um 8 Uhr 30 war ich mit der Post auf der Krucka. Es waren Briefe von Eva Riedl, Wien, Rebusgasse 13, aus Salzburg, Grußkarte von Gräberstadt Merinum D Imzar, D-62 Wiesbaden, Dotzleinerstr. 172; Frau Uexküll, Rue de La Croix 60, Bruxelles 1050; Felicitas Timpe, Foto, München 22, Tivolistr. 1, dabei. Ausnahmsweise wurde mir auch ein blauer Gerichtsbrief vom Bezirksgericht Wien, Hernalsergürtel, G.Z. 3 U 296/72, eine Ladung für den 8. 9. 1972 für Thomas ausgefolgt. Den Gegenschein gab ich, nachdem Thomas selbst unterschrieben hatte, am Postamt Ohlsdorf wieder ab.
Thomas zeigte mir die Bilder der Fotografin Timpe. Ich machte mir einige Notizen, um Bilder zu bestellen. Da Thomas auf das beigeschlossene Schreiben mit Preisangaben keinen Wert legte, nahm ich es zu mir. Thomas las mir den Brief von Frau Gräfin Uexküll vor. Sie schrieb, sie sei wütend, daß sie das Stück in Salzburg nicht sehen hätte können. Immerhin ist es aber erstaunlich, schrieb sie, daß bei dieser würmeligen Festspielleitung wenigstens eine Aufführung möglich war. Thomas gab mir dann selbst den Brief zum Weiterlesen. Sie schrieb noch, daß sie nach Salzburg komme bzw. zu den Olympischen Spielen nach München. Ihre Begleitung wird am 3. 9. von Salzburg abreisen, sie selbst wird noch bis zum 5. 9. bleiben, Thomas soll kommen, usw. Frau Uexküll ist eine Cousine von Hammerstein, und dadurch sei er mit Uexküll bekannt geworden, sagte Thomas. Ob er da nach Salzburg fährt, weiß er noch nicht. Thomas sagte, er werde wahrscheinlich schon abends nach Nathal kommen und bei mir vorbeischauen. Kurz nach 9 Uhr bin ich wieder von ihm weg.

27. August 1972

Thomas kam um 21 Uhr. Er sagte, er komme direkt von Hammerstein aus Micheldorf. Er habe die zwei Schwestern von Hammerstein kennengelernt. Die sind sehr gut, so richtig normal, wie es sich gehört, resch, usw. Die

Mutter dürfte aber eine Deutsche sein, der Aussprache nach. Könnte das nicht Pragerdeutsch sein? sagte ich. Thomas dachte nach und sagte: Sicher, du könntest recht haben.
Thomas erzählte, daß er am nächsten Tag, am Montag, gegen Mittag nach Wien fahren und erst am Donnerstag oder Freitag zurückkommen wird. Daher wolle er sich noch verabschieden. Insbesondere natürlich von meiner Mutter, die morgen für vier Wochen nach Graz fährt. Thomas ersuchte, wir sollten seine Mirabellen ernten und nach dem Hof sehen, während er weg ist. Das Auto lasse er da, weil er mit Hufnagl hin- und auch wieder zurückfährt. Es war sehr lustig, und Thomas blieb bis 24 Uhr.

31. August 1972

Gestern hatte ich mit meiner Frau 12 Kilogramm Mirabellen geerntet. Heute habe ich in Nathal im Saustall von Thomas, in welchen der Brief-

> ENDE GUT, ALLES GUT
>
> An Spektakel hat es dem Salzburger Schauspiel heuer nicht gemangelt. Es hat sich laut gemacht. Vor und hinter den Kulissen … Nach einem flachen Auftakt ging es richtig los: Thomas Bernhards Uraufführung „Der Ignorant und der Wahnsinnige“ nahm es mit ihrem Titel sehr genau. Das sperrige, schwer zugängliche, heimtückisch-anspruchsvolle Stück und Claus Peymanns klare, harte, exzeptionelle Inszenierung sammelten (zu Recht) viele Einser in der Presse. Den Fünfer, das Ungenügend im Betragen, wirtschaftete sich Peymann selber, freiwillig, mutwillig ein … Nun freilich besteht die Gefahr, daß man sich infolge des ebenso läppischen wie ignoranten Vorfalls in Salzburg Neuem (Unbequemem) künftighin (gern) verschließen wird. Peymann hat zu dieser Fährnis das Seine gründlich beigetragen. Die Reaktion darauf darf aber nicht reaktionär sein. Genau das mochte Peymann nämlich gewollt haben …
>
> *(Paul Blaha, „Kurier“, 31. 8. 1972)*

träger die Post beim Fenster einwirft, die Post vom Boden aufgelesen. Die Post vom 30. 8. bestand aus einer Karte von meinem Sohn Wolfi, auf der er sich für den Anzug bedankt, und aus einem Brief von Dr. Stern, Wien und einem Eilbrief vom Residenz Verlag Salzburg. Innerhalb der Hoftür fand ich einen Zettel von Frau Maleta: Die Bayrische ist kurz im Land. Wollen Sie nicht zum Essen (Mittag o. Abend) heute oder morgen kommen? Die Post vom 31. 8. enthielt eine Karte von Erika Schmied, einen Brief vom Schillertheater Berlin und einen Brief vom Insel Verlag, 6 Frankfurt, Postfach 3001. Da Thomas spätestens morgen kommen sollte, hielt ich es nicht für notwendig, ihn wegen des Eilbriefes anzurufen.

1. September 1972

Um 19 Uhr kam Thomas. Er erzählte, daß er gestern abend schon von Wien zurückgekommen sei und daß abends Schaffler aus Salzburg eingetroffen sei. Thomas sagte, daß ein Anruf von mir bezüglich des Eilbriefes von Schaffler diesmal zwecklos gewesen wäre, da Schaffler direkt aus der Steiermark kam und er daher Schaffler in Salzburg telefonisch nicht erreicht hätte, um nach dem Inhalt des Briefes zu fragen. Schaffler war mit dem Steuerbescheid gekommen, er hatte etwas Angst, daß Thomas etwa beleidigt sei auf ihn. Sie haben aber dann zwei Bocksbeutel Rotwein getrunken, denn der Steuerbescheid war unverschämt niedrig ausgefallen. Heute, sagte Thomas, habe ich den Betrag an das Finanzamt gleich weggeschickt. Thomas erzählte weiter, als er in Wien im Burgtheater war, ausgerechnet zu der Zeit, als er die Direktion betrat, rief Dr. Rach vom Suhrkamp Verlag an. Die Vorbereitungen für den *Boris* laufen auf vollen Touren. Von Hamburg habe er gute Nachricht, sagte Thomas, das Bühnenbild von Salzburg wurde angekauft, und bei den Theaterwochen im Mai wird das Stück auch aufgeführt *(Der Ignorant und der Wahnsinnige)*. Am 5. September wird der *Ignorant* in Berlin erstaufgeführt. Dann zeigte mir Thomas den „Kurier" vom Donnerstag, dem 31. 8., in welchem vom Starkritiker der „Süddeutschen Zeitung", Joachim Kaiser, einige gute Bemerkungen standen. Thomas sagte: Der steckt schon um. Vor ein paar Wochen ist er noch unverschämt über uns hergezogen, aber jetzt, weil er sieht, daß das Stück im Mai bei den Theaterwochen gespielt wird, in deren Jury er auch was zu sagen hat, steckt er rechtzeitig um. So sind die Leute, da kannst du es sehen. Thomas sagte, von Wien habe er nun wieder restlos genug. Die paar Tage seien schon genug, um wieder zu merken, wie schön er es hier hat. Die Stimmung wurde wieder sehr lustig, und Thomas zeigte meiner Frau und mir die Schuhe hoch, welche er an den Füßen hatte. Das sind die 99-Schilling-Schuhe von Hammerstein, sagte Thomas. Da muß ich euch noch was erzählen. Hammerstein hat natürlich die gleichen Schuhe zu 99 Schilling am nächsten Tag nicht mehr bekommen. Das habe ich mir ja übrigens gleich gedacht, in einem Ausverkauf!!! Hahahahaaa. Da hat Hammerstein ein Paar andere gekauft, nicht so schöne und gute, und als wir uns am Sonntag in Micheldorf getroffen haben, sagte er, die hat er mir mitgebracht, er möchte die seinen wieder, denn die gleichen hat er nicht mehr bekommen. Unter Gelächter sagte Thomas, da ist mir gerade noch im letzten Moment eingefallen, was ich da machen muß. Ich bin in die Schuhe hineingeschlüpft und hab einfach gesagt: Es tut mir sehr leid, aber ich stehe vorne an. Dabei haben sie natürlich eh gepaßt, aber wenn ich sage, ich stehe vorne an, kann er gar nichts machen. Ich sagte: Außerdem, gekauft ist gekauft, deswegen hast du dich ja nicht darauf eingelassen, daß er für dich ein Paar kauft, weil du nur das, was du siehst und probierst, kaufst. Deswegen hast du die Schuhe ja auch sofort bezahlt. Ja natürlich, sagte Thomas, du warst ja dabei. Wenn er so … ist und nicht daran denkt, daß er möglicherweise die gleichen Schuhe nicht mehr bekommt, dann ist das seine Sache. Aber der Hammerstein ist so liab, es hat ihm dann doch gar nichts ausgemacht. Wir sprachen dann noch davon, daß der *Ignorant* im November in Zürich gespielt wird. Dann berichtete ich Thomas, wie ich mit meiner Frau die Mirabellenernte von seinem Baum genossen hätte. Thomas erwähnte die Karte von Wolfi, die er bekommen hatte. Dann sagte er: Der kleine Zettel war wieder von der Maleta. Ja, sagte ich, ich kenne ihn, ich habe ihn zu deiner Post gelegt. Thomas fragte, an welchem Tag das war. Am Mittwoch, sagte ich. Thomas fragte mehrmals, was es inzwischen sonst Neues gegeben habe. Es war aber nichts Besonderes, und so sagte ich: Außer daß wir deine Mirabellen geerntet haben, gibt es wirklich nichts Neues. Wie reif die waren und wie gut sie schmecken, konntest du selbst beim Abendessen feststellen, wegen dir haben wir die Mirabellenknödel gemacht. Außerdem haben wir mehrere Gläser Marmelade gemacht, die werden wir in den Palatschinken essen. Um 23 Uhr fuhr Thomas nach Hause.

3. September 1972

Um 20 Uhr kam Thomas direkt aus Salzburg kommend zu mir. Ich hatte meine Freunde, den Schweizer Staatsbürger Oberingenieur Emil Bernath und dessen Lebensgefährtin, die argentinische Staatsbürgerin Elisabeth Lana, zu Besuch. Thomas und Bernath haben sich vor 1968 in meinem Hause kennengelernt. Wir hatten es damals so lustig und Thomas brachte uns alle so sehr zum Lachen, daß ich mich vor Lachen auf den Boden legen mußte. Die Stimmung war daher auf Anhieb gut. Da dieser Bernath damals jeweils nur kurz hier weilte, weil er für die Schweizer Fa. Elektro Watt im Iran, in Griechenland und in Venezuela Kraftwerke baute, war Thomas damals bedenkenlos auf einen näheren Kontakt eingegangen. So glaubte Thomas auch diesmal, es sei nur ein kurzer Besuch Bernaths.
Nachdem sich Bernath mit seiner Frau um 22 Uhr verabschiedet hatte und Thomas von mir erfuhr, daß Bernath wegen Krankheit in wenigen Wochen nach Ohlsdorf in sein Haus ziehen wird, schwenkte Thomas sofort auf Beschimpfungen des Bernath um. Eigentlich hat Bernath ein scheußliches, brutales Aussehen usw., er will ihn nicht mehr sehen. Nun, mich hat das nicht überrascht, Thomas Bernhard bleibt Thomas Bernhard.
Thomas sagte mir, daß er wegen der Uexkülls nach Salzburg gefahren sei. Die waren bei den Olympischen Spielen und machten einen Abstecher nach Salzburg, wo sie noch von früher eine billige Wohnung um 500 Schilling haben. Schaffler habe er auch besucht und ihm vom Haus, das wir besichtigten, der Mülnerhalt, erzählt. Bezüglich des Preises tat Schaffler so, als wären ihm auch 800.000 Schilling unter Umständen nicht zuviel. Wir besprachen eine Besichtigung mit Schaffler.
Nachdem wir noch besprochen haben, daß er morgen selbst und ich am Dienstag die Post auf die Krucka bringen werde und welche Zeitungen ich ihm mitbringen sollte, fuhr Thomas um 23 Uhr 30 heim.

5. September 1972

In Begleitung meiner Frau traf ich mit Zeitungen und einem Riesenpaket mit Büchern der Fa. Koch, Neff & Oetinger & Co., Stuttgart-Vaihingen, Schockenriedstr. 28, um 8 Uhr 30 bei Thomas auf der Krucka ein. Thomas zeigte mir gleich einige der Bücher und machte mich auf ein Namensverzeichnis mit Bernhard aufmerksam. Gleich darauf lud uns Thomas ein, uns mit ihm in die Sonne zu setzen. Nachdem wir in Stühlen auf der Wiese Platz genommen hatten, sagte ich: Es fällt mir auf, daß sich der Weg immer mehr mit Gras verwächst und nur mehr deine eigene Spur zu sehen ist. Da lachte Thomas und sagte: Das kommt daher, daß der Nachbar ober mir einen Zaun gemacht und den Weg abgesperrt hat. Ein anderer Nachbar oben sei nun der Böse, und er selbst habe den Vorteil, daß auch vereinzelte Wanderer nicht mehr durchgehen.

Dann erzählte Thomas, daß um diese Zeit in Vöcklabruck der 52-jährige O'Donell, der Bruder seines Freundes, begraben werde. O'Donell habe sich vollkommen versoffen, und zuletzt sei es sehr schnell mit ihm gegangen. Vor einigen Jahren, sagte Thomas, sei er in Hochkreuth gesessen, und da habe sich der nunmehr verstorbene O'Donell in total besoffenem Zustand lallend bei ihm dafür entschuldigt, daß sein Bruder barfuß herumläuft. Welch eine Groteske, sagte Thomas, aber mit einem so schnellen Tod hat niemand gerechnet. Eigentlich sollte O'Donell in Neukirchen begraben werden, aber seine Frau, mit der er erst zwei Jahre verheiratet war, habe bestimmt, daß ihr Mann in Vöcklabruck begraben wird. Meine Frau sagte, der Vöcklabrucker Friedhof sei sehr schön, er heißt nicht umsonst Schöndorf, aber in Neukirchen sei der Friedhof noch schöner. Thomas sagte: Nein, durch die Nähe der Schule ist doch die Lage des Friedhofes arg verschandelt in der Gesamtlage. Er sei schon davon abgekommen, sich dort begraben zu lassen. Er zeigte zum Waldrand und sagte: Seit einiger Zeit ist es erlaubt, sich auf eigenem Grund eingraben zu lassen, wenn die Nachbarschaft nicht beeinträchtigt wird. Dort oben möchte er begraben werden, es müsse nur eine entsprechende Genehmigung erwirkt werden. Im Winter werden die Skifahrer über dich hinwegfahren, sagte ich, oder einer wird sagen, „beim Bernhardgrab hab ich einen Stern gerissen". Aber laß dich tief genug eingraben, sagte ich, damit nicht ein Fuchs ein Stück Bernhard daherschleppt. Füchse graben nicht so tief, sagte Thomas.

Dann kamen wir noch auf Schaffler zu sprechen. Thomas war dafür, Schaffler das Haus um 800.000 Schilling kaufen zu lassen. Er sagte, er selbst habe auch schon sehr viel Blödsinn gemacht, großen Blödsinn sogar. Ich lachte hellauf, Thomas lachte schelmisch mit. Seit ich dich kenne, hast du keinen großen oder kleinen Blödsinn gemacht, und vorher konntest du keinen

großen Blödsinn machen, weil du vor dem Hofkauf keine großen Mittel dazu gehabt hast. Ja, sagte Thomas, aber ich war sehr oft nahe daran, einen Blödsinn zu machen, nur im allerletzten Moment habe ich mich dann noch davor bewahren können. Du hast recht, es ist nie dazu gekommen.
Nach zwei Stunden, es war inzwischen 10 Uhr 30 geworden, fragte mich Thomas, ob ich nicht nachmittags zu einem Spaziergang Zeit hätte. Bis 18 Uhr habe ich Zeit, dann kommt ein Käufer, sagte ich. Wann willst du, daß ich da bin? Wenn schon, dann gleich um 13 Uhr, sagte Thomas. Gut, dann müssen wir aber gleich weg, sagte ich. Ich bin um 13 Uhr 10 bei dir heroben. Ich nahm noch zwei Sensen zum Dengeln mit.
Auf der Heimfahrt kam mir in Altmünster Frau Maleta mit ihrem Auto W-549 entgegen. Ich sah noch zwei Frauen in ihrem Wagen.
Um 13 Uhr 10 war ich wieder bei Thomas. Wir stiegen ab zu meinem Auto und fuhren zum Handstallbach. Von dort gingen wir zu Fuß zum Haus Brustleiten. Vor acht Jahren war ich mehrmals bei dem damals noch bewohnten Haus. Der damals noch befahrbare Karrenweg glich nun einem ausgetrockneten Wildbachbett, und wir konnten diesen Weg nur teilweise begehen. Wir benützten einen ausgetretenen Fußpfad. Der Zustand des Hauses war fürchterlich, und im Vordergrund war die Waldwiese aufgeforstet worden, die nun in einem verwilderten Zustand war. Es war gegen 14 Uhr, und ich machte den Vorschlag, den Spaziergang in irgendeine Richtung fortzusetzen. Thomas sagte aber, er wolle in Neukirchen sofort ein Telegramm aufgeben. Thomas hatte mir nach meiner Ankunft erzählt, daß gleich nachdem ich mit meiner Frau weg war, ein Mann zu ihm auf die Krucka gekommen sei. Er hielt ihn für einen Journalisten und erhob sich nicht vom Liegestuhl. Thomas war auf dem Platz in der Sonne geblieben, wo ihn meine Frau und ich verlassen hatten. Der Mann stellte sich aber namentlich vor und sagte, er sei schon mehrmals dabei gewesen, als die Gäste von Maleta auf ihn warteten. Er habe eine Einladung zum Abendessen für 19 Uhr zu überbringen. Er sei mit Frau Maleta und noch zwei Damen auf einer Fahrt nach Mondsee, Frau Maleta sei unten und warte auf ihn. Thomas sagte sofort, er könne nicht kommen. Dann, nach einigem Gespräch, in welchem Thomas dahinterkam, daß es sich um den englischen Millionär handelte, von dem ihm Frau Maleta schon mehrmals erzählt hatte und der ein eigenes Flugzeug steuert, sagte er schließlich zu.

Während unseres Weges zur Brustleiten drehte sich unser Gespräch natürlich um diese Einladung und Frau Maleta. Ich erinnerte Thomas daran, wie er bei uns war und Omi sagte, die werden dort anders aufgekocht haben, und er darauf sagte: „Und sie wird auch schon kochen“ (weil er der Einladung nicht gefolgt war). Dadurch war es mir möglich, da mir dies nachträglich eingefallen ist, dieses Gespräch einige Seiten zuvor nachzutragen. Leider ist es mir ja nur möglich, ca. dreißig Prozent der Gespräche niederzuschreiben. Ich greife nur heraus, was mir einfällt, aber die Gespräche sind so gehaltvoll, daß ich ja genauso lang zum Schreiben brauchen würde, als ich mit Thomas beisammen bin. Soviel Zeit habe ich nicht, und ich könnte es mir auch nicht merken.
Ich lese fast keine Zeitung mehr und höre auch keine Nachrichten, dazu hatte ich insbesondere heute, wo ich um 10 Uhr 30 weg und um 13 Uhr wieder auf der Krucka war, keine Zeit. So kam es, daß mir Thomas beim Eintreffen auf der Krucka die Neuigkeit von dem Anschlag der Araber im Olympiadorf erzählte. Ich sagte Thomas darauf, alle Staaten der Erde müßten verlautbaren, daß sämtliche Inhaftierten, deren Freilassung mit solchen Terrorakten verlangt wird, sofort hingerichtet werden. Und das müßte konsequent durchgeführt werden. Dann würden sich solche Forderungen sofort aufhören. Anders sei diesem Unwesen nicht beizukommen, und der Terror werde nach Teilerfolgen immer häufiger werden. Thomas stimmte mir zu.
Aber es ging dann wieder mit dem Thema Maleta weiter. Thomas war sehr bedrückt darüber, daß aus heiterem Himmel plötzlich solche Probleme auftauchen können. Er sagte, er werde nicht hingehen und gegen 17 Uhr ein Telegramm senden. Ich riet ihm, eine Art zu wählen, mit der er sich die Maleta warmhält. Da muß ich dir noch was anderes sagen, sagte Thomas. Die Nachbarin hat mir inzwischen gestanden, daß es gar nicht stimmt, daß Frau Maleta ihren Mann massierte, sondern sie hat hinter dem Hause gewartet, und da hat sie sicher gehört, was ich an der Haustür gesagt habe, was sie ihr ausrichten soll. Und nun ist Frau Maleta trotzdem schon zwei Sonntage hintereinander zum Nachbarn gekommen und hat den Mann wirklich massiert, nur um stundenlang auf eine Gelegenheit zu passen, mich zu treffen.
Thomas hatte das Telegramm bereits im Kopf, und er wollte es nun nicht mehr um 17 Uhr, sondern sofort aufgeben. Ich war einverstanden, und

Thomas sagte: Wir können ja vielleicht bei der Großalm noch den Spaziergang fortsetzen. Um 14 Uhr 35 waren wir im Postamt Neukirchen. Thomas schrieb ein langes Telegramm, las und zerriß es. Dann schrieb er ein zweites und gab es mir zu lesen:

> GERDA MALETA OBERWEIS. KOMMEN LEIDER UNMÖGLICH. IHNEN ALLEN HERZLICH THOMAS BERNHARD

Thomas sagte, es soll distanziert wirken, deshalb habe er „Ihnen allen" verwendet. Der Postbeamte fragte: Malta? Maleta, sagte Thomas. Dann fragte der Postbeamte, ob Oberweis alleine genüge. Thomas hatte kein Geld eingesteckt, und ich zahlte für ihn 9,80 Schilling.

Thomas fühlte sich nun merklich erleichtert, und wir fuhren zur Großalm. Bei den Forellenteichen stellten wir meinen Wagen ab und gingen zum hinteren Langbathsee. Es kamen uns Wanderer entgegen, die uns vor Kreuzottern warnten. Sie hatten gerade eine in der Sonne liegen gesehen.

Natürlich kam das Gespräch auch wieder auf Maleta. Thomas sagte: Ich weiß gar nicht mehr, was ich telegrafiert habe, weißt du es noch? Ich hab mirs nicht gemerkt, heuchelte ich Teilnahmslosigkeit, obwohl ich mir längst versteckt „unmöglich" und „Ihnen allen" notiert hatte.

Oberhalb des hinteren Langbathsees in einer Straßenkurve saßen zwei Frauen auf einem langen Brett. Da setzten wir uns dazu. Thomas wollte das Wasser des Sees als Trinkwasser an die Deutschen und Holländer verkaufen. Unter anderem erzählte Thomas den unbekannten Frauen und mir, daß er mit 12 Jahren mit seinem Großvater an einem so schönen Tag wie heute drei Messerschmittflugzeuge im Flug gesehen habe. Plötzlich machten die aber einen Anflug und schossen. Es waren drei Lightning, sagte Thomas. Das können nur Spitfire gewesen sein, sagte ich. Ja, richtig, sagte Thomas, die Lightning hatten ja zwei Rümpfe. Die beiden Frauen merkten zuerst, daß es kühler wurde, und kurz danach gingen wir auch, da wir nur in kurzen Hosen und Hemden waren.

Zurück ging es schneller, und da die Gegend so schön war, machten wir Pläne für weitere Ausflüge dorthin. Da es erst 17 Uhr war, als wir zum Anstieg bei der Krucka kamen, sagte ich: Ich komm noch mit hinauf. Oben verplauderten wir uns aber, und als ich nach der Uhr sah, war es schon

5 Minuten vor 18 Uhr. Ich wollte gleich gehen, aber Thomas sagte, er gehe mit mir hinunter. Er wolle mit Genuß ein Bier trinken und eine Essigwurst essen, das werde ihm viel besser schmecken als die Speisen bei Maleta. Die haben dort eine gute Köchin, es gibt Vorspeisen, alle möglichen Delikatessen und herrlichen französischen Rotwein, aber wenn er daran denkt, daß er sich dabei mit dem Präsidenten Maleta unterhalten soll oder mit anderen Gästen, die sich alle für weiß Gott was halten und doch alle nichts sind, dann vergeht ihm der Appetit. Außerdem würde es zu was kommen, denn er würde seine Ansichten sagen, und das würden die alle nicht vertragen, nämlich die Wahrheit.
Thomas wollte mir im Gasthaus die Zeitungen und das Telegramm bezahlen, denn er hatte kein Kleingeld, ich ging aber nicht mit hinein zum Schachinger und sagte: Ich komm morgen gegen 8 Uhr 30 wieder mit den Zeitungen und der Post, da machen wir das zusammen.
(In dieser schönen Gegend könnte er nicht schreiben, nur in Brüssel, weil es dort schon so dreckig ist, usw. Kreuzotterngeschichten, ich vorausgegangen, er vorausgegangen, Thomas mag kein Bergsteigergewand, abgestorbene Buchen, chemische Mittel? Forststraßen-Defizit, Kofler-Rund um den See, Verschandelung, Seilbahnfahrten – schlecht vertragen. Schweiz – Leiteraufstieg – Umweg von 5 Stunden, weil er sich nicht über Leitern zurücktraute. Derzeit überhaupt aus diesem Grunde keine Seilbahnfahrten bei Thomas möglich. Jemand, der uns mit Auto in Taferlklaus absetzt und in Ebensee abholt – Maleta dazu „abrichten". An den gefährlichen Stellen die Erinnerungstafeln von Abgestürzten. Usw.)
Wegen Zeitmangel habe ich nur diese Stichworte aufgeschrieben.

6. September 1972

Mit Zeitungen und Post um 8 Uhr 30 bei Thomas auf der Krucka eingetroffen. Ein Brief vom Zweiten Deutschen Fernsehen und eine Lastschriftanzeige vom Finanzamt, die ursprünglich nach Salzburg, Radetzkystr. 10, adressiert war, war dabei. Nachdem Thomas die Lastschriftanzeige durchgesehen hatte, war er sehr gedämpft.
Über die Nachricht von siebzehn Toten bei den Olympischen Spielen war Thomas schon informiert. Ich sagte ihm, daß ich bis 2 Uhr früh vor dem

Fernsehschirm gesessen bin, und da haben Ahlers und andere noch immer davon gesprochen, daß die Geiseln befreit sind. Über Gesundheit oder Verletzung der Geiseln konnte er keine Angaben machen. So viel wie gestern wurde schon lange nicht mehr gelogen, sagte ich.
Thomas wollte weitere Nachrichten und die Trauerfeier im Fernsehen sehen, und wir gingen in seine Fernsehkammer im ersten Stock unter dem Dach, wo früher das Geselchte aufgehängt war. Wir bekamen aber wegen seiner mangelhaft aufgestellten Antenne nur ein schlechtes Bild, und da die Sendung für 10 Uhr angekündigt war, sagte Thomas, heute komme er herunter. Ich sagte, er solle gleich zu mir kommen, ich habe den ganzen Tag Zeit. Da ich selbst ab 10 Uhr fernsehen wollte, ging ich um 9 Uhr 30 von Thomas weg. Er sagte, er komme nach.
Als ich um 10 Uhr nach Hause kam, war ein Telegramm aus Oberweis für Thomas da. Kurz nach acht, als ich gerade ein paar Minuten mit der Post weg war vom Postamt, ist es eingelaufen, sagte der Briefträger zu meiner Frau. Da ich wußte, daß dieses Telegramm, wenn schon einen Termin, so bestimmt keinen, den Thomas einhalten könnte, zum Inhalt haben würde, öffnete ich es nicht. Thomas müßte ja in Kürze kommen.
Um 11 Uhr 45 kam Thomas. Ich gab ihm das Telegramm. Er zeigte es mir sofort, und wir brachen beide in schallendes Gelächter aus. Das Telegramm legte ich auf meine Wohnzimmerkredenz, und darauf legte ich ein Buch. Ich hoffte, Thomas würde es nicht an sich nehmen. Es lautete:

THOMAS BERNHARD OHLSDORF. WANN STEIGEN SIE ZU UNS HERAB. GEMA
(GERDA MALETA)

Diese Abkürzung ihres Namens paßte zum Text. Gema.
Ich hatte nach Suppe und Bröselbohnen wieder einmal ein Beefsteak Tatar serviert und am Tisch alles vermengt. Wegen der Eile, wieder vor den Fernsehschirm zu kommen, habe ich sehr schnell Pfeffer, Salz, Zwiebeln, Gurken, Kapern und Senf auf den Teller geworfen, nur nach Gefühl, ohne mengenmäßig lange zu überlegen und abzuschätzen. Als es dann vermengt war, schmeckte es aber wie noch nie. So ist es ja, sagte Thomas, eine gute Köchin wiegt auch nichts ab und kocht herrlich. Man muß das nach dem Gefühl können, ohne lange zu überlegen, dann werden alle Speisen am besten. Diesmal hatte ich wegen der Eile die Zwiebeln und die Gurkerl grö-

ber zerhackt, und das ließ den Fleischgeschmack mehr zur Wirkung kommen. Es war wirklich großartig. Thomas ißt überhaupt sehr gerne Beefsteak Tatar.
Die Nachrichten über das Attentat waren immer die gleichen, und es wurde uns schon sauer, das weiterhin anzusehen. Thomas machte plötzlich den Vorschlag, nach Wels auf einen Einkaufsbummel zu fahren. Es war 14 Uhr, und ich war einverstanden. Thomas sagte, er habe kein Geld bei sich, ich solle mir ca. 3000 Schilling einstecken, damit ich für ihn inzwischen bezahlen könne. Da meine Frau und ich am 8. auf Urlaub nach Italien fahren, wollte meine Frau noch zum Friseur, und auf der Rückfahrt von Wels sollten wir sie bei meinem Schwiegersohn Stiegler in Laakirchen abholen. Wir rechneten damit, daß es ca. 17 Uhr werden würde, bis wir zurückkommen.
In Wels, es war Messetag, fuhren wir zuerst zum Großeinkauf Stadlbauer C&C. Beim Eintritt erinnerte ich Thomas daran, daß ich ihn vor acht Jahren fragte, was diese englische Abkürzung heißt. Damals sagte er: „Nimm und friß." Damals wußte ich noch nicht, was er für ein Schelm ist, und ich fragte den Geschäftsführer, der dann sagte: Nimm und zahl. Thomas, darauf aufmerksam gemacht, blieb ganz ernst und sagte, er habe eben geglaubt, das könnte „nimm und friß" heißen.
Thomas suchte für über zweitausend Schilling Weine aus, alles in Karton verpackt, und nahm nur ein kleines Fläschchen Rum und drei Schachteln Frühlingskäse dazu, da er bei mir zu Hause entdeckt hatte, daß dieser Frühlingskäse eher besser ist als der teure französische Boursinkäse.
Seit Jahren kaufen wir im Großhandel ein, da meine Frau den Gewerbeschein auf Handel mit Waren ohne Beschränkung besitzt. Inzwischen hatte auch eine Klosterschwester für ein Heim eingekauft, und ich unterhielt mich mit der Kassierin. Da ich merkte, daß die Kassierin den Namen der Schwester nicht kannte, sagte ich, ich kenne die Schwester, und sagte ihr den Namen. Thomas bummelte noch etwas herum, und als er schließlich zur Kassa kam, fragte er mich, warum ich so versteckt lache. Da sagte ich ihm, daß ich nur darauf warte, daß die Kassierin die Schwester mit Schwester Onanie anspricht, weil sie mir geglaubt hat, daß sie so heißt. Nachdem aber die Klosterschwester irgendeine Ware nicht im Regal fand, urgierte sie die Ware an der Kasse, und die Kassierin rief eine ältere Verkäuferin. Zu der sagte sie, sie solle der Schwester Onanie das oder jenes bringen. Thomas und ich bemerkten noch, wie die Verkäuferin etwas zurückfragte. Darauf-

hin zeigte die Kassierin auf mich, und dann, als sie unser Lächeln bemerkten, ging ihnen ein Licht auf, und sie lachten.
Als mein Wagen vollgeladen war, waren die Reifen bis zur Hälfte eingedrückt. Bei der nächsten Tankstelle muß ich 1,8 atü einpumpen lassen, um nicht ins Schleudern zu kommen.
Unterwegs klärte sich dann auch das Mißverständnis mit dem Steuerbescheid auf. Thomas hatte den Einkommensteuerbetrag für 1971 sofort weggeschickt, ohne die Lastschriftanzeige abzuwarten. Nun hat er die Lastschriftanzeige zugleich mit der Vorauszahlung für 1972 bekommen, und da er die Vorauszahlung in gleicher Höhe wie die Steuer für 1971 vorgeschrieben bekam, zahlte Thomas heute vormittag wieder sofort die verlangte Summe ein. Auf der Lastschriftanzeige war aber sein bereits eingezahlter Betrag für 1971 noch nicht berücksichtigt, somit, sagte ich Thomas, habe er ein Guthaben in dieser Höhe. Das war schon auf der Anfahrt nach Wels. Thomas sagte mir auch, andere würden heute die Erstaufführung in Berlin genießen, er gehe lieber in der Lederhose in Wels zum Einkaufsbummel. Wir fuhren dann in die Parkgarage vom Gerngroß, aber zum Einkauf gingen wir zu Kastner & Öhler. Dort besichtigten wir eine Nähmaschine für Omi. Im Prospekt hatte Thomas schon die günstigste Maschine für Omi ausgesucht, nun besichtigten wir sie im Geschäft. Diese Maschine war wirklich die günstigste. Thomas kaufte noch eine Stallampe und ein Fernsehantennenkabel. In einem anderen Geschäft kaufte Thomas zwei Strueckshosen und vier Barchentunterhosen, wie sie sonst nur Siebzigjährige kaufen. Thomas sagte: Hast du gesehen, wie die uns angestarrt haben, die begreifen das nicht, daß ich sowas kaufe. Aber ich werde das mit Wonne anziehen und überhaupt in Zukunft viel mehr in solchem Gewand herumlaufen. Wenn es schon auf die Hose ankommen würde, ob man wer ist, wäre das traurig.
Dann, auf der Heimfahrt, ersuchte mich Thomas, ihm das Telegramm zu geben, welches von Frau Maleta gekommen ist. Er wolle sich das doch aufheben. Ich sagte: Ja, ich werde nicht vergessen darauf. Insgeheim hoffte ich, daß Thomas es heute vergißt und daß ich es morgen fotokopieren lassen kann, bevor ich es ihm gebe.
Um 18 Uhr 15 waren wir bei meiner Tochter in Laakirchen, Neumannweg 1, wo wir meine Frau abholten. Thomas lobte die Wohnung und die Aussicht auf die Kirche mit dem Traunstein im Hintergrund. Das Lob für

die Aussicht war sicher echt. Nach kurzem Aufenthalt fuhren wir nach Nathal und hatten fast eine Stunde damit zu tun, seinen Wein in den Keller zu schaffen. Wir beeilten uns, um noch zu den Abendnachrichten um 19 Uhr 30 bei mir zu Hause zu sein. Vor der Abfahrt holte sich Thomas noch Geld von oben herunter und bezahlte mir, was ich für ihn ausgegeben hatte.

Die Abendnachrichten brachten wieder nur das über das Attentat von München, was wir in Wels schon in jeder Auslage mehrmals gesehen hatten, und so waren wir kaum aufmerksam. Später sahen wir noch die Diskussion mit Schulmeister, Broda, Piffl-Percevic usw. Von der ganzen Diskussion hat Thomas nur gefallen, daß Broda gesagt hat, daß so eine antike Tragödie in unserer Zeit noch passieren kann. Plötzlich kam es Thomas zu Bewußtsein, daß die Araber große Helden sind, weil sie ja ihr Leben geopfert haben. Und nur in München konnten sie ihr Heldentum der ganzen Welt zeigen. Wenn das nicht in München geschehen wäre, gäbe das in den Zeitungen zwei Zeilen. Natürlich sind die Araber Helden, sie wurden ja aus der Heimat vertrieben, und dafür geben die ihr Leben, sagte ich. Die Deutschen jammern nur um die Ostgebiete, aber deswegen hat nach dem Krieg noch kein Deutscher einen Polen umgebracht.

So zwischen Fernsehen und Debattieren wurde es 23 Uhr 30, bis Thomas zur Krucka heimfuhr.

7. September 1972

Um 8 Uhr suchte ich den Hof in Nathal nach Zetteln ab, es war nichts da, und holte anschließend die Post. Dann fuhr ich sofort zu meinem Steuerberater Tausch, um das gestrige Telegramm zu fotokopieren, bevor ich es Thomas übergebe.

Bei dieser Gelegenheit konnte ich nicht widerstehen, einen Teil der Post an Thomas zu fotokopieren. Es waren dies zwei Postkarten und eine Drucksache der Deutschen Akademie für Sprache und Dichtung mit der Todesanzeige von Hanns W. Eppelsheimer. Dann kaufte ich noch die Zeitungen für Thomas, und es wurde daher 9 Uhr, bis ich zur Krucka kam.

Gleich bei der Begrüßung sagte Thomas: Stell dir vor, gestern habe ich den ganzen Abend darauf vergessen, daß in Berlin mein Stück zur Erstauf-

führung gekommen ist. So um die Zeit, wie ich bei dir die Omletten gegessen habe, hat die Vorstellung begonnen, und ich habe überhaupt nicht daran gedacht. Erst um halb ein Uhr nachts, vor dem Einschlafen, ist es mir eingefallen, daß die Erstaufführung diesen Abend war. Nur auf der Fahrt nach Wels habe ich daran gedacht und mit dir darüber gesprochen, aber dann hab ich total darauf vergessen. Das ist mir auch noch nie passiert. Ich sagte Thomas, daß ich ab morgen Freitag bis 16. oder 18. in Italien sein und daß ich mir dort die Zeitungen kaufen werde. Thomas sagte, am 8. oder 9., also Freitag oder Samstag wird sicher was in der Zeitung stehen. Den „Berliner Tagesspiegel“ und die „Berliner Morgenpost“ wirst du sicher auch in Italien bekommen, sagte Thomas. Und die „Frankfurter Allgemeine“, sagte ich, werde ich auch kaufen. Möglich, weil Saisonbeginn ist, daß in der „Frankfurter Allgemeinen“ auch was steht, sagte Thomas.
Dann versuchten wir länger als drei Stunden, mit der Antenne ein gutes Bild für den Fernseher zu bekommen. An allen Seiten des Hauses kletterte ich an einer Leiter hoch und probierte, von welcher Stelle aus der beste Empfang möglich wäre. Immer wieder gab es Verständigungsschwierigkeiten, weil Thomas immer rufen mußte, ob das Bild besser oder schlechter geworden sei. Durch den Ton vom Gerät konnte er mich fast nie hören, und wir fanden auch auf dem Dach keinen guten Empfang. Mehrmals kürzten wir den Antennendraht, weil der Kraft wegnimmt. Schließlich fanden wir im Raum selbst den günstigsten Punkt, aber zufriedenstellend war das Bild noch immer nicht. Ich versuchte wieder eine andere Einstellung, dabei stieß ich die Antenne um, und für eine Sekunde war ein herrliches, deutliches Bild zu sehen. Es waren die Regattawettbewerbe. Aber trotz längeren Versuchen haben wir die optimale Stelle, die die Antenne während des Umkippens eingenommen hatte, nicht mehr gefunden.
Thomas versprach mir wiederholt, daß er sich nun ganz auf die Arbeit einstellen werde, während ich weg bin. Wenn ich zurückkomme, soll ich ihn daran erinnern, was er versprochen hat.
Am Vortag, während der Fahrt, konnte ich mit Thomas über seine Arbeit sprechen, da er damit begonnen hat. Er sagte, es sei wie immer, alles mögliche fällt ihm ein, nur um nicht schreiben zu müssen. Ich sagte: Nachdem auf der Krucka noch keine Type der Schreibmaschine gebrochen ist, seh ich dich schon in Brüssel das Buch fertigschreiben. Wenn die Zeit drängt und du wieder die Faust im Nacken hast, wird es wieder gehen. Außerdem

muß es ja so sein, daß du das Buch sofort abliefern mußt, wenn es fertig ist, denn sonst wird nichts daraus, solange du noch die Möglichkeit des Abänderns hast. Denn dir graust ja vor deiner Arbeit, wenn sie fertig ist, daher muß es weg sein, und dann bleibt es gut, weil du es nicht mehr ändern kannst. Genauso ist es, sagte Thomas mehrmals in meine Ausführungen hinein.
Um 17 Uhr kam ein Herr Rudi Krausmann aus Australien mit einem Freund und einer Salzburgerin zu mir. Er sagte, er sei Schriftsteller, sei nur mehr vier Tage in Salzburg und hätte Thomas gerne gesehen. Ich sagte, das sei unmöglich. Krausmann sagte aber, er sei ein Schulkollege von Thomas, und wenn er nur seinen Namen höre, genüge das. Ich lachte ihn aus und sagte: Dann kennen Sie Thomas nicht, sonst würden Sie nicht glauben, Ihr Name würde genügen. Ich weiß, sagte Krausmann, wie Thomas ist, daß er alle haßt, auch Freunde, aber wenn ich alle fünf Jahre aus Australien komme, dann trifft er mich sicher gerne. Vor fünf Jahren habe ich ihn auch getroffen. Thomas hat sich sehr gefreut. Nach ungefähr einer halben Stunde habe ich mich dazu überreden lassen, mit ihm in die Reindlmühl zu fahren und Thomas seinen Namen zu nennen. Mehr nicht, ich lasse alles offen, sagte ich. Krausmann und seine Begleiter ließ ich an der Straße zurück, und ich stieg auf die Krucka. Als ich mich auf zwanzig Meter dem Haus genähert hatte, begann es im oberen Dachgeschoß zu rumpeln. Fenster wurden zugemacht, Türen gingen, also unverkennbar hatte ich Thomas aufgescheucht. Die Haustür war offen, aber ich wagte nicht einzutreten, denn so nahe an der Haustür hätte ich im Hausflur gar nicht bleiben können, ohne eine peinliche Wahrnehmung zu machen. Daher blieb ich vor der Haustür stehen und dachte, Thomas würde jeden Moment erscheinen. Nach einiger Zeit rief ich: „Thomas!“ Er kam noch immer nicht. Ich ging auf die Westseite des Hauses, wo die Fenster geschlossen worden waren, und rief dort. Nach einiger Zeit öffnete Thomas das Fenster über dem Fernseher, und mit einem Buch in der Hand zeigte er sich am Fenster. Nun war ich in meiner Ansicht bestätigt. Wenn Thomas ein Buch gelesen hätte, hätte er es vor sich liegen lassen und wäre zum Fenster gekommen. So aber sollte es so aussehen, als ob er gelesen hätte. Ich stellte mich dumm und sagte: Ich komme in keiner unangenehmen Sache, ob es aber angenehm sein soll, hängt ganz von dir ab. Der Mann ist aus Australien und nur mehr vier Tage da und behauptet, wenn ich dir seinen Namen nenne,

dann darf er kommen. Ich habe ihm aber gesagt, daß du derzeit für niemand zu sprechen bist, ohne Ausnahme, und er sagte, das weiß er, er kennt dich gut. Krausmann, sagte Thomas, und verzog das Gesicht. Ich bin nur deinetwegen gekommen, wenn du ihn nicht sehen willst, so bring ich ihn viel leichter weg, als ich ihn hergebracht habe. Krausmann muß mich ja wieder zurückfahren, ich bin in seinem Auto mitgefahren. Ich werde ihm sagen, die Nachbarin habe mir gesagt, du seist mit einem fremden Ehepaar mit dem Auto weggefahren. Ich habe, als wir dein Auto gesehen haben, gleich gesagt, daß das noch kein Zeichen dafür ist, daß du auch daheim bist.

Thomas sagte: Ja, weißt du, den will ich nicht sehen, der schickt mir immer eigene Arbeiten, ich soll dazu Stellung nehmen, der ist aber so schlecht. Du bist mir keine Erklärungen schuldig, unterbrach ich Thomas, es genügt mir, wenn du sagst, du willst ihn nicht sehen. Noch besser und lieber, als ich ihn gebracht habe, bringe ich ihn wieder weg. Schau, daß du bald weg bist mit ihnen, sagte Thomas, denn in zehn Minuten möchte ich hinuntergehen und wegfahren. Anschließend komme ich dann noch zu dir, da erzählst du mir, wie es war. Ja, aber vorsichtig, sagte ich, sie werden sich bei mir eventuell noch etwas aufhalten. Wenn mein Wagen am Parkplatz steht, ist Gefahr, wenn nicht, ist frei. Die haben einen grauen VW mit Salzburger Nummer.

Unten angekommen, sagte ich, Thomas sei mit fremdem Wagen weggefahren, und gab den Rat, an Thomas' Auto die Post zu lassen, daß sie ihn bei mir bis soundso lange erwarten. Bis halb acht, sagte Krausmann, werden wir warten. Krausmann schrieb das auf ein Kärtchen, ich schrieb Datum, Uhrzeit und Grüße dazu. Denn, sagte ich zu Krausmann, Thomas kann auch zwei Tage lang nicht kommen, dann weiß er nicht, wann das gilt.

Bei mir angekommen, wollte Krausmann noch nach Nathal, um nachzusehen, ob Thomas nicht doch mit fremdem Auto zu Hause sei. Das war mir angenehm. Ich sagte: Ich habe in Nathal noch zu tun, wir fahren mit meinem Auto. Dort warfen wir die Telefonnummer von Salzburg ein, und ich hatte Gelegenheit, bei der Rückkehr meinen Wagen, wie mit Thomas vereinbart, auf dem Parkplatz abzustellen.

Krausmann und seinen Begleitern gab ich schwarzen Johannisbeersaft und das Telegramm von Thomas an Kaut. Da das Original von Thomas' Handschrift sehr schwer zu lesen war, war es nicht mehr notwendig, weitere

Sachen, etwa das Telegramm wegen Radax, herzuzeigen. Mit dem einen Telegramm hatten wir schon genug Stoff für eine Stunde. Um Punkt 19 Uhr 30 fuhren Krausmann und seine Begleiter weg. Das Originaltelegramm, sagte Krausmann, wird einmal hohen Wert besitzen, wenn Thomas gestorben ist. Denn dann wird sowas sehr gesucht. Da habe ich nichts davon, sagte ich, ich bin um elf Jahre älter als Thomas. Ja, sagte Krausmann, er ist 31 geboren, ich 33.
Nachdem Krausmann weg war, setzte ich mich sofort zur Maschine, um zu schreiben. Um 20 Uhr 30 kam der Warnschrei meiner Frau und dann Thomas bei der Haustür herein. Selbstverständlich habe ich im Gewölbe geschrieben, und somit war alles in Butter. Thomas blieb bis 22 Uhr 30 und fuhr nach Nathal schlafen. Er sagte, er werde kommende Woche tun, wie wenn er im Gefängnis wäre, um mit dem Schreiben voranzukommen. Ich sagte, ich sollte ihn hinaufführen und seine gesamten Kleider im Rucksack mitnehmen und ihm nur eine Badehose lassen, damit er nicht herunterkann und schreiben muß. Da mischte sich meine Frau ins Gespräch und sagte, das sei zu radikal. Später zog Thomas über Krausmann her. Er nannte ihn Grausmann usw. und sagte mir, er hätte mir von dem Krausmann schon früher einiges erzählt. Ich konnte mich nicht erinnern. Aber ja, sagte Thomas, das ist der, von dem ich dir erzählt habe, daß er sich in Australien scheiden ließ und auf der Rückfahrt eine kennenlernte, die er gleich wieder heiratete. Vor zehn Jahren haben wir uns getroffen, da bin ich mit ihm auf den Salzberg gefahren. Beim Herunterfahren sagte er, seine Bremsen seien nicht in Ordnung, nur mit dem Gang könne er bremsen, usw. Als er dann schneller wurde, sagte er, möglicherweise müsse er die Mauer streifen, um die Geschwindigkeit zu vermindern. Als wir unten auf die Hauptstraße kamen, war zum Glück gerade kein Verkehr, denn er bog mit voller Geschwindigkeit in die Hauptstraße ein. Wenn da was gekommen wäre, wären wir alle hin gewesen. Außerdem haben wir uns in Wien getroffen, und da wollte er auch was. Ja, sagte ich, er will auch diesmal was, er möchte von Schaffler deine *Baumgrenze* zur Übersetzung bekommen. Heute hat er mit Schaffler darüber gesprochen. Wahrscheinlich wird Schaffler ohne deine Billigung die Übersetzung nicht machen lassen. Ja, sagte ich, da fällt mir noch ein, ich soll dir ausrichten, daß er heute Schaffler Prosa übergeben hat. Schaffler sagte ihm, bis Weihnachten werde er ihm sagen, ob er diese verlegen wird.

Thomas war wieder besonders lustig. Er schilderte sehr komisch, wie Krausmann ihm Gedichte usw. schickt, die er natürlich gar nicht ansieht, usw. Ich konnte mich dann wieder gut daran erinnern, daß mir Thomas von diesem Krausmann schon erzählt hatte. Besonders daran, daß er auf der Rückfahrt von Australien ausgerechnet eine Australierin heiratete.
Thomas kam auf die Studenten zu sprechen. Er will von all den revolutionären Studenten nichts wissen, sagte er, denn wo sind diese in zehn oder fünfzehn Jahren? Dann sitzen sie alle in irgendeinem Amt auf Zimmer 267.

9. September 1972

In Grado kaufte ich am Vortag die „Frankfurter Allgemeine Zeitung" vom 8. September 1972 mit dem Artikel über die Aufführung *Der Ignorant und der Wahnsinnige* und schrieb Thomas eine Ansichtskarte, daß ich diesen Artikel gelesen hatte, aber keine Berliner Zeitungen in Grado zu haben seien.

18. September 1972

Um 10 Uhr 30 kam Thomas zu mir. Er sagte, er hätte gehofft, mich um 8 Uhr beim Postamt Ohlsdorf zu treffen, da dies aber nicht der Fall war, sei er nun da. Als ich Thomas sagte, daß ich am Freitag abend gegen 18 Uhr von Italien zurückgekommen sei, war er sehr böse, daß ich mich nicht längst bei ihm gemeldet habe. Ich sagte: Am Samstag hab ich bis 11 Uhr geschlafen, außerdem wollte ich dich in deiner Arbeit nicht stören, du wolltest ja was ausrichten. Sonntags hast du meistens Besuch, O'Donell oder Hufnagl usw., und heute wollte ich gerade jetzt zu dir kommen, ich bin eben erst aus Gmunden gekommen.
Nun mußte ich Thomas chronologisch von meinem ganzen Urlaub erzählen. Gurk, Villach, Palmanova, Aquileia, Grado, Monfalcone, Triest, Mestre, Venedig, Verona, Sirmione, Limone, Bozen, Grödnertal, Matrei in Osttirol wurden durchbesprochen. Alles kannte Thomas, die Bora, welche uns in Triest überraschte, Görz und Miramare. Von überall konnte Thomas über Einzelheiten berichten und mir sagen, was dort und da in der Nähe noch

zu besichtigen gewesen wäre, nur Palmanova kannte er nicht. Davon ließ er sich daher besonders eingehend berichten.
Dann sagte Thomas, nun werde er mir sagen, was inzwischen los gewesen sei. Am Sonntag, dem 10. 9., hat er in Salzburg mit Schaffler zu Mittag gegessen, ein Regisseur mit berühmtem Namen, der vor zwei Jahren aus der Tschechoslowakei flüchtete, war auch dabei [Vojtech Jasny]. Schaffler will den *Kulterer* unbedingt verfilmen, der Regisseur ist begeistert von dem Stoff. Für Sonntag, den 24., ist wieder in Salzburg ein Mittagessen ausgemacht, er werde dort um 10.000 DM zustimmen, Schaffler wird sicher um diesen Betrag einsteigen, von 20.000 Schilling ist längst nicht mehr die Rede.
Gestern Sonntag, erzählte Thomas weiter, war der Fürst Salm bei ihm. Der sei vor acht Jahren aus der Tschechoslowakei gekommen. Dieser Salm trägt den Fürstentitel, alle anderen Salm sind Grafen, sagte Thomas. Salm war zwei Jahre beim tschechischen Militär, um die Dienstpflicht abzuleisten, denn er wohnte in einem Nebentrakt seines Schlosses bei Brünn. Fürst Salm wurde aber nach einigen Monaten mit Gleichgesinnten in einem Kohlebergwerk eingesetzt. Dort mußte er mit anderen die Hunte schieben, und an der Stelle, wo sie die Hunte anfassen mußten, haben sie sich zum Spaß gegenseitig die Hunte angepinkelt, sodaß sie ins Nasse faßten.
Thomas machte mit Salm und seiner Frau eine Radpartie nach Desselbrunn. In Aichlham hatte Salm einen Patschen und ging zu Fuß nach Nathal. Da konnte er nur in den Hof und in den Keller, aber nicht ins Haus. Salm holte sich aus dem Keller eine Flasche Wein, und vom Nachbar Haumer (Maxwald) holte er sich Brot und Schmalz. Als Thomas später mit der anderen Gesellschaft wieder zurückkam, hatte Fürst Salm den Fahrradschlauch schon gepickt. Salm sei ein prima Bursche, sagte Thomas. Er kam von Steyregg, wohnt aber in Wien und hat einen deutschen Paß. Wie kommst du eigentlich zu dem, fragte ich. Durch Frau Maleta, sagte Thomas. Aber es ist jetzt endgültig alles aus mit ihr, es ist alles geregelt, fügte Thomas rasch hinzu. Weißt du, so wie du gesagt hast, sagte Thomas. Warmhalten schon? fragte ich. Thomas nickte. Genauso ist es, aber ich hab jetzt Ruh.
Gegen 11 Uhr 30 ersuchte mich Thomas, mit ihm nach Nathal zu kommen, er wolle mir die Plakate von Berlin zeigen, das Programmheft vom Stück *Der Ignorant und der Wahnsinnige* und die Kritik von Luft in der „Welt“ vom 9. September 1972.

FARCE VOM ENDE DER KUNST

Bernhards „Der Ignorant und der Wahnsinnige" in Berlin

Der gespannte Blick galt am Ende der Premiere von Thomas Bernhards artistischem Antiartistenstück „Der Ignorant und der Wahnsinnige" im Berliner Schloßpark-Theater der Notbeleuchtung. In Salzburg hatte es an Hand der Frage, ob man die nicht, wenn's ganz dunkel werden soll, ausmachen dürfe, ein Affentheater gegeben. Nach der Uraufführung wurden alle Wiederholungen gekappt. Bernhards brillante Farce vom Überdruß der Kulturmacher an der Kultur hatte ihre schwachsinnige Fortsetzung in der Wirklichkeit. Nun, im Berliner Schloßpark-Theater, blieben die kleinen Lichter brennen. So wird das Stück in dieser Aufführung glücklicherweise noch lange und oft zu sehen sein. Die Darbietung ist ebenso makaber wie faszinierend, abstoßend wie komisch.

Bernhard dramatisiert das Dilemma der Eingeweihten ... Neun Worte von zehn in Bernhards böser und kalter Posse von der tödlichen Endstation vollendeter Kunst gehen an den Doktor. Er eigentlich muß das Stück machen. Er läßt es stattfinden und kommentiert es immer auch gleich. Schönheit, wird gezeigt, ist schrecklich, Perfektion ist tödlich, ist unfreiwillig komisch, bösartig und leer ... Bernhards Einsichten und Befürchtungen sind nicht neu. Aber wie er sie teils höchst sublim, teils drastisch und kasperlehaft szenisch zutage bringt, ist schon faszinierend. Hier spukt natürlich Beckett. Dies auch ist ein Endspiel. Aber es ist handfester. Bernhards Traurigkeit ist eher hämisch; wenn er ganz zynisch Zynisches annonciert, ist sein Sprechtext am besten ... Kunst höhnt sich, wenn es weit mit ihr gekommen ist, gern selbst. Thomas Bernhard läßt es seinerseits mit großer Kunstfertigkeit geschehen, und Dieter Dorn, der Inszenator, spielt ebenfalls hoch und fulminant, um eben nur zu beweisen, daß Kunst zu nichts nutze sei. So paradox selbstzerstörerisch (und dabei unterhaltsam) geht es, wenn wir Glück haben, heutzutage auf dem Theater zu.

(Friedrich Luft, „Die Welt", 9. 9. 1972)

Wir fuhren nach Nathal, und ich sagte meiner Frau, daß wir um 12 Uhr 15 zum Essen kämen.
Das Plakat zeigte eine menschliche Puppe, deren Rumpf das Innere zeigte. Thomas fand das Plakat sehr gut. Ich war auch überrascht, daß man ein so kostspieliges Plakat für die Berliner Festwochen zur Erstaufführung von Thomas' Stück druckte.
Aber schau dir erst das Programmheft an, sagte Thomas, ohne jede Reklame, so etwas gibt es bei uns nicht. Ich war noch mehr überrascht. Dieses Programmheft war ein regelrechtes Buch. Es war die Rede, welche Thomas anläßlich der Verleihung des Staatspreises hielt, darin abgedruckt, es ist nichts zu loben usw., seine Daten, Werke und Preise waren angeführt und eine wissenschaftliche Abhandlung über das Sezieren mit zahlreichen Skizzen. Ich blätterte es nur durch und sagte Thomas, er solle mir so ein Programmheft beschaffen, um das durchzulesen, braucht man Zeit. Thomas sagte: Ja, mit so einem Programm kann man was anfangen, das ist was. Ich will mir sowieso zehn Stück davon schicken lassen, davon bekommst du eins. Dem Schaffler werde ich das kommenden Sonntag auch zeigen.
Dann gab mir Thomas den Artikel von Luft. Das ist der Kritiker, sagte Thomas, den alle fürchten und der über alle Stücke negativ schreibt. Da wird er halt auch Grund dazu haben, sagte ich. Ich habe Glück, sagte Thomas, daß der über mein Stück gut geschrieben hat, noch dazu in der „Welt", wo Friedrich Torberg mein Stück und mich so verrissen hat. Ich las den Artikel und fragte dann Thomas, ob Luft ihn persönlich kennt. Nein, sagte Thomas. Dann ist es unglaublich, wie gut der dich kennt und durchschaut, sagte ich. Der ist der einzige, der sich bisher auf den Inhalt des Stückes eingelassen hat und sogar gemerkt hat, daß du hämisch bist. Auch den Humor hat er entdeckt usw., und zum Abschluß seiner Kritik hat er sich noch geschickt herausgewunden, um zu begründen, daß es doch ein gutes Stück ist.
Später, nach dem Essen, besprachen wir Einzelheiten von Lufts Kritik, und Thomas sagte mir, daß im heutigen „Kurier" unter der Überschrift „Ein Sieg und eine Niederlage" ein Artikel von ihm handelt. Nachdem ich erklärte, diesen „Kurier" werde ich mir kaufen, ersuchte mich Thomas, ihm auch ein Exemplar mitzubringen, denn er hat die Zeitung im Café gelesen, er möchte sich den Artikel auch aufheben.

Um 13 Uhr 30 fuhren wir nach Laakirchen, Thomas zum Elektriker Stadlbauer, ich zur Tankstelle Stadlmayr. Bei der Tankstelle wartete ich auf ihn. Da wir nicht mit zwei Autos zur Krucka fahren wollten, fuhren wir bei mir zu Hause vorbei, und ich ließ meinen Wagen in Weinberg. Thomas hatte am Vormittag im Ehrendorfer Gasthaus zwei alte ausgediente Sessel für 60 Schilling erworben, die wollten wir auf die Krucka schleppen. Wir trugen jeder einen Sessel und machten anschließend noch einen Spaziergang über seinen Grund. Thomas erzählte mir, daß er von Dr. Stern verständigt wurde, daß er im Ehrenbeleidigungsprozeß der „Furche" freigesprochen wurde, aber das Hauptthema unserer Unterhaltung waren Tod und Humor. Thomas sagte, daß er unbedingt auf eigenem Grund auf der Krucka begraben werden möchte. Wir besichtigten einen geeigneten Platz am Ostrand seines Grundstückes, am Waldrand neben den Lärchen, wo der Weg zum Nachbarhaus Spanbrenner (Hochhalt) führt.
Gegen 16 Uhr 45 kehrten wir nach Weinberg auf einen Kaffee zurück. Thomas war sehr redselig, und ich erzählte meiner Frau, daß wir die Grabstätte für Thomas ausgesucht haben.
Da Thomas bisher nichts über seine Arbeit gesagt hatte, fragte ich ihn direkt. Ich sagte zu Thomas, daß er mir geboten hat, ihn daran zu erinnern, daß er während meiner Abwesenheit intensiv schreiben wird, und ich möchte jetzt wissen, wie es ihm gegangen ist. Thomas sagte, sehr gut, alles sei jetzt nur mehr eine Sache der Einteilung. Er schreibe täglich ab 5 oder 6 Uhr früh bis 10 oder elf Uhr. Dann fahre er Mittagessen und lese die Zeitungen. Dann, je nachdem, schreibe er noch von 16 bis ca. 19 Uhr, aber darauf will er sich nicht festlegen, nur wenn es ihn drängt, schreibt er auch von 16 bis 19 Uhr. Es sei alles bestens, ich könne unbesorgt sein, sagte Thomas.
Um 17 Uhr 30 sagte Thomas, er fahre jetzt nach Nathal, aber er werde um 19 Uhr noch einmal kommen.
Thomas kam bereits um 18 Uhr 45. So hatten wir länger Zeit zum Abendessen, bis zu den Nachrichten. Thomas sagte zu meiner Frau, er habe inzwischen „vü tan" (viel getan), er sollte als Schriftsteller auf chinesisch „vü tan" heißen. Thomas blieb dann bis 21 Uhr 30.
Als wir am Nachmittag beim Spaziergang in Reindlmühl beim Wieswirt vorbeigingen, zeigte mir der Wieswirt Karl Speigner ein 1600 m² großes Grundstück. Thomas begleitete mich, und ich sagte zu Speigner, indem ich

auf Thomas zeigte, den Kruckamann kennst eh. Ja, sagte Speigner, bevor er die Krucka kauft hat, warst du bei mir mit ihm, und vom Fernsehen kenn ich ihn auch.

20. September 1972

Thomas war um 18 Uhr bei mir zu Hause und erfuhr von meiner Tochter Reinhild, daß ich in ca. einer halben Stunde mit meiner Frau von Gmunden kommen werde. Er ging mir Richtung Ohlsdorf entgegen, und wir trafen uns oberhalb des Weinberghölzls auf der Straße. Es war sehr schöne Sicht ins Gebirge, und wir genossen einige Minuten die herrliche Aussicht. Da es aber Thomas im Stehen zu kühl wurde, fuhren wir gleich zu mir. Dort erzählte mir Thomas, daß gestern um 12 Uhr Frau Maleta plötzlich in den offenen Hof hineingekommen sei und unbedingt mit ihm zum Essen fahren wollte. Er habe aber entschieden abgelehnt. Das ist für diese Frau einfach nicht zu fassen, daß sie bei mir nichts erreichen kann. Das ist ihr sicher noch nie untergekommen, sagte Thomas.
Wir besprachen noch den Artikel in den „Oberösterreichischen Nachrichten" und lachten über das „Tagesgespräch von Berlin". Thomas blieb bis 21 Uhr 45, und für nächsten Tag vereinbarten wir für 14 Uhr einen Ausflug mit Spaziergang. Traunkirchen oder Hochkreuth wollten wir besuchen.

21. September 1972

Um 10 Uhr 30 kam plötzlich Thomas. Er hatte den Briefträger abgepaßt, aber keine Post bekommen. Thomas sagte mir, daß er jetzt auf die Krucka fahre, und ersuchte mich, um 13 Uhr 30 dorthin zu kommen, um von dort aus den Ausflug zu unternehmen.
Um Punkt 13 Uhr 30 traf ich beim Aufstieg zur Krucka in Reindlmühl ein, und Thomas stand schon bei der Laubhütte, wo der Aufstieg beginnt. Er erzählte mir, daß er gerade mit der Tante telefoniert habe – vom Gasthaus Schachinger in Reindlmühl aus, wo er zu Mittag gegessen hat. Der Tante gehe es sehr gut, es gefalle ihr dort besser als in St. Veit. Sie sei schon sechs

Wochen in der Steiermark im Schloß Pichl bei Judenburg oder Neumarkt, so genau habe ich mir das nicht gemerkt.
Auf der Krucka angekommen, öffnete Thomas alle Fenster und Türen, um durchzulüften. Während der Durchlüftung machten wir einen Rundgang über seine Wiesen. Da Thomas den Bauch vom Mittagessen ziemlich voll hatte, tranken wir einen Schnaps und gingen sehr langsam.
Dabei sagte Thomas, er habe nun endgültig den Platz für seine Grabstätte ausgesucht. An der Südostecke seines Besitzes, zwischen der Laubhütte und dem Waldrand, möchte er „wie ein Hund", so Thomas wörtlich, verscharrt werden. Ein Holzkreuz soll aufgestellt werden, und wenn das verfallen ist, darf es nicht erneuert werden. Er will auch keinen Grabhügel, es soll ganz eben sein, wo er liegt, nichts soll man merken, daß er dort liegt. Es sei die unzugänglichste Stelle seines Grundstückes, und dort wolle er zur Natur zurückkehren. Wenn mich der Schlag treffen sollte, schau zu, daß du veranlaßt, daß ich da hinkomme. Ja, sagte ich, aber bis die Behörde die Zustimmung gibt, solange muß ich dich auf Eis legen lassen. Es wäre mir lieber, wenn du schon in den nächsten Wochen selbst den Antrag bei der Behörde stellen würdest. Ja, sagte Thomas, sonst geht es mir wie dem O'Donell, der kam auch nicht dorthin, wo er wollte. (Damit spielte Thomas auf das kürzliche Begräbnis in Vöcklabruck an.) Ja, sagte ich, außerdem muß nun endlich ein Schlußpunkt gesetzt werden. In Salzburg, in Henndorf, am Hietzinger Friedhof, in Ohlsdorf und dann zuletzt in Neukirchen bei Altmünster wolltest du bisher der Reihe nach begraben werden. Jetzt muß es einmal bei diesem Platz da unten bleiben. Ja, dabei bleibt es, sagte Thomas. Ich will nicht, daß Leute mein Grab besuchen, da unten ist es mir jetzt recht. Du bist raffiniert, sagte ich, indem du selbst im Tode ganz abtrittst und auch keine Grabstätte willst, stellst du dein Werk noch mehr in den Vordergrund. Aber die Entscheidung ist sehr gut, sie paßt zu dir, eigentlich kann man gar nichts anderes erwarten von dir.
Inzwischen war genug gelüftet, wir sperrten ab und gingen zu den Autos. Von dort fuhren wir in meinem Wagen nach Traunkirchen, Siegerbach Nr. 93, das Haus der Frau Anna Ebner aus Karbach 69 zu besichtigen, das zu verkaufen war. Vom Anmarsch, das Haus ist nur zu Fuß erreichbar, und vom Haus selbst war Thomas nicht begeistert. Alles hat er kritisiert, den Aufstieg Richtung Sonnstein, den Ausblick, jedes Detail. Ich gewann den Eindruck, daß er im Geiste an seinem Buch schreibt, und schwieg.

Anschließend fuhren wir nach Neukirchen Richtung Großalm, dann auf einem neuen Güterweg zum Kreithbauer und an einer anderen Abzweigung bis ans Ende unterhalb Hochkreuth, wo O'Donell sein verfallendes Haus hat. Beim ersten Verkaufsgespräch konnte Thomas vom Auto aus zuhören. Ein ernstlicher Abschluß war frühestens in einem Jahr zu erreichen. Nach Ende meines Gesprächs sagte mir Thomas auf der Weiterfahrt, daß er mich noch nie so schwach verhandeln gehört hat. Ich hätte das und jenes gar nicht sagen sollen, sonst sei ich immer so klug, aber diesmal hätte ich einen ganz schlechten Tag gehabt. Ich wußte natürlich, daß ich nicht anders als sonst war, aber ich widersprach nicht. Es wäre zwecklos gewesen, da ein kleiner Versuch von mir sofort stärkste Reaktionen bei Thomas hervorgerufen hätte. Ich hatte wieder den Verdacht, daß er nebenher im Geiste schreibt.

Beim nächsten zum Verkauf stehenden Haus war der Besitzer mit seiner Frau vor dem Haus bei der Arbeit. Thomas blieb wieder im Auto sitzen und konnte gut zuhören. Als der Verkäufer schließlich sagte, es komme auch sehr darauf an, ob der Käufer ein anständiger Mensch sei, da sagte ich, obwohl ich den Mann das erstemal sah, daß schlechtere Menschen, als es die Einheimischen hier sind, gar nicht hersiedeln könnten. Es sei bekannt, daß die Neukirchener und Reindlmühlner eine eigene Republik seien und daß die meisten hier herinnen gegenseitig zerstritten seien. Wenn einer von euch nach Gmunden kommt, muß er sich sagen lassen, daß er aus der Krüppelmandltürkei kommt. Für einen kurzen Augenblick hat es so ausgesehen, als ob der Mann überlegte, ob er mir nicht gleich die Schaufel auf den Kopf schlagen soll. Er schöpfte aber Luft und sagte: Ja, und weil da so böse Leute zu Hause sind, habe ich auch eine Neukirchnerin geheiratet, da, schau dirs an, meine Frau ist auch von da. Es ging dann witzig weiter. Es werden noch mehrere Besuche notwendig sein, um Abschlüsse zu machen, wie das ja auch in allen anderen Fällen notwendig ist.

Dann sagte ich zu Thomas: Wo gehen wir jetzt hin? Ich war auf einen stundenlangen Spaziergang gefaßt. Thomas sagte, er hätte schon genug Bewegung gemacht. Es war aber erst 16 Uhr, und ich sagte: Irgendwas sollten wir noch machen. Das günstigste Haus für Schaffler sei immer noch das des Attnanger Besitzers. Fahren wir nach Attnang. Thomas sagte, dazu möchte er sich aber noch umziehen, denn in der kurzen Lederhose wird es ihm schon zu kalt. Thomas' VW stand beim Einstieg in Reindlmühl. Wir fuhren

hin, um mit beiden Autos nach Nathal zu fahren. Von dort fuhren wir mit meinem Auto über Desselbrunn – Wankham nach Attnang. Um 17 Uhr waren wir in Attnang. Thomas wollte beim Verkaufsgespräch nicht dabei sein und wartete am Bahnhof auf mich. Mein Gespräch war sehr kurz, am 15. Oktober will sich der Verkäufer endgültig festlegen. Nachdem ich Thomas am Bahnhof getroffen hatte, gingen wir noch eine gute halbe Stunde in Attnang im Gestank der Autos und der Bahn herum.
Meine Frau hatte inzwischen das Abendessen gerichtet, als wir wieder bei mir in Weinberg eintrafen. Wegen des Berichtes über das Attentat von München wurde es dann sehr spät, 23 Uhr 30, bis ich Thomas nach Nathal heimbrachte. Thomas sagte, er möchte morgen den ganzen Tag schreiben, ich solle so gut sein und ihm seine Post und einige Zeitungen bringen. Ich sagte: Gut, um Punkt 9 Uhr 30 werde ich mit beidem bei dir sein und werde mich nicht aufhalten, denn du mußt schreiben. Du hast derzeit ein Stadium erreicht, wo dir alles mögliche einfällt, um wegzufahren und nicht schreiben zu müssen. Morgen mußt du hart bleiben.

22. September 1972

Um Punkt 9 Uhr 30 fuhr ich bei Thomas in den Hof. Er kam aus dem Auszugstüberl, das er sich für die Arbeit eingerichtet hatte. Ich überreichte ihm die Zeitungen und zwei Briefe, einer vom Suhrkamp Verlag und einer von Burgau am Attersee. Ich hoffte, daß Thomas den ganzen Tag schreibt und daß er sicher nicht essen fährt. Daher kaufte ich eine Knackwurst. Magst a frische Knacker, fragte ich. Eine frische Knacker kann man immer brauchen, sagte Thomas. Ich gab ihm die Knackwurst und sagte: So, ich bin dahin, ich will dich nicht stören, und wenn du Ablenkung brauchst, wenn du viel geschrieben hast, dann komm zu mir, ich bin ab sofort den ganzen Tag zu Hause. Abends komm ich sicher, sagte Thomas, und ich war weg, weil ich ja auch viel zu schreiben hatte.
Schlag 12 Uhr stürzt Thomas mit einer Handvoll offenen Briefen in mein Wohnzimmer. Du entschuldigst, daß ich schon wieder zu Mittag komme, aber ich kann es unmöglich zu Hause aushalten. Da, lies, ich habe soeben einen Eilbrief erhalten. Es war ein Schreiben des P.E.N.-Clubs und lautete:

Sehr geehrter Herr Bernhard!
Wir haben die Freude, Ihnen mitzuteilen, daß Sie als Preisträger des Franz-Theodor-Csokor-Preises des Österreichischen P.E.N.-Clubs, der alljährlich für das beste in Österreich aufgeführte Stück eines zeitgenössischen Dramatikers verliehen wird, auserkoren wurden. Usw., usw.

Nachdem ich den ganzen Brief gelesen hatte, sagte ich: Alle diese Briefe beginnen gleich. „Wir haben die Freude, Ihnen mitzuteilen …" Es ist unglaublich, wie oft sie dir schon so eine Freude mitgeteilt haben. Ich kann es noch gar nicht fassen, aber ich glaube, dieser Preis ist ein Höhepunkt, weil er durch die besonderen Umstände und durch den jetzigen Zeitpunkt besonders wertvoll ist. Obwohl er nur mit 15.000 Schilling dotiert ist. So einen billigen Preis hast du bisher noch nicht bekommen, aber zu diesem Zeitpunkt ist er der wertvollste. Ja, natürlich, sagte Thomas, deswegen möchte ich auch sofort antworten, daß ich den Preis annehme. Aber den Betrag kann ich natürlich unmöglich annehmen. Den Betrag möchte ich für entlassene Häftlinge spendieren. Du mußt mir sofort helfen und aus dem Telefonbuch oder sonst wo her die Adresse so einer Institution besorgen, damit ich in meinem Antwortschreiben gleich mitteilen kann, wohin der Betrag überwiesen werden soll. Für jeden Schaß, den ich lasse, bekomme ich schon einen Preis, aber daß du das ja niemand sagst, daß ich das gesagt habe.
Ich rief daraufhin sofort in die Küche zu meiner Frau: Mutti, komm. Meine Frau trat ins Zimmer, und ich sagte: Du Mutti, der Thomas hat gerade gesagt, für jeden Schaß, den er läßt, bekommt er einen Preis, aber ich darf das niemand sagen, daß er das gesagt hat. Du hast sicher vieles durch die offene Tür mitgehört, Mutti, sagte ich, den Brief hast du auch schon gelesen, also daß du es weißt, das, was er jetzt gesagt hat, darfst du nicht weitererzählen. Dann sagte ich: Jetzt essen wir, und vor 14 Uhr kann man überhaupt nichts machen. Ja, sagte Thomas, fahr zum Dr. Meingast, der wird sicher die Adresse so einer Institution wissen oder herbeischaffen können. Vielleicht aus dem Wiener Telefonbuch.
Dann sprachen wir von der Ohrfeige, die dieser Preis für viele bedeuten wird. Dann sagte Thomas, daß ein Brief, den ich ihm heute gebracht habe, von einem Studenten aus Burgau war, und der schrieb, er solle ihm schreiben, wie er zu Frauen stehe, da in seiner Klasse viel darüber gerätselt werde.

Er habe aber diese Frage sehr originell und lustig und gut gestellt, es war ein sehr guter Brief. Der zweite Brief vom Verlag enthielt eine Fotokopie der FAZ vom Montag, dem 4. 9. 1972, „Schatten auf Salzburg“ von Hilde Spiel. Thomas sagte, diesen Artikel habe er gar nicht gelesen, denn er konnte nicht wissen, daß in der Montagausgabe was von ihm drinnensteht. Ich sagte zu Thomas, daß ich in seiner Gegenwart unmöglich diesen langen Artikel lesen könne. Ich möchte ihn bitten, daß ich diesen fotokopieren darf, wenn ich zu Dr. Meingast fahre. Und weil es in einem ginge, würde ich ihn auch noch bitten, den Brief vom P.E.N.-Club fotokopieren zu dürfen, um ihn meinem Archiv einzuverleiben. Denn ich hab schon eine Menge Zeitungsausschnitte usw., den Brief hätte ich gerne dazu. Thomas stimmte zu. Den von Thomas schlampig geöffneten Briefumschlag des Eilbriefes des P.E.N.-Clubs habe ich vorher schon unauffällig unter meinen Notizblock geschoben, damit mir wenigstens der verbleiben sollte.
Thomas rechnete sich inzwischen vor, wievielfach ihm das zugute kommen wird, wenn er diese 15.000 Schilling für Sträflinge spendet. Er sei nun fest entschlossen, für die Verfilmung des *Kulterer* das gleiche Honorar wie für den *Italiener*, das waren 20.000 DM, zu verlangen. Am kommenden Sonntag werde er Schaffler noch nichts von diesem neu verliehenen Csokor-Preis sagen, das soll er aus der Zeitung erfahren, er werde aber auch noch keinen Vertrag mit Schaffler machen und die Zusage zu denselben Bedingungen wie für den *Italiener* erst später geben.
Thomas konnte es schon kaum erwarten, bis es 14 Uhr wurde, denn er wollte sein Schreiben an den P.E.N.-Club noch heute zur Post geben, damit es spätestens am Montag in Wien ist. Während ich von Gmunden die genaue Adresse von einer Gefangenenhilfe einholen sollte, wollte Thomas einen Termin austüfteln, wann er für die Preisverleihung Zeit habe, denn im November werde er ja in Berlin und Brüssel sein. Ich sagte, es wäre schön, wenn er den Preis schon hätte, wenn er in Berlin sein Stück ansieht. Diese Reklame sollte ihm möglichst vorauseilen.
Endlich war es 10 Minuten vor 14 Uhr, und Thomas sagte: Jetzt könntest du schon fahren. Weißt du, mit dieser Spende nehme ich meinen Neidern den Wind aus den Segeln. Wir vereinbarten, daß wir von Nathal aus, wenn er den Brief geschrieben hat, mit den Fahrrädern zur Post fahren, um den Brief an den P.E.N.-Club aufzugeben.

SCHATTEN AUF SALZBURG

Der erregendste aller Salzburger Sommer liegt hinter uns ... Hätten die Veranstalter der Festspiele vorausgesehen, wie heftig Eugene Ionesco am Eröffnungstage an den „Mauern des Kulturgebäudes" rütteln und welch unheimliches Echo seine Worte später auf der Schaubühne finden sollten – sie hätten die Wahl des Festredners und des Theaterspielplans noch einmal überdacht ... Wer aber will leugnen, daß eben die Kunst uns am tiefsten packt, die unseren Schmerznerv trifft. Shakespeare im „Lear", im „Hamlet", in unseren Zeiten Samuel Beckett. Die Fähigkeit, unsere conditio humana unverhüllt zu zeigen, hat in Österreich Thomas Bernhard, vielleicht der bedeutendste junge Schriftsteller im Land ... Es scheint, als wäre die Inszenierung, eine der besten im deutschen Sprachraum, als Fremdkörper empfunden worden, als hätte der Organismus der Festspiele sie ausgestoßen ... Den Fall noch einmal aufzurollen, ist zur Zeit nicht erwünscht. Dennoch wollen wir es tun, weil im kollektiven österreichischen Gemüt eine Legende sich zu etablieren droht: die Legende von der Berliner Rasselbande, die hier ankommt, eben um Skandal zu machen, um das Festival zu sprengen... Der Regisseur, Claus Peymann, tat fraglos das Seine dazu. Ein fanatischer Theatermann gerät häufig in Konflikt mit der Technik, wird seinem Perfektions-Anspruch nicht Genüge getan ... Das, was man die „Affäre Peymann" nennt, ist vorerst beendet ... Indessen schwebt die Möglichkeit einer Klage gegen Peymann und seine Leute. Man muß ernstlich fragen, ob die Festspieldirektion sich damit nützt. Verliert sie den Prozeß, dann ist sie vor der Theaterwelt blamiert. Gewinnt sie ihn und stürzt das Berliner Team in finanziellen Ruin, dann hat sie gleicherweise die Achtung der Theaterwelt verloren. Was immer geschieht: sie wird nicht verhindern können, daß dieser Salzburger Sommer in die Geschichte eingeht als der, in dem das zweite große Drama eines der wesentlichsten Dichter der Gegenwart uraufgeführt wurde. Es war der erregendste Sommer seit langem ...

(Hilde Spiel, „Frankfurter Allgemeine", 4. 9. 1972)

Um 14 Uhr fuhr ich nach Gmunden, Thomas nach Nathal. Dr. Meingast hatte das Innenministerium angerufen, aber er hatte Schwierigkeiten beim Vereinsregister, da er den Wortlaut des Vereines, den er wissen wollte, nicht kannte. Nach einigen ergebnislosen Telefonaten sagte ich zu Dr. Meingast, ich werde in ca. einer halben Stunde wiederkommen. Inzwischen ließ ich den Brief des P.E.N.-Clubs und die FAZ vom 4. 9. beim Steuerberater Tausch fotokopieren. Dann rief ich vom Postamt Gmunden den Direktor der Strafanstalt Stein, Krems an der Donau, an. Direktor Kosak selbst sagte mir, daß an seiner Anstalt der Verein für soziale Bewährungshilfe, Krems, Steiner Landstraße Nr. 4, bestehe, der unpolitisch sei. Diese Hilfe beziehe sich nur auf Entlassene aus Stein, andere Anstalten hätten ähnliche Vereine. Als ich daraufhin Dr. Meingast aufsuchte und er mir sagte, daß er durch eine Bekannte aus Wien erfahren habe, daß es in Wien eine Sozialgerichtshilfe für Erwachsene gibt, deren Vorstand Ministerialrat Dolleisch ist und die ein eigenes Restaurant für ehemalige Häftlinge betreibt, sagte ich nichts von meiner Steiner Adresse und gab Dr. Meingast als Dank für seine Bemühungen eine Fotokopie der FAZ vom 4. 9. 1972, da er den Artikel „Schatten über Salzburg“ von Hilde Spiel noch nicht kannte.
Kurz vor 15 Uhr traf ich bei Thomas in Nathal ein. Nachdem ich Thomas alles berichtet hatte, entschied er sich für den Verein in Stein, denn wenn er schon was von „Ministerialrat“ höre, sagte Thomas, dann habe er schon genug. Außerdem, sagte er, wirkt für Stein der Betrag besser als für den Wiener Verein, der für ganz Österreich zuständig ist. Thomas schrieb sofort im Auszugstüberl den Brief an den P.E.N.-Club und las ihn mir vor. Thomas schrieb, daß er sich über das kräftige Lebenszeichen aus Wien sehr freue. Für die Preisverleihung wäre ihm ein Termin zwischen dem 10. und 20. Oktober angenehm. Der Betrag solle an den Verein für soziale Bewährungshilfe, Krems, Steiner Landstraße 4, überwiesen werden. Ich fragte Thomas, warum er den Brief nicht direkt an den P.E.N.-Club, sondern an die Sekretärin Frau Dorothea Zeemann adressiere. Thomas sagte: Das macht nichts, sie ist Generalsekretärin, sie hat mir auch den Brief geschrieben.
Thomas sagte, daß er diesmal nicht mit dem Flugzeug nach Berlin reisen werde, sondern von Wien aus über Prag mit der Eisenbahn, er sei diese Strecke schon seit über zehn Jahren nicht mehr gefahren. Ja, sagte ich, besonders die Strecke von Prag über Aussig nach Dresden ist sehr schön

von der Bahn aus. Ja eben, sagte Thomas, ich bin diese Strecke mit dem Auto gefahren, ich sehe sie gerne auch von der Bahn aus. Vielleicht halte ich mich in Prag einen Tag lang auf. Da kommt mir wieder zugute, daß ich in meinem Reisepaß als Beruf „Landwirt" stehen habe. Da werde ich nicht beachtet. Als Schriftsteller würde ich beschattet. Sicher, sagte ich, die hätten Angst, daß du Manuskripte herausschmuggelst.
Dann fuhren wir mit dem Rad gemeinsam zur Post nach Steyrermühl. Thomas hatte noch einen kurzen Brief an das Schillertheater nach Berlin geschrieben, den gab er mit dem Brief an den P.E.N.-Club als Eilbrief auf. Von der Post weg fuhren wir zum Fahrradmechaniker in Laakirchen, um die Vorderbremse und das Rücklicht eines Damenfahrrades reparieren zu lassen. Thomas selbst hat ein neues Herrenrad, das Damenrad hat sein Bruder Peter auf dem Hof stehengelassen, als er als Student einmal damit von Salzburg nach Nathal gefahren ist. Jetzt, für Gäste, könne er das Rad gut gebrauchen, sagte Thomas.
Auf der Rückfahrt zu mir bekamen wir beide ziemlichen Durst und Hunger. Bei mir in Weinberg angekommen, um ca. 17 Uhr 30, sagte meine Tochter Reinhild: Ing. Bernath war da. Ich sagte darauf: Der sagt mir nichts, der kann mich auch ... Ja, sagte Reinhild, aber er hat eine Menge Geschenke aus der Schweiz mitgebracht. Für das Enkerl Jäckchen und Mäntelchen und für mich eine große Schachtel verschiedener Käsesorten und eine Kuhglocke. Um 18 Uhr wird er mit seiner Frau wiederkommen. Thomas hörte zu, und ich sah ihn verzweifelt an. Wir wollten gemeinsam den Abend genießen und feiern. Thomas war so befriedigt darüber, daß er innerhalb von fünf Stunden nach Erhalt der Nachricht des P.E.N.-Clubs schon alles beantwortet und geregelt hat, sodaß er damit nicht mehr belastet ist. Wir standen noch immer total verschwitzt mit den Rädern in der Hand im Garten. Thomas sagte, es sei besser, wenn wir jetzt gleich nach Nathal weiterführen. Dort möchte er sich umziehen, und wir hätten ja beide unsere Autos in seinem Hof, es wäre ungünstig, wenn wir später in der Nacht mit den Fahrrädern zu ihm fahren müßten. Wir fuhren daher zu ihm.
Beim Tor sagte Thomas, heute sei ein Glückstag. Wenn es so ist, sagte ich, dann muß dein Most im Keller, der noch nicht angeschlagen ist, auch prima schmecken. Ja, schlag ihn an, probieren wir ihn, sagte Thomas. Tatsächlich war der Most gut trinkbar, und auch der in den Flaschen abge-

zogene war resch und kräftig. Ich nahm drei Zweiliterflaschen voll mit. Bernath und Gattin waren schon da, und als ich fragte, was sie trinken wollten, Bier, Wein oder Most, entschieden sich alle für Most. Schon vom ersten Schluck weg kam eine tolle Stimmung auf. Damit sich meine Frau zu uns setzen konnte und keine Arbeit hatte, half ich ihr, Brot, Wurst und Käse unaufgeschnitten auf den Tisch zu werfen, sodaß jeder selbst herunterschneiden konnte, was er wollte. Einige lange, gut geschliffene Küchenmesser ermöglichten einen guten Verlauf der Jause und tüchtiges Zugreifen. Thomas begann sofort mit seinen Späßen. Wir sagten den Bernaths nichts von der Nachricht über den Csokor-Preis und waren sehr ausgelassen.

Um 19 Uhr 30 übersiedelten wir mit den Mostgläsern zum Fernsehen. Als in den Nachrichten vom Tode, vom Selbstmord des Schriftstellers Henry de Montherlant berichtet wurde, sagte ich: Heut schon wieder einer. (Gestern wurde vom Tode des Schriftstellers Pierre-Henri Simon berichtet.) Thomas sagte: Der war sehr gut. In meinem Mostschwips verstand ich nur die Worte „Sehr gut", ich dachte an den Fall Doderer und sah Thomas betroffen an. Der merkte gleich das Mißverständnis und sagte: Der war wirklich sehr gut, einer der Besten überhaupt, die Frankreich hatte. Ich kenne alle seine Werke, einen Besseren gibt es nicht in Frankreich. Aber gleich darauf ging es lustig weiter. Ich schaltete auf die deutsche Tagesschau um, und als Brandt im Bundestag sprach und später Präsident Heinemann, machte sich Thomas lustig über beide. Dem Heinemann brauchte man nur die Brillen wegnehmen, dann sieht er aus wie ein Affe, sagte Thomas. Ich sagte: Der schaut so betroffen drein, weil er selbst ein „Mandatsüberträger", ein politischer Überläufer ist, über die Brandt so herzieht. Im Zoo, sagte Thomas, heißen alle Affen Gustav, der Heinemann ist auch so ein Gustav. Außerdem kommt im Namen Gustav schon das Wort aff, Gustaff, vor.

Bernath hat mehrere Bauch- und Magenoperationen hinter sich, wahrscheinlich bekam er durch das dauernde Lachen starke Schmerzen, und so verabschiedeten sich die Bernaths schon um 20 Uhr 20. Thomas blödelte mit mir noch gut zwei Stunden, und dann fuhr ich ihn nach Hause.

Thomas sagte noch, der Tante werde er auch nichts mitteilen vom Csokor-Preis. Die soll das ruhig aus der Zeitung erfahren, aber an der Preisverleihung kann sie wieder einmal teilnehmen. Dann stritten wir darüber, ob Thomas schon zehn oder erst neun Preise hat. Ich wußte genau, von meinem Brief an den Landeshauptmann Wenzl her, daß es nunmehr neun sind. Thomas rechnete aber seine Mitgliedschaft bei der Deutschen Akademie auch dazu und kam auf zehn. Das sei kein Preis, sondern eine Ehrung oder gar eine Funktion, sagte ich. Bleiben wir bei neun Preisen, es werden sowieso noch mehr, sagte ich. Ja, auf zwölf möchte ich schon kommen, sagte Thomas. Wann wird denn der Nobelpreisträger verlautbart, fragte ich. Im Oktober, sagte Thomas. Gut, sagte ich, aber fast wichtiger war der heutige, denn der Nobelpreis kommt dir sowieso nicht aus, der ist dir sicher. Dann wären es zehn, mit dem Adalbert-Stifter-Preis werden es elf, der zwölfte wird auch noch von wo herkommen, auf zwölf kannst du kommen.

25. September 1972

Um 7 Uhr 45 traf ich Thomas beim Postamt Ohlsdorf. Er sagte mir, daß es gestern bei Schaffler in Salzburg sehr spät geworden sei und er daher abends nicht mehr zu mir kommen konnte. Thomas zeigte mir eine soeben erhaltene Karte mit einer Einladung aus Amsterdam. Ich werde natürlich nicht hinfahren, sagte Thomas, aber schau, das kommt aus der Bernhardstraße in Amsterdam. Wenn du mir die Zeitungen aus Gmunden bringen könntest, sagte er weiter, dann würde ich gleich wieder nach Nathal fahren. Ich wollte nur die Post, denn bis der Briefträger um 11 Uhr kommt, halte ich es nicht aus. Wenigstens die Post muß ich kennen, dann kann ich arbeiten.
Ich sagte Thomas, daß ich vormittags meine Mutter aus Kirchdorf an der Krems abhole und daß ich ihm daher die Zeitung erst gegen 13 Uhr bringen kann. Thomas war damit einverstanden, er fuhr nach Nathal arbeiten, ich nach Gmunden.
Um Punkt 13 Uhr war ich in Nathal bei Thomas im Austragstüberl. Thomas zeigte mir die Tagesordnung der Akademie für Sprache und Dichtung in Darmstadt und ein Begleitschreiben, auf welchem stand: „Streng geheim". Nicht für die Presse bestimmt. Thomas sagte dazu, daß er weder hinfahren werde, noch überhaupt auf diese Schreiben reagieren werde. Von der Liste der Teilnehmer zählte er einige auf, die er auf keinen Fall treffen möchte, darunter auch Elias Canetti.

Nach ca. 15 Minuten sagte ich zu Thomas, daß ich nun gehen möchte, um ihn nicht von der Arbeit abzuhalten. Thomas fragte, was ich am Nachmittag vorhätte, und als ich sagte: Eigentlich nichts, morgen nachmittag möchte ich mit Omi nach Wels zum Nähmaschinenkauf fahren, fragte Thomas: Darf ich da mitkommen? Natürlich, sagte ich, fahren wir morgen um 14 Uhr ab. Thomas begleitete mich zum Auto und ersuchte mich, um 15 Uhr zu einer kleinen Radpartie nach Desselbrunn wiederzukommen. Ich sagte zu. Thomas sagte noch, ich solle zum Radfahren eine bequeme Hose anziehen. Um 15 Uhr hatte sich das Wetter verzogen, es donnerte, und vom Westen her sah es nach Regen aus. Da ich Thomas die Radpartie trotzdem zutraute, warf ich die Trainingshose und einen Winteranorak mit Kapuze ins Auto und fuhr zu Thomas. Als er mich erblickte, lachte er und sagte: Aha, du willst nicht radfahren, du hast dich nicht angezogen danach. Ich zeigte aber ins Auto auf meine Ausrüstung und sagte: Wenn es dir nicht zu schlecht ist, mir auf keinen Fall. Ich muß nicht unbedingt radfahren, sagte Thomas, aber was sollen wir sonst tun? Ich hab schon ein Ersatzprogramm, sagte ich. Wir besichtigen in Wartberg an der Krems ein Haus mit 14.000 m² Grund, Kaufpreis 600.000 Schilling. Thomas war einverstanden, und wir fuhren nach Wartberg, Diepersdorf 82. Unterwegs erzählte mir Thomas von seinem Besuch in Salzburg.

Der Mann, den das Zweite Deutsche Fernsehen geschickt hatte, machte auf ihn einen sehr schlechten Eindruck. Thomas forderte 15.000 DM, und dieser Vertreter des Zweiten Deutschen Fernsehens sagte, er müsse bezüglich dieser Forderung noch mit seinem Vorgesetzten sprechen. Der Regisseur macht nach wie vor einen guten Eindruck auf ihn, sagte Thomas, aber bevor er sich für diesen Regisseur entscheidet, möchte er seine letzte Arbeit sehen, denn man könne sich auch täuschen. In einigen Wochen wird daher der Film dieses Regisseurs in Salzburg vorgeführt. Da könntest du mitkommen, wenn du willst. Ja, gerne, sagte ich, aber wieso bist du nun auf 15.000 DM, für den *Italiener* hast du 20.000 DM bekommen. Der *Kulterer* soll nur 60 Minuten dauern, sagte Thomas, und daher entspricht das Honorar dem des *Italieners*, der 90 Minuten gedauert hat. Die wollten sogar noch 5000 DM für den Regisseur von meinen 15.000, aber da ich das Drehbuch schreibe, mache ich es nicht anders. Wenn es nicht zustande kommt, macht es mir auch nichts. Das habe ich dem Vertreter des Zweiten Deutschen Fernsehens gesagt.

Das Haus in Wartberg war bald besichtigt, und ich schlug Thomas vor, noch Garsten bei Steyr zu besuchen, denn Garsten, die Strafanstalt, sei sicher besser als Suben für die Aufnahmen zum *Kulterer* geeignet. Thomas ersuchte mich nämlich, in den nächsten Tagen mit ihm nach Suben zu fahren, damit er sich schon darauf einstellen könne. Da ich aber Garsten aus meiner Schulzeit in Steyr gut kannte, war ich sicher, daß Thomas statt Suben Garsten nehmen wird, wenn er es besichtigt. Von Diepersdorf fuhr ich nach Pfarrkirchen bei Bad Hall und zeigte Thomas die Kirche. Thomas erinnerte sich, daß ich ihn schon vor Jahren darauf aufmerksam gemacht hatte. Die Straße zwischen Wartberg und Pfarrkirchen kannte Thomas noch nicht, und diese Gegend gefiel ihm sehr gut. Daher entschloß ich mich, ab Sierning eine Straße zu fahren, die Thomas noch nicht kennt. Ich fuhr über Pichlern, Letten, Aschach an der Steyr zum Gasthaus in der Saaß. Hinter dem Gasthaus in Saaß bog ich direkt nach Garsten ab. In meiner Schulzeit bin ich dort öfter über Christkindl zu Fuß nach Aschach und Garsten gegangen, daher kannte ich mich gut aus.
In Garsten kamen wir durch die Bahnunterführung direkt vor der Mauer der Strafanstalt an. Ich fuhr gleich rechts auf einen Parkplatz, und wir erkletterten die steile Bahndammböschung, um über die Mauer in das Strafhaus hineinsehen zu können. Ich sagte Thomas sofort, daß er von hier aus nicht den entscheidenden Eindruck gewinnen könne. Der Trakt an der Ennsseite ist sehr wirkungsvoll. Ich fuhr mit Thomas auf einem schmalen Weg an der Südseite der Mauer entlang und hoffte, an die Enns zu kommen. Statt der Enns war aber nur ein schmales Rinnsal da, das Gelände aufgeschüttet, und einige Garagen standen da. An der Südostecke der Gefängnismauer innerhalb der Fahrverbotstafel stellte ich den Wagen ab. Seit meiner Jugendzeit war ich diesen Weg entlang des Gefängnistraktes nicht mehr gegangen. Ich sagte zu Thomas, daß man früher auf diesem Weg nicht stehenbleiben durfte, zeigte Thomas die Alarmglocken, die alle zwanzig Meter in der Mauer sichtbar sind, und die außen aufgemalten Zellen- oder Traktnummern. Früher, so sagte ich, waren auf dieser Seite der Strafanstalt die „Schwersten“ eingesperrt. Sicher ist es heute auch noch so, und da, wo die Fenster noch zur Hälfte zugemauert sind, da sind die Allergefährlichsten.
Als wir an den zwei Posten vorbeikamen, sah ich, daß diese sehr jung waren. Daher sprach ich einen gerade daherkommenden Mann an und fragte ihn,

seit wann die Enns von da weg ist. Die Posten und der alte Mann blieben stehen, und es entwickelte sich ein kurzes Gespräch. Ich sagte: Direkt hier war doch das Ennsufer. Seit fünf Jahren nicht mehr, sagte der Alte. Ach so, sagte ich und deutete auf die beiden Posten, und weil die so jung aussehen, wagte ich nicht, diese danach zu fragen. Das hätten mir dann die Posten auch sagen können. Nein, sagte gleich ein Posten, denn ich bin noch nicht so lange da. Früher, sagte ich, vor 40 Jahren war ich das letzte Mal auf diesem Weg, da durfte man nicht stehenbleiben. Das ist jetzt auch noch so, sagten die Posten. Na, dann gemma, sagte ich, und wir gingen weiter zum Haupteingang. Dort besichtigten wir die Kirche. Dem ehemaligen Pater Dr. Mayerhofer habe ich hier beim Restaurieren zugeschaut, sagte ich zu Thomas, da ich damals in der Zeitung davon las, daß er hier als Sträfling eingesetzt ist.

Den alten Gasthof vor der Anstalt wollte ich Thomas noch zeigen, aber er hatte keine Lust. Wenigstens das gewölbte Vorhaus schau dir an, sagte ich, ich nehm inzwischen im Stehen eine Cola. Schließlich trat Thomas doch mit mir in die Gaststube. Thomas fand an einigen alten Sesseln Gefallen, aber der Wirt war nicht bereit, diese Sessel zu verkaufen, da sie zu seinen alten Möbeln im ersten Stock gehörten.

Um 17 Uhr 45 ersuchten wir den Kellner, das Radio anzustellen, und da es am Stammtisch sehr laut zuging, hörten wir uns im Stehen vor dem Radio die Sendung „Kreise – Punkte – Striche" [Literatursendung] an. Hansi Rochelt sprach über manches, aber die erwartete Verlautbarung des Csokor-Preises kam nicht.

Am Rückweg zum Auto gingen wir vom Durchgang neben der Kirche geradeaus nach Osten, um vom angeschütteten Gebiet aus die Anstalt noch einmal zu besichtigen. Beim Weg zurück entlang des Traktes vorbei an den Posten hörten wir aus den Zellen die Eßgeschirre klappern.

Zurück fuhren wir über Steyr, Sierning, Sattledt. Wir kamen noch gut zu den Nachrichten zurecht, und Thomas blieb bis 23 Uhr. Ich fuhr Thomas nach Nathal, und wir vereinbarten, daß ich ihm morgen früh die Post, Zeitungen, zwei Knacker und eine grobe Leberstreichwurst bringe. Bis 14 Uhr wollte Thomas ohne Störung durchgehend arbeiten.

26. September 1972

Um 7 Uhr 15, während ich mich rasierte, kam Thomas. Er sagte, er habe es sich anders überlegt, er möchte statt am Vormittag lieber nachmittags schreiben, ob es nicht möglich wäre, den Einkauf in Wels vormittags zu machen. Er sei schon seit zwei Stunden auf, er könne aber jetzt unmöglich arbeiten, „weil es so schön ist draußen". Damit er mich noch erwischt, bevor ich zur Post fahre, ist er gleich gekommen. Ich ließ die Omi wecken, und wir vereinbarten die Abfahrt nach Wels für 9 Uhr 30. Vorher wollten wir noch gemeinsam die Post vom Postamt Ohlsdorf holen.
Wir fuhren also kurz vor acht zur Post. Thomas bekam nur eine Ansichtskarte von Ingeborg Bachmann aus Malta. Herr Gries, ein Gmundner, ist dort im Hotel Hilton Direktor. Den kennt Frau Bachmann noch aus Rom, wo Gries in einem Hotel dieser Gesellschaft ebenfalls eine Führungsposition innehatte, und verbringt dort einen billigen Urlaub. Thomas wurde auch schon mehrere Male nach Malta eingeladen, und er sagte: Vielleicht fahr ich doch einmal dorthin.
Thomas war sehr gut aufgelegt, er witzelte dauernd und kaufte in Wels bei Kastner & Öhler sofort einen Steireranzug, nur weil er ihm momentan gefiel und genau paßte. Brauchen tue er ihn nicht, sagte er, aber er nehme ihn. Dann suchte er für Omi die Nähmaschine aus. Auch hier kam die Verkäuferin aus dem Staunen nicht heraus, weil wir so lustig waren. Dann kaufte er im ersten Stock noch eine schwenkbare Tischlampe und eine Stallampe. Anschließend lud er uns zu Würstl und Bier ins Buffet des Geschäftes ein. Dann machten wir noch einen Auslagenbummel, und dabei überredeten wir Omi, sich im Ausverkauf ein Kleid um 99 Schilling zu kaufen. Omi benötigt Größe 56, es war aber nur Größe 52 zu haben. Omi stand in dem Kleid da wie eine dreimal abgebundene Wurst, so eng saß das Kleid. Wir redeten aber so lange auf Omi ein, bis sie es kaufte. Nachher lachten wir unverschämt und kamen lustig wie eine besoffene Gesellschaft nach Hause, hatten aber zu dritt nur ein Bier getrunken.
Um 12 Uhr 45 kamen wir in Weinberg an, und es gab Schweinsniere zu essen. Obwohl Thomas schon nicht mehr konnte, bot ich ihm noch den Rest von der Pfanne an, da es sich nicht lohnte, das noch aufzuheben. Ich wollte Thomas den Teller füllen, aber er nahm mir das Reindl aus der Hand und sagte: Gib mir, laß mich das machen, ein Armeleutebub kann

das besser, so ein Reindl ausräumen. Dann machte es sich Thomas bequem und sagte, jetzt sei er so angegessen, daß er unmöglich nach Hause fahren könne. Mit meiner Frau und Omi haben wir dann bis 15 Uhr unsere Einkaufserlebnisse in Wels wiederholt und dauernd gelacht. Wir waren ja auch dauernd lachend durch Wels gegangen.
Als Thomas um 15 Uhr wegfuhr, sagte er, ich solle sobald wie möglich nachkommen, zum Arbeiten komme er heute nicht mehr. Da ich selbst noch zu arbeiten hatte, sagte ich gegen 18 Uhr, aber ganz unverbindlich, zu. Mir fiel dann ein, daß um 17 Uhr 45 im Radio die Sendung „Kreise – Punkte – Striche" ist, und so fuhr ich um 17 Uhr 40 nach Nathal, um mit Thomas gemeinsam diese Sendung zu hören. Diesmal sprach nicht „Hansi" (Rochelt), und es war nichts über den Csokor-Preis dabei.
Zum Abendessen fuhren wir wieder zu mir, und Thomas blieb bis 23 Uhr. Ich brachte ihn wieder nach Nathal, und für morgen versprach ich ihm Post, Zeitungen und Wurst, wie es für heute früh ausgemacht war, zu bringen. Bis 7 Uhr 45 erreicht er mich zu Hause, falls es ihm wieder anders einfallen sollte.

27. September 1972

Um 8 Uhr nahm ich die Post für Thomas entgegen. Er hatte ein Paket vom Insel Verlag, ein Telegramm, einen Brief vom Suhrkamp Verlag und eine Karte. Ich kaufte die Knacker und die Leberstreichwurst. Nachdem ich auch noch eigene Besorgungen machte, kam ich gegen 9 Uhr 30 zu Thomas. Er las das Telegramm, zerriß es und sagte: Der Schaffler telegrafiert, es gibt Schwierigkeiten beim Zweiten Deutschen Fernsehen, ich solle mich selbst dort einschalten. Nichts werde ich tun, gar nichts, wenn sie es nicht machen wollen, sollen sie es bleibenlassen, ich brauche das Geld nicht. Außerdem kann ich da jetzt auch nicht sagen, ich mach es auch für 12.000 Mark. Ich sagte: Die werden schon noch zugreifen, und wenn nicht, werden sie das bereuen. Sie sollen sich doch um diese 15.000 Mark zehn oder zwanzig solche Künstler und Autoren nehmen, wie wir sie gestern in der Sendung „Stadtgespräche, Künstler – Stümper – Scharlatane" gesehen haben. Von denen bekommen sie um 500 Mark ein Stück. Ja, natürlich, sagte Thomas, solche können sie haben, aber nicht mich.

Dann zerriß Thomas, nach einem kurzen Blick auf den Inhalt, den Brief vom Suhrkamp Verlag und warf ihn in den Papierkorb. Dann gab er mir nach einem kurzen Blick auf die Karte diese in die Hand und sagte: Schau, die Tante ist schon in Wien. Dann öffnete er das Paket. Er breitete alle Bücher aus und sagte: Da schau dir einmal an, was die im Insel Verlag für eine Schlamperei haben. Hier senden sie mir die gleichen Bücher ein zweites Mal. Es sind dies genau dieselben, die du mir vorige Woche oder schon länger auf die Krucka gebracht hast. Was soll ich damit anfangen, ich kann doch die Bücher nicht zweimal brauchen. Ich sagte: Gib mir für Zeitungen und Wurst 29,30 Schilling, und ich bin dahin, ich will dich nicht länger aufhalten. Thomas zahlte und fragte, was ich am Nachmittag mache. Ich sagte: Um 13 Uhr bin ich für eine Stunde in der Werkstätte. Dann komm um 14 Uhr, sagte Thomas, gehen wir spazieren oder fahren wir mit dem Rad. Du sollst arbeiten, sagte ich. Nein, sagte Thomas, es ist besser so, es ist ganz richtig, was ich mache, ich weiß schon, was ich tun muß. Gut, dann komme ich um 15 Uhr, sagte ich. Ich kam erst um 15 Uhr 20 zu Thomas, da ich inzwischen mit den Fotografenehegatten Friedl aus Gmunden einen Hauskauf schriftlich fixierte. Thomas freute sich über meinen Erfolg und fragte mich, was ich für ein Programm hätte. Ich sagte, wenn du die alten Sessel und Gläser aus dem alten Gasthaus in Diepersdorf haben willst, sollten wir heute noch hinfahren. Ja, dann aber mit deinem Wagen, sagte Thomas, denn in meinen kann ich nichts einladen.

Den Besitzer Franz Bürstinger mußten wir von seinem Hof in Ried im Traunkreis holen. In Diepersdorf besichtigten wir dann die ganze Liegenschaft mit allen Grundstücken und Grenzen. Nachdem wir auch das Haus vom Keller bis zum Dachboden besichtigt hatten, steuerte ich auf die alten Sessel zu. Nachdem ich vier alte Sessel ausgesucht hatte, sagte ich: Gib ihm fünfzig Schilling pro Stück. Thomas zückte die Brieftasche, denn der Wirt war einverstanden. Zweihundert Schilling für so alte Sessel hatte er sich nicht erwartet. Gib ihm noch einen Hunderter drauf, sagte ich, und wir nehmen die zwei noch dazu. Dabei griff ich nach zwei herrlichen gepolsterten Biedermeiersesseln und stellte sie dazu. Das waren eigentlich die zwei Sessel, auf die wir es abgesehen hatten, aber damit es nicht auffällt, suchten wir vorher umständlich an den vier alten wertlosen Sesseln herum. So, und jetzt gibst uns noch einige alte, ausrangierte Gläser vom Schrank da drüben, sagte ich zum Wirt. Nur die alten, die du nicht mehr verwendest, gib uns. Aus einer Fülle von Gläsern suchten wir sechzehn schwere alte Bier- und Weingläser aus der Zeit um 1900 aus. Als wir sicher waren, auch keines übersehen zu haben, fragten wir nach dem Preis. Der Wirt zögerte. Naja, sagte ich zu Thomas, gib ihm noch einen Hunderter, aber jetzt mach Schluß, jetzt hast du schon vierhundert Schilling für lauter Klumpert ausgegeben. Der Wirt hatte inzwischen eine Taschenlampe geholt, da in dem Raum kein Licht war, verpackte einen Teil der Gläser in eine Schachtel, und wir beluden dann mein Auto mit Sesseln und Gläsern.

In Wartberg an der Krems besuchte ich mit Thomas meinen Jugendfreund, den Fleischhauer Ignaz Schodl. Er hatte im ersten Stock eine wunderbare Holzdecke aus dem Jahre 1703. Thomas und ich kamen aus dem Staunen nicht heraus. Nach ein paar Achterln Wein bemerkte ich, daß es 19 Uhr 20 war. Ich fragte meinen Freund Schodl, ob er was vorhabe oder ob er um diese Zeit die „Zeit im Bild" ansehe. Er hatte nichts vor, und so war es uns möglich, festzustellen, daß in „Kultur heute" vom Csokor-Preis noch immer nichts verlautbart wurde. Gleich um 20 Uhr fuhren wir von Schodl weg, und auf der Heimfahrt erzählte mir Thomas, daß in den „Oberösterreichischen Nachrichten" steht, daß *Der Ignorant und der Wahnsinnige* nach wie vor die Theatersensation der Berliner Festwochen sei. Ich hatte diesen Artikel überhaupt nicht bemerkt, obwohl ich die Zeitung durchgesehen hatte.

Als wir gegen 21 Uhr heimkamen, mußten meine Mutter und meine Frau die Gläser bewundern. Thomas erzählte lustige Geschichten, und es entwickelte sich, wie schon so oft, eine Lachhysterie, sodaß, nachdem sich die Lachkrämpfe immer noch verstärkten und Omi bereits in die Küche verschwunden war, sogar Thomas ins Vorhaus gehen mußte, um mit seinem Lachkrampf fertig zu werden. Vorher bewirkten mehrere Versuche, das Lachen einzudämmen, nur noch größeres Lachen. Diesmal steigerte sich das Lachen derart, daß wir schon kaum mehr Luft schöpfen konnten, und erst als Thomas den Raum verließ, legte sich der Lachkrampf und wich einer totalen Erschöpfung. Thomas erzählte nämlich, daß er sich im warm geheizten Zimmer ausziehen werde, dann werde er die Tür öffnen und ins Bett gehen. Das hörte sich so an, als ob er die Tür ins Freie öffnen würde, und nach einigen betroffenen Sekunden brach der Lachsturm los.

Um 22 Uhr bat mich Thomas noch, mit ihm nach Nathal zu kommen, er möchte die Sessel noch aufstellen und die Gläser waschen. Bis 23 Uhr 30 war ich dann noch bei ihm, und alles stand schon an Ort und Stelle.

Während wir weg waren, kam Frau Hufnagl um ca. 18 Uhr zu meiner Frau und wollte mit Thomas zum Abendessen weggehen. Thomas war froh, daß ihm das erspart geblieben ist. Nun sagte er, er müsse morgen früh sofort nach Gmunden zur Frau Hufnagl, damit sie nicht nach Nathal kommt, denn er kann nicht arbeiten, wenn er damit rechnen muß, daß jeden Moment Frau Hufnagl erscheinen könnte. Auf meine Frage, wann er nun wirklich schreiben werde, sagte Thomas, er habe schon einen Plan. Ab 1. Oktober werde er einen Monat lang intensiv arbeiten, denn bis November habe er noch Zeit. In vier Wochen könne er es schaffen. Ja, sagte ich, morgen ist schon Donnerstag, und am Sonntag ist der 1. Oktober. Du bist so ein Hundianer, diese Woche ist dir immer was eingefallen, nur um nicht schreiben zu müssen. Übrigens, sagte ich, wäre es nicht doch gut, wenn du wenigstens ein kurzes Telegramm an die Deutsche Akademie schicken würdest? Etwa: Kann unmöglich kommen, Thomas Bernhard. Das würde dann dort vorgelesen. Das „unmöglich kommen“ kannst du dann später so auslegen, daß du wegen Zurücklegung der Mitgliedschaft unmöglich kommen konntest, usw. Die Hilde Spiel ist eh dort, sagte Thomas. Die weiß schon, warum ich nicht komme. Oder was glaubst du, warum ich an den P.E.N.-Club geschrieben habe, zwischen 10. und 20. Oktober soll die Preisverleihung stattfinden? Das ist genau während der Zeit, in der sich diese Leute die Fahrt und die Hotels in Darmstadt zahlen lassen. Ich falle viel mehr auf, wenn ich nicht dort bin. Und ein Telegramm sende ich auch nicht.
Um 23 Uhr 45 fuhr ich nach Hause. Thomas bat mich, morgen nachmittag zu kommen. Wann ich will und ohne zeitliche Bindung, oder er kommt zu mir, wann er will. Ich wußte noch nicht, daß ich noch bis zwei Uhr früh an diesem Schrieb schreiben würde, und glaubte, daß ich den Nachmittag benötigen werde, daher sagte ich: Ich habe Schreibarbeiten, vor 17 Uhr habe ich keine Zeit. Gut, sagte Thomas, dann machen wir es fix. Um 17 Uhr bist du bei mir.
Während der allgemeinen Gaudi bei mir zu Hause hatte Omi gehäkelt. Sie mußte aber vor lauter Lachen ihre Arbeit immer wieder unterbrechen. Sie machte daher Thomas den Vorwurf, daß sie nicht arbeiten könne. Da nahm Thomas die Wolle und sagte, er werde für sie häkeln, er könne das auch. Auch Stricken habe er als Bub gelernt. Zum Beweis hiefür nahm er die Häkelnadel, und innerhalb einer halben Minute hatte er ein ca. 15 cm langes Stück gehäkelt.

28. September 1972

Um 17 Uhr traf ich bei Thomas in Nathal ein. Frau Grete Hufnagl war bei ihm und verrichtete Putzarbeiten. Die gestern heimgebrachten Sessel hatte sie in Arbeit. Thomas bat mich zu bleiben, bis die Sessel gereinigt sind, er werde dann eine Jause auf den Tisch stellen. Ich machte den Vorschlag, auch den Schüsselkasten und eine fehlende Stange über dem Kachelofen zu montieren. Thomas sagte, das sei wegen dem harten Mauerwerk sehr schwierig. Ich fand aber dann eine Lösung und montierte beides. Nunmehr mußte der Schüsselkasten auch mit Tellern und Gläsern gefüllt werden. Thomas hatte eine große Auswahl an altem Geschirr, und die Jausenzeit schob sich neuerlich hinaus. Frau Hufnagl sagte, sie hätte schon großen Hunger. Schließlich halfen wir Thomas, die Jause auf den Tisch zu bringen. Thomas deckte den Tisch sehr reichlich. Angesichts dieses vollen Tisches sagte ich, ich könne leider nur wenig zugreifen, da ich mich tüchtig angegessen hatte, bevor ich nach Nathal gekommen bin. Zu Thomas gewandt, sagte Frau Hufnagl darauf: Der wird schon wissen, warum. (Thomas ist bei seinen Besuchern, den wenigen Besuchern, als mieser Gastgeber bekannt.) Wir tranken ziemlich viel Most, und die Stimmung wurde immer lustiger. Zu den Abendnachrichten gingen wir kurz in den ersten Stock, wo Thomas den Fernseher aufgestellt hatte. Als wir dabei durch die Bibliothek gingen, griff Thomas nach zwei Programmheften des Berliner Schloßparktheaters und gab je eines Frau Hufnagl und mir. Nach den Nachrichten gingen wir aber sofort wieder in das Auszugstüberl, um unsere lustige Unterhaltung fortzusetzen. Thomas brachte für den Schüsselkasten acht Mostgläser, um sie dort aufzustellen. Ich sagte, vier sind genug, vier alte Kaffeehäferln soll er daraufstellen. Thomas sagte: Ja, ich verfalle immer in so eine blöde Gigantomanie, ich glaube, für mich würde ich sogar sechs Särge bestellen. Nachdem er die vier Kaffeehäferln aufgestellt hatte, sagte Thomas: Vier Häferln für die Omas und nur eins Thomas.

Dann machte Thomas den Vorschlag „Siebzehnundvier" zu spielen. Thomas war längst in seinen bayrischen Dialekt übergegangen, und fast jedes Wort war zum Lachen. Frau Hufnagl wehrte sich gegen „Siebzehnundvier", da sie, wie sie sagte, schon sehr viel Geld an Thomas verloren habe. Ich war auch vollkommen dagegen. Thomas sagte aber, die Gäste bedeuten ihm nichts, nur ihr Geld. Daher möchte er spielen. Er warf die Karten auf den Tisch, und das Spiel begann. Um 22 Uhr wollten Frau Hufnagl und ich aufhören, da wir beide dauernd verloren. Thomas setzte aber 23 Uhr als Limit fest, und wir mußten uns beugen. Um Punkt 23 Uhr war dann Schluß, und ich hatte trotz größter Vorsicht 95 Schilling verloren. Thomas schwindelt aber nicht, er hat einfach unverschämtes Glück. Frau Hufnagl hat mehr als hundert Schilling verloren. Aber sie war so klug und zog kein Geld mehr aus der Tasche, sondern borgte von Thomas. Am Ende blieb sie ihm zusätzlich ca. 100 Schilling schuldig. Sie wird ihm das sicher nicht geben.

Kurz nach 23 Uhr fuhren Frau Hufnagl und ich gemeinsam weg. Thomas ersuchte mich noch, morgen die Post und Zeitungen für ihn mitzubringen. Ich sagte ihm, daß ich erst gegen 10 Uhr von Gmunden zurück sein werde, aber Thomas machte das nichts aus. Während des Kartenspiels griff Thomas die „Greede", wie er Grete Hufnagl bayrisch nannte, ziemlich an, und ich hielt zu Thomas, wenn sie sich wehrte. Da sagte Frau Hufnagl: Ein Scheusal ist schon genug, aber gegen zwei, da kommt man ja überhaupt nicht mehr auf. Frau Hufnagl hat ein Stadium erreicht, wo sie sich von Thomas alles, auch die größte Gemeinheit gefallen läßt. Natürlich bringt Thomas alles im Spaß. Er wirft Worte hin, wie „Geheim-Dienstmädchen". Ich sagte dazu das Wort „Gliederpuppen". Es zeigte sich, daß Thomas ganz schön schlüpfrige Sachen herausschieben kann, sodaß nicht nur die Augen naß werden können.

29. September 1972

Um 8 Uhr nahm ich Thomas' Post entgegen, darunter ein Telegramm. Ich öffnete es, um zu sehen, ob es notwendig ist, daß ich es ihm sofort bringe. Es war von Peymann und lautete:

> BIN VOM 2. ABENDS BIS 5. MORGENS IN WIEN, HOTEL JOHANN STRAUSS, FAVORITENSTRASSE 12, ODER TAGSÜBER STUDIO RONACHER, WENN SIE LUST HABEN. GRÜSSE CLAUS PEYMANN

Es war also nicht dringend, und so konnte ich meinen Weg über Gmunden fortsetzen. Dort ließ ich das Telegramm und eine Todesanzeige der Deutschen Akademie von Robert Faesi fotokopieren, kaufte für Thomas die Zeitungen und erledigte eigene Angelegenheiten. Als ich um 10 Uhr bei Thomas eintraf, wartete er schon auf mich. Das Telegramm gab er mir nochmal zu lesen, und dann zerriß er die Todesanzeige und das Telegramm. Dabei sagte er, daß er natürlich nicht zu Peymann nach Wien fahren werde. Wenn er was will, soll er kommen. Ich sagte Thomas noch, daß ich gestern bei der Bezirkshauptmannschaft war, wegen seiner Grabstätte am eigenen Grund. Es wurde mir gesagt, daß Frau Amtsrat Hodl dafür zuständig sei. Sie ist aber nicht im Amt gewesen. Gut, sagte Thomas, die kenn ich ja, mach das nur.

1. Oktober 1972

Thomas kam um 9 Uhr. Er sagte, daß er sich um 11 Uhr im Café Brandl mit den Hufnagls treffe. Die wollen das Haus zu 450 Schilling monatlich mieten, das wir vor einigen Tagen beim Spaziergang entdeckt haben. Ob ich noch wisse, wie der Besitzer heißt. Ich gab Thomas die Adresse. Dann sprach Thomas mit meiner Tochter Reinhild, die heute nach Wien fuhr, um dem Professor Halbgebauer Grüße von ihm zu bestellen, er solle sie gut behandeln. Das sei der Professor, der der Frau Maleta die alten Bilder restaurierte, sagte Thomas. Übrigens, sagte Thomas, habe er am Freitag nicht kommen können, da er mit Frau Maleta und Frau Hufnagl eine Radpartie nach Aurachkirchen machte. Dort wurde er aber vom Schottergrubenbesitzer Asamer gesehen und in sein neues Haus eingeladen. Frau Maleta wollte unerkannt bleiben, aber als es sich ergab, daß Asamer plötzlich merkte, daß Frau Maleta dabei ist, tischten Asamer und seine Gattin groß auf. Dabei passierte Asamer eine kleine Panne, sagte Thomas, denn auf dem neuen Besteck war noch der Preiszettel drauf. Frau Maleta, die in solchen Sachen keine Rücksicht nimmt, erzählte Thomas, sagte zu Asamer, so teures Besteck könnte sie sich nicht leisten, worauf die Asamers in arge Verlegenheit kamen. Thomas sagte: Das war auch ein Beweis, daß die uns ungereinigtes Besteck vorgelegt haben. Aber alles, das ganze Haus stinkt nach neureich. Da nun Frau Maleta und Asamer persönlich bekanntgeworden sind, hat Asamer versprochen, mit Gummipolstern und anderen schalldämpfenden Maßnahmen die Lärmplage für Maleta in Oberweis zu verhindern.

Thomas besuchte mit Frau Maleta und Frau Hufnagl die Römerkirche in Aurachkirchen und besichtigte auch den Glockenturm mit der Karolingerglocke.

Dann besprach ich mit Thomas den Artikel über den Csokor-Preis in den „Oberösterreichischen Nachrichten". Thomas sagte, daß alle Zeitungen diese Nachricht im gleichen Text gebracht hätten. Übrigens habe ihm Frau Maleta am Freitag erzählt, daß ihr Gatte, der Nationalratspräsident, was er noch nie gemacht habe, den Dr. Laßl zu sich bestellt und ihm Vorhaltungen über die unwahre Berichterstattung bezüglich des Salzburger Skandales während der Festspiele gemacht habe. Es war dies das erstemal, daß Herr Maleta einen Mitarbeiter der „Oberösterreichischen Nachrichten" zu sich kommen ließ.

Thomas bat mich, wenn möglich, um 15 Uhr das erste Programm im Radio anzuhören. In der Sendung „Im Schlampenlicht", wie Thomas sagte, es heißt natürlich „Rampenlicht", komme eine Besprechung der Frankfurter Aufführung von Bond. Bond sei eigentlich sein Konkurrent, und er möchte wissen, wie die Besprechung aussieht. Er werde selbst nicht die Gelegenheit haben, die Sendung zu hören, weil er mit den Hufnagls unterwegs sein wird. Es handelt sich um König Lear in dem Bondstück, sagte Thomas. Ich hatte ebenfalls in Reindlmühl geschäftlich zu tun und nahm mir das Transistorradio mit.

Als ich um 14 Uhr mit Grundstückskäufern das Gasthaus Schachinger in Reindlmühl betrat, um dort im Nebenzimmer den Vertrag zu schreiben,

kam mir Thomas sofort entgegen, da er glaubte, mein Besuch gelte ihm. Thomas saß mit Graf O'Donell, den Hufnagls und Architekt Uhl an einem Tisch. Sie hatten dort zu Mittag gegessen. Ich klärte Thomas sofort auf, daß mein Besuch nicht ihm gelte, und ging, ohne die Tischgesellschaft weiter zu beachten, mit meinen Käufern ins Nebenzimmer weiter.
Kurz darauf verließ Thomas mit der Gesellschaft das Gasthaus. Nach dem Kaufabschluß besuchte ich mit einigen anderen Kaufinteressenten die Zacherlgründe in Neukirchen, die unterhalb des Hauses liegen, welches die Ehegatten Hufnagl mieten wollten. Thomas war gerade dabei, dieses Haus mit seiner Meute zu besichtigen, und wir winkten uns von fern zu, als wir uns sahen. Nur Graf O'Donell war nicht mehr bei der Gesellschaft. Inzwischen war es 15 Uhr geworden, und meine Grundinteressenten fuhren weg. Dadurch hatte ich Gelegenheit, in Ruhe die Sendung „Im Rampenlicht" zu hören.
Um 18 Uhr 45 kam dann Thomas zu mir. Auf meine Frage, warum O'Donell nicht bei der Hausbesichtigung mit gewesen sei, sagte Thomas, der sei inzwischen nach Hochkreuth vorausgefahren, um einzuheizen, damit es warm ist, wenn er mit den Leuten nachkommt. Das Haus hat ausgezeichnet gefallen, aber es war eine Stunde zuvor an jemand anderen vermietet worden.
Thomas wollte gleich zu Omi in den ersten Stock zum Fernseher, da heute die Nachrichten schon um 19 Uhr waren. Ich hielt Thomas aber bis zum letzten Augenblick zurück, denn ich wollte ihm noch über die Sendung „Im Schlampenlicht" berichten. Außerdem war Oberingenieur Bernath mit Gattin bei Omi oben, sodaß ich dort nicht so gut berichten hätte können. Ich konnte also Thomas sagen, daß sich der Regisseur dem Autor vollkommen angepaßt habe und die Aufführung von der Regie her als sehr gut beurteilt worden sei. Bezüglich des Stückes selbst ist in der Besprechung keinerlei Werturteil abgegeben worden, sondern das Stück ist als eine Herausforderung bezeichnet worden. Es wurde weiters nur gesagt, daß dieses Stück Bonds These von der ausweglosen Brutalität des Menschen veranschauliche. Ob das Stück gut oder schlecht sei, wurde nicht gesagt. Es wurde nur berichtet, daß zu Beginn des Stückes mehrere Frauen den Zuschauerraum verließen, weil sie die gezeigten Greuel nicht ansehen konnten und ihnen schlecht wurde. Nun erst stürzten wir zu den Nachrichten zu Omi.

Da meine Frau bis 22. Oktober in Bad Hall auf Kur ist, und meine Mutter, die Omi, alleine mit allzu vielen Gästen überfordert sein könnte, fuhr Thomas schon um 20 Uhr nach Hause. Während ich Thomas zum Auto begleitete, bat er mich, ihm morgen die Post und die Zeitungen zu bringen. Diesmal auch die „Süddeutsche" dazu, wegen der Bond-Aufführung. Ich sagte Thomas, daß ich diesmal vor 10 Uhr 30 nicht von Gmunden zurück sein könne, aber Thomas sagte, das mache ihm nichts aus, er möchte morgen arbeiten und nicht aus dem Haus.

2. Oktober 1972

Um 10 Uhr 30 traf ich in Nathal bei Thomas mit der Post ein. Ein eingeschriebener Brief aus Frankfurt war auch dabei. Den öffnete Thomas sofort und las laut: Du kennst meine Sendung „Welt des Buches" … Ohne den Brief ganz zu Ende zu lesen, zerriß ihn Thomas und sagte: Der will schon wieder, daß ich ein Buch bespreche. Soll ich da vielleicht auch hingehen und was lispeln, du weißt ja, wie die in seiner Sendung gelispelt hat. Jetzt hab ich dem Musulin schon einmal abgesagt, der müßte doch endlich begreifen, daß ich das nicht mache. Ich sagte: Wenn er deine Bücher kennt und begriffen hat, dann muß er doch wissen und begreifen, daß deine bisherige Arbeit eine Buchbesprechung ausschließt. Ja, sagte Thomas, aber der begreift nicht einmal, wie schlecht er selbst ist. Ich kann kein Buch besprechen, alles kann ich machen, nur das nicht. Eher könnte ich auf das Welser Volksfest als Hutschenschieber gehen, das würde mir weniger schaden, als wenn ich ein Buch bespräche. Und ganz leise und verschmitzt fügte Thomas hinzu: Stell dir vor, eintausend Schilling hat er mir dafür geboten. Und nach einer kurzen Pause sagte er ganz laut: Und um hunderttausend Schilling würde ich mir schaden, wenn ich das machen würde.
Am Weg zu Thomas hatte ich in Gmunden Frau Hufnagl getroffen. Die hat mir mehrere leere Marmeladegläser für Thomas mitgegeben. Die nahm Thomas nun aus der Plastiktasche und prüfte Glas für Glas, ob es sauber sei. Dann sagte er befriedigt: Da schau, sogar sehr schön sauber stellt sie mir die Gläser zurück. Dann sagte Thomas wieder voll Groll: Und das Buch schickt er mir auch gleich. Thomas hatte diesmal eine Menge Briefe und Buchpakete bekommen, aber ich hab mich gar nicht weiter darum geküm-

mert. Da ich am Nachmittag zu tun hatte, lud ich Thomas für ab 17 Uhr ein. Um 11 Uhr 15 hab ich ihn wieder verlassen. Er jammerte, daß der Nachbar die Kreissäge aufgestellt hat, und befürchtete, daß ihn das stören würde. Aus diesem Grund wollte er mit mir irgendwohin. Ich hab aber gleich abgewunken und gesagt: Der Kreissägelärm gehört zum Landleben, ich höre das sehr gern, wenn die Säge so auf und ab jammert, wenn sie so herunterkommt von der Tourenzahl und dann wieder langsam hinaufkommt. Das wird dir bestimmt nichts machen, du suchst nur wieder einen Grund, um nicht schreiben zu müssen, sagte ich und war weg.

Um 19 Uhr kam Thomas. Er war sehr gut aufgelegt und sagte schon beim Eintritt zu meiner Mutter und mir, heute sei seine Arbeit großartig gelaufen. Immer wenn er eine Mistarbeit macht, dann kommen ihm die besten Einfälle. So war es heute. Er hat sich eine richtig dreckige Arbeit im Stadl angefangen, und dabei sind ihm die besten Einfälle gekommen. Meine Mutter stellte ihm ein Gulasch hin, und Thomas sagte, das werde er jetzt mit großem Genuß essen. Ich sagte trocken: Ich dachte, du würdest es mit Messer und Gabel essen. Auf seinen Bericht, daß er heute gut schreiben konnte, sind Omi und ich gar nicht eingegangen, da Thomas erwartet, daß man das ohne Bemerkung zur Kenntnis nimmt. Höchstens eine trockene Bemerkung, so als ob das selbstverständlich wäre, daß es heute bei ihm gut gelaufen ist, könnte man anbringen. Thomas will sehen, daß man einsieht, daß man zu mehr nicht kompetent ist, was ja auch richtig ist.

Später wollte Thomas, daß ich ihn morgen mitnehme, wenn ich in Bad Hall meine Frau besuche. Ich sagte Thomas: Wenn es bei dir so läuft, will ich lieber übermorgen nach Bad Hall fahren, da kannst du mitkommen, aber ich werde nichts dazutun, um dich morgen aus deiner Arbeit herauszureißen. Thomas sagte, er möchte aber doch lieber morgen fahren, ich solle ihm wieder die Zeitungen bringen. Gut, sagte ich, aber vor 10 Uhr geht das nicht, daß ich bei dir bin. Um 10 Uhr reden wir dann weiter, ob wir am Nachmittag fahren. Wenn du vormittags dein Ei schon gelegt hast, dann habe ich nichts dagegen. Du wirst lachen, sagte Thomas, ich will deswegen mit dir fahren, denn wenn es sein will, lege ich das Ei sogar im Auto. Gut, also morgen entscheiden wir, sagte ich. Um 23 Uhr 30 fuhr Thomas heim.

Omi erzählte ihm noch von der Quizsendung vom Vortag um 20 Uhr 10. Diese Sendung hieß „Österreich-Rallye". Es wurde das Lied der Königin der

Nacht aus Bernhards Stück *Der Ignorant und der Wahnsinnige* gespielt. Dann wurde erklärt, daß dieses Stück unter der Regie von Claus Peymann in Salzburg zur Uraufführung kam und weitere Aufführungen wegen Lichtschwierigkeiten unterblieben. Dann wurde die Frage gestellt: Wie heißt der Autor dieses Stückes. Thomas hatte natürlich keine Ahnung von dieser Sendung, da Omi dies im Bett gegen Schluß der Sendung gehört hat und Thomas entweder noch bei mir vor dem Fernseher war oder gerade eben zu Hause ankam.

3. Oktober 1972

Kurz nach zehn Uhr war ich mit der Post bei Thomas in Nathal. Es waren einige Buchpakete und mehrere Briefe, darunter ein Eilbrief vom P.E.N.-Club. Zuerst machte ich Thomas auf den Brief des P.E.N.-Clubs aufmerksam, denn da mußte ja der Termin für die Verleihung des Csokor-Preises drinnen sein. Thomas öffnete, las und sagte: Gott sei Dank, der 16. Das paßt mir, denn am 18. Oktober hat die Hede Geburtstag, da wollte ich sowieso in Wien sein. Die Tante wird sich freuen. Während Thomas die Bücher auspackte, gab er mir den Brief des P.E.N.-Clubs zu lesen. Der Brief lautete ungefähr:

> *In Abwesenheit von Frau Dorothea Zeemann teile ich Ihnen mit, daß es uns sehr freut, daß Sie den Preis annehmen.*
> *Die Verleihung wird am 16. Oktober 1972 um 17 Uhr 30 in den Räumen des P.E.N. Clubs, Bankgasse 8, stattfinden, usw.*
> *Wir hoffen, daß Ihnen dieser Termin angenehm ist.*
> *Mit freundlichen Grüßen Mimi Sikor*

Ich erzählte dann Thomas, daß ich heute wegen seiner Beerdigung auf der Krucka wieder bei der Bezirkshauptmannschaft bei Herrn Semotan auf Zimmer 41 vorgesprochen habe. Ausschlaggebend für die Bewilligung einer Beerdigung auf Privatgrund sei die Errichtung einer dauernden Einfriedung und die Gewähr einer dauernden würdigen Erhaltung der Grabstätte. Ich sagte Thomas, daß ich natürlich eine halbe Stunde mit dem Beamten gesprochen habe. Dabei habe ich ihm gesagt, daß du „wie ein

Hund" verscharrt werden möchtest und daß du willst, daß am Beerdigungsort nichts an dich erinnern soll. Der Beamte sagte mir aber, daß von diesen gesetzlichen Vorschriften wahrscheinlich nicht abgegangen werden würde. Das Ansuchen sei mit einem beigeschlossenen Lageplan an das Amt der Oberösterreichischen Landesregierung zu richten. Die Abteilung Sanitätsrecht wird darüber entscheiden. Ich sagte Thomas weiter, daß ich von dem Beamten noch herauskriegen konnte, daß innerhalb der letzten zehn Jahre nur zwei solche Anträge an das Amt der Oberösterreichischen Landesregierung gestellt wurden und daß beide abschlägig beschieden wurden. In einem Falle handelte es sich um einen Ehegatten, der seine Frau unter Einhaltung der Vorschriften naturnah bestatten wollte, im anderen Falle handelte es sich um ein Grafengeschlecht, das eine eigene Grabstätte wollte. Dem Grafengeschlecht wurden jedoch so hohe Auflagen vorgeschrieben, welche Unsummen verschlungen hätten, sodaß die dann wegen der hohen Kosten darauf verzichteten.
Thomas machte ein saures Gesicht. Ich sagte: Du mußt dich halt doch in Ohlsdorf eingraben lassen und verlangen, daß sofort eingeebnet wird und nichts auf deine Grabstätte verweisen darf. Das schaut halt dann aus wie ein Kindergrab nach drei Jahren. Da kann man meistens nichts mehr lesen, und es ist ungepflegt. Oft ist nur die Andeutung einer Grabstätte sichtbar, daher wird sicher gegen eine Einebnung nichts einzuwenden sein, denn eine Verschandelung ist ja nicht gegeben. Thomas nickte bedächtig dazu.
Dann fragte mich Thomas, ab wann ich nachmittags Zeit hätte, meine Frau in Bad Hall zu besuchen, und ob er mitkommen könne. Ich sagte, gegen 14 Uhr würde ich wegfahren, aber wenn er früher oder später fahren möchte, so will ich gerne auch früher oder später wegfahren. Thomas fragte, ob es nicht doch früher besser wäre, er möchte auch noch nach Wels, da könnten wir sehen, ob die Nähmaschine für meine Mutter geliefert wurde. Gut, sagte ich, dann fahren wir um 13 Uhr. Thomas sagte, wir könnten auf der Hinfahrt auch noch den Gasthausbesitzer in Wartberg besuchen. Ich habe mir nämlich gemerkt, daß er sagte, er sei diese Woche täglich bis 13 Uhr 30 im Gasthaus anwesend. Dann müßten wir um 12 Uhr 30 abfahren, sagte ich, denn in einer halben Stunde sind wir dort. Ich möchte ihn sicher treffen. Thomas sagte, er möchte ihm noch einige alte Teller und Gläser abkaufen. Ich sagte Thomas noch, daß ich ihn leider nicht zum Mittagessen

einladen könne, da wir den Strom ausgeschaltet haben. Gegen 11 Uhr 30 fuhr ich weg.
Thomas kam um 12 Uhr 20. Er entschuldigte sich, daß er schon früher da sei, aber ich sagte, das sei mir gerade recht, denn ich sei schon fahrbereit. Thomas machte sich erbötig, mit seinem Auto zu fahren. Ich sagte aber, daß wir während der Fahrt besser plaudern könnten, wenn ich mit meinem Wagen führe. Ich fuhr über Vorchdorf – Pettenbach – Wartberg zum Gasthaus in Diepersdorf. Um ca. 13 Uhr trafen wir dort ein, und der Besitzer des Gasthauses saß am Tisch bei einem Glas Bier. Ich erkannte ihn nicht, da er nicht in Arbeitskleidung war wie bei meinem ersten Besuch mit Thomas. Auch die alten Wirtsleute waren anwesend. Die begrüßte ich mit Handschlag, und Thomas tat dasselbe. Zu dem mir Unbekannten sagte ich: Derf ma zuwasitzen, und nahm mit Thomas an seinem Tisch Platz. Als ich diesen Mann nach dem Besitzer fragte, lachte Thomas und sagte: Der ist es ja eh. Ich hab mir schon gedacht, was da los ist, daß du ihn nicht mehr beachtet hast beim Hereinkommen, sagte Thomas. Ich entschuldigte mich bei Herrn Bürstinger, dem Besitzer des Gasthauses, und es wurde noch sehr lustig. Dann verlangte ich zu bezahlen mit der Bemerkung, daß es in Bad Hall billiger sei, dort darf dann Thomas bezahlen. Ich sah Thomas an, daß ihm nicht gut ist dabei, daß ich schon zahle und nichts von Tellern und Gläsern sage. Aber erst als ich aufstand und „gemma" sagte, sagte ich so nebenbei zu Herrn Bürstinger, daß mein Begleiter noch einige alte Gläser möchte. Mit Thomas hatte ich vorher im Auto besprochen, daß ich nur um einige Gläser bitte und daß wir dann, wenn wir vor dem alten Kasten stehen, alles bis auf den letzten alten Teller ausräumen. Zu diesem Zwecke hatten wir diesmal von zu Hause schon zwei Weidenkörbe mitgenommen. Als uns Bürstinger in den ersten Stock zu dem Kasten führte, sagte ich: Ich nehm schnell noch einen Korb mit, und kam mit zwei Körben hinterher. Als Bürstinger sah, daß wir den gesamten Kasten ausräumen, fragte er: Ja haben denn die alten Teller auch schon so einen Wert? Thomas sagte: Wenn Kinder kommen, da sind diese starken alten Teller besser, weil sie nicht so leicht zerbrochen werden und es nicht so schade ist drum.
Dann, als es schon länger dauerte, kam die Alte nach und sagte, einige Teller wolle sie für sich behalten. Ich sagte sofort ja, selbstverständlich, sie wolle sicher die schöneren, und gab ihr gleich einige neuere, die sich darunter befanden. Dabei zeigte ich ihr auch die alten, vom langjährigen

Gebrauch abgeschabten, und sie sagte: Die will ich nicht, die neuen schönen. Damit war die Situation gerettet. Ich besprach mit Thomas vorher auch, daß er diesmal den geforderten Preis nicht akzeptieren, sondern handeln soll. Ich zählte nun die Teller ab, es waren 28 Stück, und 8 Gläser. Ich bot Bürstinger pro Teller fünf Schilling und pro Glas zehn, das wären 220 Schilling gewesen. Bürstinger war entrüstet und sagte: Ihr wollt mir ja gar nichts geben, mehr will ich schon. Da sagte ich zu Thomas: Sind dir dreihundert Schilling zuviel? Vereinbarungsgemäß sagte Thomas: Natürlich, soviel zahle ich nicht. Dann gib ihm 250 Schilling, sagte ich und nahm die Körbe auf. Thomas gab Bürstinger 250 Schilling, und der war zufrieden. Dann sagte ich zu Thomas, ob er im Fernsehen die Münchner Weltmeisterin im Bierkrügetragen gesehen habe. Thomas sagte: Ja, eh bei dir. Dann nimm die acht Gläser und mach ihr das nach, sagte ich zu Thomas. Das mußt du leicht schaffen, der Weltrekord liegt bei 16 Stück. Thomas nahm alle Gläser und sagte: Ja aber bei vollen, schau wie das leicht geht, wenn sie leer sind.

Gleich darauf holten wir meine Frau vom Kurheim Sonnenheim in Bad Hall ab, um ein Café zu besuchen. Dort erzählte Thomas unter ständigem Gelächter, was für ein Erfolg der Besuch bei Bürstinger war. Er habe nicht geglaubt, daß es ein zweites Mal gelingen wird, billig einzukaufen. Denn nach dem ersten Verkauf glauben die Leute immer, sie wurden übertölpelt und die Sachen waren weiß Gott was wert, und dann geben sie nichts mehr her. Dann fand Thomas Spaß daran, auch das Haus zu verkaufen, denn es liegt wirklich sehr schön, und man müßte auch den Nachbarn, den Baron Holzhausen mitverkaufen. Außerdem, sagte Thomas, müsse das Haus von Bad Hall aus betrachtet werden. Es liegt nur wenige Kilometer von Bad Hall entfernt, und hier bekommt man mehr ausländische Zeitungen als in Gmunden. Außerdem sei diese Gegend für den, der sie mag, herrlich, die Aussicht könnte nicht besser sein, und die Nähe zu Bad Hall sei ein großes Plus. 100.000 Schilling müßte man halt den Bürstinger noch herunterhandeln, aber damit wäre Bürstinger sicher einverstanden, denn man müßte ihm halt einmal sagen, daß es alle wissen, daß er vor vier Jahren das Haus um 220.000 Schilling gekauft hat, usw. Thomas forderte uns noch auf, etwas zu konsumieren, denn er bezahle. Da er so großzügig war, wollte ich ihn nicht enttäuschen und bestellte einen großen teuren Weinbrand.

Über Kremsmünster – Sipbachzell fuhr ich dann mit Thomas weiter nach Wels, da er die Strecke über Sipbachzell noch nicht kannte. In Wels, bei Kastner & Öhler wurde uns erklärt, daß die Nähmaschine für meine Mutter wie vereinbart heute zur Auslieferung kam. Thomas sagte während des Herumschlenderns im Geschäft: Du, was so Angestellte sagen, das stimmt nie, geh lieber noch einmal genau fragen. Ich ging nochmals fragen und verlangte eine präzise Auskunft, welche Nähmaschine zur Auslieferung kam. Nach einigen Rückfragen im Büro wurde nun erklärt, diese Maschine sei mit der Bahn von Graz nach Rohr gekommen und werde gerade von Rohr abgeholt, der Fahrer müsse in ca. 30 Minuten mit der Maschine da sein. Es war 16 Uhr 30, und Thomas sagte: Wir warten jetzt auf die Maschine und nehmen sie gleich mit. Dann fahren wir noch zu Stadlbauer in die Oberfeldstraße. Ich sagte: Dort wird um 17 Uhr Schluß gemacht, fahren wir gleich zu Stadlbauer und kehren dann hierher zurück. Thomas war einverstanden. Er kaufte bei Stadlbauer nur ganz wenig an Lebensmitteln, aber es machte doch über 600 Schilling aus. Naja, sagte Thomas, die Salami allein kostet über 200 Schilling, die mußt du abrechnen. Dann wollte Thomas noch zum Gerngroß. Thomas besah alle Abteilungen und stellte fest, daß preislich und qualitätsmäßig Kastner & Öhler viel günstiger liege. Sagt Karrer zu Öhler, sagte Thomas. In *Gehen* habe ich ja den Öhler deswegen genommen, weil er so gute Waren hat. Kastner und Öhler, bei mir heißts Karrer und Öhler. Das klingt ziemlich gleich. Ja, sagte ich, du nimmst immer so Namen, die sehr geläufig sind und schon eingeprägt. Sagt Karrer zu Öhler, sagte Thomas darauf. Dann gingen wir zu Kastner & Öhler. Es dauerte einige Zeit, bis ich die Maschine bekam und die 3 Prozent von Thomas' Einkaufszetteln bei der Bezahlung der Maschine mitverrechnen konnte. Die Einkaufszettel von Thomas vom 26. September brachten ihm 55 Schilling an Prozenten ein. Um 18 Uhr fuhren wir dann mit der Nähmaschine im Kofferraum heim. Auch das zerlegte Nähmaschinengestell hatte Platz. Schon nach einer halben Stunde waren wir zu Hause, und Thomas freute sich über die Nähmaschine mindestens soviel wie meine Mutter. Wir stellten sie auch gleich auf. Da wir bis zu den Abendnachrichten noch genügend Zeit hatten, brachten wir die Gläser und Teller noch nach Nathal und kehrten gleich wieder zurück.
Abendessen – Nachrichten – 20 Uhr 15 „Welt des Buches". Nach einiger Zeit sagte Thomas: Bitte dreh ab, ich kann den Musulin nicht mehr sehen.

Den Kreisky hören wir uns noch an, sagte ich und ließ eingeschaltet. Als Kreisky seine Besprechung über das Buch „Figl von Österreich" beendet hatte und wieder Musulin ins Bild kam, sagte Thomas: Wenn du nicht abdrehst, muß ich gehen, denn ich kann diesen Musulin nicht mehr ertragen. Noch dazu so eine gute Sendezeit für so eine nichtssagende Sendung zu verwenden, das ist ja einfach unmöglich.
Ich schaltete natürlich ab, aber es ging nicht sofort, und so bekamen wir noch einen Teil von Handkes „Wunschlosem Unglück" mit. Der Sprecher sagte, daß Handke dieses Buch sechs Wochen nach dem Selbstmord seiner Mutter zu schreiben begonnen habe. Am 20. November 1971 wählte sie den Freitod.
Thomas sagte, nachdem ich abgedreht hatte, daß das einfach unmöglich sei, so ein Buch zu schreiben. Auch wenn es noch so gut sein sollte, sei es unmöglich, nach dem Tod der Mutter ein Buch darüber zu schreiben. Das ist ja gar nicht so, sagte ich. Ich kann mich erinnern, daß du vor Weihnachten von Schaffler gekommen bist und mir erzählt hast, es sei etwas Furchtbares passiert, Handke habe ein Buch geschrieben, das vom Tod einer Mutter handelt, und nun habe Handkes Mutter Selbstmord begangen. Daher könne Schaffler das Buch jetzt nicht herausbringen, weil es unmöglich sei zu diesem Zeitpunkt. Ach ja, sagte Thomas, das kann schon sein, daß da so etwas war. Ja, sagte ich, das war ganz sicher so, denn wenn ich auch in manchen Dingen sehr vergeßlich bin, das habe ich mir besonders gemerkt. Das Buch von Handke war also schon fertig, und es ist falsch, wenn nun behauptet wird, er hätte sechs Wochen nach dem Tod seiner Mutter zu schreiben begonnen. Er hat sicher einige Änderungen gemacht, sagte ich, nach dem Tode seiner Mutter, aber das Buch war fertig. Ich weiß das sicher, denn es war auch davon die Rede, daß Schaffler an Handke schon einen Teil oder das ganze Honorar bezahlt hatte, und nun konnte er unmöglich das Buch erscheinen lassen. Ja, ja, richtig, sagte Thomas, jetzt kann ich mich immer besser daran erinnern – so ähnlich war das.
Wir besprachen noch die Ereignisse des Tages durch, es war ja sehr viel los, und Omi sollte auch alles erfahren. So gegen 22 Uhr, bevor Thomas nach Hause fuhr, bat er mich, am nächsten Tag wieder die Post und die Zeitungen für ihn mitzubringen. Statt einer deutschen Zeitung sollte ich zu den üblichen diesmal auch die Wochenpresse mitbringen. Vor 11 Uhr geht das aber auf keinen Fall, daß ich in Nathal bin, sagte ich, denn ich habe bei

Obernathal 2: ein ergiebiger Obstgarten …

den Anwälten mehrere Kaufverträge zu besprechen. Thomas sagte, das sei ihm gerade recht, denn von 6 Uhr früh bis neun oder zehn, länger könne er nicht arbeiten, und dann möchte er aber nicht wegen der Zeitungen nach Gmunden, sondern im Hause arbeiten, um sich abzulenken. Um 11 Uhr, Punkt elf bin ich also bei dir, sagte ich zu Thomas, als ich ihn bei meinem Parkplatz, wo er seit 12 Uhr 20 sein Auto stehen hatte, nach 22 Uhr verabschiedete.

4. Oktober 1972

Als ich kurz vor 11 Uhr, bevor ich zu Thomas weiterfahren wollte, bei mir zu Hause halt machte, sagte mir meine Mutter: Thomas war da. Um 10 Uhr 15 war er da, er sagte, ich solle bei mir auf ihn warten, er fahre nur nach Gmunden und anschließend sofort nach Wien. Er lasse mir ausrichten, er habe sich alles anders überlegt, er habe seiner Tante versprochen, vierzehn

... und der Blick auf den Traunstein.

Tage mit ihr zu verbringen. Außerdem sei hier das Wetter zu schön, er könne nicht schreiben, es dränge ihn dauernd hinaus.
Meine Mutter sagte noch, daß sie Thomas zu Mittag eingeladen hätte, es gäbe Rahmstrudel, eine Lieblingsspeise von Thomas. Er sagte aber: Da bin ich längst nicht mehr da, ich fahre um 11 Uhr schon nach Wien. Er ist schon reisefertig, er will nur noch mit mir sprechen, ich soll zu Hause auf ihn warten. Ich hatte mich zwar schon sehr darauf gefreut, daß Thomas für ein paar Tage nach Wien fahren muß, damit ich etwas „Luft" bekomme, nun war ich aber doch überrascht.
Thomas kam um 11 Uhr 20. Er besah sich die Post. Das Telegramm von Schaffler hatte ich schon um 8 Uhr bei Entgegennahme geöffnet, um nachzulesen, ob es früh genug ist, wenn Thomas das Telegramm um 11 Uhr erhält. Thomas sagte dazu: Den Schaffler werde ich von Wien aus anrufen. Ich sagte: Ich wußte gleich, daß es dir nicht so dringend sein wird, sonst hätte ich es dir gleich gebracht. Aber wegen diesem Telegramm von Schaffler wollte ich dich nicht von der Arbeit aufscheuchen. Dabei kannst du

sowieso nicht arbeiten, aber das konnte ich ja nicht wissen. Thomas besah sich noch den Brief der Österreichischen Gesellschaft für Literatur und die Zeitschrift „Literatur und Kritik“ vom Otto Müller Verlag Salzburg. Thomas schlichtete die drei Sachen, die Zeitschrift, den Brief und das Telegramm von Schaffler übereinander und sagte: So, das kannst du gleich behalten. Ich sagte: Das werde ich meinem Archiv einverleiben. Übrigens, wie wird denn das mit der Post, fragte ich. Thomas sagte, er werde am 19. 10. von Wien zurückkehren, und beim Postamt Ohlsdorf habe er verlangt, daß sie ihm die Post bis 16. 10. nach Wien in die Obkirchergasse 3 nachsenden. Ich möchte dich aber bitten, daß du im Hause jeden zweiten Tag nachsiehst, ob nicht Zettel an den Türen stecken, und diese wegnimmst, damit nicht eine Menge Nachrichten für mich an den Türen oder Fenstern hängenbleiben. Gut, sagte ich, wichtige Sachen werde ich dir telefonisch durchgeben. Auch wenn nichts Wichtiges dabei ist, werde ich dich um den 14. herum anrufen und sagen, daß nichts Wichtiges ist. Da hast du den Schlüssel für das Haus, sagte Thomas, und schau auch innen nach. Ich habe die Heizung eingeschaltet lassen, und es könnte irgendwas sein mit dem Wasser oder so, bitte kontrolliere auch die Räume. Ja, sagte ich, ich werde mir sowieso jeden zweiten Tag einen Most von dir holen.
Dann besah ich die Poststücke, die mir Thomas eben geschenkt hatte, und sah, daß auf den Poststücken, dem Brief der Österreichischen Gesellschaft für Literatur und auf der Verpackung des Otto Müller Verlages, die Adresse Thomas Bernhard, Wien, Obkirchergasse daraufstand. Wien, Obkirchergasse war auf beiden durchgestrichen, und es wurde 4694 Ohlsdorf mit der Hand darübergeschrieben. Ich fragte Thomas: Macht das deine Tante, leitet sie die Post nach Ohlsdorf weiter? Thomas sagte: Nein, das Postamt hat den Auftrag, alles nach Ohlsdorf zu senden, das wird vom Postamt gemacht, das bekommt die Tante gar nicht. Dann mußt du aber gleich in Wien zum Postamt gehen und dort sagen, daß sie das bis 16. 10. nicht machen dürfen, sonst wird das ein lustiges Hin- und Hersenden deiner Post, denn beide Postämter haben den Auftrag, die Post an das andere Postamt zu senden. Thomas starrte mich an. Wie gut, daß du daraufgekommen bist. Natürlich, in Wien würden sie die Post auftragsgemäß wieder nach Ohlsdorf senden. Ich werde sofort hingehen und das regeln. Dann gingen wir in die Küche zu meiner Mutter. Thomas wollte sich verabschieden. Als er jedoch durch das Glas im Backrohr den Topfenstrudel sah, sagte er zu

mir: Karl, schau dir das an, da muß ich noch warten, bis er fertig ist, da kann ich nicht wegfahren. So kam es, daß Thomas noch mit mir zu Mittag aß und Milch mit Honig dazu getrunken wurde. Da Thomas natürlich nicht sofort mit voller Wampe wegfahren konnte, unterhielten wir uns noch etwas, und zur besseren Verdauung nahm Thomas noch einen Kräuterbitter.
Thomas sagte, daß er vielleicht doch den Peymann in Wien anrufen werde, denn er möchte doch wissen, was los ist. Außerdem möchte er wissen, ob im Mai bei den besten Aufführungen des Jahres in Berlin die Aufführung von Peymann überhaupt noch in Frage kommt, denn die Aufführung im Schillertheater war auch sehr gut, da könnte diese Inszenierung auch in Frage kommen. Umso besser für dich und dein Stück, wenn gleich zwei Inszenierungen in Frage kommen. Wer den Stich macht, kann dir ja gleich sein. Der Peymann muß sich halt in Hamburg umso mehr anstrengen, damit sein Stück genommen wird, denn die haben ja schon mit dem Geld gerechnet, das sie dafür bekommen, als sie den Kram von Salzburg gekauft haben. Der Peymann ist gar nicht so großartig und gut als Regisseur, sagte Thomas. Die Leistung lag bei den Schauspielern, die waren großartig, an denen ist alles gelegen. Der Dorn in Berlin hat das Stück regiemäßig viel sorgfältiger und besser herausgearbeitet, der hat was geleistet, aber nicht der Peymann. Ja, sagte ich, ich bin ja schon auf deinen Bericht gespannt, wenn du das Stück gesehen hast. Die Tante hat Zeit dazu, mir die Karten und das Visum für meine Reise nach Berlin zu besorgen, sagte Thomas. Um den 1. November herum fahre ich nach Berlin. Zehn Tage ungefähr bin ich vorher noch in Nathal. Bis 19. werde ich aber Wien genießen, da kann ich mich nun wieder sehen lassen. Außerdem bin ich froh, wenn ich wieder einige Tage von der Tante mit Essen versorgt werde und mich um nichts kümmern brauche. Das Buch *Korrektur* werde ich im Jänner abliefern. Mich treibt ja nichts, ich brauche auch kein Geld. Weißt du, das ist schon ein angenehmes Gefühl. Dann begleitete ich Thomas zu seinem Wagen, und er fuhr nach 13 Uhr weg.

7. Oktober 1972

Der Postbote brachte mir um 11 Uhr die Zeitung und sagte: Mein Gott, Sie sind da, ich brauche Sie dringend. Warum? Ja, sagte er, ich habe ein

Obernathal 2: die vier Seiten des von Thomas Bernhard und seinem Bruder Peter Fabjan eigenhändig instandgesetzten Traunviertler Vierkanthofes, 1966.

„Mein Haus ist eigentlich ein riesiger Kerker" (Thomas Bernhard in dem Interviewfilm „Drei Tage", 1981). Die Bilder stammen aus dem Jahr 1972.

Telegramm für Thomas Bernhard, der hat aber einen Nachsendeantrag gestellt, und ich weiß nicht, wie ich das Telegramm los werde. Würden Sie das übernehmen? Aus Frankfurt hat sich jemand angesagt. Her damit, sagte ich. Der Postbote gab mir das Telegramm. Ich öffnete.

> KOMME MONTAG ZWISCHEN 15 UHR 30 – 16 UHR 30 BEI DIR VORBEI.
> HERZLICHE GRÜSSE JANKO

Der Postbote und die Omi standen neben mir. Als ich das gelesen hatte, brach ich in schallendes Gelächter aus und sagte: Dieses Telegramm braucht Bernhard nicht, den Musulin mag er sowieso nicht sehen, der soll am Montag ansausen. Das paßt wunderbar, daß Thomas in Wien ist.

Dann fuhr ich nach Nathal, um den Hof zu kontrollieren. Ich hoffte, einiges aus dem Papierkorb retten zu können. Im Papierkorb waren aber nur einige Zeitungen, aber daneben im offenen Kamin ein riesiger Aschehaufen von verbrannten Briefen. Da sich die Reste von verbrannten Briefen deutlich vom Rückstand von verbranntem Holz unterscheiden, habe ich mir vorgenommen, diesen Aschenhaufen morgen zu fotografieren. Im kleinsten Zimmer des Hofes, in der Nordostecke des ersten Stockes über dem Austragstüberl entdeckte ich einen weiteren Papierkorb. Dem entnahm ich zwei zerknüllte Briefe von Thomas an Doktor Unseld vom 19. 8. 1972 und einen an die liebe verehrte gnädige Frau (Gräfin Uexküll) vom 19. 8. 1972, welche Thomas entweder gar nicht oder in verändertem Text abgeschickt hat.

Erst nach meiner Rückkehr aus Nathal nahm ich mir Zeit, die Zeitungen zu lesen und bemerkte erst dann den Artikel in der „Salzkammergutzeitung".

8. Oktober 1972

Um 9 Uhr fuhr ich mit meiner Tochter Elfriede und meinem Schwiegersohn Stiegler zu Thomas' Hof, um Most zu holen und einige Aufnahmen zu machen. Leider fiel bei Stiegler das elektronische Blitzlicht aus, sodaß er nur wenige Aufnahmen mit Tageslicht machen konnte. Ich wollte für die kleineren Räume in Thomas' Hof das Weitwinkelobjektiv verwenden, da ich von den kleinen Räumen noch immer keine guten Aufnahmen besitze.

Auch den Haufen verbrannter Briefe im Kamin habe ich fotografiert. Wir hatten Pantoffeln mitgenommen, damit Thomas keine Schuhabdrücke auf seinem Fußboden finden sollte. Da aber meine paar Blitzlichter schnell verschossen waren, verschoben wir die Aktion auf Samstag, den 14., um 8 Uhr früh.
Um 18 Uhr 15 fuhr ich mit Hermann Gschwandtner, einem Nachbarn, nach Nathal, um von Thomas' schlechtem Most vom Faß zu holen, da für Gschwandtner auch dieser schlechte Most gut genug schien und bei laufendem Faß eine Besserung der Qualität zu erwarten war. Thomas wollte den Most in nächster Zeit wegschütten. Ein Dreieimerfaß, ca. 150 Liter.
Auf der Strecke von Unternathal nach Obernathal fuhr plötzlich ein schneller Wagen hinter mir her und blinkte dauernd mit der Lichthupe. Ich reagierte nicht, ein Überholen auf dieser Straße wäre unmöglich gewesen, daher fuhr ich schneller. Der hinter mir gab das Lichthupen nicht auf, sodaß ich vor dem Hof des Maxwald, wo sich die Straße verbreiterte, anhielt. Der Wagen fuhr neben mich heran, hielt und Thomas stieg aus. Erst jetzt erkannte ich seinen Wagen. Frau Grete Hufnagl saß darinnen. Da Thomas gleich ein Gespräch begann, er hätte mit Frau Hufnagl gerade besprochen, was in meinem Haus gerade sein werde, da in der Küche kein Licht brannte usw., blieb mir nichts anderes übrig, als auch auszusteigen und auch Frau Hufnagl zu begrüßen. Erst als ich Thomas sagte, daß ich um Most zu ihm unterwegs sei, fuhren wir zu seinem Hof weiter.
Während Gschwandtner fünf Zweiliterflaschen abzapfte, half ich Thomas, ein altes Meyers-Lexikon und die Schreibmaschine in den ersten Stock zu tragen. Thomas hatte in Wien für 500 Schilling eine alte Schreibmaschine erworben und freute sich sehr über die kräftige Maschine.
Thomas sagte, er hätte es in Wien nicht mehr ausgehalten, seine Tante habe auch nicht gerade die beste Zeit. Er habe Peymann noch angetroffen und habe ihn total besoffen gemacht. Das ist keine Kunst bei dem, sagte ich, und Frau Hufnagl stimmte mir zu. Ja, und eine Frauenaffäre hat er natürlich auch gehabt, der Peymann, sagte Thomas. Das kommt bei Peymann auch sehr leicht vor, sagte ich. Ja, ja, natürlich, sagte Frau Hufnagl, sehr leicht. Also wenn Peymann sauft und Weibergeschichten hat, dann wird er das Honorar von Salzburg leicht verschmerzen, sollte er es nicht bekommen, sagte ich. Peymann war bei Dr. Stern, und es steht sehr gut für ihn, sagte Frau Hufnagl.

Obernathal 2: Vorhaus und Küche im Parterre, auf der gegenüberliegenden Seite eines der Zimmer und das Arbeitszimmer im ersten Stock, 1972.

„Die Bücher, oder was ich schreib, sind wie das, worin ich hause" (Thomas Bernhard in dem Interviewfilm „Drei Tage", 1981).

Übrigens, sagte ich zu Thomas, habe ich für dich am Samstag ein Telegramm übernommen. Morgen kommt zwischen 15 Uhr 30 und 16 Uhr 30 Musulin zu dir, herzlichst Dein Janko, stand darauf. Vergiß nicht, abzuhauen zu dieser Zeit. Ich hab mich schon so gefreut, daß er dich nicht antreffen wird. Aber der Musulin ist doch so ein lieber Mensch, sagte Frau Hufnagl, den sollst du doch treffen, der ist doch wirklich lieb und nett. Wir haben doch heute davon gesprochen, lieb und nett hat sich aufgehört bei mir, sagte Thomas. Wenn einer 15 Jahre lang nur lauter blöde Sachen macht und überhaupt nichts leistet, lieb und nett zu sein ist zuwenig. Der Musulin ist gar nichts. Ja, sagte ich, und der Canetti ist auch durchgefallen beim Steirischen Herbst, sagte ich. Ja, sagte Thomas, woher weißt du das? Weil ich mir heute „Im Schlampenlicht" angehört habe, sagte ich. Ja, Grete, heute nachmittag, das haben wir ja auch gehört, sagte Thomas.
Übrigens, sagte Thomas, habe ich in Wien den getroffen, der das angeregt hat, daß ich für Salzburg ein Theaterstück schreiben sollte. Er erzählte mir, daß Haeussermann mit der ganzen Entwicklung, dem Skandal usw., sehr zufrieden sei. In künstlerischer Hinsicht hat ja alles geklappt, und für das andere ist der Kaut verantwortlich. Haeussermann freut sich sehr, daß er aus dem Ganzen heraußen ist und daß es ein Erfolg war.
Frau Hufnagl sagte: In Kürze wird der Kaut als Direktor weg sein, und sie werden ein neues Stück von Thomas annehmen.
So ein Risiko wird Thomas kein zweites Mal eingehen, sagte ich, in Salzburg kommt höchstens alle 20 Jahre eine gute Aufführung zustande.
Natürlich, sagte Thomas, in Salzburg kann sich nichts wiederholen und nichts steigern. Da müßte es einen noch größeren Skandal geben, aber einen gemachten, das will ich nicht, oder eine noch bessere Aufführung, und das kann auch nicht sein.
Natürlich, wenn du siehst, was in Berlin geleistet wird, kannst du doch nicht in Salzburg eine Uraufführung wollen, die werden in künstlerischer Hinsicht nie heranreichen. Für die ist um ein gutes Stück zu schade, sei froh, daß es das eine Mal so geklappt hat, aber ein zweites Mal würde ich so was nicht riskieren, sagte ich.
O doch, o doch, sagte Frau Hufnagl, in Salzburg würde ich wieder ein Stück herauskommen lassen.
Thomas schwieg dazu. Da merkte ich, daß es sich Thomas mit seinem Geheim-Dienstmädchen nicht vertun will. Vielleicht betrachtet er mich

manchmal auch als Geheim-Dienstmann, weil er so besonders lieb und nett ist zu mir? Nein, denn wo es um Kunst und um entscheidende Angelegenheiten geht, sagt er mir seine gegenteilige Meinung rücksichtslos und versucht mir das immer kurz und grob beizubringen.
Mein Begleiter Gschwandtner saß schon über eine halbe Stunde mit dem Most in meinem Auto, und so sagte ich zu Thomas, daß ich morgen früh um 6 Uhr schon bei Radner sein müsse, da ich nochmals von Radner ein weiteres Grundstück in Neukirchen verkauft habe, und daß ich um 7 Uhr in der Werkstätte wegen einer Kleinigkeit angemeldet sei. Er müsse selbst schauen, daß er um 8 Uhr seine Post abholt, damit sie nicht nach Wien geschickt wird. Thomas sagte, das werde er morgen gleich machen. Er werde erst am Sonntag, dem 15., vor der Preisverleihung wieder nach Wien fahren. Ich verabschiedete mich, und Frau Hufnagl und Thomas sagten, sie wollten auch gleich wieder wegfahren.
Da ich nicht schlafen konnte und für morgen und die nächsten Tage von Thomas viel zu erwarten ist, schrieb ich dies von zwei bis vier Uhr früh. Als Geheimdienstmann.
„Arschlecken" hat noch Platz. Dieses Wort verwendet Thomas in letzter Zeit immer häufiger. Er sagte mehrmals, er habe einen so großen Arsch, daß ihn die ganze Welt am Arsch lecken könne. Mehrmals sagte Thomas auch, ob es mir nicht auffalle, daß er das Wort scheußlich, das er früher Dutzende Male am Tage gebrauchte, nun nicht mehr verwende. Natürlich, sagte ich, ist mir das längst aufgefallen, aber immer dasselbe wäre ja langweilig, und langweilig bist du wirklich nicht.
Als ich über mein Zusammensein mit Thomas zu schreiben begann, verheimlichte ich dies anfangs sogar meiner Frau. Später weihte ich sie ein, um mir zu helfen, unwiederbringliche Äußerungen von Thomas aufzuschreiben oder im Gedächtnis zu behalten. Da ich auch meine Mutter manchmal um Worte von Thomas fragte und sie mich auch viel schreiben sah, sagte ich auch meiner Mutter Bescheid. Als nun Thomas nach Wien wegfuhr, sagte sie zu mir: Schade, jetzt kannst du nichts schreiben, denn du hast ja keinen Stoff. Ich sagte: Stoff habe ich genug, ich müßte viel nachholen, denn wenn ich einen ganzen Tag mit Thomas zusammen bin, wie soll ich dann auch noch alles aufschreiben, es geht so viel Interessantes verloren. Nun kann ich nichts nachholen, denn der „Stoff" ist wieder da.

9. Oktober 1972

Von Gmunden kommend sah ich um 9 Uhr Thomas' Auto vor dem Gemeindeamt in Ohlsdorf stehen. Ich hatte noch seinen Hausschlüssel in der Tasche, den wollte ich ihm geben, und ich hatte ihm auch noch nicht gesagt, daß ich mir seine Motorsäge ausgeborgt habe. Ich betrat daher die Gemeindekanzlei.

Thomas war mit Frau Hufnagl drinnen. Der Bürgermeister, Vizebürgermeister, Sekretär Moser und alle Gemeindeschreiber und der Bauherr Maxwald waren anwesend. Ich prallte auf eine hitzige Debatte. Ich entschuldigte mich bei Thomas und sagte, daß ich ihm nur den Schlüssel übergeben wolle. Thomas zog mich aber sofort in der Angelegenheit bei und sagte mir, daß er heute früh durch Zufall – die Kundmachung über die Bauverhandlung habe er in seiner Wiese gefunden – davon Kenntnis erhielt, daß bereits morgen um 11 Uhr 15 über eine Schweinemastanstalt verhandelt werden wird, die vor seinen Fenstern errichtet werden soll. Thomas sagte, er müsse sofort was dagegen unternehmen, ich solle ihm helfen. Thomas hatte schon zu treuen Händen einen Einreichplan ausgefolgt bekommen, den er morgen bei der Bauverhandlung wieder zurückgeben sollte.

Wir verließen das Gemeindeamt und berieten, wo wir die Angelegenheit und die weiter zu unternehmenden Schritte besprechen sollten. Da ein Gasthaus doch nicht geeignet erschien, ersuchte mich Thomas, zu mir nach Hause kommen zu dürfen, damit wir keine Zuhörer haben.

In meinem Haus kam es sofort zu Differenzen darüber, welcher Anwalt genommen werden sollte. Dr. Meingast, bei dem er noch was laufen hatte, bezeichnete ich als zu feinsinnig, und alle anderen Vorschläge paßten Thomas nicht. Schließlich stimmte Thomas zu, Dr. Ortner zu nehmen. Ich telefonierte, der war aber für zwei Tage in Wels. Dr. Mayer hatte ebenfalls keinen Termin frei. Notgedrungen telefonierte ich mit Dr. Meingast. Der hatte für die Besprechung sofort Zeit, es war inzwischen 10 Uhr 45 geworden, und für morgen 11 Uhr hatte er auch einen Termin frei.

Thomas war aber inzwischen völlig zusammengebrochen, er wollte sein Haus sprengen. Ich sagte trocken, so viel Sprengstoff könne ich nicht auftreiben. Eine Abbruchfirma muß innerhalb von acht Tagen mein Haus wegschieben, und ein Pönale werde ich vereinbaren, wenn das nicht ge-

schehen sollte, usw. Frau Hufnagl und ich gaben uns größte Mühe, Thomas zur Fahrt zum Anwalt zu bewegen. Die Besprechung bei Dr. Meingast in Gmunden dauerte von 11 Uhr 15 bis 12 Uhr 15. Dr. Meingast machte sich Notizen für den morgigen Einspruch bei der Bauverhandlung. Von der Kanzlei Meingast aus holte ich telefonisch noch weitere Informationen vom Gemeindeamt Ohlsdorf ein. Dr. Meingast wollte nicht, daß die schon wissen, daß er das in der Hand hat. Thomas selbst telefonierte mit Hans Asamer, dem Besitzer des Schotterwerkes und Obmann der ÖVP-Ohlsdorf, damit dieser im Gemeindeausschuß darauf einwirke, daß der Stall an anderer Stelle errichtet wird. Es war nur die Gattin von Asamer erreichbar, und diese sagte, daß ihr Mann ab 16 Uhr zu Thomas nach Nathal kommen wird. Thomas bat mich für diese Zeit zu sich.
Bei meiner Ankunft um 16 Uhr in Nathal waren Frau Gerda Maleta und Grete Hufnagl schon anwesend. Sie saßen in der großen kalten Küche. Gleich nach der Begrüßung machte ich den Vorschlag, wegen der Gemütlichkeit in das Auszugstüberl hinüberzuwechseln. Dort war der Kachelofen geheizt, und alle stimmten zu. Ich holte sofort eine Flasche abgezogenen Most aus dem Keller. Frau Maleta war überrascht, daß ich über die bevorstehende Besprechung und die ganze Bauangelegenheit so gut unterrichtet bin. Da sagte ihr Thomas, daß ich ja seit 9 Uhr vom Gemeindeamt angefangen bis zum Anwalt überall dabei war.
Um 16 Uhr 30 hörten wir ein Auto einfahren. Wir dachten an Asamer, aber es war Baron Janko von Musulin. Thomas gab ihm gleich ein Glas Milch, er wußte, daß Musulin Most nicht mittrinkt. Musulin fragte Thomas, ob er das Buch schon gelesen habe. Thomas sagte nein, denn er werde es nicht besprechen. Wieso, fällt dir nichts ein? fragte Musulin. Thomas sagte, daß er so etwas überhaupt nicht mache, es tue ihm leid, aber er bespreche kein Buch. Er kann kein Buch besprechen, er könnte es höchstens vernichten, sagte ich zu Musulin. Ich dachte, „Ein Faß voll Leben" wäre was für ihn, sagte Musulin. Thomas griff zum Fensterbrett und legte das Buch von Christy Brown vor Musulin hin. Da hast du es, sagte er zu Musulin. Das Buch war noch in der Zellophanhülle, und Musulin sagte, du hast es ja noch nicht einmal angeschaut. Weil ich es nicht bespreche, gehört es auch nicht mir, deswegen habe ich es nicht geöffnet, sagte Thomas. Das kannst du aber behalten, sagte Musulin. Jetzt gehört es mir, jetzt öffne ich es, sagte Thomas und entfernte die Hülle.

Dann konnte Musulin von Darmstadt nichts berichten, da er an der Preisverleihung an Canetti nicht teilgenommen hatte. Thomas sagte, er habe darauf vergessen, daß er in Darmstadt seine Antrittsrede halten sollte. Frau Maleta und Frau Hufnagl lachten leise in sich hinein. Dadurch bemerkten Thomas und Musulin, daß sie sich bisher alleine unterhalten hatten, und sofort kam das Gespräch auf Salzburg. Da waren nun die beiden Frauen und ich bei der Uraufführung gewesen und konnten daher mitreden. Ich schilderte Musulin den Skandal und sagte ihm auch, daß ich mit Torberg gesprochen habe. Von diesem hatte Musulin aber eine andere Darstellung erhalten. Daraufhin sagte ich: Richtig ist nur, was die Hilde Spiel geschrieben hat, und das Telegramm von Thomas stimmt, denn Thomas lügt nie. Da muß ich aber lachen, sagte Frau Maleta, wie Sie zu Bernhard halten, daß Sie sogar sagen „Thomas lügt nie". Das stimmt auch, sagte ich, aber nur in künstlerischer Hinsicht. Das werde ich mir trotzdem merken, was Sie jetzt gesagt haben, sagte Frau Maleta. Musulin konnte es nicht glauben, daß Haeussermann mit den Salzburger Vorkommnissen zufrieden war, er habe was anderes gehört, sagte er. Aber vielleicht äußert er sich zu verschiedenen Leuten verschieden, sagte Musulin. Er ist vielleicht so falsch wie der Laßl, sagte ich mit einem Seitenblick auf Frau Maleta.

Thomas verlangte von mir, ich solle kurz berichten, wie der Skandal war, ich war ja dabei. Das tat ich, und Frau Hufnagl stimmte meiner Schilderung dauernd zu, sie war ja auch dabei. Gegen 17 Uhr 15 begleitete Thomas Musulin zum Wagen, er mußte noch nach Wien weiterfahren. Thomas kam zurück mit den Worten: So, jetzt habts den Baron da ghabt. Während wir noch in regem Gespräch über Musulin waren, kam Hans Asamer. Nachdem wir ihm berichtet hatten, versprach er, heute noch mit dem Bürgermeister zu telefonieren. Ich sagte: Ich war in dieser Sache um 14 Uhr beim Bürgermeister. Der hat mir gesagt, er werde das machen, was der Amtssachverständige für richtig hält. Wenn der Amtssachverständige keine Einwände gegen den Bau habe, müsse er die Bewilligung erteilen. Dagegen können wir berufen, und die Sache kommt vor den Gemeinderat. Asamer sagte, daß Maxwald bei der ÖVP nicht viel Freunde im Gemeinderat hat und daß es ihm gelingen werde, die fehlenden Stimmen der ÖVP von den Sozialisten zu bekommen. Ich sagte, daß ich das mit Vizebürgermeister Spitzbart arrangieren könnte, da Thomas als Linker gilt. Da sich aber aus der ganzen Besprechung ergab, daß morgen alles vom Amtssachverständigen abhängen werde, wurde plötzlich die Frage gestellt, wer da morgen als Sachverständiger kommen wird. Ich hatte mich längst beim Bürgermeister danach erkundigt und sagte: Es kommt Gattinger. Das sei leider ein Junger, den kenne ich noch nicht. Frau Maleta sagte: Mit dem müßte man reden, wie steht denn der politisch? Soviel ich weiß, sagte Asamer, ist er ein Roter. Aber ich kenne ihn, er ist in meinem Alter. Wir sind befreundet aus der Jugendzeit her, mit dem läßt sich reden, richtet einen Gruß aus. Daraufhin beschlossen wir, daß Thomas und ich zu Gattinger fahren. Asamer gab uns seine Wohnadresse: Pinsdorf, Wiesen, Schneiderwies. Asamer mußte noch wegen einer Skipistenanlage nach Hintertux fahren. Ich sagte, wenn du in Kufstein nicht im Auracherlöchl einkehrst, bist du in drei Stunden in Hintertux.

Asamer schmeckte der Most sehr, und es tat ihm leid, daß er weg mußte. Frau Maleta hat ihm noch gesagt, daß sie ihn anrufen werde, wenn der Lärm seiner Schottergrube wieder sehr stark ist. Er soll sie dann besuchen und sich das anhören. Asamer versprach Abhilfe der Lärmquelle durch Überbauung der Maschinen innerhalb von zwei Monaten. Asamer schmeckte der Most ausgezeichnet, und er fuhr wirklich nur ungern um ca. 18 Uhr 15 weg.

Gegen 18 Uhr 45 möchte ich bei Gattinger sein, sagte ich. In fünf Minuten sind wir drüben in Wiesen, in ca. einer halben Stunde fahren wir weg. Die Frauen sollen inzwischen das Abendbrot bereiten, sagte Thomas. Wahrscheinlich ist durch den Most die Stimmung schon sehr gut gewesen.

In Wiesen mußten wir feststellen, daß Gattinger nicht mehr in seinem Elternhaus wohnt, sondern in Laakirchen, Leitenweg 3. Gattinger empfing uns im Bademantel, er war gerade heimgekommen. Er war sehr freundlich. Nachdem ich die Lage geschildert und Thomas vorgestellt hatte, stellten wir fest, daß er keine Ahnung hatte, wer Thomas Bernhard ist. Aber den großen Artikel in der „Salzkammergutzeitung" vorige Woche können Sie doch nicht übersehen haben, sagte ich. Es nützte nichts, der Name Thomas Bernhard war ihm kein Begriff. Nun berichtete ich von meiner Aussprache mit dem Bürgermeister und betonte besonders, daß sich der nur nach dem Amtssachverständigen richte. Deswegen seien wir nun bei ihm, weil er alles in seiner Hand habe. Schließlich hatte ich ihn soweit, daß er sagte: Was ich Ihnen jetzt sage, dürfen Sie niemandem sagen. Das halte ich! Später gab er uns noch den Rat, Dr. Meingast solle sich sehr zurückhaltend verhalten,

er werde von sich aus versuchen, Maxwald zu bewegen, die Schweinemastanstalt an einer anderen Stelle zu errichten. Als nun Gattingers Wohlwollen einen gewissen Höhepunkt erreicht hatte, bedankte ich mich und forderte Thomas zum Gehen auf, als ich sah, daß er zögerte.
Um 20 Uhr waren wir wieder in Nathal und mußten Frau Maleta und Frau Hufnagl berichten. Das übernahm nun Thomas und er sagte: Es war genau der richtige Moment, um zu gehen. Ich hätte das ganz richtig gemacht, bei Erreichung des Höhepunktes zu gehen. Ich sagte: Ich konnte nicht mehr weiterverhandeln, denn sonst hätte ich ihn noch in meine Tasche stecken können. Na, na, bremste mich Thomas, warten wir ab, was morgen ist. Ich bin mir seiner sicher, sagte ich. Thomas war skeptisch.
Nachdem wir nun die Salami um einiges kürzer gemacht hatten, machte Thomas den Vorschlag, „Siebzehnundvier" zu spielen. Es wurde aufgeschrieben und dann bezahlt. Thomas war am Verlieren. Es waren aber nur gut 120 Schilling, der Gewinn verteilte sich auf uns drei. Thomas verlor aber absichtlich, er nahm das Spiel überhaupt nicht ernst, sondern blödelte wie in seinen besten Zeiten. Ich habe natürlich den Anstoß gegeben, um ihn in seiner bayrischen Mundart zu hören. Ich war schlau und sagte, er solle doch der Frau Maleta erzählen, was die Kellnerin in Traunstein gesagt habe, als sie was zu essen wollten. Die Worte der Kellnerin, „wenn, dann nur kalt", konnte Thomas natürlich nur in der Originalsprache wiedergeben, und er blieb wie erwartet bei seinem Bayrisch. Während des Spieles sang er dann noch gemütvolle russische Volkslieder und dann in englisch. Zeitweise mußten wir Tränen lachen.
Um 23 Uhr machte sich Frau Maleta erbötig, die Frau Hufnagl nach Gmunden nach Hause zu bringen, und fuhr mit ihr weg. Mit Thomas besprach ich noch den nächsten Tag. Er bat mich, wieder Post und Zeitungen zu bringen.

10. Oktober 1972

Um 7 Uhr 45 wartete Thomas beim Postamt Ohlsdorf auf mich, um mir zu sagen, daß er die Post schon habe und nun die Zeitungen im Café lesen werde. Er habe eine schlaflose Nacht gehabt, er mußte aus dem Haus. Ich sagte: Ich konnte ab 5 Uhr früh auch nicht mehr schlafen, ich habe für die

Kommission einen Schrieb vorbereitet, da lies. Nachdem Thomas den Schrieb durchgelesen hatte, sagte er: Da ist ja alles enthalten, was notwendig ist. Ja, sagte ich, wir brauchen nur schauen, ob Dr. Meingast nicht ein Punkt fehlt. Wir werden sehen, was der mitbringt. Thomas bat mich, schon um 10 Uhr zu kommen, um vor der Bauverhandlung alles noch besprechen zu können.
Ich hatte mich absichtlich etwas verspätet und traf erst um 10 Uhr 30 in Nathal ein. Ich wollte mich nicht kurz vor der Bauverhandlung über immer das gleiche Problem unnütz verausgaben. Ich hoffte, Dr. Meingast würde schon da sein und könnte mir viel Blabla ersparen. Leider, bei meiner Ankunft gingen Thomas und Frau Grete Hufnagl im Hof im Kreis und warteten ungeduldig auf mich und Dr. Meingast. Als Dr. Meingast kam, hatte er keinen Schrieb mitgebracht. Er wollte seine Sache bei der Verhandlung mündlich zu Protokoll bringen. Ich sagte ihm: Dazu werden Sie keine Gelegenheit bekommen. Es sei besser, von Haus aus seinen Standpunkt schriftlich vorzulegen. Ich zeigte Dr. Meingast mein vorbereitetes Schreiben, und nachdem er es gelesen hatte, war er damit einverstanden, daß er es zu Beginn der Verhandlung überreicht. Daraufhin gab ich es Thomas zur Unterfertigung.

Betrifft: Einreichplan Johann MAXWALD vom 5. Okt. 1972

1.) *Durch die Errichtung einer Schweinemastanstalt wie im Plan eingereicht würde Thomas Bernhard an jeder weiteren Berufsausübung vollkommen verhindert, da sämtliche Wohnräume seines Hauses der geplanten Schweinemastanstalt nur 17 Meter gegenüberliegen.*
2.) *Wegen der zu erwartenden Lärm- und Geruchsbelästigung könnten in Zukunft die der Mastanstalt gegenüberliegenden Wohnräume nicht mehr gelüftet werden.*
3.) *Bei geöffneten Fenstern würde ebenfalls eine unzumutbare Geruchs- und Lärmbelästigung eintreten.*
4.) *Durch die Situierung der Mistablage würde die gesamte übrige Wohnsiedlung ebenfalls einer unzumutbaren Geruchsbelästigung ausgesetzt.*
5.) *Der Landwirtschaftsbetrieb des Herrn Maxwald ist von acht Wohnhäusern umgeben, sodaß der Ort Obernathal keine bäuerliche Ansiedlung, sondern eine Wohnsiedlung bildet, von welcher eine derartige Lärm- und Geruchsbelästigung ferngehalten werden muß.*

6.) Es besteht für Maxwald kein zwingender Grund, die Schweinemastanstalt so nahe an der Wohnsiedlung zu errichten.

7.) Der Errichtung der Schweinemastanstalt wird daher nur an einer Stelle zugestimmt, von welcher aus keinerlei äußere Einflüsse die Berufsausübung des Schriftstellers Thomas Bernhard stören können.

8.) Die Einholung eines Gutachtens des Amtes der o.ö. Landesregierung, Abt. Sanitätsrecht, wird beantragt.

9.) Die Entfernung der Mistablagerungsstätte vor dem Hause Obernathal Nr. 2 wird beantragt, da sie ohne Baugenehmigung vor den Wohnzimmerfenstern errichtet wurde. Die Störung durch Gestank und Fliegen ist unerträglich.

Ohlsdorf 10. X. 72 — *Thomas Bernhard*

Da inzwischen jederzeit mit dem Eintreffen der Baukommission zu rechnen war, begaben wir uns an Ort und Stelle vor das Haus. Fast zugleich mit der Kommission trafen wir dort ein. Dr. Meingast überreichte mein Schreiben und hielt sich auftragsgemäß zurück. Der Bausachverständige Gattinger versuchte nun dreiviertelstundenlang den Maxwald dazu zu bewegen, den Standort weiter im Osten zu wählen. Maxwald hatte den Einwand, daß er im Winter zum Stallgebäude den Schnee ausschaufeln müßte. Maxwald wurde von einem Agraringenieur der Bauernkammer begleitet, und dieser behauptete, daß ein wirtschaftlicher Mastbetrieb nur an dieser geplanten Stelle möglich sei. Thomas sagte darauf, daß er dann wegen der Lärm- und Geruchsplage vollkommen ruiniert sei und es ihm unmöglich sei, hier zu existieren. Maxwald sagte darauf wörtlich: Bevor ich krepiere, muß ein anderer krepieren. Dieser Ausspruch löste eine Welle der Empörung aus. Gattinger hielt Maxwald vor Augen, daß es vernünftiger sei, sich mit dem Anrainer zu einigen, da im Falle eines Einspruches mit einer Verzögerung des Baubeginns um ca. zwei Jahre zu rechnen sei. Diese Mehrkosten usw. würden es jedenfalls rechtfertigen, etwas nachzugeben. Thomas fügte hinzu, gewisse Mehrkosten durch eine andere Situierung des Baues würde er übernehmen. Maxwald griff das sofort auf und sagte: Mit Geld läßt sich alles regeln, darüber könnte man sprechen. Aber sofort schaltete sich der Agraringenieur der Bauernkammer ein und riet Maxwald von einer solchen Lösung ab. Das brachte dem Agraringenieur eine Rüge des Amtssachverständigen ein. Schließlich erklärte der Amtssachverständige Gattinger,

daß der Einreichplan schwere Mängel bezüglich Belüftung und so weiter aufweise, und da mit einem Einspruch des Anrainers zu rechnen sei, könne er mit einem mangelhaften Plan die Verhandlung nicht weiterführen. Er gab Maxwald den Rat, einen ordentlichen Plan, der der Bauordnung entspricht, einzureichen. Mit diesem hier könne er die Verhandlung nicht weiterführen.
Inzwischen war es 12 Uhr geworden. Dr. Meingast hatte den Autoschlüssel im versperrten Wagen stecken gelassen, und ich mußte ihn nach Gmunden in seine Wohnung führen, um den Ersatzschlüssel zu holen. Thomas und Frau Hufnagl waren bei Frau Maleta zum Mittagessen eingeladen, sie warteten aber geduldig bis 13 Uhr, bis ich mit Dr. Meingast aus Gmunden mit seinem Ersatzschlüssel zurückkam. Ich fuhr gleich heim, und nach einem kleinen Essen legte ich mich zum Mittagsschlaf hin. Der dauert bei mir immer zwei Stunden.
Um 15 Uhr schreckte mich Thomas aus dem Schlaf. Ich komme gerade von Maleta. Weil es so schön ist, haben wir ganz überraschend beschlossen, jetzt gleich auf den Dachstein zur Südwandhütte zu fahren. Ich muß mich noch umziehen, in einer Viertelstunde werde ich abgeholt. Da ich nicht arbeiten kann, habe ich mir gedacht, ich fahre mit. Fünf Stunden ist allerdings noch zu gehen, aber Maleta sagte mir, das schaffen wir leicht. Auf der Südwandhütte werden wir übernachten, und morgen kommen wir zurück. Bitte hol mir die Post und kümmere dich um das Haus. Wenn ich zurückkomme, komm ich sofort zu dir. Ich sagte: Diese schönen Herbsttage sind sehr geeignet zu einer solchen Tour. Er werde bestimmt überrascht sein über die Pracht der Berge in dieser Jahreszeit.

11. Oktober 1972

Thomas hatte einige belanglose Poststücke, und da ich annahm, daß er erschöpft nach Hause kommen werde, legte ich ihm am späten Nachmittag seine Post in seinen „Saustall“, seinen ehemaligen Saustall, so hin, daß er bei Ankunft die Post gleich bemerken sollte und sich den Weg zu mir um die Post ersparen könnte. Außerdem wollte ich diesen Abend Ruhe haben. Um Punkt 19 Uhr 30 kam Thomas zu mir. Er wollte die Post, er hatte sie nicht bemerkt. Soeben komme ich ganz erschöpft zurück, es war zuviel für mich. Den Loser haben die auf der Heimfahrt auch noch gemacht, als es schon 16 Uhr war. Frau Maleta hatte einen jungen Lokomotivführer als Bergführer mit. Nur von Seil und Gipfel war die Rede, nur von Schwierigkeitsgraden usw., sonst haben die nichts im Kopf. Dauernd sagen sie aber, wie schön es ist. Aber von der Schönheit der Berge sehen sie nichts, weil sie lauter Höhenmeter und Seile im Kopf haben. Ich weiß das, sagte ich, solche Bergfanatiker sprechen nur über die Berge, was anderes haben die nicht im Kopf. Es ist so ähnlich, wie wenn du mit einem Weidmann sprichst, der erzählt dir ein Jahr lang immer das gleiche von der Jagd. Wenn du einen Weidmann triffst, weißt du schon im vorhinein, was er dir in den nächsten vier Stunden erzählen wird. Ja, sagte Thomas, die reden nur, aber wie schön es wirklich ist, sehen die gar nicht. Ja, die sind betriebsblind, sagte ich. So ist es, sagte Thomas. Also die Hütte war grauenhaft, sagte Thomas. Es war kalt, so wie ich war in den Kleidern mußte ich schlafen, und um nicht zu erfrieren, mußte ich zehn Decken über mich werfen, die den Geruch von vierzig verschiedenen Menschen ausdufteten. Am nächsten Tag sind wir von der Dachsteinsüdwandhütte herunter und mit der Seilbahn von Ramsau auf den Gletscher. Am Heimweg, um 16 Uhr, fuhr die Frau Maleta noch auf den Loser. Da war ich aber schon sauer. Bis dahin habe ich die Gesellschaft noch unterhalten, aber da hab ich dann gesagt: Die Maut bezahle ich jetzt nicht mehr, denn das ist ja zuviel des Herumfahrens. Leider war ich Gast und konnte mir nicht helfen. Die Maleta fuhr einfach hin, wohin sie wollte.

Thomas war so vertieft in seine Erzählung, daß wir von den Nachrichten nichts mitbekamen. Um 20 Uhr kam mein Sohn Wolfi zur Tür herein und sagte, er habe zwei Herren in mein Wohnzimmer geführt, sie wollten zu Bernhard. Sie sagten, sie seien von Wien und hätten sich durch ein Telegramm angemeldet. Thomas sagte, er wisse von keinem Telegramm, er wolle niemand sehen. Ich sagte, ich werde sehen, wer da ist.

Es waren Michael Horowitz und Günter Kager aus Wien. Sie wollten für „Hör zu" einige Worte und ein Foto von Thomas, da die Aufzeichnung von *Der Ignorant und der Wahnsinnige* in drei Wochen gesendet wird. Ich ging zu Thomas in den ersten Stock und sagte ihm das. Ich habe bereits gesagt, daß du erschöpft bist und daß es zwecklos ist. Ich werde das schon machen, sagte ich. Leider war ich viel zu schwach und nachlässig, und es gelang mir eine Stunde lang nicht, diese Leute loszuwerden. Mit Rücksicht auf Tho-

mas wollte ich nicht grob werden. Das war aber falsch, ich hätte die zwei sofort rausschmeißen sollen. Als sie weg waren, blitzten sie noch dreimal mit der Kamera mein Haus, und vorher hatten sie gegen mein ausdrückliches Verbot in meinem Wohnzimmer Aufnahmen gemacht.
Horowitz kannte das Programmheft von der Berliner Aufführung nicht, in welchem seine eigenen Aufnahmen mehrfach verwendet wurden, und gefälligkeitshalber zeigte ich ihm das Programm mit seinen Aufnahmen von Nathal.
Thomas machte mir anschließend schwere Vorwürfe, daß ich die Leute überhaupt in mein Haus gelassen habe. Er machte mir klar, daß die jetzt schreiben können, was sie wollen. Wenn man eine Stunde mit solchen Leuten zusammen ist, da machen die einfach was draus, auch wenn man nichts gesagt hat. Daher gibt es für ihn seit zehn Jahren nur „Grüß Gott und auf Wiedersehn, ich habe keine Zeit". Jedes Wort mehr sei schon zuviel, weil die schon was machen daraus.
Erst gegen 23 Uhr fuhr Thomas heim. Er wollte aber ursprünglich nur kurz bei mir bleiben, daher hat er auch das Licht zu Hause in Nathal brennen lassen. Das hatten mir Horowitz und Kager berichtet. Auch das wollten sie wissen, warum er das Licht brennen läßt, wenn er wegfährt. Ich habe mich aber immer darauf beschränkt zu sagen, sie sollen sich aus Zeitungsartikeln und Berichten was zusammensuchen. Es gibt genug daraus zu entnehmen, um was über ihn zu bringen.

12. Oktober 1972

Von 7 Uhr 45 bis 8 Uhr befand ich mich mit Thomas vor dem Postamt Ohlsdorf. Thomas gab mir den Brief von Dr. Meingast zu lesen, den dieser an Maxwald geschrieben hat. Thomas war über den Text enttäuscht und verärgert. Ich aber war einverstanden und hielt ihn für gut, denn es war hier festgehalten, daß Maxwald von sich aus die Anregung gab, daß er gegen Geld von seinem Projekt abrücken bzw. eine Änderung vornehmen würde. Damit gibt er zu, daß die Errichtung der Mastanstalt an der geplanten Stelle nicht unbedingt notwendig ist. Thomas wollte mir nicht zustimmen, daß dieser Brief gut formuliert ist, und wir vereinbarten für den Nachmittag um 15 Uhr einen Besuch bei meiner Frau in Bad Hall.

Thomas kam schon um 14 Uhr 15 zu mir. Er entschuldigte sich und sagte, daß er gerade von einem Essen mit O'Donell komme, der ihm ein Gutachten des Tierarztes Meisinger von Eberstalzell bezüglich der Unzumutbarkeit der Errichtung der Mastanstalt besorgen wird. Ich sagte Thomas, daß ich beim Gemeindeamt nachgefragt habe, wann frühestens eine neue Kommissionierung angesetzt werden könnte. Es würde am 6. 11. sein. Ich sagte, Dr. Meingast soll Maxwald soweit bringen, daß er Geldforderungen stellt, und soll ihm Hoffnungen machen, daß diese erfüllt werden. Thomas soll aber zu dem entscheidenden Abschluß nicht erscheinen, um Zeit zu gewinnen. Dann soll er jede Forderung überhaupt ablehnen. Vor der nächsten Bauverhandlung soll allerdings der Einspruch gegen das Projekt schon eingebracht werden, sodaß vor der Kommissionierung der Einspruch schon vorliegt. Es wird dem Amtssachverständigen kaum möglich sein zu behaupten, daß keine Beeinträchtigung vorliegt und daß dieses Projekt für dich als Anrainer zumutbar ist. Daher wird Haumer (Maxwald) keinen Groschen von dir bekommen, und er wird doch hinunter bauen müssen. Mit einem Gutachten von Meisinger wäre das noch leichter zu erreichen. Auch der Gemeinderat wird die Unzumutbarkeit bestätigen, wenn Haumer (wir reden immer vom Hausnamen des Maxwald) berufen wird.
Nach 14 Uhr 30 sagte Thomas, er müsse noch schnell seine Wäsche aufhängen, um 15 Uhr sei er zur Abfahrt da.
Meine Frau wußte nicht, daß ich sie besuchen werde, daher fanden wir sie nicht. Alle Cafés und den Park haben wir abgesucht, es machte uns Spaß, es war sehr schön herumzulaufen. Vom Postamt gab ich einige Telegramme auf, denn den Besuch in Bad Hall habe ich auch mit Geschäftlichem verbunden. Da es im Kurheim um 18 Uhr das Abendessen gab, hatte es nach 17 Uhr 15 keinen Sinn mehr, auf meine Frau zu warten, und wir fuhren um 17 Uhr 20 heim. Wir fuhren zu mir zum Abendessen, und anschließend blieb Thomas bis 20 Uhr 30. Vorher fiel mir ein, daß ich morgen Freitag um 10 Uhr nach Kirchdorf muß und daß ich aber Oberingenieur Bernath versprochen habe, ihn um 11 Uhr nach Gmunden zur Werkstätte zu bringen, wo er sein Auto abholen kann. Thomas machte sich erbötig, mir das abzunehmen. Thomas ersuchte mich, ihm morgen die Post zu bringen und ihn dabei nochmals zu erinnern, daß er um 11 Uhr den Bernath nach Gmunden bringt. Dafür brauchst du keine Zeitungen mitbringen, sagte Thomas, die werde er dann im Café lesen.

13. Oktober 1972

Wie vereinbart brachte ich Thomas um 9 Uhr seine Post. Da auch ein Eilbrief des P.E.N.-Clubs dabei war, sagte ich zu Thomas, für den Fall, daß die Verleihung verschoben sei, solle er mir das wegen Reinhild gleich sagen. Thomas öffnete den Brief und sagte: Da sind einige Einladungen drinnen, da hast du eine für Reinhild.
Ein Auto der Elektrofirma Stadlbauer stand schon im Hof, um die Elektroöfen gegen größere auszutauschen. Ich erinnerte Thomas noch einmal daran, nicht zu vergessen, Oberingenieur Bernath um 11 Uhr von Ohlsdorf abzuholen, und sagte, daß ich nachmittags von Bad Hall zurück sein und dann bei ihm vorbeischauen werde.
Erst gegen 18 Uhr kam ich wieder nach Nathal. Das Auto vom Elektriker stand noch im Hof, und Stadlbauer war gerade dabei, mit zwei Mann einen Speicherofen über die Wendeltreppe herunterzutransportieren. Von oben herab half Frau Maleta, so gut es ging, denn die Wendeltreppe ist sehr schmal. Daher war es mir auch nicht möglich anzufassen. Endlich waren sie mit dem Ofen unterhalb der Wendeltreppe angelangt, da kamen auch noch Frau Hufnagl und Thomas nach. Die beiden anderen Speicheröfen wurden dann, auf meinen Rat hin, über die gerade führende Stiege der ehemaligen Bauernstube heruntergeholt. Dort war es leichter. Trotzdem konnte Thomas nicht mehr zusehen, denn er sagte, nur vom Zusehen allein habe er Schmerzen an seiner Bruchoperationsnarbe bekommen. Frau Maleta wußte nichts von Thomas' Bruchoperation, und Thomas erzählte ihr kurz von seiner Bruchoperation vor ca. drei Jahren im Krankenhaus Vöcklabruck.
Nachdem Stadlbauer weg war, wurden für die Herbeischaffung des Abendbrotes ins geheizte Stüberl die Rollen verteilt. Ich mußte eine Flasche Erlauer aus dem Keller holen. Als wir dann beim Abendbrot saßen, zeigte ich auf das alte verschimmelte Etikett der Flasche und sagte, daß es mir gelungen sei, aus der vor Jahren aufgerichteten Erlauerpyramide von ganz unten eine Flasche herauszuziehen und durch eine neue von oben zu ersetzen. Diese neuen Flaschen hatten wir erst vor wenigen Wochen in Wels gekauft. Thomas sagte nur: Dich werde ich nicht mehr in den Keller schicken, aber damit begann auch schon der lustige Teil des Abends. Thomas war in Bombenstimmung. Ich sagte zu ihm: So, wie die vorhin mit

den Öfen Schwierigkeiten hatten, so werden sie einmal mit deinem Sarg Schwierigkeiten haben, wenn sie dich heruntertragen müssen. Daraufhin spielte uns Thomas Sterbende vor. Mindestens sechs- bis achtmal hauchte er „letzte Worte“ und starb. Als ich sagte: Du kannst so gut sterben, brach Frau Maleta in schallendes Gelächter aus und sagte: Das ist gut, was Karl jetzt gesagt hat, das muß ich mir merken.
Thomas wollte uns dann ein Buch über Lenin zeigen, mit letzten Aufnahmen von ihm, hatte es aber dann doch nicht so bei der Hand, wie er glaubte. Ich sagte: Bitte Thomas, laß dich auch wieder fotografieren, damit wir „letzte Aufnahmen“ von dir haben. Während Thomas dazu lachte, schüttelten Frau Maleta und Frau Hufnagl die Köpfe.
Nachdem wir gemeinsam abgeräumt hatten, entwickelte sich nur kurz ein politisches Gespräch. Thomas legte schon die Karten für „Siebzehnundvier“ bereit. Frau Hufnagl sagte auf leichte Angriffe von Frau Maleta: Rot muß man sein und dabei die Lady spielen können, das ist eine Kunst. Ich sagte: Die rote Grete stammt aus einer Gegend, da gibt's die Rote Bete. Ja, sagte Frau Maleta, das stimmt, ich war dort im Arbeitsdienst, nördlich von Breslau an der polnischen Grenze, da sagen sie Rote Bete. Übrigens, sagte sie, schreibe ich heute noch den Leuten, bei denen ich damals arbeitete. Die sind jetzt in Westdeutschland, und es sind jetzt schon deren Kinder, mit denen ich noch in Verbindung stehe. Thomas sagte: Soll ich für euch beten? Ihr hört wahrscheinlich in der Früh die Sendung im Radio nicht, wo immer einige Minuten ein Priester spricht. Was der gestern gesagt hat, ist nämlich ganz gut. Er sagte: Jede Hilfe, die man anderen gewährt, ist auch eine Art Egoismus. Aha, sagte ich, da das stimmt, hast du dich für die andere Art von Egoismus entschieden. Darauf sagte Thomas einige markante Worte, ich konnte sie mir nicht merken und sagte dazu: Das hat einmal ein sehr berühmter Philosoph gesagt. Welcher? fragte Frau Maleta. Ich, sagte Thomas und lachte.
Inzwischen versuchte Thomas vergebens die Spielkarten aus der Hülle zu ziehen. Frau Hufnagl nahm ihm die Karten aus der Hand und zeigte mit leichtem Griff, wie man das macht. Proletarierhände können das am besten, sagte ich, Thomas war zu kurze Zeit Bierführer, da hat er das nicht gelernt. Die Gewinne und Verluste wurden wieder auf Listen geschrieben und dann verrechnet und bezahlt. Ich habe 45 Schilling gewonnen, aber das Spiel war eigentlich nur der Hintergrund unserer Unterhaltung, zeit-

weise völlige Belanglosigkeit, da über alles Mögliche gesprochen wurde. Nachdem Frau Hufnagl wieder irgendwas erzählt hatte und Thomas dauernd witzelte, sagte Frau Maleta zu Frau Hufnagl: Das gibt es nicht. Sie konnte irgendwas nicht glauben. Thomas sagte: Aber ja, alles gibt es auf der Welt. Und ich fügte hinzu: Sogar das gibt es, daß der Komiker einen Dramatikerpreis bekommt. Thomas müßte ja den Charlie Rivel-Preis bekommen. Thomas rief aus: Mach ma wieder einmal a Landpartie. Frau Hufnagl stimmte sofort zu. Da sagte Thomas zu ihr: Mit dir mach ich a Antisympartie, du hast ein DDR-Gesicht. Es wurde auch über den Ausflug auf den Dachstein gesprochen, und um 21 Uhr 30 löste sich die Gesellschaft auf. Drei Autos fuhren weg.
Vorher machte mich Thomas noch auf einen Artikel in den „Oberösterreichischen Nachrichten" aufmerksam und sagte: Scheinbar wird der *Kulterer* doch zustande kommen, denn sonst würden die nicht meinen Namen erwähnen. Selbstverständlich habe ich mich auch bei Thomas bedankt, daß er um 11 Uhr Ing. Bernath an meiner Statt nach Gmunden gebracht hat. Er sagte mir nämlich, daß es sehr glatt gegangen ist.

15. Oktober 1972

Um 8 Uhr 30 stöbert mich Thomas aus dem Bett. Vor seiner Abfahrt will er sich verabschieden. Um 9 Uhr erwartet ihn Frau Hufnagl zur Abfahrt nach Wien. Ich sagte: Die Frau Hufnagl und die Frau Maleta hast du dir schon ganz schön gefügig gemacht. Besonders Frau Hufnagl läßt sich alles gefallen von dir. Sie ist sehr angenehm geworden, wie ein Lamperl ist sie jetzt. Ja, sagte Thomas, ich mach das absichtlich und sage „blöde Rübe" zu ihr. (Das hatte er am Vortag beim Kartenspiel gesagt.) Dann gibt es keine Falschheiten, wenn ich mit wem anderen über sie spreche, eine Steigerung gibt es auch nicht mehr. Sie weiß, wie ich über sie spreche, eben genauso, wie ich zu ihr selbst spreche. Das ist sehr gut von dir, sagte ich, du bist ganz schön raffiniert. Dann sagte ich Thomas, daß ich auch morgen in Wien um 14 Uhr bei Dr. Stern sein werde und daß ich deswegen doch zur Preisverleihung komme könne. Thomas erklärte mir den Weg von Stern zum P.E.N.-Club. Es sei so nah, sagte er, daß es sich mit dem Taxi nicht auszahle. Um 8 Uhr 55 fuhr Thomas dann nach Gmunden weiter.

16. Oktober 1972

Um 17 Uhr 15 ging ich in den P.E.N.-Club Wien, Bankgasse 8, in den dritten Stock. Am Gang vor dem Club traf ich mit Frau Grete Hufnagl zusammen. Gemeinsam betraten wir die Räume. Es standen mehrere Leute herum, aßen Brötchen und tranken. Es war sehr familiär. Kaum hatten Frau Hufnagl und ich an einem Tischchen Platz genommen, kam Frau Gerda Maleta herzu. Sie wollte sich aber nicht setzen. Da ihr sehr heiß war, wollte sie wieder hinaus. Ich machte sie auf ein offenes Fenster aufmerksam und führte sie hin, unterhielt mich aber weiter mit Frau Hufnagl.
Als es genau 17 Uhr 30 war, wurden aus der inzwischen auf gut zwanzig Personen angewachsenen Gesellschaft Fragen laut: Wird er überhaupt kommen? Inzwischen war auch meine Tochter Reinhild eingetroffen, und ich stellte sie den beiden Frauen vor. Zur Frau Maleta sagte ich: Jetzt müßte die Preisempfangsmaschine gleich da sein. Er wird hier nicht herauffinden, sagte Frau Maleta. Er war schon öfter heroben, er hat mir den Weg beschrieben, entgegnete ich. Trotzdem möchte ich ihm entgegengehen, sagte Frau Maleta, und wir gingen gemeinsam zur Tür. Im gleichen Moment trat Thomas ein. Er war sehr guter Laune. Hilde Spiel, Haeussermann und Torberg waren etwas vor ihm gekommen. Nach einer allgemeinen Begrüßungsrunde von ca. 15 Minuten stellte sich Thomas zur Entgegennahme des Preises auf. Resmondo [Piero Rismondo] hielt eine Rede, kaum fünf Minuten lang, aber Thomas geriet zunehmend in eine Abwehrstellung. Er legt dabei die linke Hand auf die linke Wange und stützt mit seiner Rechten den linken Ellbogen. Ich machte Frau Maleta heimlich auf diese typische Abwehrstellung aufmerksam und sagte: Hoffentlich endet die Rede bald, sonst ist die Stimmung bei Thomas für heute dahin.
Nachdem Thomas das Kuvert mit dem Scheck entgegengenommen hatte, gab er es mit einigen Worten wieder an Rismondo zurück. Ich hatte mir ein Kärtchen mit der Aufschrift „Verein für Bewährungshilfe, Krems, Steiner Landstraße 4“ vorbereitet. Mit diesem Kärtchen trat ich gleichzeitig mit Thomas auf Rismondo zu und heftete das Kärtchen mit einer Büroklammer an das Kuvert. Damit kein Mißverständnis entsteht, sagte ich lachend, und Thomas lächelte auch erleichtert.
Frau Hufnagl und Frau Maleta wollten später unbedingt an Thomas ran, aber er stand mit Hilde Spiel und Haeussermann beisammen, und ich

sagte: Laßts ihn, er war lange nicht bei Hilde Spiel, er muß sich noch entschuldigen bei ihr usw., und wenn er mit Haeussermann sprechen kann, ist es auch sehr gut, er wird schon herkommen. Frau Maleta wurde aber ungeduldig und sagte schließlich: Kinder, jetzt hau ich aber ab. Sie schrieb die Adresse ihrer Wiener Wohnung, Goethestraße 1, auf einen Zettel und sagte: Kommts anschließend zu mir. Thomas hatte bemerkt, daß Frau Maleta weg will, und trat kurz zu uns. Er sagte: Im „Weißen Rauchfangkehrer" treffen wir uns dann, aber es sollen nicht alle wissen. Der Frau Maleta sagte Thomas zu, vorher noch in ihrer Wohnung vorbeizukommen, denn sie lag ja auch am Weg.

Nachdem sich eine alte Dame von Thomas recht herzlich verabschiedet hatte, trat Thomas zu mir. Wir traten alleine zu einem Bücherregal, und nun konnte ich ihm die Post von heute früh ausfolgen. Einen Brief des ORF, sagte ich, den nahm ich mit, denn vielleicht kannst du das hier gleich erledigen. Thomas öffnete den Brief und sagte: Am 20. Oktober soll ich mir *Der Ignorant und der Wahnsinnige* im Studio ansehen. Ich fahre nicht hin. Die Sendung erfolgt am 8. 11. um 21 Uhr 05, da sehen wir uns das gemeinsam an, nur möchte ich es in Farbe sehen.

Plötzlich bemerkten wir, daß die Leute schon um die Hälfte weniger geworden waren, und Thomas sagte: Gehen wir. Frau Hufnagl und meine Tochter schlossen sich an. Vom 3. Stock hinunter war es wegen Malerarbeiten ein langer Weg, und Thomas sprach dauernd auf meine Tochter ein, ihren ursprünglichen Plan, Restauratorin zu werden, nicht aufzugeben. Er gab meiner Tochter die Adresse von Architekt Viktor Hufnagl, Blutgasse 3, und die Telefonnummer. Hufnagl solle dafür sorgen, daß sie ohne Aufnahmsprüfung in die Kunstakademie aufgenommen wird. Er selbst, sagte er, habe sich auch immer um die Aufnahmsprüfung herumgedrückt und nie eine gemacht. Alles geht, man muß nur selbst wollen.

Unten vor dem Hause angelangt, sagte ich dann Thomas, daß ich anschließend mit dem Zug wieder heimfahre. Ich fahr morgen, sagte Thomas, und komm gleich zu dir.

Mit meiner Tochter ging ich in ein Café in der Herrengasse und reiste anschließend heim. Vorher fragte ich Thomas noch, wer bei der Preisübergabe neben ihm stand. Es war Kari Hauser, sagte Thomas.

17. Oktober 1972

Um 11 Uhr 30 kam Thomas in Begleitung von Frau Hufnagl zu mir. Sie sagten, um 3 Uhr früh seien sie erst ins Bett gekommen, aber um 6 Uhr waren sie schon wieder auf. Thomas hat von der Obkirchergasse aus um 6 Uhr Frau Hufnagl in der Innenstadt antelefoniert, sie solle mit dem Taxi zu ihm kommen, damit er sich den Weg sparen kann und schneller aus der Stadt kommt. Frau Hufnagl hatte mir gestern in Wien schon erzählt, daß die Tante nach Baden gefahren sei und keine Adresse zurückgelassen habe, sodaß Thomas keine Möglichkeit hatte, sich mit ihr in Verbindung zu setzen. Thomas hat seiner Tante einen Zettel mit Grüßen hinterlassen und eine Einladung, sich ein Visum nach Berlin zu besorgen, um gemeinsam das Stück in Berlin zu sehen. Thomas sagte, er werde heute abend etwas früher kommen, und war mit Frau Hufnagl um 11 Uhr 45 wieder weg. Thomas ersuchte mich noch, von Dr. Ortner eine Fotokopie des Einreichplanes seines Nachbarn Maxwald zu besorgen.
Um 18 Uhr kam Thomas wieder. Wir kauten den gestrigen Tag noch einmal durch. Da aber im ersten Stock bei Omi Frau Krivanek auf Besuch war, war Thomas gereizt. Denn Frau Krivanek kann er nicht leiden, weil sie ihn in Gmunden im Café Brandl schon einige Male beim Zeitunglesen gestört hat. Übernächtig war Thomas natürlich auch, und als Frau Krivanek um 19 Uhr, als wir zu Omi in den ersten Stock gingen, noch immer da war, ersuchte mich Thomas, ihm morgen die Post zu bringen, und fuhr heim.

18. Oktober 1972

Um 7 Uhr 45 erwartete mich Thomas beim Postamt Ohlsdorf. Er sagte, er halte es nicht mehr aus zu Hause, die geplante Mastanstalt ließe ihn nicht schlafen. Daraufhin beratschlagten wir vor dem Postamt bis 8 Uhr 15 weitere Schritte, um das zu verhindern. Um 11 Uhr trafen wir uns dann vor der Kanzlei Dr. Meingast in Gmunden und waren von 11 Uhr 15 bis 11 Uhr 30 bei Dr. Meingast zur Besprechung. Ich sagte Dr. Meingast, er solle die Forderung des Maxwald von 123.000 Schilling auf 100.000 Schilling herunterdrücken. Für 123.000 Schilling war Maxwald nämlich bereit, die Schweinemastanstalt an anderer Stelle zu errichten. Aus Zeitnot konnten wir aber

nicht alles durchbesprechen, und um 14 Uhr waren wir wieder in der Kanzlei Dr. Meingast.
Bis Dr. Meingast kam, erzählte mir Thomas, daß seine Besprechung mit Hufnagl und Präsident Tierarzt Dr. Meisinger mit einem Krach geendet hatte. Graf O'Donell hatte Thomas versprochen, von Naturschutzpräsident Meisinger ein Gutachten gegen die Schweinemastanstalt erstellen zu lassen. Zu diesem Zwecke traf sich Thomas mit Hufnagl und Meisinger im Gasthaus Reibersdorfer zum Mittagessen. Zu dieser Besprechung hatte ich ja auch für Thomas den Einreichplan des Maxwald in Fotokopie besorgt. Als sich nun Meisinger auf Gesetze ausredete, die es nicht ermöglichen, eine solche Mastanstalt zu verhindern, sagte Thomas zu Meisinger, dafür sei er ja da, um entsprechende Gesetze zu verlangen. Da sich Hufnagl in der Debatte sehr opportunistisch verhielt, sagte er zu Hufnagl, er sei auch nur dazu da, um bei solchen Naturschutztagungen „herunterzufressen" und nichts zu leisten.
Thomas sagte: Es war gut, daß O'Donell nicht dabei war. Denn dieser sei besonders zimperlich, der könnte so einen Auftritt kaum ertragen. Wegen Hufnagl sei es ihm aber völlig egal. Das Verhältnis war sowieso schon viel zu eng. Es sei gut, daß es nun Krach gab. Wenn es wirklich wieder zur Versöhnung kommen sollte, dann werde wenigstens mehr Respektabstand gehalten. Wie ein geschlagener Hund wird er wieder zu dir kriechen, sagte ich. Thomas zweifelte daran.
Bis 14 Uhr 45 hatten wir dann mit Dr. Meingast endgültig alles besprochen. Um 17 Uhr war Maxwald in die Kanzlei Dr. Meingast geladen, und um 18 Uhr sollte ich Dr. Meingast anrufen, um den Ausgang der Verhandlungen mit Maxwald zu erfahren.
Um 15 Uhr trafen wir bei mir zu Hause ein. Thomas wollte mir schon in der Früh vor dem Postamt einen Brief an Dr. Unseld zu lesen geben. Als ich aber die vier Seiten in der Hand hielt, lehnte ich es ab, diesen langen Brief zu lesen und dazu Stellung zu nehmen. Weil, so sagte ich zu Thomas, ich mich jetzt nur auf die Sache mit Maxwald konzentrieren möchte. Thomas sagte aber, ich müsse den Brief lesen, denn er habe sehr in Wut geschrieben, ich solle sagen, ob er den Brief so lassen könne. Nun zu Hause angelangt, gab mir Thomas den Brief.
Lieber Herr Doktor Unseld, wenn ich den Grad meiner Vernachlässigung ... usw. begann der Brief. Ich las alle vier Seiten und sagte zu Thomas, dieser Brief

sei sehr gut und ganz korrekt. Was du sagst, ist kräftig, aber nicht beleidigend. Glaubst du, ich kann das so lassen, soll ich den Brief nicht kürzen, fragte Thomas. Du mußt mir das sagen, denn selbst erkenne ich es nicht mehr, ob es so recht ist. Ich wüßte nicht, was man da weglassen könnte, sagte ich. Der Brief ist zwar lang, aber das ist notwendig, ich erkenne nichts Überflüssiges. Nur, sagte ich, wirst du auf diesen Brief kaum eine Antwort bekommen, denn zum großen Teil hast du die Antworten schon vorweggenommen, und überhaupt ist der ganze Brief so gut geschrieben, du hast so recht, daß ich mir nicht vorstellen kann, wie Unseld auf diesen Brief antworten sollte. Das kann man einfach nicht, auf so einen Brief antworten. Thomas sagte: Das gibt es nicht, er muß antworten. Ich würde dir die Verrechnung schicken, sagte ich, und dazuschreiben: Ihren Brief zur Kenntnis genommen. Aber wir werden ja sehen, wie Unseld auf diesen Brief reagiert. Du zeigst mir den Antwortbrief, sagte ich. Dann werde ich ihn so absenden, sagte Thomas. Ja, sagte ich, ich will jetzt meine Frau in Bad Hall besuchen, wenn du mitkommen willst, den Brief gibst du in Steyrermühl auf. Gerne, sagte Thomas, und wir fuhren nach Bad Hall.
Gegen 16 Uhr waren wir in Bad Hall und fuhren mit meiner Frau nach Neuzeug zu Verwandten. Am Rückweg besichtigten wir noch eine alte Mostpresse von 1783 in Sierning, aber da sie nicht geschnitzt war, kaufte ich sie nicht. Um 17 Uhr fuhren wir schon wieder weg von Bad Hall, sodaß wir schon um 17 Uhr 30 wieder bei mir in Weinberg waren. Es trieb uns so schnell heim, da ich noch Dr. Meingast anrufen sollte. Um Punkt 17 Uhr 55 telefonierte ich mit Dr. Meingast. Er sagte, daß er Maxwald auf 100.000 Schilling herunterdrücken hatte können und Maxwald auf alle Punkte eingegangen sei. Thomas war erleichtert, als ich ihm das berichten konnte. Für 30 Jahre Bauverbot vor seinen Fenstern 100.000 Schilling zahlen und das noch als beglückend empfinden, das sei eine reine Erpressung, aber man kann sich nicht anders helfen. Thomas sagte, bei seinem Tod solle der Hof angezündet werden, das Prasseln der Flammen solle die Trauermusik zu seinem Begräbnis sein.
Bis 21 Uhr 30 blieb Thomas bei mir.

19. Oktober 1972

Um 8 Uhr 30 traf ich bei Thomas mit der Post ein. Ein Telegramm war auch dabei. Als Thomas es las, sagte er: Schon wieder zum Ärgern, und reichte es mir. Es begann:

> ENTSCHULDIGEN SIE DEN ÜBERFALL. GEGEN MITTAG TREFFEN WIR BEI IHNEN EIN, UM … USW. KURT KAHL

Für den „Kurier“ sollten einige Fotos und ein Artikel gemacht werden. Wie komm ich dazu, daß ich schon wieder aus meinem Haus flüchten muß, sagte Thomas. Du darfst zu mir kommen, aber nur, wenn du dein Auto unter meinem Flugdach versteckst, sagte ich. Denn wenn die deinen Wagen auf meinem Parkplatz sehen, das möchte ich nicht mitmachen. Gut, sagte Thomas, um 11 Uhr komm ich zu dir.

Gegen 11 Uhr wurde ich unruhig, denn das Telegramm war in Wien um 7 Uhr 30 aufgegeben worden, und der Reporter konnte jeden Moment eintreffen. Ich fuhr nach Nathal und sagte zu Thomas: Wenn du kommen willst, ist es höchste Zeit. Nur einen Nagel will ich noch hineinschlagen, ich komm gleich nach, sagte Thomas. Als ich meinen Wagen auf meinem Parkplatz abstellte, um unter dem Flugdach für Thomas Platz zu machen, fuhr ein Porsche mit Wiener Kennzeichen an mir vorbei Richtung Ohlsdorf. Ich merkte sofort, daß der Porsche mit den zwei Insassen nur der angekündigte Besuch sein konnte. Zum Glück hatten die die Abzweigung nach Nathal übersehen und fuhren geradeaus nach Ohlsdorf. Kurz darauf kam Thomas. Er sagte, daß die Reporter mit dem Porsche gerade zum Nachbarhaus fuhren, als er wegfuhr. Ganz sicher wird ihnen dort gesagt werden, daß er gerade mit seinem VW weggefahren ist und daß der VW gelb ist. Wir sperrten uns ein.

Nach dem Essen um 13 Uhr fuhren wir weg. Ich hatte geschäftlich einige Bauernhäuser und Grundstücke zu besichtigen. Kurz vor 14 Uhr trafen wir bei Lindner in Kirchham (Haus Wiesbauer) ein. Der Besitzer einer 20 Joch großen Landwirtschaft war früher Tänzer an der Wiener Staatsoper und hauste nun auf seinem Hof vollkommen verdreckt. Da wir um 12 Uhr in den Nachrichten hörten, daß um 13 Uhr der Literatur-Nobelpreisträger bekanntgegeben werde, erwarteten wir um 14 Uhr bei den Nachrichten

schon den Namen des Preisträgers. Daher ersuchten wir Lindner gleich bei Eintritt, die Nachrichten hören zu dürfen. Nachdem der Name Böll gefallen war, waren wir und Lindner an weiteren Nachrichten nicht interessiert. Auf einer dreckigen Bank saßen wir wie zwei kleine Buben Lindner gegenüber und ließen uns von ihm dreiviertel Stunden lang seine Lebensgeschichte erzählen. Lindner stammt aus Ostpreußen, war lange an der Staatsoper Wien, hat beim Militär im Zillertal nebenbei Käserei erlernt und ist seit drei Jahren mit seinem Bruder im Streit. Anschließend zeigte er uns noch seine Käselaibe in der Bauernstube und das Vieh im Freien. Ein 28-jähriges Pferd lief auch herum.
Um 15 Uhr verließen wir Lindner und waren um 15 Uhr 15 zu Hause. Mein Sohn Wolfi ging schon im Garten auf uns zu und erzählte uns, daß vor kaum einer Viertelstunde ein Mann vom Porsche aus nach Hennetmair gefragt habe. Der Reporter sah auch den Wagen von Thomas im Unterstand und sagte, er begreife es nicht, daß Bernhard nicht wenigstens ein Wort mit sich reden läßt, und vermutete Thomas im Haus. Mein Sohn sagte aber, Bernhard sei mit mir weggefahren, warten hätte keinen Sinn, denn Horowitz hat auch nichts machen können. Der Reporter hatte sich nämlich auf Horowitz berufen.
Da die Sonne schien, machte Thomas den Vorschlag, noch etwas spazierenzugehen. Bis 16 Uhr machten wir eine kleine Runde nach Aupointen. Dann fuhr Thomas heim und kam um 18 Uhr 30 wieder. Er blieb bis 21 Uhr. Wir besprachen noch den Ablauf des Tages und vermuteten, daß Horowitz seine Kollegen „anrennen" ließ. Thomas erzählte noch, daß Frau Hufnagl gestern die Reiseschreibmaschine in seinen ehemaligen Saustall gestellt und einen Zettel zurückgelassen hatte. *Grüße, bin nach Wien gefahren.* Es sei ihm egal, wenn die jetzt auch böse ist auf ihn.

20. Oktober 1972

Um 12 Uhr 30 fuhr ich zu Thomas, um mich zu entschuldigen, daß ich um 14 Uhr der Grundbegehung mit Dr. Meingast und Maxwald nicht beiwohnen könne. Thomas war sehr bedrückt, denn ich sollte ihm gegen Maxwald beistehen. Um 13 Uhr 15 mußte ich aber weg, denn in Pettenbach erwarteten mich um 14 Uhr die Ehegatten Schmitt aus Salzburg. Ich hatte Thomas versprochen, um 16 bis 17 Uhr spätestens zu ihm zu kommen. Da es aber zum Kaufabschluß mit den Ehegatten Schmitt kam, sie kauften die Liegenschaft Lungendorf 35 um 600.000 Schilling, kam ich erst um 19 Uhr zurück. Um 20 Uhr besuchte ich Thomas. Er war schon im Schlafrock, als er das Fenster im ersten Stock öffnete. Er sagte, er sei weich geworden, wenn ich da gewesen wäre, hätte ich sicher mehr erreicht. Er war erschöpft und ich auch. Er beglückwünschte mich zu meinem Erfolg, aber ich sagte: Wenn es bei dir nicht geklappt hat, dann habe ich auch keine Freude, und fuhr wieder heim.

21. Oktober 1972

Um 14 Uhr 30 kam Thomas zu mir. Er sagte, er müsse mir viel erzählen. Vormittags, sagte Thomas, habe er in Gmunden Frau Hufnagl getroffen, er merkte, daß sie ihn sprechen wollte, er sei ihr aber ausgewichen und in eine andere Richtung gegangen. Dann, als er vom Rathausplatz wegfuhr, kamen laufend und winkend die Hufnagls von der Kirchengasse herunter. Sie wollten ihn unbedingt aufhalten, er schaute aber weg und bog Richtung Altmünster ein. Unterwegs merkte er schon, daß ihm die Hufnagls folgten. Unterhalb der Krucka konnte er nicht mehr ausweichen, und Frau Hufnagl kam auf ihn zu. Sie sagte, sie wollten wieder gut sein, ob sie nicht auf die Krucka mitgehen dürften. Thomas sagte nein, er wolle alleine gehen. Dann fragte Frau Hufnagl, ob sie sich wenigstens zum Mittagessen beim Schachinger treffen könnten. Darauf sagte Thomas, er könne niemand verbieten, in ein öffentliches Lokal essen zu gehen. Darauf sagte Frau Hufnagl, sie hofften, daß er hinkomme. Als dann Thomas zu Mittag das Gasthaus Schachinger betrat, saßen die Hufnagls schon am Tisch. Thomas setzte sich dazu und tat, als ob nichts gewesen wäre. Er sagte: Ich glaube, das war das Beste, was ich machen konnte, einfach so zu tun, als ob nichts gewesen wäre. Dabei erfuhr Thomas, daß O'Donell sofort nach dem Krach mit Hufnagl und Meisinger in Linz die 2. Instanz der Baubehörde angerufen und dort erreicht habe, daß der Bürgermeister von Ohlsdorf die Weisung bekommt, die Errichtung der Schweinemastanstalt abzulehnen. Er sei durch die 2. Instanz gedeckt. Und um ihm das mitteilen zu können, haben die Hufnagls so energisch Kontakt mit Thomas gesucht.

Thomas sagte, daß er heute abend bei Maleta eingeladen sei, und er verließ mich um 15 Uhr 35.

23. Oktober 1972

Von 7 Uhr 40 bis 7 Uhr 55 sprach ich mit Thomas vor dem Postamt Ohlsdorf. Thomas hatte ein Telegramm von Unseld erhalten, er soll heute in Frankfurt anrufen. Ich mußte auflachen und sagte: Der will sich billig um die Antwort auf deinen Brief drücken. Natürlich, sagte Thomas, aber ich werde doch nicht so blöd sein und anrufen, da täuscht er sich. Wir besprachen wieder den Inhalt seines Briefes. Unter anderem hatte Thomas gefordert, daß sein Buch *Korrektur* nicht zu dem ungünstigen Frühjahrstermin, sondern im Herbst herauskommen solle, und die Abrechnung verlangt. Ich sagte: Diesen Brief kann er doch nicht mit einem Telefonat, noch dazu auf deine Kosten, erledigen. Ich werde überhaupt nicht reagieren auf dieses Telegramm, sagte Thomas.

Um 19 Uhr kam Thomas wieder zu mir. Er war verärgert und sagte, daß er eben wieder von Frau Maleta belästigt wurde. Vor kaum einer Stunde fuhr sie ungestüm in seinen Hof hinein und hatte den Baumeister Hitzenberger aus Laakirchen mit. Sie wollte unbedingt mit Thomas zu Abend essen. Thomas sagte, daß er sofort sauer reagiert habe. Denn erstens will er nicht, daß jemand fremde Leute in sein Haus mitbringt, und außerdem gehe er nicht Abendessen, er lasse sich auf solche Sachen nicht ein. Man kann nicht einfach so kommen und verlangen: So jetzt fahren wir essen. Außerdem benahm sie sich so, wie wenn sie sich schon lange sehr gut kennen würden. Aber ich war sehr kühl, und Hitzenberger merkte sofort, was los ist.

Dann, sagte Thomas, gibt es aber noch eine schlechte Nachricht. Haumer (Maxwald) war herüben und sagte, daß er mit den getroffenen Vereinbarungen nicht einverstanden sei. Insbesondere läßt er sich das Bauverbot nicht im Grundbuch eintragen. In Niederösterreich sei seit Mittwoch voriger Woche ein siebzehnjähriger Student abgängig. Da er Thomas sehr verehrt und seine Mutter das wußte, hat sie beim Gemeindeamt Ohlsdorf angerufen und gefragt, ob er nicht bei Bernhard sei. Daher wurde Maxwald ersucht, zu Bernhard zu gehen und zu fragen, ob der Student da sei. Dabei sagte er ihm, daß er mit den Vertragsbedingungen nicht einverstanden sei. Ich sagte, Thomas solle hart bleiben. Nun sei es wieder gut, daß O'Donell schon vorgesorgt habe, daß das Bauvorhaben abgelehnt werde. Thomas sagte, wenn das Bauverbot nicht ins Grundbuch kommen soll, dann wird er keinen Groschen an Haumer bezahlen, und alles soll seinen Lauf nehmen. Nachdem wir alles Für und Wider noch gründlich durchgesprochen hatten, fuhr Thomas um 21 Uhr 45 heim.

24. Oktober 1972

Um 7 Uhr 45 traf ich Thomas wieder beim Postamt Ohlsdorf. Er machte einen guten, zuversichtlichen Eindruck. Um 11 Uhr sei er mit Maxwald bei Dr. Meingast zur Unterfertigung des Vertrages bezüglich des Bauverbotes für dreißig Jahre verabredet. Thomas werde unbedingt auf grundbücherliche Eintragung dieses Bauverbotes bestehen. Ich sagte ihm, er soll hart bleiben und mich anschließend besuchen, damit ich weiß, was es Neues gibt.
Nachdem Thomas weg war, ging ich noch ins Postamt telefonieren. Dabei bemerkte ich, daß für Thomas gerade ein langes Telegramm einging, und nahm es entgegen. Ich öffnete es nicht, da mir die Postbeamtin schon auf meine Frage sagte, daß es nicht sehr dringend sei und von der „Kronen Zeitung" komme. Wenn es dringend gewesen wäre oder wenigstens nicht von der „Kronen Zeitung", dann hätte ich das Telegramm bei Dr. Meingast hinterlegt, damit es Thomas um 11 Uhr ausgefolgt worden wäre. So aber wollte ich Thomas vor der Entscheidung mit Haumer nicht mit diesem Telegramm irritieren und behielt es.
Um 12 Uhr kam Thomas. Er hatte Erfolg, er blieb hart, und Haumer war schließlich mit der Eintragung im Grundbuch einverstanden. Die beglaubigte Unterschrift hat er beim Notar geleistet. Thomas fragte mich, ob Maxwald da noch einmal zurückkönne. Nein, unmöglich, da müßte er besoffen unterschrieben haben, dann könnte er zurück, sagte ich. Thomas war beruhigt.
Dann gab ich Thomas das Telegramm. Er las es und gab es mir. Darüber müssen wir noch sprechen, sagte Thomas. Ich erwarte um 13 Uhr 30 den Stadlbauer, um die Elektroheizung einzustellen. Wenn der fertig ist,

komme ich gleich zu dir. Um 14 Uhr 45 war Thomas wieder da. Stadlbauer muß um 18 Uhr wiederkommen, um nachzusehen, dann ist alles erledigt. Thomas besah sich nochmals das Telegramm und sagte: Ich kann mich unmöglich auf was einlassen, andererseits kann ich es mir mit diesen Leuten nicht komplett vertun. Nach einigem Nachdenken sagte Thomas: Es müßte jemand an die „Kronen Zeitung" telegrafieren, Thomas Bernhard sei im Ausland. Ja, sagte ich, Frau Hufnagl soll das aufgeben. Oder du, sagte Thomas. Nach einigem Zögern sagte ich: Gut, aber dann sofort, damit Hugelmann gleich auf jemand anderen umschalten kann. Ich gab Thomas ein Telegrammformular und die Schreibmaschine. Thomas schrieb:

> KRONEN ZEITUNG FEUILLETON WIEN. THOMAS BERNHARD IST BIS ENDE NOVEMBER IM AUSLAND. KARL HENNETMAIR

Wir freuten uns über diesen guten Einfall. Thomas sagte, das werde er jetzt öfter machen. Thomas wollte mit mir spazierengehen, aber ich mußte wegen Kopfschmerzen ablehnen. Thomas wollte dann alleine wandern, aber wir kamen ins Gespräch und ins Plaudern, sodaß es 17 Uhr war, als Thomas merkte, daß er den Spaziergang verpaßt hat. Denn gegen 18 Uhr sollte Stadlbauer nochmals wegen den Elektrospeicheröfen kommen, um die Temperatureinstellung zu prüfen. Daher mußte Thomas heimfahren, versprach aber wiederzukommen. Ich brachte das Telegramm an die „Kronen Zeitung" zur Post.
Um 19 Uhr kam Thomas mit einer Flasche Rotwein. Mit Omi und meiner Frau tranken wir sie aus. Später sahen wir uns noch in FS 2 Günther Nenning mit Ernst Bloch an. Um 22 Uhr fuhr Thomas heim. Den Vertragsabschluß mit Maxwald und den guten Einfall mit dem Ausland hatten wir gebührend gefeiert.

25. Oktober 1972

Um 7 Uhr 45 traf ich wieder mit Thomas vor dem Postamt Ohlsdorf zusammen. Nachdem Thomas und ich die Post entgegengenommen und durchgesehen hatten, gab mir Thomas ein riesiges Kuvert, das er von der „Kronen Zeitung" geschickt bekommen hatte. Schau, das geb ich dir, ohne es aufzumachen, sagte Thomas. Dann mach ich es auch nicht auf und gebe es unverschlossen in mein Archiv, sagte ich, denn ich bin auch nicht neugierig, was drinnen ist. Da trat Thomas herzu und riß das Kuvert auf. Es könnte ein Zettel drinnen sein, man muß doch nachsehen, sagte er. Im Kuvert waren aber vier Sonntags-Feuilletons, je zwei vom 15. Oktober und je zwei vom 22. Oktober, aber kein Zettel. Wir unterhielten uns noch einige Zeit, dann sagte sich Thomas für 14 Uhr zu einem Spaziergang an.

Thomas kam schon um 13 Uhr 30. Ich hatte wieder starke Kopfschmerzen und mußte den Spaziergang ablehnen. Thomas erzählte mir, daß er gerade von einem Essen mit O'Donell komme. Er hatte sich mit O'Donell bei Schachinger in Reindlmühl zum Essen verabredet, hatte aber vergessen, daß am Mittwoch bei Schachinger Sperrtag ist. Daher fuhr er mit O'Donell auf den Gmundnerberg in ein Gasthaus, das in einer Holzbaracke untergebracht ist. Dort hat er um 38 Schilling Suppe, Rostbraten und ein Viertel Apfelsaft konsumiert. So billig gibt's das nirgends mehr, sagte Thomas, und gut kochen kann die Wirtin auch. Es hat sehr gut geschmeckt. Und die Aussicht muß heute auch prachtvoll gewesen sein, sagte ich. Ja, natürlich, das auch, sagte Thomas. Und weil ich so gut gegessen habe und das Wetter so schön war, hab ich gleich nachher wieder einen Blödsinn gemacht. O'Donell hat bei Wickenhauser einige Zeichnungen geholt. Die Zeichnungen des Alten haben mir aber gar nicht gefallen, sondern die der Tochter. Die hatte die zwei Zeichnungen aber schon versprochen und verschenkt, daher wollte ich sie unbedingt. Als sie dann zustimmte, mir die Zeichnungen zu geben, fragte ich nach dem Preis, und da verlangte sie 1000 Schilling. Gut, die Zeichnungen geben viel Arbeit, aber der Preis war doch sehr hoch. Aber da ich sie wollte, bezahlte ich auch. Ich hab mir die Zeichnungen auch noch signieren lassen, ich zeig's dir. Thomas holte vom Wagen die Zeichnungen. Eine Äbtissin mit mehreren Schwestern vor einem Kloster war auf dem einen Blatt, auf dem zweiten zwei Hunde. Beide waren mit Eva Wickenhauser signiert. Ich fragte Thomas, was der Vater der Eva für seine Blätter verlangte. Um die hundert Schilling, sagte Thomas, aber der schmiert nur so rasch was hin. Da wußte ich, daß er mit diesem Ankauf dem Alten eins auswischen wollte. (Thomas gefällt sich immer sehr im Unruhestiften.)

Dann erzählte mir Thomas noch von einem Brief seiner Tante. Sie ist bereit, mit ihm nach Berlin zu fahren, ansonsten nimmt sie aber nichts zurück seit dem letzten Krach. Auch das Buch *Kalkwerk* in schwedischer Sprache hatte Thomas vom Auto gebracht. Das paßt gut, sagte er, daß es gerade jetzt in Schweden herausgekommen ist. Wir blätterten es durch und ergötzten uns an Namen von Personen und Orten, die unübersetzt aus dem Text hervorstachen.

So nebenbei, während mir Thomas das alles erzählte, hatte er das große Kuvert der „Kronen Zeitung", das ich auf dem Tisch liegen hatte, mit einem Kugelschreiber bekritzelt und beschrieben. Um 14 Uhr 15 erhob sich Thomas, gab mir das Kuvert und sagte, da hast du den Beweis, daß ich ein Narr bin. Ich lachte und sagte, ich werde mir das aufheben, kommst eh heute nochmal. Ja, sagte Thomas, ich komme noch.

Um 16 Uhr kam Thomas sehr aufgeregt zu meiner Frau und wollte mich sprechen. Sie sagte ihm, daß ich in Laakirchen sei und gleich kommen werde. Thomas sagte, er fährt mir entgegen. Beim Obermayr in Hildprechting begegneten wir uns. Thomas stoppte mich. Wir stiegen beide aus, und Thomas zeigte mir ein Telegramm von Dr. Rach und Dr. Unseld vom Suhrkamp Verlag. Unseld fragte an, ob es möglich sei, kommenden Sonnabend nach Nathal zu kommen. Nachdem ich gelesen hatte, fragte Thomas: Was soll ich machen? Diesmal hast du ja einen Durchschlag von deinem Brief gemacht, sagte ich. (In der Regel macht Thomas keine Durchschläge von Briefen, obwohl ich ihm das wiederholt angeraten habe. Nach Durchlesen der vier Seiten hatte ich nämlich Thomas damals gefragt, ob er einen Durchschlag habe, was er damals bejahte. Sonst hätte ich nämlich zu einer Fotokopie geraten, denn ich hatte damals das Gefühl, von so einem wichtigen Brief wird Thomas den Durchschlag noch brauchen.) Ja, den hab ich, sagte Thomas. Gut, den nimmst du und gehst Punkt für Punkt durch und verlangst Antwort, wenn Unseld da ist. Aber bevor du nicht durch bist mit dem ganzen Brief, läßt du dich nicht ablenken und abbringen von deinem Brief. Es ist gut, wenn Unseld kommt, dann weißt du wenigstens am Samstag schon, wie du dran bist. Dann kennst du am Samstag schon den Grad deiner Vernachlässigung. Thomas sagte nichts. Ich nahm daher nochmals das Telegramm zur Hand und las laut:

ERBITTEN ANTWORT, OB BESUCH SONNABEND MÖGLICH.
GRÜSSE RACH UND UNSELD

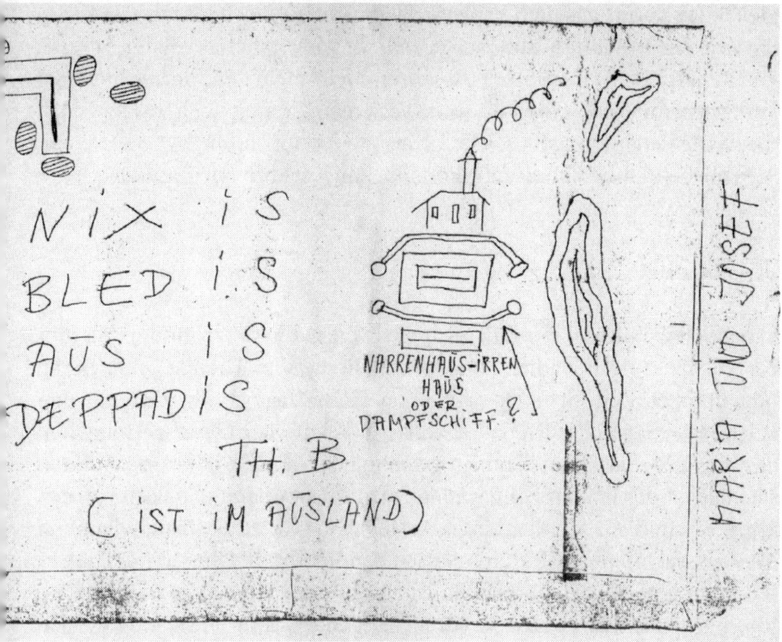

„Da hast du den Beweis, daß ich ein Narr bin“ (Thomas Bernhard, 25. 10. 1972).

Telegrafier zurück, Besuch möglich, sagte ich. Thomas reagierte gereizt. Möglich, das ist schon zuviel, das klingt blöd, sowas telegrafier ich nicht. Sonnabend, Sonnabend, bei mir heißt das Samstag. Wart, was soll ich telegrafieren, ich habs schon, der soll sehen, wie ich bin. Samstag Ja Bernhard. Das werde ich telegrafieren. Dann besprachen wir noch, daß er mit Unseld Erlauer trinken und daß er sie zum Hotel Schwan bringen werde. Daß Rach mit dabei ist, paßte Thomas gar nicht. Aber er sagte, da sei er selbst schuld, denn er habe gleich am Anfang, als Rach zum Verlag kam, zu Unseld gesagt, der Rach sei sehr gut. Dann ist es höchste Zeit, dem Unseld mitzuteilen, daß du deine Ansicht korrigiert hast. Je früher, je besser, sagte ich. Ja, sagte Thomas, das war blöd von mir, aber am Anfang hab ich wirklich geglaubt, der Rach sei gut. Unseld will ihn als seinen Nachfolger aufbauen. Wie ich das Telegramm bekommen hab, sagte Thomas weiter, habe ich

gleich das Kuvert aus dem Papierkorb gesucht, in welchem mir der Verlag die Zeitungsausschnitte zuschickte. Stell dir vor, an meine Wiener Adresse, Obkirchergasse 3, wo ich seit 10 Jahren nicht mehr bin, dort schickt der Verlag, „mein" Verlag, stell dir sowas vor, „mein" Verlag noch was hin. Aber das werde ich ihm zeigen, solche Leute hat der dort sitzen.
Anschließend fuhr Thomas zur Post, um an Unseld zu telegrafieren.

26. Oktober 1972

Um 12 Uhr 30 kam Frau Erika Schmied von der Lederau zu mir. Sie fuhr erst gar nicht nach Nathal, da sie der Meinung war, Thomas sei in Berlin oder Brüssel. Frau Schmied war schon einige Tage in der Lederau und zuletzt zwei Tage in Steyr, da ihr Verlag das Heft über Oberösterreich herausbringt. Merian. Frau Schmied erzählte über eine Stunde von den Eifersüchteleien der Frauen Hufnagl, Maleta und Pauser und natürlich von den argen Streitereien mit der Tante. Dann gab ich ihr einen Zettel, damit sie Thomas Nachricht am Tor hinterlassen konnte. Um 16 Uhr sah ich Thomas schon in die Lederau fahren. Um 18 Uhr 30 kam Thomas zu mir. Er blieb bis 21 Uhr 30. So nebenbei erwähnte Thomas, was für ein Unfug der Fitneßmarsch sei. Frau Maleta habe ihm gestern gesagt, daß sie heute mit ihren Bergkameraden zweieinhalb Stunden mit dem Auto fahren muß, um bei den Tormauern zwei Stunden zu marschieren.

27. Oktober 1972

Um 16 Uhr 30 kam Regisseur Ferry Radax von Nathal kommend zu mir. Er sagte, er wollte Bernhard besuchen, sein VW stehe im Hof, aber es sei niemand zu Hause. Wahrscheinlich ist Bernhard auf einem Spaziergang. Kurz darauf fuhr Frau Maleta von Nathal kommend nach Oberweis. Um 12 Uhr mittag hatte ich schon bemerkt, daß Frau Maleta Thomas nicht angetroffen hat, da sie sofort wieder wegfuhr.
Radax erzählte mir, daß er weitere 750.000 Schilling zusätzlich zu der vom ORF bewilligten Summe beim Zweiten Deutschen Fernsehen aufgetrieben habe, um den *Frost* verfilmen zu können. Er habe inzwischen jedoch vom

Suhrkamp Verlag erfahren, daß Thomas Bernhard mit seinem Drehbuch nicht zufrieden sei und den Film nicht machen lassen wolle. Er wollte daher vom Autor selbst hören, was wahr daran sei, da ihm vom Verlag nichts Konkretes gesagt wurde. Ich gab Radax den Rat, Thomas Bernhard vor vollendete Tatsachen zu stellen. Solange vom ORF kein Vertrag gemacht wird, soll er bezüglich des Drehbuches überhaupt nicht mehr mit Bernhard verhandeln, denn da sei Thomas grundsätzlich immer dagegen. Ich erzählte Radax, daß Thomas gegen den *Kulterer* noch negativer eingestellt war als gegen sein Drehbuch. Als es ernst war, hat er schließlich doch zugestimmt. So ähnlich erwarte ich es bei *Frost*. Radax fuhr um 17 Uhr 55 nach Ischl weiter, wo er vom Fremdenführer der Lehárvilla Aufnahmen machte. Ich sollte Grüße an Bernhard ausrichten und sagen, daß auch seine Einladung nach Schönbach im Waldviertel aufrecht bleibe.

28. Oktober 1972

Um 8 Uhr 45 kam Thomas zu mir. Er ersuchte mich, um 10 Uhr ins Café Brandl nach Gmunden zu kommen, um mit Frau Hufnagl die Mülnerhalt, einen Bergbauernhof, zu besichtigen. Frau Hufnagl, sagte Thomas, wolle verhindern, daß ihr Gatte im Waldviertel einen Hof kauft, daher möchte sie hier was Geeignetes auftreiben. Ich erzählte Thomas von Radax. Thomas sagte, er habe dem Verlag längst mitgeteilt, daß er den *Frost* von Radax nicht machen läßt. Das mußt du doch wissen, sagte Thomas, ich hab dir das damals erzählt. Ja, sagte ich, ich kann mich jetzt daran erinnern, aber solange Radax nicht mit einem Vertrag aufwarten kann, ist es ja egal. Ich sagte Thomas, daß auch Frau Maleta vergebens in Nathal war. Ja, sagte Thomas, sie hat mir einen Zettel hinterlassen. Ich bin mit Frau Hufnagl zur Erika in die Lederau gefahren, deswegen stand mein Auto im Hof. Wir haben mit Erika Schmied drei Flaschen Sekt getrunken. Um dreiviertel zehn abends sind wir bei dir vorbeigefahren, es war alles hell bei dir, aber wir waren schon müde und beschwipst und sind gleich nach Hause gefahren.

Ich erzählte dann Thomas, daß ich inzwischen dem Dr. Ortner gesagt habe, daß wir bei Lindner den Grund von Frau Brozsek besichtigt hätten und daß dieses Grundstück unmöglich zu verkaufen sei. Ja, sagte Thomas, das ist ein

„Aufhängegrundstück“, zum Aufhängen ist das sehr geeignet. Die Bäume stehen schon dort, es braucht einer nur mehr einen Strick und eine Stunde Mut. Der Tod ist der Höhepunkt des Lebens. Dort auf diesem Grundstück könnte man sich ungestört aufhängen. Was ist mit Unseld, fragte ich. Dem hab ich einen Zettel an das Tor gehängt, daß ich von 10 bis 12 Uhr im Café Brandl bin. Ich kann nicht zu Hause sitzen und warten, da werde ich so gereizt, da staut sich das bei mir so an, dann kommts zu was. Außerdem soll der ja nicht glauben, ich warte auf ihn.

Inzwischen war es 9 Uhr 30 geworden. Thomas, ich muß mich erst anziehen, ich kann nicht gleich mit dir fahren, sagte ich, ich komm um 10 Uhr 15 ins Brandl. Gut, sagte Thomas, dann werde ich die Hufnagl anrufen, damit sie nicht erst um 11 Uhr kommt. Er fuhr weg.

Um 10 Uhr 15 betrat ich das Café Brandl. Thomas saß mit Frau Hufnagl und mit einem Herrn, den ich noch nie gesehen hatte, an einem Tisch. Nach der Begrüßung wurde ich vorgestellt, der mir fremde Herr war Graf O'Donell. Die Stimmung am Tisch war eisig und paßte gut zu Graf O'Donell, der einen sehr ernsten, seriösen und korrekten Eindruck auf mich machte. Daher sagte ich sofort, nachdem ich Platz genommen hatte, zu Frau Hufnagl, ich wäre dafür, wenn wir die Besichtigung gleich machen würden. Ja, sagte Frau Hufnagl, aber Thomas will noch die Zeitung lesen, ich weiß nicht, ob er mitkommt. Thomas hatte sich inzwischen wieder über seine Zeitung gebeugt und grollte: Natürlich will ich Zeitunglesen, deswegen gehe ich ja ins Kaffeehaus, nur wegen der Zeitung, sonst würde ich gar nicht hereinkommen. Na, sagte ich, dann lassen wir jetzt Thomas seine Zeitung lesen, und wenn er fertig ist, wird er mitfahren. Ja, gut so, sagte Thomas. Jetzt wandte sich O'Donell an mich, er hatte auch seine Nase gleich wieder in die Zeitung gesteckt, nachdem ich Platz genommen hatte, und fragte mich, ob die mit einem Kreuz bezeichneten Artikel Reklameartikel seien. Ja, sagte ich, in diesen Artikeln steht immer was Angenehmes, mit Kreuz bezeichnet ist es Reklame. Ich weiß ein schönes, altes, leerstehendes Haus am Güterweg, sagte Graf O'Donell, das wird sicher zu kaufen sein, kennen Sie das nicht? Ich habe mit Thomas, sagte ich, das ganze Gebiet da drinnen wie mit einem eisernen Rechen durchgekämmt, ich kenne alle Häuser, ich wüßte nicht, daß da noch eines zu verkaufen wäre. Nur wenn sie mich nach Namen oder Güterwegen fragen, weiß ich das nicht. Wo liegt der Güterweg? Wo steht das Haus? O'Donell gab ausgehend vom Gasthaus Schachinger in Reindlmühl eine sehr exakte Wegbeschreibung zum Haus. Das Dach sei rückwärts jetzt schon etwas eingefallen, sagte er noch. Da wußte ich schon, welches Haus er meinte. Ach, sagte ich, das Haus ist mir vor drei Jahren schon aufgefallen. Ein solches wie das könnte ich fast jede Woche verkaufen. Dieses Haus gehört einem Förster, seine Frau ist eine Tochter vom Gasthaus Steinwies. Vom Gasthaus Steinwies habe ich vor Jahren Gründe abverkauft, da hab ich später dann versucht, dieses leere Haus zu bekommen. Der Besitzer, der Förster, war gerade mit einem Moped auf einen Rehbock weggefahren, da habe ich ihn noch eingeholt und wegen dem Haus mit ihm gesprochen. Aber es war zwecklos. Nicht um alles Geld gibt er das Haus her. Er läßt es zusammenfallen oder er reißt es ein, da er an dieser Stelle einen Neubau errichten will. So einen schönen Platz für ein Haus bekommt er nicht wieder, daher gibt er das Haus nicht her. Ja, sagte O'Donell, es ist eine außergewöhnlich schöne Lage und sehr sonnig dort, das stimmt. Wir besprachen dann noch die Verhältnisse am Aurachberg, unterhalb seiner Besitzung am Hochkreuth, usw.

Um 10 Uhr 45 sagte Thomas: So jetzt bin ichs, wir können fahren. Ich sag der Kellnerin, daß ich um halb zwölf wieder da bin, falls Unseld kommen sollte. O'Donell blieb im Café zurück. Wir fuhren über Pinsdorf zum Handstallbach und hinauf auf die Mülnerhalt. Der Besitzer war aus Attnang gekommen und war beim Mistführen. Da der Besitzer das Vieh noch nicht abverkauft hatte, dachte ich mir gleich, der wird nicht verkaufen wollen. So war es auch. Da er momentan kein Geld braucht und kein Vertrauen zum Schilling hat, will er mit dem Abverkauf noch zuwarten. Auf meine Aufforderung, „die Arbeit zu verkaufen", indem ich auf den Mist zeigte, sagte der Besitzer, die mache ihm weniger Sorgen, als wenn er jetzt den Kaufpreis für das Haus haben würde. Daraufhin kehrte ich von der Wiese zum Haus zurück, wo Frau Hufnagl und Thomas auf mich warteten. Ich erzählte kurz, was los war und sagte: Da ich seinen Argumenten nichts entgegenzusetzen habe, gebe ich weitere Versuche auf. Es sei eben nichts. Frau Hufnagl hätte die Lage sehr gefallen.

Zurück fuhren wir über Reindlmühl, da Thomas noch Butter und Brot zu kaufen hatte. Unterwegs sagte Thomas, daß Frau Maleta ihn und Unseld zum Mittagessen bei ihr eingeladen habe. Er könne aber der Einladung unmöglich folgen, da Frau Maleta viel zu burschikos sei, und wenn die ihn einmal in den Arsch zwickt, dann koste ihn dies bei Unseld fünfhunderttausend Schilling. Ja, aber was soll ich zu ihr sagen, jammerte Frau Hufnagl, mir hat sie ja auch gesagt, ich soll dir die Einladung überbringen. Sie wird mich fragen. Sag gar nichts, du weißt nichts, sagte Thomas, das ist eine unmögliche Frau, aber wo soll sie es herhaben?

Thomas hatte seinen VW auf der Esplanade beim Corso. Dort stiegen beide um, und ich fuhr heim. Ich war sehr froh, daß ich den „ungestümen Elefanten", der mir schon auf der Zunge gelegen ist, nicht ausgesprochen habe. In meinem bisherigen Verhalten, möglichst wenig mit den übrigen Bekannten von Thomas zusammenzukommen, wurde ich wieder bestätigt. Da würde ich nur in den Zwist mit hineingezogen. Als am 26. Frau Schmied bei mir war, sagte sie mir, daß Thomas einmal nach einem Streit mit seiner Tante die Hufnagls, die O'Donells und sie im Café Brandl verlassen und gesagt habe: So, jetzt fahr ich zu Hennetmair, da hab ich meine Ruh. Das war im Sommer um ca. 14 Uhr. Als sie dann um 18 Uhr bei mir vorbeifuhr, sah sie Thomas' VW noch immer bei mir stehen, und als sie nach Nathal kam, war die Tante am Packen.

29. Oktober 1972

Um 12 Uhr kam Thomas, um mir mitzuteilen, daß er bis Mittwoch mit Frau Hufnagl nach Wien fährt. Er traf mich aber nicht an und ließ diese Nachricht mit schönen Grüßen bei meiner Frau zurück.

31. Oktober 1972

Um 15 Uhr 30 nahm ich für Thomas ein Telegramm entgegen. Es war von Ernst Wendt, Schillertheater Berlin. Da dieses Telegramm besagte, daß die Aufführung *Der Ignorant* auf 11. 11. vorverlegt werden mußte, entschloß ich mich sofort, Wien, Obkirchergasse 3, Telefon 0222/3650842 (Hede Stavianicek) anzurufen. Tante Hede war am Apparat und sagte, daß Thomas bereits beschlossen habe, nicht nach Berlin zu fahren. Thomas werde übrigens morgen nach Nathal zurückkommen. Nach Austausch der üblichen Freundlichkeiten, ohne die es mit Tante Hede nicht geht, beendete ich das Gespräch. Gegen 18 Uhr legte ich sämtliche Post mit dem Telegramm für

Obernathal 2: der ehemalige Saustall dient als Hausbriefkasten.

Thomas in seinen ehemaligen Saustall, mit der Nachricht, daß ich morgen (Allerheiligen) erst nach 18 Uhr zu Hause sein werde.

1. November 1972

Um 18 Uhr kam Thomas. Ich sagte: Wir haben uns lange nicht gesehen. Er sagte: Alles ist schiefgegangen. Dann erzählte mir Thomas chronologisch, was geschehen war.

Vergangenen Samstag, als Thomas zu Mittag von Gmunden nach Hause kam, lag ein Telegramm von Dr. Rach im Haus, Ankunft 14 Uhr. Aber erst um 16 Uhr ist Dr. Rach gekommen, ohne Unseld. Dr. Rach hatte von Unseld einen Brief mit. Den betrachte er nicht als Antwort auf seinen Brief, sagte Thomas zu Rach. Eine Verrechnung hatte Rach auch mit. Auf der waren ungenaue Angaben wie „Auslandshonorar", woraus weder hervorging, für was noch von wo das bezahlt wurde. Diese Verrechnung hat Thomas zurückgewiesen und den Verlag in diesem Zusammenhang des Betruges beschuldigt. Dagegen verwahrte sich Dr. Rach, und Thomas schwächte dann ab und sagte „Betrug, oder wie man das sonst nennen sollte". Der Verlag hatte nämlich entgegen der Weisung von Thomas, 100.000 Schilling für die ORF-Aufzeichnung von *Der Ignorant und der Wahnsinnige* in Salzburg zu verlangen, nur 5000 DM verlangt. Daher wäre Thomas nach dieser Verrechnung nunmehr dem Verlag mehr schuldig als vor dieser Aufzeichnung. Thomas sagte, jetzt wisse er auch, warum auf den Geldüberweisungsscheinen immer „Option" draufstand. Er hat nämlich Dr. Rach angedroht, daß der Verlag von ihm keine einzige Zeile mehr bekommen werde. Da sagte ihm Dr. Rach, er müsse, weil der Verlag eine Option habe. Ich sagte Thomas: Damit, daß auf den Überweisungsscheinen Option steht, hat der Verlag noch keine Rechte, da könnte ja jeder jemandem ein Geld schicken und Option draufschreiben, so einfach geht das nicht. Natürlich, sagte Thomas, auf mich wird niemand eine Option haben. Ich geh halt zu einem anderen Verlag, ich bring meine Stücke auch selbst an.
Weiters sagte Thomas, daß auch das Linzer Landestheater den *Ignoranten* will. Er habe aber Rach gesagt, daß es in Österreich nur am Burgtheater aufgeführt werden dürfe. Er lasse es in Linz nicht spielen, weil er sich sonst täglich in den Lokalzeitungen über das Geschreibe über sein Stück ärgern muß. Auch in Graz will er die Aufführung nicht haben.
Abends war Thomas dann mit Rach und einigen Bekannten in Reindlmühl im Gasthaus Schachinger.
Nächsten Tag, zum Frühstück, war Thomas mit Rach im Hotel Schwan. Da hat er zu Dr. Rach dann gesagt, daß er am Vorabend beim Schachinger nur wegen der Gesellschaft lustig war, daß das aber für Dr. Rach nichts zu bedeuten habe. Er wolle ihm nochmals ausdrücklich sagen, daß die Angelegenheit mit dem Verlag sehr ernst sei. Er solle Unseld alles genau berichten, und er erwarte in Kürze eine ordentliche Verrechnung.

Dann, sagte Thomas, hab ich dir eh um 12 Uhr die Post dagelassen, daß ich nach Wien fahre. In Wien hat es mit der Tante wieder Streit gegeben. Ich hatte sie schon soweit, daß sie zu Weihnachten gekommen wäre, und über Neujahr wären wir nach Mailand und Venedig gefahren, denn da ist hier immer so eine tote Zeit. Ich hab nachgegeben, hab mir alles sagen lassen, aber sie hat so häßlich weitergeschimpft und mich provoziert, bis ich explodiert bin. Dann hat sie wieder gesagt: Aha, so bist du wirklich, jetzt hast du dich wieder gezeigt. Aber die Tante war ja immer schon ein Geizkragen. Ich war ja früher nur ihr Sklave. Als ich sie nach Sizilien begleitete, da war es ihr ganz Wurst, daß ich 40 Grad Fieber hatte, Hauptsache war, daß sie das sehen konnte, was sie sehen wollte. Bis ich dann zusammengebrochen bin. Wenn ich nur daran denke, vor fünfzehn Jahren, wenn ich da zehn Schilling benötigt habe, da habe ich drei-, viermal betteln müssen darum.

Weinberg 3: Thomas Bernhard hat den Tresor mit seinen Mechanismus so bewundert, daß er ihn von Karl Ignaz Hennetmair gekauft hat.

Die hat mich immer schon was anschauen lassen. Nur hat mir ihr Geiz damals imponiert, da ich dachte, da kann ich was lernen, denn man soll ja sein Geld nicht so hinauswerfen. Ja, und dann, stell dir vor, heute um 10 Uhr sollte Frau Hufnagl kommen, um mich zur Heimfahrt abzuholen. Da ruft sie an und sagt, ihr Mann läßt sie nicht weg. Ich fahre sofort zum Westbahnhof und verpasse um fünf Minuten einen Zug nach Attnang. Der nächste geht erst wieder in vier Stunden. Ich denke, was mach ich da, rufe die Tante an, sie soll kommen, um essen zu gehen und nochmals zu reden und in Güte auszukommen. Aber am Telefon war es dann erst ganz aus. Da war die Tante dann noch häßlicher. Wir haben uns dann so beflegelt, daß ich ihr zu Weihnachten nicht einmal eine Karte schreibe. Es muß sie jemand gegen mich aufgehetzt haben.
Inzwischen war es 19 Uhr 30 geworden, und wir gingen zur Omi in den ersten Stock zum Fernsehen. Thomas erzählte dann noch, daß er in „Hör zu" gelesen habe, daß er im Keller radfahre. Da sind wir ganz billig weggekommen in dem „Hör zu", sagte Thomas, und wir wärmten die Erinnerung an den Reporterbesuch auf. Dann wollte Thomas den Fernsehfilm *Leuchtturm* sehen. Vom Residenz Verlag wurde Thomas auf diesen Film aufmerksam gemacht. Das war die letzte Inszenierung des Regisseurs Vojtech Jasny. Da Jasny auch den *Kulterer* machen wird, ist es sehr interessant, seine Arbeit zu sehen. Als während des Films Halluzinationen gezeigt wurden, sagte Thomas: Fata Morgana – Mutter Morgana. Später war er dann wieder gut aufgelegt und sagte: Der Tod ist die Krönung des Lebens.
Um 22 Uhr fuhr Thomas nach Hause.

2. November 1972

Um 8 Uhr traf ich Thomas beim Postamt Ohlsdorf. Ich fragte ihn, warum er gestern nicht gekommen sei. Er sagte, er wollte das nicht, daß er wieder jeden Tag bei mir sei. Ich sagte: Dann mußt du heut das Sauerkraut und die Grammelknödel essen. Thomas sagte noch, daß er sich gestern zu Hause den Film über den verstorbenen Ezra Pound angesehen habe. Der Ezra Pound ist besser als tausend Böll, sagte Thomas. Pound ist ein Mann, der wirklich gut war.

3. November 1972

Um 18 Uhr 50 kam Thomas. Er erzählte, daß er nach Salzburg gefahren sei und daß er unterwegs dauernd italienische Opernarien gesungen habe. In Salzburg bei Schaffler bekam er das Mittagessen anstelle von Peter Handke, da dieser wegen Nebel von Frankfurt nicht abfliegen konnte. Da Handke zwölf Stunden Bahnfahrt hat, hatte Schaffler Angst, ob Handke abends pünktlich zur Lesung eintrifft. Bei Schaffler traf Thomas einen Mann aus Seeon in Oberbayern, der immer nach Traunstein einkaufen fährt. Der war recht erstaunt, als Thomas ihm sämtliche Geschäfte einer Straße der Reihe nach aufzählte. Dem Schaffler erzählte Thomas, daß eine tote Sau mit ca. 60 kg zwei Tage vor seinem Fenster gelegen sei. Sein Nachbar Maxwald hatte die verendete Sau mit einer danebenliegenden Schaufel wahrscheinlich vergessen einzugraben. Da Schaffler schon einige

Führten in Salzburg und später auch auf dem Standlhof im Lungau ein gastliches Haus: Wolfgang Schaffler und seine Frau Gudrun.

Male von Maxwald ein geselchtes Schwein bekommen hat, hat er sich nun einen Grausen geholt bei dieser Erzählung. Thomas machte nämlich mit Händen und Füßen vor, wie das Schwein alle Viere von sich streckte und auf dem Misthaufen lag. Thomas selbst ließ sich aber den Appetit nicht verderben, er vertilgte drei Grammelknödel mit einer großen Portion Sauerkraut.

Thomas sagte, daß er inzwischen auch einen Brief von der Tante erhalten habe. Er werde alles versuchen, den Streit zu beenden, denn die Tante will auch nicht in Feindschaft sein mit ihm.

Der Eilbrief vom Montag, sagte Thomas, war von Dr. Rach. Darin teilte er ihm die Besetzung des *Ignoranten* von Zürich mit. Na, sagte ich, das zeigt schon, daß der Verlag weitermachen will. Thomas hat sich nämlich beim Besuch von Rach unter anderem darüber beschwert, daß ihm von Zürich nicht einmal die Besetzung mitgeteilt wurde.

Als Thomas alles berichtet hatte, fragte er mich, was es bei mir Neues gibt. Ich konnte ihm berichten, daß mein Sohn Walter am 29. 10. in Australien einen Sohn bekommen hat und daß der Luftpostbrief schon am 2. 11., also gestern, eingelangt ist. Thomas glaubte nämlich, wir hätten ein Telegramm bekommen. Ich konnte aber Thomas auch mitteilen, daß mein Sohn den Namen für den Neugeborenen schon ausgewählt hat. Bernhard soll er heißen, sagte ich. Thomas war begeistert. Bernhard sei ein schöner Name, sagte er. Im Knaur Taschenbuch-Lexikon habe er unter „Bernhard“ nachgelesen, da stehe er an zweiter Stelle. An erster Stelle steht Bernhard von Clairvaux, weißt du eigentlich, wer das war? Natürlich, der Ordensgründer, der heilige Bernhard, sagte ich. Aber du hast noch nie gesehen, wie er in den Kirchen dargestellt wird, weil bei Führungen diese Darstellungen übergangen werden. Im Kloster Stams in Tirol und in einem oberbayrischen Kloster unweit Traunstein habe ich diese Darstellung entdeckt. Der hl. Bernhard kniet vor Maria, und diese spritzt ihm die „geistige Speise“ mit entblößter Brust ins offene Maul. Ich glaube aber, ich hab dir schon einmal erzählt davon. Kann sein, sagte Thomas, aber laß dir sagen, wer nach mir kommt. An dritter Stelle steht ein deutscher Herrscher aus dem 16. Jahrhundert und als vierter Prinz Bernhard der Niederlande. Ich hab gedacht, ich muß einmal nachsehen, man kann nie wissen, und tatsächlich war ich drinnen. Dabei kostet die ganze Taschenbuchausgabe nur siebzig Schilling, ich hab’s dann gleich gekauft.

Um 21 Uhr 10 fuhr Thomas nach Hause. Wir vereinbarten vorher noch, daß ich um 9 Uhr zu ihm komme und mir einige Flaschen Most hole. Dabei wollten wir einige Besichtigungsfahrten nach Linz und Wels für nächste Woche besprechen.

4. November 1972

Um 9 Uhr fuhr ich bei Thomas in den Hof ein. Sein Auto war weg, kein Zettel war hinterlassen, aber er hatte mir das Tor offen gelassen. Das war eindeutig genug, und ich füllte mir die Flaschen im Keller.
Um 11 Uhr 30 kam der Briefträger mit einem Telegramm für Thomas. Es war aus Frankfurt. Da mir der Postbote nicht sagen konnte, ob ein dringender Termin im Telegramm steht, öffnete ich. Aufgabenummer: 6195, Aufgabezeit: 3. 11., 17 Uhr 22:

> BRIEF VON DR. UNSELD UNTERWEGS.
> GRUSS SEKRETARIAT SUHRKAMP VERLAG

Ich fuhr damit nach Nathal. Der Hof war nun versperrt, der Schlüssel lag diesmal am zweiten Fenster rechts. Ich hinterließ das Telegramm unter dem Schlüssel.

5. November 1972

Thomas kam um 12 Uhr 30. Wir besprachen das Telegramm von Unseld und unterhielten uns bis 13 Uhr 30 sehr gut. Mitten in diese Unterhaltung kamen die Ehegatten Salomon mit Ingrid Aue aus Linz, um in Neukirchen bei Altmünster einen Baugrund zu besichtigen. Da Thomas gerade so gut in Fahrt war, ersuchte ich ihn, nach Neukirchen mitzukommen. Wie üblich hörte Thomas dann aus ca. 20 Metern Entfernung meinem Verkaufsgespräch, das ungefähr eine Viertelstunde dauerte, zu. Thomas hält sich da immer sehr diskret im Hintergrund. Er paßt aber immer sehr genau auf, und diesmal hat er die Interessenten wieder einmal genau wie ich eingeschätzt.

DIE GARBO HEISST THOMAS

Wenn Reporter kommen, versteckt er sich in seinem Vierkanthof in Ohlsdorf oder flüchtet im gelben VW. Thomas Bernhard ist scheu wie die Garbo. Oder so raffiniert? „In zehn Jahren habe ich den Nobelpreis", soll er einmal gesagt haben. Wir zitieren Bernhard nach dem Interview-Film „Drei Tage".

... Manchmal kommt mir vor, daß die einzelnen Kapitel in einem Buch so wie einzelne Räume in diesem Haus sind. Die Wände leben – nicht? So – die Seiten sind wie Wände, und das genügt. Man muß sie nur intensiv anschauen. Wenn man eine weiße Wand anschaut, stellt man fest, daß sie ja nicht weiß, nicht kahl ist ... Es ist eine ungeheure Bewegung an den Wänden. Tatsächlich gleichen Wand und Buchseite sich vollkommen ...
Das Furchtbarste ist für mich Prosa schreiben ... Überhaupt das Schwierigste ... Und von dem Augenblick an, in dem ich das bemerkt habe und gewußt hab, habe ich mir geschworen, nur noch Prosa zu schreiben ...
So bis siebzehn, achtzehn Jahre hab' ich nichts so gehaßt wie Bücher ... Ich hab' bei meinem Großvater gelebt, der hat geschrieben, und es war eine riesige Bibliothek da, und immer mit diesen Büchern zusammen zu sein, durch diese Bibliothek gehen zu müssen, jeden Tag, war für mich allein grauenhaft ... Und warum schreibe ich Bücher? Aus Opposition gegen mich selbst plötzlich, und gegen diesen Zustand – weil mir Widerstände, wie ich schon einmal gesagt habe, alles bedeuten ... Ich wollte eben diesen ungeheuren Widerstand, und deshalb schreibe ich Prosa ...
Ich bin aus reiner Langeweile ... auf das Schreiben gekommen ... Ich hab' einfach Papier und Bleistift genommen, mir Notizen gemacht und den Haß gegen Bücher und Schreiben und Bleistift und Feder durch Schreiben überwunden, und das ist sicher die Ursache allen Übels, mit dem ich jetzt fertig zu werden hab' ...

(„Kurier", 4. 11. 1972)

Anschließend gingen wir auf die Krucka und kontrollierten Haus und Wald. Thomas drängte aber heim, er wollte zu Hause mit mir noch einen Spaziergang zur Grotte unternehmen. Ich fuhr also heim, und wir liefen von 15 bis 17 Uhr zwischen Aupointen und Grotte im Kreis. Unser Gespräch drehte sich hauptsächlich um den Suhrkamp Verlag und Dr. Unseld. Es begann ein großes Rätselraten über den telegrafisch angekündigten Brief. Um 17 Uhr mußte ich meine Tochter Reinhild nach Attnang zum Zug bringen. Im letzten Moment ersuchte mich Thomas, ob er mitkommen dürfe. In Attnang kaufte Thomas einen „Kurier" vom Samstag und schenkte mir diesen. Er hatte mir am Nachmittag schon viel über den Artikel im „Kurier Magazin" erzählt. Wir lachten über den Titel „Die Garbo heißt Thomas". Daß Erika Schmied das Foto gemacht hat, daran konnte sich Thomas nicht mehr erinnern. Anfänglich verwechselte Thomas auch die Kurierreporter mit denen von „Hör zu", die bei mir eine Stunde im Wohnzimmer waren, und sagte: Das können sie nur von dir haben, daß ich gesagt habe, „in zehn Jahren habe ich den Nobelpreis", denn sonst habe ich das niemand gesagt. Da erinnerte ich Thomas daran, daß die Reporter vom „Kurier" bei meinem Sohn Wolfgang waren, während wir zu Lindner am Wiesbergkogel geflüchtet waren. Außerdem, sagte ich, hast du diese Äußerung auch gegenüber den Schmieds gemacht, und die stammt, wie das Foto, von Erika. Wahrscheinlich hat sie in Steyr beim Merianfest die Kurierreporter informiert, in ihrem Schwips, bis 3 Uhr früh. Na, es ist mir eh ganz Wurscht, sagte Thomas, wenn da steht, daß ich das gesagt haben soll.
Um 18 Uhr 30 waren wir wieder von Attnang zurück, und Thomas blieb bis 21 Uhr 10. Wir vereinbarten, daß ich Thomas um 8 Uhr gleich den Brief von Dr. Unseld bringe und daß wir um 9 Uhr mit meiner Frau nach Wels zum Großeinkauf fahren.

6. November 1972

Um 8 Uhr brachte ich Thomas die Post. Es waren zwei Briefe vom Suhrkamp Verlag dabei. Ich fuhr gleich wieder weiter.
Um 9 Uhr kam dann Thomas zu mir. Den Brief von Unseld muß ich dich lesen lassen, er ist so kompliziert, ich kenn mich da nicht aus, sagte

Thomas. Als er nach dem Brief greifen wollte, merkte er, daß er den Brief in Nathal gelassen hatte. Wir fuhren also nach Wels, und Thomas berichtete mir mündlich vom Brief. In Wels kaufte sich Thomas ein schwarz-grünes Pepitasakko und eine schwarze Hose. Dann besuchten wir sechs Optiker, um das billigste Hygrometer aufzutreiben. Zu 74 Schilling kauften wir dann jeder ein Stück, damit wir die Luftfeuchtigkeit in unseren alten Häusern messen können. Die Hygrometer mußten justiert werden, was eine Stunde dauerte. Der Großhandel hatte über Mittag offen, und so kamen wir erst um 15 Uhr wieder zurück. Nach dem Entladen aller Lebensmittel fuhren wir sofort nach Nathal, und ich las den Brief des Dr. Unseld vom 3. November 1972. Ich sagte Thomas, der mich fragte, was ich zum zweiten Vorschlag zu sagen habe, daß er zwar genau wisse, wieviel er in fünf Jahren bekommt, daß er aber nicht wisse, wieviel er dem Verlag bringen wird. Und das könne man aufgrund der beigeschlossenen Konten-Abrechnung nicht abschätzen, da keine Einzelposten angegeben sind. Ich sagte Thomas weiter, wenn man nicht alle Einzeleingänge detailliert kennt, kann man nicht abschätzen, was herauskommt, er soll vom Verlag eine detaillierte Aufstellung verlangen. Es sei auch anzunehmen, daß nicht alle Eingänge in der Abrechnung erfaßt sind. Er müßte eine Kontrollmöglichkeit haben. Mit so einem Kontoauszug wie dem vom 24. 10. 1972 kann man nicht einfach 66.787,97 DM verlangen, das muß nachgewiesen werden.
Ich hatte noch vor 17 Uhr in Gmunden zu tun. Thomas ersuchte mich, ob er mitkommen könne, er werde im Auto sitzen bleiben. Dann fragte mich Thomas noch vor der Abfahrt bei mir zu Hause, ob er nicht gleich auf meiner Schreibmaschine den Brief an den Unseld schreiben dürfe, damit er noch heute weggeht. Thomas verlangte also in seinem Brief an Unseld eine detaillierte Aufstellung und schrieb, daß er ohne diese keine Entscheidung fällen könne. Wir fuhren dann nach Gmunden, und dort ließ ich den Brief von Dr. Unseld und die Kontenabrechnung fotokopieren. Bezüglich eines weiteren Vertrages mit Unseld haben wir natürlich eine Menge Varianten durchbesprochen, aber im großen und ganzen waren wir uns einig, daß wir auf einer detaillierten Abrechnung bestehen und danach entscheiden.
Bei der Rückkehr um 18 Uhr war gerade Oberingenieur Emil Bernath mit seiner Lebensgefährtin auf meinem Parkplatz angekommen. Gemeinsam mit den Bernaths nahmen wir dann bei mir das Abendbrot und gingen später auf Rotwein über. Thomas erzählte viel über seine Aufenthalte in der

Schweiz, unter anderem, wie er bei Zuckmayer war. Thomas erzählte, daß bei Zuckmayer auch seine erste geschiedene Frau auf Besuch war, die sich mit der zweiten Frau sehr gut verträgt. Diese erste Frau von Zuckmayer hat ihn dann mit einem alten schäbigen Auto nach Zürich mitgenommen und ihm dauernd erklärt, wie man ganz wenig Geld ausgibt, usw. Diese Frau sei sehr reich und unglaublich geizig, und Thomas erzählte die ganze Geizgeschichte derart lustig, daß eine gute Stimmung aufkam. U. a. erzählte Thomas auch, daß seine Mutter in Genf geboren sei, da sein Großvater damals in Genf studiert hatte.
Um 21 Uhr 30 verabschiedeten sich die Bernaths. Thomas war aber schon so in Fahrt, daß er meine Frau, Omi und mich noch bis 23 Uhr 45 prächtig unterhielt. Wir hatten natürlich wieder einen zehn Minuten langen Lachkrampf, der sich erst legte, als jeder einzeln den Raum verließ. Jeder für sich und in eine andere Richtung, damit wir uns nicht weiter gegenseitig zum Weiterlachen anstecken konnten. Als Thomas schließlich wegfuhr, waren wir fast 15 Stunden ununterbrochen beisammen. Aber die letzten zwei Stunden vergingen wie eine halbe Stunde, sagte Thomas. Es war wirklich so.

8. November 1972

Um 12 Uhr 15 kam Thomas. Er erzählte, daß er gestern an Unseld einen Brief geschickt habe, daß er die Verrechnung für 1972 auch detailliert haben möchte. Weiters zeigte mir Thomas einen Brief des Vereines für Bewährungshilfe aus Krems, in dem sich der Präsident, ein Justiz-Oberstleutnant, für den Csokor-Preis von 15.000 Schilling bedankt. Auf diesem Brief hatten noch zwei Justiz-Leutnants als Kassier und Sekretär mitunterschrieben. Der Brief war vom 28. 10. 1972 datiert.
In dem Brief an den Unseld, sagte Thomas weiter, habe er auch die gesamte Korrespondenz mit dem ORF bezüglich der Aufzeichnung in Salzburg verlangt.
Bis 13 Uhr 15 besprachen wir wieder alle Probleme, aber dann mußte ich Thomas bitten, mich alleine zu lassen, da ich eine dringende Verrechnung zu machen hatte. Ich versprach Thomas, mit ihm um 15 Uhr nach Bad Hall zu fahren, da ich dort und in Kirchdorf an der Krems zu tun hatte. Thomas

war nämlich am Vortag in Wels, um die „Neue Zürcher Zeitung" zu kaufen, aber in ganz Wels gibt es keine „Neue Zürcher Zeitung". In Bad Hall werden wir sicher eine bekommen. Thomas fieberte der Kritik über die Aufführung in Zürich entgegen. Thomas bat mich für 15 Uhr zu sich, damit er nicht stört, falls ich um 15 Uhr noch nicht fertig sein sollte. Um 15 Uhr 15 war ich also bei Thomas, und wir fuhren in meinem Wagen nach Bad Hall. Wir bekamen die „Neue Zürcher Zeitung" mit einer Kritik unter dem Titel *Der Ignorant und der Wahnsinnige.* Thomas war mit der Kritik zufrieden, mit der Aufführung natürlich nicht. In der „Weltwoche" und in der „Arbeiterzeitung" entdeckten wir am Abend noch kleine Artikel über die Aufzeichnung des *Ignoranten.* Anschließend wartete Thomas dreimal geduldig, bis ich meine Geschäftsbesuche erledigt hatte.
Bei dichtem Nebel kamen wir um 19 Uhr zurück. Nach den Nachrichten fuhr ich mit Thomas und meiner Frau in das Gasthaus Waldesruh in der Kohlwehr in Aupointen. Seit acht Tagen habe ich dort das Extrazimmer für uns drei reservieren lassen, weil Thomas das Stück in Farbe sehen wollte. Thomas wurde von Frau Maleta und O'Donell zum Farbfernseher geladen, aber er sagte, er sei bereits eingeladen. Er sagte, er wolle alle diese Freundschaften wieder abbauen, schön langsam, möglichst unauffällig. Die Einleitung mit Peymann und Kaut fand Thomas sehr gut. Es wurden die Ansichten über den Skandal behandelt. Während der Aufzeichnung sprachen wir drei kein einziges Wort. Wenn Thomas keine Bemerkung macht, so tun es meine Frau und ich auch nicht. Zum Ende der Sendung war eine Flasche Rotwein leer, und ich bestellte eine neue. Wir besprachen noch kurz die Aufzeichnung und wollten sehr in Ruhe eine Nachlese machen. Es kam aber der Gastwirt Wiesmayr und setzte sich zu uns. Er fragte Thomas, den er längst vom Eisstockschießen kennt, wie er sich da fühle, wenn er sein eigenes Stück im Fernsehen sehe. Ohne eine Antwort von Thomas abzuwarten, sagte ich zu Wiesmayr: Jetzt werden wir dich ausfragen, wie du dich fühlst, wenn du die Getränkesteuer ablieferst. Ich weiß nämlich, daß deine Schnäpse im Austragstüberl deiner Mutter aufbewahrt werden, also privat, und diese vom Stüberl aus ausgeschenkt werden. Ich weiß aber auch, daß du noch mehr Getränkesteuer bezahlst als zum Beispiel Frau Asamer, denn die hinterzieht noch mehr als du. Wiesmayr senkte den Kopf und schwieg. Dann habe ich mit ihm ein Gespräch über seine Familie, seinen verstorbenen Vater entfacht, sodaß Thomas nach eineinhalb Stunden sagte, wenn er

sowas in einem Roman schreiben würde, würden alle sagen, das sei erfunden und maßlos übertrieben. Der verstorbene Vater haßte seinen Sohn, und vor einigen Monaten war ein tödlicher Unfall mit einem noch vom Vater stammenden versteckten Gewehr, für den der Sohn bestraft wurde, usw.
Erst um 1 Uhr 15 brachen wir auf. Da ich Thomas nachmittags abgeholt hatte, mußte ich ihn auch nach Nathal zurückbringen. Für den nächsten Tag hatten wir wieder einiges ausgemacht.

9. November 1972

Um 8 Uhr 15 war ich mit der Post bei Thomas. Im Schlafmantel öffnete er das Fenster. Ich sagte zu Thomas, um 13 Uhr 30 könne er kommen, da hätte ich Zeit. Und damit du dich nicht verkühlst, gehe ich gleich wieder. Um 13 Uhr 30 kam dann Thomas. Wir fuhren mit Omi nach Wels. Dort machte sich Omi mit der neuen Nähmaschine vertraut, und Thomas und ich fuhren zum Großhandel und zum Bahnhof. Im Großhandel hatte Thomas billige Bettwäsche entdeckt. Er kaufte um über tausend Schilling Bettwäsche. Am Bahnhof erkundigten wir uns über einen Zug nach Zürich, denn wir möchten in der nächsten Woche die Aufführung in Zürich gemeinsam anschauen. Thomas will aber über die Direktion keine Karten besorgen, denn sonst werden die dort auf ihn aufmerksam. Er möchte nicht gesehen werden. Höchstens, so überlegte Thomas, ich geh erst zwei Minuten vor der Vorstellung hin und verlange zwei Karten. In der Intendantenloge muß ich Platz kriegen, und nachher hau ich einfach gleich ab und laß mich nicht blicken. Am Bahnhof kaufte mir Thomas noch die „Salzburger Nachrichten", damit ich den Artikel über Peymann lesen könne, sagte er, und „Die Welt". Wir hatten eigentlich dauernd über das Stück und den Skandal gesprochen. Ich sagte zu Thomas: Außer mir weiß niemand, daß du den Skandal so stark geschürt hast, nicht einmal die „Geschürten" haben das so richtig gemerkt. Ja, sagte Thomas, wenn ich den Skandal nicht gewollt hätte, wäre es nie dazu gekommen. Natürlich, sagte ich, das weiß ich ganz genau. Aber im Stück selbst ist doch schon die Absicht zum Skandal enthalten, es wundert mich, daß du schon alleine deswegen nicht mehr hineingezogen wirst.

Später besuchten wir mit Omi noch die Versteigerungshalle Koller, um nachzusehen, was es dort Günstiges gibt. Tatsächlich entdeckten wir einen alten Sessel, der in das Bauernhaus von Thomas paßte. Für den beschädigten Lederüberzug suchten wir in der Lederabteilung Flecke zum Flicken aus, und Omi kaufte dann auf Anraten von Thomas weitere vier Sessel mit Polsterung für ihr Wohnzimmer. Auch für den Sessel, auf dem Thomas immer sitzt, kauften wir billigen Ersatz. Ein herrlicher alter Hartholzsessel kostete nur hundert Schilling. Da mußte man zugreifen. Thomas entdeckt immer die günstigen, billigen Sachen. Auch zwei alte Bilder zu je 20 Schilling kaufte Thomas, aber nur wegen der Rahmen, die Bilder waren wertlos. Wieder, wie am Vortag, kamen wir im dichten Nebel um 18 Uhr 30 mit sechs Sesseln, Wäsche usw. heim. Bis 20 Uhr 45 blieb Thomas noch da. Da es am Vortag so spät wurde, spürten wir Schlaf.
Je länger Thomas mit mir zusammen ist, umso weniger kann ich aufschreiben. Denn es ist unmöglich, so lange Gespräche nachzuzeichnen. Ich sagte zu Thomas, sein *Ignorant* brauchte nur mit ein paar Kunstgriffen geändert werden, dann wäre es eine Komödie. Viel mehr komisch, als es dieser *Ignorant* ist, sagte ich, dürfte auch eine Komödie nicht sein, sonst wirkt sie nicht klassisch. Natürlich, sagte Thomas, das wird schon noch kommen.
Bevor Thomas heimfuhr, ersuchte er mich noch, morgen Freitag von Gmunden sechs Zeitungen mitzubringen. Er sagte, daß ihn heute um ca. 11 Uhr Frau Grete Hufnagl mit Irina, der Lebensgefährtin von Hansi Rochelt, überfallen habe. Er hat sie aber nur ins Austragstüberl geführt und alle Einladungen abgelehnt. Aus diesem Grunde war er froh, daß wir nach Wels gefahren sind, denn bei mir oder zu Hause ist er vor weiteren Besuchen nicht sicher. Da er befürchtet, daß sie morgen im Café Brandl auf ihn lauern werden, werde er nicht hineinfahren, um Zeitungen zu lesen, denn er will von beiden nichts wissen.

10. November 1972

Von Gmunden kommend traf ich mit Post und Zeitungen um 8 Uhr 45 bei Thomas ein. Die Artikel in den „Salzburger Nachrichten“ und im „Kurier“ kenne ich schon, sagte ich zu Thomas. „Die Zeit“ war mir zu umfangreich, um sie durchzusehen. Wenn was drinsteht von dir, sag mirs. Thomas fragte

mich, wann ich heute Zeit für ihn hätte, denn wenn die Weiber ihn im Café nicht treffen, werden sie sicher kommen. Ab 13 Uhr, sagte ich, wenn dir was Gutes einfällt, ich hab dann nur zwei kurze Besuche in Altmünster und Neukirchen zu machen, wir können ja auch da drinnen spazierengehen. Nach einer Viertelstunde bin ich wieder weg.
Um 13 Uhr kam Thomas. Er erzählte, daß Frau Hufnagl und Irina nach 11 Uhr bei ihm waren. Sie wollten, daß er mit ihnen essen geht und nach Wien mitfährt. Er hat alles abgelehnt. Auch essen geh ich nicht, habe ich gesagt. Wozu soll ich mit denen essen gehen, kommt gar nicht in Frage, ich will überhaupt den ganzen Kontakt nicht mehr. Stell dir vor, der O'Donell hat zu den beiden gesagt: Wie kommt man dazu, sich zwei Stunden was vom Sezieren anhören zu müssen. So reden die über mein Stück. Außerdem, was sich die Leute gleich einbilden, wenn man nur einmal mit ihnen gegessen hat. Vom Bruder von der … [Maleta] bekam ich heute einen Brief. Er schreibt, er sei Präsident des Lions-Clubs und er habe gedacht, ich wäre der Richtige für einen Festvortrag bei der Generalversammlung. Mit „Lieber Freund Thomas" redet er mich an. Dabei hab ich mit ihm nicht Bruderschaft gemacht, ich hab nur einmal gegessen bei ihm. Aber ich werd ihm schon schreiben, ich werd ihm den Freund schon geben. Sehr geehrter Herr Dr. Scheid, werd ich ihm schreiben. Oder gar nicht, warf ich ein. Doch, ich muß ihm schreiben, sagte Thomas.
Dann gab mir Thomas zwei Zeitungsausschnitte, einen vom „Tagesanzeiger" vom 7. November und einen aus der Zeitung „Die Tat" vom 8. November. Beide Zeitungen sind aus Zürich, sagte Thomas. Die Kritiken hat mir meine ehemalige Quartierfrau geschickt. Nun will ich doch eher nicht nach Zürich fahren, bitte lies.
Dem Kritiker Christoph Kuhn schien eine derartige Verzerrung der Intentionen des Autors unzulässig. Dieser Kuhn schrieb auch, daß er die Salzburger Aufführung gesehen habe. Es war von unerlaubten Gags die Rede und davon, daß die Aufmerksamkeit der Zuschauer immer wieder vom Text weg auf Äußerlichkeiten gelenkt wird. Usw. Naja, sagte ich zu Thomas, vielleicht ist es wirklich besser, wenn du das Stück nicht siehst, denn nach dieser Kritik ist das Stück eigentlich kein Thomas Bernhard mehr. Das ist „nach einem Stück von Thomas Bernhard, bearbeitet von Cossardt". Ich sagte: Wie ist das eigentlich, es heißt da, Bernhard gibt für die Interpretation seiner Partitur kaum Regieanweisungen. Kann da ein Regisseur

machen, was er will? Nein, sagte Thomas, wenn keine Regieanweisung da ist, dann deswegen, weil nichts zu machen ist. Wenn ich das wollte, daß der Arzt mit einer Schere in der Luft herumfuchtelt, dann hätte ich das im Stück verlangt. Aber es hat nur der Text gespielt zu werden, und sonst will ich nichts. Und weil ich nichts will, steht auch keine Regieanweisung dort. Es hat nichts zu geschehen, weil es nur vom Text ablenkt.
Das Gespräch, das sich nun entwickelte, dauerte über eine Stunde. Thomas sagte, er werde doch mitkommen, da ich sagte: Ich werde mir schon aus Neugierde die Aufführung ansehen. Er werde die Aufführung stören, sagte Thomas. Bis sie mich verhaften lassen. Dann wird sich herausstellen, daß ich der Autor bin. Ja, sagte ich, der Autor von *Der Ignorant und der Wahnsinnige*, aber nicht der Autor von dem Stück, das dort gespielt wird. Wenn der schon schreibt, „als wär's Boulevardtheater", dann spielen die ja genau das Gegenteil von dem, was du geschrieben hast. Und das Komische betonen und einige Schilderungen vom Sezieren weglassen, da ist ja die Komödie fertig. Ja, sagte Thomas, aber die Dr. Elisabeth Brock-Sulzer schreibt wieder ganz was anderes in ihrer Kritik. Darum müssen wir hinfahren, um zu sehen, was da wirklich gespielt wird und um zu sehen, was aus so einem Stück alles gemacht werden kann, sagte ich. Ja, sagte Thomas, ich muß beim Verlag nur mehr drucken lassen und alle Rechte bei mir behalten. Dann gebe ich jedes Stück von mir überhaupt in jedem Land nur mehr an ein einziges Theater. Und dort werde ich Regisseur und Darsteller bestimmen. Ja, sagte ich, und das Vierfache an Honorar verlangen, damit sich das finanziell ausgleicht. Du brauchst nur verlangen, sie werden schon zahlen. Dann sagte Thomas noch, daß in der „Zeit" seine Lesung in Berlin für 17. 11. angekündigt sei, obwohl er diese Lesung schon vor mehreren Wochen abgesagt hat.
Um 15 Uhr 15 fuhren wir über Regau nach Altmünster und Reindlmühl. In Regau besuchten wir einen Antiquitätenladen, und in Reindlmühl gingen wir zur Krucka. Wir kontrollierten das Haus, lüfteten und spazierten über die Wiesen. Auf der Krucka und den umliegenden Bergen war es nebelfrei. In Ohlsdorf hatten wir schon 14 Tage ununterbrochen Nebel. Nachdem ich anschließend meine zwei geschäftlichen Besuche gemacht hatte, kaufte Thomas eine Abbeize, und wir fuhren nach Nathal, um seine Bilderrahmen abzubeizen. Wir fuhren bei mir zu Hause vorbei, und ich nahm einige leere Flaschen für Most mit, denn der Most von Thomas ist inzwischen gut trink-

bar geworden. Der Most vom Vorjahr, was sehr selten ist um diese Jahreszeit. Je blöder der Bauer, umso besser der Most, sagte ich zu Thomas.
Gegen 18 Uhr 30 fuhren wir wieder zu mir nach Weinberg. Diesmal waren wir übrigens in Thomas' Wagen unterwegs, da nichts einzuladen war und er sehr gute Nebelscheinwerfer und Rückleuchten hat. Zum Abendessen gab es aufgewärmten Truthahn, welcher zu Mittag übriggeblieben war. Da aufgewärmtes Truthahnfleisch den Geschmack fast vollkommen verliert, versuchte ich das zu verhindern, indem ich zu Mittag bei Erkalten des Fleisches dieses dauernd mit Bratensaft übergoß und es auch mehrmals im Saft wälzte. Tatsächlich hat das Fleisch den schmackhaften Bratensaft aufgesogen, und so schmeckte diesmal der aufgewärmte Truthahn fast besser als zu Mittag. Es wurde dann noch sehr lustig, später waren wir noch bei Omi oben, und Thomas blieb bis 22 Uhr 15.
Kurz bevor Thomas wegging, ersuchte er mich noch, mich zu erkundigen, was er machen müsse, um von der Kirche auszutreten. Es sei nur eine Nachlässigkeit, daß er noch nicht ausgetreten sei. Tatsächlich hat Thomas schon vor einem Jahr oder sogar schon vor mehreren Jahren gesagt, daß er austreten will. Ich sagte, ja, ich will dich nicht aufhalten. Für die Firmung meines Sohnes hat es gereicht, damals war es gut, daß du noch nicht ausgetreten warst, sonst hättest du nicht Pate sein können, aber jetzt kannst du ruhig austreten. Da die jeweiligen Pfarrer verpflichtet sind, im Falle eines Kirchenaustrittes diese Leute zu besuchen, werde ich dem Dechant Kern gleich sagen, es sei zwecklos, er solle nicht zu dir gehen. Ja, das wäre mir lieb, wenn der nicht kommt, sagte Thomas. Vielleicht gibt es da so ein Formular, das man ausfüllen kann. Ich werde mich für dich erkundigen, sagte ich.

11. November 1972

Thomas kam um 13 Uhr 15. Bis 15 Uhr 15 waren wir im Gespräch über alles mögliche. Thomas sagte, daß ihn seinerzeit Wieland Schmied auf Ezra Pound aufmerksam gemacht habe und daß Schmied nun einen Artikel über Pound geschrieben habe. Um 15 Uhr 15 fuhren wir endlich nach Köppach und Wolfsegg ab. Dort machten wir einige Hausbesichtigungen. Die kleine Liegenschaft „Hansbäun“ am Waldrand gefiel Thomas sehr gut.

Wir verbanden diese Besichtigung mit einem einstündigen Spaziergang im Regen. Wir hatten vorsorglich schon zu Hause Gummistiefel angezogen. Ziemlich durchnäßt und hungrig kamen wir um 18 Uhr 30 zurück. Wir setzten uns gleich vor den Fernseher, und während der Heinz Conrads-Sendung mit Wienerliedern sang Thomas dauernd recht übertrieben auf- und abschwellend im Ton und mit eigenen Texten ebenfalls Wienerlieder dazwischen. Während er parodierte, kamen Omi und ich nicht mehr aus dem Lachen heraus, und wenn wir besonders auflachen mußten, ließ er gleichsam als Draufgabe was noch Witzigeres folgen. Vom Spaziergang waren wir jedoch beide sehr müde, und Thomas blieb nur bis 21 Uhr.

12. November 1972

Um 13 Uhr 45 kam Thomas und ersuchte mich, mit ihm eine Stunde zu gehen. Ich bot ihm vor dem Abmarsch Kaffee an und sagte: Ich bin jederzeit bereit zum Weggehen. Draußen stürmte und schneite es, und Thomas glaubte vielleicht, ich würde ablehnen. Ich hatte deswegen den Eindruck, daß er eine Ablehnung erwartete, denn er trank bis 16 Uhr seine Schale nicht leer. Erst als ich um 16 Uhr Thomas darauf aufmerksam machte, daß ich um 17 Uhr 15 meinen Sohn Wolfgang nach Attnang zum Zug bringen muß und wir jetzt gehen müßten, wenn wir noch eine Stunde laufen wollen, trank er die Schale leer. Als ich sagte: Du hast scheinbar nicht viel Lust bei dem Wetter, sagte er: Den Kaffee mußte ich ja austrinken, vorher kann ich ja nicht weggehen. Wir gingen dann nach Unternathal beim Spitzbart vorbei durch den Wald nach Ehrenfeld. Von dort über Aupointen zur Grotte und nach Weinberg zurück. Wir hatten dauernd ein Gespräch laufen, sodaß wir vom Regen und Sturm kaum was bemerkten. Thomas erzählte mir, daß er schon Bilder in die Rahmen gegeben und daß er beim Aufhängen der Bilder die Mauer beschädigt habe. Daraufhin hat er die Löcher ausgegipst und eine Weißing (Kalk) angerührt. Da er etwas zuviel Kalk abgerührt hat, hat er mit dieser Brühe gleich das ganze Haus ausgebessert, sodaß wieder alles schön weiß ist. Da dies sehr viel Arbeit gab, hat er sich zu Mittag nur ein Grießkoch gemacht. Da es sich nicht lohnte, mit dem Grießbrei in den ersten Stock ins warme Zimmer zu gehen, zog er sich den Mantel an und aß den Brei in der kalten Küche.

Selbstverständlich drehte sich das Gespräch wieder um den Verlag und Dr. Unseld. Es ging wieder um die Differenzen und Beschwerden. Thomas wollte wieder einen Brief an Dr. Unseld schreiben, und er gab mir den Inhalt und die verschiedenen Punkte bekannt, die er in den Brief hineinnehmen wollte. Es war die neuerliche Forderung nach Verrechnung bzw. zukünftiger Verrechnung und Beschwerden über alles mögliche. Dabei sagte Thomas, daß ihm vor 20 Jahren schon der Rudolf Hirsch vom Insel Verlag geschrieben hat, daß ihn Bernhards Briefe an die Briefe Beethovens an seine Kopisten erinnern.
Ich gab Thomas den Rat, nicht an den Verlag zu schreiben, bevor nicht eine Verrechnung bei ihm eingelangt ist. Nach einiger Zeit solle er höchstens die Verrechnung urgieren. Ich sagte ihm auch, er solle nur mehr entweder einen reinen Geschäftsbrief an den Verlag senden oder nur bezüglich seiner Arbeit und seiner Werke schreiben. Denn ein Brief bezüglich der Abrechnung kommt in eine andere Abteilung als ein Brief, in dem er die Besetzung seines Stückes in irgendeinem Theater verlangt. Außerdem hab ich ihm sofort einige zu allgemein gehaltene Formulierungen ausgeredet, als er noch immer nicht davon abging, an den Verlag zu schreiben. Dann aber, als er einsah, daß seine geplanten Formulierungen nicht zweckmäßig waren, sagte er, er werde nun doch mit einem Brief zuwarten. Ich gab Thomas weiters den Rat, deswegen mit einem Brief die Verrechnung abzuwarten, da er, ob gut oder schlecht verrechnet, sich auf alle Fälle auf diese Verrechnung stützen soll. Thomas sagte, er werde den Brief auf alle Fälle noch mit mir besprechen, wenn es soweit sei.
Um 17 Uhr 10 waren wir wieder bei mir in Weinberg, und Thomas fuhr mit nach Attnang. Um 18 Uhr 15 waren wir wieder zurück, und Thomas blieb bis 20 Uhr 15. Es war noch sehr lustig, und Thomas zeigte meiner Frau und Omi seinen Pullover mit den aufgenähten Lederflecken an den Ellbogen. Am rechten Ärmel war ihm der Fleck neben den Ellbogen geraten, und Thomas drehte den Ärmel dauernd nach der Seite, sodaß der Lederfleck über den Ellbogen zu liegen kam. Thomas demonstrierte, wie er vor dem Spiegel den Lederfleck auf den Ärmel paßte, usw.

13. November 1972

Um 10 Uhr hupte mich Thomas vor dem Uhrengeschäft Moser in Gmunden an. Er deutete mir zur Esplanade, er parkte, und ich folgte. Thomas zeigte mir einen Brief von Rach. Dieser teilte ihm die Besetzungen von einigen Theatern mit, unter anderem die von Essen, und kündigte Kritiken an. Er schrieb auch, daß nicht mit sehr hohen finanziellen Eingängen zu rechnen sei, da sich die Theater nicht dazu entschließen können, das Stück im großen Haus aufzuführen. Er bezog sich dabei auf seine Aussprache mit Thomas in Nathal. Ich gab Thomas den Brief mit der Bemerkung „mager" zurück, aber Thomas sagte, der Brief freue ihn trotzdem. Dann gab ich Thomas den Vordruck einer Erklärung zum Kirchenaustritt, den ich kurz vorher von der Bezirkshauptmannschaft geholt hatte. Thomas hatte nur zu unterschreiben und diese Erklärung mit dem Taufschein an die BH zu senden. Ohne Stempelmarken, ohne alles. Thomas sagte: Gut, daß das so einfach ist, ich werde das sofort absenden. Jetzt fahre ich noch auf die Krucka, und abends komm ich zu dir. Auf der Krucka liegt Schnee, sagte ich, ich war gerade in Neukirchen, da ist alles weiß. Ja, das weiß ich, deswegen fahre ich ja hinein, sagte Thomas. Es gab wieder, wie schon bei der Begrüßung, ein für die Öffentlichkeit bestimmtes, korrektes, herzliches Händeschütteln, während wir sonst unter uns sehr lässig, gemütlich auseinandergehen. Vorher sagte ich ihm noch, daß meine Tochter Reinhild von Wien geschrieben habe, daß sie bei einer Lesung von H. C. Artmann war. Artmann ist ein Raunzer, hat ungepflegtes Haar, trägt Blue Jeans und war besoffen.
Um 17 Uhr kam Thomas zu mir nach Weinberg. Er sagte, nun sei er erleichtert, soeben habe er den Taufschein mit dem ausgefüllten Formular an die Bezirkshauptmannschaft geschickt. Der 13. sei ein gutes Datum für so einen Schritt. Dann erzählte Thomas weiter, daß Frau Hufnagl von Wien gekommen sei und wolle, daß er sich mit ihr treffe. Er blieb aber sehr kühl und ließ sich auf nichts ein. Schließlich sagte Frau Hufnagl, daß sie bis Dienstag dableibe. Obwohl Thomas merkte, daß Frau Hufnagl den Dienstag nächster Woche meinte, sagte Thomas ganz ernst: Ah, Dienstag, das ist ja eh bis morgen. Damit war Frau Hufnagl wieder einmal richtig schockiert, sagte Thomas. Aber ich werd ihr helfen, mich mit der Bahn von Wien nach Hause fahren zu lassen, das muß sie büßen.

Später hatten wir mit Omi und meiner Frau noch eine Mordsgaudi, und wir vereinbarten, daß wir morgen alle nach Linz fahren.

14. November 1972

Für 8 Uhr 15 hatte ich mit Thomas eine Fahrt nach Linz vereinbart. Meine Frau und meine Mutter sollten auch mitfahren. Etwas vor acht Uhr fuhr ich daher nach Ohlsdorf um die Post. Für Thomas war ein Brief der Dokumentationsstelle für neuere österreichische Literatur, 1060 Wien, Gumpendorferstr. 15, Stiege 1, Tür 3, Tel. 561249, dabei.

Um Punkt 8 Uhr rief Dr. Siegfried Unseld das Postamt Ohlsdorf an. Ich übernahm das Gespräch. Dr. Unseld ersuchte mich, Thomas auszurichten, daß er um 12 Uhr mit dem Flugzeug in Salzburg ankomme, da er Eich besuche, der krank sei. Ich sagte Unseld, daß Thomas Bernhard heute nicht gestört werden wolle, nicht einmal vom Briefträger. Thomas Bernhard habe für heute bereits eine Tageseinteilung, aber ich würde es ausrichten. Als ich Thomas dann von meinem Gespräch berichtete, lachte er und sagte: Da würde ich in Diplomatie eine 20 bekommen, wenn ich heute nach Salzburg fahren würde, usw.

Als Thomas um 8 Uhr 15 zu uns kam, hatte er einen Brief an Frau Gertrud Frank, Residenz Verlag, Salzburg, Imbergstr. 9, mitgebracht, damit ich ihn lesen könne, bevor er ihn aufgibt. Meine Frau und meine Mutter waren auch im Zimmer, und ich bat Thomas, den Brief laut lesen zu dürfen. Es waren zwei Seiten, und Thomas beschwerte sich massiv über ein Buch, in dem Salzburger Autoren zu Wort kamen. Das Buch war von Karl Springenschmid, und da Springenschmid seinerzeit gegen seinen Großvater Freumbichler eingestellt und Nazi war, hatte Thomas etwas gegen Springenschmid. In diesem Buch war er als „junger Autor" bezeichnet worden, und die Biographie war unvollständig. Obwohl ... Thomas verboten hatte, in diesem Buch erwähnt zu werden, hatte der Residenz Verlag die Genehmigung erteilt. In dem Brief hatte Thomas das Buch als Salzburger Dreckwerk statt Salzburger Druckwerk bezeichnet.

Dann fuhren wir über Kirchdorf, Schlierbach, Bad Hall nach Linz. Unterwegs hatte ich mehrere kurze Besuche zu machen, sodaß wir erst um 10 Uhr 30 in Linz ankamen. Auf der Fahrt war es wieder sehr lustig. Meine

Mutter sagte u. a. zu Thomas, der einen Wetterfleck und einen Weidmannshut trug: Auf dem Hut fehlt ein kleines Gamsbartl. Darauf sagte Thomas, wenn er einmal ein Narrendatl ist, dann wird er ein Gamsbartl tragen.
In Linz besuchten wir das Dorotheum, aber wegen Umbauarbeiten war die Besichtigung enttäuschend. Thomas sucht seit einiger Zeit ein kleines Biedermeiertischchen und Leder für einen Sesselüberzug. Vor dem Mittagessen brachte ich Thomas noch ins Café Traxlmayr, damit er seine Zeitungen lesen konnte, und ich erledigte inzwischen meine Besorgungen. Nach dem gemeinsamen Mittagessen blieb meine Frau im Traxlmayr, sodaß Thomas und ich ungestört die Landstraße durchstreifen konnten. Wir gingen in drei Buchhandlungen und blätterten in den neuesten Literatur-Lexika. Thomas zeigte mir sehr stolz die Eintragungen über ihn. In allen Lexika stand als Geburtsdatum fälschlich der 10. 2. 1931. Dazu erklärte mir Thomas, daß das daher komme, daß er die Anfragen der Verlage nicht beantwortet habe. Alle Vordrucke mit den Anfragen habe er weggeschmissen, weil er sowas überhaupt nie beantwortet. Es sei ihm auch egal, was die hineinschreiben. Allerdings war es ihm dann doch nicht gleichgültig, als er in einem Lexikon las, daß er in Kärnten lebt. Wenn schon ein Lexikon sowas Falsches schreibt, was soll man da noch von den Zeitungen erwarten, sagte Thomas. Dann besuchten wir noch die Lederhandlung Grafenauer in der Altstadt. Aber 400 Schilling pro m^2 Leder für die Polsterung, für welche Thomas 2,50 m^2 benötigte, waren ihm zu teuer. In Wels wollten wir dann noch in die Versteigerungsanstalt, aber es war Sperrtag. Thomas machte daher den Vorschlag, noch einmal das Haus Niederpuchheim 13 bei Ottnang zu besichtigen, da er es gerne kaufen würde. Omi, meine Mutter, hatten wir in Linz gelassen, und so besichtigten wir mit meiner Frau das Haus von außen. Thomas gefiel das Haus so gut, daß er mich bat, noch anschließend mit dem Sohn der Besitzerin, Josef Huemer, in Attnang zu sprechen.
Inzwischen war es 18 Uhr geworden, und Thomas wartete mit meiner Frau am Bahnhof Attnang, während ich mit Huemer über das „Hansbäun" verhandelte. Ich konnte mit Huemer eine Innenbesichtigung für nächsten Tag um 9 Uhr vereinbaren. Gegen 19 Uhr waren wir bei mir zu Hause. Auf der Heimfahrt fuhren wir noch an Thomas' Hof in Nathal vorbei, um nach Zetteln zu sehen. Thomas hatte die Nachricht am Tor, daß er nächsten Tag seinen VW zum Umtausch bringen könne, und eine Fuhre Eternitplatten

für das Dach war in der Scheune abgeladen. Die Nachbarin hatte sie mit dem gelegten Schlüssel hineingelassen.
Bei „Zeit im Bild“ kam die Nachricht, daß Prof. Krips die Leitung der Wiener Symphoniker niedergelegt hat. Thomas schrie auf: Dieses Schwein, das ist der Fleischhauersohn, den ich im *Ignoranten* meine. Der ist nämlich ein richtiger Fleischhauer, aber zu mir hat er gesagt, ich soll Fleischhauer werden, als ich ihm vorgesungen habe. So einer will Mozart dirigieren und sagt einem 18-jährigen beim Vorsingen, er soll Fleischhauer werden. Was glaubst du, wie einen das trifft, wenn man 18 Jahre alt ist. Thomas hat aber bald wieder auf die lustige Tour umgeschaltet und blieb bis 21 Uhr.

15. November 1972

Wie vereinbart, kam Thomas um 8 Uhr 15 zur Abfahrt nach Ottnang. Ich hatte bereits die Post von Ohlsdorf geholt. Nachdem wir die Post durchgesehen hatten, fuhren wir weg. Am Bahnhof Ottnang trafen wir mit dem Eisenbahner Josef Huemer zusammen, und der führte uns zum Haus. Die Besichtigung fiel besser aus als erwartet. Die Räume waren schöner als vermutet, und das Grundstück um das Haus entsprach in den Grenzen unseren Vermutungen. Thomas drängte mich, mit der Besitzerin sobald wie möglich einen Kaufvertrag abzuschließen. Ich sagte Thomas, daß ich mir erst einen Vermittlungsauftrag geben ließe, denn wenn ich schon mit einem Käufer ankäme, könne ich den Preis nicht so gut herunterhandeln, als wenn ich den Verkauf nur in Aussicht stellte. Mit Huemer habe ich dann für Freitag 7 Uhr einen Besuch bei seiner Mutter in St. Agatha bei Waizenkirchen vereinbart. Um 10 Uhr 30 waren wir wieder in Weinberg, und Thomas fuhr nach Gmunden weiter, um sein Auto abzuliefern.
Um 17 Uhr kam Thomas wieder. Er erzählte, daß er sich für 11 Uhr Frau Hufnagl bestellt habe, da er ohne Auto war. Mit Frau Hufnagl sei er nach Neydharting gefahren, Frau Hufnagl wollte im Hallenbad baden. Thomas machte mir Vorwürfe, daß ich gesagt hatte, das Bad sei sehr gut. Deswegen hat er Frau Hufnagl Neydharting vorgeschlagen. Es war aber so heiß in dem Bad und ca. vierzig übergewichtige, schweißtriefende und stinkende Badegäste waren im Wasser. Man kann unmöglich baden dort, das ist ja ein Graus, sagte Thomas: Wie kannst du da sagen, das Bad sei sehr schön, wenn

es so unhygienisch ist? Ich sagte: Ich war kurz nach Eröffnung an einigen Vormittagen dort, und es waren damals nur wenige Leute da. Allerdings sehr heiß war es auch damals.
Zum Abendessen hatten wir dann Fasan und Blaukraut. Dazu öffnete ich eine Flasche Rotwein, aber es kam noch eine zweite dazu. Thomas trank absichtlich etwas mehr, da er ohne Auto da war. Frau Hufnagl hatte ihn ja zu mir gebracht. Vorher war er mit ihr in Wels und hat in der Versteigerungshalle das ganze Leder durcheinandergebracht, aber nichts Passendes gefunden. Für Omi wollte er einen Teppich angabieren, aber Frau Hufnagl hat ihn davor zurückgehalten. Da Omi nur auf dein Anraten kauft, sagte ich, werde ich morgen hinfahren und den Teppich für Omi nehmen. Wenn sie von Linz kommt, gibt es eine Überraschung für sie. Wie kannst du nur auf Frau Hufnagl hören, du mußt ja selbst wissen, daß du das ohne weiteres hättest machen können. Ja, eben, sagte Thomas, wenn ich alleine gewesen wäre, hätte ich den bestimmt sofort gekauft, weil das genau das ist, was Omi sucht und was auch ins Wohnzimmer paßt.
Nach der Tagesschau sahen wir uns noch im Deutschen Fernsehen die Sendung „Vier Tage vor der Wahl" an. Außer für Franz Josef Strauß, den er immer im bayrischen Dialekt nachspottete, hatte Thomas für Willy Brandt, Scheel und Rainer Barzel nur vernichtende Kritik übrig. Als das Gesicht von Brandt in Großaufnahme zu sehen war, sagte Thomas: Die Falten im Gesicht hat er von Adenauer, den Geist hat er vom alten Auinger. (Auinger ist mein Nachbar in Weinberg.) Dann brüllte Thomas erfundene lustige Wahlschlagworte, und ich wiederholte brüllend in der Art des Vaters in seinem Stück *Der Ignorant und der Wahnsinnige* einzelne Worte. Damit kamen wir wieder auf den *Ignoranten* und den Skandal zu sprechen. Da fiel mir die Schwester von Thomas ein, die sich für diese Aufführung ein neues Kleid und neue Schuhe kaufte. Ich fragte Thomas, um wieviel Uhr er an dem Tag mit seiner Schwester telefoniert habe, denn da hat er ihr gesagt, daß sie das Kleid und die Schuhe wahrscheinlich umsonst gekauft hat. So gegen 15 Uhr, sagte Thomas. Aha, sagte ich, dann hast du schon um 15 Uhr mit dem Skandal gerechnet. Natürlich, nachdem die Uraufführung so gut war, dachte ich mir, das war eh noch nie, daß eine Vorstellung nicht stattfindet, das möchte ich einmal erleben, sagte Thomas. Und nachdem ich wußte, daß die Schauspieler auf mich hören, rechnete ich eher mit einer Absage. Damit habe ich wieder einen neuen Beweis, sagte ich lachend.

Dann schimpfte Thomas auf seine Schwester und seinen Bruder, weil sie sich so lange nicht sehen lassen. Seine Schwester war in den acht Jahren nur zweimal in Nathal, sagte Thomas. Bei 70 km Entfernung sei das zuwenig. Auch Peter sollte doch einmal kommen. Das kannst du nicht erwarten, sagte ich, nachdem du ihn so grob behandelt hast. Aber, aber, das ist doch vorbei. Aber mein Bruder und meine Schwester begreifen das nicht, daß ich zu was gekommen bin, und neiden mir alles. Aber die sind so ..., daß sie 150 Jahre alt werden könnten, dann würden sie noch immer nicht das erreichen, was ich schon mit 40 Jahren erreicht habe. Das haben die alle schon übersehen, die können mich nicht mehr einholen.
Meine Frau saß die ganze Zeit zwischen uns, und Thomas riß immer wieder Witze, sang und dichtete Reime. Es sprudelte nur so heraus aus ihm. Von den zwei Flaschen Rotwein hatte er das meiste getrunken, und mit zunehmendem Schwips äußerte er sich immer brutaler und gröber über seine Verwandten und Bekannten. Thomas trug mir und meiner Frau auf, vom Kauf seines dritten Hauses in Ottnang niemandem was zu sagen, nicht einmal die Omi soll es wissen. Nur er alleine wolle dort hausen, und nur ich dürfe auf eine Flasche Wein kommen und auch einmal übernachten. Die Omi hat von meiner Frau schweigen gelernt, sagte ich, vor der können wir es nicht verheimlichen, denn da könnten wir ja bei mir überhaupt nicht mehr von dem Haus in Ottnang sprechen, und das geht nicht. Der Omi werde ich das sagen, und sie wird schon schweigen. Thomas stimmte zu, und er gab mir auch recht, als ich sagte, dort in dem Haus wird er am besten schreiben können. Ein Fernseher muß ins Haus und ein Radio, sagte Thomas. Denn zwischen dem Schreiben brauche ich Ablenkung, manchmal sogar während des Schreibens. Ich hab das *Kalkwerk*, das heißt die besten Sachen darin, beim laufenden Fernseher geschrieben. Als die Pröll von Sieg zu Sieg gefahren ist und alles im Siegestaumel war, habe ich mich mitreißen lassen und hab mit Schwung weitergeschrieben während der Übertragungen.
Thomas fragte mich auch, was ich eigentlich zu seinem Entschluß, das Haus zu kaufen, für mich denke. Ich sagte zu Thomas: Ich werde dir die Wahrheit sagen. Du brauchst zum Schreiben immer die Faust im Nacken. Wenn du das Haus kaufst, wirst du um zwei Stücke mehr schreiben und das Haus damit bezahlt haben. Kaufst du das Haus nicht, schreibst du nichts und hast kein Haus. Bis jetzt hast du alles immer nur unter Druck im aller-

letzten Moment geschrieben. Aber das war gut so, denn deine Arbeit ist daher „aus einem Guß", da du immer in einem die Arbeiten zu Papier gebracht hast. Wenn du da so nach einem Jahr und später wieder einmal an deinen Stücken schreiben würdest, dann würde das Ganze nicht so gut, wie aus einem Guß wirken, und man würde auch merken, daß du dir das „heraussaugen" mußtest, und eine Stockung wäre sichtbar.
Es ist so, wie du sagst, sagte Thomas, ich muß mir selbst eine ordentliche „Faust im Nacken" schaffen, denn andere tun es nicht. Ich betrachte den Hauskauf auf Schulden als ein Abenteuer. Das brauche ich, denn andere Abenteuer habe ich ja nicht. Und ganz ohne Abenteuer kommt man in meiner Lage nicht aus. Um 22 Uhr brachte ich Thomas nach Nathal.

16. November 1972

Um 8 Uhr 30 war ich mit der Post bei Thomas. Es war auch ein dicker Brief von Gerda Maleta dabei. Thomas öffnete und sagte: Keinen Groschen bekommt sie von mir. Sie schickt mir hier Erlagscheine für das Hilfswerk, wo sie Präsidentin ist. Da Thomas Frau Hufnagl ersucht hat, ihn um 9 Uhr abzuholen, brauchte ich mich diesmal nicht darum zu kümmern, wie er in die Werkstätte und zu seinem Wagen kommt. Thomas kündigte sich für den späten Nachmittag an, und ich fuhr weg. Da ich mit meiner Frau weggefahren war, hatte ich für Thomas an meiner Haustür einen Zettel hinterlassen, daß wir um 17 Uhr nach Hause kommen. Bei unserem Eintreffen um 17 Uhr stand der neue VW von Thomas schon am Parkplatz. Während ich nach Thomas Ausschau hielt, kam er auch schon von einem halbstündigen Spaziergang zurück. Thomas zeigte mir sein neuestes Modell in Grün. Er hatte den Wagen diesmal mit stoffbezogenen Sitzen bestellt, da die Plastiküberzüge im Winter sehr kalt und im Sommer sehr heiß waren. Außerdem war der Stoff auch noch billiger, sagte Thomas. Diesmal hat er allerdings vor, den Wagen länger zu behalten. Bisher hatte Thomas immer nach ein bis zwei Jahren gegen Aufzahlung für einen neuen eingetauscht. Später erzählte mir Thomas dann, daß er den ganzen Tag Ärger mit der Werkstätte gehabt habe und daß er es genauso wie ich gemacht habe und den Leuten alles ganz grob gesagt habe, was zu bemängeln war. Der Fertigstellungstermin wurde mehrmals um Stunden überschritten, die Montagen

schlampig ausgeführt, und die Zollermäßigung wurde im Kaufpreis nicht berücksichtigt. Es konnten auch keine befriedigenden Auskünfte erteilt werden usw., klagte Thomas. Die werden jetzt hinterher wahrscheinlich lachen über mich und sagen, der spinnerte Dichter hat Krach gemacht, aber ich konnte mir doch nicht alles bieten lassen. Ich hab mit den Leuten ganz so wie du gesprochen, wie du das in solchen Fällen auch machst. Die sollen sich denken, was sie wollen.
Nach der „Tagesschau" besprach ich mit Thomas noch den kommenden Tag. Gegen 11 Uhr hoffte ich von St. Agatha zurück zu sein, und um diese Zeit sollte Thomas kommen. Um 18 Uhr 30 sagte Thomas: Da du morgen einen starken Tag hast, geh ich jetzt. Morgen mußt du gut ausgeschlafen sein.

17. November 1972

Um 7 Uhr war ich in Attnang in der Wohnung von Josef Huemer. Ich traf nur die Frau, und die war überrascht und sagte: Für 13 Uhr war die Abfahrt angesetzt. Richtig, ich hatte mich geirrt. Da auch der Donnerstag im Gespräch war und da um 7 Uhr früh, war Thomas und mir dieser Irrtum unterlaufen. Da diesmal Thomas um 8 Uhr meine Post in Empfang nehmen sollte, fuhr ich gleich zum Postamt Ohlsdorf, um Thomas zu treffen. Ich berichtete Thomas, und er sagte, daß ich heute nicht sehr frisch aussehe. Ich mußte ihm gestehen, daß ich, wahrscheinlich weil ich zu früh zu Bett ging, bis 3 Uhr früh nicht einschlafen konnte. Nachdem ich um 1 Uhr noch immer hellwach war, nahm ich das Merianheft vom November, „Oberösterreich an Traun und Enns", zur Hand. Erst um 2 Uhr 45 schlief ich ein.
Thomas fuhr dann ins Café Brandl in Gmunden weiter. Um 11 Uhr wollte er zu mir nach Weinberg kommen. Um 11 Uhr war er dann da und blieb bis 12 Uhr 30, da ich nach Attnang wegfahren mußte. Sepp Huemer aus Attnang ersuchte mich bei meinem Eintreffen, mit seinem Bruder Hubert aus Stadl-Paura nach St. Agatha zu fahren. Dieser erwartete mich schon, und nach einer guten Stunde war ich bei der Besitzerin der Liegenschaft „Hansbäun", Niederpuchheim 13, Post Ottnang. Nach einer weiteren Stunde hatte ich den Alleinvermittlungsauftrag in Händen.

Alleinvermittlungsauftrag

für die Firma Karl Hennetmair
HANDEL MIT LIEGENSCHAFTEN
A-4694 Ohlsdorf

Ich mache Ihnen folgendes für mich und etwaige Mitbesitzer bindendes Anbot:

Ich übertrage Ihnen **unwiderruflich** bis 15. Dezember 1972 das **Alleinvermittlungsrecht** hinsichtlich des Verkaufes der Realität auf Grund der von mir gestellten Bedingungen laut folgender Beschreibung.

Beschreibung: Gesamte Liegenschaft [illegible] Nr. 13 mit ca. 3½ Joch Grund, [illegible] Schwanenstadt [illegible] werden, ein Inventar ist im Preis inbegriffen: 1 Tisch m. Eckbank, 2 Betten, zwei Nachttische ~~[illegible]~~

Preisgrundlage S 315.000,-- (dreihundertfünfzehntausend Schilling) Barzahlung

Für den Fall, daß der Verkauf dieser Realität mit einem von Ihnen empfohlenen Interessenten zustandekommen oder durch Ihre Intervention getätigt werden sollte, verpflichte ich mich, sowohl für meine Person als auch für etwaige Mitbesitzer, Ihnen bei Verkauf drei % der Kaufsumme der Realität sofort zu bezahlen.

Für den Fall, daß ich innerhalb dieser Zeit ohne Ihre Intervention einen Abschluß tätige oder vom Verkauf zurücktrete, verpflichte ich mich, die oben festgelegte Provision von drei % zu vergüten.

Die Dauer des Alleinauftrages beträgt ein Jahr, falls nicht ein kürzerer Zeitraum festgelegt wurde. Wird innerhalb dieser Zeit eine Eigentumsänderung nicht vollzogen, **so ist der Vermittler zu keiner, wie immer gearteten Zahlungsforderung an den Auftraggeber berechtigt.**

Der Auftraggeber ist verpflichtet, alle etwa zu ihm kommenden Interessenten an den Vermittler zu verweisen.

Gerichtsstand: Vöcklabruck

Eine Durchschrift habe ich erhalten.

Gelesen und mit dem Inhalt rechtsverbindlich einverstanden.

4084 St. Agatha [illegible], am 17. 11. 1972

[illegible signature]

~~[illegible]~~ [illegible] 13.

Unterschrift und Adresse

4901 Post Ottnang a. H.

Kobecher 293 69

Thomas erwartete mich schon, als ich um 18 Uhr 30 zu Hause ankam. Er war sehr erfreut, daß ich nun das Haus in Händen hatte, und wollte gleich den Kauf mit mir abschließen. Ich wollte aber kein Datum fälschen und wollte auch nicht, daß die Verkäuferin sieht, daß ich das Haus noch am selben Tag verkauft habe. Daher sagte ich zu Thomas, am Sonntag möchte ich mit ihm den Vorvertrag abschließen. Wir vereinbarten aber schon für den nächsten Tag eine Besichtigung des Hauses. Thomas blieb bis 22 Uhr.

18. November 1972

Nur weil ich mir fest vorgenommen habe, ab 1. 1. 1973 keine Zeile mehr über Thomas aufzuschreiben, ist es mir noch möglich durchzuhalten.
Um 9 Uhr fuhr ich mit Thomas nach Attnang, wo ich den Schlüssel für das Haus abholen mußte. Anschließend besichtigten wir das Haus mit den dazugehörigen 20.000 m^2 Wiesen. Ich versuchte einzuheizen, aber es rauchte fürchterlich. Der Ofen ist total verrußt, und ohne zu kehren, kann man nur den Kachelofen der Stube heizen, sagten mir die Vorbesitzer, als ich die Schlüssel zurückbrachte. Zweieinhalb Stunden besichtigte ich mit Thomas das Haus eingehend vom Keller bis zum Dachboden. Dabei fertigte ich eine Liste über das Inventar an, das Thomas separat von der Verkäuferin haben wollte. Um einen einfachen glatten Kauf zu haben, riet ich nämlich dazu, das Haus ohne Inventar zu kaufen und nach Abschluß über das Inventar separat zu verhandeln. Außerdem war der Wert des Inventars auch zu geringfügig, um den Hauskauf damit zu verbinden.
Erst um 13 Uhr kehrten wir zum Mittagessen nach Weinberg zurück. Da ich um 14 Uhr weiteren Geschäften nachgehen mußte, von denen ich um 17 Uhr zurück sein konnte, ersuchte mich Thomas, um 17 Uhr zu ihm zu kommen, um den Vertrag zu errichten. Da zwischen Thomas und mir bereits alles besprochen war, schrieb ich bei mir zu Hause die „Information" und fuhr damit nach Nathal. Thomas hatte die als Anzahlung verlangten 30.000 Schilling schon bereitgelegt. Er unterschrieb und gab mir das Geld. Dem Notar wollte ich nur einen Durchschlag weitergeben, damit ich das Original hier beifügen kann. An Thomas folgte ich ebenfalls einen Durchschlag aus.

Das Haus Niederpuchheim 13, Post Ottnang, 1972.

Um 18 Uhr verließ ich Thomas, da ich zu dieser Zeit Oberingenieur Bernath mit Lebensgefährtin erwartete. Ich lud Thomas zum Abendessen ein, und er versprach nachzukommen. Um 18 Uhr 45 war er wieder da, aber um 20 Uhr 30, nach dem Abendmahl, ging er plötzlich weg, nachdem er absichtlich die schon vom vorherigen Besuch der Bernaths mit ihm bestehenden Spannungen weiter ausgebaut hatte.

20. November 1972

Ich hatte schon um 7 Uhr früh in Gmunden zu tun. Auf der Rückfahrt nach Ohlsdorf kam mir Thomas um 8 Uhr in Kleinreith entgegen. Er blinkte mich an und stoppte. Wir stiegen beide aus, und er sagte mir, daß er unterwegs zur Bank sei, um das Darlehen für den Hauskauf zu besorgen. Weiters erzählte mir Thomas, daß er vom Residenz Verlag und von Dr. Unseld einen angenehmen Brief bekommen habe. Die ganze Nacht habe er damit

Zum Haus „Hansbäun" gehören dreieinhalb Joch Wiesen.

verbracht, die verschiedenen Punkte zu notieren, die er dem Unseld in einem Brief vorbringen wird. Es soll eine genaue Richtlinie geschaffen werden, die keinerlei Unklarheiten bezüglich der finanziellen Seite beim Verlag zuläßt. Dann werde er heuer noch, wenn die finanzielle Seite klar geregelt sei, Dr. Unseld zu einer persönlichen Aussprache treffen. Eigentlich habe er Dr. Unseld sehr vernachlässigt, denn seit 10 Jahren schreibe er ihm immer nur, wenn er Geld brauche. Andere als Geldbriefe hat er von mir überhaupt nie bekommen, sagte Thomas. Ich sagte Thomas, daß ich um 9 Uhr zum Notar Dr. Süßner nach Schwanenstadt fahren werde, und wir fuhren beide wieder weiter.
Um 9 Uhr, als ich gerade nach Schwanenstadt wegfahren wollte, kam Thomas zur Tür herein. Er sagte, daß das Darlehen gesichert sei, er hätte das Geld sogar gleich mitnehmen können. Dabei lachte Thomas sehr verschmitzt und sagte: Wenn das meine Familie wüßte, was ich heute mit ihr angestellt habe. Meine Frau setzte sich gerade zu uns, und ich unterbrach Thomas und sagte: Dieses „Familie" mußt du unter Anführungszeichen

schreiben. Dann sagte Thomas weiter: Na weißt du, ich kann doch nicht als feinsinniger Dichter zur Bank gehen und Geld für ein Haus verlangen, das ich gar nicht brauche. Den „feinsinnigen Dichter“ mußt du auch unter Anführungszeichen setzen, unterbrach ich ihn neuerlich. Und da hab ich mir halt gedacht, sagte Thomas weiter, wenn ich dem Bankdirektor sage, daß mein Elternhaus verkauft wird und in fremde Hände gelangen könnte, wenn ich es nicht kaufe, dann sieht das viel besser aus. Der Bankdirektor war so gerührt und so nett, daß er mir den Kreditrahmen sofort auf 350.000 Schilling erhöht hat und mich fragte, ob ich das Geld gleich mitnehmen wolle. Also, das ist überhaupt das Beste, was dir einfallen konnte, sagte ich, das wär nicht einmal mir eingefallen. Thomas, meine Frau und ich fielen in ein Gelächter ein. Thomas war höchst ausgelassen. Er sagte, er hätte nicht geglaubt, daß das mit dem Geld so leicht gehen werde. Die Bank geht nicht einmal ins Grundbuch mit der Schuld. Nachdem das so geglückt ist, sagte Thomas, hab ich mir gedacht, ich komm gleich zu dir, vielleicht erwisch ich dich noch vor der Abfahrt nach Schwanenstadt. Ich möchte gerne mitfahren. Sehr gerne, sagte ich, und Thomas erzählte dann weiter.
Er sagte: Vor gut zwanzig Jahren ging ich mit Kollegen vom Mozarteum eine halbe Stunde zum Gasthaus Himmelreich beim Flugplatz in Salzburg, nur weil es dort eine billige Gulaschsuppe gegeben hat. Wochenlang habe ich nur von solchen Suppen gelebt. Von dieser schlechten Ernährung habe ich dann lauter Wimmerln und Pusteln im Gesicht bekommen. Winter und Sommer bin ich nur mit einem Pullover bekleidet ausgegangen. Wenn mich die Leute darauf angesprochen haben, warum ich immer mit Pullover gehe, dann sagte ich, daß ich gerne nur Pullover trage. In Wirklichkeit habe ich kein Geld gehabt, mir einen Rock zu kaufen. Wochenlang konnte ich oft keinen Brief schreiben, weil ich das Geld für die Marke nicht hatte. Meine Tante mußte ich oft tagelang betteln, bis sie mir zehn Schilling gegeben hat. Sie hat das oft so lange hinausgezögert, mir das Geld zu geben, bis ich die Nerven verlor und Krach gemacht habe. Dann hat sie es mir so lässig und widerwillig auf die Tischkante gelegt. (Da kam es dick.) Wenn ich denke, daß ich heute solche Summen ohne Grundbuchseintrag erhalte, dann muß ich schon sagen, ich habs zu was gebracht. Thomas sagte wieder, wie in letzter Zeit öfter, er sei ein „Armeleutbua“. Bis zehn Uhr erzählte Thomas aus seiner schweren Jugendzeit, und dann fuhren wir mit meinem Wagen nach Schwanenstadt.

Unterwegs sagte mir Thomas, daß er zum Notar nicht mitkomme, er wolle nur Ablenkung, denn er arbeite an dem Brief an Unseld, der Brief sei sehr wichtig. Die Verrechnung sei inzwischen gekommen, es sind Posten über 20 Mark von Zeitungen dabei, usw. Für den *Boris* in Hamburg sind 1200 DM hereingekommen, der *Boris* in Zürich brachte ca. 400 DM, und der *Boris* in Graz brachte auch um die 400 DM. Sogar 8 DM von kleinen Zeitungen für ein paar Zeilen sind verbucht. Ich konnte mir nicht alles merken.
Dann zeigte mir Thomas einen Brief von Sophie Wilkins aus Amerika, die sein Buch übersetzt. Er sagte, er möchte den Brief an den Verlag senden, damit die sehen, was für Briefe er bekommt. Außerdem soll der Verlag die Kritiken hinsenden und ihr antworten, er mache sowas nicht. Ja, sagte ich, aber dann wäre eine Fotokopie gut. Du kannst doch nicht den Brief weggeben, vom Notar kann ich dir gleich eine Fotokopie machen lassen. Thomas gab mir den Brief mit, und ich gab nicht nur den Vorvertrag für den Kauf ab, sondern brachte auch gleich die Fotokopie seines Briefes mit. Für mich ist auch eine abgefallen.

Eine Kommode im Haus Karl Ignaz Hennetmair in Ohlsdorf 1970: Thomas Bernhards „Gargoyles" (der englische Titel von „Verstörung", 1967), die Urkunde des Georg-Büchner-Preises 1970 und der Roman „Das Kalkwerk", 1970.

Sophie Wilkins *15 XI 72*

Lieber und verehrter Herr Thomas Bernhard!

Ich sitze hier und uebersetze (meine IBM hat keine Umlaute, leider) DAS KALKWERK. Ueben Sie bitte, wenn es geht, Geduld und hoeren Sie mich an, trotzdem. THE LIME WORKS.
Vorher war ich die verantwortliche Person die Knopf dazu gewann (sagt man das so? ich bin zwar in Wien geboren, aber mit 12 Jahren kam ich nach New York und seitdem habe ich keinen deutschsprechenden Umgang; eine weitere Geduldprobe fuer Sie). Waehrend Ihr Stil von der Geduld des grossen Kuenstlers mit seinem Werk nur so leuchtet und strahlt; waehrend Ihre kuenstlerische Geduld einen dazu bringt, nach ernsthaftem und mitfuehlendem Lesen der tiefsten Verzweiflung ploetzlich in ein hilfloses, aber verstandesrettendes Lachen auszubrechen, Galgenhumor ist ein oberflaechlicher Hund dagegen, wie bei Ihnen die tatsaechliche Verzweiflung in eine Art athletischen Humor, Witz, umkippt; waehrend all dessen, hoert man dass Sie mit Menschen, Unmenschen usw, aeusserst wenig Geduld haben – stimmt es? … VERSTOERUNG einem verstaendnislosen amerikanischen Publikum mund- und kaufgerecht zu machen. Der Titel konnte unmoeglich buchstaeblich uebersetzt werden … Das beste was uns … einfiel war GARGOYLES, also die Schreckskulpturen des Mittelalters, FRATZEN, ungefähr …
Ich schrieb Ihnen schon einmal, just bevor ich zum ersten Mal nach 30+ Jahren wieder nach Wien fahren sollte. Der Brief kam als unablieferbar zurueck … Ich hoffe sehr dass dieser Sie erreicht – eine Antwort von Ihnen wuerde mir schon psychologisch ganz ausserordentlich auf die Beine helfen, bei meinem ziemlich Halbsbrechenden Versuch Ihretwillen einen Konjunktiv im Englischen zu erfinden – denn wissen Sie, das Englische hat aus lauter Gesundheit den Konjunktiv laengst aufgegeben, besonders in USA. DAS KALKWERK ist aber 100%ig Konjunktiv, Sie Racheengel des Herrn, und da scheint es ich bin dazu ausersehen einen Englischen Konjunktiv der nicht allzu unnatuerlich, erzwungen klingt, auszugraben wie weiland Kaka den deutschen, der im Hemingway Zeitalter sich schon begraben liess, ausgrub. Kafka wollte ich sagen!
Ich flehe Sie an! um ein paar gute Worte, ja? Ihre

Sophie Wilkins

Von Schwanenstadt fuhren wir nach Niederpuchheim zum Haus. Überraschenderweise sahen wir von weitem Rauch aus dem Hause aufsteigen, und ein Traktor fuhr den Waldweg entlang zum Haus. Ich riet Thomas sofort davon ab, sich bei den Verkäufern sehen zu lassen, um den Kauf nicht vor Unterschrift des Hauptvertrages am kommenden Freitag zu stören (ein vielsagender Satz). Nur widerwillig war Thomas bereit, sich nach Ottnang in den Ort bringen zu lassen, sodaß ich alleine zum Haus fuhr. Dort traf ich die 72-jährige Verkäuferin mit ihrem Sohn Hubert und ihrem Schwiegersohn mit dem Traktor. Sie räumten das Haus aus. Kaum war ich einige Minuten da, kam ein OKA-Angestellter [Oberösterreichische Kraftwerke AG] und wollte den elektrischen Strom abzwicken. Das konnte ich verhindern, indem ich eine Ummeldung für Thomas unterfertigte. Als ich gerade wegfahren wollte, kam auch noch Sepp Huemer, ein weiterer Sohn der Verkäuferin, an. Ich ersuchte nochmal eindringlich, die paar Gegenstände, welche Thomas im Haus behalten wollte, dazubelassen. Dann traf ich Thomas in Ottnang auf der Straße, er war diese halbe Stunde, während ich weg war, herumgelaufen.
Um 12 Uhr 30 kamen wir zum Mittagessen nach Hause. Thomas blieb bis 14 Uhr 30. Um 18 Uhr kam Thomas zum Abendessen. Er verlangte einen Zettel und einen Kugelschreiber und machte sich laufend Notizen für seinen Brief an Unseld, während ich ihn aufgrund von Verrechnungsdetails, die er mir sagte und auch vollständig ausfolgte, richtiggehend aufhetzte. Ich hielt Thomas vor Augen, daß ihn der Verlag wie einen Dutzendschriftsteller verkaufe, usw. Ich hielt ihm auch vor, daß ich ihm schon vor Jahren gesagt hatte, daß er immer Papier und einen „Schreiberling" bei sich tragen müsse und daß er endlich auch Durchschläge von seinen Briefen machen solle, die er ja aufbewahren muß, um den Nachweis für Vereinbarungen usw. zu haben. Insbesondere, sagte ich, dürfen keinerlei unklare Formulierungen in deinem Brief enthalten sein. Man kann auch nicht einen Geschäftsbrief mit „lieber Herr Unseld" beginnen, denn beim Geschäft gibt es keinen lieben Herrn, sagte ich. Er müsse überhaupt seine Briefe an den Verlag gesondert schreiben, immer Betrifft: usw. Jeden Brief separat auf eigenes Papier, denn die verschiedenen Briefe kommen ja in verschiedene Abteilungen. Ich kann auch nicht, sagte ich, einem Anwalt einen einzigen Brief über Maier und Huber schreiben. Früher habe ich das gemacht, da ist dann der Brief in den Akt Maier abgelegt worden und im

Akt Huber war von meinem Brief nichts ersichtlich, oder umgekehrt. Das waren aber kleine Kanzleien. Du mußt, sagte ich, in ein Kuvert fünf Briefe geben, immer mit Betrifft: Verrechnung sowieso, Betrifft: Kritiken, Aufführung Zürich, Betrifft: Verfilmung *Frost,* Betrifft: ORF-Aufzeichnung Salzburg, usw. Du kannst doch nicht den Unseld in einem einzigen Brief über alles mögliche „ansingen", der weiß ja nicht, in welche Abteilung, ob in die Verrechnungsabteilung oder sonstwo, oder soll er dem Lektor den Brief weitergeben? Da du die Briefe aber immer an ihn persönlich richtest, wird er sie in den meisten Fällen nicht weiterleiten, und daher geschieht in den Abteilungen, die zuständig wären, nichts. Thomas sagte: Ich kann einen Mann, den ich über zehn Jahre kenne, nicht plötzlich mit „Sehr geehrter Herr" anreden. Alles kann man, sagst du immer, sagte ich. Thomas machte laufend Notizen, ein paarmal sagte er, jetzt ist mir wieder was Gutes eingefallen, usw. Gegen 20 Uhr 45 fuhr Thomas nach Nathal.

21. November 1972

Um 8 Uhr hatte ich mich mit Thomas beim Postamt Ohlsdorf verabredet, um gemeinsam einen Tischler aufzutreiben, der ihm eine Tür am oberen Ende der Wendeltreppe einsetzen sollte. Die Elektroheizung, welche den Raum heizt, zu dem die Wendeltreppe führt, war nämlich in den letzten Tagen ständig in Betrieb. Mit zwei dicken Filzvorhängen hatte Thomas die Öffnung abgedichtet, aber es kam doch noch sehr viel kalte Luft aus dem Vorhaus hinauf. Leider war es mir diesmal nicht möglich, einen Tischler zu bekommen, da alle bereits bis über Weihnachten hinaus mit Arbeiten überlastet waren. Nach einer Dreiviertelstunde gaben wir auf. Ich versprach Thomas, ihn um 18 Uhr 30 in Nathal zu besuchen. Ich hatte den ganzen Tag eigene Geschäfte zu erledigen und wollte Thomas nicht mithaben. Außerdem wollte ich über ihn schreiben.
Von 18 Uhr bis 19 Uhr 25 war ich dann in Nathal. Thomas gab mir einen großen Korb voll Nüsse, die er noch vom Vorjahr aufgehoben hatte und die ich vor einigen Wochen nicht mitgenommen hatte, da ich mir nicht sicher war, daß sie noch gute Kerne enthalten. Nun aber, da meine Frau inzwischen festgestellt hatte, daß sie nicht verdorben waren, hatte ich die Annahme der Nüsse zugesagt. Ich sagte Thomas, daß ich vorerst wissen wollte,

ob sie verdorben sind, denn in diesem Falle wäre es schöner, wenn der volle Korb bei ihm stehenbleibt, denn heuer war ja ein totaler Ernteausfall bei Nüssen. Die Preise stiegen von vierzig Schilling auf sechzig bis siebzig Schilling pro Kilogramm. Im Korb waren gut zehn Kilo Nüsse, und Thomas hätte geglaubt, weiß Gott was er mir da gegeben hat, auch wenn die Nüsse verdorben gewesen wären. Ich hatte nämlich beobachtet, daß Thomas der Frau Hufnagl verschimmelte Marmelade geschenkt hat, und ich hatte den Eindruck, daß er das nur machte, damit er gesäuberte Gläser zurückbekommt. Aber an seine Geizkapriolen haben sich meine Frau und ich längst gewöhnt. Thomas schüttet auch jeden Herbst zwei- bis dreihundert Liter guten Most, den er und meine Familie nicht wegtrinken können, einfach aus. Er war geradezu entrüstet, als ich einmal sagte, er solle ihn verschenken. Also, Thomas gab mir die Nüsse und sagte, ich solle meiner Frau und Omi schöne Grüße ausrichten und sagen, heute mache er eine Hennetmair-Pause, er wolle am Brief an Dr. Unseld weiterschreiben. Vielleicht hat er es mir auch angesehen, daß ich über so eine Pause froh bin, denn für nächsten Tag habe ich erst für 14 Uhr meinen Besuch bei ihm zugesagt.

22. November 1972

Um 8 Uhr bekam ich mit meiner Post einen Brief von Ferry Radax. Um 14 Uhr, bei meinem Eintreffen in Nathal, gab ich Thomas sofort den Brief. Er las und sagte, der Brief sei unmöglich. Ich war eigentlich auf mehr Ablehnung und Geschimpfe gefaßt, und so wartete ich, bis Thomas geeignete Worte der Empörung fand. Er fand sie. Ich ließ Thomas richtig ausarbeiten, ausgären. Währenddessen sagte ich zu Thomas, daß ich die Stiegenöffnung abmessen und hinter dem Vorhang eine Paneelplatte zur Abdichtung einsetzen werde. Er solle zum Tischler Bachinger nach Laakirchen mitkommen, dort werde ich die Platte zuschneiden lassen und den von ihm heute vormittag besorgten Schaumgummistreifen aufkleben. Nachdem sich Thomas den Brief betreffend etwas beruhigt hatte, fragte ich ihn, was er dazu zu sagen habe, daß sich Radax an mich wendet. Dagegen hatte Thomas bisher nämlich nichts vorgebracht. Ich wollte wissen, wie er dazu steht, und ihm den letzten Rest von Geifer entlocken, damit ich dann dem vollkommen ausgebrannten Thomas Bernhard einiges sagen konnte.

FERRY RADAX

REGISSEUR

LCB Berlin 39 Am Sandwerder 5 den 18.11.

Lieber Herr Hennetmair,

wie ich soeben wieder erfahre, hat sich am Standpunkt von Bernhard bzgl. FROST laut Auskunft des Inselverlages nichts geändert.
Da ich von Bernhard direkt keine abschlägige Antwort bzgl. des Drehbuches habe, möchte ich Sie bitten, ihn darauf hinzuweisen, daß er noch 14 Tage Zeit hat, sich mit Frau Dr. Kern vom ORF bzgl. seiner Einweände zu besprechen.
Danach ist das Projekt für den ORF und die ARD-Anstalten, die bereits Geld dafür bereitgestellt haben, gestorben.

Wenn ihm das lieber ist, soll er es bitte sagen. Dann ist er nämlich auch für mich gestorben.

Sie verstehen, ich renne nun seit einem Jahr um die Sender zu überzeugen, daß FROST das Geld wert ist. Zweimal habe ich das auseinandergeflogene Sendergespann wieder zusammenbekommen. Aber ich habe keine Lust mich nach den Launen des Meisters zu richten. Er glaubt ja wohl jetzt in besseren Händen zu sein. Abwarten !

Also bitte versuchen Sie die Wahrheit herauszubekommen, was der wirkliche Grund für die angeblichen Einwände ist, die vielleicht nur der Verlag vorschiebt. Auf alle Fälle könnte sich ja Herr Bernhard einmal selber äußern. Geld hat er durch mich ja schließlich mehr bekommen, als für alle seine Bücher zusammen.

Mit besten Grüßen !

Ihr

Ferry Radax

Thomas sagte, der weiß, was du für einen Einfluß auf mich ausübst, deswegen hat er dir geschrieben. Nein, sagte ich, keinesfalls, er schrieb an mich, weil er sich an dich nicht mehr zu schreiben traute, nach dem, was ihm vom Verlag gesagt wurde, und auch deswegen, weil er von dir keine Antwort erwarten darf. Von mir erwartet er nun eine sichere Antwort. Er erwartet eine sichere Absage, damit er was anderes machen kann. Aber es ist schon ganz gut, daß er geschrieben hat, denn sonst wüßtest du nicht, daß der ORF auf eine Entscheidung drängt. Bis jetzt gilt beim Verlag und beim ORF deine Entscheidung, daß Radax den *Frost* nicht machen darf. Ich bin sicher, daß die in 14 Tagen das Geld für den *Frost* umwidmen. Bis dahin müßtest du einen neuen Regisseur mit einem neuen Drehbuch auf die Beine stellen. Außerdem brauchst du ja das Geld, das kannst du nicht hinten lassen. Das Drehbuch von Radax ist so schlecht, sagte Thomas, das kann ich nicht drehen lassen. Es ist so schlecht geschrieben. Was schlecht geschrieben ist, muß ja nicht schlecht gedreht werden, du kannst nicht immer den literarischen Maßstab von dir anwenden, sagte ich. Immerhin hat der ORF nur aufgrund des Drehbuches von Radax das Projekt angenommen. Wenn Radax nicht dieses Drehbuch geschrieben hätte, wären keine Gelder bewilligt worden, denn es mußte ja was da sein, das bewilligt werden kann. Außerdem war Radax so schlau und hat sich für das Drehbuch 10.000 DM sofort bezahlen lassen, sodaß zu erwarten war, daß der ORF, wenn er schon siebzigtausend Schilling ausgibt, das Projekt auch verwirklicht. Das Drehbuch mußt du halt jetzt umsonst schreiben, denn ein zweites wird der ORF nicht bezahlen.
Inzwischen hatten wir in der Tischlerei die Platte bekommen, und ich konnte sie gerade noch in den Kofferraum hineinschieben. Thomas wurde immer ruhiger, hörte mir immer länger zu, ohne was dagegen zu sagen, und auf der Rückfahrt, nachdem ich gesagt hatte, daß der Brief von Radax als eher günstig zu bewerten sei, sagte Thomas plötzlich: Natürlich, eigentlich kommt mir der Brief gerade recht, denn ich brauche ja das Geld. Außerdem würde ich es mir beim ORF noch mehr verderben, wenn ich das nicht machen ließe, denn so einfach schleudern die siebzigtausend Schilling für ein Drehbuch auch nicht hinaus. Auch der Radax hat seine Freunde, die würden alle gegen mich sein. Nein, ich kann mir den ORF nicht noch mehr vergrausen, denn die nehmen so einen Stoff wie den von mir sowieso nur widerwillig. Sie handeln sich doch nur empörte Zu-

schriften für meine Verfilmung ein, ich kenne das. Aber nachdem so eine Sendung am nächsten Tag bereits vergessen ist, lasse ich das machen. Ich werde doch die 20.000 DM nicht auslassen, da wär ich schön blöd, noch dazu, wo ich sie so gut gebrauchen kann.
Inzwischen waren wir am Hof in Nathal angelangt und setzten die 105 mal 185 cm große Holzplatte vor das Loch. Der Stiegenabgang sieht wie ein Loch aus. Im Sommer soll die Platte wieder wegkommen, bis dahin ist nur die zweite Stiege von der Stube aus zu benützen.
Plötzlich steigerte sich Thomas in einen Begeisterungstaumel. Er ersuchte mich zu warten, bis er die Antwort an Radax geschrieben habe. Ich hatte ihn inzwischen zu mir zum Abendessen eingeladen, und Thomas sollte nach vollbrachter Arbeit gleich mitkommen. Ich sagte zu Thomas, wenn er nun an Radax schreibt, dann soll er nicht zu grob sein mit ihm. Es hat keinen Sinn, immer alles zu bekritteln und auf Kleinigkeiten herumzureiten. Das gelte auch für den Brief an Dr. Unseld, sagte ich. Du läufst Gefahr, nicht ernstgenommen zu werden. Es wirkt lächerlich, wenn du dich über jeden Schmarren verärgert zeigst, du reibst den Unseld oder den Radax nur auf. Verlange, stelle Forderungen, Bedingungen, kurz und konkret, sie fürchten dich eh schon genug. Sonst hätte der Radax doch nicht an mich schreiben müssen. Jetzt ist es Zeit, umzuschalten. Da siehst du, zu was für einer wichtigen Mittelsperson du geworden bist, sagte Thomas. Meinen Eigensinn in der Sache *Frost* habe ich eigentlich schon genug bewiesen, ich werde sofort auch an den Verlag und an Frau Kern vom ORF schreiben und zustimmen. Aber Radax muß sich ganz nach mir richten.
Thomas ersuchte mich, im Ohrensessel Platz zu nehmen, während er die Briefe schrieb. Thomas versprach mir, den Brief an Radax kurz zu halten, denn nur so konnte ich hoffen, daß auch die Angriffe auf Radax nicht zu arg würden. Als Thomas einige Minuten schrieb und ich den Eindruck hatte, daß es schon genug sein müßte, sagte ich: Nicht soviel, nicht soviel. Bin schon fertig, sagte Thomas und zog den Brief aus der Maschine. Als Datum hatte Thomas irrtümlich den 21. statt den 22. geschrieben. Ich machte ihn darauf aufmerksam, aber er ließ den Fehler stehen. Der Brief lautete ungefähr: Ihr Brief an Hennetmair ist unter Ihrem Niveau, aber damit schließe ich dieses Kapitel. Thomas schrieb dann, daß er mit seiner Regie einverstanden sei, und schrieb wörtlich: Sie haben mein Wort. Thomas verlangte von Radax, daß er eng mit ihm zusammenarbeiten muß

usw. und daß er in allen Fragen gehört werden will. Daß er auch bezüglich der Darsteller ein Mitspracherecht haben muß.
Nachdem ich den Brief gelesen hatte, sagte ich, da könne ich mir eine Antwort an Radax ersparen. Darf ich dazuschreiben, daß das meine Antwort ist? Thomas sagte ja. „Dies ist meine Antwort, es grüßt Sie Hennetmair", schrieb ich auf die linke Seite neben der Unterschrift von Thomas. Dann fetzte Thomas noch die Briefe an den Verlag und an Frau Kern vom ORF in die Maschine. Gemeinsam brachten wir die Briefe kurz vor 18 Uhr nach Steyrermühl, wo ich sie eingeschrieben und Expreß aufgab. Bei mir in Weinberg wurde dann zu Abend gegessen. Um 19 Uhr brachte ich Thomas nach Nathal, da ich diesen Mittwoch meinen Tarockkollegen mein Kommen zugesagt hatte. Mehrere Monate habe ich den Tarockabend nicht mehr besucht, da mir auch an einem Mittwoch die Gesellschaft von Thomas lieber war.

23. November 1972

Um 8 Uhr 30 kam ich mit der Post nach Nathal. Thomas kam mir freudig entgegen und sagte, den Brief an Unseld habe er nun fertiggestellt, er möchte ihn mir vorlesen. Es waren zwei Briefe an Dr. Unseld, die Thomas mit Brief I und Brief II bezeichnete. Brief I begann mit „Lieber Herr Dr. Unseld" und war etwas kürzer als Brief II, der mit „Sehr geehrter Herr Dr. Unseld" begann und fünf Seiten lang war. Im Brief I legte Thomas seinen Standpunkt klar und bezog sich mehrmals auf Brief II, in welchem er einen dritten Vorschlag unterbreitete und ca. 4 Seiten dazu verwendete, die Verrechnung einzuleiten.
In Brief I schrieb Thomas, unter Hinweis auf die kleinen Verrechnungsposten von den Theatern, daß er in Zukunft alle diese kleinen Stationen auslassen werde, um mit maximaler, nicht mit sinnloser Höchstgeschwindigkeit dem Ziele zuzustreben. Dies in der Erkenntnis, daß es überhaupt kein Ziel gibt, usw.
Der ganze Brief ist durchsetzt von vielen, sehr bildhaften Schilderungen und stellt meiner Ansicht nach einen literarischen Höhepunkt, einen der besten Briefe, die je geschrieben wurden, dar. Es ist mir unmöglich, auch nur annähernd das Format dieser Briefe zu schildern. Nur höchst mangel-

haft kann ich einen Teil des Inhaltes wiedergeben. Thomas schrieb unter anderem, daß er sich damit abgefunden habe, daß seine literarische Arbeit, an der er jahrelang unermüdlich arbeitet, schlechter bezahlt wird als die Arbeit seines Nachbarn im nahen Schotterwerk. Damit ist Hubert Kothbauer gemeint, von dem ich Thomas erzählt habe, daß der durch Abhaken von Schotterfuhren monatlich 10.000 Schilling verdient. Thomas gratulierte Dr. Unseld auch zum Wahlausgang in Deutschland und schrieb, Deutschland habe an diesem Tag Geburtstag gehabt. Das war das einzige, was mir an dem Brief nicht gefallen hat, aber Thomas erläuterte, er weiß, daß Unseld ein schwerer Sozialist ist, und da hat er ihm ein bißchen Honig ums Maul geschmiert, denn sonst ist nichts da, wo er ihn ansprechen könnte, da ja der Verlag versagt hat.
Brief II war genauso vorzüglich formuliert, und ich tat Thomas auf alle Fälle Unrecht, wenn ich vor einigen Tagen behauptete, daß bei ihm das Wort feinsinnig unter Anführungszeichen geschrieben werden müsse. Alles, was Thomas zu sagen hatte, hatte er sehr gut umschrieben und wohlwollend verpackt an den Adressaten gebracht. Erst nach einer langen Einleitung, in welcher Thomas auch darauf hinweist, daß die großen Posten in der Verrechnung von ihm selbst initiiert wurden und daß die von ihm selbst ausgehandelten Honorare vom Verlag als utopisch bezeichnet wurden, unterbreitet Thomas seinen Vorschlag Nr. 3. Vorher erklärt Thomas, daß er weder Vorschlag Nr. 1 noch Nr. 2 annehmen könne, da er nicht Rentenempfänger oder Leibeigener sein möchte. So Thomas wörtlich.
Dann verlangt Thomas, daß für alles Bisherige, das Alte, ein einziges Konto geschaffen und aus diesen Eingängen seine Schuld von 66.000 DM abgebaut werde. Die Abdeckung sei alleine durch die Stücke *Boris* und *Ignorant* gedeckt. Alle neuen Sachen sollten auf ein eigenes Konto verrechnet werden. Alle neuen Werke sollten vom Verlag gedruckt und verkauft werden, alle Nebenrechte verbleiben beim Autor. Diese Nebenrechte werden nur vom Autor vergeben, dem Verlag sollen aber aus den Einnahmen 25 Prozent zukommen. Sämtliche Korrespondenz muß über den Autor gehen, ohne Autor darf nicht mehr verhandelt werden. Die Höhe des Honorars wird vom Autor bestimmt. Usw., usw. Der Brief endet: Im Vertrauen auf Sie, Ihr Thomas B.
Die Vorlesung der Briefe durch Thomas dauerte fast eine Stunde. Nach 9 Uhr 30 fuhren wir nach Ottnang zum neu erworbenen Haus und gaben

unterwegs in Steyrermühl den Brief eingeschrieben und Expreß auf. Beim Haus in Ottnang besprachen wir abwechselnd den Einbau eines Bades und den Inhalt des Briefes bzw. der zwei Briefe an Dr. Unseld. Thomas fragte mich nach meiner Meinung. Ich sagte, das sei das Beste, was er je geschrieben habe. Nicht einmal seine besten Stellen in seinen Romanen reichten an diese Briefe heran. Aber da es sich ja um keinen Roman, sondern um echte Briefe handelt, schätze ich den Inhalt umso höher. Thomas fragte mich, ob der Brief II nicht zu lang sei, aber er nahm mir die Antwort vorweg und sagte, er habe den Entwurf so zusammengestutzt wie nur möglich, aber kürzer war es trotz der Länge nicht möglich. Ich stimmte ihm zu.
Wir hielten uns ca. zwei Stunden im Hause Niederpuchheim 13 auf und kamen um 12 Uhr 30 nach Nathal zurück. Da mich die vier Stunden mit Thomas geistig schwer beansprucht und gefordert hatten, lud ich Thomas nicht zum Mittagessen bei mir ein, sondern setzte ihn – von Attnang-Brauching kommend – in Nathal ab. Ab 17 Uhr, sagte ich zu Thomas, stehe ich ihm wieder zur Verfügung.
Um 17 Uhr 45 kam Thomas wieder zu mir. Nun wurden die Topfenpalatschinken vom Mittag mit Rahm und versprudelten Eiern übergossen und von meiner Frau neu aufgewärmt. Solche Topfenpalatschinken hat Thomas als Bub gerne gegessen, und die hat er sich vor einigen Tagen gewünscht. In der Hauptsache drehte sich unser Gespräch wieder um die Briefe an Unseld und Radax. Auch über den kommenden Tag sprachen wir eingehend, es sollte ja morgen der Hauptvertrag über den Hauskauf unterfertigt werden. Thomas war nach der Fertigstellung der Briefe an Dr. Unseld einesteils sehr erleichtert, andernteils sehr erschöpft, sodaß er schon um 20 Uhr 30 nach Hause fuhr. Zu seiner Müdigkeit hat sicher auch der mit Topfenpalatschinken vollgeschlagene Bauch beigetragen.
Wir hatten natürlich auch abends wieder den Brief an Dr. Unseld zum Gespräch. In dem Brief an Dr. Unseld schreibt Thomas u. a. auch, daß der dritte Vorschlag für zwei Jahre gelten solle und daß sein Name nicht selten genug in den Zeitungen erwähnt werden könne. Thomas erklärte mir, warum er das geschrieben habe, usw.

24. November 1972

Um 7 Uhr 30 war ich bei Thomas in Nathal, um seine Winterreifen einzuladen, da er sie im VW auf die Sitze stellen müßte. Mit beiden Autos fuhren wir dann zur Tankstelle Stadlmayr in Steyrermühl, wo Thomas seinen VW zur Umrüstung auf Winterreifen zurückließ. In meinem Kadett gings weiter, und um 8 Uhr waren wir beim Notar Süßner in Schwanenstadt. Die Verkäuferin Huemer war in Begleitung ihres Sohnes Hubert schon anwesend. Der vom Notar vorbereitete Vertrag wurde vorgelesen und unterfertigt. Das dauerte bis gegen 9 Uhr. Anschließend gingen wir mit der Verkäuferin in ein Gasthaus, wo Thomas und ich noch einiges Zubehör, Werkzeuge, Mostpresse und Heizmaterial für das Haus separat einhandelten. Für alles in allem zahlte Thomas tausend Schilling an Frau Huemer und die Zeche. Dann fuhren wir nach Wels, und Thomas entdeckte dort einen billigen Sessel und ein schönes, kleines, rohes Lärchenholztischerl. Da wir noch nach Linz weitermußten, stellten wir die Sachen zur Abholung für 14 Uhr bereit. Über Marchtrenk – Holzhausen – Breitbrunn – Leonding – Donautal fuhren wir nach Linz weiter.
Beim letzten Linz-Besuch hatten wir dem Sensal im Linzer Dorotheum einen Kaufauftrag für eine Leselampe aus Nußholz erteilt. Die war Thomas geblieben, und wir lösten die zweiflammige 1,60 m hohe Lampe aus.
Um 11 Uhr 30 gingen wir zum Hofwirt in der Kaisergasse billig und gut essen, und um 12 Uhr 30 waren wir schon auf einen Kaffee im Café Traxlmayr. Thomas blätterte ca. 20 Zeitungen durch. Nach einer Stunde fuhren wir bei teilweisem Schneegestöber wieder über Leonding – Breitbrunn Richtung Wels und kamen in Marchtrenk zu dem Unfall zurecht, wo der Fahrdienstleiter vergessen hatte, die Schranken zu schließen, und zwei Lastwagen von einem Schnellzug gerammt wurden. Dadurch bekam unser Gespräch im Wagen eine andere Richtung. Vorher hatte Thomas nur von seinen Briefen an Unseld und dem Brief an Radax gesprochen. Durch den Unfall sahen wir uns in unserem Fahrverhalten wieder bestätigt. Thomas und ich hatten uns längst zur Gewohnheit gemacht, auch bei offenen Schranken zuerst nach beiden Seiten zu sehen, denn keiner von uns möchte sein Leben einem Schrankenwärter anvertrauen.
In Wels luden wir dann noch Tisch und Sessel auf mein Auto. Thomas freute sich sehr über die günstigen Käufe und auch darüber, daß der Kauf-

vertrag für das Haus heute unterschrieben wurde. Er sagte, er werde das Geld für das Haus schon am Montag überweisen. Um 15 Uhr – den VW bei Stadlmayr nahmen wir auch mit – waren wir wieder in Nathal. Ich hatte für eine Stunde einige Besorgungen in Laakirchen und kam um 16 Uhr wieder nach Nathal. Thomas hatte inzwischen Tisch, Sessel und Lampe gereinigt, und ich mußte alles am neuen Standplatz bewundern.
Es gab sehr viel zu besprechen. Thomas ließ im Gespräch nochmal den ganzen Tag abrollen, von 7 Uhr 30 an. Das dauerte zwei volle Stunden. Um 18 Uhr drängte ich Thomas, endlich mit mir zu kommen, denn ich hatte von Laakirchen einen gut abgelagerten Lungenbraten mitgenommen. Solche endlosen Gespräche verwirren mich nur, ich weiß manchmal nicht mehr, ob ich dies oder jenes schon aufgeschrieben habe oder ob wir das im Gespräch x-mal besprochen haben. Ich hab auch gar nicht die Zeit nachzusehen, ob ich dies oder jenes schon berichtet habe. Je länger ich mit Thomas zusammen bin, umso mehr könnte ich schreiben. Aber umso mehr geht in meinem Kopf verloren und umso weniger Zeit zum Schreiben habe ich. Wir fuhren also zu mir, und in einer halben Stunde hatte ich ein Beeafsteak Tatar fertig. Dazu tranken wir nur einen Schluck Bier, denn seit seinem letzten Schwips bei mir trinkt Thomas keinen Rotwein mehr. Weißwein trinkt er schon seit Jahren nicht, da er ihn nicht verträgt. Wir waren aber bald müde, und Thomas fuhr um 20 Uhr 45 nach Hause.

26. November 1972

Obwohl es Sonntag war, kam Thomas um 9 Uhr. Vor Jahren hatte ich mit Thomas vereinbart, daß er mich an Sonntagen nur in Ausnahmefällen besucht, da ich meine Geschäfte – besonders im Sommer – vorwiegend an Sonntagen abwickle. Er sagte, daß er gestern erst um 23 Uhr von einem Abendessen bei Frau Maleta heimgekommen sei und daß an seinem Tor ein Zettel steckte. Ein Mann von der Wiener Filmakademie hatte sich auf Empfehlung von Regisseur Jasny für heute vormittag angemeldet. Er sei deswegen von Nathal weggefahren und möchte mit mir nach Ottnang zum neuerworbenen Haus fahren. Ich sagte: Da es so schönen Sonnenschein hat, könnten wir statt spazierenzugehen den unschönen Hüttenanbau vom Hause in Ottnang wegreißen. Thomas war begeistert, er konnte es nicht fas-

sen, daß ich an einem Sonntag zu so einer Arbeit bereit bin. Er fuhr sofort zurück nach Nathal, um sich Arbeitskleidung anzuziehen. Als er wiederkam, wollte er seinen Autoschlüssel bei mir deponieren, da er den Schlüssel nicht in der Arbeitskleidung behalten wollte. Heute haben wir nichts einzuladen, da fahren wir mit deinem Wagen, sagte ich und wies den Schlüssel zurück. Auf der Fahrt erzählte Thomas dann, daß Frau Maleta eigens von Wien einen Fasan mitgenommen hatte. Er war aber gestern nachmittags auf der Krucka und hat gegen Abend Hofjäger besucht. Dort hat er sehr viel Speck gegessen, sodaß er den Fasan bei Maleta leider nur etwas anstochern konnte.
Wir nahmen uns vor, bis 12 oder 13 Uhr zu arbeiten. Um 11 Uhr aber wußten wir schon, daß die Arbeit so gut schmeckte, daß wir sicher bis zum Dunkelwerden bleiben würden. Daher fuhren wir dann um 12 Uhr 30 in ein Gasthaus essen. Dann gings wieder weiter. Thomas war mir bei der Arbeit lieber als mancher Handlanger. Er war sehr umsichtig und hatte auch eine Riesenkraft. Außerdem griff er ohne Rücksicht auf Dreck zu, und wo wir beide zusammen einen Balken schleppen mußten, war er beim Aufnehmen oder Abwerfen der Last so geschickt, wie wenn er das schon jahrelang gemacht hätte. Thomas gab auch laufend humorige Einlagen, und als er einmal allein ein besonders schweres Kantholz wegschleppte, sagte er: Da siehst du, warum ich den von der Filmakademie nicht brauchen kann, zu dieser Arbeit kann ich solche Leute wirklich nicht gebrauchen. U. a. sagte Thomas auch, nun, da er die Faust im Nacken habe, möchte er noch heuer vor Weihnachten mit dem neuen Theaterstück fertig sein oder zumindest *Korrektur* fertig haben, denn über Weihnachten – Neujahr möchte er mit seiner Tante nach Venedig fahren. Die Feiertage hier sind immer eine sehr blöde Zeit für ihn, da möchte er lieber wegfahren.
Um 16 Uhr 30 hatten wir die Arbeit beendet, und um 17 Uhr waren wir wieder zu Hause. Um 18 Uhr 15 kam Thomas frisch umgezogen zu mir zum Abendessen und blieb bis 22 Uhr 30. Wir hatten wieder sehr viel zu besprechen. Wir waren ja zu Mittag in Arbeitskleidung ins Gasthaus zum Essen gegangen und freuten uns, daß der Wirt glaubte, wir seien richtige Tschinaller. Wir sind nämlich sofort auf den Stammtisch der Einheimischen zugegangen, obwohl wir noch nie in diesem Gasthaus waren. In unserem Arbeitsanzug und den dreckigen Gummistiefeln mußte man uns den Arbeiter glauben. Unser Gespräch hatten wir auch darauf abgestimmt.

27. November 1972

Um 8 Uhr traf ich Thomas beim Postamt Ohlsdorf. Er zeigte mir ein Kuvert mit der Anschrift „Herrn Nicolaus Thomas Bernhard“, der Absender war die Bezirkshauptmannschaft. Das kann nur mein Kirchenaustritt sein, sagte Thomas und öffnete. Er zeigte mir das Schreiben. Sein Austritt wurde damit zur Kenntnis genommen. Es stand auch noch darauf, daß das Pfarramt Ohlsdorf und die Kirchenbeitragsstelle verständigt würden. Das wußte ich, sagte ich, drum habe ich Dechant Kern das schon gesagt, daß du ausgetreten bist.

Da ich vormittags noch einige Erledigungen hatte, verabredeten wir uns für den Nachmittag.

Um 16 Uhr 30 kam ich – von Gmunden kommend – nach Nathal. Thomas war nicht da, und so fuhr ich ohne Thomas nach Stadl-Paura zu Hubert Huemer, bei dem sich auch dessen Mutter, Frau Rosina Huemer, aufhielt. Ich sagte dort, daß Thomas heute früh den restlichen Kaufpreis von 291.000 Schilling überwiesen habe, und regelte die Inventarangelegenheiten für Thomas wie vereinbart. Nach dem Kaufabschluß beim Notar in Schwanenstadt wurde nämlich der heutige Besuch bei Huemer von Thomas angekündigt.

Gegen 18 Uhr 30 traf ich bei mir zu Hause ein. Thomas saß mit meiner Frau und meiner Mutter seit 16 Uhr 30 beisammen und wartete auf mich. Thomas sagte, er habe geglaubt, wenn er nicht zu Hause sei, werde ich sicher nachsehen, ob er bei mir ist. Ich sagte, es sei besser, wir bleiben bei der altgewohnten Verläßlichkeit, und berichtete von meinem Besuch in Stadl-Paura. Thomas interessierte sich für alle Details dieser Besprechung, und ich mußte sehr genau berichten. Thomas erzählte, daß am kommenden Donnerstag Schaffler vom Residenz Verlag kommt. Da wolle er ihm 100.000 Schilling für den *Kulterer* herausreißen. Dann wollte Thomas um 21 Uhr 30 noch die Sendung „Aus der Werkstatt der Filmakademie“ sehen, und er vermutete, daß der Besucher vom Sonntag im Zusammenhang mit dieser Sendung gekommen war. Um 22 Uhr 30 fuhr Thomas wieder nach Hause.

28. November 1972

Für 14 Uhr hatte ich mit Thomas die Abfahrt nach Ottnang vereinbart, und Thomas kam pünktlich. In Attnang bei Huemer tauschten wir einen aus Wels besorgten Bürosessel gegen einen zur Eckbank im neuerworbenen Hause passenden. Anschließend gingen wir in Holzham und Niederpuchheim ca. 2 Stunden von Haus zu Haus, um einen Mann oder eine Frau aufzutreiben, die das ganze Haus kalken sollten. Dabei kamen wir auch in ein Haus, dessen Besitzer alle Jahre die Wiesen vom „Hansbäun" abmähten. Wir kamen auch dahinter, daß das Haus auf hochdeutsch Hans-Paul heißt. Als ich die Suche aufgeben und an einem anderen Tag weitermachen wollte, ging ich doch noch in ein Haus, und der Auszügler und Rentner Schermaier erklärte sich bereit, diese Arbeiten zu übernehmen. Wir besichtigten mit ihm gleich das Haus und übergaben ihm die Schlüssel. Kurz bevor wir diesen Mann trafen, gerieten wir in ein Haus, wo Thomas erkannt wurde. In Niederpuchheim ist die Kellnerin des Gasthofes Brandl in Wolfsegg zu Hause. Diese spielte im Film *Der Italiener* eine Köchin und kannte Thomas natürlich von einigen Gasthausbesuchen. Thomas war das anfänglich sehr zuwider, denn er wollte, daß niemand von seinem Hauskauf erfährt. Nun war es aber sicher, daß schon in wenigen Tagen auch Graf Saint Julien [Besitzer des Schlosses Wolfsegg] davon erfahren würde. Dann weiß es ganz Wolfsegg, sagte Thomas, von einer Kellnerin ist das sofort verbreitet.
Für nächsten Tag bestellten wir auch noch den Glaser und den Elektriker, um einige Kleinigkeiten zu machen. Gegen 18 Uhr kamen wir zum Abendessen zurück. Thomas sagte, daß er diesmal gleich nach den Nachrichten nach Hause fahren werde, denn er wolle noch arbeiten. Um 20 Uhr 15 fuhr Thomas dann nach Hause. Für nächsten Tag hatten wir vereinbart, daß Thomas um 7 Uhr früh schon nach Ottnang zum Haus fährt, um Elektriker und Glaser zu empfangen. Um 9 Uhr 30 sollte er zu mir kommen, um nach Linz zu fahren. Ich sollte inzwischen um 8 Uhr die Post abholen.

29. November 1972

Um 9 Uhr 30 war Thomas da. Er erzählte, daß er sich sehr freue, da um 7 Uhr, als er zu seinem Hause in Ottnang fuhr, schon zwei Leute dorthin unterwegs waren. Es war Schermaier mit seinem Arbeitskollegen Hemetsberger. Innerhalb kurzer Zeit haben die beiden in zwei Zimmern die Wände abgeschabt, und der Elektriker ist auch gekommen. Da Hemetsberger gelernter Elektriker ist, hatte dieser die Montage der Lampen übernommen, sodaß er den Elektriker gleich wieder wegschicken konnte. Thomas hatte eingeheizt und versprochen, morgen nachmittag wieder zu kommen. Ich gab Thomas die Post, es war ein Brief von Radax aus Berlin dabei. Thomas las den Brief und sagte, der Brief sei eine Frechheit. Den laß ich dich später lesen, fahren wir.

Ich fuhr wieder über Wels, da ich da kurz zu tun hatte. Von Wels ging es wieder die bewährte Strecke über Oftering – Leonding – Nibelungenstraße nach Linz. Im Dorotheum gab Thomas Kaufaufträge für ein altes Silberbesteck, einen Feldstecher und ein Servierwagerl. Für den Feldstecher hatte sich Thomas entschlossen, da ich ihm vor der Abfahrt, von meinem Wald in Weinberg aus, sein Haus in Ottnang gezeigt hatte. Als ich nämlich die Post von Ohlsdorf holte, nahm ich mein Fernglas mit, um das Haus auszumachen. Gestern hatte ich nämlich vom Haus in Ottnang aus meinen Wald, das Weinberghölzl, gesehen. Daher wußte ich, daß es zu finden ist. Es war nicht schwierig, es war gute Sicht, und das mit Schnee bedeckte weiße Dach hob sich deutlich vom dunklen Wald ab. Dadurch war das Haus, wenn man einmal wußte, wo es sich befindet, auch mit freiem Auge sichtbar. Thomas war sehr erstaunt, daß ich das Haus über 30 km hinweg entdeckt hatte. Er sagte, das sei sehr praktisch, da könne man von hier gleich sehen, ob das Haus vielleicht abgebrannt sei. Im übrigen schimpfte Thomas über die ausgestellten Stücke in der Kunstauktion, dilettantisch restauriert, usw. Möbelbastarde sah ich viele, warf ich ein. Ja, es ist so, wie du sagst, gab mir Thomas recht.

Um 11 Uhr 30 waren wir mit der Besichtigung zu Ende. Ich hatte vorgeschlagen, nicht essen zu gehen und gleich nach Hause zu fahren, aber vorher noch im Café Traxlmayr die Zeitungen anzusehen. Thomas ließ sich wieder einen Stoß Zeitungen bringen. Jetzt könnte ich den Brief von Radax lesen, sagte ich, und Thomas gab mir den Brief. Er war vom 25. November 1972 datiert.

Radax bedankt sich in der ersten Zeile für die rasche Reaktion. Dann äußerte Radax, daß er den Eindruck habe, Bernhard möchte selbst Regie führen. Er könne sich in seiner künstlerischen Freiheit nicht beschränken lassen usw., und schließlich unterstellt er, daß der Autor sein Buch *Frost* heute anders sieht als zu der Zeit, als es geschaffen wurde, und daß der Autor nun in das Drehbuch etwas hineinfälschen möchte, was gar nicht im Buch steht. Trotzdem mit großer Hochachtung für ihn persönlich usw., usw. herzlich Radax. Nur der Satz mit dem Wort „hineinfälschen" ist eine Frechheit, sagte ich zu Thomas, indem ich ihm den Brief zurückgab, alles andere ist verständlich, er muß so reagieren. Der ganze Brief ist eine Frechheit, sagte Thomas. Nein, nur der eine Satz, wiederholte ich. Dann muß ich ihn noch einmal lesen, sagte Thomas, ich weiß jetzt gar nicht mehr, was er eigentlich geschrieben hat. Thomas überflog den Brief. Der Brief ist ganz unmöglich, sagte er, ich werd ihm gar nicht schreiben. Ich werde ihm überhaupt nicht mehr antworten, den laß ich jetzt ganz links liegen, der kann machen, was er will.

Der Radax ist nicht imstande, dich hereinzulegen, sagte ich. Er könnte doch auf alle deine Vorstellungen eingehen und ja dazu sagen und dann machen, was er will. Du stehst ja nicht einen ganzen Drehtag lang neben der Kamera. Höchstens einmal in der Woche bist du einige Stunden dort. Er kann auf alle Fälle machen, was er will. Aber für dich ist es ja viel bequemer, wenn du dich nicht kümmerst und auch keine Verantwortung oder Mitsprache übernimmst. Schlimmstenfalls kannst du dich öffentlich distanzieren von der Verfilmung. Wenn du mitmachst, kannst du das nicht, und ein Kunstwerk darfst du dir nicht erwarten. Das gibt es nur alle zehn Jahre, auch nicht mit Radax. Bei einem Theaterstück sehe ich das ein, wenn du dich für die Uraufführung engagierst. Da hat es einen Sinn, weil du echt eingreifen kannst, sodaß es wirklich was nützt, und außerdem brauchst du eine gute Kritik für die Uraufführung. Aber so, wie dir dann nach einer guten Uraufführung alle weiteren Aufführungen egal sein könnten, so gleichgültig muß dir auch die Verfilmung von *Frost* durch Radax sein. Deinen Roman kann er nicht mehr umbringen.

Natürlich, sagte Thomas, ich wär schön blöd, wenn ich mit diesem Film meine Zeit vergeuden würde. Da kann ich ganz was anderes machen in der Zeit. Außerdem sind mir ja diese Leute dort, die Schauspieler usw., alle so zuwider. Es würde sowieso alles schiefgehen, denn ich müßte ja dem Radax gleich sagen, daß er sich normal anziehen soll und sich mir nicht in Stiefeletten zeigen soll. Da würde es sofort was geben, denn das würde er sich auch nicht ohne weiteres sagen lassen.

Inzwischen war es 12 Uhr 30 vorbei, und Thomas sagte: Jetzt würde ich aber doch gerne essen gehen. Dann nur zum Hofwirt, sagte ich. Wir fuhren in die Kaisergasse. Auf der Speisekarte stand Krenfleisch. Dann ist schon entschieden, sagte ich, keine Suppe, Krenfleisch. Thomas bestellte auch Krenfleisch, und wir bekamen Riesenportionen. Mit zwei kleinen Bier zahlte Thomas für zwei Personen 42 Schilling. Fast bis Leonding sprach Thomas von dieser guten Küche und dem günstigen Preis. Wenn wir seltener auswärts essen, führe ich Thomas nicht immer in ein so billiges Lokal, denn nachdem Thomas essensmäßig so gut wie zu meiner Familie gehört, amüsiert es mich, wenn Thomas für zwei Essen hundert Schilling oder mehr zahlt.
Kurz nach 14 Uhr betraten wir in Wels die Versteigerungshalle. Über einen Lautsprecher war das Radio eingeschaltet, und Thomas sagte sofort: Zuckmayer liest. Wie sonderbar, sagte Thomas weiter, man kommt in ein Versteigerungshaus und hört Zuckmayer lesen. Er hat eine besonders angenehme Stimme, eine schöne Stimme, er liest sehr gut. Während Zuckmayer las, streiften wir den ganzen Ramschladen ab, konnten aber nichts für uns Brauchbares entdecken. Nach einiger Zeit war für mich zu erkennen, daß Zuckmayer aus der *Henndorfer Pastorale* las. Den Ärger über dieses Buch muß Thomas nun schon hinuntergeschluckt haben.
Bei der Ausfahrt von Wels nach Thalheim sagte ich zu Thomas, daß wir eigentlich wieder einmal den Antiquitätenhändler in Wolfern besuchen sollten. Thomas fragte mich, ob ich vielleicht nicht gleich Lust hätte, hinzufahren. Von Sattledt über Kremsmünster nach Bad Hall und Sierning, meinte Thomas. Diese alte Schremse, die wir schon so gut kennen, brauchen wir nicht zu fahren, sagte ich. Ich weiß von hier aus was Neues für dich. Ich werde den Weg über Weißkirchen – Allhaming – Neuhofen an der Krems – Niederneukirchen fahren, dort kommen wir dann auf die Wolfener Straße, die von Linz über St. Florian nach Steyr führt und die du schon kennst. Thomas war natürlich begeistert, diese Gegend auch kennenzulernen. Auf diesen Seitenstraßen dauerte die Fahrt etwas länger, und außer über die Gegend, sprachen wir wieder über den Verlag. Thomas hatte mir im Café Traxlmayr auch einen kurzen Brief vom Verlag gezeigt. Der ist von der Frau, die alle Verträge macht, sagte Thomas, die hat diesen Brief geschrieben. In diesem Brief wurde erwähnt, daß sie den Vertrag mit dem ORF bezüglich *Frost* machen wird und daß dem ORF seinerzeit bereits

die Autorenforderung von 20.000 DM zugegangen ist. Das ist eine Bestätigung für deine Forderung, sagte ich, hast du dir schon einen Briefordner gekauft? Nachdem ich nun Thomas dazu gebracht hatte, Durchschläge von seinen Briefen zu machen, drängte ich ihn seit einigen Wochen, diese Durchschläge in einem Ordner alphabetisch abzulegen. Thomas sagte: Ja, gestern habe ich mir zwei Ordner gekauft. Mit Alphabet? Nein, in einen gebe ich die Briefe an den Suhrkamp Verlag, in den anderen die an Schaffler. Naja, sagte ich, wenigstens das Wichtigste ist so greifbar, aber du hast andere auch, wo es gut wäre, einen Durchschlag oder Briefe sofort herausholen zu können. Die gebe ich in eine Schachtel, sagte Thomas. Für jedes Jahr werde ich eine eigene Schachtel haben, das genügt mir, denn das meiste werde ich auch weiterhin verbrennen.
In Wolfern stöberten wir den Laden eingehend durch. Thomas kaufte ein Kruzifix in bäuerlichem Barock um tausend Schilling. Das ist für das Geld, das ich mir an Kirchensteuer erspare, sagte Thomas. Dann nahmen wir auch noch mehrere Biedermeierbilderrahmen und einen Lampenschirm für das Haus in Ottnang mit. Das Kruzifix ist fast einen Meter hoch. Thomas sagte, gestern habe ihn Schermaier gefragt, ob er auch den Nagel in der Herrgottsecke herausziehen solle, da habe er „ja" gesagt. Nun müsse er den Nagel wieder einschlagen. Er habe nicht geglaubt, daß er einen so schönen Herrgott, der sicher zwei- bis dreitausend Schilling wert sei, bekommen werde. Ich sagte Thomas, daß dieses Kruzifix, eigentlich sagte ich, daß dieser „Neubacher", denn kurz vorher erklärte ich Thomas, daß die Aufschrift INRI Ignaz Neubacher Regenschirmmacher Innsbruck heiße, daß also dieser Neubacher nach seinem Kirchenaustritt noch besser in die Stubenecke passe, denn wenn Jesus jetzt leben würde, würde er als größter Revolutionär sicher auch aus dieser Kirche austreten. Ja, ganz sicher, sagte Thomas.
Auf der Rückfahrt über Sierning besuchten wir in Bad Hall noch einen Antiquitätenhändler und Restaurator. Dort wurden uns Biedermeierkommoden mit Aufsatz um 7500 Schilling angeboten, wie wir schönere innerhalb der letzten acht Jahre, ungefähr zehn Stück, um 400 bis 800 Schilling von den Bauern weggeholt hatten. Ein Biedermeiersessel, wofür wir 150 bis höchstens 200 Schilling bezahlt hatten, kostete hier 1500 Schilling. Ich wußte, daß hier sehr hohe Preise verlangt werden, deswegen sagte ich Thomas schon vor dem Eintritt in das Haus, daß unser Besuch nur der Infor-

mation dienen sollte. Sonst wäre er mir nämlich vor lauter Grausen zu früh weggelaufen. So aber konnte ich in Ruhe alles ansehen. Um 18 Uhr 45 waren wir wieder in Weinberg. Nach dem Abendessen, noch vor den Nachrichten, fuhr ich mit Thomas nach Nathal, um die eingekauften Sachen aus meinem Wagen auszuladen. Thomas wollte noch schreiben. Er schreibt jetzt meistens in der Früh einige Stunden und manchmal von 22 Uhr nachts an bis 24 Uhr oder 2 Uhr früh, je nachdem, wie es läuft. Das hatte mir Thomas heute kurz verraten, als er mir sagte, daß er morgen dem Schaffler sagen werde, daß er das Drehbuch für den *Kulterer* eher nicht machen werde, da er jetzt an anderen wichtigen Sachen schreibt. Um 19 Uhr 30 fuhr ich von Thomas weg nach Ohlsdorf zu meinem Tarockabend.

30. November 1972

Um 14 Uhr 30 fuhr ich mit Thomas nach Ottnang. Im Sägewerk Ottnang bestellten wir achtzig Laufmeter Sesselleisten, und in der Eisenhandlung kauften wir Hammer, Beißzangen, Nägel, einen verzinkten Zwanzigliterhäfen und drei schwarze Plastikeimer für das Haus. Vom Glaser nahmen wir Fensterscheiben mit. Im Hause arbeiteten Schermaier und Hemetsberger. Beim Abkratzen des alten Verputzes fiel fast die gesamte Zimmerdecke herunter. Die muß nun neu aufgezogen werden. Schermaier hatte schon Sand und Kalk mit dem Traktor heranschaffen lassen. Nach eingehender Besichtigung und Besprechung beendeten die beiden die Arbeit, da es schon dunkel wurde. Wir brachten die beiden nach Kropfling. Thomas wollte noch etwas die Gegend besichtigen, und ich fuhr nach Holzham und Walding. Ich bemerkte, daß Thomas neben mir geistig arbeitete. Als ich statt Holzham Holzheim sagte, zeigte Thomas auf seine Stirne und sagte: Hier ist bei den meisten Leuten Holzheim, hier oben. Ich sagte nur, Ham und Heim sei dasselbe. Plötzlich bat mich Thomas, sofort kehrtzumachen, er möchte sofort nach Hause, da er noch was schreiben möchte.
Ziemlich wortlos fuhren wir in ca. 30 Minuten nach Hause. Thomas ging nicht einmal mehr auf eine Suppe zu mir ins Haus. Er hatte vormittags mit Schaffler telefoniert. Der kommt um 20 Uhr, mit dem muß er essen, sagte Thomas, und jetzt muß er dringend schreiben. Wir verabredeten uns für nächsten Tag.

1. Dezember 1972

Um 14 Uhr war ich mit Thomas in Nathal verabredet. Ich traf ihn ziemlich verkatert, und er erzählte mir vom gestrigen Abend mit Schaffler vom Residenz Verlag. Schaffler hatte seine Gattin, die Lektorin und Generalintendant Bacher mit seiner ca. 25-jährigen Tochter mitgebracht. Als Treffpunkt hatte Thomas mit Schaffler den Goldenen Hirschen in Gmunden ausgemacht. Sie fühlten sich dort sehr wohl und blieben bis 2 Uhr früh. Thomas hat sie alle freigehalten. Thomas hatte sich besonders mit ORF-Generalintendant Bacher und seiner Tochter gut verstanden. Bacher hat sehr viel Humor, sagte Thomas, und so konnte er seinen Plan, mit Schaffler finanzielle Angelegenheiten zu besprechen, nicht verwirklichen. Aber die Gaudi, die er mit Bacher gehabt habe, sei ihm viel wichtiger, sagte Thomas. Die Auswirkungen sind sicher Geld wert, sagte ich.
Thomas war natürlich zu müde, um einen Spaziergang zu machen, und so fuhr ich um 16 Uhr wieder nach Hause.
Um 19 Uhr kam Thomas zum Abendessen. Im Grunde besprachen wir nichts, was wir nicht in den letzten Tagen und am Nachmittag auch schon gewälzt hätten: Hauskauf, Faust im Nacken, noch keine Antwort von Dr. Unseld, Schaffler, Geld für *Kulterer* waren die Themen. Um 21 Uhr 45 fuhr Thomas wieder nach Hause.

3. Dezember 1972

Heute habe ich an Radax einen Brief geschrieben, damit er weiß, wie er dran ist.
Um 18 Uhr kam Thomas. Er war am Nachmittag bei O'Donell in Hochkreuth eingeladen und kam von dort direkt zu mir. Thomas war wegen einer Antwort von Dr. Unseld etwas besorgt und sagte, Dr. Unseld sei einer, der keinerlei Kritik verträgt. Da ich aber möchte, daß die Leute wissen, wie ich denke, konnte ich an Dr. Unseld nichts anderes schreiben. Wir schmiedeten Pläne für nächsten Tag und die kommende Woche. Um 21 Uhr fuhr Thomas nach Hause.

4. Dezember 1972

Um 13 Uhr fuhr ich mit Thomas nach Ottnang. Vom Sägewerk nahmen wir die Sesselleisten zum Haus mit. Dort kontrollierten wir die Arbeiten. Hemetsberger und Schermaier weißten im Keller, und die Tochter von Schermaier war in der Stube am Putzen. Fleißigere und tüchtigere Leute konnte man sich nicht vorstellen für diese Arbeiten.
Thomas hatte schon während der Anfahrt über Halsschmerzen geklagt, und nun, im zugigen Haus, wurden sie heftiger. Trotzdem wollte Thomas noch zu Fuß ins nächste Dorf gehen, um etwas Bewegung zu bekommen und damit der Nachmittag vergeht. Ich lehnte aber ab und sagte zu Thomas, es sei höchste Zeit, einige Angesit gegen seine Halsschmerzen zu lutschen und nicht kalte Luft hineinzukeuchen, sonst würde er in den nächsten Tagen im Bett liegen – und ich hätte die Schererei. Ich schlug vor, sofort in die Apotheke nach Attnang zu fahren. Thomas war einverstanden. In Attnang wurden uns die etwas stärkeren Neo-Angin-Pastillen empfohlen.
Um 16 Uhr 30 waren wir wieder in Weinberg. Thomas wollte nicht sofort auf einen Glühmost hereinkommen, da er in den Gummistiefeln sehr schwitzte und befürchtete, daß er später nicht mehr hineinkommt, wenn er die Stiefel jetzt auszieht. Nun fuhr Thomas erst nach Hause, nahm ein heißes Fußbad und kam um 18 Uhr wieder. Nach zwei gelutschten Pastillen hatten die Schmerzen schon etwas nachgelassen.
Nach dem Abendessen und den Nachrichten besprachen wir noch den Möbeltransport von Nathal nach Ottnang, die Inneneinrichtung des Hauses, usw. Wir besprachen, daß zwei Hirschgeweihe aufgehängt werden sollten, und waren uns über die Biedermeierrahmen und Bilder, welche in die Zimmer kommen sollten, nicht ganz einig. Thomas hatte mir einen gedruckten Befehl des Landeshauptmannes Christoph Wilhelm Graf und Herr von Thürheim vom 17. May 1737 mitgebracht, auf dem als Landschreiber Michael Ernst von Springenfels draufsteht und in welchem der Ochsen-Austrieb für einige Zeit verboten wird. Seit Jahren hatte mir Thomas dieses Blatt versprochen. Er selbst hat ein Dutzend dieser Blätter in Biedermeierrahmen in seinen Häusern hängen. Vor einem halben Jahr sagte ich bei der Betrachtung dieser Blätter auf der Krucka zu Thomas, es sei schon so lange her, daß er mir so ein Blatt versprochen habe, daß ich es

nunmehr gar nicht mehr wolle. Ich nahm daher das Blatt, eines der schönsten und ältesten, die Thomas hatte, ganz kühl entgegen.
Da Thomas mit dem ersten Taufnamen und laut Reisepaß und Geburtsurkunde natürlich Nikolaus heißt, wäre an diesem Abend sein Namenstag zu feiern gewesen. Da ich aber weiß, daß Thomas so etwas nicht wünscht, haben wir, meine Frau und meine Mutter waren auch dabei, nichts vom Nikolaus erwähnt. (Ich hatte mich dabei aber im Datum geirrt.)
Am nächsten Tag wollte sich Thomas richtig schonen und auskurieren, daher hab ich ihm versprochen, die Post zu bringen. Um 21 Uhr 30 fuhr Thomas heim.

5. Dezember 1972

Um 8 Uhr 30 war ich mit der Post bei Thomas. Ein Brief von Peymann war auch dabei. Die Halsschmerzen hatten sich etwas gebessert, aber vermutlich vom Pastillenlutschen hatten sich leichte Magenschmerzen eingestellt. Thomas lutscht daher nur mehr halbe Pastillen.
Thomas kam abends um 18 Uhr. Er erzählte, daß Peymann Mitte Dezember nach Wien zu Dr. Stern kommt. Für Mitte Jänner sei eine weitere Verhandlung in der Sache mit den Salzburger Festspielen angesetzt. Zu diesem Termin sind sämtliche Schauspieler und Thomas als Zeugen geladen. Peymann schrieb auch noch, Thomas solle wieder ein Stück schreiben, damit es nicht so fad sei. Thomas sagte, Mitte Jänner passe ihm sehr gut in Wien. Bis dorthin möchte er sein Stück fertig haben und es mit Peymann sofort besprechen. Peymann soll mit denselben Leuten wie in Salzburg die Uraufführung machen. Das Theater dazu muß sich Peymann selbst suchen, usw.
Nach den Nachrichten sahen wir uns noch „Die Welt des Buches“ an, Kinder lasen aus Kinderbüchern. Thomas sagte, die Kinder seien besser als die Großen. Anschließend sprach Dr. Nenning mit Manès Sperber. Thomas war gegenüber Sperber positiv eingestellt, aber Nenning kritisierte er mehr als früher in solchen Sendungen.
Um 21 Uhr 30 fuhr Thomas nach Hause. Die Halsschmerzen hatten sich etwas gebessert.

6. Dezember 1972

Um 14 Uhr kam ich zu Thomas. Er hatte ein Telegramm von Unseld bekommen mit der Nachricht, daß ein Brief an ihn unterwegs sei. Wir fuhren sofort nach Ottnang, um die Arbeiten zu kontrollieren. Bei unserem Eintreffen im Haus waren die Arbeiter gerade an den letzten Handgriffen. Wir konnten also für nächsten Tag Einrichtungsarbeiten planen. Die Arbeiter legten die Rucksäcke in meinen Wagen und gingen nach Hause. Nachdem wir alles gründlich durchbesprochen und die zum Haus gehörige Quelle im Wald über dem Hause besichtigt hatten, fuhren wir zu Schermaier nach Kropfling. Es war ca. 17 Uhr, als wir dort eintrafen. Als ich nach einer Stunde Thomas zum Gehen mahnte, sagte er: Fünf Minuten gibst du mir noch. Diese Bitte um fünf Minuten wiederholte Thomas zuerst nach einer halben Stunde und später alle 15 Minuten, wenn ich mahnte, bis es schließlich 19 Uhr 30 wurde. Wir tranken in dieser Zeit drei Tassen Tee mit Rum, und Thomas spürte den Alkohol schon. Die Unterhaltung mit den Leuten war natürlich so gut, daß ich gerne mitmachte, als Thomas Zugaben wollte. Außerdem wäre Thomas kaum wegzubringen gewesen, da sein Lieblingsthema im Gespräch war.

Die 65-jährige Frau Schermaier erzählte von ihrem verstorbenen Vetter. Dieser wünschte sich, daß bei seinem Begräbnis der Kirchenchor so viel Wein trinken dürfe, wie er will. Voll Stolz berichtete die Alte, daß das gehalten wurde. Trotz hohem Weingenuß nach dem Totenmahl, bei dem bekanntlich in vielen oberösterreichischen Gemeinden der Kirchenchor Gstanzl (lustige Spottgesänge) zu singen beginnt, konnte der Chor bis 17 Uhr durchhalten, dann mußten die meisten heimgeschleppt werden. Zwei Jahre lang mußten sich die Ehegatten Schermaier einschränken, um die Kosten dieses Totenmahls zu verkraften. Die Alte erklärte, daß sie es nach ihrem Begräbnis auch sehr lustig haben möchte und daß sie für diesen Zweck längst dreitausend Schilling beiseite gelegt hat. Für den Fall, daß ihr Mann vor ihr sterben sollte, war sie nicht bereit, diese Ersparnisse anzugreifen. Da könne halt nicht so viel gesoffen werden, sagte sie. Ich sagte ihr aber, sie könne dieses Geld beim Tode ihres Mannes getrost hernehmen, da sie, wenn sie dann alleine weiterwirtschaftete, das Geld sicher schnell wieder beisammen haben werde, da Frauen ohne Männer viel weniger Geld ausgeben und viel wirtschaftlicher sind als Männer. Hemetsberger

hatte schon die dritte Flasche Bier, und nachdem die Alte uns alle zu ihrem Begräbnis und zur Totenzehrung eingeladen hatte, wünschte ihr Hemetsberger einen raschen Tod.
Da ich von meinen Partnern zum Tarockabend erwartet wurde, mußten wir schließlich aufbrechen und nahmen Schermaier zum Bürgertag nach Ottnang mit. Später, auf der Heimfahrt, sagte mir Thomas, daß ihm eine solche Unterhaltung mit solchen Leuten einige tausend Schilling wert wäre. Ich brachte Thomas gleich nach Nathal und kam um 20 Uhr gerade noch zu meinem Tarockabend zurecht.

7. Dezember 1972

Um 9 Uhr war ich bei Thomas. Bis 10 Uhr beluden wir meinen Wagen. Eine Scheibtruhe, Bilderrahmen, zwei Hirschgeweihe, das Kruzifix, Geschirr usw. packten wir in meinen Wagen. Da wir um 8 Uhr wegen einer Zugsverspätung vom Postamt keine Post bekamen – sie sollte erst mit dem nächsten Autobus kommen –, fuhren wir dem Briefträger entgegen, denn Thomas wollte den angekündigten Brief von Dr. Unseld haben. In Hildprechting konnte Thomas den Brief und zwei Bücherpakete entgegennehmen. Jetzt im Auto kann ich den Brief gar nicht lesen, sagte Thomas, und wir fuhren ziemlich schweigsam nach Ottnang. In Kropfling zahlte Thomas rasch die Tagwerker, und wir fuhren zum Haus. Geh du und lies deinen Brief, sagte ich zu Thomas, und ich lade inzwischen aus. Thomas ging in den ersten Stock. Ich war schon fast fertig, als er zurückkam. Er erzählte mir gleich den Inhalt während der Weiterarbeit und sagte, beim Mittagessen solle ich den Brief lesen. Während wir nun zwei Öfen einheizten, Bilder aufhängten usw., besprach Thomas den Brief mit mir. Erst gegen 13 Uhr kamen wir ins Gasthaus Geswagner in Ottnang. Dort las ich den Brief. Er war mit 5. 12. datiert und drei Seiten lang.
Einleitend beteuerte Dr. Unseld, daß er mit seinem Vorschlag II keineswegs eine Leibeigenschaft oder ein Rentenverhältnis beabsichtigt habe. Dr. Unseld bestätigte den Erhalt der zwei Briefe, ohne eigentlich auf den Inhalt besonders einzugehen. Er gibt Thomas recht, sich nicht mit Kleinigkeiten und Lächerlichkeiten abzugeben, und macht Gegenvorschläge, die in sieben bis acht Punkten angeführt sind. Dr. Unseld rechnet Thomas

vor, daß mit den Zahlungen bis 31. 12. 1972 der Saldo nicht 66.000 DM, sondern 70.000 DM betragen wird. Er sei bereit, die bisherigen drei Konten auf ein einziges Konto „alte Sachen" zusammenzulegen, will aber dieses Konto nur mit 50.000 DM belasten und mit der letzten Optionszahlung das neue Konto belasten, da er ja rechtlich die 20.000 DM für *Korrektur, Erinnern* [*Erinnern* war Unseld als Titel versprochen, kam aber nie] und ein neues Theaterstück bezahlt hat. Dr. Unseld ist grundsätzlich damit einverstanden, daß Thomas selbst die Verhandlungen für Ur- und Erstaufführungen führt und selbst die Theater bestimmt, alle anderen Verhandlungen sollten aber vom Verlag geführt werden. Auch auf die Nebenrechte will der Verlag nicht verzichten. Dr. Unseld schreibt weiter, daß die Arbeit des Verlages in seiner Gesamtheit gesehen werden soll. Alles in allem war es ein äußerst angenehmer Brief mit unwahrscheinlich großzügigen Vorschlägen.

Da wir im Gasthaus nicht frei heraus über den Brief reden konnten, zahlte Thomas bald, und wir fuhren über Lambach nach Wels. Im Auto sprachen wir nur vom Brief. Ich sagte Thomas, daß diesem Brief nach darauf zu schließen sei, daß Dr. Unseld die Werke von Thomas besonders schätzt und daß er seine zwei Briefe restlos begriffen hat. Es kann keinesfalls so sein, wie Thomas einmal sagte, Dr. Unseld sei nur ein trockener Geschäftsmann, der von seinem Werk überhaupt keine Ahnung hat und von Literatur überhaupt nichts versteht. Wenn es so wäre, sagte ich, würde er dich rauswerfen mit deinen unverschämten Forderungen. Der Unseld ist aber nicht blöd, der ist sich bewußt, daß er für dich das reinste Versorgungshaus spielen muß. Wenn man bedenkt, daß für so hohe Vorschüsse nicht einmal von Zinsen die Rede ist, dann muß er einfach deine Werke restlos begriffen haben und schätzen, sonst würde er das nie machen, nie so einen Brief schreiben.

Thomas wurde immer sanfter und sanfter, und dann verlangte ich von Thomas, daß er mit dem nächsten Brief an Unseld nicht zu lange warten soll und in dem Brief unbedingt schreiben soll, daß er auf den Verlag Rücksicht nimmt und, obwohl es ihm persönlich eher schadet, damit einverstanden ist, wenn die Nebenrechte beim Verlag bleiben. Ich sagte Thomas, daß es für den Verlag ja unzumutbar sei, wenn nach Ur- und Erstaufführungen der Verlag die Stücke nicht weitergeben dürfte. Das sei ja unmöglich, der Verlag könne doch nicht sagen, der Autor erlaubt das

nicht, dazu sei der Verlag ja wirklich nicht da. Die können es sich nicht wegen dir mit so vielen Theatern verderben, usw.
Es muß mir nur was einfallen, sagte Thomas, wie ich dem Verlag jetzt 40.000 DM herausreiße. Daß ich bis Mitte Jänner 40.000 DM möchte, darauf ist Unseld nicht eingegangen. Das ist ganz einfach, wie du zu diesen 40.000 DM kommst, sagte ich. Anstatt daß du jetzt nachdenkst, wie du dem Verlag die 40.000 DM herausreißt und dann 14 Tage oder länger auf Antwort wartest, setzt du dich hin und schreibst die *Korrektur* fertig. Und das Theaterstück auch gleich, sagte Thomas. Wenn ich den Peymann Mitte Jänner in Wien treffe, sagte Thomas, dann kann ich das Stück gleich durchbesprechen mit ihm. Na also, sagte ich, wenn du deine Arbeit an den Verlag schickst, dann ist das Geld da. Von *Korrektur* hast du ja schon längst den Rahmen, den brauchst du nur auszustopfen. Außerdem schreibst du ja nur unter Druck. Wenn dir der Vorschuß geschickt würde, dann würde dir wieder alles mögliche einfallen, nur nicht zu schreiben.
In Stadl-Paura war Huemer nicht zu Hause, aber Gartentor, Garage und Werkstätte offen. Wir nahmen aus der Werkstätte die Karniesen für das Haus und ließen einen Zettel zurück. In Wels kaufte Thomas einen Schlosseranzug für sich und eine Scheibtruhe. Von Wolfern bei Steyr holten wir dann noch einige Biedermeiersessel, Spiegel und Bilderrahmen. Um 18 Uhr 15 waren wir wieder in Weinberg. In Nathal luden wir dann kurz aus und fuhren wieder zu mir. Nach den Nachrichten schalteten wir den Fernseher aus und unterhielten uns mit meiner Frau und Omi bis 21 Uhr 30. Für das neu erworbene Haus kaufte Thomas noch zwei Biedermeierrahmen und einen Biedermeiersessel aus meinem Besitz.

8. Dezember 1972

Für zehn Uhr hatten wir vereinbart, daß ich seinen von mir aufpolierten Biedermeierspiegel nach Nathal bringe. Thomas war im Arbeitsgewand und beizte den am Vortag von mir gekauften Sessel ab. Nach einer halben Stunde sagte ich Thomas, daß ich am Nachmittag ab 17 Uhr wieder Zeit für ihn hätte, und fuhr wieder weg.

9. Dezember 1972

Heute habe ich von Regisseur Radax einen Brief bekommen. Ich werde diesen Brief nicht beantworten. Um 9 Uhr habe ich in Nathal für Thomas die Post in den Saustall gelegt. Der VW von Thomas war da, aber er selbst war weg, den Schlüssel hatte er mir gelegt.

11. Dezember 1972

Um 17 Uhr kam Thomas, da er wußte, daß ich um 18 Uhr nach Linz zum Klassentreffen fahren werde. Thomas hatte sehr viel zu erzählen. Er hatte nicht nur in Ottnang fleißig am Haus gearbeitet, die Türen und Karniesen grün gestrichen, sondern auch am Theaterstück fleißig geschrieben. Der Titel des Stückes wird *Die Jagdgesellschaft* heißen. Heute vormittag, sagte Thomas, war er schon in Salzburg bei Schaffler und hat 100.000 Schilling für den *Kulterer* mitgebracht. Das Geld habe er schon in Gmunden zur Oberbank gebracht. Ende Jänner werde er das Drehbuch für den *Kulterer* schreiben. Kommenden Samstag werde er nach Wien fahren, um einen Film von Regisseur Jasny anzuschauen. Da werde er auch gleich mit Frau Kern vom ORF verhandeln, usw.
Dann weckten wir alte Erinnerungen auf, nämlich an das Klassentreffen, das im Mai 1967 bei mir in Weinberg stattgefunden hat. Zu diesem Treffen waren 24 von 26 noch lebenden Mitschülern gekommen. Thomas hatte als einziger Nichtmitschüler daran teilgenommen. Thomas hatte das Treffen und die Erinnerungen, die da ausgetauscht wurden, sehr interessiert, und er kann sich heute noch sehr gut an die einzelnen Teilnehmer erinnern. Daher gab mir Thomas Grüße an meine Mitschüler mit. Meine Kameraden konnten sich natürlich an Thomas sehr gut erinnern. Sie kennen ihn kaum als Schriftsteller. Aber an seinen guten Most – wir hatten ca. zehn Liter aus Thomas' Keller getrunken – konnten sich alle erinnern.
Thomas sagte mir, daß er nun sehr agil sei, er werde heute noch arbeiten und möchte das Stück Mitte Jänner nicht nur mit Peymann, sondern auch gleich mit Klingenberg besprechen. In der Folge stellte sich heraus, daß Thomas den Artikel vom Samstag in den „Oberösterreichischen Nachrichten“: „Jasny dreht Bernhard-Film“ nicht kannte.

JASNY DREHT BERNHARD-FILM

„Je näher er dem Tag seiner Entlassung aus der Strafanstalt war, desto mehr fürchtete sich der Kulterer, zu seiner Frau zurückzukehren." Mit diesem Satz beginnt die aus dem Band „An der Baumgrenze" stammende Erzählung „Der Kulterer" von Thomas Bernhard, die im Herbst 1973 in Schwarzweiß verfilmt wird. Bei diesem 60-Minuten-Film handelt es sich um eine Gemeinschaftsproduktion des Zweiten Deutschen Fernsehens und des ORF. Regie führt Voitek Jasny, ein gebürtiger Tscheche, der seit Jahren mit seiner Frau in Salzburg lebt und vor wenigen Tagen österreichischer Staatsbürger wurde. Jasny, der den Fernsehfilm „Leuchtturm" inszenierte und dessen Streifen „Wenn der Kater kommt" internationale Anerkennung fand, hat kürzlich den Film „Die Traumtänzer" fertiggestellt.

(„Oberösterreichische Nachrichten", 9. 12. 1972)

Ich gab Thomas den Artikel, und nachdem er ihn gelesen hatte, sagte er: In Deutschland stand das schon vor Wochen in allen Zeitungen.
Um 18 Uhr fuhr ich nach Linz weg. Thomas hatte Naturleinen mitgebracht, damit ihm meine Mutter für das Haus in Ottnang Vorhänge näht. Das hat Thomas anschließend noch mit meiner Mutter besprochen. Vorher sagte mir Thomas, daß er seinem Bruder Peter das Haus in Reindlmühl, die Krucka, überlassen möchte, damit dieser die Licht- und Versicherungskosten übernehme. Ich riet Thomas davon ab, wegen so kleinen Beträgen mit Peter so eine Vereinbarung zu machen. Es wird zum Verdruß kommen, sagte ich.

13. Dezember 1972

Um 18 Uhr kam Thomas mit Schwung zu mir und erzählte mir voll Begeisterung, wie sein Stück vorwärtsgeht. Thomas sagte, er habe schon kommenden Samstag in Wien mit Klingenberg eine Verabredung, wo er ihm

das Stück zu derselben Bedingung wie in Salzburg zur Uraufführung anbieten wird (30.000 DM, davon 25 Prozent an den Verlag). Wenn Klingenberg nicht annimmt, will Peymann sofort in Deutschland ein Theater für die Uraufführung gewinnen. Klingenberg müsse sich rasch entscheiden, denn er will abschließen. Peymann muß Regie führen, und Bruno Ganz muß die Hauptrolle übernehmen.
Das Stück *Die Jagdgesellschaft* sei ihm eingefallen, als wir die Hirschgeweihe an die Wand hängten, sagte Thomas. Der erste Akt werde in einer Jagdhütte spielen, der zweite im Wald und der dritte wieder in der Jagdhütte. Beginnen wird das Stück mit einem Holzknecht, der Holz ins Feuer legt, und enden wird es auch so. Der Titel *Die Jagdgesellschaft* sei sehr vieldeutig, denn das ganze Leben sei eine Jagd. In der Jagdhütte des Generals reden Regierungsmitglieder auf den General ein, sich am Sturz des Präsidenten zu beteiligen. Thomas will hier zeigen, wie oberflächlich und nebenbei solche Umstürze geplant und vorbereitet werden. Und der Holzknecht kommt immer nachlegen, denn das Volk heizt ja immer ein, sagte Thomas. Auch ein Schriftsteller ist anwesend, den muß Bruno Ganz spielen. Dieser wird dauernd gefragt, wie er sich als Schriftsteller fühlt. Es wird sehr viel Komisches vorkommen. Im zweiten Akt im Wald soll auch Wild herumliegen, usw. Im dritten Akt, der wieder im Jagdhaus spielt, geht der General in ein Nebenzimmer und erschießt sich, um den Umstürzlern einen Strich durch die Rechnung zu machen. Der tote General wird dann mitten im Zimmer auf einen Tisch gelegt, und der Schriftsteller sagt dazu, das sei so skurril, darüber müßte man schreiben. Der Holzknecht legt wieder Scheite in den Ofen, und der Vorhang fällt.
Nachdem Thomas geendet hatte, sagte ich: Das wird sicher ein klassisches Stück, denn in diesem Stück findest du alle Möglichkeiten, alles gegen die Gesellschaft anzubringen. Außerdem wird in einer Jagdgesellschaft über alles gesprochen, das Thema ist unbegrenzt. Du mußt nur einige gute Ausdrücke der Jagdsprache einflechten, wie z. B. der Hirsch rinnt, anstatt er schwimmt, usw. Ich hab mir schon einige gute Fachbücher schicken lassen, da steht alles drinnen, sagte Thomas, aber jetzt reden wir nicht mehr vom Stück, bitte.
Inzwischen hatten wir das Nachtmahl gegessen, und ich erzählte Thomas von meinem Klassentreffen in Linz. Thomas war sehr befriedigt, als ich ihm sagte, daß er bei meinen Kameraden als Schriftsteller kaum bekannt sei.

Fünf Minuten vor 19 Uhr 30 sagte Thomas: So, jetzt mußt du zur Tarockpartie, und ich fahre auch nach Hause. Er ersuchte mich noch, Zeitungen und Post zu bringen, denn er möchte morgen nicht aus dem Haus. Ich mahnte Thomas, endlich an Dr. Unseld zu schreiben.

14. Dezember 1972

Um 8 Uhr 15 brachte ich Thomas die Post. Er war im Schlosseranzug und hatte schon frühmorgens vier Briefe geschrieben. Einen an Dr. Unseld, einen an seinen Bruder Peter, einen an die Honorarabteilung des ZDF und einen an Hans Bender. Thomas bat mich, die Briefe zur Post zu bringen. Ich hielt mich nicht länger auf, da ich Besorgungen hatte. Nach 15 Minuten war ich wieder weg. Thomas sagte, daß er abends kommen werde.
Um 18 Uhr war dann Thomas bei mir. Er erzählte mir, daß er das mit Peter doch machen werde. Er habe ihm das heute geschrieben, daß er ihm die Krucka zur Verfügung stelle. In dem Brief an Unseld habe ich geschrieben, sagte Thomas, daß ich seinen Brief als Vertrag betrachte und daß man im Zweifel immer in diesem Brief nachsehen könne. Ich habe ihm schon den Titel des Stückes mitgeteilt und geschrieben, er soll in seinem Vormerkbuch *Die Jagdgesellschaft* eintragen. Ich weiß nämlich, daß Unseld immer ein Buch bei sich trägt, in dem er die Titel der kommenden Stücke oder Bücher einträgt. Und wenn er nach diesem Finanzdisput meinen Namen noch ertragen kann, dann soll er auch Thomas Bernhard dazuschreiben, habe ich ihm geschrieben. Das Stück habe ich ihm für Mitte Jänner angekündigt. Kommenden Samstag fahre ich mit Frau Hufnagl nach Wien, da werde ich Peymann vielleicht treffen, aber mit Klingenberg werde ich sicher konferieren. Den Film werde ich ebenfalls sehen, du weißt, den von Jasny, den ich mir ansehen sollte. In meinem Stück *Die Jagdgesellschaft* wird ein richtiges Halali vorkommen. Ich habe alles schon ziemlich beisammen. Im Kopf natürlich. Heute war ich am Nachmittag wieder in Ottnang, im Schlosseranzug. Auf der Rückfahrt habe ich in Schwanenstadt eingekauft. Die haben mich so angesehen, denn wenn einer im Schlosseranzug kommt, dann ist das meistens ein Einheimischer, den sie kennen. Ich bin natürlich sehr nachlässig bedient worden. Sonst bemühen sich alle, aber in meinem Anzug haben die mich das spüren lassen, daß ich nichts bin. Ich hab die

Verkäuferin reden lassen und etwas zugehört. Dann war es mir aber genug, und ich hab sie auf hochdeutsch richtig angeschnauzt und hab sie niedergedrückt.
Für den nächsten Tag haben wir dann ausgemacht, daß ich um 13 Uhr zu Thomas nach Nathal komme, um ein Lärchentischerl nach Ottnang ins Haus mitzunehmen. Um 20 Uhr 30 fuhr Thomas nach Hause.

15. Dezember 1972

Heute habe ich mir wieder ganz fest vorgenommen, daß ich ab 1. Jänner 1973 nicht mehr schreiben werde. Ich muß ja täglich schreiben und hab es viel schlechter als Thomas, der ein Jahr lang etwas ausbrütet und dann nur schreibt, wenn er Lust hat.
Vormittags hatte ich einige Besorgungen, und es ergab sich, daß ich um 14 Uhr noch etwas zu erledigen hatte. Daher fuhr ich in Gmunden zur VW-Werkstätte Kreutzer, da ich wußte, daß Thomas heute mit dem Wagen zur Durchsicht dort ist. Zuerst traf ich Frau Hufnagl, und plötzlich stand auch Thomas da. Als ich Thomas sagte, daß ich erst später mit ihm wegfahren könne, sah mich Frau Hufnagl groß an. Es stellte sich heraus, daß Thomas inzwischen Frau Hufnagl nach Ottnang eingeladen hatte. Unter dem Siegel der Verschwiegenheit hatte er Frau Hufnagl von seinem Hauskauf erzählt. Ich sagte also, daß ich gegen 15 Uhr mit dem Lärchentisch nachkommen werde und daß ich mich schon auf eine warme Stube freue.
Um 16 Uhr war ich dann in Ottnang. Frau Hufnagl war gerade mit dem Einlassen des Fußbodens im Stüberl fertig geworden. Es gab dann sofort eine Jause mit Tee, usw. Ich griff tüchtig zu, obwohl ich nicht mit einer Bewirtung gerechnet und mir daher kurz zuvor in Ottnang zwei Bananen gekauft hatte. Es entwickelte sich ein lustiges Gespräch. Unter anderem behauptete ich, daß der Beruf von Thomas mit einer Beuschlwirtin oder Beuschlköchin zu vergleichen sei. Thomas siedet seine Kost ca. ein Jahr. Dann macht er es schnell fertig und serviert. Bei diesem Vergleich fiel Frau Hufnagl ein, daß der Wirt Geswagner einen Gast fragte, was zwischen ihm und Innsbruck für ein Unterschied sei, als sie heute mittag dort aßen. Sie fragte mich dasselbe. Ich sagte, Innsbruck sei eine Landeshauptstadt, um

bei ihr den Witz auszulösen. Da schmunzelte Thomas, als er sah, daß Frau Hufnagl nicht weiterkonnte, da sie mir die Pointe nicht auf den Kopf sagen wollte, und sagte: Ich werde Karl den Witz erzählen, und er wiederholte die Frage. Jetzt sagte ich wieder, Innsbruck sei eine Landeshauptstadt, denn ich hoffte, daß mit dieser Antwort eventuell nichts anzufangen sei. Zu meiner Überraschung sagte Thomas: Innsbruck ist ein Schneeloch, und du bist ein Arschloch.

In der Stube war es sehr gemütlich warm. Nach der Pause stellten wir Glühmost auf und spielten „Siebzehnundvier". Nach anfänglichem Gewinn verloren Thomas und ich dauernd an Frau Hufnagl. Bei jedem Spiel beträgt der Einsatz fünf Schilling. Jeder Verlust und jeder Gewinn wird bei jedem Spiel aufgeschrieben. Alle halbe Stunde ist ein Blatt vollgeschrieben, und dann wird bezahlt. Manchmal sind es nur fünf Schilling, die einer zu bezahlen hat, aber auch sechzig, siebzig Schilling können verloren oder gewonnen werden. Nach jeder Abrechnung drängte Thomas wieder und wieder auf ein Spiel. Es wurde nach 21 Uhr, und Thomas und ich verloren jeder ca. hundertfünfzig Schilling an Frau Hufnagl. Über Attnang fuhren wir nach Hause. Da am nächsten Tag die Geschäfte offen hatten, vereinbarten wir, daß wir uns alle um 11 Uhr bei den Vereinigten Tischlerwerkstätten treffen, um für Thomas Matratzen einzukaufen. Die geplante Fahrt nach Wien hatte Thomas auf Montag verschoben.

16. Dezember 1972

Um 8 Uhr 15 kam Thomas. Er brachte einige Ballen handgewebtes ungebleichtes Leinen mit und ersuchte meine Mutter, ihm Vorhänge nach den mitgebrachten Maßen zu nähen. Die Vorhänge waren für das Haus in Ottnang bestimmt. Thomas blieb eine halbe Stunde, und wir kamen überein, daß wir den Einkauf bei den Vereinigten Tischlerwerkstätten in Gmunden auf 10 Uhr vorverlegen. Thomas übernahm es, Frau Hufnagl von der Vorverlegung zu verständigen. Um 10 Uhr traf ich also Thomas mit Frau Hufnagl in Gmunden. Thomas kaufte für drei Betten Matratzen, die wir in unseren beiden Autos verstauten. Beim Einkauf machten wir uns schon lustig darüber, daß Thomas nunmehr insgesamt 14 Betten in seinen drei Häusern aufgestellt hat.

In Ottnang gingen wir wieder ins Gasthaus Geswagner essen, nachdem wir vorher im Hause eingeheizt hatten. Außerdem wollten wir das Gasthaus etwas später betreten, da in dem Gasthaus das Totenmahl nach einem Begräbnis stattfand. Die ersten Gäste verließen gerade das Gasthaus, als wir dort ankamen. Von der Wirtin wurde uns dann eine Konduktsuppe mit einer Konduktsemmel und gekochtes Rindfleisch offeriert. Wir waren natürlich über die Konduktsuppe sehr erstaunt, und die Wirtin klärte uns auf, daß zu jedem Begräbnis vom Bäcker eigene große Semmeln gebacken werden. Gleichzeitig zeigte sie uns so eine Riesensemmel, die beinahe die Größe eines Brotlaibes hat. Zur Totenzehrung bekommt jeder Teilnehmer eine solche Konduktsemmel, sagte die Wirtin, und da sie auch in der Rindsuppe Schnitten von diesen Semmeln als Einlage serviert, heißt die Suppe ebenfalls Konduktsuppe. Es war gegen 13 Uhr, und während wir das Essen auf den Tisch bekamen, wurden an den anderen Tischen, an denen der Kirchenchor und andere Sänger saßen, bereits einige Liter Wein aufgetischt. Zum Antrunk wurde von der ganzen Gaststube „Ein Prost mit harmonischem Klange" gesungen, und als nächstes folgte das Bergmannslied. Die meisten der Anwesenden waren früher in den Wolfsegg-Trauntaler-Kohlebergwerken beschäftigt gewesen. Es folgte dann ein Lied nach dem anderen, zum Andenken an den Toten, wie man von den Nachbartischen hören konnte. Thomas war nicht nur vom Essen, sondern auch von den Sängern begeistert. Er sagte, er werde in seinem Stück *Die Jagdgesellschaft* angesichts des toten Generals den Holzknecht fragen lassen, ob er beim Bäcker die Konduktsemmeln bestellen solle. Ich fragte Thomas, ob er nun nicht für sich selbst den Friedhof von Ottnang in Erwägung ziehe, weil er hier ein sehr lustiges Begräbnis haben würde. Aber Thomas sagte, der Friedhof von Ottnang sei einer der scheußlichsten, die er je gesehen habe. Hier will er nicht begraben werden. Eine gute Verwesung würde ich allerdings hier auch haben. Thomas erzählte dann, daß er sich als Bub einige Male totgestellt habe. Wenn sein Ziehvater mit seiner Mutter abends ins Kino ging, blieb er wach im Bett liegen, bis er die Eltern die Stiege heraufkommen hörte. Dann warf er sich mitten im Zimmer auf den Boden und stellte sich leblos. Mit großem Entsetzen stürzte dann seine Mutter über ihn, und er ließ sie dann immer eine Weile rütteln und schütteln, bis er wieder zum Leben kam. Ja, ja, ich war ein sehr schwieriges Kind, sagte Thomas, ich habs meinen Eltern nicht leicht gemacht.

Inzwischen waren die Sänger, unter Einfluß des Weines natürlich, schon sehr in Schwung gekommen. Im Hinblick auf die gute Stimmung sagte ich zu Frau Hufnagl, daß sie beim Begräbnis von Thomas wahrscheinlich so eine gute Stimmung verderben werde. Wieso, da kenn ich mich nicht aus, sagte sie. Karl meint, du wirst meinen Tod ernst nehmen, sagte Thomas. Ach ja, sagte Frau Hufnagl, so war das gemeint. Hier sagt man ja, bei einem Begräbnis sei es lustiger als bei einer Hochzeit, naja, das weiß ich schon, hier ist es ja überall so. Ja, sagte ich, ich hab mich zuerst gewundert, daß hier am Land immer so viele Leute so gerne zu den Begräbnissen gehen. Als ich dann auch einmal mitgehen mußte, wußte ich erst, warum die so gerne „mit der Leich gehen".
Da die Wirtin nicht ganz die Sprache der Einheimischen sprach, fragte ich sie, aus welcher Gegend sie stamme. Aus Matrei am Brenner, sagte sie. Matrei kenne ich nicht, sagte ich lächelnd, aber Ellbögen. Die Wirtin fiel mir fast um den Hals und fragte mich: Wen kennen Sie denn da? Sehr viele Bauern, sagte ich, mit Facken [Ferkeln] bin ich hingekommen, als ich noch den Schweinehandel betrieben habe. Jössas mit Facken, na sowas, dreißig Jahre bin ich schon weg von Tirol, im 39er Jahr habe ich hierher geheiratet. Und ich habe schon geglaubt, daß man es an meiner Aussprache nicht mehr erkennen kann, daß ich nicht von hier stamme. Frau Hufnagl fragte Thomas erstaunt: Ja was hat denn die Frau, er hat doch gesagt, daß er Matrei nicht kennt. Das macht er immer so, der Karl, sagte Thomas. Weißt du, das ist so, wie wenn jemand sagen würde, er kenne Nathal nicht, aber Traich kenne er. Dabei ist Traich viel kleiner und liegt aber gleich neben Nathal. Kennst dich jetzt aus? Lachend verließen wir dann das Gasthaus.
Im Kaufhaus Haidinger kauften wir noch Stoff für Decken und nahmen leihweise eine Schere mit zum Zuschneiden. Vom Tischler daneben lieh ich mir eine Schraubzwinge, und so konnten wir den ganzen Nachmittag daran arbeiten, auf zwei alten Betteinsätzen acht Füße anzubringen und den Deckenüberwurf zuzuschneiden. Als ich im Geschäft dagegen war, eine Schere mitzunehmen, da ich die Decke mit meinem Taschenmesser „wie mit einem Kneip" schneiden wollte, fragte mich Thomas zu meiner Überraschung, was ein „Kneip" sei. Das ist ein Messer, mit dem ein Schuster das Leder schneidet, den Ausdruck mußt du doch schon gehört haben, sagte ich. Thomas sagte: Nein, den Ausdruck habe ich noch nie gehört, ganz

sicher nicht, ich wußte nicht, was ein Kneip ist, sonst hätte ich ja nicht danach gefragt. Ich sagte: Ich hätte nicht geglaubt, daß es noch ein Wort gibt, das du nicht kennst, schon gar nicht den Schusterkneip.
Bis gegen 18 Uhr hatten wir dann alle Bilder aufgehängt, die Sofas waren fertig und der Fußboden im Stüberl von Frau Hufnagl gebeizt. Danach machten wir uns über das „Geheim-Dienstmädchen" lustig. Dann gab's Tee, Jagdwurst und Schmalzfleisch. Nachdem wir uns gesättigt hatten, schlug Thomas ein Spielchen vor. Wir rückten einen Tisch zum Kachelofen und spielten bis 21 Uhr „Siebzehnundvier". Dazu tranken wir Glühmost, daß wir selbst bald glühten. Frau Hufnagl hatte das Glück auf ihrer Seite, Thomas und ich verspielten jeder ca. hundertfünfzig Schilling. Da im Haus noch die Keller- und Stallfenster abzudichten waren, vereinbarten wir, daß mich Frau Hufnagl und Thomas am nächsten Tag um 8 Uhr abholen und wir nur mit einem Wagen nach Ottnang fahren.

17. Dezember 1972

Punkt 8 Uhr war Thomas mit Frau Hufnagl bei mir. Nach einem kurzen Plausch mit meiner Frau fuhren wir im Wagen von Thomas nach Ottnang. Den Keller und den Stall hatten wir bald gegen Kälte gesichert. Auch die Wasserleitung deckten wir mit Stroh ab. Vom Vortag war es noch warm in der Stube, und wir heizten wieder weiter. Gegen zehn Uhr machten wir einen Spaziergang zur Nachbarin, der Frau Moser. Dort erfuhren wir, daß die Wasserleitung in früheren Jahren schon einmal eingefroren war, an einer Stelle, die wir kurz zuvor mit Stroh abgesichert hatten. Es stellte sich heraus, daß wir die Lage richtig eingeschätzt hatten. Am Vortag war Frau Moser am Heimweg vom Begräbnis am Hause von Thomas vorbeigekommen, wobei ich einige Worte mit ihr wechseln konnte. Damit kam das Gespräch unweigerlich auf die Konduktsemmeln. Thomas sprach nicht mehr vom Pfarrer, sondern nur mehr vom Kondukteur. Es stellte sich heraus, daß es die Konduktsemmeln nur bei Ottnanger Begräbnissen gibt. Wir glaubten nämlich, daß dieser Brauch auch in den umliegenden Pfarren verbreitet sei. Daher sagte ich zu Thomas, er solle den Holzknecht in seinem Stück nichts von den Konduktsemmeln sagen lassen. Diesen Brauch mit den Konduktsemmeln hatte der Bäcker von Ottnang eingeführt. Frau

Moser konnte uns noch sehr viel aus dieser Gegend berichten, da sie mit ihrem Gatten 1933 das Haus hier erbaut hatte.
Über Holzham gingen wir dann wieder zum Haus zurück, wo wir um ca. 11 Uhr 20 eintrafen. Um 12 Uhr wollten wir wegfahren, denn Thomas war für 12 Uhr 30 bei Frau Maleta in Oberweis zum Mittagessen eingeladen. Während wir die Öfen mit Kohlen nachfüllten, machte Thomas den Vorschlag, gleich wegzufahren, denn er wollte noch bei Schermaiers, er sagte Scherm-Eier, vorbeisehen, um sie zu bitten, den Stubenboden noch vor Weihnachten auszureiben. Bei Schermaiers kamen wir gerade zum Essen zurecht, aber wir sagten, die Leute sollen sich nicht stören lassen, und es entwickelte sich sofort wieder eine lustige Unterhaltung. Je mehr dann Frau Hufnagl zur Weiterfahrt drängte, umso mehr ergötzte sich Thomas und blieb. Wir waren nämlich wieder beim Lieblingsthema von Thomas angelangt – Tod und Begräbnisse. Wir erzählten, daß wir gestern zu dritt eine Konduktsemmel nicht aufessen konnten und wie schön die Sänger gesungen hatten. Frau Schermaier hat nun auch Frau Hufnagl zu ihrem Begräbnis eingeladen. Zehn Minuten nach 12 Uhr fuhr Thomas endlich weiter, sodaß er mit zehn Minuten Verspätung in Oberweis ankam, nachdem er Frau Hufnagl und mich in Weinberg aussteigen ließ.

19. Dezember 1972

Um 19 Uhr kam Thomas. Er erzählte, daß er gerade von Wien komme, er habe das Auto der Frau Hufnagl gelenkt, denn diese sieht bei Dunkelheit sehr schlecht. Kurz vor 17 Uhr sei er in Wien erst weggefahren. Bei St. Valentin hatte er wieder einen größeren Verkehrsunfall mit einem Lastwagen mit Anhänger gesehen.
Der ganze Tag sei gut gelaufen, sagte Thomas. Um 9 Uhr 30 traf er sich mit Direktor Klingenberg. Der ist prinzipiell bereit, *Die Jagdgesellschaft* zur Uraufführung anzunehmen. Zu denselben Bedingungen wie die Salzburger Festspiele, nur den Preis, die Höhe der Summe kennt Klingenberg nicht, sagte Thomas. Als Direktor muß er sich was vorstellen können, wenn nicht, muß er halt fragen nach der Summe, sagte ich. Ich hab ihn auch nicht mit Direktor, sondern mit Herr Klingenberg angesprochen, sagte Thomas. Ganz richtig, sagte ich, er sagt ja auch nicht Herr Büchner-Preisträger zu

dir. Es ist so, wie ich eigentlich angenommen habe, sagte Thomas, Klingenberg ist gegen Haeussermann und gegen die Salzburger Festspiele eingestellt. Er hat mir sofort versprochen, Peymann anzurufen. Die Bickel und Herrmann möchte Klingenberg schon lange haben. Klingenberg war übrigens gerade dabei, die Besetzung für den *Ignoranten* aufzustellen. Der sollte nächsten Winter kommen, aber wenn die Uraufführung der *Jagdgesellschaft* gebracht wird, dann wird der *Ignorant* ein Jahr später kommen. Ich hab mir auch den Probenplan angeschaut, *Boris* wird fleißig geprobt, sechs bis sieben Stunden täglich. Aber ich hab Klingenberg gleich gesagt, wegen dem *Boris* bin ich nicht da. Er hat mir nur kurz gesagt, daß es mit der Holzmeister den ersten Nervenzusammenbruch gegeben habe, da der Regisseur zu ihr sagte, wie sie in Berlin gespielt hat, das muß sie vergessen, hier wird anders gespielt. Ich sagte darauf zu Klingenberg nur: Wenn der erste Krach vorbei ist, dann läuft es wahrscheinlich jetzt sehr gut. Das hat mir Klingenberg bestätigt. Also hoffentlich macht Peymann keine Schwierigkeiten, denn Peymann hat Klingenberg schon einmal nicht geantwortet. Ich hab Klingenberg auch gesagt, es darf nichts an die Presse kommen. Ich spürte, daß Klingenberg für mich eingestellt ist. Eine knappe Stunde war ich bei ihm. Als ich dann um 10 Uhr 30 die Frau Kern vom ORF anrief, fragte mich diese, ob ich ihr Telegramm nicht erhalten habe. Dieses Telegramm ist natürlich jetzt drüben gelegen. Als sie mir sagte, daß sie mich für 11 Uhr zu sich gebeten hatte, sagte ich: Das paßt ja herrlich, jetzt ist es 10 Uhr 30, ich komme gleich hin. Ich wollte daraufhin ein Taxi nehmen, aber als gerade die Straßenbahn daherkam, war mir ums Geld leid für das Taxi, und ich stieg in die Straßenbahn. Ich bin gerade richtig hingekommen. Für den *Frost* fehlen noch immer 100.000 DM, weil eine deutsche Gesellschaft ausgestiegen ist, als ich damals gesagt hatte, *Frost* wird nicht gemacht. Frau Kern versucht es nun in Hamburg oder Berlin. Sie will aber, daß der Film im kommenden März noch gedreht wird, sagte Thomas, nachdem ich Bedenken hatte, daß dieser Film noch diesen Winter gedreht werden kann. Frau Kern sei sehr für weitere Verfilmungen eingestellt, auch aus *Verstörung*, und will schon vorplanen, sagte Thomas.

Thomas war so sehr im Erzählen, daß nicht daran zu denken war, sich „Zeit im Bild" anzusehen. Thomas sagte auch, daß er mir von Frau Maleta ausrichten solle, daß sie an einer Liegenschaft auf einem Berg, es könne auch eine Alm sein, interessiert sei. Sie habe ihn am Sonntag, als er dort zu Mit-

tag war, darum ersucht. Ich sagte ihm: Du weißt, daß ich sowas nicht habe, alles was ich weiß, davon weißt du auch. Du hättest gleich sagen können, daß nichts da ist. Ja, daran habe ich nicht gedacht, sagte Thomas, aber vielleicht kommt dir was unter. Wir müssen halt wieder suchen, sagte ich. Wenigstens haben wir einen Grund, in neue Gebiete zu fahren.
Dann erzählte Thomas weiter, daß er in Wien von 14 Uhr an den Film von Jasny gesehen habe. Der Film wurde von Jasny während der Dubček-Zeit gedreht, in einem kleinen Dorf zwischen Böhmen und Mähren. Der Titel war „Die lieben Landsleute" oder „Die Landsleute", sagte Thomas. Thomas schilderte mir den Inhalt des Films und sagte: So, wie dieser Film gemacht ist, paßt das genau für mich. Der Film ist großartig. Die Filmvorführung war in Hietzing, und anschließend bin ich gleich weggefahren. Ich war sehr schnell da und bin gleich zu dir. Ja, sagte ich, ich habe dich erhofft, da du ja arbeiten mußt. Mit Tante Stavianicek hatte Thomas wieder den üblichen Streit, obwohl er diesmal mit dem besten Vorsatz, sich auf keinen Streit einzulassen, zu ihr gekommen war. Da seine Tante dauernd schimpfte, ging er schon um sieben Uhr zu Bett. Auf meinen Rat hin hatte er der Tante verschwiegen, daß er mit Frau Hufnagl nach Wien gefahren ist. Trotz Streit wird sie aber zu Weihnachten kommen, auf ca. drei Tage. Sie hat schon gesagt: Hoffentlich sehe ich die Hufnagl nicht zu Weihnachten.
Als mir Thomas alles aus Wien berichtet hatte, interessierte er sich für die Vorhänge, die meine Mutter inzwischen genäht hatte. Für vier Fenster waren die Vorhänge aus Leinen schon fertig, und Thomas nahm sie mit. Um 21 Uhr fuhr er nach Hause, da er einen langen, ereignisreichen Tag hinter sich hatte. Thomas ersuchte mich noch, morgen die Post zu bringen, denn den ganzen Vormittag werde er jetzt täglich arbeiten. Nur nachmittags werde er sich ablenken und ausspannen, denn länger als bis Mittag könne er nie schreiben.
Wir besprachen auch noch das Drehbuch für den *Kulterer.* Thomas war gegen meinen Vorschlag, noch einmal Garsten zu besuchen. Die Eindrücke von unserem Besuch vor einigen Monaten waren überwältigend, sagte Thomas. Das Klappern der Eßgeschirre, die Mauer, der große Trakt, der Hof, das Gasthaus, alles hat sich so gut ins Gedächtnis eingeprägt, er möchte durch einen neuen Besuch diesen Eindruck nicht stören. Ob sie dort eine Druckerei haben? Ich weiß es nicht, sagte ich. Dann müssen sie das in Steyr in einer Druckerei drehen und Gefangene zu den Maschinen stellen, sagte

Im Dezember 1972 schreibt Bernhard an Peymann, „daß er unter seinem Pult einen Revolver liegen habe, mit dem er Peymann erschießen werde, wenn er in Wien nicht die Regie macht. Eine Kugel habe er für Bruno Ganz bereit, wenn er die Rolle nicht übernimmt, und je eine Kugel für Bickel und Herrmann …" (20. 12. 1972)

Thomas. Mit Jasny hat Thomas nach der Filmvorführung nicht viel gesprochen. Er habe nur gesagt, da sei ihm ein guter Film gelungen, und sei gleich weggefahren. Was hätte ich sonst sagen sollen, fragte Thomas. Thomas war auch entsetzt, daß inzwischen Schönwiese zum Präsidenten des Österreichischen P.E.N.-Clubs gewählt wurde. Wir hatten erwartet, daß Hilde Spiel Präsidentin wird.

20. Dezember 1972

Um 8 Uhr 15 war ich mit Post bei Thomas. Wir hatten vor, ab Mittag gemeinsam nach Ottnang zu fahren. Da ich für 15 Uhr einen Vertrag zu machen hatte, mußte ich absagen. Thomas sagte, er werde alleine oder mit Frau Hufnagl hinauffahren. Ich bat Thomas, abends zu kommen, ich werde vom Tarockabend zu Hause bleiben. Aber Thomas sagte, daß abends

Schaffler zu ihm komme. Thomas erzählte mir, daß er an Peymann einen Brief geschrieben habe. Er habe Peymann geschrieben, was er mit Klingenberg besprochen habe und auch, daß er unter seinem Pult einen Revolver liegen habe, mit dem er Peymann erschießen werde, wenn er in Wien nicht die Regie macht. Klingenberg habe die Uraufführung im großen Haus versprochen. Eine Kugel habe er für Bruno Ganz bereit, wenn er die Rolle nicht übernimmt, und je eine Kugel für Bickel und Herrmann, falls diese nicht mitmachen sollten. Ich hoffe, sagte Thomas, daß dieser Brief seine Wirkung haben wird, denn deutlicher kann ich es nicht sagen, was ich will. Da wir also schon wußten, daß wir uns heute nicht mehr treffen konnten, vereinbarten wir, daß ich morgen um 8 Uhr die Post bringen werde und daß wir um 11 Uhr mit Frau Hufnagl nach Ottnang fahren werden.

21. Dezember 1972

Um 8 Uhr 15 war ich mit Post bei Thomas. Da es bei der vereinbarten Abfahrt für 11 Uhr blieb, verschwand ich gleich wieder, da ich noch einige Besorgungen zu machen hatte. Um 11 Uhr traf ich dann wieder in Nathal ein. Frau Hufnagl war an der Hoftür, und Thomas zog sich gerade um. Ich sagte zu Frau Hufnagl, daß ich einen neuen Vorschlag hätte. Im selben Moment war auch Thomas da. Da ein schöner Sonnentag ist, sagte ich, und vom Linzer Dorotheum das Serviertischchen zu holen wäre, würde ich vorschlagen, sofort nach Linz zu fahren, denn bis 13 Uhr ist die Kasse offen. Thomas war begeistert, und Frau Hufnagl machte ein erstauntes Gesicht. Als sie von mir hörte, daß wir am Rückweg von Linz in Wels die Versteigerungshalle und den Großeinkauf besuchen würden, und sah, daß Thomas ernstlich begeistert war, stellte sie Thomas ihren Wagen zur Verfügung, weil der am schnellsten ist. Wir fuhren noch bei meiner Frau vorbei, um ihr zu sagen, daß wir abends ab 18 Uhr, wir wissen nicht genau wann, zum Essen kommen. Kuttelessen.
Im Wagen auf der Autobahn erzählte dann Frau Hufnagl, daß Thomas gestern in Ottnang bei der Montage einen alten Lampenschirm zerbrochen habe. Dann ersetzen wir ihn sofort, sagte ich, fahren wir über Wolfern nach Linz. Thomas hatte Bedenken, ob wir, wenn wir über Wolfern fahren, noch vor 13 Uhr nach Linz kommen würden. Nachdem ich ihm aber die

Fahrzeiten vorgerechnet hatte, fuhr er in Sattledt herunter von der Autobahn und über Bad Hall – Sierning nach Wolfern. Frau Hufnagl wunderte sich über Thomas' Ortskenntnisse, als er von Sierninghofen den Weg über den Mosthäuslberg nahm. Im Antiquitätenladen in Judendorf bei Wolfern hielten wir uns nur zehn Minuten auf. Ich mußte die junge Frau aus dem Wohnzimmer holen und sah dort eine lustige Gesellschaft weintrinkend bei Tisch. Nachdem Thomas rasch drei Lampenschirme und einige Bilderrahmen ausgesucht hatte, sagte er zu der Frau: Was zahl ich denn? Eintausendeinhundert, war die Antwort. Dabei zückte die Frau ein Buch und sagte: Darf ich Ihnen heute eine Rechnung schreiben? Wir haben nämlich die Finanzprüfer im Hause, da möchte ich einen Zettel schreiben. Jetzt ist gerade die Schlußbesprechung. Aha, sagte ich, bei der Schlußbesprechung, da weiß man immer schon, wieviel man nachzuzahlen hat und wie hoch der Sicherheitszuschlag ist. Die Frau sagte gar nichts, nicht einmal einen Seufzer tat sie. Das war mir eigentlich noch nicht untergekommen, daß jemand, noch dazu so eine Schwindlerin wie die, die Finanzprüfung nicht als bedrückend empfand.
Es war 15 Minuten nach zwölf, als wir dort abbrausten. Thomas raste wie ein Wahnsinniger. Vor Niederneukirchen, in der Nähe des Jagerbauern, streifte Thomas einen Leitpflock aus Plastik. Der Pflock zersplitterte, und der rechte rückwärtige Kotflügel hatte eine leichte Beule. Sofort gings wieder weiter, und um 12 Uhr 50 waren wir beim Dorotheum angelangt. Im Dorotheum, an dem gerade Umbauarbeiten im Gange waren, herrschte ein sehr gemütlicher Betrieb. Zehn Minuten nach Kassenschluß nahm der Schätzmeister, der schon den Mantel zum Weggehen angezogen hatte, noch Versatzstücke entgegen. Im ersten Stock hatten sich für die Versteigerung um 13 Uhr 30 schon eine Menge Leute angestellt. Nachdem wir das Serviertischchen hatten, gingen wir um die Ecke in die Kaisergasse zum Hofwirt essen. Das Essen war wieder vorzüglich, die Portionen sehr groß und die Preise spottbillig. Nächstes Mal werde ich die Speisekarte mitbringen und beilegen. Hier beilegen, da ich ab 1. Jänner 1973 nicht mehr schreiben werde. Anschließend gingen wir ins Dorotheum zurück, um der Versteigerung einige Zeit beizuwohnen.
Dann fuhren wir wieder über die Wilheringerstraße nach Leonding und über Oftering nach Wels. Für Frau Hufnagl war das eine neue Gegend. In der Versteigerungshalle war nichts für uns zu finden. Im Großeinkauf

wollte ich nur für ca. 300 Schilling eine Kleinigkeit kaufen, und Thomas wollte ebenfalls nur einige Kleinigkeiten. Frau Hufnagl suchte sich auch einige Kleinigkeiten aus. Schließlich bezahlte ich über zweitausend Schilling. Wir fuhren gleich nach Ottnang, wo wir die für das dortige Haus bestimmten Waren ausluden. Wir heizten auch ein und hängten die Rahmen ohne Bilder auf. Wir waren um ca. 16 Uhr 30 in Ottnang eingetroffen, aber nach zwei Stunden war es immer noch nicht warm in der Stube, da uns diesmal das Einheizen total mißlang. Erst gegen 18 Uhr 45 war das Teewasser heiß. Als der Tee serviert wurde, erklärte Thomas, daß er vergessen habe, Brot einzukaufen, und so konnten wir nur einige Kekse zum Tee nehmen. Thomas fragte mich, ob ich meiner Frau eine bestimmte Zeit genannt hätte, wann wir zum Abendessen kommen. Als ich sagte: Es gibt Kutteln, die kann man jederzeit wärmen, ich hab mich nicht festgelegt, sagte er, er möchte noch sehr lange dableiben, damit er mehr Hunger bekommt.
Dann lud uns Thomas zu fünf Spielen „Siebzehnundvier" ein. Ein Spiel, das ist, wenn ein Zeitungsrand vollgeschrieben ist und die Gewinne und Verluste verrechnet werden. Es sollte also gespielt werden, bis fünf Zeitungsränder vollgeschrieben sind. Anderes Papier hatten wir ja nicht zur Verfügung. Da der Ofen noch immer nicht richtig funktionierte, legte Thomas einen Gummiknüttel, wie er von den Vorbesitzern zum Viehtreiben verwendet wurde, neben sich, fuchtelte einige Male vor unseren Köpfen herum und sagte: Vor lauter Angst soll euch warm werden. Den Angstschweiß werde er uns heraustreiben, usw. Nach Ende des vierten Spiels, es war 21 Uhr, tat mir Frau Hufnagl schon leid, da sie jämmerlich fror. Ich merkte längst, daß sie aufhören wollte, sie wagte es aber nicht, das zu sagen. Thomas merkte es natürlich auch, aber so etwas ergötzt ihn ja nur. Da sagte ich zu Thomas, daß mir die Angst und der Angstschweiß die Füße nicht warm werden ließen und daß ich nun aufhören möchte. Wir spielen so, wie wir gesagt haben, sagte Thomas. Man muß nicht immer das tun, was man gesagt hat, sagte ich, jetzt sind meine Füße kalt genug, jetzt hören wir auf. Erst jetzt wagte Frau Hufnagl zu sagen: Ja, ich bin auch fürs Aufhören, und Thomas fügte sich.
Um 21 Uhr 30 trafen wir dann bei mir in Weinberg ein. Während wir die Waren ausluden, wärmte meine Frau die Kutteln auf. Meine Frau hatte sie wie ein Beuschl zubereitet, und Thomas wunderte sich nicht mehr darüber, daß Kutteln in guten französischen und Schweizer Hotelrestaurants als

Spezialität zu hohen Preisen serviert werden. Kutteln schmecken auch wie Kalbsgulasch zubereitet sehr delikat. Dabei kostet ein Kilogramm in siebzig Grad heißem Wasser geputzte Kutteln beim Fleischhauer Reiter in Gmunden nur zehn Schilling. Man muß sie allerdings vorbestellen. Der Ohlsdorfer Fleischhauer, bei dem ich Kutteln bestellen ließ, schickte mir die Post, wir sollen uns ein Beuschl kaufen, die Kutteln braucht er für die Schweine. In der Schweiz kostet ein Kilogramm Kutteln derzeit umgerechnet einhundertzwanzig Schilling. Dieses Preisgefälle möchte ich gerne ausnützen.
Gleich bei unserem Eintreffen hatte ich einen Bocksbeutel St. Magdalener Rotwein in heißes Wasser gestellt, den schenkte ich nun ein. Gemeinsam berichteten wir dann meiner Frau vom Ablauf des heutigen Tages. Die Stimmung wurde immer lustiger, und plötzlich sagte Frau Hufnagl, daß sie morgen Geburtstag habe. Und ich hab heute Namenstag, sagte Thomas, aber den habe ich noch nie gefeiert, weil es mein zweiter Name ist. Nikolaus wurde bei mir auch noch nie gefeiert, weil ich ja Thomas gerufen werde. Dann feiern wir nur den Geburtstag von Frau Hufnagl, sagte ich, du willst ja nicht gefeiert werden. Als wir in der Folge meiner Frau unser Erlebnis von Wolfern erzählten, nahm Thomas den Zettel aus seiner Tasche, der diesmal wegen der Finanzprüfer als Rechnung ausgestellt wurde, und zeigte ihn vor. Erst jetzt besah er diesen Zettel genauer und entdeckte, daß diese Frau, ihre Unterschrift war unleserlich, nur 400 Schilling statt der tatsächlichen 1100 Schilling auf den Zettel geschrieben hatte. Auch im Datum hatte sie sich geirrt, es war der 21. Dezember, sie schrieb aber den 20. als Datum. Thomas war erstaunt über so viel Frechheit. Da hat sie die Steuerprüfung im Haus und schreibt um mehr als die Hälfte weniger auf die Rechnung, sagte Thomas.
Dann erzählte er, daß gestern der Schaffler vom Residenz Verlag bis 23 Uhr bei ihm auf Besuch war. Thomas hatte, wie schon öfter, für Schaffler bei seinem Nachbarn Haumer Geselchtes und Surfleisch bestellt. Frau Schaffler weigerte sich aber, zu Haumer zu gehen und das abzuholen, weil Haumer dem Thomas das mit dem Saustall angetan hat. Ich sagte: Das glaube ich gerne, wenn die hinübergeht, weiß sie ja nicht, was sie reden soll. Heucheln will sie nicht, und auf Vorhalte wird sie sich auch nicht einlassen wollen, also bleibt ihr ja gar nichts anderes übrig, als nicht hinzugehen. Ich finde das ganz richtig. Außerdem ist Haumer wirklich einer der gröbsten und unverschämtesten Bauern, die ich je kennengelernt habe. Ja, sagte Tho-

mas, mit dem habe ich immer schon Streit gehabt, auch mit dem Feuerwehrhaus hat er mir unverschämte Schwierigkeiten gemacht. Heute früh hat er mich schon wieder so böse angeschaut, weil Schaffler das nicht abgeholt hat.
Dann erzählte Thomas weiter, daß Schaffler ihm gesagt habe, daß Festspielpräsident Kaut über die Salzburger Festspiele ein Buch schreibe. Das Buch wird mit vielen Fotos illustriert und kommt im Residenz Verlag heraus. Als Schaffler mit Kaut die Fotos für das Buch aussuchte, sagte Schaffler zu Kaut: Vom *Ignoranten* müssen wir ein besonders großes Bild bringen, denn der *Ignorant und der Wahnsinnige* war ein besonderes Ereignis. Da sagte Kaut: Ja, gegen den Thomas Bernhard habe ich gar nichts. Er sollte ursprünglich auch geklagt werden, aber ich war dagegen, denn gegen Bernhard ist nichts zu sagen. Thomas sagte, das möchte er nun ausnützen, und er habe Schaffler ersucht, er solle dem Kaut sagen, daß er, Thomas, dafür wäre, wenn der Prozeß nicht fortgesetzt würde, denn dieser Prozeß werde nur für die Anwälte und für die Zeitungen geführt. Schaffler solle dem Kaut sagen, daß er auch auf Peymann in diesem Sinne einwirken werde. Jeder soll die bisherigen Kosten selbst tragen. Schaffler hat versprochen, diesen Vorschlag an Kaut zu übermitteln.
Dann fuhr Thomas wieder mit seinen lustigen Späßen fort, und so zwischendurch sagte er, daß er Frau Maleta am Sonntag versprochen habe, daß sie sich heute nachmittag von ihm Tannenreisig holen dürfe. Da ist sie natürlich heute umsonst gekommen. Aber ich kann doch nicht wegen der einen Nachmittag lang zu Hause sitzen bleiben, und man merkte ihm an, daß er sich diebisch freute. Mir fiel ein, daß ja sein eigenes Auto bei ihm zu Hause stand, da wir mit dem Auto der Hufnagl unterwegs waren. Wenn Frau Maleta das Auto sah, konnte sie glauben, Thomas öffne nicht. Ich sagte aber nicht, woran ich dachte. Wahrscheinlich hat Thomas selbst auch an sein Auto gedacht, sonst hätte er nicht so höhnisch lachen können. Frau Hufnagl sagte, daß sie dabei war, als Frau Maleta in Wien einmal ganz entsetzt und verärgert ihren Mann angerufen hat und sagte, daß man von Thomas überhaupt nichts haben könne. Da sind meine Frau und ich in schallendes Gelächter ausgebrochen. Wir wissen nur zu gut, daß niemand von Thomas was haben kann, speziell wenn jemand etwas Bestimmtes möchte. In dieser Hinsicht bilden meine Mutter, meine Frau und ich eine große Ausnahme. Wenn ich meinen Wagen in der Werkstatt habe, springt

Thomas ganz selbstverständlich bei mir ein. Natürlich habe ich schon zu Beginn unserer Freundschaft vor sieben oder acht Jahren zu Thomas gesagt: Da ich außer dir keinen Freund habe, kann ich im Notfall nur zu dir kommen. Thomas sagte nur: Ja, komm nur, und seither hilft mir Thomas bereitwillig. Wenn ich aber um Tannenreisig, das man an jeder Waldecke nehmen kann, zu Thomas gehen würde, dann wäre ganz sicher seine Hilfsbereitschaft mir gegenüber bald zu Ende. Denn nur in solchen Fällen, wo nur er mir helfen kann, kann ich mich auf ihn verlassen. Das weiß ich sicher, er hat's mir oft bewiesen. Obwohl wir nicht darüber sprechen, bin ich sicher, daß Thomas bemerkt, daß ich es peinlichst vermeide, ihm wegen Lappalien zu kommen. Wahrscheinlich fühlt sich Thomas nur deswegen so wohl bei uns, weil er merkt, daß wirklich niemand was will von ihm. Nicht einmal angeben wollen wir mit ihm. Von meinen Bekannten und Verwandten verlange ich seit Jahren, daß sie Thomas so wenig wie möglich beachten sollen, wenn sie ihn bei mir treffen, und daß sie ja nicht über seinen Beruf sprechen mit ihm. Besuchern, die Thomas Bernhard nicht kennen, stelle ich Thomas nur als Nachbarn und Bauern zu Nathal vor, sehr oberflächlich und nebenbei. Das taugt ihm.
Später besprachen wir noch, daß Thomas am nächsten Tag Tante Hede von Attnang abholen wird und daß er im Gegensatz zu den letzten sieben Jahren Weihnachten und Silvester, die er bei uns feierte, mit Tante Hede möglichst alleine verbringen wird. Nach 23 Uhr fuhren Frau Hufnagl und Thomas weg.
Von Schafflers Besuch erzählte Thomas noch eine fürchterliche Geschichte. Die Lektorin des Residenz Verlages, eine deutsche Staatsbürgerin, hatte vor einigen Jahren eine Brustoperation, wahrscheinlich wegen Krebs. Aus Gesundheitsgründen wurde ihr der Führerschein nur auf fünf Jahre ausgestellt. Als sie nunmehr in Salzburg um eine Verlängerung um weitere fünf Jahre ansuchte, wurde sie von einem Röntgenarzt untersucht. Als er das Röntgenbild erblickte, sagte er: Oh je, ja wie schauts denn da aus, da genügt es ja, wenn wir den Führerschein auf ein Jahr verlängern. Schaffler hat natürlich, als er das erfuhr, dort angerufen und sich beschwert, sagte Thomas. Aber das sei eine Sache, die sei so unmöglich, daß es kaum zu glauben sei, daß so etwas möglich sei.

24. Dezember 1972

Um 15 Uhr kam Thomas mit seiner Tante Hede und den Ehegatten Viktor und Grete Hufnagl. Ich war gerade in einer Garage in Sandhäuslberg, und Thomas suchte mich zweimal, da ich mit Architekt Hufnagl über die Planung in Neukirchen bei Altmünster kurz zu sprechen hatte. Thomas fand mich aber nicht und ersuchte meinen inzwischen zur Weihnachtsfeier eingetroffenen Sohn Karl Hubert, mich zu holen. Um 16 Uhr war ich dann da. Meine Tochter Elfriede mit Schwiegersohn Franz war so wie mein Sohn Karl, dessen Gattin Johanna und die zweijährige Tochter Barbara im ersten Stock im Wohnzimmer der Omi. In meinem Wohnzimmer war Thomas mit Tante und den Hufnagls.
Die Planung hatten wir bald besprochen, und wir entwickelten eine lustige Unterhaltung. Um 17 Uhr sollte bei uns das Christkind kommen, da meine Kinder anschließend noch bei sich zu Hause die Feier hatten, aber daran war nicht zu denken. Je mehr Tante Hede zum Aufbruch mahnte, umso weniger Lust hatte Thomas zu gehen. Hufnagl und mich reizte es auch, unseren Beitrag zu leisten, daß die Unterhaltung nicht unterbrochen wurde.
Wie tollwütige Füchse schossen meine Mutter und meine Frau zwischen der ebenerdigen Küche und Omis Wohnzimmer im ersten Stock hin und her. Um 17 Uhr 30 hatte nämlich die Stimmung einen Grad erreicht, daß man unschwer sehen konnte, daß man diese lustige Gesellschaft nicht auflösen kann. In der Aufregung hatten meine Mutter und meine Frau nicht beachtet, daß unser Sohn Wolfi von der Garage in Sandhäuslberg noch nicht da war, und als dieser um 17 Uhr 45 ankam, erklärte ich: Um Punkt 18 Uhr kommt das Christkind, und die Gäste feiern mit. Der Christbaum war in der Diele aufgestellt, und die Geschenke lagen längst bereit. Die Gäste stimmten freudig zu, und meiner Familie war ein Stein vom Herzen gefallen, denn um 18 Uhr 30 wollten mein Sohn und meine Tochter wieder bei sich zu Hause sein. Um 18 Uhr erklang dann „Stille Nacht, Heilige Nacht". Thomas und Hufnagl übertönten alle mit ihrer herrlichen Stimme. Sie wollten noch einige Weihnachtslieder singen, aber ich sagte: Es geht eh bei Omi im ersten Stock gleich weiter. Seit Jahren entzündet nämlich Omi in ihrem Wohnzimmer auch einen kleinen Baum und teilt dort ihre Geschenke aus. Bei Omi sangen wir dann „O Tannenbaum". Ich hatte auch

heuer wieder an meine Familie die Parole ausgegeben, keine wertvollen Geschenke zu machen, und von den Gästen wurde es als angenehm empfunden, daß der eine eine Schallplatte, der andere einen selbstgebastelten Schirmständer, ein selbstgemachtes Brotkörberl und ich eine Flasche billigen Sekt bekam. Ebenso bescheiden wirkte der Christbaum, auf dem nur einige rote Äpfel und selbstgeflochtene Sterne aus Stroh hingen.
Da ich nicht abergläubisch bin, machte es mir nichts aus, daß genau dreizehn Personen um den Christbaum versammelt waren: Thomas und Hede Stavianicek, Herr und Frau Hufnagl, meine Mutter, meine Frau, Tochter Elfriede mit Schwiegersohn Franz, Sohn Karl mit Gattin Hanna und Tochter Barbara, Sohn Wolfgang und ich. Etwa nach 18 Uhr 30 verließen uns Kinder und Schwiegerkinder. Wie froh waren meine Mutter und meine Frau, daß wir nun nicht alleine waren.
Thomas erzählte, daß er gestern in Salzburg bei Schaffler war, um ihm einen alten Lampenschirm zu bringen. Dort erfuhr er, daß Wieland Schmied schon seit einigen Tagen in der Lederau auf seinem Vierkant haust. Wieland Schmied war nämlich bei Schaffler im Verlag. Thomas wunderte sich, daß sich Schmied noch nicht bei ihm gemeldet hatte, sonst war er immer sofort da. Dazwischen sangen Hufnagl und Thomas eine Menge Ebenseer Weihnachts-Hirtenlieder, die Stimmung war ausgesprochen fröhlich. Lange Zeit hindurch konnte man das Gespräch kein Gespräch nennen, sondern einen Gesang, denn was Thomas und Hufnagl zu sagen hatten, sangen sie wie Operntenöre. Wir kamen aus dem Lachen nicht mehr heraus. Omi sagte zu Thomas, solange sie lebe, habe sie noch nie solch einen fröhlichen Weihnachtsabend verbracht. Es sei ihr aufgefallen, daß ihr diesmal ihre Bekannten nicht „gesegnete" wie sonst, sondern „fröhliche" oder „frohe" Weihnachten gewünscht haben. Die meisten hätten ihr „fröhliche Weihnachten im Kreise ihrer Lieben" gewünscht, und nun seien diese Wünsche in Erfüllung gegangen. Viktor Hufnagl und Thomas führten nun einen kleinen Sketch auf, den Hufnagl von Clemens Holzmeister auf tirolerisch mehrmals gehört hatte: „Bua magst Kutteln." Thomas, der den Text kannte, spielte aber absichtlich so gegensätzlich, daß Hufnagl seine Pointen nicht anbringen konnte. Ohne Übergang spielte Thomas einen Dorftrottel weiter, aber so gut und gemäßigt, daß aus unserer Fröhlichkeit keine ausgelassene Stimmung wurde, wie es sonst öfter der Fall war. Mindestens eine halbe Stunde unterhielt uns Thomas so schaumgebremst.

Wenn man glaubte, nun steuert er auf einen großen Heiterkeitsausbruch zu, dann hat er das mit einer plötzlichen Wendung wieder zurückgenommen. So ging es unerschöpflich auf- und abschwellend.
Da meinen Gästen schon am Nachmittag die Kekse zum Wein ziemlich geschmeckt hatten, wich die Appetitlosigkeit erst gegen 21 Uhr. Auf allgemeinen Wunsch servierten wir nun Kutteln. Die Kutteln waren wie Beuschl zubereitet und wurden in höchsten Tönen gelobt. Die Begeisterung war echt, sogar Tante Hede, die nur einen Löffel voll kosten wollte, aß dann einen Teller leer. Thomas sprach von Löffel- und Lebensfreude. Hufnagl aß so lebhaft, daß er sich einen halben Teller voll über Rock und Hose goß. Zum Glück hatten meine Frau und Omi drei Kilogramm Kutteln verkocht, denn jeder aß mehrere Portionen. Der rote Magdalenerwein trank sich gut dazu. Vorher, um 20 Uhr, hatte sich Hufnagl durch einen Anruf in Neukirchen bei seiner Tante, von der er zum Heiligen Abend erwartet wurde, entschuldigt. Nach dem Essen las Thomas aus meinem Kochbuch aus dem Jahre 1793 einige alte Rezepte vor. Diese alte Sprache und Ausdrucksweise war wieder sehr lustig. Plötzlich fiel Tante Hede ein, daß sie einen goldenen Bilderrahmen, den sie Thomas schenkte, nirgends hängen sah, und sie fragte Thomas nach dem Rahmen. Der liegt am Kasten, sagte Thomas. Am Kasten, am Kasten, am Kasten, am Kasten, am Kasten, am Kasten, am Kasten, am Kasten, am Kasten wiederholten Hufnagl und ich nun in allen Stimmlagen und Tonlagen, und alle taten mit und sagten verwundert „am Kasten". Daraufhin legte Thomas ein Meisterstück seiner Erzählkunst ab. Nur von diesem goldenen Bilderrahmen und dem Kasten sprach er ununterbrochen eine halbe Stunde. Jeder Satz hatte Humor, und in jedem Satz war vom Rahmen oder Kasten die Rede. Dabei wiederholte er sich nie, und das Ganze war eine sinnvolle, zusammenhängende Geschichte. Als Thomas geendet hatte, sagte Frau Hufnagl: Schade, daß wir das nicht auf Tonband festgehalten haben, das sollte man auf Tonband aufgenommen haben. Inzwischen hatte ich meinen Sekt, den mir das Christkind gerade brachte, eingeschenkt und sagte: Trinken wir auf ein langes Leben von Thomas, dann brauchen wir kein Tonband von ihm. Wir stießen an. Dann erzählte Tante Hede, daß sie einmal mit einer Bekannten und Thomas in einer Mondnacht auf der Esplanade in Gmunden auf einer Bank saß, den Traunstein vor sich. So wie heute, sagte Tante Hede, hat Thomas damals über eine Stunde lang erzählt und erzählt. Sie ist mit ihrer Freundin dagesessen,

ohne ein Wort zu sprechen, denn Thomas erzählte ununterbrochen, aber auch ganz begrenzt über ein einziges Thema.
Um 23 Uhr 30 fuhren die Gäste fröhlich nach Hause. Seit elf Uhr vormittags war Thomas mit der 78-jährigen Tante Hede unterwegs, und es war erstaunlich, daß sie so lange durchgehalten hat. Aber ich hatte sie noch nie so gut gelaunt gesehen, sie hatte sich einmal sogar eine Zeitlang bemüht, Thomas im lustigen Zwiegespräch im Dialekt zu antworten. Beim Abschied versprachen alle, morgen wiederzukommen.

25. Dezember 1972

Um 12 Uhr 15 machte Thomas einen Sprung in mein Haus. Er hatte die Tante im Wagen. Er sagte, daß seine Tante über drei Stunden zum Anziehen brauchte und daß er daher erst jetzt nach Ottnang zum Essen fahre. Er werde daher statt um 15 Uhr erst nach 16 Uhr kommen. Die Hufnagls hatten sich auch für diese Zeit angesagt. Thomas kam dann um 16 Uhr. Das Gasthaus in Ottnang hatte schon geschlossen, sodaß Thomas in seinem Haus in Ottnang Tee kochte und eine Dose Fleisch öffnete. Die Tante war aber trotzdem sehr zufrieden, sagte Thomas, das hat ihr gar nichts ausgemacht. Von gestern sei die Tante aber doch noch sehr müde, sie habe sich hingelegt und lasse sich entschuldigen.
Am Samstag, sagte Thomas, war Frau Maleta mit ihrem Bruder bei mir, um Tannenreisig zu holen. Neben dem Bruder sagte sie, daß ich mit ihr vom 27. bis 2. auf eine Jagdhütte in der Steiermark wegfahren werde. Sie hatte vorher nie etwas davon gesagt zu mir und glaubte, so könne sie mich festnageln. Ich habe aber gleich gesagt, daraus wird nichts, ich werde nicht mitfahren. Da hat sie dann sehr enttäuscht getan, weil sie wahrscheinlich gewohnt ist, daß jeder Hase gleich so hüpft, wie sie es will. Aber ich bin kein solcher Hase, ich hüpfe nicht. Außerdem ist heute schon wieder eine Panne passiert. Frau Maleta hat mir nämlich ein „Walkie-talkie“, ein Funkgerät mitgebracht. Das macht sie „uns“ zum Geschenk, sagte sie. Sie hat zu Hause den zweiten Teil, und für heute früh, sieben Uhr, hatten wir vereinbart, miteinander zu sprechen. In aller Früh ging ich heute ins Auszugstüberl, denn die Tante braucht das nicht zu wissen, und schaltete das Gerät ein. Aber die Verständigung funktionierte nicht. Ich hörte Frau Maleta

immer nur ganz leise fragen: Thomas, hören Sie mich? Ich weiß nicht, warum das nicht funktioniert hat, Frau Maleta hat mich nicht gehört.
Dann zeigte mir Thomas zwei erdnußgroße Brandblasen am zweiten und vierten Finger der linken Hand. Er hatte gestern bei Betreten des Hauses in Ottnang das Ofentürl angegriffen, um zu prüfen, ob Frau Brandmair, die Tochter von Schermaier, eingeheizt habe. Sie hatte. Meine Frau brachte sofort Johanniskrautöl, damit bestrich sich Thomas mehrmals die Brandblasen, und die Schmerzen waren verschwunden.
Um 17 Uhr kamen dann die Ehegatten Hufnagl. Sie berichteten von ihren Besuchen in Neukirchen, usw. Wir hielten auch eine kleine „Nachlese" über das gestrige Weihnachtsfest. Thomas sagte, es war das schönste Weihnachtsfest, das er bisher erlebte. Die Hufnagl sagte, daß es für sie auch eines der schönsten war. Es ging dann wieder lustig weiter, aber niemand hatte Lust auf alkoholische Getränke. Trotzdem waren wir wieder sehr lebhaft, und so geschah es, daß ich mir den Tee über Rock und Hose goß. Thomas sagte dazu: Gestern bekam Viktor den Kuttelorden, Karl heute die Teemedaille.
Zum Abendessen servierte ich dann wieder Kutteln, diesmal wie Kalbsgulasch zubereitet, und eine kalte Platte. So nebenbei bot ich noch einige vom Mittag übriggebliebene Stücke eines Truthahnes an, wobei ich aber die Gäste aufmerksam machte, daß ein Truthahn seine ganze Kraft, seinen ganzen Geschmack sofort, wenn er fertig ist, abgibt und nach dem Abkühlen oder bei Wiedererwärmung keinen guten Geschmack mehr hat. Deswegen, so sagte ich, habe ich heute ein Achtel Kilogramm Butter vor dem Erkalten im Truthahnsaft zergehen lassen und habe dann mit dieser Butter die erkalteten Truthahnstücke mehrmals übergossen, damit wenigstens ein Teil des guten Geschmackes wieder ins Fleisch zurückziehen kann. Hufnagl probierte ein Truthahnstück und war begeistert. Die kalten Stücke mit dem kalten Bratensaft wurden restlos aufgegessen, und von den übrigen Speisen wurde nichts berührt. Sogar mir selbst schmeckte dieser kalte Truthahn.
Nach dem Essen war vom Nobelpreis die Rede, und Thomas sagte, daß es ihm höchst unangenehm wäre, wenn er ihn jetzt schon bekäme, denn dann würde er die Jugend (seine jungen Anhänger) verlieren. Ich sagte: Gut, den Preis bekommst du frühestens in fünf bis sechs Jahren, aber es muß dabei bleiben, daß Wieland Schmied und ich je fünf Prozent bekommen. Das hat uns Thomas vor Jahren versprochen.

Daß wir überhaupt vom Nobelpreis und von Thomas sprachen, war ein kleines Anzeichen einer Unterhaltungsflaute, von Gesprächsflaute kann in solcher Gesellschaft nie die Rede sein. Daher überraschte es mich nicht, als Thomas vorschlug, „Siebzehnundvier" zu spielen. Da meine Frau die Karten nicht kannte, konnte sie nicht mitspielen. Aber Omi kam dem Spiel nicht aus, nachdem sie sagte, daß sie „Schnapsen" kann. Obwohl meine Mutter mit 72 Jahren dieses Spiel zum erstenmal spielte, war sie bald fasziniert davon. Nebenher lief natürlich eine lustige Unterhaltung. Man konnte daher am Gesichtsausdruck eines Spielers nie ablesen, ob er gut gezogen hat. Bevor die Karten vorgezeigt werden mußten, machte meine Mutter z. B. manchmal ein so freudiges Gesicht, wie wenn sie 21 in der Hand hätte. Beim Vorzeigen sagte sie dann: Drüber. Der Einsatz betrug pro Spiel fünf Schilling, und die Gewinne und Verluste wurden von Frau Hufnagl mitgeschrieben und von Thomas zusammengezählt. Der Fünfer ist der Verlust, der Strich bedeutet zwanzig Schilling Gewinn. Meine Mutter gewann fünf Schilling, ich verlor 295 Schilling. Während des Spiels erzählte Thomas, daß Frau Maleta bei diesem Spiel immer eine schlechte Verliererin sei und daß Graf O'Donell ein noch schlechterer Verlierer sei. Wenn O'Donell 100 Schilling zahlen muß, springt er auf und setzt sich verärgert an einen anderen Tisch.
Nach dem Spiel besprachen wir, daß wir uns morgen alle zwischen 13 Uhr 30 und 14 Uhr in Ottnang treffen wollen. Thomas sagte, daß morgen mittag sein Bruder Peter nach Nathal komme, daß aber deswegen nicht er zu Hause bleiben werde, sondern die Tante. Um 23 Uhr fuhren dann alle weg.

26. Dezember 1972

Um 13 Uhr 45 traf ich mit meiner Frau in Ottnang ein. Meine Mutter konnte nicht mitkommen, da sie meinen Bruder zu Besuch erwartete. Hufnagl und Frau waren schon bei Thomas. Thomas zeigte meiner Frau das Haus, da sie es von innen noch nicht gesehen hatte. Als sie einmal dort war, hatte Thomas das Haus noch nicht gekauft, und sie kannte das Haus daher nur von außen. Wir tranken einen Schnaps und hielten uns ungefähr eine Stunde dort auf. Hufnagl mußte nach Wien fahren, und Thomas wollte nach Nathal zu Peter. Meine Frau setzte sich in Kropfling zu Frau Schermaier in die warme Stube, damit ich mit den Einheimischen vor dem Haus eine Stunde Eisstockschießen konnte. Im Nebenhaus kaufte ich für Thomas einen alten Biedermeierkasten um 100 Schilling. Diesen Kauf hatte ich Thomas schon vor einigen Tagen angekündigt, denn wo ich geh und steh, bin ich auf alte Möbel aus. Daher kam Thomas abends um 19 Uhr für fünf Minuten, um mich zu fragen, wie der Kasten aussieht. Thomas war sehr erfreut über den Kasten und bat mich, morgen oder übermorgen mit ihm nach Ottnang zu fahren. Er bat mich auch, ihm morgen die Post zu bringen.

27. Dezember 1972

Um 8 Uhr 15 war ich mit der Post bei Thomas. Es war ein Brief von Unseld dabei, für den ich 3,40 Schilling Strafporto bezahlen mußte. Thomas sagte mir, daß die Tante am Freitag wegfahren werde. Ich ersuchte ihn daher, uns mit der Tante am Donnerstag, also morgen abend zu besuchen, und fuhr wieder weg.
Um 18 Uhr kam dann Thomas mit der Tante. Schon beim Eintritt merkte ich, daß sie größere Streitereien gehabt haben mußten, aber wir taten alle, als ob nichts wäre. Thomas sagte, seine Tante fahre schon morgen weg und sie komme, um sich zu verabschieden. Mit der Tante führte ich dann das Gespräch fast alleine, Thomas saß vollkommen erschöpft da und hörte zu. Nicht einmal auf scharfe Spitzen seiner Tante reagierte er. Während eines Redeschwalls der Tante sagte ich zu Thomas: Du bist ja vollkommen erschöpft. Thomas nickte, und ich fügte hinzu: Aber nicht von der Arbeit. Thomas nickte wieder. Nach einer halben Stunde hatten aber meine Ablenkungsthemen, die die Tante gerne aufgriff, ihre Wirkung getan, und die Spannung war verschwunden. Wir hatten wieder Glück, daß wir vom Truthahn noch eine Einmachsuppe hatten, denn was anderes hätte die Tante gar nicht essen können. Nun schwärmte auch die Tante von dem schönen Heiligen Abend, den sie bei uns verbringen durfte, und sagte, daß sie in Wien all ihren Freunden erzählen werde, daß es am Heiligen Abend Kutteln und Sekt gegeben habe. Das wird für die Wiener zwar komisch klingen, denn die kennen Kutteln nur als Hundefutter, aber ich werde sagen, wie

vorzüglich das geschmeckt hat. Ich werde ihnen nur von Kutteln und Sekt vorschwärmen.
Nun wurde auch Thomas immer gesprächiger und erzählte mir, daß ihm Unseld in dem Brief, den ich ihm heute morgen brachte, sehr gut geschrieben habe. Es freut Unseld, daß Thomas den vorigen Brief als Vertrag betrachtet, und er schreibt, daß ihm die Frau von Hermann Hesse einmal gesagt hat: In Gelddingen soll man Freunde wie Feinde behandeln. Usw., usw., mehr konnte ich mir aus dem Brief nicht merken.
Tante Hede und Thomas luden mich dann ein, mit ihnen am nächsten Tag in Attnang mittagzuessen. Um 13 Uhr 39 geht für Hede der Zug, und anschließend fahren wir nach Wolfsegg und Ottnang, sagte Thomas zu mir. Ich hatte jedoch für den nächsten Tag viele Besorgungen und sagte, daß ich um 13 Uhr 39 zur Abfahrt des Zuges zum Bahnhof Attnang kommen werde. Um 20 Uhr sagte ich, daß ich zum Tarockabend weg müsse, und Tante Hede und Thomas verließen mit mir das Haus.

28. Dezember 1972

Um 13 Uhr 20 betrat ich in Attnang den Bahnsteig. Als ich Frau Stavianicek begrüßte, sagte sie mir, daß sie gerade an mich gedacht habe. Ja, weil ich mindestens jetzt eintreffen mußte, sagte ich. Thomas stand gut zehn Meter entfernt. Beide mußten eben wieder gestritten haben. Ich begrüßte Thomas und führte ihn wieder zur Tante. Tante Hede sagte, daß es ihr wegen des herrlichen Sonnenscheins nun doch leid täte, daß sie die Abreise um einen Tag vorverlegt hätte, usw. Sie tat ganz so, als ob das Wetter und nicht die Sturmgewitter innerhalb der vier Wände für die vorzeitige Abreise entscheidend gewesen wären. Von Mal zu Mal vertragen sich Hede und Thomas immer weniger. Der Zug fuhr pünktlich ab, Thomas sagte nicht „Auf Wiedersehen“, sondern „Adieu“.
Während wir anschließend nach Ottnang fuhren, erzählte mir Thomas, was mit der Tante wieder vorgefallen ist, wie sie den Kellner im Restaurant schikanierte usw. Sie gibt selbst zu, sagte Thomas, daß sie nun wieder so ungezogen und unmöglich wird, wie sie es als junges Mädchen war. Und sie gibt auch zu, daß sie immer noch ärger wird, sagte Thomas. Als junges Mädchen hatte ihr ihr Vater in Hietzing eine Villa gekauft. Die hat sie sich nicht ein-

mal angesehen. Nachdem ihr Vater damals ein Jahr gewartet hatte, sagte er schließlich: Ja, wenn du die Villa nicht einmal besichtigst, dann verkaufe ich sie wieder. Das hat mir ihr Bruder erzählt, sagte Thomas.

In Ottnang besichtigten wir den alten Kasten und ließen ihn gleich ins Haus transportieren. Thomas hatte auch eine verchromte Abdeckplatte mitgebracht. Mit der verdeckte ich am Kachelofen eine Zierkachel mit einer Tanzgruppe, indem ich die Kachel anbohrte und die Deckplatte anschraubte. (Thomas fand diese Kachel kitschig.) Wir hatten die Eisstöcke mitgenommen, aber als wir mit der Arbeit fertig waren, war es dunkel geworden. Wir gingen zu Schermaiers, da Thomas deren Tochter Brandmair für das Heizen während der Feiertage bezahlen mußte. Wir bekamen Torte und Kaffee. Nachdem wir jeder eine Tasse getrunken hatten, drängte uns Frau Schermaier noch eine Tasse auf. Ich bemerkte aber, daß sie über den frischen Kaffee heißes Wasser aus dem Ofenschiff goß. Da es bei solch alten Bäuerinnen auch vorkommt, daß sie ein Messer oder eine Tasse rasch im Ofenschiff auswaschen, konnte ich den vorgesetzten Kaffee nicht trinken. Ich wurde unglaublich bedrängt, diese Tasse zu trinken, und Thomas sah mich böse an, als ich behauptete, daß ich vorhin zwei Äpfel gegessen hätte, die sich mit dem Kaffee nicht ganz vertragen würden. Thomas trank dann noch meine Tasse leer. Inzwischen hatte nämlich Schermaier erzählt, daß er 18 Monate in Garsten verbracht hat. Daraufhin habe ich ihm alles in diesem Zusammenhang Wissenswerte entlockt, und Thomas konnte sich nicht satthören. Thomas selbst könnte das niemals aus einem Menschen herausholen, was ich da alles herausholte. Über zwei Stunden blieben wir bei diesem Thema. Schermaier war vom Hansbäun, dem verstorbenen Vorbesitzer von Thomas' Haus, und von zwei weiteren Nachbarn wegen Abhören von Feindsendern im Jahre 1940 denunziert worden. Schermaier nahm das Ganze nicht ernst, er glaubte, er werde keine Strafe bekommen, es werde ihm höchstens das Radio weggenommen, und gab alles zu. Die Verhandlung vor dem Volksgericht dauerte nur zehn Minuten. Sein Anwalt ist gar nicht zu Wort gekommen, und er wurde zu 18 Monaten schwerem Kerker verurteilt. Über seinen Aufenthalt in Garsten holte ich dann heraus, was nur herauszuholen war, da ich ja wußte, daß Thomas in wenigen Wochen das Drehbuch zum *Kulterer* schreiben wird und daß dieser Fernsehfilm von Jasny in Garsten gedreht wird. Vor einigen Monaten hatte ich ja mit Thomas aus diesem Grund Garsten besucht.

Auf der Fahrt nach Ottnang hatte mir Thomas erzählt, daß in der „Wochenpresse", diesem scheußlichen Blatt, in einem Artikel über Generalintendant Bacher dessen Besuch in Gmunden erwähnt sei. Gegen 19 Uhr drängte ich auf Heimfahrt, da ich mir in Attnang am Bahnhof die „Wochenpresse" besorgen wollte. Thomas kam dann noch zu mir und blieb bis 20 Uhr 50. Die Tochter, mit der Bacher in der „Wochenpresse" abgebildet war [Helga Rabl-Stadler], war auch in Gmunden bei Thomas auf Besuch. Thomas wollte, daß ich am nächsten Tag wieder mit ihm nach Ottnang fahre. Ich mußte aber ablehnen, da ich eigene Besorgungen hatte. Thomas ersuchte mich dann, die Post zu bringen und Frau Hufnagl anzurufen, daß sie um 11 Uhr zur Abfahrt nach Ottnang bei ihm in Nathal sein solle. Auf der Rückfahrt von Ottnang sagte ich Thomas natürlich, warum ich den Kaffee nicht getrunken hatte. Als ich nun zu Hause dazu ansetzte, das auch meiner Frau zu erzählen, sagte Thomas: Erzähl das hier nicht auch noch. Ich weiß, sagte ich zu Thomas, daß es eine Gemeinheit war, dir das zu sagen, aber als eine noch größere Gemeinheit würde ich es betrachten, wenn ich es dir nicht gesagt hätte. Ja, natürlich, sagte Thomas, aber morgen werde ich dort wieder Kaffee trinken, mir macht das nichts. Da müßten viele Leute sterben, wenn sie so etwas nicht trinken würden.

29. Dezember 1972

Um 8 Uhr 15 traf ich mit Post bei Thomas ein. Ich hatte mit Frau Hufnagl telefoniert und konnte ihm sagen, daß Frau Hufnagl um 11 Uhr kommen wird. Thomas bat mich, ich solle wenigstens nachkommen. Leider mußte ich auch das ablehnen. Thomas sagte dann, daß er abends zu mir kommen werde. Ich berichtete Thomas weiter, daß ich vor fünf Minuten im Lebensmittelgeschäft Pangerl in Ohlsdorf war und daß mich Frau Pangerl gefragt hatte, ob Bernhard für eine Professorin aus Berlin nicht wenigstens zwei Minuten zu sprechen wäre. Die Maturaklasse der Professorin hat nämlich in Berlin gemeinsam das Theaterstück von Thomas gesehen und macht über das Stück eine Maturaarbeit. Da die Professorin hier die Feiertage verbringt, möchte sie an Bernhard nur eine einzige Frage richten. Ich habe der Professorin ausrichten lassen, daß über dich schon viele Maturaarbeiten gemacht wurden und daß deswegen schon manche Studenten drei

Tage über Nacht beim Nachbarn blieben, daß du aber auf keinen Fall zu sprechen bist. Ich sagte, Bernhard war noch nie zu sprechen, auch wenn er weniger beschäftigt war, aber derzeit wäre es ganz unmöglich, dafür sei gerade jetzt ein besonders ungünstiger Zeitpunkt. Thomas fragte mich, ob vielleicht der Zettel an der Tür vor einigen Tagen von der Professorin war. Auf dem Zettel stand: „Jetzt kommen wir schon dreimal zu Ihnen und haben Sie wieder nicht getroffen." Danach habe ich gefragt, sagte ich, ob die Professorin vielleicht den Zettel ohne Namen hinterlassen habe. Frau Pangerl sagte aber, daß die Professorin nicht in Nathal war.

30. Dezember 1972

Um 14 Uhr 30 kam Thomas und erzählte mir, was gestern los war. Frau Hufnagl ist gestern um 11 Uhr pünktlich gekommen, und wir haben in Ottnang gegessen. Anschließend habe ich dann meine bestellte Tuchent und den Polster vom Geschäft abgeholt. Dann sind wir ins Haus und haben den Kasten gründlich gereinigt und gut eingeheizt. Der Kasten ist sehr schön geworden, und obwohl ich glaubte, daß er mit Papier ausgelegt werden muß, ist das gar nicht notwendig, so schön ist er auch innen geworden. Wir hatten natürlich schon sehr lange zu arbeiten an dem Kasten. Als wir mit dem Kasten fertig waren, ist es fast schon dunkel geworden. Dann sprach Thomas von seiner Einladung. Eigentlich, sagte Thomas, möchte ich heute abend gar nicht hingehen zu Dr. Ortner in Gmunden. Weißt du, das ist heut, die Einladung bei Dr. Ortner, von der ich schon gesprochen habe. Über Frau Hufnagl hat mir Dr. Ortner die Einladung zukommen lassen und dann noch angefragt, ob es mir nichts ausmachen würde, wenn auch der Harald Seyrl, der Restaurateur von Schloß Scharnstein, und seine Gattin mit eingeladen würden. Ich hab ja gesagt, was soll ich denn sagen? Obwohl ich den Seyrl nicht sehen möchte, weil ich ihn scheußlich finde, obwohl ich ihn persönlich noch gar nicht kenne. Nur von dem, was ich über ihn gehört habe, weiß ich, daß ich ihn nicht leiden kann. Der Seyrl war schon einmal bei mir im Haus, sagte ich, ich hab dir's damals erzählt, das ist sicher ein Typ, den du nicht leiden kannst, aber seine Frau wirkt sehr nett. Ich wollte ja Scharnstein schon öfter besuchen, aber du bist nicht mitzukriegen, und alleine möchte ich nicht hinfahren. Seyrl hat mich eingeladen.

Thomas hatte auf unserer Polsterbank eine bequeme Stellung eingenommen und die Füße am Sessel aufgelegt. Er sagte plötzlich, daß das Schreiben mit schwerer Arbeit zu vergleichen sei und daß es so anstrengend wie schwere Holzarbeit sei. Morgen früh werde er zu arbeiten beginnen. Zu Ortner werde er nicht gehen, er werde sich lieber ausschlafen. Dann sollte ich den Ortner aber doch anrufen, sagte ich. Ja, wirklich, wärst du wirklich so lieb und würdest du anrufen? sagte Thomas. Ja, warum denn nicht, sagte ich, du mußt mir nur sagen, was ich ausrichten soll. Naja, ich hab eh schon ein paar Tage einen Schnupfen, sagte Thomas. Sag, ich sei total verkühlt, ich lasse die Frau schön grüßen, es tut mir furchtbar leid, auch die Hufnagl laß ich schön grüßen und nicht zu vergessen auch die Mamma von Ortner, die ist nämlich aus Graz da. Die kenn ich, als ich vor zwei Jahren eingeladen war, sie ist eine sehr nette Frau, und sag, daß es für sie unzumutbar wäre, wenn ich mit dem Schnupfen ins Haus kommen würde. Halt, sagte ich, sag mir das noch einmal, ich muß das aufschreiben, sonst vergeß ich was. Ja, sagte Thomas, aber daß die ja nicht merken, daß du das herunterliest. Aber man muß ihn verständigen, weil seine Frau ja große Vorbereitungen trifft. Ich schrieb mir einen Zettel und ging zum Nachbarn Auinger, um zu telefonieren. Es war genau 16 Uhr. Am Telefon meldete sich Frau Ortner. Sie sagte mir, daß ihr Mann jetzt in der Sauna sei. Damit mein Bericht ja nicht wie heruntergelesen wirken konnte, gruppierte ich die Reihenfolge des Zettels etwas um und sagte erst zum Schluß, daß Thomas bis jetzt geglaubt habe, daß er doch kommen könne. Nun aber wird er sofort zu Bett gehen und sich auskurieren. Als ich Thomas die Grüße von Frau Ortner brachte und ihm sagte, daß sie ihm baldige Besserung wünsche, jubelte er auf und sagte, jetzt sei er erleichtert. Und die Hufnagl hat gesagt, sie wird sich recht schön anziehen für mich, die bin ich auch los. Wenns dir nichts ausmacht, bleib ich jetzt noch ein bißchen bei dir. Gerne, gerne, sagte ich.
Es entwickelte sich eine lustige Unterhaltung. Thomas erzählte, daß er Frau Hufnagl schon aus der Zeit, wo er noch am Mozarteum war, kennt. Nicht persönlich kannte er sie damals, aber von den Plakaten her, wo sie als Sängerin angeschlagen war. Er könne sich an ihren Namen sehr gut erinnern, denn sie hieß mit dem ledigen Namen Grete Feige. Vor fünf Jahren besuchte Thomas in Wien seinen ehemaligen Professor vom Mozarteum. Der hatte engen Kontakt mit der nunmehr verehelichten Hufnagl, seiner ehemaligen Gesangsschülerin, und dort trafen sie sich. Es stellte sich heraus,

daß die Hufnagls in Traunkirchen eine Mühle hatten, und nun trafen sie sich auch in Gmunden. Durch Hufnagl wurde Thomas dann mit den Pausers bekannt.
Bis 18 Uhr erzählte Thomas pausenlos. Meine Mutter, meine Frau und ich saßen fast wie im Kino da und hörten zu. So nebenbei fragte Thomas, was er denn eigentlich gegen den Schnupfen tun könnte. Meine Mutter sagte: Außer einem ansteigenden warmen Fußbad gibt es kein Mittel gegen Schnupfen. Ich sagte, daß ich schon seit meiner Kindheit immer, wenn ich ausgefroren nach Hause kam, ein heißes Fußbad nahm. Wenn du willst, sagte ich, kannst du da, wo du sitzt, sofort ein ansteigendes Fußbad haben. Thomas war begeistert, und ich brachte einen Plastikkneipper, der bis unter die Knie reichte, wie er in Kneippanstalten verwendet wird. Thomas stellte die Füße hinein, und ich goß von Zeit zu Zeit heißes Wasser aus einem zweiten Kübel nach, bis das heiße Wasser bis fast unter die Knie reichte. Nach zwanzig Minuten trocknete Thomas die Füße, und da er geschwächt war, legte er sich der Länge nach auf die Polsterbank. Wir hüllten Thomas in Decken und spielten Aufbahrung. Symbolisch stellten wir riesige Kerzen auf, Thomas gab dazu einige Anweisungen. Nach dieser Aufbahrung verließen meine Mutter und meine Frau das Zimmer, und ich sagte zu Thomas, wenn er vom Fußbad müde ist und schlafen will, laß ich ihn gerne alleine. Du weißt doch, daß ich am Tag nicht schlafen kann, bleib nur da, aber vielleicht könntest du was machen, daß mich das Licht vom Luster nicht so blendet, sagte Thomas. Da stellte ich einfach einen Sessel auf den Tisch, um das Gesicht von Thomas gegen den Luster abzuschirmen. Thomas schloß die Augen und sprach immer ruhiger und in immer größeren Abständen mit mir. Nachdem Thomas über eine Stunde so dagelegen hatte, es war ca. 19 Uhr 45, bat er mich um ein Fieberthermometer. Nach fünf Minuten zeigte das Thermometer 37,4, also erhöhte Temperatur. Triumphierend rief ich meine Frau und meine Mutter und sagte, daß sich Thomas versündigt habe, er habe eine erhöhte Temperatur, eine schwere Krankheit sei im Anzug. Obwohl die erhöhte Temperatur echt und kein Spaß war, ging es nun lustig weiter. (Es ist schwierig, diese Stimmung wiederzugeben.) Es war inzwischen 20 Uhr geworden, und Thomas sagte: Jetzt klingelt es schon bei Ortner. Alle fünf Minuten gab uns Thomas einen Situationsbericht aus der Trauttenbergvilla in Gmunden. Er schilderte uns den riesigen Raum, in dem die Ahnen aus Gemälden herunterstarren, und

wie Frau Ortner den Speisewagen von der Küche über den Flur ins große, hohe Speisezimmer schiebt, usw. Niemals werden die glauben, daß ich wirklich mit erhöhter Temperatur hier liege, sagte Thomas. Da hätte ich mich schön ruiniert, wenn ich da hingegangen wäre, usw.
Um 21 Uhr 30 sagte Thomas: Wenn ich mich jetzt nicht aufraffe und heimfahre, dann muß ich da liegenbleiben. Nach nochmaligem Fiebermessen, das Thermometer zeigte wieder 37,4, fuhr Thomas nach Hause. Für nächsten Tag 9 Uhr versprach ich, zu ihm zu kommen.

31. Dezember 1972

Um Punkt 9 Uhr traf ich in Nathal ein. Thomas hatte einen Kalender und eine Karte von Wolfgang Gregor Stagl vom 29. Dezember an der Haustür stecken. Thomas war schon auf, er öffnete mir das Tor, und ich nahm den Kalender und die Karte mit ins Haus. Da Thomas nur beim Tor ein und aus geht, hatte er die Post an der Haustür nicht gesehen. Thomas war fieberfrei und fühlte sich sehr wohl. Er setzte sich wieder zum Frühstück und frühstückte weiter. Thomas erzählte mir von Stagl, den er übrigens sehr gerne getroffen hätte, denn er kennt diesen Stagl noch aus der Zeit, als er ca. sieben Jahre alt war. Mit seiner Mutter hatte er vor 20 Jahren in Klagenfurt die Auslage eines Delikatessengeschäftes für einen Schaufensterwettbewerb hergerichtet, wozu Thomas viel Wild, Gewehre und Wald verwendete. Die Jury sagte dann, wenn es das Schaufenster eines Jagdartikelgeschäftes wäre, würden sie dafür den ersten Preis vergeben.
Thomas sagte dann noch, daß er, als er gestern nach Hause kam, einen Zettel der Maleta vorfand. „Wir erwarten Sie morgen abend zum Essen" stand drauf. Aber es bleibt dabei, daß ich zu dir komme, höchstens bis 22 Uhr, denn ich muß mich schonen, sagte Thomas. Eigentlich möchte ich jetzt eine Stunde spazierengehen, denn ich fühle mich ausgezeichnet. Du kannst dich verkühlen, sagte ich. Nein, in der Sonne bei der Grotte möchte ich gehen, sagte Thomas. Nein, du sollst dich lieber hinsetzen und arbeiten, sagte ich. Wenn zu mir einer sagt, ich soll arbeiten, dann ist es schon aus. Da kann ich jetzt den ganzen Tag nichts mehr schreiben. Ich kann nämlich nicht schreiben, wenn ein anderer davon weiß, so sensibel bin ich, sagte Thomas. Damit wäre es heute sowieso nichts mehr geworden, denn wenn

du spazieren willst, ist das ja schon ein Zeichen, daß heute nichts geht. Aber du hast mich gebeten, dich zu erinnern, daß du schreiben mußt. Sogar wenn die Tante da ist, sagtest du, wirst du schreiben. Nun sind die Feiertage fast um, und du hast überhaupt nichts geschrieben, ich meinte es gut, sagte ich. Ja, natürlich, sagte Thomas, und begann wieder von den drei Stagl-Brüdern zu erzählen, über deren Lernerfolge als Schüler usw., und daß er vor zwei Jahren deren Mutter in Wien getroffen habe. Deren Mutter war Kriegerswitwe, lange verwitwet und hatte inzwischen einen Sektionschef im Finanzministerium geheiratet. Dieser Sektionschef zeigte Thomas persönlich die Räume, in denen Grillparzer arbeitete. Jetzt konnte ich mich daran erinnern, daß mir das Thomas damals erzählt hatte, und ich ergänzte, daß diese Arbeitsräume Grillparzers damals restauriert wurden. Ja, richtig, sagte Thomas. Aber seit die Mutter der Stagls wieder verheiratet ist, ist der Kontakt mit ihren Söhnen abgebrochen, sagte Thomas. Dann sagte ich zu Thomas: Also gut, wenn du spazierengehen willst, dann fahren wir zu mir. Ja, ich muß nur noch einiges wegräumen, sagte Thomas. Dann fahre ich inzwischen voraus und kauf mir den „Sonntagskurier" und die „Kronen Zeitung", sagte ich. Eine „Kronen Zeitung" kannst du mir auch mitnehmen, sagte Thomas. Ah, ich weiß schon, wegen des Sonntags-Feuilletons, sagte ich und fuhr weg.
Ungefähr zehn Minuten später trafen wir uns in Weinberg und gingen Richtung Grotte – Aupointen. Es war ein sonniger, kalter Tag, und nach etwa einer halben Stunde, um 10 Uhr 30, sagte ich in Aupointen zu Thomas, daß jetzt vom Hause in Ottnang aus auch ein herrlicher Spaziergang zu machen wäre. Fahren wir hinauf, sagte Thomas, und essen wir in Ottnang. Ich hab, sagte ich, kurz bevor du gekommen bist, einen Teller Kutteln gegessen, aber in Ottnang müßten wir um 11 Uhr essen, weil wir später nichts bekommen, aber diese Zeit ist mir zu früh. Dann nehmen wir Brot mit und essen oben, sagte Thomas. Während wir von Ottnang sprachen, hatten wir sofort die Richtung zurück nach Weinberg eingeschlagen. Bua, magst Kutteln, sagte ich zu Thomas, indem ich Hufnagl nachahmte. Ja, herrlich, sagte Thomas. Was anderes hab ich nicht anzubieten um diese Zeit, sagte ich. Als wir bei meiner Frau eintrafen, stellte sich heraus, daß ich vorhin den letzten Teller Kutteln gegessen hatte. Zum Glück war vom Vortag noch Gulasch da, und so konnten wir bald nach Ottnang fahren. Von Thomas' Haus Niederpuchheim Nr. 13 gingen wir dann über Holzham

eineinhalb Stunden nach Norden, quer über die Felder und Wiesen, bis wir den Waldrand erreichten. Unterwegs sprachen wir vom kommenden Silvesterabend. Thomas sagte, daß er bei dem bleibe, was er sich vorgenommen hat, nämlich höchstens bis 22 Uhr bei mir zu bleiben und keinerlei Alkohol zu trinken. Er werde um 22 Uhr zu Bett gehen und ab Dienstag an seinem Stück *Die Jagdgesellschaft* arbeiten. Zum Neujahrstag hatte ich Thomas längst zum Truthahn eingeladen.
Auch über den Neujahrstag sprachen wir. Für 11 Uhr 30 war das Mittagessen angesetzt, ab 12 Uhr 15 wollten wir das Neujahrskonzert hören und dann eventuell das Skispringen sehen. Bei der weiteren Planung für den Nachmittag und den Abend kamen wir ins Stocken. Plötzlich sagte Thomas, er möchte am Rückweg Frau Brandmair ersuchen, ihm morgen, am Neujahrstag, im Hause einzuheizen. Er wolle ab Dienstag früh eine Woche lang in Ottnang bleiben und arbeiten. Wir waren vor dem Spaziergang kurz im Hause, und das weiß überzogene Bett mit dem Kasten daneben wirkte sehr einladend. Einmal muß ich ja in dem Haus übernachten, sagte Thomas, da nehm ich mir gleich die kleine Reiseschreibmaschine mit und bleib acht Tage, um zu arbeiten. Was wärs, wenn ich Urlaub machen würde, da wär ich ja auch nicht in Nathal. Dienstag früh fahre ich rauf. Hoffentlich heizt mir die Brandmair ein, morgen, damit ich am Dienstag schon etwas Wärme im Haus hab. Das ist eine gute Idee, sagte ich. Wenn du in Nathal arbeiten würdest, würdest du immer wieder einen Gusto bekommen, nach Ottnang zu fahren, und es bestünde die Gefahr, daß du die Arbeit unterbrichst. Wenn du da heroben arbeitest, bekommst du keine Lust, woanders hinzufahren, und du arbeitest sicher leichter durch. Aber auf keinen Fall würde ich mit der Reiseschreibmaschine da herauffahren, das wäre eine halbe Sache. Wozu hast du denn drei alte, schwere Maschinen. Da gehört eine Maschine überhaupt gleich für dauernd herauf. Die Reiseschreibmaschine wär höchstens wieder eine Ausrede für dich, daß die Arbeit nicht richtig geht. Ich kenn dich ja, wenn, dann richtig, mit großer Maschine. Ja, natürlich, sagte Thomas, jetzt kann ich ja die schwere Maschine noch leicht ins Haus tragen. Wenn einmal Schnee liegt, ist sie nicht mehr so leicht ins Haus zu transportieren. Ja, und außerdem könnte ich ja morgen nachmittag, wenn ich von dir wegfahre, gleich herauffahren. Die Brandmair müßte halt schon am Vormittag einheizen. Ich würde sonst sowieso den ganzen Dienstag verlieren. Denn wenn ich am Dienstag erst herauf-

fahre, dann muß ich noch die Sachen ins Haus tragen, mich etwas einrichten, dann ist der Vormittag vorbei. Da könnte ich erst ab Mittwoch 5 Uhr früh schreiben, denn ich kann nur schreiben, wenn ich zeitig in der Früh anfange. Ich würde aber lieber am Neujahrstag abends noch anfangen zu schreiben, denn ich könnte nicht einschlafen, wenn ich nicht abends noch den Anfang gemacht hätte, sagte ich. Wo denkst du hin, was glaubst du, wie das aussehen würde, wenn ich abends noch was schreiben würde, ganz unmöglich, sagte Thomas. Naja, sagte ich, jeder ist da anders.
Zur Auflockerung des Spazierganges schlug ich Thomas vor, das letzte Haus des Tales zu besuchen. Von einer früheren Erkundungsfahrt wußte ich, daß dieses Haus sehr alt und aus Holz erbaut war. Ich sagte zu Thomas, daß ihn das Haus sicher interessieren würde. Ja, aber was sagst denn, wenn wir da hineingehen, fragte Thomas. Bis wir dort sind, wird mir schon was einfallen, sagte ich. Kurz vor dem Hause sagte Thomas: Na, was sagst jetzt? Ich werde sagen, daß ich den alten Kasten kaufen möchte, den er hergeben will, sagte ich. Ja, aber der hat ja keinen zu verkaufen, sagte Thomas. Natürlich nicht, aber mir hat halt in Ottnang jemand gesagt, daß hier in dem Hause ein alter Kasten zu bekommen ist, sagte ich. Mit diesem Schmäh könnte man in jedes Haus gehen. Du, das können wir öfter machen, sagte Thomas.
Zögernd und mißtrauisch öffnete uns eine ca. 32-jährige Frau. Angesichts dieses Mißtrauens wagte sich Thomas nicht über die Schwelle der Haustür. Ich trat aber sofort ein und sagte: Ich war vor einigen Wochen schon einmal da, da war niemand zu Hause. Ich möchte nämlich den Kasten besichtigen, den Sie zu verkaufen haben. Wir haben keinen Kasten zu verkaufen, sagte die Frau. Schade, dann sind wir umsonst so weit gegangen, sagte ich. Und indem ich auf Thomas zurück zeigte, sagte ich: Der Hansbäun hätte dringend einen Kasten für sein leeres Haus benötigt. Ah, Sie sind der neue Besitzer, sagte die Frau zu Thomas, ich hab eh schon gehört von Ihnen. Sie bat uns in die Stube, das Eis war gebrochen. Der Bauer war Jäger und gerade auf der Jagd. Zum kleinen Hof gehörten siebeneinhalb Joch, davon etwas Wald. Als wir nach zehn Minuten wieder gingen, wußten wir, daß die Frau vier Kinder hat, wo die Äcker und Wiesen lagen, wieviel Vieh im Stall war und welche landwirtschaftlichen Maschinen vorhanden waren. Der Vorbesitzer war Zimmermann usw., alles, was Thomas interessierte, holte ich aus der Frau heraus. Erst als wir das Haus schon verlassen hatten, die

Frau ging mit uns vor das Haus, kam es der Frau zu Bewußtsein, daß sie keine Gelegenheit fand, das zu sagen, was sie wollte, und sie sagte zu Thomas: Ja, Sie sind ja gar kein Italiener, mein Mann hat gesagt, daß im Gasthaus gesprochen wurde, daß das Haus ein Italiener gekauft hat. So richtig im Dialekt sagte Thomas zu der Frau: Na, i bin koa Italiener. Ja, im Gasthaus wird viel gesprochen, sagte ich, überhaupt bei den Begräbnissen, gleich nach der Konduktsuppe, da stimmt das meiste nicht mehr. Ja, ja, lachte die Frau, und wir entfernten uns Richtung Kropfling.
Nun besprachen wir die acht Tage, die Thomas in Niederpuchheim bleiben wollte. Ich sagte Thomas, daß ich ihm die erste Post am Dienstag um ca. 14 Uhr bringen werde und dann nur jeden zweiten Tag. Nur Telegramme oder Eilbriefe würde ich sofort bringen. Ebenso Briefe mit den Absendern Frau Kern, Peymann, Unseld, Wendt, Radax oder Klingenberg, denn es könnte ein Anruf verlangt oder ein Besuch angekündigt werden.
Selbstverständlich besprachen wir allen Kleinkram, der mit der Übersiedlung verbunden war. Thomas wollte noch heute alle Sachen bereitrichten. Zum Mittagessen am morgigen Neujahrstag wollte Thomas schon mit beladenem Auto kommen und am Nachmittag von mir weg direkt nach Ottnang fahren.
Gegen 15 Uhr 30 waren wir bei Frau Brandmair in Kropfling. Sie war bereit, am Neujahrstag um 11 Uhr im Hause einzuheizen. Dazu hatten wir die Wohnung von Frau Schermaier, der Mutter von Frau Brandmair, betreten. Ich ergötzte mich nun daran, wie Thomas nur mit größter Mühe Tee und Kaffee abwehren konnte. Denn seit die Frau mit Schiffwasser den Kaffee zubereitete, grauste mir, und ich sagte Thomas schon vorher, daß ich mir eine Krankengeschichte zurechtgelegt hätte und behaupten werde, daß mir der Arzt derzeit nur Zwieback erlaubt. Damit wollte ich Thomas die Bewirtung nicht verderben, denn er sagte ja, daß er weiterhin dort Kaffee trinken werde. Nun hatte ihn aber doch der Mut verlassen.
Um 16 Uhr waren wir in Weinberg, und Thomas sagte, er werde bis 18 Uhr heimfahren, um zu packen. Um 18 Uhr war Thomas wieder da. Also bis höchstens 22 Uhr bleibe ich da, und keinen Tropfen Alkohol werde ich trinken, sagte er. So, wie wir es am Nachmittag besprochen haben, werde ich es halten, sagte ich. Milch mit Honig bekommst du zu trinken, und heimfahren kannst du so, wie es dir taugt. Jetzt waren die Maleta und die Hufnagl bei mir, aber ich hab sie nicht hereingelassen, sagte Thomas. Die

Maleta hab ich sogar gesehen. Kaum war sie weg, kam die Hufnagl mit dem Auto an. Ich hab sie klopfen lassen, ich hab mich nicht gerührt. Die würde mir das sowieso nicht glauben, daß ich erhöhte Temperatur habe. Ich könnte auch nicht weggehen mit ihr und auch sonst nichts ausmachen. Die fehlte mir gerade noch. Es ist ja jetzt höchste Zeit für mich zu arbeiten. Ich kann doch nicht meine Existenz gefährden. Thomas sagte das sehr humorvoll, wie er seit dem Heiligen Abend überhaupt immer sehr humorvoll war. Ich sagte Thomas, daß vor dreißig Minuten meine Kinder und Schwiegerkinder mit Neujahrswünschen da waren und daß sie gemeinsam bei meinem Sohn in Pinsdorf feiern usw., um ihn auf ein anderes Thema zu bringen. Nach kurzer Zeit aber sagte Thomas schon wieder: Da drüben stünde jetzt das Paradies offen. Er zeigte in Richtung Oberweis. Ja, sagte ich, aber auch im Paradies gibt es eine Schlange. Ja, drum geh ich ja nicht ins Paradies, weil eine Schlange dort ist. In jedem Paradies ist eine Schlange, sagte Thomas.

Es gab Rindsuppe, dann Filet de boeuf roti, gut rosa gehalten. Ich hatte für Thomas ein nicht zu kaltes Bier in der Küche bereitgestellt und sagte nach der Suppe zu meiner Frau: So und zu trinken bekommt Thomas nun lauwarme Milch mit Honig, so hat sich das Thomas nachmittags gewünscht. Da sah Thomas auf den vollen Teller vor sich und sagte: Zu diesem Lungenbraten wäre vielleicht doch ein kleiner Schluck Bier besser. Das habe ich erwartet, sagte ich und schenkte ein.

Wir hatten beschlossen, daß wir erst um 21 Uhr 40 probeweise den Fernseher einschalten, da um diese Zeit im deutschen Programm „Zum blauen Bock“ beginnt. Thomas, meine Mutter, meine Frau und ich blieben daher im unteren Wohnzimmer und unterhielten uns prächtig, ohne einen Tropfen Alkohol. Ich war auch sehr froh, keinen Alkohol trinken zu müssen. Einige Gläser schwarzer Ribiselsaft waren eine Wohltat. Die Ausdrücke Johannisbeeren und Sahne statt Ribisel und Schlagobers haßt Thomas. Diese Ausdrücke sind in Deutschland angebracht, sagte er immer, wenn er solche Ausdrücke von jemand hörte. Seine wenigen Freunde wissen das.

Als wir um 21 Uhr 40 zu Omi ins Wohnzimmer wechselten, um „Zum blauen Bock“ zu sehen, stellte ich vier Sektgläser bereit, denn es war nun jederzeit damit zu rechnen, daß Thomas heimfährt. Um Punkt 22 Uhr erhob sich Thomas. Er sagte, er werde jetzt gleich ins Bett gehen, vor dem Wegfahren habe er das Bett schon zurückgeschlagen, damit es sich erwärmen kann. Aus einer winzigen jugoslawischen Sektflasche mit 0,2 Liter Inhalt schenkte ich nun ein, sodaß auf jedes Glas nur 1/20 Liter Sekt kam. Das war eine Spur weniger Flüssigkeit als ein großer Kognak. Wir stießen auf das neue Jahr an. Mit einem Seitenblick auf den Fernseher sagte Thomas sehr erfreut, daß wir denen da um zwei Stunden voraus sind. Er war begeistert von der Idee, so eine kleine Menge einzuschenken, und wir waren alle sehr stolz, daß wir den Abend gänzlich alkoholfrei verbrachten. Durch das Anstoßen wurde die Unterhaltung neu entzündet, und so war es genau 22 Uhr 30, als Thomas wegfuhr. Rundherum krachten schon die Böller, als ich Thomas zum Wagen begleitete. Thomas ließ einen Furz und sagte: Jetzt fahr ich wie ein Knallfrosch nach Hause.

1. Jänner 1973

Als Thomas um 11 Uhr 30 mein Haus betrat, fragte er sofort, ob Frau Hufnagl da sei. Nein, ich habe sie nicht gesehen. Vor einer halben Stunde war sie bei mir, ich hatte das Tor verschlossen, und mein Auto war nicht zu sehen, da ich es vor der Hoftür stehen hatte, um meine Sachen einzuladen. Da dachte ich, sie sei zu dir gefahren, sagte Thomas, da sie annehmen mußte, ich sei nicht zu Hause. Wenn sie gekommen wäre, hätte ich sie sofort mit eingeladen, sagte ich. Aber nur, wenn sie sonst nichts will, sagte ich wissend lächelnd. Thomas lachte und sagte: Für mein Stück hab ich auch schon einige komische Stellen eingeplant.
Es gab Truthahn, usw. Wir waren mit meiner Frau zu dritt, da meine Mutter Gäste aus Linz hatte. Familie Grametsbauer und Pischinger, treue ehemalige Nachbarn aus der Pacherstraße in Linz, die Thomas seit Jahren kennt, mit denen er aber nie mehr als ein paar belanglose Worte wechselte. Ich sagte Thomas, daß ich vorhin bei den Besuchern oben war und sagte, daß wir möglicherweise das Neujahrskonzert ansehen werden, daß sie sich aber auf keinen Fall stören lassen sollen. Wann fängt es denn an? fragte Thomas. Um elf Uhr hat es begonnen, sagte ich. Was du jetzt aus dem Radio aus der Küche hörst, ist das Neujahrskonzert. Zu Beginn des Essens sagte ich zu Thomas, daß ich die Rotweingläser nur der Festlichkeit halber zum Gedeck stellte. Meine Frau und ich werden aber aus Solidarität ebenfalls alkoholfreie Getränke nehmen. Wie erwartet, sagte Thomas, daß ihm ein Glas

Rotwein bestimmt nicht schaden werde. Am Vortag hatte ich eine Flasche Magdalener ins warme Zimmer gestellt, damit ich nun nur danach greifen mußte. Gegen 13 Uhr kam meine Mutter, um uns zu sagen, daß das Ballett heuer besonders schön sei. Thomas sagte gleich: Aha, die Prima Ballerina vom ersten Stock ist da. Wir hören die Musik eh im Radio. Das Wiener Ballett ist das schlechteste, ob Burgtheater oder ..., lauter ausgemergelte Balletteusen, Balletteusen, Ballett-eusen, Ballett Ösen, Ballett Ösen, Ballett Ösen. Dann machten wir uns einen Spaß daraus, meine Mutter mit allerlei Späßen einige Zeit zurückzuhalten.
Um 13 Uhr 15 kam meine Mutter wieder, um uns zu sagen, daß die Übertragung diesmal viel schöner sei als sonst. Außerdem sagte sie, daß ihre Gäste den Wunsch auf Most geäußert hätten, und sie ersuchte mich um eine Flasche Bernhard-Most. Wir verkosteten nun sehr umständlich eine Flasche Most von Thomas, um meine Mutter wieder etwas länger aufzuhalten. Ohne zu übertreiben, stellten wir fest, daß der Most besser als der Rotwein schmeckte. Wir waren in sehr gemütlicher Stimmung, und Thomas hatte längst seine Beine auf dem Stuhl. Als nun meiner Mutter die dicken Waden von Thomas auffielen, sagte sie, das sei aber nicht echt. Das ist die schöne Welserin, sagte Thomas. (Schöne Welserin nannte Thomas seine langen, dicken, blauen Flanellunterhosen, die an Hüften und Beinen mit Bändern zuzubinden waren, weil er sie in Wels eingekauft hatte.) Na, sagte meine Mutter, da merkt man aber wirklich nicht, daß die da unten zusammengebunden sind. Meine Mutter hatte nämlich seinerzeit bezweifelt, daß sich diese Unterhosen zur ledernen Kniehose tragen lassen.
Im weiteren Gespräch hielten wir natürlich auch eine Rückschau auf das vergangene Jahr. Grillparzer-Preisverleihung, Grippe, Holzfällerunfall, Mattighofen, Salzburger Festspiele, Grimme-Preis, Csokor-Preis, Brief an Unseld, Hauskauf und Besprechung mit Klingenberg wurden der Reihe nach möglichst chronologisch durchbesprochen. Auch meine geschäftlichen Erfolge zählte Thomas auf und sagte, daß wir beide mit dem abgelaufenen Jahr sehr zufrieden sein können. Ich sagte zu meiner Frau, daß wir noch mehr als Thomas zufrieden sein können, denn in der ganzen Familie war niemand so krank wie Thomas, als er die Grippe hatte, und es sei auch in der ganzen Familie kein Blut geflossen, wie es bei Thomas der Fall war, als er den Unfall mit der Motorsäge hatte, usw. Dann fiel mir ein, daß mir Thomas beim Spaziergang gestern nachmittag erzählt hatte, daß es Frau

Hufnagl nicht paßte, als er ihr sagte, daß mir ihr Mann sehr gut gefallen habe. Ich fragte Thomas, ob denn Frau Hufnagl vielleicht glaube, daß ich ein kleiner „Stoa-Sepp“ (ein im ganzen Traunseegebiet bekannter homosexueller Hotelier) sei, der ihren Mann angehen möchte, denn möglich sei alles. Nein, ich weiß, was du meinst, sagte Thomas. Es ist einfach eine Eifersucht. Die hat meine Tante auch. Den Namen Hennetmair habe ich manchmal in Gegenwart meiner Tante gar nicht mehr aussprechen dürfen, so eifersüchtig war sie. Genauso ist es bei Frau Hufnagl und bei vielen anderen. Die wollen mich alle für sich haben. Die wollen nur angeben mit mir, aber da spiel ich nicht mit. Das wäre die Vernichtung meiner Existenz. Was glaubst du, was die heute alle für einen Kopf haben und wie geschwächt die alle sind. Wir zwei sind sicher die einzigen, die heute einen klaren Kopf haben und die Arbeit im neuen Jahr wieder sofort angehen.
Gegen 15 Uhr sagte Thomas, daß er nun nach Ottnang fahren werde. Wenn ich Lust hätte, würde er oben mit mir noch gerne einen Spaziergang machen. Da ich mir aber fest vorgenommen habe, mit dem heutigen Tag meine Aufschreibungen einzustellen und morgen, den 2. Jänner 1973, die Durchschläge meiner bisherigen 501 Seiten beim Notar zu deponieren zum Beweis dafür, daß ich hinterher nichts hinzufügen werde, lehnte ich ab.
Thomas erzählte dann meiner Frau noch sein aufregendstes Silvestererlebnis mit dem Filmschauspieler Dahlke am Grundlsee, als er von Dahlke im Schlafgemach einer deutschen Prinzessin entdeckt wurde und Dahlke ihn erschießen wollte. Aber darüber habe ich schon wo berichtet. Weiter sagte Thomas, daß er gestern um 11 Uhr schon im Bett war, daß er aber bis 1 Uhr nicht einschlafen konnte. Kurz nach 15 Uhr fuhr Thomas dann für acht Tage nach Ottnang, um an seinem Stück *Die Jagdgesellschaft* zu schreiben.

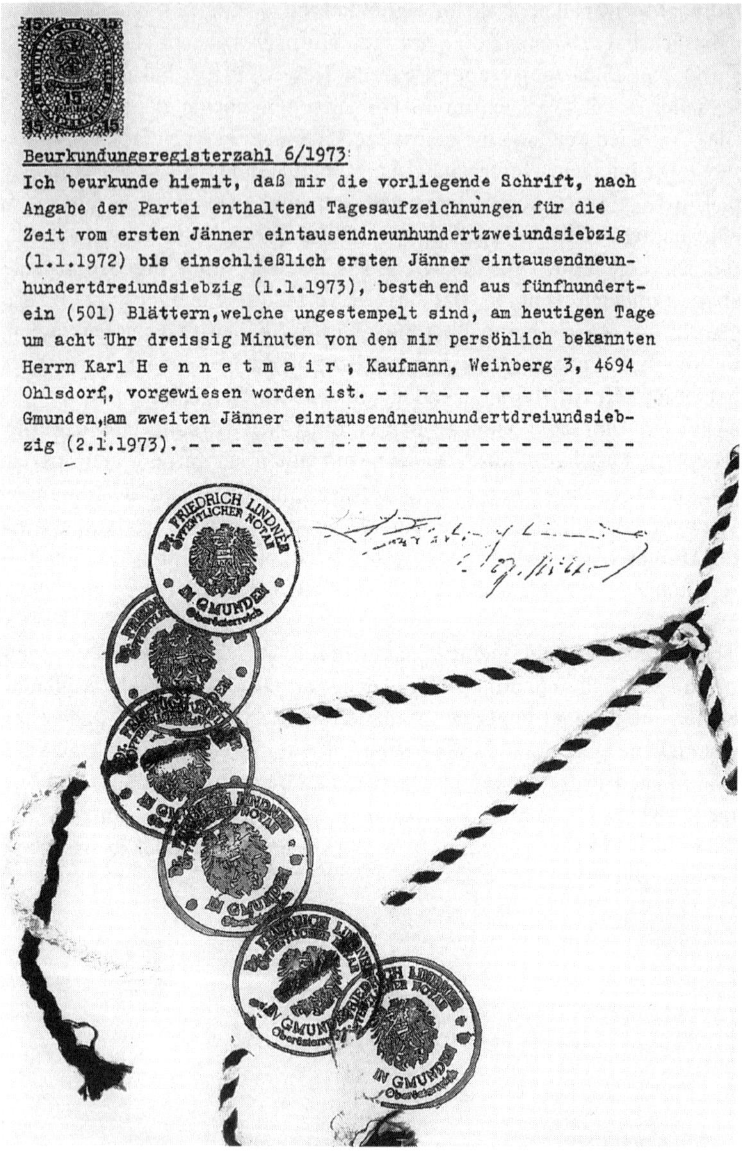
Beurkundungsregisterzahl 6/1973

Ich beurkunde hiemit, daß mir die vorliegende Schrift, nach Angabe der Partei enthaltend Tagesaufzeichnungen für die Zeit vom ersten Jänner eintausendneunhundertzweiundsiebzig (1.1.1972) bis einschließlich ersten Jänner eintausendneunhundertdreiundsiebzig (1.1.1973), bestehend aus fünfhundertein (501) Blättern, welche ungestempelt sind, am heutigen Tage um acht Uhr dreissig Minuten von den mir persönlich bekannten Herrn Karl H e n n e t m a i r , Kaufmann, Weinberg 3, 4694 Ohlsdorf, vorgewiesen worden ist. - - - - - - - - - - - - - - -

Gmunden, am zweiten Jänner eintausendneunhundertdreiundsiebzig (2.1.1973). -

Editorial

Am 2. Jänner 1973 hat Karl Ignaz Hennetmair die Kopie seiner Tagebuchaufzeichnungen bei Friedrich Lindner in Gmunden notariell versiegeln lassen, um später nichts mehr ändern und nichts mehr hinzufügen zu können. Das Original-Typoskript – einschließlich einer umfangreichen Sammlung an Zeitungsausschnitten, Einladungen, Briefen, Telegrammen, Verträgen, Fotos, Plakaten, Kassazetteln und sogar zersägten Hosenteilen – wird in der Handschriften-, Autographen- und Nachlaß-Sammlung der Österreichischen Nationalbibliothek Wien verwahrt.
Auf ausdrücklichen Wunsch von Karl Ignaz Hennetmair haben Johannes Berchtold und Fritz Simhandl das Typoskript datenmäßig erfaßt und haben auch den Auftrag erhalten, ein Vorwort und ein Nachwort zu schreiben.
Die in eckigen Klammern gesetzten Anmerkungen sowie die Auswahl der Pressezitate hat der Verlag beigetragen.

Anmerkung von Otto Schenk zu Seite 278:
Es muß sich wohl um einen Irrtum handeln. Ich bin erfreut, daß Thomas Bernhard nicht glauben wollte, daß der Zwischenruf von mir kam. Ich habe Bernhard stets besonders geschätzt und mir von ihm ein Autogramm geben lassen, auf das ich heute noch stolz bin.

Nachwort

Wenn den Künstler, insbesondere den Schriftsteller, ja Literaten, die Muse küßt, dann kann das schon mannigfache Ursachen haben. Für einen, der die Dinge erst sichtbar, hörbar, lesbar macht, ist der Fundus, aus dem er seinen Stoff zieht, ein schier uneingrenzbarer. Katastrophen, Kriegserlebnisse, Unfälle, Schwiegermütter, Halbgeschwister, bitterböse Lehrer und schwerkorrupte Geschäftspartner wecken die Dichterleidenschaft. Dazu kommen Landschaften, Flußlandschaften, Kraterlandschaften, Asphaltlandschaften, Seen, Moore, Meere und stille Wüsten. Alles kann eine Ursache, ja die Ursache sein, um den Gedankenschwall in einen Buchstaben- und Wörterschwall, letztendlich in einen Absätze- und Bücherschwall zu kanalisieren. Da müssen verregnete Urlaube und schneearme Winter, Trockenperioden und ewige Frühlinge herhalten. Da werden Reisebekanntschaften, Sommerlieben, Verhältnisse, Knastbrüder und -schwestern, Todeszellenkandidaten und Wiederauferstandene ins Visier genommen. Oder der Nachbar von nebenan, oder die Nachbarin von nebenan. Und wenn es gar nicht anders geht, dann eben die kleinen Abenteuer – will sagen, die Abenteuer des kleinen Mannes.

Was bleibt, ist die Fährte, die der Künstler, in unserem Fall der Literat legt. Zu seinen Gedanken, Worten und Werken. Eine Fährte, mit der sich sogar eine eigene wissenschaftliche Zunft auseinandersetzt, die sogenannte Literaturwissenschaft. Immer gibt es solche Marksteine, so mehr oder weniger klare Hinweise, an die man sich halten kann, die einem einen Einblick geben, wo der Literat herkommt und wo er hinkommen will. Es sind die Menschen, Landschaften, Ereignisse, die er verdichtet – zu einer Geschichte, zu seiner Geschichte. Realitäten, die man entdeckt, zerteilt, neu zusammenfügt, wo es Zulassungen und Weglassungen gibt, die man einschmilzt und einfriert, die man literarisch bereit ist, in jeden Aggregatzustand zu versetzen.

Und um zu diesen Rohstoffen zu kommen, benötigt man immer einen Vermittler, einen Rohstoffvermittler sozusagen, nein, besser gesagt einen Realitätenvermittler. Jeder Literat hat so einen Vermittler der Realitäten. Es ist einer, der ihm das Leben übersetzt. Der ihn auf Relevantes hinweist und

vor Irrelevantem bewahrt. Einer, der ihm die Menschen zeigt, wie sie wirklich sind, und nicht, wie sie sein sollten.
Thomas Bernhard hatte auch so einen Realitätenvermittler, sogar einen tatsächlichen, wirklichen, nicht nur einen sprichwörtlichen. Er hatte in Karl Ignaz Hennetmair seinen Realitätenvermittler, der ihm nicht nur die Menschen, Landschaften und Ereignisse vermittelte, sondern auch seine Grundstücke, Häuser und Domizile. Diese Tatsache war sogar der Anfang. Im Jänner 1965 schloß der knapp 34-jährige Dichter mit dem um elf Jahre älteren Realitätenvermittler Karl Ignaz Hennetmair einen Kaufvertrag über die Liegenschaft Obernathal 2 in der Gemeinde Ohlsdorf bei Gmunden in Oberösterreich. Dieser Traunviertler Vierkanthof wurde zum Kristallisationspunkt eines darauffolgenden, nahezu ein Vierteljahrhundert währenden literarischen Schaffens. Dieser Traunviertler Realitätenvermittler wurde für Thomas Bernhard über ein Jahrzehnt zur zentralen Muse, der ihm die Landschaften und Ereignisse kommunizierte, ja vermittelte.
Hier im tiefsten Salzkammergut war der „feste Platz, den seine Arbeit erforderte". Von Obernathal und seiner Renovierung wurde der Funke für weitere zentrale literarische Werke, wie etwa *Auslöschung, Ungenach, Das Kalkwerk* gezündet. Hier war der Ausgangspunkt einer literarischen, aber auch realen Eroberung der näheren Umgebung, Seite an Seite mit Karl Ignaz Hennetmair. Es folgte 1971 der Erwerb eines Hauses auf dem Grasberg bei Reindlmühl, der „Krucka", sowie 1972 eines Hauses in Ottnang, des „Hansbäun" mit direktem Blick auf das nicht weit entfernte Schloß Wolfsegg. Im Jahr 1978 wird seine Erzählung *Ja* zur Bilanz über Häuser, Bauprojekte und Gebäudekomplexe rund um Thomas Bernhard.
Bieten Bernhards Erfahrungen mit den Kulturzentren Wien und Salzburg und seinen „Insassen" den Stoff für die messerscharfe Herausarbeitung der Strukturen und Linien des Theater- und Kulturlebens sowie des Treibens seiner Protagonisten, so ist dieser Raum zwischen Gmunden und Ottnang der Resonanzboden für seine Opfer, die immer auch Täter sind, für seine Wunder, die immer auch Katastrophen sind, für seine Wahrheiten, die immer auch Lügen sind. Existenz wird zur grenzenlosen Erfahrung.
Der Landstrich an der Grenze zwischen Salzkammergut und Hausruckviertel als Zentrum Innerösterreichs wird zum Platzhalter für die Provinz, die gleichzeitig alle Voraussetzungen für die physische und psychische

Weltzerstörung in sich trägt und deshalb zeitlos gefährlich bleibt. In diesem Landstrich sind die Protagonisten angesiedelt, die an dieser physischen und psychischen Weltzerstörung arbeiten. Der Landwirt Maxwald etwa, der mit seinem Projekt einer Schweinemastanstalt ein Symbol für den Selbstmord des österreichischen Bauernstandes auf seinem Weg hin zur industriellen Agrarwirtschaft darstellt. Oder der Gemeindesekretär Moser, Prototyp jener provinziellen Bürokraten, die alle Regime und Herrschaften überleben, weil sie sich auf die rücksichtslose Ausnützung ihrer eigentlich lächerlich begrenzten Macht verlassen. Dazu kommen die Damen der besseren Gesellschaft, die ihr habituelles und intellektuelles Verwelken durch ihren Aufenthalt in der Provinz an der Seite eines Dichters aufzuhalten versuchen und darin scheitern. Dazu eine Unzahl von Menschen, die als Typen diese Gegend bevölkern, die in Gasthöfen aufkochen, als Handwerker Dienstleistungen erbringen oder als Greißler für die Nahversorgung sorgen. Alle eingebettet in eine Vielzahl von eigenen Rhythmen, die schlußendlich den einen Rhythmus ergeben.

Mit Karl Ignaz Hennetmair geht und fährt Thomas Bernhard durch diese innerösterreichischen Landschaften, kehrt in diesen Gasthöfen ein, lernt diese Menschen kennen. Stundenlange Streifzüge bringen dem Dichter die Totalität eines Zustandes nahe. Es läßt ihn erahnen, was dieses komplexe System im Innersten zusammenhält. Hier formiert sich die Antithese zu den sogenannten Kulturmetropolen Salzburg und Wien. Der Jahreskreis stellt einen schier unerschöpflichen Fundus an Eindrücken bereit, der geeignet ist, literarisch komprimiert zu werden. Leben und Tod, Lieben und Leiden, Triumphieren und Scheitern.

Hennetmair ist Bernhards Wegweiser, im doppelten Sinne. Er weist ihm den Weg und weist gleichzeitig lästige Besucher und Fans nachhaltig und bestimmt ab. Als Schlüsselmeister und Torwächter in einer Person bewacht und verwaltet er auch den materiellen und intellektuellen Besitz Bernhards. Werden die „Burgen" Nathal, Krucka und Hansbäun wieder einmal von Kritikern, Journalisten, Verlegern oder Damen der besseren Gesellschaft zu stürmen versucht, so ist Hennetmair zur Stelle. Er vertreibt die Eindringlinge, führt sie auf eine falsche Fährte, und wenn es sein muß, versteckt er den Dichter in seinem eigenen Haus. Der unausgesprochene Auftrag, Bernhard und seine Arbeit von einer störenden Außenwelt lückenlos abzuschirmen, wird nachhaltig durchgeführt.

Was als ein loses Band gegenseitiger Gefälligkeiten zwischen Thomas Bernhard und Karl Ignaz Hennetmair begann, wird zur Komplizenschaft gegen „die anderen". In Hennetmairs Frau, dessen Mutter und den Kindern findet Thomas Bernhard die partielle Nestwärme einer Ersatzfamilie – wenn er danach verlangt. Und er verlangt nahezu täglich danach. Die Hennetmairs essen mit ihm, wenn er in Gesellschaft essen will, sie trinken mit ihm, wenn er in Gesellschaft trinken will. Und das zu allen vier Jahreszeiten. Hennetmair ist sein Vertrauter in juristischen und ökonomischen Fragen und mehr. Kein Möbel- und Einrichtungsstück, dessen Anschaffung oder Restaurierung nicht mit Hennetmair besprochen und durchgeführt wird. Kein Poststück an und von Bernhard, das nicht durch Hennetmairs Hände geht. Keine Entscheidung über Literatur-, Film- und Fernsehprojekte, die nicht mit Hennetmair besprochen wird. Kein Brief, Vertrag oder Telegramm, die nicht zuletzt auch Hennetmairs Gedanken enthalten. Keine Literaturkritik, die nicht auch Hennetmairs Gegenkritik über sich ergehen lassen muß. Der unvoreingenommene und direkte Rat des ehemaligen Schweinehändlers gilt dem Dichter mehr als die umständlichen Ratschläge von Freunden und Bekannten aus der besseren Gesellschaft, die längst verlernt haben, einfache, nein, einfach Entscheidungen zu treffen.
Wenn Bernhard, erschöpft vom Diskurs mit Literaturkollegen, Literaturagenten und Literaturkritikern, eine geistig-emotionale Zuflucht sucht, dann ist Hennetmairs Haus am Weinberg 3 in Ohlsdorf seine erste Adresse. Hier findet er die Basis, um einen neuen Anlauf zu versuchen gegen die Literatur- und Theaterbürokratie in Österreich und Deutschland. Hier liegt der Stoff für neue Projekte aufbereitet, darauf wartend, in Literatur verewigt zu werden.
Doch nach zehn Jahren „versengt" sich die Freundschaft. Von beiden Seiten auf ein Leben angelegt, ist sie nach zehn Jahren aufgebraucht. Aus dem Leben wird ein Lebensabschnitt. Die Blutsbrüderschaft des ungleichen Paares wird durch ein Ereignis, um das nur diese beiden wissen/wußten, aufgelöst. Zurück bleibt die stille Symbiose: der eine kann sich in seinem Werk des Bannstrahls der einst vermittelten Realitäten nicht mehr entledigen, der andere wird in seinem Leben nie mehr ein normaler Realitätenvermittler.
Der Tod des einen, des Literaten, ruft den anderen, den Realitätenvermittler, wieder in Erinnerung. Er wird zuerst zum unbequemen Objekt

der offiziellen Thomas-Bernhard-Forschung, dann zum zu verleugnenden Zaungast, schlußendlich zum zu vernichtenden Gegner. Was die anderen, die sogenannten Literaturwissenschaftler erforschen, sieht er. Was die anderen, die sogenannten Literaturwissenschaftler suchen, findet er. Was die anderen, die sogenannten Literaturwissenschaftler interpretieren, kann er benennen.

Er besitzt den Schlüssel zu den entscheidenden Jahren für Thomas Bernhards Werk. Er kennt die Plätze, Gesichter und Geschichten, die sich in Bernhards Literatur wiederfinden. Als Zeitzeuge macht er den Aufstieg Bernhards zu einem der ganz Großen der deutschen Literatur mit, ohne sich allzu sehr in das süße Spiel der Intrige und der Neidgenossenschaft des künstlerischen Establishments zu verstricken. Er meidet den zu engen Umgang mit den tatsächlichen oder vermeintlichen „Fachleuten". Und er wird deshalb umso mehr zu einer wichtigen Figur im Umfeld des Dichters.

Wie haben sie Hennetmair belagert, die beamteten Literaturwissenschaftler, die pragmatisierten Rezensenten, die rotwangigen Rezipienten. Erfolglos. Mit der Zeit, so haben sie vermutet, könne man seine Burg sturmreif schießen. Er hat sie alle überlebt, zumindest intellektuell. Und nun geht er ein letztes Mal daran, die Realitäten rund um Thomas Bernhard auszubreiten, damit die, die sehen können, sehen, und die, die hören können, hören.

Mit dem „Notariell versiegelten Tagebuch 1972" gelingt Hennetmair der Urkundsbeweis, daß man Literaturgeschichte nicht allein der Literaturwissenschaft überlassen muß und darf. Er versteht es, durch seine Aufzeichnungen dem Leser konkret vorzuführen, wie das Leben Thomas Bernhards abgelaufen ist. Seine Werthaltungen zu den einfachsten Dingen wie zu den komplexesten literarischen Fragen werden nicht nur angedeutet, sondern fixiert. Man erfährt von der schwierigen „Herbergssuche" nach jenem Ort und jener Umgebung, in der für Thomas Bernhard literarisches Arbeiten erst möglich wird. Man entdeckt, mit welcher Nachhaltigkeit Thomas Bernhard selbsternannte Musen abzuwehren versteht. Und man erkennt an der Art der Aufzeichnung, daß es sich hier selbst um Literatur handelt.

Fritz Simhandl

Bildnachweis

Österreichische Nationalbibliothek, Handschriften-, Autographen- und Nachlaß-Sammlung. Karl Ignaz Hennetmair: Tagebuch 1972. Aufzeichnungen zu und über Thomas Bernhard (Ordner 1–4 und ein Ordner mit Fotos): Aufnahmen S. 27, 56, 97, 100, 111, 163, 292, 467, 500

Österreichische Nationalbibliothek © by Karl Ignaz Hennetmair:
S. 40, 41, 44 (2), 87, 112, 113, 129, 133, 166, 182, 189, 216 (2), 359, 360, 370 (2), 371, 415, 432/433 (4), 436/437 (4)

Karl Ignaz Hennetmair: S. 171, 475, 502, 503

Archiv der Salzburger Festspiele: S. 274/275, 283, 545 (2)
Ilse Buhs/Archiv der Salzburger Festspiele: S. 287 (Otto Sander)
Rosemarie Clausen/Archiv der Salzburger Festspiele: S. 287 (Angela Schmid)
Foto Ellinger/Archiv der Salzburger Festspiele: S. 269 (3), 272 (Claus Peymann), 293, 323
Helga Kneidl/Archiv der Salzburger Festspiele: S. 272 (Karl-Ernst Herrmann, Moidele Bickel)
Foto Steinmetz/Archiv der Salzburger Festspiele: S. 274, 275, 276

Oskar Anrather: S. 477
Privat: S. 221
Erika Schmied: S. 473
Felicitas Timpe/© Karl Ignaz Hennetmair: S. 17, 320

Personenregister

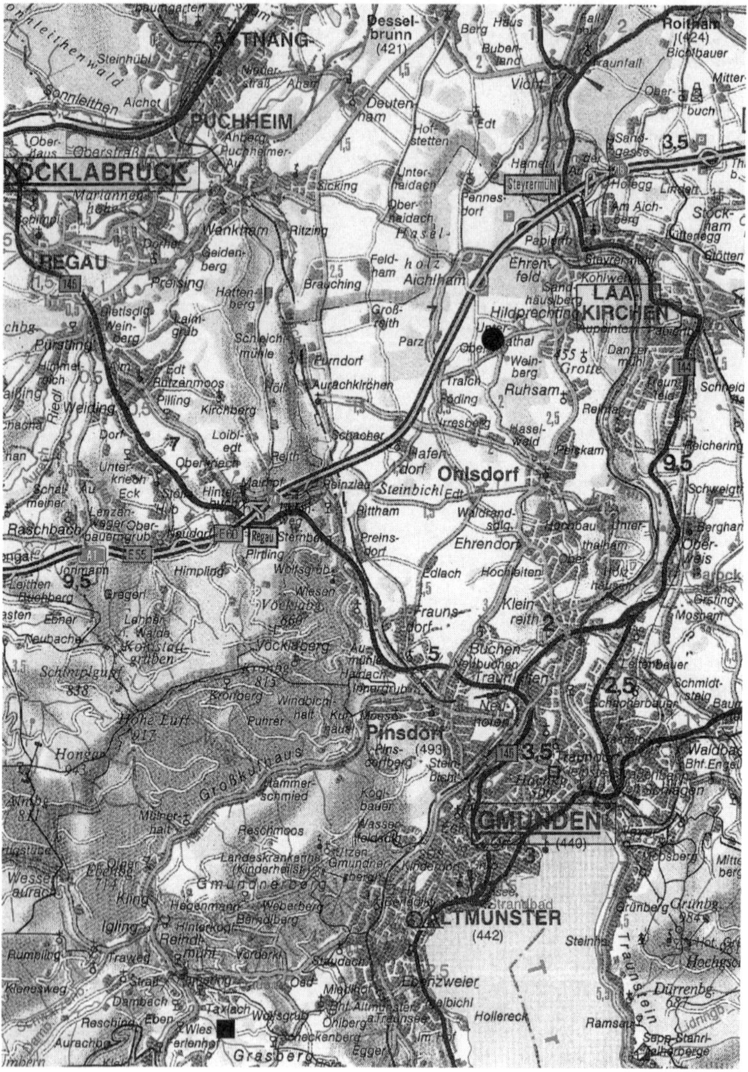

● *In der oberen Hälfte rechts: Thomas Bernhards Anwesen Obernathal 2.*

■ *Am unteren Bildrand die Liegenschaft Grasberg 98, die „Krucka".*